Die Wirtschaft verstehen

Dietmar Bartz

Die Wirtschaft verstehen

Das Wirtschaftslexikon der Gegenwart

Eichborn.

Der Autor: Dietmar Bartz, Jahrgang 1957, begann seine berufliche Laufbahn als Archivar und war dann als Wirtschaftsredakteur bei der *taz* in Bremen und in der Berliner *taz*-Zentralredaktion tätig. Anschließend leitete er das Wirtschaftsressort der *Wochenpost*. Von 1994 bis 1998 arbeitete Dietmar Bartz als freier Wirtschaftsjournalist in der Slowakei.

Die Deutsche Bibliothek – CIP-Einheitsaufnahme

Bartz, Dietmar:
Die Wirtschaft verstehen : das Wirtschaftslexikon der Gegenwart /
Dietmar Bartz. – Frankfurt am Main : Eichborn, 1998
ISBN 3-8218-1446-2

Umschlaggestaltung: Christina Hucke
Layout: Johannes Steil
Lektorat: Rossi Schreiber/Waltraud Berz
Gesamtproduktion: Fuldaer Verlagsanstalt GmbH, Fulda
ISBN 3-8218-1446-2

Dieser Text ist nach den Regeln der neuen Rechtschreibung gesetzt.

Verlagsverzeichnis schickt gern:
Eichborn Verlag, Kaiserstraße 66, D-60329 Frankfurt am Main
http://www.eichborn.de

Vorwort

Was ist wichtig? Was ist im Gespräch? Was ist interessant? Anhand dieser drei Fragen sind die rund 700 Stichwörter dieses „Wirtschaftslexikons der Gegenwart" ausgesucht worden. Der Schwerpunkt liegt auf den Themen der neunziger Jahre, berücksichtigt aber auch die zum Verständnis nötigen Fachbegriffe der Vergangenheit.

Die überschaubare Anzahl von Stichwörtern erlaubt eine begrenzte Ausführlichkeit. Das verständlich geschriebene Lexikon geht damit den Mittelweg zwischen einer Zusammenstellung akademischer, weitschweifiger Überblicksartikel und atomisierten Informationen, die auf Tausende von Stichworten verteilt sind.

Die Stichwörter berücksichtigen auch die „andere Seite" der Wirtschaft: Kritik, Skandale, Schattenseiten, die in anderen Lexika oft unterschlagen oder nur am Rande erwähnt werden. Versagen – Marktversagen, Politikversagen, persönliches Versagen – gehört zur Wirtschaft dazu, auch wenn die offiziellen Seiten gerne den Eindruck erwecken, bei jedem einzelnen Fall handle es sich nur um einen Einzelfall.

Tabellen, Beispiele, Daten und Fakten sowie die Wortgeschichte runden viele Erläuterungen ab. Das Abkürzungsverzeichnis am Anfang dient der Entschlüsselung der Expertensprache. Das systematische Register soll beim Stöbern helfen. Denn selbst vielbändige Lexika können nicht alle Suchbegriffe enthalten – und fehlt das Stichwort, ergibt sich die Frage, wo das Gesuchte stehen könnte. Für diesen Fall ist das systematische Register unentbehrlich: Schnell sind die zwanzig, dreissig Zeilen mit Begriffen aus jedem der Fachgebiete überflogen und Stichwörter gefunden, die dem Gesuchten nahe kommen können.

Für fachlichen Rat und ihre vielen Hinweise danke ich besonders Maria Benning, Ulrike Fokken, Vera Gaserow, Birgit Götzmann, Annette Jensen, Reiner Metzger, Britta Redemann, Katja Rietzler, Gerd Rosenkranz und Erwin Single sowie Webmaster David Farinic für die technische Unterstützung.

Anmerkungen, Vorschläge und Kritik nehme ich gerne unter wirtlex@eichborn.de entgegen. Das Lexikon wird im Internet aktualisiert; Informationen darüber befinden sich am Schluss dieses Buches.

Dietmar Bartz
Prešov, im Januar 1998

Hinweise zur Benutzung:
Umlaute sind bei der alphabetischen Einordnung nicht berücksichtigt (ä, ö, ü gelten als a, o, u).

Die Stichwörter sind nach ihrem ersten Wort alphabetisiert, Bindestriche gelten als Worttrenner. Die Reihenfolge lautet also z. B.

EU-Strukturfonds
Euratom
Euro
Euromarkt
Europa-Parlament
Europäische Aktiengesellschaft

Die deutsch-deutsche Einheit hat auch sprachliche Kniffligkeiten mit sich gebracht. Zur Vereinfachung bedeuten BRD und DDR die beiden Staaten vor 1990; seither gelten Deutschland oder Gesamtdeutschland für das Ganze bzw. West- und Ostdeutschland für seine beiden Teile.

Systematisches Stichwortregister

Wenn Sie einmal nicht wissen, wie das Stichwort genau heisst, unter dem die von Ihnen gesuchte Erklärung stehen könnte, können Sie auch systematisch vorgehen. Suchen Sie unter den nachfolgenden neun Oberbegriffen den am ehesten zutreffenden heraus. Die Stichwörter sind dann zu inhaltlichen Gruppen zusammengefasst, aus denen das gesuchte oder ein nahe liegendes Stichwort schnell ausgewählt werden kann. Die neun Oberbegriffe sind Volkswirtschaft, Betriebswirtschaft, Staat und Wirtschaft, Sozialversicherung, Kapital und Arbeit, Wirtschaft und Umwelt, Geld/Bank/Börse, EU, Außenhandel und Weltwirtschaft.

Volkswirtschaft

Betriebswirtschaft

Staat und Wirtschaft

Sozialversicherung

Kapital und Arbeit

Arbeitgeber
Gemeinschaftsausschuss der deutschen gewerblichen Wirtschaft
Bundesverband der deutschen Industrie (BDI)
Bundesvereinigung der deutschen Arbeitgeberverbände (BdA)
Kammerorganisationen
Industrie- und Handelskammer (IHK)

Arbeitnehmer
Arbeit
Gewerkschaften
Deutscher Gewerkschaftsbund (DGB)
Deutsche Angestelltengewerkschaft (DAG)

Konzertierte Aktion
Sozialpartner
Rationalisierungskuratorium der deutschen Wirtschaft (RKW)
Tarifautonomie
Tarifvertrag
Bundesangestelltentarifvertrag (BAT)
Tarifgemeinschaft deutscher Länder (TdL)
Arbeitszeit
Arbeitskampf
Streik
Aussperrung
Mitbestimmung
Betriebsverfassungsgesetz (BVfG)
Betriebsrat
Bündnis für Arbeit
Lohnnebenkosten
Überstunden
Bundesarbeitsgericht (BAG)

Wirtschaft und Umwelt

Ökologische Wirtschaftsforschung
Ökosozialprodukt (ÖSP)
Umweltökonomische Gesamtrechnungen
Ökosteuern
Öko-Bilanzen
Öko-Audit
ISO 9000ff
Bundesdeutscher Arbeitskreis für umweltbewusstes Management (B.A.U.M.)

Wirtschaftsethik
Nachhaltigkeit
Club of Rome
Alternativer Nobelpreis
TransFair-Handel

Umweltbundesamt (UBA)
Umweltgesetzbuch (UGB)
Umweltverträglichkeitsprüfung (UVP)

Geld, Bank, Börse

Geld
Währung
Mark
Münze
Sorte/Geldsorte
Devisen
Valuta
Deut
Tauschring
Schwundgeld
Währungsreform

Bundesbank (BBk)
Zentralbankrat
Direktorium
Landeszentralbank (LZB)
Hamburger Abrechnung

Refinanzierung,
Inflation
Deflation
Leitzinsen
Diskont
Lombard
Wertpapier-Pensionsgeschäft
Geldpolitik
Geldmenge
Mindestreserve
Offenmarktpolitik
Bundesanleihekonsortium
Währungspolitik
Wechselkurs
Aufwertung
Abwertung
Realignment
Intervention
Korbwährungen
Währungskorb
Leitwährung
Kursgitter
Devisenreserven
Zahlungsbilanz
Währungscodes
Fed

Allfinanz
Finanzkonglomerate
Versicherungen
Versicherungsbetrug
Bundesaufsichtsamt für das

EU

die Landwirtschaft (EAGFL)
Marktordnung
Grüne Parität
Abschöpfung
Ausfuhrerstattung

Maastrichter Vertrag
Wirtschafts- und Währungsunion (WWU)
Europäisches Währungssystem (EWS)
European Currency Unit (Ecu)
Kohäsion
Konvergenz
Europäisches Währungsinstitut (EWI)
Euro
Europäische Zentralbank (EZB)
Europäisches System der Zentralbanken (ESZB)

Außenhandel und Weltwirtschaft

Außenhandel
cif
fob
Bundesausfuhramt (BAFA)
Bundesaufsichtsamt für Wirtschaft (BAW)
Bundesstelle für Außenhandelsinformation (BfAI)
Hermes-Bürgschaften

Rohstoffversorgung
Club of Rome
Öl
Organisation erdölexportierender Länder (Opec)
Sieben Schwestern
Gold
Edelmetalle
Bufferstocks
Bundesanstalt für Geowissenschaften und Rohstoffe (BGR)

Entwicklungshilfe
Gruppe der 24 (G-24)
Gruppe der 77 (G-77)
Ländertypologien
Kaufkraftparität
Kinderarbeit
Nachhaltigkeit
Nichtregierungsorganisationen (NRO)
Development Assistance Committee (DAC)
AKP-Abkommen
Präferenzabkommen
Bufferstock
Kapitalflucht
Holländische Krankheit
Bundesministerium für wirtschaftliche Zusammenarbeit und Entwicklung (BMZ)
Deutsche Entwicklungsgesellschaft (DEG)
Bundeskongress entwicklungspolitischer Aktionsgruppen (Buko)
TransFair-Handel

United Nations Conference on Trade and Development (Unctad)
United Nations Development Programme (UNDP)
United Nations Environment Programme (UNEP)
United Nations Industrial Development Organization (Unido)
Internationale Arbeitsorganisation (ILO)

Bretton Woods
Internationaler Währungsfonds (IWF)
Weltbank
Weltbank-Gruppe
Sonderziehungsrechte (SZR)
Entwicklungsbanken
Bank für Wiederaufbau und Entwicklung (EBRD)
Strukturanpassung(sbedarf)
Schuldenkrise
Schuldenerlass
Umschuldung
Pariser Club
Londoner Club
Internationales Finanzinstitut (IIF)
Länderrisiko
Rating

Europäische Union (EU)
European Free Trade Association (Efta)
Central European Free Trade Association (Cefta)
North American Free Trade Agreement (Nafta)
Association of South East Asian Nations (Asean)
Asia-Pacific Economic Cooperation (Apec)
Emerging Markets

Gruppe der 7 (G-7)
Weltwirtschaftsgipfel

Personenregister

G

H

I

J

K

L

M

N

O

P

Q

R

S

T

U

V

W

Abkürzungsverzeichnis

(ohne Abkürzungen von Privatunternehmen, Parteien und Staaten)

A

ABM	→Arbeitsbeschaffungsmaßnahmen
ADAV	Allgemeiner Deutscher Arbeiterverein →Gewerkschaften
ADB	Asian Development Bank (Asiatische Entwicklungbank) →Entwicklungsbanken
AG	→Aktiengesellschaft
AG & Co.	→Aktiengesellschaft & Compagnon
AG & Co. KG	Aktiengesellschaft & Compagnon Kommanditgesellschaft →Rechtsformen von Unternehmen
AGB	→Allgemeine Geschäftsbedingungen
AgV	Arbeitsgemeinschaft der Verbraucherverbände →Verbraucherschutz
AHK	Außenhandelskammern →Industrie- und Handelskammer
AIM	Alternative Investment Market (Alternativer Investitionsmarkt) →Risikokapital
→AKP	Asien-Karibik-Pazifik(-Abkommen)
Alhi	Arbeitslosenhilfe →Arbeitslosenversicherung
Alo	Arbeitslosengeld →Arbeitslosenversicherung
AO	→Abgabenordnung
ao. HV	außerordentliche Hauptversammlung →Hauptversammlung
AOK	Allgemeine Ortskrankenkasse →Krankenversicherung
Apec	→Asia-Pacific Economic Cooperation (Wirtschaftskooperation Asien-Pazifik)
AR	→Aufsichtsrat
	aktueller Rentenwert →Rentenformel
Asean	→Association of Southeast Asian Nations (Assoziation südostasiatischer Nationen)
AT-Angest.	außertariflich Angestellter →Bundesangestelltentarifvertrag

B

B.A.U.M.	→Bundesdeutscher Arbeitskreis für umweltbewusstes Management
BA	→Bundesanstalt für Arbeit
BAFA	→Bundesausfuhramt
BAG	→Bundesarbeitsgericht
BAKred	→Bundesaufsichtsamt für das Kreditwesen
BAT	→Bundesangestelltentarifvertrag
	Best Available Technology →Öko-Audit
BAV	→Bundesaufsichtsamt für das Versicherungswesen
BAW	→Bundesaufsichtsamt für Wirtschaft
BAWe	→Bundesaufsichtsamt für den Wertpapierhandel
BBk	→Bundesbank

BdA	→Bundesvereinigung der deutschen Arbeitgeberverbände
BdB	Bundesverband deutscher Banken →Privatbanken
BDI	→Bundesverband der Deutschen Industrie
BDZV	Bundesverband Deutscher Zeitungsverleger →Gemeinschaftsausschuss der deutschen gewerblichen Wirtschaft
BEV	→Bundeseisenbahnvermögen
BfA	Bundesanstalt für Angestellte →Rentenversicherung
BfAI	→Bundesstelle für Außenhandelsinformation
BFH	→Bundesfinanzhof
BG	Berufsgenossenschaft →Unfallversicherung
BGA	Bundesverband des deutschen Groß- und Außenhandels →Gemeinschaftsausschuss der deutschen gewerblichen Wirtschaft
BGB	→Bürgerliches Gesetzbuch
BGR	→Bundesanstalt für Geowissenschaften und Rohstoffe
BHO	Bundeshaushaltsordnung →Bundeshaushalt
BIBB	Bundesinstitut für Berufsbildung →Bundesministerium für Bildung, Wissenschaft, Forschung und Technologie
BIP	→Bruttoinlandsprodukt
BIS	Bank for International Settlements →Bank für Internationalen Zahlungsausgleich
BIZ	→Bank für Internationalen Zahlungsausgleich
BKK	Betriebskrankenkassen →Krankenversicherung
BKN	→Bundesknappschaft
BLZ	→Bankleitzahl
BMA	→Bundesministerium für Arbeit und Sozialordnung
BMBF	→Bundesministerium für Bildung, Wissenschaft, Forschung und Technologie
BMF	→Bundesministerium der Finanzen
BMG	Bundesministerium für Gesundheit →Krankenversicherung
BMWi	→Bundesministerium für Wirtschaft
BMZ	→Bundesministerium für wirtschaftliche Zusammenarbeit und Entwicklung
Bobl	Bundesobligation →Anleihen
BRH	→Bundesrechnungshof
BSG	→Bundessozialgericht
BSP	→Bruttosozialprodukt
BSV	→Bundesschuldenverwaltung
Buko	→Bundeskongress entwicklungspolitischer Aktionsgruppen
BuRoV	→Bundesamt zur Regelung offener Vermögensfragen
BVfG	→Betriebsverfassungsgesetz
BVR	Bundesverband der deutschen Volksbanken und Raiffeisenbanken →Genossenschaftsbanken
BvS	→Bundesanstalt für vereinigungsbedingte Sonderaufgaben
BVVG	→Bodenverwertungs- und Verwaltungs GmbH
BWL	→Betriebswirtschaftslehre

C

CCET	Center for Co-operation with the Economies in Transition (Zentrum für die Zusammenarbeit mit den Wirtschaften im Übergang) →OECD
CD	→Certificate of Deposit (Einlagenzertifikat)
CDAX	Composite DAX →Deutscher Aktienindex
→Cefta	Central European Free Trade Association (Zentraleuropäische Freihandels-Assoziation)
CGB	Christlicher Gewerkschaftsbund →Gewerkschaften
→cif	cost insurance freight (Kosten Versicherung Fracht)
CP	→Commercial Paper (auch dt. Commercial Paper)

D

DAC	→Development Assistance Comittee (Entwicklungshilfe-Ausschuss)
DAG	→Deutsche Angestelltengewerkschaft
DAU	Deutsche Akkreditierungs- und Zulassungsgesellschaft für Umweltgutachter →Öko-Audit
DAX	→Deutscher Aktienindex
DBAG	Deutsche Bahn AG →Bundeseisenbahnvermögen
DEG	→Deutsche Investitions- und Entwicklungsgesellschaft
DeHoGa	Deutscher Hotel- und Gaststättenverband →Gemeinschaftsausschuss der deutschen gewerblichen Wirtschaft
DFG	Deutsche Forschungsgemeinschaft →Bundesministerium für Bildung, Wissenschaft, Forschung und Technologie
DGB	→Deutscher Gewerkschaftsbund
DGRV	Deutscher Genossenschafts- und Raiffeisenverband →Genossenschaftswesen
DGZ	Deutsche Girozentrale →Sparkassen
DIHT	Deutscher Industrie- und Handelstag →Industrie- und Handelskammer
DJIA	→Dow Jones Industrial Average (Dow Jones Industrieaktien-Durchschnittskurs)
DIW	Deutsches Institut für Wirtschaftsforschung →Wirtschaftsforschungsinstitute
DM	Deutsche →Mark
DPG	Deutsche Postgewerkschaft →Deutscher Gewerkschaftsbund
DRV	Deutscher Raiffeisenverband →Genossenschaftswesen
DSD	Duales System Deutschland →Bundeskartellamt
DSGV	Deutscher Sparkassen- und Giroverband →Sparkassen
DSL Bank	Deutsche Siedlungs- und Landesrentenbank →Anleihen
DtA	→Deutsche Ausgleichsbank
DTB	→Deutsche Terminbörse
DÜI	Deutsches Übersee-Institut →Blaue Liste
DVFA	→Deutsche Vereinigung für Finanzanalyse und Anlageberatung

E

EAGFL	→Europäischer Ausrichtungs- und Garantiefonds für die Landwirtschaft
EAG	→Europäische Aktiengesellschaft

	→Europäische Atomgemeinschaft
EAN	→Europäische Artikelnummer
EASDAQ	European Association of Securities Dealers Automated Quotation (Automatisierte Notierung der Europäischen Vereinigung der Wertpapierhändler) →Börsensegmente
EBRD	European Bank for Reconstruction and Development →Europäische Bank für Wiederaufbau und Entwicklung
EBWE	→Europäische Bank für Wiederaufbau und Entwicklung
Ecofin	Economic and Financial Affairs Council (Rat für wirtschaftliche und finanzielle Angelegenheiten) →Europäische Union
Ecu	→European Currency Unit (Europäische Währungseinheit)
EEA	→Einheitliche Europäische Akte
EEF	→Europäischer Entwicklungsfonds
EFRE	→Europäischer Fonds für regionale Entwicklung
→Efta	European Free Trade Association (Europäische Freihandels-Assoziation)
EG	Europäische Gemeinschaft →Europäische Union
eG	→eingetragene Genossenschaft
EGKS	→Europäische Gemeinschaft für Kohle und Stahl
eGmbH	→eingetragene Genossenschaft mit begrenzter Haftung
eGmuH	→eingetragene Genossenschaft mit unbegrenzter Haftung
EIB	→Europäische Investitionsbank
EMI	European Monetary Institute →Europäisches Währungsinstitut
EMS	European Monetary System →Europäisches Währungssystem
EMU	European Monetary Union →Europäische Währungsunion
EP	→Europäisches Parlament →Entgeltpunkte
EPZ	Europäische politische Zusammenarbeit →Einheitliche Europäische Akte
ERE	Europäische Rechnungseinheit →Grüne Parität
ERP	European Recovery Program (Europäisches Wiederaufbauprogramm) →Marshall-Plan
ESZB	→Europäisches System der Zentralbanken
EU	→Europäische Union
EWI	→Europäisches Währungsinstitut
EWS	→Europäisches Währungssystem
EZB	→Europäische Zentralbank

F

FDI	Foreign Direct Investment →ausländische Direktinvestitionen
FDGB	Freier Deutscher Gewerkschaftsbund →Gewerkschaften
Fibor	Frankfurt interbank offered rates (Zinsangebote zwischen Banken in Frankfurt) →Interbankraten
FKP	Föderales Konsolidierungsprogramm →Finanzierung der deutschen Einheit
→fob	free on board (frei an Bord)

FÖV	Forschungsinstitut für öffentliche Verwaltung →Blaue Liste
FRN	Floating Rate Note (variabel verzinsliches Wertpapier) →Anleihen
→FTSE 100	Financial Times / London Stock Exchange Index (Kunstbegriff)

G

G-7, 8, 10 usw.	→Gruppe der 7, 8, 10 usw.
G+V	→Gewinn-und-Verlust-Rechnung
GAP	Gemeinsame Agrarpolitik →EU-Agrarpolitik
GASP	Gemeinsame Außen- und Sicherheitspolitik →Einheitliche Europäische Akte, →Maastrichter Vertrag
GATS	General Agreement on Trade in Services (Allgemeines Abkommen über den Handel mit Dienstleistungen) →Uruguay-Runde
→Gatt	General Agreement on Tariffs and Trade (Allgemeines Zoll- und Handelsabkommen)
GbR	→Gesellschaft bürgerlichen Rechts
GD	→Generaldirektion
GDP	Gross Domestic Product →Bruttoinlandsprodukt
GdP	Gewerkschaft der Polizei →Deutscher Gewerkschaftsbund
GDV	Gesamtverband der Deutschen Versicherungswirtschaft →Versicherungen
GDW	Gesamtverband der Wohnungswirtschaft →Genossenschaftswesen
GKV	Gesamtverband Kunststoffverarbeitende Industrie →Bundesverband der Deutschen Industrie
	Gesetzliche Krankenversicherung →Krankenversicherung
Gesamttextil	Gesamtverband der Textilindustrie in der Bundesrepublik Deutschland →Bundesverband der Deutschen Industrie
GEW	Gewerkschaft Erziehung und Wissenschaft →Deutscher Gewerkschaftsbund
GfED	Gewerkschaft der Eisenbahner Deutschlands →Deutscher Gewerkschaftsbund
GmbH	→Gesellschaft mit beschränkter Haftung
	→GmbH & Co., Gesellschaft mit beschränkter Haftung und Compagnon
	→GmbH & Co. KG, Gesellschaft mit beschränkter Haftung und Compagnon Kommanditgesellschaft
	→GmbH & Co. KGaA, Gesellschaft mit beschränkter Haftung und Compagnon Kommanditgesellschaft auf Aktien
GNP	Gross National Product →Bruttosozialprodukt
GuV	→Gewinn- und Verlustrechnung
GWB	→Gesetz gegen Wettbewerbsbeschränkungen
GZS	→Gesellschaft für Zahlungssysteme

H

HBV	Gewerkschaft Handel, Banken, Versicherungen →Deutscher Gewerkschaftsbund

HDE	Hauptverband des deutschen Einzelhandels →Gemeinschaftsausschuss der deutschen gewerblichen Wirtschaft
HGB	→Handelsgesetzbuch
HIC	Highly Indebted Countries (hochverschuldete Länder) →Ländertypologien
HSCCI	Hang Seng China Affiliated Corporations Index (Hang Seng Index von mit China verbundenen Unternehmen) →Red Chips
HÜSt	Handelsüberwachungsstelle →Börsenaufsicht
HV	→Hauptversammlung
HWWA	Hamburger Weltwirtschaftsarchiv →Wirtschaftsforschungsinstitute

I

i. A.	in Abwicklung →Abwicklung
i. L.	in Liquidation →Abwicklung
IAB	Institut für Arbeitsmarkt- und Berufsforschung →Bundesanstalt für Arbeit
IAMO	Institut für Agrarentwicklung in Mittel- und Osteuropa →Blaue Liste
IBRD	International Bank for Reconstruction and Development (Internationale Bank für Wiederaufbau und Entwicklung) →Weltbank
IBIS	Integriertes Börsenhandels- und Informationssystem →Xetra
ICSID	International Center for Settlement of Investment Disputes (Internationales Zentrum zur Beilegung von Investitionsstreitigkeiten) →Weltbankgruppe
IDA	International Development Agency (Internationale Entwicklungsagentur) →Weltbankgruppe
IDB	Inter-American Development Bank (Interamerikanische Entwicklungsbank) →Entwicklungsbanken
IEA	Internationale Energie-Agentur →OECD
IFC	International Finance Corporation (Internationale Finanzkorporation) →Weltbankgruppe
IfL	Institut für Länderkunde →Blaue Liste
ifo	Institut für Wirtschaftsforschung →Wirtschaftsforschungsinstitute
IfW	Institut für Weltwirtschaft →Wirtschaftsforschungsinstitute
IG	Industriegewerkschaft →Deutscher Gewerkschaftsbund
IG BAU	Industriegewerkschaft Bau-Agrar-Umwelt →Deutscher Gewerkschaftsbund
IG BCE	Industriegewerkschaft Bergbau-Chemie-Energie →Deutscher Gewerkschaftsbund
IGM	Industriegewerkschaft Metall →Deutscher Gewerkschaftsbund
IHK	→Industrie- und Handelskammer
IIF	→Institute for International Finance (Internationales Finanzinstitut)
IKK	Innungskrankenkasse →Krankenversicherung
ILO	International Labour Organisation →Internationale Arbeitsorganisation
IMF	International Monetary Fund →Internationaler Währungsfonds
INRA	International Natural Rubber Agreement (Internationales Naturkautschuk-Abkommen) →Bufferstock

IÖW	Institut für ökologische Wirtschaftsforschung →ökologische Wirtschaftsforschung
→ISO	International Organization for Standardization
ITO	International Trade Organization (Internationale Handelsorganisation) →Gatt
IWH	Institut für Wirtschaftsforschung Halle →Wirtschaftsforschungsinstitute
iw	Institut der deutschen Wirtschaft →Wirtschaftsforschungsinstitute
IWF	→Internationaler Währungsfonds

K

KfW	→Kreditanstalt für Wiederaufbau
KG	→Kommanditgesellschaft
KGaA	→Kommanditgesellschaft auf Aktien
KGV	→Kurs-Gewinn-Verhältnis
KMU	kleine und mittlere Unternehmen →Mittelstand
KoKo	Kommerzielle Koordination →Bundesanstalt für vereinigungsbedingte Sonderaufgaben

L

LAG	Landesarbeitsgericht →Bundesarbeitsgericht
LB	→Landesbank
LBO	→Leveraged Buy-out (fremdfinanzierter Aufkauf)
LDC	Least Developed Countries (am wenigsten entwickelte Länder) →Ländertypologien
LFG	→Länderfinanzausgleich
Libor	London interbank offered rate (Zinsangebote zwischen Banken in London) →Interbankraten
LIC	Low Income Countries (Länder mit niedrigem Einkommen) →Ländertypologien
LLDC	Least Developed Countries (am wenigsten entwickelte Länder) →Ländertypologien
LMIC	Lower Middle Income Countries (Länder mit niedrigem bis mittlerem Einkommen) →Ländertypologien
LPG	Landwirtschaftliche Produktionsgenossenschaft →Rechtsformen von Unternehmen
LSE	London Stock Exchange (Londoner Aktienbörse) →FTSE 100 London School of Economics (Londoner Schule für Wirtschaft) →Wirtschaftswissenschaft
Ltd.	Limited liability company (Gesellschaft mit beschränkter Haftung) →Rechtsformen von Unternehmen (GmbH)
LVA	Landesversicherungsanstalt →Rentenversicherung
LZB	→Landeszentralbanken

M

M	Mark der DDR →Mark, →Währungsreform
MBO	→Management-Buy-out (Herauskauf durch das Management)
MDAX	Midcap DAX →Deutscher Aktienindex
MFN	Most Favoured Nation →Meistbegünstigungsklausel
mifrifi	→mittelfristige Finanzplanung
MIGA	Multilateral Investment Guarantee Agency (Multilaterale Investitions-garantie-Agentur) →Weltbankgruppe
MIT	Massachussetts Institute of Technology →Lean Management, →Standort Deutschland
MPG	Max-Planck-Gesellschaft →Bundesministerium für Bildung, Wissenschaft, Forschung und Technologie
MR	Monatsrente →Rentenformel
MWSt	Mehrwertsteuer →Umsatzsteuer

N

Nafta	→North American Free Trade Agreement (Nordamerikanisches Freihandels-abkommen)
NEA	Nuklearenergie-Agentur →OECD
NGG	Gewerkschaft Nahrung Genuss Gaststätten →Deutscher Gewerkschaftsbund
NGO	Nongovernmental organizations →Nichtregierungsorganisationen
NIC	newly industrialized countries (neu industrialisierte Nationen) →Ländertypologien
NRO	→Nichtregierungsorganisationen
Nyse	New York Stock Exchange (New Yorker Aktienbörse) →Dow Jones, →Wall Street

O

OEEC	Organization for European Economic Co-operation (Organisation für europäische wirtschaftliche Zusammenarbeit) →OECD
→OECD	Organisation for Economic Co-operation and Development (Organisation für wirtschaftliche Zusammenarbeit und Entwicklung)
oHG	→offene Handelsgesellschaft
OK	Organisierte Kriminalität
Opec	→Organization of the Petroleum Exporting Countries
ÖSP	→Ökosozialprodukt
ÖTV	Gewerkschaft öffentliche Dienste, Transport und Verkehr →Deutscher Gewerkschaftsbund
OTC	→over the counter (am Schalter, als Tafelgeschäft)

P

PEP	persönliche Entgeltpunkte →Rentenformel
PEX	Pfandbriefindex →REX

PEXP	Pfandbrief-Performance-Index →REX
PGH	→Produktivgenossenschaft des Handwerks
plc.	Public limited company (öffentliche, begrenzt haftende Gesellschaft) →Rechtsform von Unternehmen (Aktiengesellschaft)
PPP	Purchase Power Parity →Kaufkraftparität

R

RAF	Rentenartfaktor →Rentenformel
RAL	Reichsausschuss für Lieferbedingungen und Gütesicherung →Rationalisierungskuratorium der deutschen Wirtschaft
RAO	Reichsabgabenordnung →Abgabenordnung
RAW	Rationalisierungsausschuss der deutschen Wirtschaft →Rationalisierungskuratorium der deutschen Wirtschaft
RDI	Reichsverband der Deutschen Industrie →Bundesverband der Deutschen Industrie
RE	Rechnungseinheit →grüne Parität
Repo	Repurchase Agreement (Rückkauf-Vereinbarung) →Wertpapier-Pensionsgeschäft
→REX	Rentenindex
REXP	Renten-Performance-Index →REX
RKW	→Rationalisierungskuratorium der deutschen Wirtschaft
RM	Reichsmark, Rentenmark →Mark, →Währungsunion
RRG	Rentenreformgesetz →Rentenformel
RSA	→Risikostrukturausgleich
RWI	Rheinisch-Westfälisches Institut für Wirtschaftsforschung →Wirtschaftsforschungsinstitute

S

S+P	Standard & Poors →Rating
S. A.	Société Anonyme →Rechtsformen von Unternehmen (Aktiengesellschaft)
s. a r. l.	Société a responsabilité limité (Gesellschaft mit beschränkter Haftung) →Rechtsformen von Unternehmen (GmbH)
S.p.A.	Società per Azioni (Gesellschaft auf Aktien) →Rechtsformen von Unternehmen (Aktiengesellschaft)
s.r.l.	Società a responsibilità limitata (Gesellschaft mit beschränkter Haftung) →Rechtsformen von Unternehmen (GmbH)
Schufa	→Schutzgemeinschaft für allgemeine Kreditsicherung
SDR	Special Drawing Rights →Sonderziehungsrechte
SE	Societas Europeae (Europäische Gesellschaft) →Europäische Aktiengesellschaft
SEC	Securities and Exchange Commission (Wertpapier- und Börsenaufsicht) →Börsenaufsicht
SGB	→Sozialgesetzbuch
Stabex	System of Stabilization of Export Earnings from Agricultural Commodities

	(System zur Stabilisierung der Exporteinnahmen bei Agrarrohstoffen) →AKP-Abkommen, →Europäischer Entwicklungsfonds
StatBA	→Statistisches Bundesamt
StGB	Strafgesetzbuch →Wirtschaftskriminalität, →Umweltstraftaten
→S.W.I.F.T.	Society for Worldwide Interbank Financial Telecommunications (Gesellschaft für weltweite Finanz-Telekommunikation zwischen Banken)
Sysmin	System of Stabilization of Export Earnings from Mining Products (System zur Stabilisierung der Ausfuhrerlöse bei Bergbauerzeugnissen) →Europäischer Entwicklungsfonds

T

Target	Trans-European Automated Real-Time Gross Settlement Express Transfer System (europaweites Echtzeit-Brutto-Zahlungssystem) →Europäisches System der Zentralbanken
TdL	→Tarifgemeinschaft deutscher Länder
TGA	Trägergemeinschaft für Akkreditierung →ISO 9000ff
THA	→Treuhandanstalt
TI	Transparency International →Korruption
TLG	→Treuhand Liegenschaftsgesellschaft
TNU	→transnationale Unternehmen
Topix	Tokio Performance Index →Nikkei
TRIMS	Agreement on Trade-Related Investment Measures (Abkommen über handelsbezogene Investitionsmaßnahmen) →Uruguay-Runde
TRIPS	Agreement on Trade-Related Aspects of Intellectual Property Rights (Abkommen über handelsbezogene Aspekte der Rechte an geistigem Eigentum) →Uruguay-Runde

U

UBA	→Umweltbundesamt
UGB	→Umweltgesetzbuch
UMIC	Upper Middle Income Countries (Länder mit Einkommen im oberen Mittelbereich) →Ländertypologien
UMS	Umweltmanagementsystem →Öko-Audit
UN	→United Nations (Vereinte Nationen)
Unctad	→United Nations Conference on Trade and Development (Konferenz der Vereinten Nationen über Handel und Entwicklung)
UNDP	→United Nations Development Programme (Entwicklungsprogramm der Vereinten Nationen)
UNEP	→United Nations Environment Programme (Umweltprogramm der Vereinten Nationen)
Unido	→United Nations Industrial Development Organization (Organisation der Vereinten Nationen für Industrielle Entwicklung)
UNO	United Nations Organization (Organisation der Vereinten Nationen)

U-Schätze	→unverzinsliche Schatzanweisungen
USt	→Umsatzsteuer
UVP	→Umweltverträglichkeitsprüfung
UWG	→Gesetz gegen den unlauteren Wettbewerb

V

VCI	Verband der Chemischen Industrie →Bundesverband der Deutschen Industrie
VDA	Verband der Automobilindustrie →Bundesverband der Deutschen Industrie
VDMA	Verband Deutscher Maschinen- und Anlagenbau →Bundesverband der Deutschen Industrie
VDR	Verband der Rentenversicherungsträger →Rentenversicherung
VEB	→Volkseigener Betrieb
VGR	→Volkswirtschaftliche Gesamtrechnung
VM	Valuta-Mark →Valuta
VVaG	→Versicherungsverein auf Gegenseitigkeit
VWL	→Volkswirtschaftslehre

W

WBL	→Wissenschaftsgemeinschaft Blaue Liste
WKN	→Wertpapierkennnummer
WSI	Wirtschafts- und Sozialwissenschaftliches Forschungsinstitut →Wirtschaftsforschungsinstitute
WTO	→World Trade Organization (Welthandelsorganisation)
WWU	→Wirtschafts- und Währungsunion
WZB	Wissenschaftszentrum Berlin →Blaue Liste

X

→Xetra	Exchange Electronic Trading (Elektronisches Handeln an der Börse)

Y

Yuppie	Young Urban Professional (junger städtischer Berufstätiger) →Reagonomics, →Wall Street

Z

ZAV	Zentralstelle für Arbeitsvermittlung →Bundesanstalt für Arbeit
ZBW	Zentralbibliothek für Wirtschaftswissenschaften →Wirtschaftsforschungsinstitute
ZDH	Zentralverband des Deutschen Handwerks →Handwerk
ZF	Zugangsfaktor →Rentenformel
ZGV	Zentralverband gewerblicher Verbundgruppen →Genossenschaftswesen
ZVEI	Zentralverband Elektrotechnik- und Elektronikindustrie →Bundesverband der Deutschen Industrie

A

Abfindung
einmalige oder ratenweise Zahlung zur Abgeltung von Rechtsansprüchen. (1) Gesellschafter eines Unternehmens werden oft abgefunden, wenn ein Interessent die Firma schnell übernehmen will. Wenn eine kostenträchtige Verzögerung der Übernahme durch den abzusehenden Widerstand der bisherigen Anteilseigner verhindert werden soll, liegt der Preis einer solchen Abfindung meist etwas höher als der Marktwert des Anteils. (2) Das Arbeitsrecht sieht Abfindungen vor, die vom Arbeitgeber an den Arbeitnehmer gezahlt werden müssen: etwa um eine Kündigung zu umgehen oder in beiderseitigem Interesse bei einer einvernehmlichen Aufhebung des Arbeitsvertrages. Die Höhe einer solchen Abfindung regelt meist das Kündigungsschutz- oder bei Sozialplänen das Betriebsverfassungsgesetz. Sie richtet sich u.a. nach der Dauer der Betriebszugehörigkeit und wird teilweise auf das Arbeitslosengeld angerechnet. — Auf Empörung stoßen immer wieder die hohen Abfindungen für Angehörige des mittleren oder höheren Managements, wenn sich Funktionsträger als ungeeignet oder kriminell herausstellten oder unsauberes Geschäftsgebaren zeigten. Während ihre Fehlentscheidungen oder Manipulationen ganze Belegschaften existenziell gefährden können, besteht für die Manager aufgrund der Restlaufzeit ihrer Arbeitsverträge regelmäßig ein Rechtsanspruch auf Abfindung. Oft wird der Arbeitsvertrag von vornherein so formuliert, dass eine Abfindung selbst im Falle einer rechtskräftigen Verurteilung gezahlt werden muss. Ausschlussklauseln, die dies verhindern könnten, haben sich in Deutschland bisher nicht durchgesetzt. Häufig wird eine Abfindung auch schnell gezahlt, weil die gerichtliche Erforschung eines Fehlverhaltens das betroffene Unternehmen noch länger in Misskredit bringen würde.

Die höchste Abfindung der deutschen Unternehmensgeschichte zahlte mit 17 Millionen Mark der Flick-Konzern an seinen „Majordomus" Eberhard von Brauchitsch, obwohl auf von Brauchitsch u.a. die Flick-Affäre, der größte Bestechungsskandal der Nachkriegszeit, zurückgeht (→Parteispendenaffäre). Günter Prinz, stellvertretender Vorstandsvorsitzender des Axel-Springer-Konzerns, hatte den rund 50 Millionen Mark teuren Flop mit einer Billig-Illustrierten zu verantworten und kassierte nach einem vorstandsinternen Krach 16,5 Millionen Mark Abfindung. Der 1989 aufgeflogene, wegen Betrugs und Untreue zu drei Jahren Gefängnis verurteilte SEL-Chef Helmut Lohr erhielt von seiner Firma 3,1 Millionen Mark Abfindung und stritt noch um eine jährliche Pension von 667.000 Mark. Dieter Book, der Vorstandsvorsitzende der Mainzer Sparkasse, wurde 1996 u.a. der unkorrekten Abrechung von Reisespesen beschuldigt und erhielt außer seinen Ruhegeldansprüchen auch eine Abfindung von 100.000 Mark. Friedrich Hennemann, Vorstandsvorsitzender der Bremer Vulkan, hatte den Werftenverbund 1995 in den Untergang geführt und kaufte sich Presseberichten zufolge von seiner Abfindung, brutto 1,6 bis 2 Millionen Mark, acht Eigentumswohnungen in Dresden und Rostock. Barthold von Ribbentrop, Generalbevollmächtigter der Deutschen Bank, verlor seinen Job durch einen Skandal wegen des Ausnutzens von →Insider-Kenntnissen an der Frankfurter Börse und erhielt nach Presseangaben vier Millionen Mark Abfindung.

Abgaben

sind als Oberbegriff alle Einnahmen öffentlich-rechtlicher Stellen. Dazu gehören Abgaben aufgrund einer Steuerschuld, die ohne spezielle Zweckbindung in einen öffentlichen Haushalt fließen (→Steuern, →Zölle sowie die →Abschöpfungen der EU), und Abgaben für einen bestimmten Zweck (→Gebühren für Verwaltungshandlungen, Beiträge für Leistungen z. B. der →Sozialversicherungen oder zugunsten von Straßenanliegern, ferner Sonderabgaben, die nur bestimmten Zahlungspflichtigen auferlegt werden). Die Abgabenordnung (AO) gilt als „Grundgesetz des Steuerrechts" und regelt vor allem Begriffe, Zuständigkeiten und Verfahren von der Buchführungspflicht zu Steuerprüfungszwecken über das Steuergeheimnis bis zum Steuerstrafrecht. Die AO ist ein Bundesgesetz, löste erst 1976 die bis dahin gültige Reichsabgabenordnung (RAO) von 1919 ab und wird aufgrund des komplizierten deutschen Steuerrechts fast jährlich geändert.

Als Abgaben werden oft auch einzelne Zahlungen an öffentlich-rechtliche Stellen bezeichnet, die eigentlich Sonderabgaben sind, so etwa die Abwasser- oder die Schwerbehindertenabgabe.

ABM →Arbeitsbeschaffungsmaßnahme

Abschöpfung

ein Instrument der →EU-Agrarpolitik. Sind Agrarprodukte, deren Preise die EU reguliert, in der EU teurer als auf dem Weltmarkt, werden bei Importen in die EU an den EU-Außengrenzen „Einfuhrabschöpfungen" bis auf die Höhe des EU-Preisniveaus erhoben. Die Importgüter verlieren also ihre Preisvorteile. Liegt der Weltmarktpreis höher als der in der EU, kann die Kommission auf die Marktordnungswaren →Ausfuhrabschöpfungen erheben, um Versorgungsengpässe in der EU zu vermeiden. — Damit trägt das Abschöpfungssystem dazu bei, dass günstige Weltmarktangebote von →Drittstaaten in der EU nur wenig Chancen haben. Innerhalb der EU führt das Abschöpfungssystem zur Hochpreispolitik und einem steigenden Selbstversorgungsgrad im Agrarsektor, dessen Nutzen und Effizienz umstritten sind.

Abschöpfungen stehen auf der Einnahmeseite des EU-Haushalts, während Ausfuhrerstattungen auf der Ausgabenseite anfallen. Eine fiskalische Bedeutung haben die Einnahmen aus Abschöpfungen nicht; mit rund 620 Millionen Ecu (Haushaltsansatz 1998) stellen sie weniger als ein Prozent des EU-Haushalts (1998: 82,9 Milliarden Ecu) dar. Das recht niedrige Niveau der Abschöpfungen heißt nicht, dass sie handelspolitisch unbedeutend sind, sondern dass sie ihre Abschreckungsfunktion erfüllen. — Der Begriff hat eine positive Färbung („Rahm abschöpfen"), aber nur für die vor Konkurrenz geschützten EU-Produzenten und für die kassierende EU. Verbraucher müssen hingegen die durch die Abschöpfung garantierten erhöhten Preise bezahlen, ausländische Anbieter auf Märkte verzichten.

Abschreibung
im engeren Sinn die Wertminderung einer →Investition durch Verschleiß oder Alterung. Im allgemeinen Sprachgebrauch gilt dies nicht nur für Anlagen und Gebäude, sondern auch für langlebige Konsumgüter in Privathaushalten, zum Beispiel Autos. Diese begriffliche Ausweitung entsteht in Konsumgesellschaften, weil solche Waren nicht mehr ein ganzes (Käufer-)Leben lang halten müssen, sondern ersetzt werden können. — Ziel von Abschreibungsmodellen ist eine an den Wiederbeschaffungskosten orientierte Wirtschaftlichkeitsrechnung im Rahmen des Jahresabschlusses. Als Abschreibungen werden auch uneinbringliche („schlechte") oder abwertungsbedingte Forderungen etwa im Banksektor verbucht. Betriebswirtschaftlich sind Abschreibungen grundsätzlich nach zwei Methoden möglich: Die lineare Abschreibung geht von einem gleichmäßigen Wertverlust in jedem Jahr aus. Die degressive Abschreibung nimmt in den ersten Jahren einen höheren, später einen niedrigeren Wertverlust an. Dabei sind verschiedene Verläufe möglich. Die Abschreibungsdauer ist für die meisten Wirtschaftsgüter steuerrechtlich festgesetzt, weil Abschreibungen buchhalterisch als Ausgaben gelten und damit den zu versteuernden Gewinn mindern. — Bei der Wahl der Abschreibungsmethode existieren große Spielräume. Abschreibungen, die deutlich über dem tatsächlichen Wertverlust liegen, verringern die Steuerlast. Je kürzer ein Abschreibungszeitraum ist, umso stärker wird die Modernisierung eines Unternehmens und damit seine Wertsteigerung aus Steuermitteln alimentiert. Insgesamt unterstützen die Abschreibungsregeln die →Bilanzkosmetik eines Unternehmens, während für Außenstehende dessen tatsächliche Lage undurchsichtig bleibt. — Dazu tragen auch die Sonderabschreibungen bei, die nach wirtschaftspolitischen Kriterien staatlich festgelegt werden, meist den Wertverlust vergrößern und damit die Steuerzahlungen senken. Insbesondere führen Sonderabschreibungen zu vorgezogenen Investitionen. Sie sind ein Mittel der Konjunkturpolitik. Meist wird damit aber nur ein Steueraufschub mit dem Vorteil der Liquiditätshilfe bzw. ein Zinsgewinn gewährt. Denn am Gesamtvolumen der Abschreibung ändert sich nichts, so dass später umso mehr Gewinn versteuert werden muss.

Ist etwa ein Dienstwagen nach wenigen

Jahren steuerlich abgeschrieben, wird er billig verkauft (weil die Einnahmen aus dem Verkauf sonst steuererhöhend wirken würden), und ein neues Fahrzeug wird beschafft.

Abwertung

die Absenkung des Außenwertes einer Währung durch einen behördlichen Akt oder einen marktbedingten, oft langsamen Kursverfall. Der Wert ausländischer Währungen steigt dadurch. Abwertungen als Mittel der Währungspolitik verändern Waren- und Kapitalströme und werden oft bei Störungen des volkswirtschaftlichen Gleichgewichts eingesetzt: (1) Sie dienen dazu, Exporte zu verbilligen, um damit auf Kosten der Exportzielländer die Wirtschaft zu stimulieren. Wird dadurch die Handelsbilanz verbessert, bedeutet dies den Export von Arbeitslosigkeit ins Ausland, weil die zusätzlich produzierten Güter zusätzliche Arbeit im Herkunftsland und den Wegfall von Arbeit im Zielland darstellen. (2) Wird bei einem stabilen Wechselkurs anhaltend mehr aus dem Ausland eingeführt und verbraucht als exportiert, kommt es zu einem Mangel an Zahlungsmitteln; die Zahlungsbilanz kann negative Werte annehmen. Möglichkeiten, um darauf zu reagieren, sind (1) das Abschmelzen von Devisenreserven, um das Zahlungsbilanzdefizit auszugleichen, (2) eine Reduzierung des Konsums, um die Nachfrage nach Importen zu senken (z. B. durch Zölle), und (3) eine Abwertung, mit der der Export gesteigert wird und Fremdwährungseinnahmen zunehmen. Mit hohen Direktinvestitionen aus dem Ausland können Abwertungen vermieden werden. — Wenn eine Abwertung nicht mit den Behörden der Länder, gegen deren Währungen abgewertet wird, abgesprochen wird, droht ein Abwertungswettlauf. Denn die Handels- bzw. Zahlungsbilanz wird auf Kosten der Nachbarn saniert. Sie können ihrerseits mit Abwertungen reagieren, um das vorherige Verhältnis wiederherzustellen. Dieser Abwertungswettlauf zieht immer mehr Währungen mit, weil Abwertungen meist nicht nur bilateral, sondern gegenüber allen Handelspartnern gelten. Internationale Investoren werden negativ von Abwertungen betroffen, weil ihre Kapitalanlagen in örtlicher Währung zwar wertstabil bleiben, in ihrer Heimatwährung jedoch entsprechend der Abwertung Verluste erleiden.

Zum größten Abwertungswettlauf kam es kurz vor dem Höhepunkt der →Weltwirtschaftskrise 1931. Er trug dazu bei, dass die Exporte der Industrieländer auf ein Drittel des früheren Niveaus fielen. — Gegenteil: Aufwertung.

Abwicklung

nach der Auflösung einer Gesellschaft der Verkauf ihrer Vermögenswerte zugunsten von Gläubigern oder Besitzern; auch als Liquidation bezeichnet. Die Gesellschaft wird durch die Zusätze „i. A." (in Abwicklung) oder „i. L." (in Liquidation) gekennzeichnet. Seit der Abwicklung von Institutionen der DDR und der vormaligen volkseigenen Betriebe durch die Treuhandanstalt ist der Begriff weit verbreitet.

Liquidation kommt von spätlateinisch liquidatio, Verflüssigung.

ADAV →Gewerkschaften

ADB →Entwicklungsbanken

Ad-hoc-Publizität →Publizität, →Bundesaufsichtsamt für den Wertpapierhandel

AG →Aktiengesellschaft, →Rechtsformen von Unternehmen

AG & Co. →Aktiengesellschaft & Co., →Rechtsform von Unternehmen

AG & Co. KG →Rechtsformen von Unternehmen

AGB →Allgemeine Geschäftsbedingungen

Agenda 2000

der 1997 veröffentlichte Arbeitsplan der EU-Kommission, der neben der Haushaltsplanung für die Jahre 2000 bis 2006 (→EU-Finanzverfassung) auch die Erweiterung um neue Mitglieder sowie die Reform der →EU-Agrarpolitik und der →EU-Strukturfonds umfaßt. Die EU, der aus jedem Mitgliedsland ein Finanzbeitrag von 1,27 Prozent des jeweiligen Bruttosozialprodukts zusteht, will diesen Anteil bis 2006 nicht erhöhen. Stattdessen sollen Strukturhilfen für neue Mitglieder aus einem geänderten Strukturfonds mit nur noch drei statt bisher sieben Förderzielen und geringeren Leistungen aufgebracht werden. Ohnehin soll die →EU-Agrarpolitik geändert werden, indem die Agrar-Garantiepreise gesenkt werden und die Landwirte direkte Einkommensbeihilfen erhalten. — Insgesamt bedeuten die Vorschläge, dass die Zahlungsverpflichtungen der EU verringert werden. In den Beitrittsländern senken sie die Gefahr gewaltiger Überproduktionen und kommen den Liberalisierungsauflagen der →Uruguay-Runde bzw. der →Welthandelsorganisation entgegen. Die Hoffnungen der Beitrittskandidaten auf enorme EU-Transferleistungen für ihre unwirtschaftlichen Agrarstrukturen sind durch die Agenda 2000 erheblich gedämpft worden. Fachleute gehen davon aus, dass auch nach einer Umstrukturierung das gesamte Gebiet der Beitrittsländer gefördert werden muss und deswegen Förderungen in West- und Südeuropa auslaufen.

Agrarrechnungseinheit →grüne Parität

AgV →Verbraucherschutz

AHK →Industrie- und Handelskammer

AIM →Risikokapital, →Börsensegmente

AKP-Abkommen

auch „Lomé-Abkommen" (s.u.), Handelsabkommen zwischen der EU und insgesamt 70 Ländern (1997) aus Afrika, der Karibik und dem Pazifischen Raum. Das Abkommen ist ein Mittel der Entwicklungszusammenarbeit und ermöglicht den überwiegend sehr armen Teilnehmerländern den freien Export ihrer Erzeugnisse in die EU, sofern sie nicht die entsprechenden Industrien in der EU gefährden. Das derzeit gültige 4. Abkommen umfasst den Zeitraum von 1990 bis 2000. — Neben den handelspolitischen Vereinbarungen ist die finanzielle und technische Unterstützung bedeutend. Das Finanzpaket für die Jahre von 1995 bis 2000 umfasst 15 Milliarden Ecu, mit denen überwiegend Projekte im ländlichen Raum gefördert werden. Ferner sind daraus für die Unterstützung von wirtschaftlichen Reformprogrammen 1,4 Milliarden Ecu vorgesehen; 1,8 Milliarden Ecu gehen an das System zur Stabilisierung der Exporterlöse von agrarischen Rohstoffen →Stabex, (→Europäischer Entwicklungsfonds). — 1995 neu aufgenommen wurden u.a. Bestimmungen, nach denen künftig die Verwendung der Mittel besser kontrolliert werden kann. Seither werden die Mittelzusagen nicht nur an die Achtung von Menschenrechten und Demokratie, sondern auch an das Prinzip der Rechtsstaatlichkeit gebunden. Erstmals wurde eine Suspensionsklausel aufgenommen, mit der das Abkommen gekündigt werden kann, wenn die Bedingungen nicht eingehalten werden. Die Klausel zielt vor allem auf eine Bloßstellung des AKP-Landes. Weil EU-intern über das Abstimmungsverfahren Streit herrscht, ist die Klausel selbst (Stand: 1997) noch nicht genutzt worden. Der Ausschluss einiger afrikanischer Länder aus dem AKP-System beruht einstweilen auf anderen Bestimmungen. — Ein 1996 von der EU vorgestelltes „Grünbuch" über die Zukunft ihrer Entwicklungszusammenarbeit sieht Armutsbekämpfung, Erziehung und Berufsausbildung sowie den Umweltschutz als hauptsächliche Aufgabenfelder für Projekte im Rahmen des AKP-Abkommens. Machten 1980 die Einfuhren aus den AKP-Ländern noch 16 Prozent der EG-Gesamtimporte aus, waren es 1997 weniger als 2,8 Prozent. Als Konkurrenz um EU-Fördermittel treten vor allem die ostmitteleuropäischen Beitrittskandidaten und die nordafrikanischen Mittelmeer-Anrainer auf.

Die AKP-Abkommen werden auch als Lomé-Abkommen bezeichnet, weil der erste Vertrag 1975 in Lomé, der Hauptstadt Togos, unterzeichnet wurde. Aus Afrika nehmen 47, aus der Karibik 15 und aus dem pazifischen Raum acht Länder teil.

Akquisition

(1) die Übernahme eines Unternehmens aus der Sicht des Übernehmenden (→Unternehmenszusammenschlüsse), (2) das Einwerben eines Kunden oder eines Auftrags.

Der Begriff kommt von lateinisch acquisitio „Erwerbung".

Aktie

Anteil am Stammkapital einer →Aktiengesellschaft, wichtige Form der Unternehmensfinanzierung und der Kapitalanlage von der kurzfristigen Spekulation bis zur langfristigen Investition. Die meisten Aktien sind an einer oder mehreren →Börsen notiert. Vorteile sind für die Eigentümer, dass die Anteile leicht gehandelt und ihre augenblicklichen Bewertungen leicht feststellbar sind. Vorteile für das Unternehmen sind die einfache Kapitalbeschaffung bei einer großen Zahl von Geldgebern und die Unkündbarkeit des Aktienkapitals (ein →Aktionär kann nur an der Börse verkaufen, nicht aber das Wertpapier zurückgeben). — Deutsche Aktien müssen einen Mindestnennbetrag von 5 DM aufweisen; bis 1994 lag der Mindestbetrag bei 50 DM. Dieser Nennwert ist immer noch verbreitet, hat jedoch so hohe Kurswerte zur Folge, dass der Kauf einer solchen Aktie für Kleinanleger oft nicht in Betracht kommt. Viele Aktiengesellschaften splitten deswegen ihre Aktien im Verhältnis 1:10. Danach besitzt der vormalige Inhaber einer Aktie zu 50 DM zehn Aktien im Nennwert von fünf Mark; der Kauf- bzw. Kurswert liegt dann bei einem Zehntel des vorherigen Preises. Aktien ohne Nennbetrag, die auf einen Bruchteil des Gesamtunternehmens (z.B.1/100.000) ausgestellt sind, heißen Quotenaktien. Vor allem in den USA üblich, sind sie als Stückaktien (als Anteil am Stammkapital, nicht am Gesamtunternehmen) seit 1998 auch in Deutschland zugelassen. Anlass ist die Einführung des Euro, weil eine Umstellung der Aktien von DM auf Euro gebrochene Nennwerte bedeuten würde. Mit der Einführung der Quotenaktie wird die aus der Sicht von Aktionären unsinnige Trennung zwischen Nominalwert und Kurswert aufgehoben. Kritiker der deutschen Buchhaltungsvorschriften halten die deklarierte Höhe des Stammkapitals einer Aktiengesellschaft ohnehin für aussagelos. — So wie →Aktionäre am Stammkapital des Unternehmens beteiligt sind, sind sie es auch an seinem Gewinn. Die Gewinnverwendung wird von der nach Anzahl der Aktionäre oft schwach besuchten →Hauptversammlung beschlossen. Meist verbleibt ein Teil im Unternehmen, ein Teil wird ausgeschüttet. Der Anteil, der auf eine einzelne Aktie entfällt, heißt →Dividende; das Anrecht darauf muss nachgewiesen werden. Physisch besteht eine Aktie deswegen aus dem „Mantel", der Aktienurkunde selbst, sowie dem „Bogen" aus Dividendenscheinen („Kupons"), die zum Bezug der Dividende berechtigen und jährlich eingereicht werden müssen. Der letzte Abschnitt des Bogens ist ein „Erneuerungsschein", der zum Bezug des nächsten Bogens berechtigt. Tatsächlich werden Aktien heute weitgehend elektronisch verwaltet und liegen meist in →Girosammelverwahrung bei einer Bank. — Aktien berechtigen zur Teilnahme an der und zum Stimmrecht in der Hauptversammlung, weiterhin u.a. zum Recht auf den Bezug „junger" Aktien bei Kapitalerhöhungen (wird das Stammkapital z. B. um zehn Prozent erhöht, kann ein Inhaber von zehn Aktien eine neue erwerben, ohne mit anderen Kaufwilligen um eine Zuteilung zu konkurrieren). Der Börsenkurs junger Aktien liegt etwas niedriger als derjenige der alten Aktien, weil sie meist im Verlauf des Geschäftsjahrs ausgegeben wurden und noch nicht voll dividendenberechtigt sind. Im Gegensatz zu den weithin üblichen Stammaktien („Stämme") berechtigen Vorzugsaktien („Vorzüge") zu einer erhöhten Dividende oder Vorrechten im Fall einer Liquidation. Wenn die Inhaber dafür auf das Stimmrecht in der Hauptversammlung verzichten, sind die Vorzüge „stimmrechtslos". — Eine Sonderform stellt das Mehrfachstimmrecht dar; hier verfügt ein Aktionär über doppeltes bis mehrhundertfaches Stimmrecht pro Aktie, was großen Einfluss bei geringer Kapitalbeteiligung ermöglicht. Historisch geht es auf die Inflation der zwanziger Jahre zurück, als die Unternehmen ständig ihr Kapital erhöhen mussten, die öffentlichen Mehrheitseigner aber nicht nachziehen konnten und ihre Kapitalmehrheit verloren. Mehrfachstimmrechte sind bis heute bei Versorgungs- und halböffentlichen Verkehrsunternehmen verbreitet. So verfügten noch 1997 die Kommunalaktionäre der Fränkischen Überlandwerke AG über das 3200fache Stimmrecht. Mehrfachstimmrechte sind zu einer Belastung für die betroffenen Unternehmen geworden: (1) Für die Börse stellen sie ein schlecht wägbares Risiko dar. (2) Der Einfluss der Kleinaktionäre auf die Unternehmenspolitik kann enorm groß sein. (3) Meist führen Mehrfachstimmrechte zu einer Gremienverfilzung der Kommunen mit dem Unternehmen und damit zu einem Loyalitätsnetz, vor allem durch die Einrichtung zahlreicher Pöstchen für verdiente Kommunalpolitiker. Innerhalb einer mit der Reform des Aktienrechts (1998) begonnenen Fünfjahresfrist soll das Mehrfachstimmrecht beseitigt werden. — Um die Handelbarkeit der Aktien nicht einzuschränken, sind sie meist „Inhaberaktien“; wer sie besitzt, ist auch ihr Eigentümer und weist dies durch den Besitz nach. Die umständlicher zu handelnden „Namensaktien“ tragen den Namen des Inhabers, der auch im Aktienbuch des Unternehmens eingetragen ist. Es ermöglicht jederzeit einen Überblick über die Beteiligungsverhältnisse an einem Unternehmen. Besonders erschwert, umständlich und teuer ist eine Beteiligung, wenn „vinkulierte Namensaktien“ ausgegeben wurden, denn die AG muss jedem Eigentümerwechsel zustimmen und kann sich so wirksam vor feindlichen Übernahmen schützen. Diese Form ist bei börsennotierten Versicherungsunternehmen verbreitet, aber in den achtziger Jahren durch den Kampf um die Mehrheit am Medienkonzern Axel Springer AG bekannt geworden. — Aktien stellen für Unternehmen eine attraktive Kapitalquelle dar, weil die Beschaffung anders als bei Anleihen oder Krediten keine fixen Kosten verursacht; die Dividende kann vielmehr dem Geschäftsverlauf angepasst werden. Die Kapitalversorgung durch Verschuldung ist in Deutschland allerdings oft steuerlich attraktiver. Für Kapitalanleger sind Aktien als Hauptpfeiler der Altersversorgung wegen der Kurs- und Dividendenrisiken nicht populär, auch wenn die höheren Risiken eine höhere Rendite erbringen. In Deutschland waren 1997 rund sechs Prozent des Geldvermögens in Aktien angelegt; 1972 waren es noch 22,5 Prozent. Während in Deutschland sechs bis sieben Prozent der Bevölkerung Aktien besitzen, sind es in den USA, auch aufgrund dort unzureichender staatlicher Altersversorgung, 51 Prozent (1997). Durch die enorme Nachfrage nach Aktien steht dort Unternehmen ein erhebliches Finanzierungsangebot zur Verfügung. — Aktienrückkauf, besonders in den USA verbreitet, ist ein Mittel für Unternehmen, den Aktienkurs zu „pflegen“ und überschüssige Liquidität an die Aktionäre auszuschütten; treten Unternehmen als Käufer der eigenen Aktien an der Börse auf, steigen die Kurse. In Deutschland sind Aktienrückkäufe seit 1998 erleichtert.

Der Begriff ging über niederländisch actie „Anteilschein an einer Gesellschaft“ aus lateinisch actio „Tätigkeit, klagbarer Anspruch“ hervor. — Die aktienrechtlichen Bestimmungen für die Aktiengesellschaft gelten auch für Kommanditgesellschaften auf Aktien (→Rechtsformen von Unternehmen). — Nach der Einführung der Währungsunion soll der Aktien-Mindestnennbetrag bei 1 Euro liegen.

Aktienfonds
Vermögen einer Kapitalanlagegesellschaft, das in Aktien angelegt ist. Ein Korb von Aktien wird nach bestimmten Kriterien (Branchen, Länder, Risiko, Titel eines →Aktienindex) als →Fonds zusammengestellt und Anteile davon dem Kapitalanleger verkauft. Für ihn entfällt damit die aufwändige Zusammenstellung eines eigenen →Portfolios; wegen der Höhe der Fondsgebühren erfolgt die Investition meist für einen langen Zeitraum. Die zahlreichen in- und ausländischen Aktienfonds bieten eine große Auswahl an Anlagemöglichkeiten. Gemessen wird die Wertentwicklung eines Aktienfonds („Performance") meist an der Wertentwicklung vergleichbarer Fonds oder der Kursentwicklung von Aktienindizes.

Aktiengesellschaft (AG)
gesellschaftsrechtliche Konstruktion für mittlere und die meisten Großunternehmen. Das Mindest-Grundkapital beträgt 100.000 Mark. Das Kapital der AG ist in →Aktien gestückelt und leicht handelbar. Organe der AG sind der →Vorstand, der die Geschäfte führt, der →Aufsichtsrat, der die Anteilseigner vertritt und die Geschäfte kontrollieren soll, und die →Hauptversammlung der Aktionäre und Aktionärsvertreter. AGs können der →Mitbestimmung im Aufsichtsrat unterliegen. Die seit 1994 zugelassene „kleine Aktiengesellschaft" kann anders als zuvor einen einzelnen Gründungsaktionär haben und ist bei weniger als 500 Beschäftigten nicht mitbestimmt. — Aktiengesellschaften geraten wegen ihrer Börsennotierung, ihrer →Publizität (Geschäftsberichte, Hauptversammlungen, Informationen an die Aktionäre) und der Mitbestimmung schneller in die öffentliche Diskussion als Konzerne mit Rechtsformen, die eine verschwiegenere Geschäftspolitik ermöglichen (→Rechtsformen von Unternehmen). Die politische Kritik der siebziger Jahre an der Einflussnahme auf Regierung und Parlamente („Lobbyismus") im Inland und als →multinationale Konzerne in der Dritten Welt wirkt bis in die Gegenwart fort. In den achtziger Jahren kamen Konflikte um →Ökologie und →Verbraucherschutz hinzu, in den Neunzigern mit der Verbreitung des →Shareholder Value auch die Aufkündigung der Standortloyalität und der traditionellen sozialpartnerschaftlichen Beziehungen. — Mit dem Verschwinden des alten, patriarchalischen Familienunternehmers (auf den sich die antikapitalistische Kritik der Studentenbewegung, vor allem aber der orthodox-marxistischen Parteien konzentriert hatte) erschien an der Spitze der AG der neue Typus des angestellten „Top-Managers". Er ist austauschbar, repräsentiert Strukturen eher, als dass er sie prägt, und trägt im Extrem die Verantwortung für ein Unternehmen nur noch im Rahmen seines Arbeitsvertrages. An der Aufrechterhaltung des sozialen Friedens im Betrieb und des sozialen Konsenses in der Gesellschaft ist er nur noch interessiert, soweit sich dies als betriebswirtschaftlich positiv niederschlägt. Das Unfehlbarkeits-Image, das ein gut ausgebildeter und modern leitender Vorstand ausstrahlt, wirkt angesichts der insgesamt zahlreichen Managementfehler

dieser Gruppe provozierend. Einige spektakuläre Großverluste und Firmenzusammenbrüche haben dies zu einer populistischen Stimmung gegen die „Nieten in Nadelstreifen" (so der Titel eines Erfolgsbuchs von Günter Ogger) noch verdichtet. Manager können selbst nach schweren Fehlentscheidungen „weich landen" (→Abfindungen) und schnell anderswo einen neuen verantwortungsvollen Job finden, während durch ihre Inkompetenz ganze Belegschaften gefährdet werden. Aktionärsvertreter fordern seit langem, nicht nur die Haftung von Aufsichtsräten, sondern auch von Vorstandsmitgliedern bei Fehlverhalten zu verstärken.

Das Mindestgrundkapital einer Aktiengesellschaft soll mit der Einführung der →Wirtschafts- und Währungsunion EU-einheitlich 25.000 Euro betragen.

Aktiengesellschaft & Co. (AG & Co.)
Unternehmen in der Form einer offenen Handelsgesellschaft, in der einer der Gesellschafter eine Aktiengesellschaft ist; selten.

→ Rechtsformen von Unternehmen

Aktienindex
Kennzahl zur Bestimmung der Kursentwicklung an einer Aktienbörse. Meist wird zu seiner Zusammensetzung aus den gehandelten inländischen Aktien eine repräsentative Auswahl herangezogen: die umsatzstärksten Papiere, die der größten Unternehmen (→Börsenkapitalisierung) sowie die wichtigsten Papiere der bedeutendsten Branchen. Die Berechnung von Indizes kann auf verschiedene Weise erfolgen. Verbreitet sind (1) die Preisgewichtung, bei der jeweils eine Aktie in den Index aufgenommen wird und die Kursschwankungen der teuren Titel den Index stark beeinflussen, und (2) die Kapitalisierungsgewichtung, bei der sich die Gewichtung einer Aktie in einem Index an ihrer Börsenkapitalisierung oder ihrem Stammkapital orientiert. Eine unmittelbare finanzielle Bedeutung haben Indizes erhalten, seit auf ihnen neue Finanzinstrumente (→Derivate) beruhen. — Üblich ist die gleichzeitige Verwendung verschiedener Indizes, um damit die unterschiedlichen Interessen von Analysten, Groß- und Kleinanlegern zu berücksichtigen. Die dabei gelegentlich verwendeten Zahlen geben die Anzahl der berücksichtigten Papiere an.

In Deutschland wird der →Deutsche Aktienindex (DAX) aus 30 Werten, der auf der Börsenkapitalisierung beruht, am stärksten beachtet. Der weltweit bedeutendste Index ist der preisgewichtete New Yorker →Dow Jones Industrial Average (DJIA) mit ebenfalls 30 Titeln. Der wichtigste japanische Index ist der (preisgewichtete) →Nikkei mit 225 Papieren. Für die Aktienbörse in London ist der (kapitalisierungsgewichtete) →FTSE 100 („Footsie") maßgeblich. Seit 1998 werden zwei „Stoxx"-Indizes berechnet. Der Dow Jones Stoxx 50 enthält die 50 wichtigsten Aktien aus EU und Schweiz (darunter neun deutsche). Der Dow Jones Euro Stoxx 50 enthält die 50 größten Aktien aus den elf mutmaßlichen Teilnehmerländern der →Wirtschafts- und Währungsunion (darunter elf deutsche).

Aktienrückkauf →Aktie

Aktiensplit →Aktie

Akzept →Wechsel

Alhi →Arbeitslosenversicherung

Aktionär

Inhaber einer →Aktie. Für seinen Anteil am Stammkapital hat er Anspruch auf einen Anteil am Jahresreingewinn (→Dividende). Sofern seine Aktien nicht stimmrechtslos sind, verfügt er auch über ein Mitspracherecht bei der Entscheidung über die Aufteilung und Verwendung des Jahresergebnisses. Nach dem Umfang des von ihm gehaltenen Anteils an einer Aktiengesellschaft wird er als Großaktionär (ab 10 oder 25 Prozent, →Schachtel) oder als Kleinaktionär bezeichnet. — Unmittelbaren Einfluss auf die Geschäftspolitik können Aktionäre theoretisch auf der →Jahreshauptversammlung (HV) ihres Unternehmens ausüben. Diese „Aktionärsdemokratie" wird aber durch den oftmals unverhältnismäßigen Teilnahmeaufwand für Kleinaktionäre, durch das →Depotstimmrecht der Banken und durch Absprachen der dominanten Großeigentümer (→Bankenmacht) über den erwünschten Verlauf der HV stark eingeschränkt. Die Rechte der Kleinaktionäre werden von zahlreichen, auf Hauptversammlungen oft kritisch auftretenden Schutzvereinigungen gewahrt, denen Kleinaktionäre ihr Stimmrecht übertragen haben. — Seit den achtziger Jahren sind auch →kritische Aktionäre und →ethische Aktionäre bekannt. Während kritische Aktionäre meist die Geschäftspolitik eines Unternehmens kritisieren, ohne an seinem wirtschaftlichen Erfolg interessiert zu sein, bleiben ethische Aktionäre renditeorientiert.

Allfinanz

Konzept des Angebots von Finanzdienstleistungen aus einer Hand. Es ist durch das Verschmelzen von Bank-, Bausparkassen- und Versicherungsunternehmen in den achtziger Jahren entstanden. Darunter fallen vor allem Aufkäufe oder die Gründung von Tochterunternehmen in den benachbarten Branchen sowie wechselseitige Kapitalbeteiligungen (→Finanzkonglomerate). Unmittelbare Vorteile für die Versicherungen sind der günstige Vertrieb ihrer Produkte durch das Filialnetz einer Bank und die lukrative Abwicklung von Bauspar- und Versicherungsgeschäften durch die Bank. Langfristig können sich vor allem die Großbanken zu Anbietern aller Finanzdienstleistungen entwickeln, während umgekehrt diese Kompetenz den Versicherungsunternehmen nicht zugetraut wird. Insgesamt steigert das Allfinanzkonzept vor allem den Einfluss der →Großbanken und Großversicherungen im Finanzsektor. — Möglich ist, dass sich die Kapitalanlagepolitik einer Versicherung explizit an den Geschäftsinteressen einer Großbank orientiert. Eine wechselseitige Kapitalstärkung steht bei Allfinanz-Kapitalverflechtungen nicht im Vordergrund, weil die Aufsichtsämter auf die getrennte Verwendung der Mittel achten.

In Deutschland ist die staatliche Überwachung auf das →Bundesaufsichtsamt für das Kreditwesen, das →Bundesaufsichtsamt für den Wertpapierhandel und das →Bundesaufsichtsamt für das Versicherungswesen aufgesplittert.

Allgemeine Geschäftsbedingungen (AGB)
die für eine Vielzahl von Verträgen vorformulierten Bedingungen, die eine Vertragspartei (meist ein Unternehmen) der anderen (meist einem Kunden) einseitig auferlegt. AGB vereinfachen zwar die rechtlichen Beziehungen, aber während Unternehmen mit Produktversprechen, Lieferpünktlichkeit, Qualität und Service werben, streben sie hinsichtlich der Kaufvertragsbedingungen (mit Ausnahme von „Kulanz") keinen Wettbewerb an. Das Abwälzen von Risiken und Lasten (Gewährleistung, Haftung, Leistungs- und Zahlungsbedingungen) auf die Kundschaft hat 1976 zu einer gesetzlichen Regelung geführt (AGB-Gesetz), die die Geschäftsbedingungen fairer gestaltet und eine Reihe von Klauseln für nichtig erklärt.

AGB gelten nicht auf dem Gebiet des Arbeits-, Erb-, Familien- und Gesellschaftsrechts.

Allgemeine Ortskrankenkasse →Krankenversicherung

Alo →Arbeitslosenversicherung

Alternativbetriebe
vor allem zwischen Mitte der siebziger und achtziger Jahre in der alten BRD entstandene, zunächst antikapitalistisch eingestellte und radikaldemokratische Unternehmensform, die auf Selbstverwaltung, Gleichberechtigung und Freiwilligkeit beruht. Die Eigentumsrechte liegen tatsächlich oder auch rechtlich beim Kollektiv. Die systematische Abgrenzung zwischen Alternativbetrieben und →Genossenschaften, Betrieben im Belegschaftsbesitz oder bäuerlichen Produktionsgemeinschaften ist unscharf. Fast immer sollen Produkte und Produktionsweisen auch ökologische Kriterien erfüllen. Die traditionelle Kapitalmaximierung ist unbedeutend, die Einheits- oder Bedarfslöhne liegen meist unter denen vergleichbarer traditionell geführter Unternehmen. Engagement und Verantwortlichkeit der Kollektivmitglieder sind dafür deutlich höher. Traditionelles Beschluss- und Kontrollgremium ist das Plenum, die Versammlung aller Betriebsangehörigen. Fluktuations- und Effizienzprobleme führten verbreitet zur Zunahme der Arbeitsteilung, zur Einführung formeller Hierarchie-Ebenen, zum Abschied vom Einheitslohn und zur Umwandlung größerer Alternativbetriebe in Genossenschaften. Aufgrund von Zielkonflikten unter den Kollektiveignern, vor allem der unterschiedlichen Bewertung von Kompetenz und Engagement bei Entlohnungs- und Entscheidungsfragen, gingen viele Alternativbetriebe in den Besitz von Einzelpersonen über. Andere, vor allem Handwerks-, Handels- und Dienstleistungsunternehmen, sind nur noch im Binnenverhältnis alternativ, während sie nach außen als „bürgerliche" Unternehmen auftreten, um Wettbewerbsnachteile zu vermeiden. Schätzungen über die Zahl der Arbeitsplätze in Alternativbetrieben schwanken zwischen 10.000 und 30.000.

alternative Nobelpreise
die 1980 vom deutsch-schwedischen Journalisten Jakob von Uexküll gestifteten „Right Livelihood Awards" zur Honorierung von „beispielhaften Lösungen von schwierigen Problemen unserer Zeit", insbesondere für den Einsatz für Umwelt, landes- und kulturangepasste Entwicklungsmodelle, Frieden und Menschenrechte. Die Preise werden vom schwedischen Parlament einen Tag vor der Aushändigung der klassischen →Nobelpreise vergeben.

Die vergebende Stiftung finanzierte v. Uexküll mit dem Verkauf einer Briefmarkensammlung nach Saudi-Arabien.

alternative Wirtschaftspolitik →Arbeitskreis Alternative Wirtschaftspolitik

Altschulden →Finanzierung der deutschen Einheit

amtlicher Handel →Börsensegmente

Angebot und Nachfrage
gelten in einem nichtregulierten Markt weithin als die beiden Faktoren, die die Höhe eines Preises festlegen. Tatsächlich gilt dies nur unter Idealbedingungen („vollkommene Märkte"): (1) wenn der Markt keine Monopolstrukturen aufweist, sondern viele untereinander konkurrierende Anbieter, (2) wenn Käufer und Verkäufer präzise und ständig aktualisierte Marktkenntnisse haben, Kunden also Gewohnheitskäufe unterlassen, (3) wenn Marktentscheidungen rein sachlich gefällt werden, also z. B. Spontankäufe unterbleiben, und (4) wenn die Güter völlig identisch sind, um die Preise wirklich vergleichbar zu machen. In der Praxis existieren deswegen nur unvollkommene Märkte, für die die volkswirtschaftlichen Modellvorstellungen nicht zutreffen.

angebotsorientiert
Bezeichnung für eine Wirtschaftspolitik, die Märkte so organisiert, dass ein Anreiz zum Wirtschaften be- oder entsteht. Zugrunde liegt die Vorstellung, dass Märkte zu einem stabilen Gleichgewicht neigen. Der Staat verzichtet insbesondere auf Konjunkturpolitik und zieht sich aus der Wirtschaft zurück. Dies bedeutet vor allem die Privatisierung staatlicher Unternehmen und die Deregulierung administrierter Märkte. Die häufigsten fiskalischen Instrumente sind (1) Steuersenkungen, um Investitionen zu stimulieren, (2) eine Sparpolitik mit Wachstumsraten der öffentlichen Haushalte unterhalb derjenigen der Volkswirtschaft, wodurch der Staatsanteil an der Wirtschaftsleistung (Staatsquote) sinkt, und zusätzlich noch (3) der Abbau der Haushaltsdefizite und damit niedrige Zinsen, um niedrigere Kapitalbeschaffungskosten für die Wirtschaft zu ermöglichen. Insgesamt wird die wirtschaftliche Rolle des Staates strikt auf die Ordnungspolitik begrenzt. Kritiker spötteln deswegen über das biedermeierliche Harmonie-Idyll des „Nachtwächterstaates". — Die zugrunde liegende Lehre des →Monetarismus hat in der Wirtschaftswissenschaft den zuvor dominanten →Keynesianismus abgelöst. Angebotsorientierte Wirtschaftspolitik wurde zuerst ab Ende der 70er Jahre in den USA (→Reaganomics) und in Großbritannien (→That-

cherismus) betrieben. Weil das sozialpolitisch rabiate liberale Konzept einer Gesellschaft aus Unternehmerpersönlichkeiten nicht zu der in Deutschland dominanten Idee einer sozialen Marktwirtschaft passte, ist es seit der politischen Wende von 1982/83 (Amtsantritt der CDU/FDP-Koalition) nur abgeschwächt eingeführt worden. Die deutsche Orientierung auf soziale Marktwirtschaft und die französische auf Hegemonie des Staates über die Wirtschaft haben lange dazu geführt, dass die 1996 abgelöste konservative Regierung Großbritanniens in einer von Frankreich und Deutschland dominierten EU einen wirtschaftspolitischen Gegenentwurf zum Monetarismus sah. In Deutschland sind die Vertreter der „reinen Lehre" immer einer Diskussion darum ausgewichen, ob eine angebotsorientierte Wirtschaftspolitik die wirtschaftlichen Folgen der deutschen Einheit besser bewältigt hätte als die tatsächliche Mischform. In einigen Reformländern mit einem eigenen Wirtschaftsraum, insbesondere in Polen, waren monetaristische Reformen hingegen erfolgreich. Sie wurden in der Bevölkerung aber auch akzeptiert, weil das Sozialsystem zunächst erhalten blieb – was der Idee einer angebotsorientierten Wirtschaftspolitik allerdings widersprach.

Gelegentlich wird auch der englische bzw. US-amerikanische Begriff Supply Side Economics benutzt; das gegenteilige Demand Management ist in Deutschland als Nachfragesteuerung bekannt. Gebräuchlich sind seit den 70er Jahren die Bezeichnungen →Policy Mix für eine Mischung aus angebots- und nachfrageorientierter Politik sowie →Deficit Spending für das Schuldenmachen zugunsten von mehr Beschäftigung. Deficit Spending ist damit der eigentliche politische Gegenbegriff zu den Supply Side Economics.

Ankündigungen

Sammelbezeichnung für Hinweise auf der Kursanzeigetafel einer Börse, wenn der Kurs einer Aktie oder eines festverzinslichen Wertpapiers stark schwankt. Dazu gehören Minus- und Plusankündigung, die eine Kursänderung zwischen fünf und zehn Prozent kennzeichnen, und Doppelminus- bzw. Doppelplusankündigungen, wenn der Kurs zwischen zehn und zwanzig Prozent sinkt oder steigt.

Anleihen

langfristige Kreditaufnahmen am Kapitalmarkt durch Schuldverschreibungen. Anleihen (englisch: Bonds) gehören zu den wichtigsten Formen der Kapitalversorgung juristischer Personen. Im Unterschied zu Krediten, die von Banken aufgebracht werden müssen, und zu Aktien, die eine Beteiligung am Unternehmen bedeuten, bieten Anleihen den Vorteil, über die Banken gestückelt an die größeren und kleineren Investoren des Kapitalmarktes weitergereicht zu werden, die selbst die Mittel aufbringen. — Emittenten sind die öffentliche Hand, Banken und große Industrieunternehmen; üblich sind dann die Bezeichnungen Staatsanleihen, Bankschuldverschreibungen und Industrieobligationen. Die Stückelung liegt meist zwischen 100 und 5.000 DM. Anleihen existieren zumeist nicht mehr physisch, sondern nur

Aktien und Anleihen im Vergleich

Absatz von Aktien (A) und festverzinslichen Wertpapieren (FV), in Mrd. DM

	1990	1991	1992	1993	1994	1995	1996
A	50,0	33,5	32,6	39,4	55,1	46,7	68,8
FV	244,8	232,0	291,8	395,1	303,3	227,2	255,2

Festverzinsliche Wertpapiere

Umlauf inländischer Emittenten, in Mrd. DM, Stand: 1996

Anleihen der öffentlichen Hand	1.303,9
Bankschuldverschreibungen	1.801.5
Hypothekenpfandbriefe	226,7
öffentliche Pfandbriefe	845,7
Schuldverschreibungen von Spezialkreditinstituten	228,3
sonstige	500,8
Industrieobligationen	3,3
zusammen	3.108,7

Quelle: Bundesbank

als Eintragung in Form der →Girosammelverwahrung. Sie bestehen aber (analog zu →Aktien) weiterhin aus dem Mantel, der eigentlichen Anleihe, und den jährlichen Kupons, mit denen die Zinsen geltend gemacht werden. Mantel und Kupon können getrennt voneinander gehandelt werden („Bond Stripping", →Dividendenstripping). — Anleihen können grob in Festverzinsliche und variabel Verzinsliche eingeteilt werden. Variabel Verzinsliche (engl. Floating Rate Notes, FRN) richten sich nach einem schwankenden Referenzzinssatz, oft den →Interbankraten (z. B. Libor). Nullkuponanleihen (→Zero Bonds) bringen keinen Zins, sondern werden bereits mit einem entsprechenden Abschlag ausgegeben und zum Nennwert zurückgenommen, oder aber sie werden zum Nennwert ausgegeben und die Zinsen erst bei Fälligkeit bedient. Vorteile sind (1) die Ausschüttung der Zinsen in einer Zeit, die steuerlich begünstigt sein kann (z. B. im Rentenalter, falls sie für die Altersversorgung gekauft wurden), (2) der Wegfall einer aufwändigen Wiederanlage der Zinserträge. — Die meisten Anleihen werden an Wertpapierbörsen gehandelt. Maßgeblich für ihren Kurs ist ihre Ausstattung (Laufzeit, Verzinsung, Risiko) im Vergleich zueinander oder zu anderen Anlagemöglichkeiten. Einige Finanzinnovationen seit dem Beginn der achtziger Jahre stellen Übergangsformen von Anleihen zu den Wertpapieren der Devisen- und Aktienmärkte dar. So kommt bei Fremdwährungsanleihen (z. B. Dollar-Anleihen auf dem →Eurokapitalmarkt) zum Börsenkurs- noch das Wechselkursrisiko hinzu. Bei Doppelwährungsanleihen kann entweder der Schuldner oder der Gläubiger bestimmen, in welcher von zwei vorher festgelegten Währungen zurückgezahlt wird. Wandelanleihen bieten die Möglichkeit zum Tausch in Aktien des ausgebenden Unternehmens, Optionsanleihen ermöglichen dies zu einem vorher festgelegten Kurs. — Staatsanleihen sind die Sammelbezeichnung für Anleihen der öffentlichen Hand und deren mit Abstand wichtigste Mittel zur Kreditbeschaffung bzw. zur Finanzierung der Staatsverschuldung. Emittenten in Deutschland sind der Bund und seine →Sondervermögen sowie Länder und Kommunen. Anleger können Bundeswertpapiere kostenfrei von der →Bundesschuldenverwaltung aufbewahren lassen. Die wichtigsten Anleiheformen des Bundes sind: (1) Bundesanleihen, die vom Bund und den Sondervermögen je nach Kapitalbedarf ausgegeben werden und über das →Bundesanleihekonsortium an die Anleger verkauft werden. Sie haben meist eine Laufzeit von zehn Jahren. (2) Bundesobligationen (→Bobl, Plural: Bobls) haben hingegen eine Laufzeit von fünf Jahren und sind in Serien eingeteilt. Innerhalb dieser Serien sind sie Daueremissionen mit einheitlichem Zinssatz, wobei anfangs weder Emissionsvolumen noch Emissionszeitraum festgelegt sind. Das Bundesanleihekonsortium ist nicht zur Übernahme verpflichtet. Lässt das Interesse der Marktteilnehmer nach, legt der Bund eine neue Bundesobligation mit einem attraktiveren Zinssatz auf. Nimmt hingegen das Interesse stark zu, wird der Zinssatz einer neuen Serie gesenkt. (3) Schatzanweisungen haben meist eine Laufzeit von unter vier Jahren und sind Einmalemissionen bei Bedarf. (4) → Bundesschatzbriefe („Bundesschätzchen") dienen zugleich der Staatsfinanzierung und der privaten Vermögensbildung. Ihr Hauptmerkmal sind die über den Emissionszeitraum ansteigenden Zinsen. Sie werden nicht an Börsen gehandelt und haben deswegen kein Kursrisiko. (5) Finanzierungsschätze, ebenfalls nicht gehandelt, haben Laufzeiten von ein bis zwei Jahren. Sie werden abgezinst ausgegeben und zum Nennwert zurückgekauft. (6) Fundierungsschuldverschreibungen, 1991 ausgegeben, bedienen Zinsrückstände aus den Jahren 1945 bis 1952 auf Staatsanleihen der Zwischenkriegszeit, deren Zahlung das Londoner Schuldenabkommen von 1953 für den Fall der Wiedervereinigung Deutschlands festgelegt hatte. — Anleihen, die von Geschäfts- und Spezialbanken ausgegeben werden, tragen die Sammelbezeichnung Bankschuldverschreibungen. Die Einnahmen daraus dienen zur Finanzierung ihrer anderweitig ausgegebenen Kredite; wegen der →goldenen Finanzregel entsprechen sich in der Regel die Fristen von Anleihen und Krediten. Kurzfristige Bankschuldverschreibungen sind etwa die →Certificates of Deposit. Mittel- und Langfristige haben eine Laufzeit von über zwei Jahren. Bedeutend sind Pfandbriefe, deren Erlöse nur als Kredite zur Grundstücks- und Gebäudefinanzierung verwendet werden dürfen, wobei die Immobilien als Sicherheit für diese Kredite dienen. Erlöse aus Kommunalobligationen, die von Kreditinstituten (meist Sparkassen) ausgegeben werden, dürfen nur kommunalen Körperschaften, meist Gemeinden, zufließen. Spezialinstitute, die zur Ausgabe von Anleihen berechtigt sind, sind die →Kreditanstalt für Wiederaufbau (KfW) zur Investitions- und Innovationsförderung, die →Deutsche Ausgleichsbank (DtA) zur Finanzierung wirtschaftlicher, ökologischer und sozialer Investitionen und die Deutsche Siedlungs- und Landesrentenbank (DSL Bank) zur Entwicklung des ländlichen Raums. — Industrieobligationen sind in Deutschland nicht nur aus steuerlichen Gründen selten; der wichtigste Grund ist die Attraktivität des →Eurokapitalmarktes mit seinen großen Umsätzen, vielen Teilnehmern und einer Vielfalt von (in Deutschland teilweise nicht zulässigen) Ausstattungen von Anleihen. — Die Qualität von Schuldnern und damit das Risikopotential von Anleihen werden international von Agenturen bewertet

(→Rating). Die Kursentwicklung der Anleihen wird in Rentenindizes zusammengefasst. Die Deutsche Börse AG in Frankfurt errechnet dazu den Deutschen Rentenindex (→REX).

Annuität →Tilgung

Anonymität

bei Banken die Möglichkeit eines Anlegers, ein (Spar-)Konto einzurichten und zu führen, ohne seine Identität preisgeben zu müssen. In Deutschland verboten, aber in zahlreichen Nachbarländern erlaubt sind Nummernkonten, bei denen der Name des Kontoführers durch eine Ziffernfolge ersetzt ist, und das Zwischenschalten von Treuhändern, die Konten im Auftrag einrichten und den Namen ihrer Klienten verschweigen dürfen. Die Konten-Anonymität gilt einerseits als Mittel, die Attraktivität eines Bankenplatzes zu steigern, andererseits als wichtige Voraussetzung für Steuerhinterziehung, →Geldwäsche und Schutz vor Beschlagnahme.

Während das →Bankgeheimnis dem Schutz des Kunden nach außen dient, regelt die Anonymität das Binnenverhältnis zwischen Bank und Kunden und verstärkt damit das Bankgeheimnis noch.

Anteile an Unternehmen

tragen unterschiedliche Bezeichnungen. Anteile an einer Personengesellschaft (wie offene Handelsgesellschaft oder Kommanditgesellschaft) heißen Einlage, an einer GmbH Stammeinlage, an einer Aktiengesellschaft Aktie, an einer Genossenschaft Geschäftsanteil.

→Rechtsformen von Unternehmen

antizyklische Wirtschaftspolitik →Konjunkturpolitik, →Zyklus
AO →Abgaben
ao. HV →Hauptversammlung
AOK →Krankenversicherung
Apec →Asia-Pacific Economic Cooperation
Äquivalenzprinzip →Leistungsfähigkeitsprinzip
AR →Aufsichtsrat
AR →Rentenformel

Arbeit

bewusste Tätigkeit eines Menschen zur Bedürfnisbefriedigung, heute körperliche und geistige Tätigkeit zur Erstellung von Gütern und Dienstleistungen. Sie wird als Erwerbs- oder Lohnarbeit bezeichnet, wenn sie gegen Entgelt erfolgt. Arbeit geschieht im Wechselverhältnis mit der Natur, begründet wegen der Arbeitsteilung die Gesellschaftlichkeit des Menschen und ist identitätsstiftend. Bis in die Neuzeit hinein wurde sie grundsätzlich als Mühsal betrachtet. Eine positive Definition der Arbeit als „vita activa" (Calvin) ist besonders in westlichen Industriegesellschaften vorherrschend, die auf der protestantischen Ethik beruhen, mit deren Aufkommen die kapitalistische Wirtschaftsweise einsetzte. Dem frühbürgerlichen Protestantismus zufolge ist wirtschaftlicher, insbesondere unternehmerischer Erfolg die diesseitige Belohnung Gottes für ein Leben in Tugendhaftigkeit (z. B. Fleiß, Pflichterfüllung, Sparsamkeit). Auch ein Staat, hieß es, könne auf diese Weise erfolgreicher sein als andere Staaten (z. B. durch göttliche Gewährung von Schlachtenglück). Um die Ansicht vom Sozialcharakter der Arbeit zu bewahren, mündet der Individualismus von Konkurrenz und Selbstverantwortung in die frühliberale These, dass gut für die Gesellschaft sei, was gut für den Einzelnen ist. Das in dieser Philosophie enthaltene Idyll zerbrach im 19. Jahrhundert mit der Industrialisierung und der Verelendung der Bevölkerung, dem massenhaften Absinken von Landarbeit sowie selbstständiger Handwerksarbeit in abhängige und entfremdete Lohnarbeit. — Mit der Evolution, der Herausbildung der Tausch- und später der Geldwirtschaft sowie der zunehmenden Arbeitsteilung und Spezialisierung fallen die Bedürfnisse der arbeitenden Menschen und die Ergebnisse ihrer Arbeit auseinander. Gegen Ausbeutung, Armut und Arbeitslosigkeit des Proletariats sollte eine Vielzahl sozialer Institutionen helfen, teils selbstorganisierte wie die sozialistischen Parteien, Gewerkschaften und Genossenschaften, teils konkurrierende staatliche wie die Sozialversicherungen. Insbesondere die Arbeiterbewegung zielte mit ihren politischen und wirtschaftlichen Forderungen darauf ab, die Entfremdung der Arbeit aufzuheben. Das Marx'sche Dogma, der Klassenkampf ende in der kommunistischen Weltrevolution, basierte aber auf Heilsvorstellungen, die den Lohn für die Arbeit letztlich im Jenseits des vollendeten Kommunismus verhießen. — Die Idee vom gerechten Arbeitslohn im Diesseits überdauert hingegen im mittelständisch-unternehmerischen und im Angestelltenbewusstsein. Beide Formen wurden, von ihren historischen Wurzeln weitgehend entkleidet, zur vorherrschenden Ideologie in den USA. Nach dem Zweiten Weltkrieg begann das Angestelltenbewusstsein auch in Deutschland den Arbeitsbegriff zu prägen und setzte sich ab den siebziger Jahren mit neuen Technisierungs- und Rationalisierungsschüben und erheblichen Ansprüchen an die Qualifikation von Arbeitnehmern durch. Mit der steigenden Komplexität der Arbeitsaufgaben nahm die Handarbeit schnell ab, die „abstrakte Arbeit" (Kopfarbeit) schnell zu. Die traditionalistische, auf die Arbeiter ausgerichtete Gewerkschaftsbewegung in der BRD und die SPD als Arbeiterpartei reagierten auf den Strukturwandel und den drohenden Bedeutungsverlust mit Konzepten, die Arbeitsverhältnisse und -bedingungen zu verbessern. So sollte etwa das Regierungsprogramm „Humanisierung der Arbeitswelt" seit Anfang der siebziger Jahre die Geringschätzung der „Werkbank" im Vergleich zum „Schreibtisch" aufheben. — Die antiautoritäre Bewegung ab Ende der sechziger Jahre lehnte die entfremdete Lohnarbeit ab. Die Alternativbewegung forderte seit den siebziger Jahren mit Vehemenz sinnvolle Arbeit und Selbstverwirklichung des Individuums. Damit traf sie wieder auf die Forderung nach Sinn im bürgerlich-unternehmerischen Arbeitsbegriff. Dessen faktische Sinndefizite („Arbeit um zu leben statt leben um zu arbeiten") versuchten einige von der katholischen Soziallehre geprägte Modernisierer zu überwinden. Die Neubewertung der Sozialarbeit (die kostengünstig und freiwillig staatliche Aufgaben übernimmt), die freiwillige Teilzeit- statt Vollzeitarbeit (die den Arbeitsmarkt entlastet) und die auf die Steigerung der Produktivität abzielende Förderung der Technologie, deren effizienter Einsatz ein solches Wohlstandsmodell ermöglichen sollte, wurden Anfang der achtziger Jahre unter der Bezeichnung „Späth-Kapitalismus" zusammengefasst (nach Lothar Späth, dem baden-württembergischen Ministerpräsidenten von 1978 bis 1991). — Die Defizite des bürgerlichen, autoritären Arbeitsbegriffs wurden weitgehend durch die modernen Informations- und Kommunikationstechnologien ausgeglichen. Zum Symbol für ausgenutzte Kreativitätspotentiale sowie technische und unternehmerische Dynamik wurde das Computer-Unternehmen Apple und die anderen im kalifornischen Silicon Valley entstandenen „Garagenfirmen", auf denen der Aufschwung der US-amerikanischen Hard- und Software-Industrie fußte. Sorgte in Deutschland die Alternativbewegung durch ihre Fragen nach dem Sinn der Arbeit und die Verantwortung für deren ökologische Folgen noch für einen Modernitätsschub, verlor sie diese kurzzeitige Dominanz schnell durch ihre Vorbehalte gegenüber kapitalistischen Effizienzforderungen und den neuen Technologien. Informellere Formen der Arbeit werden deswegen heutzutage vornehmlich in hierarchieschwächeren postmodernen Betrieben entwickelt. Sie kommen der allgemeinen Aufwertung des „Humankapitals" entgegen, wenn es gut ausgebildet und flexibel ist. — Bis heute hat Arbeit über die Erwerbsarbeit hinaus ihre zentrale Funktion der Sinngebung, Identitätsstiftung und Prägung der individuellen Lebenszusammenhänge behalten. Nach wie vor bleiben aber mit Hausarbeit, Kindererziehung und großen Teilen der Sozialarbeit wesentliche Bereiche der Arbeit unbezahlt; vor allem die Frauenarbeit im Reproduktionsbereich ist gesellschaftlich und materiell unterbewertet. Zugleich ist die Hoffnung verschwunden, in einem „reifen Kapitalismus" die Massenarbeitslosigkeit innerhalb eines überschaubaren Zeitraums zu überwinden. Wirtschaftspolitisch haben die beiden Flügelpositionen des →Keynesianismus und des →Monetarismus sowie die eine Mittelstellung einnehmende →soziale Marktwirtschaft auf Fragen nach der Zukunft der Arbeit in Gesellschaften mit Massenarbeitslosigkeit keine überzeugenden praktischen Antworten hervorgebracht. So bleibt umstritten, (1) ob einer Gesellschaft, die ihr Wohlstandsniveau nicht verlieren will, „die Arbeit ausgehen" kann (indem menschliche Lohnarbeit billiger von Maschinen und andere Arbeit gar nicht mehr erledigt wird, weil sie nicht bezahlt werden kann), (2) wie lange eine Gesellschaft, deren Mitglieder zu zwei Dritteln Arbeitsplatzinhaber sind und zu einem Drittel arbeitslos und/oder sozialhilfeabhängig leben oder in „prekären" (unsicheren) Arbeitsverhältnissen stecken, sozial, politisch und wirtschaftlich stabil bleiben kann, (3) welche Bedeutung eine Verkürzung der →Arbeitszeit als Umverteilung des „Arbeitsbesitzes" haben kann, (4) wie moderne Arbeitsbeziehungen in einer Informations- oder Kommunikationsgesellschaft überhaupt aussehen und welche gesetzlichen und institutionellen Bedingungen dafür nötig, welche aber auch überflüssig oder hinderlich sind, (5) in welchem Umfang arbeits- und tarifvertragliche Deregulierungen, die eigentlich mehr Arbeitsplätze bringen sollten, aufgrund der Globalisierung eher zu Arbeitsplatzverlusten führen.

Das gemeingermanische Wort arebeit bedeutete „schwere körperliche Anstrengung, Plage, Mühsal“ und hat erst in der Neuzeit seine grundsätzlich negative Bewertung verloren. Positiver belegt sind „Arbeiter“ (seit dem Beginn der Arbeiterbewegung) und „arbeitsam“.

Arbeitgeber

eine natürliche oder juristische Person, die mindestens einen →Arbeitnehmer beschäftigt. Durch den faktisch, mündlich oder schriftlich abgeschlossenen Arbeitsvertrag ist ein Arbeitgeber dem Arbeitnehmer gegenüber weisungsberechtigt und zur Entlohnung verpflichtet. Aufgrund des deutschen Steuer- und Abgabenrechts ist der Arbeitgeber dem Staat gegenüber für die Berechnung und Abführung von Lohnsteuern und Sozialabgaben zuständig; er selbst ist als Unternehmer, nicht aber als Arbeitgeber steuerpflichtig. — Die wichtigste überbetriebliche Bedeutung der Arbeitgeber liegt über ihre Branchenverbände in ihrer Eigenschaft als Vertragspartei bei →Tarifverhandlungen und in der wirtschafts- und sozialpolitischen Lobbyarbeit ihres Zusammenschlusses, der →Bundesvereinigung der deutschen Arbeitgeberverbände (BdA). Im Vergleich mit Unternehmerverbänden treten Arbeitgeberverbände wie Gewerkschaften oft moderat auf, weil sie als Tarifvertragsparteien an der Aufrechterhaltung des Betriebsfriedens und ihrer eigenen Bedeutung für die Aushandlung der Arbeitsbeziehungen interessiert sind. Unternehmerverbände kritisieren dies oft als „Tarifkartell“.

Arbeitnehmer

eine von einem →Arbeitgeber beschäftigte natürliche Person. Mit dem Arbeitgeber hat der Arbeitnehmer einen faktischen, mündlichen oder schriftlichen Arbeitsvertrag abgeschlossen und ist zu weisungsgebundener Arbeit verpflichtet, für die er ein Arbeitsentgelt (bei Arbeitern Lohn, bei Angestellten Gehalt) erhält. Arbeitnehmer können sich in →Gewerkschaften zusammenschließen, die auch die →Tarifverhandlungen mit den Arbeitgebern führen. Im Rahmen der →Mitbestimmung verfügen die Arbeitnehmer über das Recht zur Benennung von Mitgliedern des Aufsichtsrates eines Unternehmens und zur Bildung eines →Betriebsrates.

Zu Arbeitnehmern zählen auch Personen in Berufsausbildung. Keine Arbeitnehmer sind u.a. Beamte, Richter und Vorstandsmitglieder von Unternehmen, die juristische Personen sind.

Arbeitsbeschaffungsmaßnahmen (ABM)

das wohl bekannteste →arbeitsmarktpolitische Instrument. Mit ihnen finanziert die Bundesanstalt für Arbeit (BA) Stellen für zuvor über einen längeren Zeitraum Arbeitslose; ein Rechtsanspruch besteht nicht. ABM-Träger sind gemeinnützige Einrichtungen oder öffentliche Stellen. Die Förderungsdauer

ABM-Beschäftigte in Tausend

	Westd.	Ostd.	Deutschland
91	83	183	266
92	78	388	466
93	51	238	289
94	57	193	250
95	70	206	276
96	70	191	261
97*	55	119	174

97*: Stand Oktober. Quelle: BA

beträgt ein Jahr und wird nur noch sehr selten auf bis zu drei Jahre verlängert. ABM müssen im öffentlichen Interesse liegen, bisher nicht anderweitig finanziert und deswegen zusätzlich eingerichtet sowie arbeitsmarktpolitisch zweckmäßig sein. Damit soll verhindert werden, dass insbesondere Kommunen ihre Aufgaben per ABM erledigen und durch sinkende Aufträge an Unternehmen neue Arbeitslosigkeit hervorrufen. Vor allem mittelständische Firmen, die davon betroffen sein könnten, beobachten die ABM-Vergaben auf kommunaler Ebene genau. — Die Kosten von ABM und traditioneller, direkter Finanzierung von Arbeitslosigkeit sind ungefähr gleich, wenn sie ressortübergreifend und gesamtwirtschaftlich verglichen werden; allein auf die Kosten der BA abgestellt, sind ABM teurer. Vorteil einer ABM ist der Erhalt und die Verbesserung der Arbeitsqualifikation und damit eine leichtere Rückkehr in Normalarbeitsverhältnisse. Nachteil ist der mangelnde Anreiz, während der ABM-Laufzeit in ein Normalarbeitsverhältnis zu wechseln.

ABM sind seit 1984 im Arbeitsförderungsgesetz verankert. Mit der deutsch-deutschen Einheit ab 1990 und der Verfestigung struktureller Arbeitslosigkeit auf sehr hohem Niveau nahm die Bedeutung von ABM erheblich zu. Waren in der BRD in den achtziger Jahren rund 100.000 Personen jährlich gefördert worden, ging die Zahl in Westdeutschland in den Neunzigern deutlich zurück. In Ostdeutschland erreichte die Zahl der ABM mit 400.000 Personen im Jahr 1992 ihren Höhepunkt. Der ABM-Lohn liegt um bis zu 20 Prozent unterhalb des Tariflohnes, kann aber durch Kofinanzierung (z. B. einer Kommune oder anderer Träger) aufgestockt werden.

Arbeitsgemeinschaft der Verbraucherverbände →Verbraucherschutz

Arbeitskampf

im weitesten Sinn eine Störung des Arbeitsablaufs durch Arbeitgeber oder Arbeitnehmer, um wirtschaftliche oder politische Ziele zu erreichen. In Deutschland sind Arbeitskämpfe grundgesetzlich nur „zur Wahrung und Förderung der Arbeits- und Wirtschaftsbedingungen" zulässig. Politisch motivierte Arbeitskämpfe sind nicht erlaubt. Traditionelle Instrumente sind die kollektiven Kampfmittel, →Streik (der Arbeitnehmer) und →Aussperrung (der Arbeitgeber), mit denen wirtschaftlicher Druck auf die jeweils andere Seite ausgeübt werden soll.

„Arbeitskämpfe sind im allgemeinen unerwünscht, da sie volkswirtschaftliche Schäden mit sich bringen und den im Interesse der Gesamtheit liegenden sozialen Frieden beeinträchtigen", urteilte das Bundesarbeitsgericht 1955 ohne jede Vorstellung von der Notwendigkeit, Verteilungskonflikte zu institutionalisieren.

Arbeitskosten
Die Summe aus dem Direktentgelt eines Arbeitnehmers und den Lohnnebenkosten (Lohnzusatzkosten). Ein internationaler Vergleich von Arbeitskosten ist wegen der schwankenden Wechselkurse und der ungleichen Entwicklung der Arbeitsproduktivität wenig sinnvoll. Aussagekräftiger ist die Entwicklung der →Lohnstückkosten.

Arbeitskreis Alternative Wirtschaftspolitik (Memorandum-Gruppe)
eine Vereinigung von gewerkschaftsnahen und linksalternativen Ökonomen. Die Gruppe veröffentlicht seit 1976 jährlich ein Memorandum zur Wirtschaftspolitik, das sich insbesondere kritisch mit den Jahresgutachten des →Sachverständigenrates befasst. Gegen die Massenarbeitslosigkeit und die ökologische Krise fordert sie vor allem Arbeitszeitverkürzungen sowie eine aktive Struktur-, Arbeitsmarkt-, Industrie- und Umweltpolitik. Die erforderlichen aufwändigen staatlichen Programme sollen durch wegfallende Kosten der Bundesanstalt für Arbeit, durch Kürzungen bei Subventionen und im Rüstungshaushalt, durch Zwangsanleihen der Banken und Steuererhöhungen für Besserverdienende sowie durch eine steigende Staatsverschuldung finanziert werden.

1991 forderte die Gruppe 500 Milliarden Mark in insgesamt fünf Jahren für den Aufbau in Ostdeutschland, 1994 drei Jahre lang je 130 Milliarden Mark für ein Beschäftigungs- und Investitionsprogramm, 1996 rund 150 Milliarden Mark jährlich und 1997 fünf Jahre lang je 210 Milliarden Mark.

Arbeitslosenversicherung
ein Teil der gesetzlichen →Sozialversicherung. Sie soll Arbeitnehmern, die vorübergehend nicht in einem Beschäftigungsverhältnis stehen, einen angemessenen Lebensunterhalt ermöglichen. Ihr Träger ist die →Bundesanstalt für Arbeit (BA). Die Beiträge werden je zur Hälfte von Arbeitnehmern und Arbeitgebern bezahlt und richten sich nach dem Einkommen der Arbeitnehmer. Sie heißen offiziell „Beiträge zur Bundesanstalt für Arbeit", weil damit nicht nur gegen die eigene Arbeitslosigkeit vorgesorgt, sondern auch die →Arbeitsmarktpolitik der BA finanziert wird. Darum rechnen Fachleute die Arbeitslosenversicherung auch nicht zur Sozialversicherung, sondern sehen eine eigene Gruppe „Arbeitsförderung". — Im engeren Sinn bietet die Arbeitslosenversicherung („Alo") als Lohnersatzleistung Arbeitslosengeld bei unfreiwilliger →Arbeitslosigkeit und →Konkursausfallgeld bei Zahlungsunfähigkeit des Arbeitgebers. Höhe und Dauer richten sich nach dem letzten Arbeitsentgeld, den Beschäftigungszeiten und dem Lebensalter. Die an das Arbeitslosengeld zeitlich anschließende Arbeitslosenhilfe („Alhi"), die weithin als Bestandteil der Arbeitslosenversicherung betrachtet wird, hängt zusätzlich von einer Bedürftigkeitsprüfung ab und ist keine Versicherungsleistung mehr, sondern wird als Fürsorgeleistung vom Bund bezahlt. — Können mit den Arbeitnehmer- und -geberbeiträgen nicht alle Ausgaben für Arbeitslosengeld und Arbeitsförderung finanziert werden, deckt der Bund mit einem Bundeszuschuss das Defizit. Eine Kürzung oder

der Wegfall des Bundeszuschusses wirkt sich vor allem negativ auf die →arbeitsmarktpolitischen Instrumente aus. Nach BA-Angaben würde deren Kürzung um ein Drittel die Zahl der Arbeitslosen um 200.000 erhöhen. Die gleichfalls geplante Reduktion der ostdeutschen Förderung auf westdeutsches Niveau bis zum Jahr 2000 würde 300.000 Arbeitslose zusätzlich bedeuten. — Zur →Finanzierung der Deutschen Einheit hat die Bundesregierung die Beiträge zur Arbeitslosenversicherung herangezogen, indem mit ihnen ein Teil der gewaltigen Anpassungskosten der ostdeutschen Wirtschaft finanziert wurden („Warteschleifen", Arbeitsbeschaffungsmaßnahmen, Kurzarbeitergeld, Umschulung), obwohl dafür keine Beiträge entrichtet wurden. Dieser Sozialtransfer wäre eine Solidaraufgabe aller Einkommensbezieher einschließlich der Beamten, Selbstständigen und Vermögenden gewesen und hätte damit aus Steuermitteln bezahlt werden müssen. Die BA beziffert die Summe vereinigungsbedingter Lasten für 1996 auf etwa 30 Milliarden Mark, rund 30 Prozent ihres Haushaltes.

Anspruch auf Arbeitslosengeld hat, wer arbeitslos ist, dem Arbeitsmarkt zur Verfügung steht, arbeitslos gemeldet ist, Arbeitslosengeld beantragt hat und die Bedingungen dafür erfüllt. Dazu gehört, innerhalb der letzten drei Jahre mindestens ein Jahr beitragspflichtig beschäftigt gewesen zu sein. Nach der Dauer der beitragspflichtigen Beschäftigung in den vorausgegangen Jahren richtet sich auch die Bezugsdauer. Sie liegt meist zwischen einem halben und einem Jahr (bis 312 Arbeitstage; Wochenenden werden nicht mitgezählt); ältere Arbeitnehmer haben einen längeren Anspruch. Die Höhe des Arbeitslosengeldes richtet sich nach dem Nettodurchschnittseinkommen in den letzten sechs Monaten vor Eintritt der Arbeitslosigkeit; es wird mit Tabellen anhand der Lohnsteuerklassen errechnet. Das Arbeitslosengeld beträgt davon 60 Prozent (mit zu versorgenden Kindern meist 67 Prozent).

Arbeitslosigkeit

im engeren Sinn die Nichtbeschäftigung von abhängig Beschäftigten, die arbeitswillig sind und sich beim Arbeitsamt arbeitssuchend gemeldet haben. Im weiteren Sinn kommen dazu die Arbeitswilligen, die sich nicht beim Arbeitsamt arbeitssuchend gemeldet haben, weil sie zum Beispiel keine Leistungen mehr erhalten und/oder keine Arbeit mehr erwarten. In einer systematischen Aufzählung gehört dazu noch eine Gruppe, die in Industrieländern mit hoher Arbeitslosigkeit kaum noch existiert: Erwerbslose, die sich aufgrund großen Arbeitskräftebedarfs mittels hoher Löhne aktivieren lassen würden. — Die früher übliche Unterscheidung zwischen struktureller und konjunktureller Arbeitslosigkeit wird heute kaum noch verwendet, weil sich beide Ursachen für Arbeitslosigkeit immer mehr vermischt haben. Strukturelle Arbeitslosigkeit ist eine Folge des technisch-organisatorischen Fortschritts, in erster Linie ein Qualifikationsproblem, während konjunkturbedingte Arbeitslosigkeit in der Rezession zu- und im Aufschwung abnahm. Heutzutage kann die Beschäftigung aber trotz konjunkturellen Auf-

Arbeitslosigkeit in Deutschland

	92	93	94	95	96	97
Erwerbstätige (in Mio.)	35,8	35,2	35,0	34,9	34,5	33,9
Arbeitslose (in Mio.)	3,0	3,4	3,7	3,6	4,0	4,5
Arbeitslosenquote (in %)	7,8	8,9	9,6	9,4	10,4	11,8
Kurzarbeiter (in Mio.)	0,7	0,9	0,4	0,2	0,2	0,1
offene Stellen (in Mio.)	0,4	0,3	0,3	0,3	0,3	0,4

Quellen: Bundesanstalt für Arbeit/Bundesbank

schwungs abnehmen; die Entwicklungen von Arbeitsmarkt und Konjunktur sind entkoppelt („jobless growth", Wachstum ohne Arbeitsplätze). Ursache dafür ist ein fundamentaler Mangel an Arbeitsplätzen aufgrund der hohen Produktivität der jetzigen Arbeitsplatzbesitzer. Das Verhältnis von struktureller zu konjunktureller Arbeitslosigkeit in Deutschland wird von der Bundesregierung auf 8:2 geschätzt.

Kosten der Arbeitslosigkeit

Ausgaben/Mindereinnahmen 1996 in DM

pro Kopf	40.075
Ausgaben:	
Arbeitslosengeld / -hilfe	11.862
Beiträge zur Renten-, Kranken-, Pflegeversicherung	8.496
Sozialhilfe	1.763
Wohngeld	441
Mindereinnahmen:	
Einkommen- und Verbrauchsteuern	8.563
Beiträge zur Renten-, Kranken-, Pflegeversicherung	3.447
Beiträge zur Arbeitslosenversicherung	2.805
Kosten der Arbeitslosigkeit insgesamt	158,9 Mrd.

Quelle: Institut für Arbeitsmarkt- und Berufsforschung

Die Kosten der Arbeitslosigkeit stiegen von 54,7 Milliarden DM für 1,9 Millionen Arbeitslose im Jahr 1990 auf 158,9 Milliarden DM für 4,0 Millionen Arbeitslose 1996. Davon entfielen 66,8 Milliarden DM auf die Bundesanstalt für Arbeit, 67,6 Milliarden Mark entstanden durch Zusatzkosten (z. B. für Wohngeld, ergänzende Sozialhilfe usw.) für Bund, Länder und Gemeinden, weitere 24,5 Milliarden Mark durch ausgefallene Sozialversicherungsbeiträge. — Der von Bundeskanzler Helmut Kohl geprägte Begriff vom „kollektiven Freizeitpark", auf die vorgeblich angenehme Situation von Arbeitslosen gemünzt, wurde 1993 zum ‚Unwort des Jahres' gekürt.

Arbeitsmarktpolitik

staatliche Eingriffe in den Arbeitsmarkt. Im weiteren Sinn reichen sie von der Arbeitsvermittlung über gesetzliche Arbeitszeitregelungen bis zum Arbeitsschutz und gehen fließend in den mit →Tarifverträgen geregelten Bereich der Arbeitsbeziehungen über. Politisch umfasst die Arbeitsmarktpolitik alle staatlichen Interventionen zur Senkung der Arbeitslosigkeit. Im engeren Bereich sind es die →arbeitsmarktpolitischen Instrumente der →Bundesanstalt für Arbeit, die den Arbeits-

Arbeitslose in der EU
in Prozent

	Arbeitslose	Jugendarbeitslose	Langzeitarbeitslose
Belgien	9,8	22,9	61
Dänemark	6,9	10,6	27
Deutschland	9,0	9,6	48
Griechenland	9,6	31,0	56
Spanien	22,1	41,9	53
Frankreich	12,4	28,9	38
Irland	11,8	18,1	59
Italien	12,0	33,5	65
Luxemburg	3,3	9,1	28
Niederlande	6,3	11,5	45
Österreich	4,4	6,0	26
Portugal	7,3	16,7	50
Finnland	15,7	35,3	33
Schweden	10,0	21,1	19
Großbritannien	8,2	15,5	40
EU	10,9	21,8	48

Quelle: Eurostat. Stand 1996. Angaben nach der Systematik der Internationalen Arbeitsorganisation (ILO). Jugend- und Langzeitarbeitslose in Prozent der Arbeitslosen.

markt um 1,5 Millionen Menschen (1996) entlasteten.

Arbeitsrechtliche Flexibilisierungen sollen die Bereitschaft von Unternehmen zur Neueinstellung erhöhen. Arbeitsmarktpolitisch kann die Flexibilisierung kontraproduktiv sein. Denn tatsächlich beklagen Unternehmen nicht Schwierigkeiten beim Auf-, sondern beim Abbau von Arbeitsplätzen, sodass Unternehmen mit Hilfe der Flexibilisierung ihre Belegschaften eher schrumpfen als größer werden lassen. Eine Verringerung des Kündigungsschutzes kann betriebswirtschaftlich sinnvoll sein, darf dann aber nicht als Arbeitsmarktpolitik bezeichnet werden.

arbeitsmarktpolitische Instrumente
staatliche Maßnahmen zur Entlastung des Arbeitsmarktes. Sie sind Teil der →Arbeitsmarktpolitik und sollen der beruflichen (Wieder-)Eingliederung dienen. Ihre Empfänger erhalten dadurch Arbeit (z. B. eine Stelle in einer Arbeitsbeschaffungs- oder Qualifizierungsmaßnahme). Die Instrumente werden von der →Bundesanstalt für Arbeit (BA) gezahlt und zum größten Teil aus den Beiträgen von Arbeitnehmern und Arbeitgebern an die BA, zum kleineren Teil durch den Bundeszuschuss an die BA bezahlt. Bei jährlich starken Schwankungen entlasten die Instrumente den westdeutschen Arbeitsmarkt um rund eine halbe Million, den ostdeutschen um eine Million Menschen (1997).

Erwerbstätigen- und Arbeitslosenstatistik

- Bevölkerung
  - Erwerbspersonen
    - Erwerbstätige
      - Selbstständige
      - mithelf. Familienangeh.
      - Beamte/Beamtinnen
      - Angestellte
      - Arbeiter/Arbeiterinnen
    - Erwerbslose
      - Arbeitslose
        - Nichtleistungsempf.
        - Leistungsempfänger
      - Arbeitsuchende
  - Nichterwerbspersonen
    - Rentner/Rentnerinnen
    - Familienangeh. einschl. Kinder

Zusammengestellt aus den Systematiken der Bundesanstalt für Arbeit und dem Statistischen Bundesamt. Teilweise nichtamtliche Begriffe; so sind Arbeitsuchende arbeitslos und arbeitsuchend gemeldet und leben von Familienangehörigen oder einer Rente. Resignierte Erwerbslose, die nicht mehr arbeitsuchend gemeldet sind, werden meist als Familienangehörige geführt.

Arbeitsmarktpolitische Instrumente

Die wichtigsten Maßnahmen und ihre Kosten, in Mrd. DM

berufliche Förderung und Umschulung	15,5
Arbeitsbeschaffungsmaßnahmen	8,8
berufliche Wiedereingliederung	2,1
Kurzarbeitsgeld	1,5
Produktive Arbeitsförderung*	1,3
Aufnahme selbstständiger Tätigkeit	1,1
Berufsausbildungsbeihilfen	1,0

* nur in Ostdeutschland. – Quelle: BA (1997). Stand: 1996.

Übersicht über die wichtigsten arbeitsmarktpolitischen Instrumente (Stand: 1997), am Lebensarbeitsverlauf orientiert: (1) berufsvorbereitende Bildungsmaßnahmen (Lehrgänge zum Einstieg in die Berufsausbildung), (2) die Berufsausbildung von benachteiligten Jugendlichen (in nichtbetrieblichen Einrichtungen oder begleitend bei betrieblicher Berufsausbildung), (3) individuelle Förderung der beruflichen Bildung (durch Berufsausbildungsbeihilfen), (4) berufliche Beratung und Rehabilitation junger Menschen mit Behinderungen (Förderungslehrgänge zur Vorbereitung auf eine Berufsausbildung, Ausbildung in einem Berufsbildungswerk, Arbeitstraining in einer Behindertenwerkstatt), (5) berufliche Fortbildung, Umschulung und Einarbeitung (mit der Zahlung von Unterhaltsgeld und Sachkosten sowie Einarbeitungszuschüssen), (6) Trainingsmaßnahmen für Arbeitslose (bis zu drei Monaten), (7) berufliche Rehabilitation (Behinderte erhalten Berufs-, Ausbildungs- oder Umschulungsförderung sowie Hilfen zum Umbau ihres Autos; außerdem werden Zuschüsse an Arbeitgeber sowie Reha-Einrichtungen gezahlt), (8) Deutsch-Sprachförderung (für Spätaussiedler, Asylberechtigte und Kontingentflüchtlinge, von denen eine feste Anzahl aufgenommen wird), (9) Förderung der Arbeitsaufnahme (u.a. Übernahme von Bewerbungs-, Reise- und Umzugskosten), (10) Leistungen für die Aufnahme einer selbstständigen Tätigkeit (an Existenzgründer), (11) Einstellungszuschuss (bei Neugründungen), (12) Zuschüsse zur Kurzarbeit (statt Entlassungen), (13) →Arbeitsbeschaffungsmaßnahmen, (14) Lohnkostenzuschüsse (Produktive Lohnkostenzuschüsse bei Neueinstellungen, Zuschüsse für Langzeitarbeitslose und zur Arbeitsbeschaffung für ältere Arbeitnehmer), (15) Altersübergangsgeld (für über 55jährige Ostdeutsche, auslaufend), (16) Förderungen aus Mitteln des → EU-Sozialfonds.

Arbeitsproduktivität

die Bruttowertschöpfung je Erwerbstätiger. Nach Berücksichtigung der aufgewendeten Arbeitszeit wird sie als Arbeitsproduktivität pro Stunde bezeichnet. Die Arbeitsproduktivität ist eine der Messzahlen zur Bestimmung der internationalen Wettbewerbsfähigkeit einer Volkswirtschaft. — Umstritten ist, wie sich Arbeitsproduktivität und Kapitalproduktivität zueinander verhalten. Während Unternehmer hohe Lohnabschlüsse als Grund für Rationalisierungen betrachten, leiten Gewerkschafter umgekehrt aus steigender Produktivität das Recht auf höhere Lohnabschlüsse ab. Grundidee der gewerkschaftlichen „produktivitätsorientierten Lohnpolitik" ist, der durch die Produktivitätssteigerung drohenden Arbeitslosigkeit eine so hohe Lohnsteigerung nachfolgen zu lassen, dass die daraus entstehende Mehrnachfrage so viele Arbeitsplätze schafft, wie der Produktivitätsfortschritt vernichtet. Die Unternehmerseite verweist hingegen auf den internationalen Wettbewerb und fordert geringere →Lohnstückkosten. Sie sinken, wenn die Lohnerhöhung hinter der Produktivitätssteigerung zurückbleibt.

Arbeitsvermittlung

die Zusammenführung von Arbeitsangebot und -nachfrage durch Dritte. Sie war bis 1995 staatliches Monopol, das nur Ausnahmen „im Auftrag der Bundesanstalt für Arbeit" zuließ. Die staatliche Vermittlung gilt als bürokratisch und unflexibel. Die seit 1996 zulässige private Arbeitsvermittlung hat im ersten Jahr mit 35.800 Vermittlungen nur einen Bruchteil der an sie geknüpften Erwartungen (100.000 Vermittlungen) erfüllt; die Arbeitsämter vermittelten im gleichen Zeitraum 3,4 Millionen Arbeitsverhältnisse. Die Bundesanstalt für Arbeit räumte aber ein, dass ihre

Arbeitsproduktivität/Kapitalintensität

Vergleich der Entwicklung gegenüber dem Vorjahr in %

	92	93	94	95	96
(1) Bruttoinlandsprodukt	4,1	0,6	3,4	2,1	2,6
(2) Arbeitsproduktivität	4,0	0,6	3,2	2,3	2,7
(3) Kapitalstock	3,2	2,9	2,6	2,5	2,4
(4) Kapitalintensität	5,1	4,7	3,3	2,8	3,6

Angaben für Gesamtdeutschland. Quelle: Statistisches Bundesamt. — Die Wirtschaftsleistung (1), die Arbeitsproduktivität pro Kopf (2) und das Bruttoanlagevermögen aller Wirtschaftsbereiche (3) entwickelten sich in den neunziger Jahren ungefähr im Gleichschritt. Die Kapitalintensität (Kapitalstock je Erwerbstätigen) (4) nahm jedoch deutlich schneller zu.
Je höher die Kapitalintensität, umso mehr steigt die Arbeitsproduktivität, was weitere Rationalisierungen anzeigt.

private Konkurrenz in einem Jahr mit starkem Beschäftigungsabbau beginnen musste.

Arbeitszeit
gesetzlich die Zeit vom Beginn bis zum Ende der Arbeit ohne die Ruhepausen, bei der Arbeitszeiterfassung häufig die Dauer der nominalen (mit Pausen) oder effektiven Anwesenheit (ohne Pausen) eines Arbeitnehmers im Betrieb. In der arbeitspolitischen Debatte wird zwischen Tages-, Wochen-, Jahres- und Lebensarbeitszeit unterschieden. — Nur die tägliche Maximalarbeitszeit ist gesetzlich festgelegt. Sie darf im Durchschnitt acht Stunden nicht überschreiten; täglich sind bis zu zehn Stunden erlaubt. Zahlreiche Ausnahmen und Sonderbestimmungen über Sonn- und Feiertags-, Schicht- und Nachtarbeit und ihre Vergütung versuchen die Arbeitszeitregelungen in Einklang mit der Entwicklung der Wirtschaftlichkeit zu halten; dazu gehört vor allem die Entkopplung von Arbeitszeiten und Maschinenlaufzeiten, also Mehrschichtarbeit. Abweichungen von den staatlichen Vorschriften zu Ungunsten der Arbeitnehmer sind unzulässig und werden von den Gewerbeaufsichtsämtern verfolgt. Die Ausgestaltung innerhalb des Maximalrahmens (z. B. kürzere Arbeitszeiten, längere Pausen, Sonderformen der Arbeitsbereitschaft) werden tarifvertraglich geregelt. — In Frage stehen Dauer und Form (Flexibilität) der Arbeitszeit und die gesetzlichen und tarifvertragliche Gestaltungsmöglichkeiten. Für eine Verkürzung der Arbeitszeit spricht ihre Erholungsfunktion und ihre Verteilungsfunktion als Mittel gegen Massenarbeitslosigkeit. Wenn nur längere Arbeitszeiten eine längere Maschinenlaufzeit ermöglichen und der Arbeitslohn nicht entsprechend erhöht wird, führen sie zur Erhöhung der Produktivität und zur Senkung der Lohnstückkosten. Auch im öffentlichen Dienst werden Arbeitszeitverlängerungen als Sparmaßnahne eingesetzt, um die Haushalte zu entlasten und Stellen zu sparen; damit nimmt die Arbeitslosigkeit noch zu. Längere Lebensarbeitszeiten mit erhöhtem Renteneintrittsalter können zwar die Sanierung der Sozialkassen erleichtern, weil dadurch die Rentenbezugsdauer verkürzt wird, aber dadurch wird auch der Arbeitsmarkt zusätzlich belastet. — Mischformen und -argumente sind üblich. So kann sich eine Entlastung der Rentenkassen über die Senkung von Lohnnebenkosten auch stimulierend auf die Schaffung neuer Arbeitsplätze auswirken; die durchschnittlich höheren Löhne älterer Arbeitnehmer ergeben zudem höhere Sozialversicherungsbeiträge als die Durchschnittslöhne junger Beitragspflichtiger. Eine verkürzte Lebensarbeitszeit (z. B. als Arbeitszeitverkürzung ohne Lohnausgleich oder in Folge zunehmender Teilzeitarbeit) reduziert auch die Einzahlungen in die Sozialversicherungen und kann die Ansprüche auf Arbeitslosengeld und Rente unter das Sozialhilfeniveau drücken. — Die Effizienz einer Verkürzung der Wochenarbeitszeit als Mittel, die vorhandene Arbeit auf mehr Menschen zu verteilen, ist stark umstritten. Die Arbeitszeitverkürzung auf 38,5 Stunden hat überwiegend zu einer stärkeren Arbeitsproduktivität

statt zu Neueinstellungen geführt und war damit nicht beschäftigungswirksam. Positive Beschäftigungseffekte haben sich in einigen Branchen gezeigt, gehen aber nicht allein auf die Arbeitszeitverkürzung zurück. Der Vorteil einer 32-Stunden-Woche wäre zwar das unkomplizierte Einführen der Vier-Tage-Woche, die keine so komplizierten Schichtpläne erfordert wie eine 35- oder 38,5-Stunden-Woche. Aber als Kompromiss stünde am Ende der Tarifverhandlungen wieder eine „krumme" Zahl. — Der volle Lohnausgleich, in den achtziger Jahren eine Grundforderung der Gewerkschaften bei Arbeitszeitverkürzungen und Hauptstreitpunkt bei den Tarifverhandlungen mit den Arbeitgebern, ist in den neunziger Jahren nicht mehr durchsetzbar. Arbeitgeber bieten stattdessen den Verzicht auf betriebsbedingte Kündigungen an (→Bündnisse für Arbeit). Häufig ist inzwischen die Rückkehr zur 37- bis 40-Stunden-Woche ohne vollen Lohnausgleich. Wenig umstritten sind der grundsätzliche Nutzen flexibler Arbeitszeiten und von mehr Teilzeitarbeit. Sozialpolitiker und Gewerkschaften weisen darauf hin, dass die gesetzlichen und tarifvertraglichen Regelungen bereits wesentlich mehr zulassen, als tatsächlich realisiert wird, und beklagen einen fehlenden Gestaltungswillen der Arbeitgeber. — Ein großes Problem des Arbeitsmarktes ist das Fehlen qualifizierter Arbeitskräfte („Facharbeitermangel"). Beschäftigte mit höherem Einkommen könnten sich zwar kürzere Arbeitszeiten leisten, sind aber aufgrund von Spezialisierungen zunehmend weniger ersetzbar; ihre Arbeitszeit kann sogar noch zunehmen. Hingegen können oder wollen sich Beschäftigte mit niedrigem Einkommen und geringerer Qualifikation, die vielseitiger verwendbar wären, Lohnausfälle durch Arbeitszeitverkürzungen nicht leisten. — Zeitkonten, bei denen eine vorgegebene Arbeitszeit flexibel über einen längeren Zeitraum erreicht werden soll, sind noch kaum erprobt. Unklar ist hier vor allem das Aufrechterhalten der erworbenen Ansprüche bei einer Kündigung durch Arbeitgeber oder -nehmer oder bei Konkurs. Tatsächlich besteht nur in wenigen Großunternehmen eine Bereitschaft bei beiden Tarifvertragspartnern, komplexere Arbeitszeitsysteme zu entwickeln und anzuwenden.

Das Arbeitszeitgesetz von 1994, das die BRD- und DDR-Bestimmungen vereinheitlicht hat, schützt Sonn- und Feiertage als Tage der Arbeitsruhe und (im Wortlaut) als Zeit „der seelischen Erhebung".

Arbitrage

das Ausnutzen von Kursdifferenzen für gleiche Produkte an verschiedenen Börsen. Händlern wird wegen des risikolosen Handels, dessen Erfolg in erster Linie von Information und Geschwindigkeit abhängt, schnell Spekulation vorgeworfen. Volkswirtschaftlich hat Arbitrage die Funktion, die unterschiedlichen Börsenpreise aneinander anzugleichen. Das bedeutet auch, dass die Arbitrageure die Produzenten und ihre Abnehmer mit Preisschwankungen konfrontieren, an deren Zustandekommen die jeweiligen Gütermärkte selbst nicht beteiligt sein müssen.

So können Arbitrageure im Rohstoffterminhandel erhebliche Schwankungsgewinne realisieren: Missernten in anderen Ländern führen zu Preissteigerungen auf regionalen Märkten, auch wenn sich auf ihnen Angebot und Nachfrage nicht verändert haben, und selbst wenn sie mit dem Weltmarkt nicht in unmittelbarer Lieferbeziehung stehen.

Asean →Association of Southeast Asian Nations

Asia-Pacific Economic Cooperation (Apec)
ein loser Zusammenschluss von 18 Anrainerstaaten des Pazifiks zur Liberalisierung ihrer Handels- und Investitionspolitik. Ziel ist eine Freihandelszone der Apec-Industrieländer (einschließlich Japan und USA) bis 2010 und eine Freihandelszone für alle Apec-Länder (einschließlich der Volksrepublik China) bis 2020. Informelle Gremien und ein schwaches Sekretariat belegen die Freiwilligkeit aller angekündigten Liberalisierungsschritte, die eher ein Bündel von Einzelmaßnahmen als einen abgestimmten Öffnungsprozess darstellen. Deswegen wird die Apec vor allem im Westen oft überschätzt.

1989 in der australischen Hauptstadt Canberra auf einer Konferenz der Außen- und Handelsminister aus zwölf Staaten gegründet. Sekretariat in Singapur. Mitglieder sind die Gründungsmitglieder der →Asean außer Vietnam, ferner Japan, Südkorea, China (die Volksrepublik, Taiwan und Hongkong wurden nebeneinander aufgenommen), die drei →Nafta-Länder Kanada, USA und Mexiko, außerdem Chile, Australien, Neuseeland und Papua-Neuguinea.

Association of Southeast Asian Nations (Asean)
politischer und wirtschaftlicher Zusammenschluss südostasiatischer Länder. Im Vordergrund stehen Vereinbarungen zur Förderung des Handels untereinander, vor allem Zollsenkungen. Langfristig soll eine Freihandelszone entstehen. Die Aufhebung der Zollschranken ist für 2003 vorgesehen, wobei zahlreiche Güter davon nicht betroffen sein sollen. Die Asean-Gruppe wird zwar gelegentlich als Wirtschaftsblock bezeichnet und mit der EU verglichen, aber sie hat nur schwach ausgeprägte Strukturen. Außerdem werden die meisten Vereinbarungen nicht auf multi-, sondern auf bilateraler Ebene getroffen. Hauptgrund für die nur lockere Form der Zusammenarbeit sind die enormen kulturellen, politischen, wirtschaftlichen und geografischen Unterschiede, die von Europa aus häufig übersehen werden.

1967, während des Vietnam-Krieges, in der thailändischen Hauptstadt Bangkok zunächst zur außen- und sicherheitspolitischen Zusammenarbeit gegründet. Sekretariat in Jakarta, Indonesien. Mitglieder sind Brunei, Indonesien, Malaysia, die Philippinen, Singapur, Thailand, seit 1995 Vietnam und seit 1997 Birma/Myanmar und Laos.

AT-Angestellter →Bundesangestelltentarifvertrag
atypisch stiller Gesellschafter →stille Gesellschaft, →Rechtsformen von Unternehmen
Audit →ISO 9000ff, →Öko-Audit

Auffanggesellschaft
ein Unternehmen, das ein in →Liquidation oder →Konkurs gegangenes anderes Unternehmen retten soll. Eine Auffanggesellschaft kann von Banken, dem Management, der Belegschaft oder der öffentlichen Hand gegründet werden; eine besondere Rechtsform ist dafür nicht vorgesehen. Sie pachtet das Betriebsvermögen (meist vom Konkursverwalter), schließt mit den Beschäftigten neue Arbeits- und mit Kunden und Lieferanten neue Abnahme- und Lieferverträge, ohne mit den Verbindlichkeiten des Altunternehmens belastet zu sein. Dessen Schulden verbleiben dort; das Altunternehmen muss (z. B. durch Forderungsverzicht der Banken) saniert oder liquidiert werden. Nach einer erfolgreichen Sanierung kann eine Auffanggesellschaft wieder aufgelöst werden. Im Fall einer Liquidation können die Gläubiger der Übernahme der Konkursmasse durch die Auffanggesellschaft zustimmen.

Aufsichtsrat (AR)
Interessenvertretung der Kapitaleigner in Aktiengesellschaften, Kommanditgesellschaften auf Aktien, Genossenschaften und Gesellschaften mit beschränkter Haftung mit über 500 Beschäftigten. Auch die Mitglieder eines Aufsichtsrates werden Aufsichtsräte genannt. Aufgrund der →Mitbestimmung können Aufsichtsräten auch Arbeitnehmervertreter angehören. — Die Kapitalvertreter im AR werden von der Hauptversammlung (HV) gewählt. Der AR wählt seinen Vorsitzenden und dessen Stellvertreter selbst, bestellt den Vorstand und kontrolliert dessen Arbeit. AR-Mitglieder brauchen nicht selbst Aktionäre zu sein. Weil sich Aufsichtsräte als entweder zu mächtig oder im Gegenteil als überfordert, uninteressiert oder (wegen ihrer gleichzeitigen Mandate in konkurrierenden Unternehmen) zu wenig unabhängig herausstellten, wurde die Zahl der maximalen AR-Mandate bereits 1965 („Lex Abs", s.u.) auf zehn reduziert; Vorsitze zählen seit 1998 doppelt. Für die →Bankenmacht ist der Aufsichtsrat die Schlüsselposition. — Die mangelhafte Arbeit vieler Aufsichtsräte von spektakulär zusammengebrochenen Firmen in den neunziger Jahren hat harte Kritik hervorgerufen. Die Reform des Aktienrechts ab 1998 hat die Zahl der jährlichen Pflichtsitzungen von Aufsichtsräten börsennotierter Aktiengesellschaften auf vier verdoppelt. Aufsichtsräte müssen künftig der HV mitteilen, wenn sie auch im Aufsichtsrat von Konkurrenten sitzen. Eine Organklage gegen den Aufsichtsrat ist nur zulässig, wenn sich dieser Initiative fünf Prozent des Nennkapitals oder Inhaber von insgesamt zwei Millionen Mark Nennkapital anschließen. →Fachleute befürchten, dass durch die größere Zahl von AR-Sitzungen die Kontrolle eher noch schlechter als besser wird, wenn Aufsichtsratsmitglieder eine anderweitige Vollzeittätigkeit ausüben. Aufsichtsräte dürfen auch weiterhin bis zu 21 Mitglieder haben; sie sind damit kaum arbeitsfähig. Oft gelten AR-Mitglieder auch als schlecht informiert, weil Berichterstattung und Diskussion ritualisiert, oberflächlich, unvollständig und sprunghaft sind. Die Kontrollfunktion ist auch eingeschränkt, weil zunehmend Unternehmensvorstände

sich ihre Aufsichtsräte aktiv selber suchen. Veraltet ist die Zusammensetzung deutscher Aufsichtsräte; 1996 hatten von den 50 nach Börsenkapitalisierung größten deutschen Aktiengesellschaften 29 kein ausländisches AR-Mitglied. Frauen sind sehr selten. Eine ernsthafte AR-Tätigkeit kann auch nur unterstellt werden, wenn sich Vergütung und Verantwortung entsprechen. Dann können auch hauptberufliche Aufsichtsräte sinnvoll sein, wenn sie nicht in konkurrierenden Unternehmen sitzen.

Hermann Josef Abs, ab 1957 Vorstands-, ab 1967 Aufsichtsrats-, ab 1976 Ehrenvorsitzender der Deutschen Bank und mächtigster deutscher Bankier der Nachkriegszeit: „Es ist schwieriger, einen Aufsichtsrat in Regress zu nehmen, als eine eingeseifte Sau am Schwanz zu halten.“ Abs kontrollierte in der ersten Hälfte der sechziger Jahre als Aufsichtsratsvorsitzender rund dreißig Aktiengesellschaften. 1965 wurde deswegen das Aktienrecht novelliert („Lex Abs“), um die Zahl der Mandate auf zehn außerhalb und fünf innerhalb des eigenen Konzerns zu beschränken. Die Maßnahmen verpufften, weil die Banken ihre eigenen Aufsichtsräte verkleinerten und die Mandate auf eine größere Zahl leitender Banker umverteilten.

Aufwertung

steigender Außenwert einer Währung, entweder aufgrund steigender Nachfrage auf den Devisenmärkten oder durch einen Akt der Währungsbehörden. Exporte werden dadurch verteuert, Importe verbilligt. Für von Rohstoffimporten (z. B. Erdöl) abhängige Länder kann deswegen eine Aufwertung vorteilhaft sein. In der Regel führt eine Aufwertung jedoch zu einer Verschlechterung der Handelsposition des aufwertenden Landes („nominale Aufwertung“) und zum nachfolgenden Abwertungsdruck. — Aufwertungen sind auch bei konstantem Wechselkurs möglich („reale Aufwertung“), indem das inländische Preisniveau stärker steigt als das ausländische, ein häufiges Phänomen in den östlichen Reformländern. Es entsteht, wenn die einheimische schwache Währung mit hoher Inflationsrate an eine oder mehrere ausländische starke Währungen mit niedriger Inflationsrate gekoppelt wird, um Stabilität zu importieren (→Währungskorb). Hohe Lockzinsen und ein Zustrom ausländischer Investitionen sorgen dafür, dass die Währung gefragt bleibt. Der Wert von Auslandsinvestitionen in der Währung der Herkunftsländer bleibt bei stabilen Wechselkursen erhalten. Nachteil ist, dass die hohen Zinsen sich schädlich auf die einheimische Wirtschaft auswirken und meist nur kurzfristiges Spekulationskapital angelockt wird, das bei seinem schnellen Abzug Währungskrisen auslösen kann.

Ausfuhrbürgschaft →Hermes-Kredite

Ausfuhrerstattung

neben der →Abschöpfung das wichtigste Instrument der →EU-Agrarpolitik. Mit Ausfuhrerstattung werden teure EU-Agrarprodukte auf Weltmarktpreis heruntersubventioniert, um exportierbar zu werden. Sie werden von der EU vor allem zum Abbau von Überschüssen eingesetzt, gelten für zahlreiche →Marktordnungsprodukte und werden aus dem EU-Agrarfonds finanziert.

Die Ausgaben des dafür zuständigen →Europäischen Ausrichtungs- und Garantiefonds für die Landwirtschaft (EAGFL) / Abteilung Garantie sinken seit Jahren. Zahlte er 1993 noch 10,2 Milliarden Ecu aus, waren es 1997 (Haushaltsansatz) nur noch 5,5 Milliarden Ecu. Darin äußert sich aber nicht eine Bereitschaft der EU, sich aus dem Subventionierungssystem herauszugeben, sondern die gestiegenen Weltmarktpreise vieler Agrargüter, wodurch der Abstand zu den EU-Preisen schrumpft. Nach Deutschland gehen ungefähr 15 Prozent der Ausfuhrerstattungen, für die das Hauptzollamt Hamburg zuständig ist.

Ausgleichslager →Bufferstock

Ausgründung →Outsourcing →Spin-off

ausländische Direktinvestitionen

englisch Foreign Direct Investment (FDI), Form des längerfristig ausgerichteten grenzüberschreitenden Kapitalverkehrs, bei dem ein ausländisches Unternehmen übernommen oder ein Betrieb im Ausland errichtet wird, das Eigenkapital einer Tochtergesellschaft dort erhöht oder deren Gewinne reinvestiert werden. Mischformen sind möglich. Investoren sind zum größten Teil multinationale Unternehmen. Alternativen zu FDI, um auf ausländische Märkte zu gelangen, sind Warenexport und Lizenzvergabe. Im Unterschied zu Direktinvestitionen dienen Portfolio-Investitionen nicht dem langfristigen Engagement mit seiner Einflussnahme auf Unternehmensentscheidungen, sondern nur der Erzielung kurzfristiger Erträge. — Auslöser von Auslandsinvestitionen sind Marktnähe, Preisvorteile bei Arbeits- und anderen Produktionskosten sowie der Rohstoffbeschaffung, staatliche Förderung oder das Umgehen von Handelshemmnissen („tariff jumping"). Unternehmensbezogene Nachteile sind erhöhtes politisches →Länderrisiko und Unsicherheiten über die Entwicklung von Wechselkurs-, Inflations- und Steuerrisiken. — Der volkswirtschaftliche Nutzen von Auslandsinvestitionen war lange umstritten, insbesondere in der Dritten Welt. Denn Investitionen von Multis können eine monopolistische Stellung verursachen und haben oft zum Verlust von politischer und kultureller Souveränität geführt, vor allem wenn jene Länder einseitig von der Rohstoffausfuhr abhängig blieben (Mittel- und Südamerika, Afrika, arabische Länder). Oft gelang es den rohstoffexportierenden Ländern nicht, ihre Wirtschaft aus eigener Kraft und gegen die Interessen der Rohstoffexporteure auf mehrere Säulen zu verteilen. Insofern können Auslandsinvestitionen die Entwicklung eines Gastlandes hemmen und in zunehmende Abhängigkeit vom Ausland treiben. Zudem können Steuerzahlungen des Investors über die Wahl von Verrechnungspreisen zwischen Tochter- und Muttergesellschaft minimiert werden; dies ist insbesondere beim Rohstoffhandel verbreitet. Auslandsinvestitionen in die dortige Industrie, die auf eine Produktion für den eigenen Inlandsmarkt abzielen, können sich negativ auf die Handelsbilanz des Gastlandes auswirken, weil ausländische Investoren, insbesondere Multis, mehr als einheimische Unternehmer zum Import der benötigten Vorprodukte neigen. — Vorteile von FDI für das Gastland sind hingegen: die Stimulierung der Konjunktur, ein verbessertes Arbeitsplatzangebot, erhöhtes Steueraufkommen und durch den Kapitalzufluss positive Auswirkungen auf die →Zahlungsbilanz, ferner eine bessere Versorgung der Inlandsmärkte, sofern die Produkte nicht reexportiert werden. In einigen Fällen haben die von Auslandsinvestoren aus den Industrieländern angebotenen Arbeitsbedingungen deutlichen Vorbildcharakter für Arbeitgeber aus dem Inland oder Schwellenländern (z. B. in der Textilindustrie Südostasiens). In seltenen Fällen haben ausländische Investoren aufgrund erheblicher Kritik in ihren Heimatländern (oder aus Scheu davor) auch zu einer positiven Entwicklung bei Gewerkschafts- und Menschenrechtsfragen beigetragen (Südostasien, Südafrika). Seit dem Ausbruch der Schuldenkrise 1982 werden die FDI der Multis kaum kritisiert, weil der Kapitalrückfluss aus ihren Direktinvestitionen viel geringer ist als die Rückzahlungsverpflichtungen an Kreditgeber. FDI haben eine Schlüsselbedeutung für den wirtschaftlichen Aufschwung der asiatischen Wachstumsländer, die die Armutsbekämpfung teilweise enorm erleichtert hat.

Während die Interventionen der USA zugunsten der Fruchtkonzerne in den „Bananenrepubliken" Mittelamerikas zunächst kaum öffentliche Empörung erregten, änderte sich dies in den siebziger Jahren. Symbol für die Einmischung ausländischer Konzerne in nationale Politik ist der US-Fernmeldekonzern ITT, der 1973 den blutigen Putsch gegen den chilenischen Präsidenten Salvador Allende betrieben hatte. 1995 verursachte der Ölkonzern Shell weltweite Empörung, als das Militärregime Nigerias den Schriftsteller und Shell-Kritiker Ken Saro-Wiwa hinrichten ließ. Shell, Hauptdevisenbringer Nigerias, gab unmittelbar nach der Hinrichtung die größte Auslandsinvestition der nigerianischen Geschichte bekannt. — Selbst die →OECD hat bereits 1976 festgestellt, die Tätigkeit multinationaler Unternehmen könne „zum Miss-

Deutsche Investitions- und Handelsbilanz

Vergleich von Kennzahlen der →Zahlungsbilanz, in Mrd. DM

	1994	1995	1996	1997
Direktinvestitionen				
Dt. Investitionen im Ausland	−27,8	−55,2	−41,8	−50,9
Ausl. Investitionen in Dtschld.	+2,5	+17,2	−4,9	+2,5
Saldo	−25,3	−38,0	−46,7	−48,4
Außenhandel				
Ausfuhr	694,7	749,5	784,3	887,3
Einfuhr	622,9	664,2	685,7	765,5
Saldo	+71,8	+85,3	+98,6	+121,7

+ = Zufluss nach Deutschland, − = Abfluss aus Deutschland. Quelle: Bundesbank brauch wirtschaftlicher Machtkonzentrationen und zu Konflikten mit den Zielen der jeweiligen nationalen Politik" führen, und hat deswegen einen Verhaltenskodex für Multis erarbeitet. Danach sollen sie (1) eine enge Zusammenarbeit mit den Behörden und der Wirtschaft des Gastlandes fördern, (2) Bewerbern um ein öffentliches Amt, politischen Parteien oder sonstigen politischen Organisationen keine illegalen Spenden zukommen lassen und (3) sich jeder ungehörigen Einmischung in die örtliche Politik enthalten. — Beispiele für positive Interventionen gibt es dennoch: 1979 schloss VW in Südafrika einen Tarifvertrag mit einer schwarzen Gewerkschaft ab, die damals illegal war. BMW Südafrika war 1988 die erste Firma, die den so genannten Steinkühler-Kodex akzeptierte. Nach einem Programm des damaligen IG-Metall-Chefs verzichteten deutsche Arbeitgeber auf Vorteile aus dem rassistischen und repressiven Arbeitsrecht Südafrikas und zahlten bei Verhaftung von Arbeitern auch die Löhne weiter; mit einer ähnlichen Initiative in Lateinamerika scheiterte Steinkühler jedoch. — Eine japanische Wirtschaftsdelegation, die enorme Investitionsinteressen repräsentierte, bewirkte 1996 die Nichtverlängerung des Hausarrestes der birmanischen Friedensnobelpreisträgerin Aung San Suu Kyi.

Eine neue Brisanz haben Auslandsinvestitionen und der damit verbundene Arbeitsplatzexport erhalten, seit sich viele Schwellen- und Entwicklungsländer sowie die Reformstaaten des früheren Ostblocks aktiv um Ansiedlungen bemühen. Damit erfasst die →Globalisierung der industriellen Produktion nicht mehr nur Billiglohn-Arbeitsplätze, sondern auch mittlere und gehobene lohnintensive Arbeit. In Deutschland ist dies entgegen der öffentlichen Meinung allerdings nicht bedeutsam, weil die deutsche Handelsbilanz mit diesen Ländern (außer China) deutliche Überschüsse ausweist, im Gegenteil also Arbeitslosigkeit exportiert wird. — Die schnelle Verschlechterung der deutschen Investitionsbilanz in den

Direktinvestitionen

	deutsche im Ausland		ausländische in Deutschland		
	Neuanlagen	Bestand	Neuanlagen	Neuanlagen*	Bestand
1989	28,5	194,9	13,3	19,7	154,7
1990	38,7	221,8	4,0	26,8	178,7
1991	39.3	253,5	6,8	26,1	199,8
1992	30,5	275,8	4,2	16,9	209,8
1993	25,3	308,4	3,2	13,4	224,0
1994	27,8	330,9	2,5	19,5	248,0
1995	55,2	361,7	17,2	44,0	271,0
1996	41,8		–4,9		

Quelle: Bundesbank. Bestand: zum Jahresende. Neuanlagen*: nach ausländischen Zahlungsbilanzstatistiken. Fehlende Werte: nicht mitgeteilt. Die Bestände sind wegen unterschiedlicher Bewertungen und wegen Wechselkursveränderungen nicht direkt mit den Neuanlagen vergleichbar.

neunziger Jahren hat aber die Standortdebatte verschärft. Hohe deutsche Auslandsinvestitionen bei anhaltenden hohen Außenhandelsüberschüssen bedeuten, dass „den Waren die Fabriken folgen", d.h. Konsum und Produktion zueinanderrücken. Zugleich bleiben die Exportüberschüsse, die ein Beleg für die Güte des Standortes Deutschland sind, weiterhin hoch. Die Industriearbeitsplatzverluste durch die negative Investitionsbilanz müssten zunächst mit den Arbeitsplatzgewinnen durch die positive Handelsbilanz verrechnet werden, um Aussagen über die internationale Bedeutung des Standortes Deutschland zu treffen. Entsprechende Berechnungen fehlen bisher. Zudem haben deutsche Unternehmen ein betriebswirtschaftliches Interesse an einem schlechten Image des Standortes Deutschland und an einer negativen Investitionsbilanz, weil dadurch der Druck der internationalen Konkurrenz auf den Inlandsmärkten nachlässt. — Das Negativsaldo der Direktinvestitionen ist allerdings nicht so dramatisch, wie es wirkt. Die ausländischen Direktinvestitionen in Deutschland liegen schon seit den achtziger Jahren bei kaum einem Zehntel der deutschen Investitionen im Ausland. Werden, um bei einem internationalen Attraktivitätsvergleich auch Wechselkurse und systematische Unterschiede zu berücksichtigen, die deutschen Angaben mit denen in ausländischen Zahlungsbilanzen verglichen (siehe Tabelle), wird die Bedrohlichkeit des Rückgangs weiter gemildert. Dennoch haben Direktinvestitionen in Deutschland deutlich an Attraktivität verloren. Anders als in den fünfziger und sechziger Jahren ist Deutschland nicht mehr der Markt mit den hohen Wachstumsraten, der sich zugleich als Exportplattform nutzen ließ. Stattdessen investieren deutsche wie ausländische Unternehmen lieber gleich in den Zielländern (→Globalisierung). Als Gründe werden auch genannt: die zunehmenden Arbeitskosten, die hohe Regulierungsdichte, Angst vor der Mitbestimmung und die Schwierigkeiten, einen der in Deutschland dominierenden mittelständischen Betriebe zu übernehmen.

Ausschüttung
die Zahlung von Unternehmensgewinnen an den oder die Eigner. Bei Aktiengesellschaften ist es die von der Hauptversammlung beschlossene Dividende für die Aktionäre. Die Ausschüttungspolitik beschreibt den Verlauf der Ausschüttungen über einen längeren Zeitraum, denn grundsätzlich muss entschieden werden, ob die Höhe der Dividende immer neu der aktuellen Ertragssituation des Unternehmens angepasst oder eine gleichmäßige Ausschüttung bevorzugt wird, um Erträge für Kapitalanleger kalkulierbar zu machen. Mit Hilfe der →Bilanzkosmetik lassen sich oft Jahresergebnisse herstellen, die die erwünschten Ausschüttungen erlauben.

Außenhandel
der grenzüberschreitende Warenverkehr aus Importen und Exporten. Er beruht im wesentlichen auf der Beteiligung eines Landes an der internationalen Arbeitsteilung (→komparative Kostenvorteile). Weil entwickelte kleine

Deutsche Exportüberschüsse
in Mrd. DM

89	90	91	92	93	94	95	96	97
134,6	105,4	21,9	33,7	60,3	71,8	85,3	98,6	121,7

Quelle: Bundesbank.

Länder in der Regel einen geringeren Grad an Selbstversorgung besonders mit industriellen Gütern aufweisen, ist in der Regel ihre Außenhandelsquote (Anteil des Außenhandels am →Bruttosozialprodukt) deutlich höher als diejenige großer Länder. Damit reagieren kleine Volkswirtschaften empfindlicher auf externe Schocks (z. B. Wechselkursschwankungen, Preisstöße beim Rohstoffimport). Insgesamt gilt eine hohe Außenhandelsquote und damit ein hoher Grad internationaler Verflechtung auch politisch als wünschenswert, weil durch wechselseitige Abhängigkeiten die Notwendigkeit der friedlichen Beilegung von politischen und Handelskonflikten steigt. — Die Handelspolitik der meisten Industrieländer schwankt je nach Bedarf zwischen →Freihandel und →Protektionismus. Maßgeblich für eine allmähliche Liberalisierung will die 1995 gegründete →Welthandelsorganisation werden. Die Außenhandelspolitik der EU ist fast vollständig vergemeinschaftet, weswegen die EU bei Handelskonferenzen ihre Mitgliedsländer vertritt. Ihnen verblieben nur wenige Eingriffsmöglichkeiten (z. B. genehmigungspflichtige Exporte). — Die hohen deutschen Exportüberschüsse im Warenhandel, nur ausgeglichen während der ersten Phase der deutschen Vereinigung, stellen eine erhebliche Belastung des Welthandels dar, weil sie auch als Export von Arbeitslosigkeit betrachtet werden können. Bei einem Umsatz von knapp 300.000 Mark pro Industriearbeiter (1995) entspricht ein Ausfuhrüberschuss von 100 Milliarden Mark rund 330.000 Arbeitsplätzen, auf denen die Waren für das Ausland hergestellt werden.— Mit dem Wegfall aller Beschränkungen auf dem EU-→Binnenmarkt sinken die Außenhandelsquoten

Deutscher Außenhandel
nach Ländergruppen und Ländern, in Mrd. DM

	Export	Import	Saldo
alle Länder	784,3	685,7	+98,6
Industrieländer	597,6	524,8	+71,8
EU-Länder	449,0	384,9	+64,1
andere europ. Industrieländer	57,1	50,6	+6,5
außereurop. Industrieländer	91,5	90,4	+1,1
Japan	21,2	34,1	−12,9
USA	60,1	49,0	+11,1
Reformländer	82,7	80,1	+2,5
mittel- und osteuropäische	70,0	61,8	+8,3
China	10,9	17,9	+7,0
Entwicklungsländer	101,8	78,1	+23,7
südostasiat. Schwellenländer	44,5	35,5	+8,9
Opec-Länder	16,7	12,5	+4,2

Stand: 1996. Quelle: Bundesbank

der Mitgliedsländer erheblich; so wird 60 Prozent des deutschen Außenhandels mit EU-Ländern abgewickelt. Die mengenmässige Bedeutung des EU-Binnenmarktes, die regionale Streuung des Außenhandels und seiner Salden weichen stark voneinander ab.

Außenhandelskammern →Industrie- und Handelskammer

Außerbörslicher Handel
als Telefonhandel in Deutschland neben der Präsenz- und der Computerbörse die dritte Handelsform für Wertpapiere. Der Telefonhandel wird vor allem von Banken betrieben, ist gesetzlich nicht geregelt und erstreckt sich auf börsennotierte und nicht börsennotierte Wertpapiere. Nicht börsennotiere Werte heißen Telefonpapiere oder -werte.

Aussperrung
das kollektive Arbeitskampfmittel der Arbeitgeber komplementär zum Recht auf →Streik der Arbeitnehmer bzw. der Gewerkschaften. Sinn der Aussperrung ist der finanzielle Druck auf die Gewerkschaften, Streikgeld zahlen zu müssen. — Weil ein einheitliches Arbeitskampfrecht fehlt und auch nicht mit der →Tarifautonomie zu vereinbaren wäre, mussten zahlreiche Aspekte höchstrichterlich geklärt werden. Angriffsaussperrungen, die einem Streik vorausgehen, sind illegal, ebenso Abwehraussperrungen, die sich nur gegen die Mitglieder einer Gewerkschaft richten, die zum Streik aufgerufen hat. Zulässig sind Abwehraussperrungen gegen die ganze Belegschaft oder die Streikenden sowie zur Abwehr von Teil- oder Schwerpunktstreiks, die auf Schlüsselbereiche von Betrieben oder des Wirtschaftszweiges zielen. Besonders umstritten waren immer die Folgen von Produktionsstillständen, insbesondere die Fortsetzung von Lohnzahlungen, wenn anderswo, auch ausserhalb des eigenen Tarifgebietes, gestreikt wurde. — Als „kalte Aussperrungen", bei denen die Ausgesperrten weder Anspruch auf Kurzarbeitergeld des Arbeitsamtes noch auf Streikgeld der Gewerkschaft haben, werden die mit vorgeblichen Zulieferproblemen begründeten Betriebsstillegungen innerhalb der Branche und in dem Tarifgebiet, in dem gestreikt wird, bezeichnet.

B

BA →Bundesanstalt für Arbeit

BAFA →Bundesausfuhramt

BAG →Bundesarbeitsgericht

Bagatellsteuern

Steuern geringen Aufkommens, deren Erhebung und Eintreibung möglicherweise mehr volkswirtschaftlichen Aufwand als fiskalische Einnahmen verursacht und deren Lenkungsfunktion zweifelhaft ist. Eine Faustregel, die eine Steuer zur Bagatellsteuer erklärt, gibt es nicht; als Grenzwert kann ein Anteil von 0,2 Prozent an den gesamten Steuereinnahmen angesehen werden. Bis heute können insbesondere die Kommunen nicht feststellen, wie teuer die Erhebung ihrer Verbrauchsteuern überhaupt ist. — Abgeschafft wurden in Deutschland die Süßstoffsteuer (1965), die Steuern auf Spielkarten, Zündwaren und Essigsäure (1981), die Steuern auf Leuchtmittel, Salz, Tee und Zucker erst zum 1.1.1993 und auch nur im Zuge der europäischen Steuerharmonisierung, weil es dafür in anderen Ländern keine Entsprechung gab. Die letzte eindeutige Bagatellsteuer des Bundes, die Zwischenerzeugnissteuer (auf Getränke mit einem Alkoholanteil zwischen denjenigen von Schaum- und Branntwein), ist nicht abgeschafft worden, weil es dafür in anderen EU-Mitgliedsländern Entsprechungen gibt, die dort fiskalisch ungleich bedeutender sind (z. B. auf Sherry in Spanien). Umstritten ist, ob die Schaumweinsteuer noch zu den Bagatellsteuern gehört (Tabelle →Verbrauchsteuern).

Das Wort kommt über französisch „bagatelle" von italienisch „bagatella", einer Verkleinerung von lateinisch „baca" oder „bacca" (Beere).

Baisse

Zeit fallender Aktienkurse. Zwei traditionelle Typen der Baisse-Spekulation sind möglich. Im häufigeren Fall, dem Leerverkauf, schließt ein Spekulant, der einen Kursrückgang erwartet, im Termingeschäft (→Futures) einen Kontrakt, der ihn dazu verpflichtet, zu einem bestimmten Zeitpunkt Aktien zu einem bestimmten Preis zu verkaufen, ohne dass er diese Aktien bereits besitzt. Der vereinbarte Preis liegt meist in der Nähe des Preises bei Abschluss des Geschäfts. Die Aktien kauft er bei nachgebenden Kursen aber erst kurz vor Fälligkeit des Kontraktes; das Ausmaß der Baisse bestimmt seinen Spekulationsgewinn. Im selteneren Fall verkauft der Baisse-Spekulant seine Aktien in Erwartung eines Kursrückgangs, um sie nach dem Kursverfall billiger wieder zurückkaufen zu können. Bei anhaltend steigenden Börsenkursen bieten sich dafür kaum Gelegenheiten; Gewinnmitnahmen können kleinere, börsenübliche Baisse-Spekulationen darstellen oder auslösen.

Der Begriff kommt von französisch „baisser" (sinken). Baissen werden von Bären symbolisiert, deren Tatzen von oben nach unten schlagen. — Gegenteil: Hausse.

Bahnversicherungsanstalt →Rentenversicherung

Baker-Plan

Versuch zur Überwindung der 1982 ausgebrochenen →Schuldenkrise der Entwicklungsländer, vorgestellt erst 1985 von US-Finanzminister James Baker. Sein Plan sah vor, hochverschuldeten Ländern, die eine marktwirtschaftliche Reformpolitik betreiben und ihren Außenhandel liberalisieren, frisches Kapital zur Verfügung zu stellen, das zu etwa zwei Dritteln von Geschäftsbanken und zu etwa einem Drittel von multilateralen Organisationen wie der Weltbank zur Verfügung gestellt werden sollte. Der Plan, der die Verschuldung der Entwicklungsländer noch erhöht hätte und nur auf das mittelfristige Aufrechterhalten der Zahlungsfähigkeit abzielte, war ganz in traditionellen Vorstellungen der internationalen Finanzpolitik befangen und scheiterte am Desinteresse der Geschäftsbanken, ihrem schlechten Geld noch gutes hinterherzuschicken. Erfolgreicher war der →Brady-Plan.

BAKred →Bundesaufsichtsamt für das Kreditwesen

Bank for International Settlements →Bank für Internationalen Zahlungsausgleich

Bank für Internationalen Zahlungsausgleich (BIZ)

als „Bank der Zentralbanken" die einzige internationale Organisation, die von Zentralbanken selbst geführt wird. Ihre Aufgaben sind (1) die Förderung der Zusammenarbeit zwischen Zentralbanken, insbesondere als Diskussionsforum in der internationalen währungspolitischen Zusammenarbeit, (2) Finanzdienstleistungen für Devisenreserven, insbesondere Depotgeschäfte für mehr als hundert Zentralbanken, (3) das Erstellen von währungs- und wirtschaftspolitischen Analysen und (4) das Bereitstellen von Infrastruktur für internationale Finanzabkommen und -operationen. — Die BIZ und die der BIZ angelagerten Organisationen haben mit einigen grundlegenden Regulierungen versucht, die Weltfinanzmärkte transparenter zu gestalten und ihre Teilnehmer weniger krisenanfällig zu machen. Dazu gehört auch das Berichtssystem, in dem die Meldungen der Geschäftsbanken aus den Mitgliedsländern über deren Auslandsforderungen und -verbindlichkeiten verarbeitet werden. Diese Zusammenstellungen werden u.a. an den IWF weiterleitet, bei dem daraus das Kernstück seiner internationalen Bankenstatistik entsteht. Der →Baseler Ausschuss für Bankenaufsicht, dessen Sekretariat bei der BIZ angesiedelt ist, regelt die Überwachung ausländischer Niederlassungen von Banken und untersucht Eigenkapital, Liquidität, Schuldenfristigkeiten und Länderrisiken. Eigenkapitalanforderungen an Banken und Wertpapierhäuser wurden definiert und harmonisiert (und teilweise in EU-Richtlinien umgesetzt) und Grundsätze für die Beaufsichtigung von Finanzkonglomeraten entwickelt. — Hauptproblem der BIZ ist ihr Mangel an Modernität. Einerseits kommt sie dem hohen Entwicklungstempo der Weltfinanzmärkte und dem daraus entstehenden Regulierungsbedarf nicht nach. Andererseits ist sie seit ihrer Gründung sehr weit gehend auf die Länder der →Gruppe der 10 ausgerichtet, deren Vertreter auch in den Gremien absolut tonangebend sind. Die BIZ hat sich lange als reine Industrieländer-Organisation verstanden und war ähnlich wie die →OECD trotz der stürmischen Entwicklung z. B. der fernöstlichen Schwellenländer nicht an einer Ausweitung des Kreises der Mitgliedsländer interessiert. Als Singapur und Hongkong auch in den neunziger Jahren anhaltend als Entwicklungsländer (ab-)qualifiziert wurden, begannen dort Vorbereitungen zur Gründung einer asiatischen BIZ. Das trug dazu bei, dass 1996 zum ersten Mal seit 25 Jahren die Organisation erweitert wurde und gleich fünf von neun zur Mitgliedschaft eingeladenen Zentralbanken aus Asien stammen. Für 1998 wurde eine erste Verwaltungsratssitzung in Tokio angekündigt.

Englische Bezeichnung: Bank for International Settlements (BIS). Die 32 Altmitglieder sind 27 europäische Zentralbanken (von der albanischen und denen der GUS-Länder abgesehen, alle europäischen, darunter auch die reaktivierten der drei baltischen Staaten und die türkische; die jugoslawische ist — Stand: 1997 — suspendiert und wird offiziell nicht mitgezählt), ferner die Zentralbanken und -systeme der USA und Kanadas, Japans, Australiens und Südafrikas. Neumitglieder ab 1997 sind die Zentralbanken Koreas, Singapurs, Indiens, der VR China und zusätzlich Hongkongs sowie Russlands, Saudi-Arabiens und Mexikos. — Die BIZ wurde 1930 durch eine Vereinbarung zwischen sechs Gründerstaaten und der Schweiz in Basel gegründet. Sie sollte ursprünglich der Abwicklung der deutschen Reparationen nach dem Ersten Weltkrieg (Young-Plan) von einem neutralen Ort aus dienen. Als die Weltwirtschaftskrise 1931 auf Mitteleuropa übergriff, wurden die deutschen Zahlungen aufgrund des Hoover-Moratoriums zwar eingestellt. Die BIZ verlor ihre Existenzberechtigung aber dennoch nicht. Denn nach Überlegungen zur Gründung einer „Weltbank", die bis in das 19. Jahrhundert zurückgingen, erhielt die BIZ einige dafür nötige Kompetenzen, vor allem die technisch-administrative Organisation von Stützungskrediten für mehrere durch die Weltwirtschaftskrise gefährdete Zentralbanken. Im Zweiten Weltkrieg kamen die Geschäfte fast zum Erliegen, weil es sich die BIZ mit keiner der kriegsführenden Parteien verderben wollte. 1944 empfahl die Konferenz von →Bretton Woods die Liquidation der BIZ zugunsten des →Internationalen Währungsfonds. Das Infrastrukturangebot der BIZ in der neutralen und unzerstörten Schweiz sorgte aber für den Erhalt: Im auch von Zahlungsbarrieren und gegenseitiger Verschuldung blockierten Nachkriegseuropa wickelte sie innereuropäische Zahlungsabkommen ab und war schließlich maßgeblich an der Europäischen Zahlungsunion (1950-58), einem multilateralen Verrechnungssystem, beteiligt. Seither wurde die BIZ als „Agent" mit einer Fülle von Abwicklungsaufgaben betraut, teilweise sogar für die EU (Pfandschaft für Montanunion-Anleihen oder Funktionen zugunsten des Europäischen Fonds für währungspolitische Zusammenarbeit, die jetzt aber auf das →Europäische Währungsinstitut übergegangen sind).

Banken

Wirtschaftsbetriebe, die fremde Gelder annehmen (Einlagengeschäft) und sie als Darlehen an die Wirtschaft weiterleiten (Kreditgeschäft). Daraus abgeleitet ist die Versorgung von Unternehmen, privaten und öffentlichen Haushalten mit Zahlungsmitteln und die Abwicklung des baren und →bargeldlosen Zahlungsverkehrs (Girogeschäft). In Deutschland gehören zu den Bankgeschäften u.a. auch der Ankauf von →Wechseln und Schecks (Diskontgeschäft), die Anschaffung und Veräußerung von Wertpapieren für andere (Effektengeschäft), die Verwahrung und Verwaltung von Wertpapieren für andere (Depotgeschäft), die Investition von Kundengeldern in →Fonds, über die eine Anteilsbescheinigung ausgestellt wird (Investmentgeschäft), und die Übernahme von Bürgschaften, Garantien usw. (Garantiegeschäft). Eine Bank muss nicht alle Bankgeschäfte betreiben; so entfällt bei Investmentbanken sogar oft das Einlagengeschäft. — Der Bankensektor ist wegen seines enormen volkswirtschaftlichen Einflusses der wichtigste aller Wirtschaftszweige. →Bundesbank und →Bundesaufsichtsamt für das Kreditwesen überwachen, ob die Banken die gesetzlichen Vorgaben (z. B. Eigenkapitalausstattung, →Mindestreserve, Liquidität, Großkreditvergabe) einhalten. Der Erwerb branchenfremder Unternehmensbeteiligungen (Industriebesitz) hat zur Kritik an der →Bankenmacht beigetragen, verstärkt durch das Zusammenrücken von Banken und Versicherungen (→Allfinanz). — In Deutschland lassen sich fast alle Banken drei verschiedenen Gruppen zuordnen: den →Privatbanken, dem öffentlichen Bankensektor (vor allem →Landesbanken und →Sparkassen) und den →Genossenschaftsbanken (vor allem →Volks- und Raiffeisenbanken). Diese historisch bedingte Dreiteilung des Bankensektors gilt als Hauptursache dafür, dass nach dem Zweiten Weltkrieg Enteignungsforderungen gegen deutsche Großbanken — anders als gegen die Montanindustrie — keinen großen Widerhall hervorriefen. Jede der drei Institutsgruppen verfügt sehr grob geschätzt über ungefähr ein Drittel des Gesamtmarktes; für Teilmärkte (z. B. Klein-/Großkundengeschäft, Immobilienfinanzierung, Vermögensverwaltung) gehen die Marktanteile weit auseinander. Die gemeinsame Bilanzsumme des Bankensektors von 7,4 Billionen Mark entfällt zu 3,4 Billionen auf die Sparkassen und Landesbanken, zu 2 Billionen auf die Privatbanken und zu 1,2 Billionen auf die Genossenschaftsbanken. 1996 waren von den hundert größten Banken 46 Privatbanken, 45 öffentlich-rechtliche und neun Genossenschaftsbanken. Der Steuerbeitrag der Großbanken sei infolge von Gewinnverlagerungen ins Ausland weit unterdurchschnittlich, kritisieren die Genossenschaftsbanken: Die Steuerquote der Großbanken sei auf knapp über 20 Prozent des Betriebsergebnisses gefallen, während die der Sparkassen und Genossenschaftsbanken bei konstant über 60 Prozent liege. — Eine sachliche Aufteilung des Bankensektors unterscheidet Universalbanken, die alle oder viele Bankgeschäfte betreiben, und →Spezialbanken wie Realkreditinstitute (→Hypothekenbanken), Teilzahlungsbanken und Banken mit Sonderaufgaben (z. B. die →Kreditanstalt für Wiederaufbau). Bundesbank, →Bausparkassen und →Versicherungen sind keine Banken im Sinne des Kreditwesengesetzes. — Banken können auch Funktionen von Finanzinstituten ausüben, entweder unmittelbar oder über Tochterunternehmen. Finanzinstitute sind Unternehmen, die keine Banken sind, deren Haupttätigkeit aber bankähnlich ist: Beteiligungserwerb, der Erwerb von Geldforderungen (Inkasso), →Leasing, das Geschäft mit →Kreditkarten und Reiseschecks, der Handel mit ausländischem Bargeld (→Sorten), Wertpapierhandel auf eigene Rechnung, der Handel mit →Finanzinstrumenten auf eigene oder Kundenrechnung, Wertpapieremissionen und →Going Public, die Unternehmensberatung unter Kapital-, Finanzierungs- und Steueraspekten und die Darlehensvermittlung zwischen Banken. — Die Diskussion um die Einflußnahme der Banken auf Unternehmen wird unter der Sammelbezeichnung →Bankenmacht geführt. Gegenüber ihren Kleinkunden haben besonders Privatbanken und Sparkassen ihr Image der Überheblichkeit nicht abgelegt. Keine andere Branche sei mit Schadenersatzleistungen so zurückhaltend, klagen außerdem Verbraucherschützer. Die offen zur Schau gestellte Geldgier steht in einem besonders krassen Gegensatz zur ansonsten gepflegten Seriosität: z. B. beim Streit um die →Wertstellung, bei einer schnelleren Erhöhung der Soll- als der Habenzinsen nach Leitzinserhöhungen, mit schnellem Ansteigen der Hypothekenzinsen nach Leitzinserhöhungen und langsamerem Fall nach Leitzinssenkungen, bei besonders hohen Einzelleistungs-

Systematik deutscher Banken

	Anzahl	Geschäftsvolumen
Kreditbanken	326	2.258,4
Großbanken	3	888,5
Regionalbanken und sonstige Institute	187	1.160,3
Zweigstellen ausländischer Banken	77	157,6
Privatbankiers	59	52,1
Girozentralen	13	1.667,2
Sparkassen	598	1.691,6
genossenschaftliche Zentralbanken	4	342,4
Kreditgenossenschaften	2.420	974,6
Realkreditinstitute	35	1.317,7
Kreditinstitute mit Sonderaufgaben	18	858,2
alle	3.414	9.110,1

Stand: Dezember 1997, Quelle: Deutsche Bundesbank. Geschäftsvolumen: in Mrd. DM. Zu den Girozentralen gehören die →Landesbanken. Kreditgenossenschaften sind überwiegend die →Volks- und Raiffeisenbanken. Kreditinstitute mit Sonderaufgaben sind z. B. die →Kreditanstalt für Wiederaufbau, die →Deutsche Ausgleichsbank oder die Postbank.

preisen wie dem Abheben an fremden Geldautomaten oder dem Kassieren von Bearbeitungsgebühren für die Freistellung von der Quellensteuer. Gegen den schlechten Ruf haben die Banken im Juli 1992 einen Ombudsmann eingerichtet, dessen bisherige Entscheidungen (rund 2300 in fünf Jahren) in der Hälfte der Fälle zugunsten der Kunden ausgegangen sind. Der Schlichterspruch ist für eine Bank bis zum Streitwert von 10.000 Mark bindend, während der Kunde nach einer nicht zufriedenstellenden Schlichtung klagen kann. — Im internationalen Vergleich gilt Deutschland als „overbanked" und „overbranched", also als mit zu vielen Banken und Geschäftsstellen ausgestattet. Mehrere vollzogene oder angekündigte Fusionen insbesondere unter den großen Privat- und den Landesbanken seit Mitte der neunziger Jahre deuten auf eine Strukturbereinigung hin. Insbesondere die Absicherung der Zahlungsfähigkeit von Landesbanken und Sparkassen durch die öffentliche Hand wird von der privatwirtschaftlichen Konkurrenz als Wettbewerbsverzerrung kritisiert. — International sind deutsche Banken bei globalen Finanzierungsaktivitäten deutlich unterrepräsentiert. Geklagt wird darüber aber vornehmlich von den deutschen Großbanken selbst, die bis in die zweite Hälfte der achtziger Jahre ihre Internationalisierung verschlafen haben.

Die Begriffe Bank und Bankier (bancus, bancherii) waren bereits im Römischen Reich verbreitet und bedeuteten einen Tisch und den hinter dem Wechseltisch Arbeitenden. Im Mittelalter waren die drei unterschiedlichen Typen bereits ausdifferenziert: (1) internationale Handels- und Bankhäuser, denen das neue Instrument des Wechselbriefs (kurz: Wechsel) Handelsfinanzierungen, internationale Großkredite und Kapitaltransfers ermöglichte. Ein Zahlungsauftrag wurde an einem Ort gegeben und durch die eigene Organisation an einem anderen Ort und in einer anderen Währung — „gewechselt" — ausgeführt. Die Zahlungsunfähigkeit von Großschuldnern erschütterte das System immer wieder. (2) Der lokale Bankier ging aus dem Beruf des Wechslers hervor, wenn er Depositen (Einlagen) annahm, Konten führte und Überweisungen (→Giro) im lokalen Bankensystem durchführte. Depositen wurden bis weit in das 19. Jahrhundert hinein noch nicht verzinst, sondern nur sicher „deponiert". (3) Pfandleiher gaben lebensnotwendige Konsumtivkredite gegen Zinsen und Hinterlegen einer Sicherheit. Daraus entwickelten sich ab 1600 die Hypothekarkredite auf Immobilien; die erste große Hypothekenbank entstand 1852 in Frankreich.

Bankenkonsortium
Zusammenschluß von Banken, um einzelne oder mehrere Großkredite oder Anleihen zu begeben, wenn das Volumen oder das Risiko über die Möglichkeiten einer einzelnen Bank hinausgehen. Die Festlegung der Anteile der Konsortialbanken heisst Syndizierung. Die leitende Bank ist Konsortialführer, ein Konsortialmitglied heisst Konsorte.

Bankenmacht
der Einfluss von Kreditinstituten auf eine Volkswirtschaft.

1995 brachten allein die drei Großbanken einen Beteiligungsbesitz von über fünf Prozent bei mehr als 1500 Unternehmen zusammen. Ende 1996 besaßen sie zehn Prozent des deutschen Aktienkapitals. Mit 73 Aufsichtsräten kontrollieren sie die 30 im DAX zusammengefassten Aktiengesellschaften; 13 ihrer Aufsichtsratsvorsitzenden werden von den Banken gestellt. Allein auf die Deutsche Bank entfielen 1996 rund 735 personelle Verflechtungen mit den hundert größten deutschen Unternehmen (vor allem die Besetzung der Aufsichtsräte durch unmittelbare Repräsentanten der Banken, durch Mitglieder aus den Bank-Beiräten und anderen Gremien, Vorstandsmitglieder aus dominierten oder anderswie „befreundeten" Unternehmen). 1992 (aktuellere seriöse Zahlen nicht vorhanden) kontrollierten die Banken und die mit ihnen verbundenen Investmentfonds durchschnittlich 84 Prozent der Stimmrechte auf Hauptversammlungen großer, nicht von Großaktionären beherrschter Aktiengesellschaften.

Der Einfluss insbesondere der privaten und öffentlichen Großbanken zeigt sich in Deutschland vor allem in der Beherrschung von Aktiengesellschaften über ihren →Aufsichtsrat. Die Firmenkrisen der neunziger Jahre haben gezeigt, dass viele Bank-Aufsichtsräte ihre Funktion entweder nicht ernst genug nahmen, überlastet oder dafür nicht geeignet waren. — Die Macht der Banken beruht neben ihrer klassischen Funktion als Kreditgeber auf drei Faktoren: (1) Das deutsche →Universalbankprinzip kennt keine Trennung von Kredit- und Wertpapiergeschäft. Banken können Unternehmen also sowohl von der Kredit- als auch von der Anteilseignerseite her beeinflussen. Dies führt zu Interessen- und Loyalitätskonflikten, z. B. auch, weil ein Bankenvertreter im Aufsichtsrat eines Unternehmens sitzen und die Bank zugleich ein konkurrierendes Unternehmen finanzieren kann. (2) Auf drei Wegen können Banken ihren Einfluss auf die Besitzverhältnisse geltend machen: mit Eigenbesitz, mit dem (dazu zu zählenden) Besitz der von ihnen dominierten Kapitalanlagegesellschaften (Investmentfonds) und über das →Depotstimmrecht. Damit erteilen Aktionäre, die ihr Stimmrecht nicht selbst bei einer Hauptversammlung nutzen wollen, die Vollmacht dazu ihrer Bank. (3) Aufgrund der Stimmrechtsverhältnisse führt bei der Wahl der Aufsichtsräte kein Weg an den Banken vorbei. Deswegen ist auch der indirekte Einfluss der Banken auf die Bestellung der Vorstandsmitglieder durch den Aufsichtsrat erheblich. Wenn solche Vorstandsmitglieder wiederum Aufsichtsräte in anderen, der Bank verbundenen Unternehmen werden, ist Wohlverhalten gegenüber der Bank der Regelfall. (4) Der überragende Einfluss der Banken beim Börsengang neuer Unternehmen erhöht deren Abhängigkeit, auch wenn sich die Banken nicht an der neuen AG beteiligen (→Going Public, →Risikokapital). — Die eigentliche politische Debatte entzündet sich an der Frage, ob die Möglichkeit eines Machtmissbrauchs zu schärferen Vorschriften führen soll. Die Banken, vor allem die Privatbanken, verfolgen dabei zwei Kommunikationsstrategien. Die eine ist, das Problem schlicht zu negieren. Dazu werden etwa als Grundlage für die Berechnung des Anteilsbesitzes der

Banken an Unternehmen nicht nur Aktiengesellschaften, sondern alle Kapitalgesellschaften (einschließlich der GmbH) herangezogen. Die andere Kommunikationsstrategie argumentiert mit der Verantwortung, die eine Bank für ein Unternehmen habe, mit dem sie verbunden ist; deshalb solle nicht von Beeinflussung, sondern von Begleitung gesprochen werden. Diese Rechtfertigung hat aber durch fehlgeschlagene Sanierungen und schlechte Arbeit der Aufsichtsräte an Bedeutung nachgelassen und widerspricht prinzipiell dem Konzept des →Shareholder Value, in dem nicht die Interessen des Unternehmens, sondern die des Kapitalgebers dominieren. — Um den Einfluss der Banken zu begrenzen, halten Kritiker viele Maßnahmen für sinnvoll: (1) eine weitere Begrenzung der Höchstzahl der Aufsichtsratsmandate, (2) eine Begrenzung von Kapitalbeteiligungen an Industrie-, Bau- und Handelsunternehmen (Nichtfinanz-Unternehmen) auf fünf Prozent, (3) ein vollständiges Erlöschen des Depotstimmrechts oder ein zeitweiliges, wenn Bankvertreter für einen Aufsichtsrat kandidieren, (4) ein Ende des Bankzwangs beim Gang an die Börse, (5) für Aktionäre ein vereinfachtes Klagerecht gegen Unternehmensorgane, (6) das Verbot der Stimmrechtsausübung bei wechselseitigen Beteiligungen, (7) Beschränkungen der Mandatsdauer. — Die Aktienrechtsreform von 1997 hat die Bankenmacht transparenter gemacht, aber kaum eingeschränkt. Aktionäre werden nun darüber informiert, wenn ein Aufsichtsratsmitglied auch im Aufsichtsrat eines oder mehrerer konkurrierender Unternehmen sitzt. Aufsichtsräte können als Organ eines Unternehmens künftig von Aktionären verklagt werden, wenn dies die Hauptversammlung mit fünf Prozent der Stimmen oder zwei Millionen Mark Nominalkapital beschließt. Banken dürfen Stimmrechte aus dem Depotstimmrecht nicht mehr ausüben, wenn sie in dieser Hauptversammlung zugleich Stimmen aus einem Eigenbesitz von über fünf Prozent ausüben; Einzelweisungen der Aktionäre sollen aber weiterhin zulässig sein. Die Bank muss alle Mandate ihrer Manager und ihren Beteiligungsbesitz über fünf Prozent angeben. Eine Beschränkung des Beteiligungsbesitzes an Nichtbanken ist nicht vorgesehen. Die Zahl der erlaubten Aufsichtsratsmandate pro Kopf bleibt bei zehn; allerdings zählt ein Vorsitz jetzt doppelt. — Der zwangsweise Verkauf des Beteiligungsbesitzes von Banken, um ihren Einfluss zu senken, widerspricht möglicherweise EU-Recht. Aus betriebswirtschaftlichen Gründen, weil mit Kapitalgeschäften oft mehr Geld zu verdienen ist als mit produktiven Investitionen, aber auch, um gesetzlichen Regelungen vorzubeugen, senken Banken bereits seit Beginn der neunziger Jahre den Umfang ihrer traditionellen Direktbeteiligungen. Ihre Investmentfonds erhöhen den Industriebesitz allerdings wiederum gezielt. Banken verweigern den Abbau von Industriebesitz insbesondere, weil Veräußerungsgewinne mit 60 Prozent besteuert werden, womit die stillen Reserven aus der Differenz zwischen Buch- und Kurswert mehr als halbiert würden. Die Banken wollen (nach Einschätzung der Deutschen Bank) nur bei unter 40 Prozent verkaufen. — Insgesamt ist auch künftig mit zunehmender Transparenz bei der Bankenmacht zu rechnen. Die Offenlegung der Beteiligungen der Allianz-Versicherung von je mehr als 100 Millionen Mark musste der Würzburger Wirtschaftsprofessor Ekkehard Wenger noch gerichtlich durchsetzen. Aufgrund der Globalisierung der Kapitalaufnahme werden aber künftig auch deutsche Unternehmen die Ansprüche internationaler Investoren auf eine genaue Beschreibung von Besitz, Wert und Ertragslage erfüllen müssen; US-amerikanische oder britische Bilanzierungsregeln gehen weit über die deutschen Vorschriften hinaus. Das Bundeskartellamt vermutet sogar, dass von den internationalen Investoren ein erheblicher Reformdruck ausgehen wird, um die Bankenmacht in den Aufsichtsräten zu begrenzen, damit bei einer Kapitalbeteiligung von außen nicht die Interessen der beaufsichtigten Unternehmen denen der beaufsichtigenden Banken untergeordnet werden.

Die großen →Versicherungen versuchen, nicht in die Auseinandersetzungen über die Bankenmacht hineingezogen zu werden. Sie machen geltend, dass ihr Anteilsbesitz in der Regel die dauerhaft angelegte Investition eines institutionellen Anlegers ist, dass sie nicht über das Depotstimmrecht verfügen und dass die Stellung eines Hausversicherers ungleich schwächer ist als die einer Hausbank. — In der BRD steht die Macht der Banken seit der ersten Hälfte der sechziger Jahre in der politischen Diskussion („Lex Abs", →Aufsichtsrat).

Banker

Manager einer Bank.

Die aus dem Angloamerikanischen auch ins Deutsche übernommene informelle Bezeichnung ist hierarchielos und sagt nur aus, dass der Träger über ein Mindestmaß an Entscheidungsrecht verfügt. Die Bezeichnung Banker hat in Deutschland in den achtziger Jahren den veralteten „Bankbeamten" abgelöst, für den sich in den Sechzigern zunächst nur umständliche Nachfolgebezeichnungen („Bankangestellter") entwickelt hatten.

Bankgeheimnis

Schutz eines Einlegers durch sein Kreditinstitut vor einer Bekanntgabe seiner Einlagen, insbesondere gegenüber Steuerbehörden.

In Deutschland existiert kein Bankgeheimnis. Banken sind zwar allgemein zur Verschwiegenheit verpflichtet, dürfen aber in Finanzstrafverfahren Auskunft erteilen. In Österreich, das eine weitreichende →Anonymität der Konten erlaubt, gibt es zwar ein Bankgeheimnis, das aber bei Strafverfahren recht unkompliziert erlischt. In Liechtenstein wird das Bankgeheimnis zwar durch Strafverfahren aufgehoben, gilt aber bei Steuerverfahren absolut. In Luxemburg geht die Verschwiegenheitspflicht sehr weit. Steuerbehörden erhalten keine Auskunft. Auch Rechts- und Amtshilfeersuchen aus dem Ausland werden abgelehnt, selbst beim Verdacht auf Geldwäsche, Drogen-, Waffen- und Menschenhandel. Auch in der Schweiz ist das Strafverfahren (einschließlich Steuerbetrug und Bilanzfälschung) die einzige Ausnahme vom Bankgeheimnis, jedoch muss die Staatsanwaltschaft den Fall bereits übernommen haben.

Bankier
im engeren Sinn der Inhaber einer Privatbank (→Privatbankier), im weiteren Sinn veraltende Bezeichnung für einen leitenden Bankmanager (→Banker).

Bankleitzahl (BLZ)
1971 eingeführte Ziffernfolge zur Automatisierung des Zahlungsverkehrs. Sie wird von der Bundesbank vergeben, ordnet den Zahlungsverkehr der Banken untereinander und ist zugleich die Kontonummer der Bank bei der Bundes- bzw. der zuständigen Landeszentralbank.

Die BLZ besteht aus acht Dezimalstellen. Die ersten drei bezeichnen den Bankplatz, die vierte die Bankengruppe, die fünfte bis achte ist die Niederlassungsnummer. — Die erste Ziffer des Bankplatzes bezeichnet das Gebiet: (1) Berlin, Brandenburg, Mecklenburg-Vorpommern, (2) Bremen, Hamburg, Niedersachsen, Schleswig-Holstein, (3) Rheinland, (4) Westfalen, (5) Hessen, Rheinland-Pfalz, Saarland, (6) Baden-Württemberg, (7) Bayern, (8) Sachsen, Sachsen-Anhalt, Thüringen. Die zweite und dritte Stelle konkretisieren den Ort. Die vierte Stelle bezeichnet das Banknetz: (0) Bundesbank und Landeszentralbanken, (1-3) Kreditinstitute, soweit nicht unter den folgenden Gruppen erfasst, wobei die Postbank eine 1 erhielt, (4) Commerzbank, (5) Girozentralen und Sparkassen, (6/9) genossenschaftliche Zentralbanken, Kreditgenossenschaften sowie ehemalige Genossenschaften, (7) Deutsche Bank, (8) Dresdner Bank. Die Stellen fünf bis acht können frei gewählt werden; die Postbank erhielt als fünfte und sechste stets eine Doppelnull, die anderweitig nicht vergeben wurde. — Frei gewordene Bankleitzahlen bleiben vier Jahre gesperrt.

Bankschuldverschreibung →Anleihe

Bargeldloser Zahlungsverkehr
Abwicklung des Zahlungsverkehrs zwischen zwei Personen über ihre Bankkonten, die →Sichteinlagen aufweisen, mittels Gut- und Lastschriften. Hat nur einer der Beteiligten ein Konto, ist der Zahlungsverkehr „halbbar". Hauptformen sind Überweisungen, Lastschrifteinzug und Scheckzahlungen. Die Zahlung mit Kreditkarte nimmt zu. — Angestrebt wird eine Vereinfachung hin zum beleglosen elektronischen Zahlungsverkehr; noch dominiert eine elektronische Erfassung von zuvor „physisch" ausgestellten Belegen. Am weitesten Richtung Beleglosigkeit fortgeschritten sind →Tele- bzw. Homebanking. Über lange Zeit war die zu Ungunsten der Kundschaft verzögerte →Wertstellung im bargeldlosen Zahlungsverkehr ein Hauptstreitpunkt zwischen Verbaucherverbänden und Banken.

Erst wenn die Belegfunktion bei der Buchung selbst liegt, ist Beleglosigkeit erreicht. Rechtlich umstritten ist, ob dann ein Kontoauszug als Beleg gilt.

Baseler Ausschuss für Bankenaufsicht
ein 1975 von der →Gruppe der 10 gegründeter Ausschuss, um Banken-Standards international zu vereinheitlichen. Damit soll die Zuverlässigkeit und Vertrauenswürdigkeit von Einzelbanken, nationalen Bankensystemen

und internationalen Bankgeschäften verbessert werden. Die bekannteste Einzelmaßnahme der jüngeren Zeit war die Festlegung der Mindestanforderungen an die Eigenkapitalausstattung der Banken, die 1992 in Kraft trat. — Der Ausschuss besteht aus hochrangigen Vertretern der Zentralbanken und Bankenaufsichtsbehörden. Das Sekretariat des Ausschusses ist bei der →Bank für internationalen Zahlungsausgleich angesiedelt, wo der Ausschuss auch zusammentritt. 1997 wurde ein Entwurf mit 25 Grundsätzen für eine wirksame nationale und internationale Bankenaufsicht vorgelegt, der bis Ende 1998 verabschiedet werden soll. Er defininiert u.a. Zuständigkeiten, legt rechtliche Grundlagen der Bankaufsicht fest und beschreibt moderne Mindestanforderungen an Banken über die Eigenkapitalausstattung hinaus.

BAT →Bundesangestelltentarifvertrag

B.A.U.M. →Bundesdeutscher Arbeitskreis für umweltbewusstes Management

Bausparkassen

Finanzinstitute, die Bauspareinlagen entgegennehmen und Bauspardarlehen gewähren. Eigenarten dieses kollektiven Zwecksparsystems sind die regelmäßigen Einzahlungen bei einer Wartezeit bis zur Auszahlung der Bausparsumme sowie die weitere Finanzierung des Objekts durch ein Darlehen. — Dieses Darlehen ist mit einer nachrangigen Hypothek gesichert; die 1. Hypothek steht hingegen als Sicherheit für einen Bankkredit zur Verfügung. Damit setzt sich eine Baufinanzierung in der Regel aus der Bausparsumme, dem Bankkredit und einem weiteren Darlehen zusammen. Vor- und Zwischenfinanzierungen durch die Bausparkassen sind möglich und üblich. Bausparverträge werden steuerlich gefördert. — Prüfungen der Stiftung Warentest haben schlechte Beratungsergebnisse gezeigt. Zwar sei die Qualität 1997 gegenüber einem Test 1993 besser geworden, aber noch immer waren ein Viertel aller Kundenberatungen mangelhaft oder sehr mangelhaft. Insbesondere werde schlecht über Anspar- und Darlehensphasen und die Gesamtfinanzierung informiert, und nicht alle Kosten werden erläutert. Bausparverträge gelten als kompliziert, wegen ihrer Anfälligkeit für Zinsschwankungen als riskant und rentieren nicht deutlich besser als festverzinsliche Wertpapiere.

Die „wohnungswirtschaftlichen Maßnahmen“, die die Bausparkassen finanzieren dürfen, sind Bau, Erwerb und Renovierung von Eigenheimen oder Eigentumswohnungen. — 1996 waren in Deutschland 34 Bausparkassen (21 private und 13 öffentliche) tätig, die 31 Millionen Bausparverträge verwalteten. Die privaten Bausparkassen verfügen über zwei Drittel, die öffentlichen über ein Drittel des Marktes.

BAV →Bundesaufsichtsamt für das Versicherungswesen

BAWe →Bundesaufsichtsamt für den Wertpapierhandel

BBk →Bundesbank

BdA →Bundesvereinigung der deutschen Arbeitgeberverbände

BdB →Privatbanken

BDI →Bundesverband der Deutschen Industrie

BDZV →Gemeinschaftsausschuss der Deutschen gewerblichen Wirtschaft

Begebung

(1) im Finanzjargon der Vorgang, ein →Wertpapier erstmals auf dem Kapitalmarkt anzubieten, (2) im Wertpapierrecht die Übertragung eines Wertpapiers auf einen neuen Eigentümer durch den Vermerk des Verkaufs auf dem Wertpapier selbst („Indossament"), (3) im Bankjargon das Aushändigen einer Kreditsumme.

Belegloser Zahlungsverkehr →bargeldloser Zahlungsverkehr

Beihilfen

Sammelbegriff für staatliche Zuwendungen mit Unterstützungscharakter. (1) Beamtenrechtliche Beihilfen sind Zahlungen an Beschäftigte im öffentlichen Dienst im Krankheits-, Geburts- und Todesfall. Sie sind aus der staatlichen Fürsorgepflicht abgeleitet und als zusätzliche Leistung anachronistisch, weil damit das Arbeitsentgelt nicht allein die Arbeitsleistung abdeckt, sondern wegen der persönlichen Lage des Beschäftigten schwankt. Eine Sozialversicherungspflicht würde das Beihilfewesen mit seinem erheblichen Verwaltungsaufwand überflüssig machen. (2) →Subventionen der EU-Mitgliedsländer sind Beihilfen, die bei der Kommission anmeldungspflichtig sind und auf Wettbewerbsverträglichkeit geprüft werden. (3) Beihilfen der EU selbst müssen mit den Bestimmungen der →Welthandelsorganisation (WTO) übereinstimmen, um nicht den Vorwurf des →Dumpings auszulösen, soweit Exportprodukte oder Importmärkte betroffen sind. — Innerhalb der EU sind Beihilfen zulässig (1) als sozialpolitische Zuwendung an einzelne Verbraucher, soweit Hersteller nicht wegen der Herkunft der Ware diskriminiert werden, (2) nach Naturkatastrophen oder ungewöhnlichen Ereignissen, (3) als Strukturförderung (→EU-Strukturfonds), (4) für Wirtschaftszweige oder -gebiete als Regionalförderung, (5) zur Förderung wichtiger einzelner Vorhaben von gemeinsamem europäischen Interesse (z. B. in der Luftfahrt), (6) zur Behebung einer beträchtlichen Störung im Wirtschaftsleben eines Mitgliedslandes, (7) als Kulturförderung, (8) zur Förderung der Landwirtschaft, (9) für öffentliche Dienstleistungsunternehmen, (10) für die →Montanindustrie und (11) als Exportbeihilfen. In vielen Fällen muss geprüft werden, inwieweit mögliche oder tatsächliche Beeinträchtigungen des Wettbewerbs mit den berechtigten Interessen eines Mitgliedslandes vereinbar sind.

Beitrag →Abgaben

Beitragsbemessungsgrenze

die obere Einkommensgrenze für die Sozialversicherungspflicht. Sie ist unter den Versicherungszweigen und auch innerhalb der Krankenversicherung zwischen den Krankenkassen uneinheitlich. Oberhalb der Beitragsbemessungsgrenze bestehen meist Möglichkeiten der freiwilligen Mitgliedschaft. Die Beitragsbemessungsgrenze muss regelmäßig um die Inflationsrate erhöht werden, um die Zahl der Beitragspflichtigen nicht zu senken.

Bemessungsgrundlage
im Steuer- und Sozialversicherungsrecht die Ausgangsgröße zur Berechnung von Steuern, Beiträgen und Leistungen. Verringert wird eine Bemessungsgrundlage durch Ausnahmen, meist die Nichtgültigkeit der Abgabepflicht auf Teile des Einkommens und des Vermögens. Die Streichung solcher Ausnahmen wird politisch oft als „Schließen von Schlupflöchern" bezeichnet. — Dauerhaftes Problem einer Bemessungsgrundlage ist die Geldentwertung auch bei niedrigen Inflationsraten. Werden die Bemessungsgrundlagen nicht ständig angepasst, verringert sich dadurch „am unteren Ende" die Zahl der Freigestellten stetig, während „am oberen Ende" die Leistungspflicht abnimmt. Die Ärmeren werden also stärker belastet, während die Reicheren entlastet werden.

Benchmarking
Managementmethode zur Verbesserung eines Unternehmens oder seiner Produkte. Dazu werden die quantitativen und qualitativen Faktoren des Marktbesten herangezogen, um die Gründe für das eigene schwächere Abschneiden zu entdecken.

Englisch „bench mark" ist das Markierungszeichen der Zimmerleute.

Bergrechtliche Gewerkschaft
Unternehmen zur Ausbeutung von Bergwerken. Die veraltete Rechtsform wurde 1994 abgeschafft.

Berufsgenossenschaft →Unfallversicherung

Bestechung →Korruption

Bestimmungslandprinzip →Steuerharmonisierung

Betriebskrankenkassen →Krankenversicherung

Betriebsrat
Interessenvertretung der Arbeitnehmer innerhalb eines Betriebs ab fünf Arbeitnehmer, 1972 durch das Betriebsverfassungsgesetz geregelt. Auch das Mitglied eines Betriebsrates führt diese Bezeichnung. Die Größe des Betriebsrates hängt von der Größe des Unternehmens ab; Arbeiter und Angestellte sollen repräsentativ vertreten sein. Die Gesamtbelegschaft wählt den Betriebsrat auf vier Jahre. Arbeitskampfmaßnahmen zwischen Betriebsrat und Arbeitgeber sind verboten. — Bei mehr als hundert Beschäftigten wird ein Wirtschaftsausschuss gebildet, dem mindestens ein Betriebsrat angehören muss. Der Wirtschaftsausschuss berät den Unternehmer und unterrichtet den Betriebsrat über wirtschaftliche und finanzielle Angelegenheiten des Unternehmens.

Mitbestimmungs- und Zustimmungspflicht des Betriebsrates gelten für Arbeitsbeginn und -ende, vorübergehende Arbeitszeitveränderungen, den Einsatz von Kontrollgeräten zur Leistungsüberwachung, Entlohnungsmethoden (z. B. Akkordsätze), Personalfragebögen, Beurteilungsgrundsätze, Auswahlrichtlinien, Betriebsausbilder, Sozialpläne. Unterrichtung und Anhörung gelten für Planung neuer Bauten und Anlagen, Gestaltung von Arbeitsplatz, -ablauf und -umgebung, Personalplanung, personelle Einzelmaßnahmen (z. B. Umgruppierung, Versetzung, Kündigung), Betriebsänderungen sowie für wirtschaftliche Angelegenheiten, die der Wirtschaftsausschuss dem Betriebsrat bekannt gibt. — Den Betriebsräten in der privaten Wirtschaft entsprechen die Personalräte im öffentlichen Dienst. Sie wurden mit dem Personalvertretungsgesetz von 1976 eingeführt.

Betriebsverfassungsgesetz (BVfG)
regelt die Beziehungen zwischen Arbeitgebern und Arbeitnehmern im Unternehmen und löste 1972 das Betriebsverfassungsgesetz von 1952 ab. Dieses gilt jetzt nur noch für die →Mitbestimmung im Aufsichtsrat, während das neue BVfG die Arbeit des →Betriebsrates betrifft.

Betriebswirtschaftslehre (BWL)
neben der →Volkswirtschaftslehre (VWL) der zweite Teil der →Wirtschaftswissenschaft. Die BWL befasst sich mit dem Wirtschaften für den Fremdbedarf (in Betrieben und anderen Organisationen) oder für den Eigenbedarf (im privaten Haushalt). Besonders das Wirtschaften des Staates und von Haushalten gilt als noch wenig erforscht. Grob unterteilt wird die BWL in allgemeine Betriebswirtschaftslehre (mit für alle Betriebe wichtigen Sachgebieten) und spezielle Betriebswirtschaftlehre (mit Einzelfragen oder branchenspezifischen Problemen). Schwerpunktbereiche der allgemeinen BWL sind z. B. Unternehmensführung/Management, Absatz/Marketing, Personalwesen (-wirtschaft) und Rechnungswesen/Accounting.

Der Zeitpunkt der Entstehung der Betriebswirtschaftslehre ist umstritten. Als Vorläufer gilt die Ökonomik (die Kunst des Haushaltens) von der Antike bis in die Neuzeit, gefolgt von den Kameralwissenschaften des 18. Jahrhunderts zur Steigerung der Staatseinnahmen. Im 19. Jahrhundert entwickelte sich in Deutschland zwar die landwirtschaftliche Betriebslehre, dominant wurde aber die Nationalökonomie (→Volkswirtschaftslehre), die die BWL als „Profitlehre" zugunsten des Gesamtinteresses vernachlässigte. Die praktischen Bedürfnisse führten dann ab 1898 zur Gründung von Handelshochschulen (kaufmännisches Handeln im weiten Sinn des →Handelsgesetzbuchs), an denen Privatwirtschaftslehre oder Handelswissenschaft unterrichtet wurden. Den Begriff BWL setzt der Hochschullehrer Eugen Schmalenbach um 1918 durch. Seither differenzieren sich Forschungsrichtungen aus. Seit dem Zweiten Weltkrieg steht der Streit um BWL als wirtschaftstheoretisch begründete eigene Wissenschaft oder als sozialwissenschaftliche Teildisziplin (bzw. interdisziplinäre Managementwissenschaft) im Vordergrund. Aus der BWL hat sich seit den frühen achtziger Jahren die Produktionswissenschaft (mit den Sachgebieten Forschung und Entwicklung, Fertigung, Lagerhaltung, Qualitätskontrolle) zunehmend herausentwickelt und mit Teilen der Ingenieurwissenschaft verselbstständigt. Ökologische Aspekte finden nur langsam Eingang in die BWL (→Ökobilanz, →Öko-Audit).

Betrug
Vermögensschädigung durch Täuschung mit der Absicht, sich zu bereichern. Der Straftatbestand reicht von der Zechprellerei bis zu schweren Wirtschaftsverbrechen. Die Dunkelziffer ist sehr hoch. Zur Wirtschaftskriminalität gehört Betrug, wenn er im Rahmen des Betriebs eines Unternehmens begangen wird. Besondere Vorschriften existieren für Computer-, →Subventions-, Kapitalanlage-, →Versicherungs-, Kredit-, Scheck- und Kreditkartenbetrug.

betrügerischer Bankrott
Konkursstraftat eines Unternehmers, der eine Überschuldung oder Zahlungsunfähigkeit seines Unternehmens aus Gewinnsucht (z. B. durch Vermögensentnahme) herbeiführt.

BEV →Bundeseisenbahnvermögen
Bezogener →Wechsel
BfA →Rentenversicherung
BfAi →Bundesstelle für Außenhandelsinformation
BFH →Bundesfinanzhof
BG →Unfallversicherungen
BGA →Gemeinschaftsausschuss der deutschen gewerblichen Wirtschaft
BGB →Bürgerliches Gesetzbuch
BGR →Bundesanstalt für Geowissenschaften und Rohstoffe
BHO →Bundeshaushalt
BIBB →Bundesministerium für Bildung, Wissenschaft, Forschung und Technologie

Big Bang
Schlagwort für die einschneidende Reform eines Börsensystems.

Von englisch „Urknall", „Paukenschlag"; in diesem Sinn wird der Begriff auch heute für Aufsehen erregende Ereignisse benutzt. Im engeren Sinn geht er zurück auf die Liberalisierung der Londoner Börse im Jahr 1986, als der von den Börsenfirmen kartellartig verschlossene Zugang zur Börse geöffnet und das Börsenparkett abgeschafft wurde. Mit Telefonhandel und Kursnotierung am Bildschirm begann die Automatisierung des Wertpapierhandels. Fast alle Börsenfirmen wurden von international agierenden Finanzinstitutionen übernommen. — Andere europäische Börsen folgten mit mehr oder minder großen Modernisierungsschüben, die ebenfalls als Big Bangs bezeichnet wurden, z. B. Frankfurt am Main 1988.

Bilanz
Aufstellung von Aktiva und Passiva eines Unternehmens. Sie ermöglicht eine Übersicht über Vermögen und Ertrag. Ihre Aussagefähigkeit wird aber durch die →Bilanzpolitik eingeschränkt. Als Aktiva gelten alle Vermögenswerte, als Passiva alle Kapitalien (Verbindlichkeiten gegenüber Anteilseignern, dem Firmeneigentümer als Geldgeber seines eigenen Unternehmens usw.). Zahlreiche Bilanzformen sind möglich; am bekanntesten ist die (Handels-)Bilanz, die zugleich ein Teil des →Jahresabschlusses sein kann. Gesetzlich vorgeschrieben sind die Aufstellung der Handelsbilanz und der Steuerbilanz; freiwillig können Sozialbilanz und →Ökobilanz aufgestellt werden. — In einer Bilanz

werden Aktiva und Passiva systematisch aufgeführt und einander gegenübergestellt. Die Summen müssen gleich sein (siehe Gliederung unten).

Das Wort kommt von lateinisch „bilancia" („Waage"); dies geht über „bi-lanx" („zwei Waagschalen") auf „lanx" („Schale") zurück.

Bilanzpolitik, Bilanzkosmetik, Bilanzfrisur

die auf bestimmte Ziele ausgerichtete Darstellung des →Jahresabschlusses eines Unternehmens. Schon wegen der Vielzahl der Wahlmöglichkeiten bei der Erstellung der einzelnen Positionen in der Bilanz betreibt jedes Unternehmen Bilanzpolitik. Sie wendet sich an Unternehmensfremde, die auf die Analyse der Jahresbilanz und anderer, meist im Geschäftsbericht oder im Bundesanzeiger veröffentlichte Angaben angewiesen sind, um sich ein Bild vom Wirtschaftsergebnis eines Unternehmens zu machen. — Die Bilanzpolitik setzt sich aus drei Elementen zusammen. (1) Zunächst zählt dazu alles, was im Hinblick auf den Jahresabschluss vor dem Bilanzstichtag unternommen wurde („Silvesterputz", „window dressing"). Bilanzwirksam sind vorgezogene oder verschobene Investitionen, Verkäufe von nicht betriebsnotwendigem Vermögen, Kreditaufnahme und Schuldentilgung, Verkauf und Zurückleasen oder Zeitpunkt und Umfang des Verrechnens von Leistungen mit abhängigen Unternehmen. (2) Nach dem Stichtag sind zwei Wahlrechte maßgeblich: ob bestimmte Wirtschaftsgüter überhaupt in die Bilanz des betreffenden Jahres aufgenommen werden und wie sie bewertet und abgeschrie-

Bilanzgliederung
für Kapitalgesellschaften, vereinfachte Darstellung

Aktiva	Passiva
A. Anlagevermögen	A. Eigenkapital
I. Immaterielle Vermögensgegenstände (Konzessionen, Lizenzen, der idelle Firmenwert),	I. Gezeichnetes (eingezahltes) Kapital
II. Sachanlagen (Grundstücke, Bauten, Maschinen, Betriebs- und Geschäftsausstattung,	II/III. Rücklagen
III. Finanzanlagen (Anteile, Ausleihungen und Beteiligungen an Unternehmen)	IV. Gewinn-/Verlustvortrag (aus anderen Bilanzjahren)
	V. Jahresüberschuss/-fehlbetrag (des laufenden Jahres)
B. Umlaufvermögen	B. Rückstellungen
I. Vorräte (Roh-, Hilfs-, Betriebsstoffe, unfertige und fertige Erzeugnisse)	für Pensionen, Steuern und sonstiges
II. Forderungen (aus Lieferungen und Leistungen)	C. Verbindlichkeiten
III. Wertpapiere	Anleihen, Schulden bei Banken, Anzahlungen von Kunden,
IV. Schecks, Bargeld, Guthaben auf Konten	unbezahlte Rechnungen für Lieferungen und Leistungen
C. Rechnungsabgrenzung	D. Rechnungsabgrenzung

Rechnungsabgrenzung ist die Zerlegung und Zurechnung von Positionen, die über den Bilanzzeitraum hinaus laufen, auf verschiedene Jahre.

ben werden (→Abschreibung). Die Vielzahl der Fälle und Methoden sind vor allem im →Handelsgesetzbuch festgelegt. Einzelkaufleute und Personengesellschaften können ihre Wahl aufgrund „vernünftiger kaufmännischer Beurteilung" treffen, eine Formulierung, die gewaltige Gestaltungsmöglichkeiten bietet, stille Reserven im Unternehmen zu akkumulieren, anstatt sie als Gewinn versteuern zu müssen. Auch Kapitalgesellschaften verfügen über erhebliche Handlungsspielräume, ob und wann sie bestimmte Werte in die Bilanz einstellen und Abschreibungen ansetzen und welche Methoden sie dafür wählen. Schließlich kann noch der Gewinnausweis bilanzpolitisch manipuliert werden, insbesondere durch steuerbefreite hohe Rückstellungen für tatsächliche oder vermeintliche zukünftige Belastungen. (3) Nach dem Erstellen des →Jahresabschlusses (→Bilanz, →Gewinn-und-Verlust-Rechnung, Anhänge, Lagebericht) bleibt noch die bilanzpolitische Frage, wie stark ausdifferenziert die Ergebnisse über die Publizitätspflicht hinaus dargestellt und welche Kennzahlen verbreitet werden sollen. Anders als Personengesellschaften sind börsennotierte Gesellschaften wegen des Anlegerinteresses zu größerer →Publizität verpflichtet. Wirtschaftspraktiker halten sich dabei an die Faustregel, dass der Jahresabschluss in guten Jahren zu schlecht und in schlechten Jahren zu gut aussieht. — Ziel der Bilanzpolitik ist vor allem das Ausnutzen steuer- und finanzrechtlicher Optionen, weil die Bilanzpolitik zunächst auf die (nichtöffentliche) Steuerbilanz angelegt ist, also auf das Bezahlen von Steuern. So kann z. B. eine innere Stärkung des Unternehmens erwünscht sein, weshalb hohe Aufwendungen und Abschreibungen zu einem niedrigen Gewinnausweis und damit einer niedrigen Versteuerung führen, während der Wert des Unternehmens durch Investitionen steigt. Hohe Abschreibungen verhindern bei Aktiengesellschaften zwar hohe Dividenden, können aber den Börsenkurs steigern, was für Anleger attraktiver sein kann als eine Dividende; zahlreiche Großunternehmen verhalten sich so. Die Bilanzpolitik kann aber z. B. auch infolge niedriger Aufwendungen höhere Dividenden für Aktionäre ermöglichen (→Shareholder Value) oder wegen hoher Gewinne und damit der Attraktivität des Unternehmens die Kapitalbeschaffung bei Banken oder auf Kapitalmärkten erleichtern. — Oft zeigen sich die früher genutzten Gestaltungsspielräume, wenn ein börsennotiertes Unternehmen in eine Krise gerät, aber dennoch weiter Dividende bezahlen will: Dann können zuweilen selbst hohe Verluste aufgrund von Änderungen in der Bilanzierung, vor allem durch die Auflösung stiller Reserven, ausgeglichen werden.

> „Deutsche Unternehmen haben – wohl aufgrund der geringen Bedeutung des hiesigen Aktienmarktes – die Notwendigkeit einer offenen, ehrlichen und ausführlichen Informationsvermittlung als Mittel der Werbung um den Aktionär noch nicht in ausreichendem Maße verstanden und betrachten die Bilanzierung als lästiges Übel und reine Pflichterfüllung. Daher wird tendenziell vage und fragmentarisch berichtet und durch Gewinnglättung – in Form von Bildung und Auflösung stiller Reserven – die Bilanz

gleich zweier Perioden ‚verfälscht'." (Karlheinz Küting, Direktor des Instituts für Wirtschaftsprüfung, Universität Saarbrücken) — Prominentes Beispiel für Bilanzpolitik ist der ostdeutsche Stromversorger Veag, der seit einem Streit um seine Monopolstellung (1993) keine Gewinne mehr auswies. Dazu wurde das beim günstigen Privatisierungsverkauf an westdeutsche Stromkonzerne noch fast wertlose Anlagevermögen nachträglichlich auf einen Wert von sieben Milliarden Mark hochgesetzt und jährlich mit mehr als 1,5 Milliarden Mark abgeschrieben, obwohl die Anlagen größtenteils nicht erneuert wurden. Bis 1996 entstanden so über fünf Milliarden Mark stille Reserven. — Die stillen Reserven von mehr als 12 Milliarden Mark, die die Energieversorgungsunternehmen für die Errichtung des atomaren Endlagers in Gorleben angehäuft haben, dessen Baubeginn noch nicht in Sicht ist, stellen einen Steuerwert von drei bis vier Milliarden Mark dar. — Bilanzfälschung und Bilanzverschleierung etwa durch bewusst falsche Bewertungen oder unerlaubte Verbuchungen sind als Bilanzdelikte strafbar.

Bilanzpressekonferenz

Veranstaltung zur vorläufigen öffentlichen Bekanntgabe des Jahresabschlusses eines Unternehmens mit Hilfe der Medien. Insbesondere bei Aktiengesellschaften folgt die Zustimmung der Hauptversammlung erst mit ein- bis dreimonatiger Verzögerung. Die meisten Bilanzpressekonferenzen finden im März, die meisten Hauptversammlungen im Mai statt.

Bilateralität →Multilateralität

Binnenmarkt →EU-Binnenmarkt

BIP →Bruttoinlandsprodukt

BIS →Bank für Internationalen Zahlungsausgleich

BIZ →Bank für Internationalen Zahlungsausgleich

BKK →Krankenversicherung

BKN, BKn →Bundesknappschaft

Blaue Liste

das Verzeichnis der selbstständigen Forschungsinstitute und Service-Einrichtungen, die von überregionaler Bedeutung und wissenschaftspolitischem Interesse sind. Nach dem Bundesforschungsbericht von 1996 umfasst sie 83 Einrichtungen, die von Bund und den Sitzländern je zur Hälfte finanziert werden. Dazu gehören auch die sechs →Wirtschaftsforschungsinstitute, von denen das ifo-Institut in München zur Herabstufung vorgesehen ist. — Bisher ist nie ein Institut aufgrund nachlassender Bedeutung von der Liste gestrichen worden. Bemühungen, die zuweilen personell, methodisch und thematisch verkrusteten Strukturen aufzubrechen und ein effizienteres Arbeiten einzuführen, waren bisher wenig erfolgreich. Die Bewertung der Wirtschaftsforschungsinstitute aus dem Jahr 1996 ist strittig, weil sie vom universitätsnah besetzten Wissenschaftsrat vorgenommen wurde, während die Blaue-Liste-Institute den Universitäten vor allem in der Konkurrenz um öffentliche Forschungsaufträge voraus sind.

Die Bezeichnung Blaue Liste entstand, weil die erste Liste aus dem Jahr 1977, eine Anlage zu einer Verwaltungsvereinbarung, auf blauem Papier gedruckt war.

Mit der Neuordnung der ostdeutschen Forschungslandschaft nahm die Blaue Liste um 34 Einrichtungen zu. Dachverband ist die Wissenschaftsgemeinschaft Blaue Liste (WBL), Bonn. — Neben den Wirtschaftsforschungsinstituten sind wirtschafts- und sozialwissenschaftlich bedeutsame Blaue-Liste-Institute: das Deutsche Übersee-Institut, Hamburg (DÜI), das Forschungsinstitut für öffentliche Verwaltung bei der Hochschule für Verwaltungswissenschaften, Speyer (FÖV), das Wissenschaftszentrum Berlin für Sozialforschung, Berlin (WZB), das Institut für Länderkunde, Leipzig (IfL) und das Institut für Agrarentwicklung in Mittel- und Osteuropa, Halle (IAMO).

Blue Chips

im US-Börsenjargon unscharfe Bezeichnung für Aktien erstklassiger Unternehmen. Als Voraussetzungen für die Bezeichnung durch seriöse Börsenfachleute gelten ein gutes →Rating (mindestens A), ein große Anzahl ausgegebener Aktien, eine große Anzahl institutioneller Investoren (als genau prüfende Aktionäre), vieljährige ununterbrochene Dividendenzahlungen (z. B. 25 Jahre), mehrere Dividendenerhöhungen (z. B. mindestens fünf in den letzten zwölf Jahren) und steigende Gewinne in mehr als der Hälfte der Jahre eines längeren Betrachtungszeitraums. — Gebräuchlich ist die Bezeichnung für alle 30 Industriewerte des →Dow Jones, auch wenn sie eine der o.a. Bedingungen nicht erfüllen.

In Deutschland wird die Bezeichnung „Standardwerte" benutzt. — Blue Chips sind beim Kartenspiel Poker die Spielchips mit dem höchsten Einsatz. In Analogie zu den Blue Chips werden die Aktien seriöserer Großkonzerne in der Volksrepublik China als → Red Chips bezeichnet.

BLZ →Bankleitzahl

BMA →Bundesministerium für Arbeit und Sozialordnung

BMBF →Bundesministerium für Bildung, Wissenschaft, Forschung und Technologie

BMF →Bundesministerium der Finanzen

BMG →Krankenversicherung

BMWi →Bundesministerium für Wirtschaft

BMZ →Bundesministerium für wirtschaftliche Zusammenarbeit und Entwicklung

Bobl →Anleihen, →Bunds

Bodenverwertungs- und Verwaltungs GmbH (BVVG)

die Gesellschaft, die große Teile der landwirtschaftlichen Nutzflächen und Forsten der DDR verschiedenen Verwendungszwecken (Rückgabe, Verpachtung, Verkauf und Mischformen) zuführen soll. Zeitweilig wurde mit mehr als zwei Millionen Hektar (20.000 Quadratkilometer) ein Drittel der landwirtschaftlichen Nutzfläche Ostdeutschlands von der BVVG verwaltet. Nach Klärung der unübersichtlichen Rechtslage und nach den gescheiterten Versuchen, die Ergebnisse der sowjetischen Bodenreform der Nachkriegszeit wieder rückgängig zu machen, hat die BVVG 1996 damit begonnen, das Land bevorzugt an ortsansässige langfristige Pächter und Alteigentümer mit Nutzungskonzept zu verkaufen. Effektiv wird der Großteil der Verkäufe wegen des enormen eigentumsrechtlichen Klärungsbedarfs erst um die Jahrtausendwende. Zeitdruck herrscht aber nicht, denn fast 90 Prozent der fraglichen Flächen sind langfristig an Nachfolgefirmen der Landwirtschaftlichen Produktionsgenossenschaften (LPG) und daraus ausgestiegene einzelne Wiedereinrichter verpachtet. — Die mehr als 700.000 Hektar (7.000 Quadratkilometer) ehemals volkseigener Bodenreformwald sollen bis 2005 bevorzugt verbilligt an Altnutzer und Alteigentümer abgegeben, zu einem kleinen Teil restituiert und ansonsten zum Verkehrswert verkauft werden.

Sitz in Berlin. Mitte 1992 zunächst unter Beteiligung der Treuhand und dreier Spezialbanken gegründet, nach deren Rückzug wieder im staatlichen Alleinbesitz. Die BVVG wird nicht selbst Eigentümerin der Immobilien, sondern arbeitet gegen Kostennachweis und Erfolgsprovision. Sie soll bis mindestens zum Jahr 2006 bestehen bleiben.

Bonds →Anleihen

Bond Stripping →Dividenden-Stripping

Bonität

Zahlungsfähig- und -willigkeit eines Schuldners und somit ein Maßstab für das Risiko bei der Kreditvergabe. Deswegen beeinflusst die Bonität die Höhe von Kreditzinsen. Als erstklassige Schuldner und deswegen mit der höchsten Bonität ausgestattet gelten öffentliche Schuldner, weil ihre Pflicht zur Schuldenrückzahlung gesetzlich geregelt ist. Bei größeren Krediten überprüfen die Banken die Bonität nicht nur vor Abschluss des Geschäftes, sondern auch fortlaufend. Auskunft über die Bonität erteilt z. B. die →Schutzgemeinschaft für allgemeine Kreditsicherung. International verbreitet ist das →Rating, die Einstufung der Bonität von Unternehmen und Staaten.

Der Begriff kommt von lateinisch „bonitas" (Güte, gute Beschaffenheit).

Börse

institutionalisierter Ort des Handels mit vertretbaren Gütern (die nicht selbst im Börsenraum anwesend sind). Die wichtigsten sind (1) Waren-, (2) Devisen- und (3) Wertpapierbörsen. Angebot und Nachfrage treten von aussen an die Börse heran und werden durch eine Börsenorganisation in Beziehung zueinander gebracht. Die gehandelten Mengen und Qualitäten sind meist standardisiert, um die Geschäfte zu vereinfachen. Präsenzbörsen erfordern die persönliche Anwesenheit von Händlern, an Computerbörsen werden Bildschirm-Geschäfte zwischen Händlern außerhalb des Börsenraumes abgewickelt, unterliegen aber den Börsenregeln und der Börsenaufsicht. Mischformen mit Hilfe des Telefons sind möglich; Handelsgeschäfte können auch außerbörslich abgeschlossen werden. — Zu (1): Warenbörsen vermitteln meist eine physisch vorhandene Ware, für die auch eine reale aktuelle Nachfrage besteht (bei landwirtschaftlichen Gütern z. B. Eierbörsen). Warenterminbörsen vermitteln Kontrakte über die künftige Lieferung einer Ware zu einem bereits in der Gegenwart festgelegten Preis (bei Agrarprodukten und Rohstoffen wie Metallen oder Öl); hier steht das Handelsgeschäft, nicht die Nachfragedeckung im Vordergrund. Bei Warentermingeschäften dominieren die US-Börsen in Chicago und New York. Zu (2): An Devisenbörsen werden Fremdwährungen gehandelt. In Deutschland wird deren Mittelkurs amtlich an der Frankfurter Börse festgestellt. Den größten Teil des Devisenhandels wickeln die Banken allerdings telefonisch untereinander ab. →Kassakurse stellen den aktuellsten Kurs mit →Wertstellung zwei Tage nach Abschluss des Geschäfts dar, während auf dem Terminmarkt Kurse für einen späteren Kauf- bzw. Verkaufszeitpunkt ermittelt werden. Zu (3): An Wertpapierbörsen werden →Effekten gehandelt, die überwiegend bereits zum Zeitpunkt ihrer Ausgabe als handelbar gestaltet waren. Es sind überwiegend Aktien (die Eigentumsrechte darstellen) und Anleihen (Schuldverschreibungen bei Kreditaufnahmen am Kapitalmarkt) sowie davon abgeleitete Formen, die Termingeschäfte ermöglichen. Für Großunternehmen, internationale Organisationen und die öffentliche Hand stellen Wertpapierbörsen den wichtigsten Ort für ihre Finanzierungsbedürfnisse, also die Schuldenaufnahme, dar. Primärmarkt ist der Markt für die erstmalige Unterbringung von Wertpapieren, oft im Direktgeschäft zwischen Banken oder mit Direktanlegern und außerhalb regulärer Börsen; die Verkaufspreise werden errechnet oder geschätzt. Der →Sekundärmarkt ist meist eine Wertpapierbörse mit kontinuierlichem Handel. — Die Börsensysteme verschiedener Staaten unterscheiden sich nach Struktur und Umfang der Börsenkapitalisierung international stark voneinander. In Deutschland ist die Leitbörse die Wertpapierbörse in Frankfurt am Main; daneben bestehen Regionalbörsen. Die Größenverhältnisse werden aus der Zahl der Notierungen deutlich (siehe Tabelle). Gegen einen Wegfall der Regionalbörsen wird außer Traditionsgründen und dem Erhalt von Arbeitsplätzen vor allem eingewendet, kleinere, nur regional bekannte Unternehmen würden bei einer zentralisierten Notierung in Frankfurt benachteiligt, wo schon jetzt die

Größen deutscher Regionalbörsen

Anzahl notierter Wertpapiere

	Aktien	Festverz. Wertpap.	Optionsscheine	zusammen
Frankfurt	1.112	7.826	5.013	13.952
Düsseldorf	578	4.787	4.554	9.919
München	742	4.069	766	5.577
Hamburg	577	3.969	889	5.435
Stuttgart	542	2.602	2.303	5.447
Berlin	791	2.309	1.460	4.560
Hannover	160	1.560	51	1.771
Bremen	111	914	16	1.041
zusammen	2.187	23.242	5.306	30.735

In- und ausländische Papiere, unterste Zeile um Mehrfachnotierungen bereinigt.
Stand: Ende 1996. Quelle: Deutsche Börse AG.

umsatzstarken Titel die Papiere des mittleren Bereichs marginalisieren. – Die Deutsche Börse AG, Trägerin der Frankfurter Wertpapierbörse, gehört zu rund 81 Prozent deutschen Banken; den Rest teilen sich Regionalbörsen und Börsenmakler. Jedes an der Frankfurter Börse gehandelte Wertpapier fällt in eines von vier →Börsensegmenten: amtlicher Handel, geregelter Markt, Freiverkehr und Neuer Markt.

Im mittelalterlichen Latein meint „bursa" einen Lederbeutel (Geldbörse), der auch im Wappen der Brügger Kaufmannsfamilie Van der Buerse erscheint, vor deren Haus sich Kaufleute zu Geschäftszwecken regelmäßig trafen. Die erste Börse wurde 1406 in Brügge gegründet. Regelmäßigkeit und die Abwesenheit der Handelsobjekte wurden zum wichtigsten Merkmal von Börsen. Gehandelt wurden zunächst u.a. Waren, →Wechsel und Geldsorten, später auch Obligationen (private Schuldverschreibungen). Die Notierung der Aktie der Niederländischen Ostindischen Kompanie an der Amsterdamer Börse brachte erstmals einen Handel mit echten Beteiligungspapieren an einem Unternehmen. Amsterdam entwickelte sich zur weltweit führenden Börsenstadt; später wurden London, Paris, Wien und im 20. Jahrhundert New York, London und Tokio zu den zentralen Umschlagplätzen. In Deutschland waren Frankfurt und Berlin bis ca. 1860 gleich bedeutend, dann überwogen die Kapitalbedürfnisse der neuen Industrien in Berlin. Nach dem Zweiten Weltkrieg, als das politisch und wirtschaftlich unsichere Berlin ausfiel, konnte sich Frankfurt als wichtigster deutscher Börsenplatz durchsetzen. In Frankfurt am Main wurde 1953 die Devisenbörse und 1958 die erste ausländische Aktie eingeführt.

Börsenaufsicht
die staatliche Kontrolle von Börsenorganisation, -teilnehmern und -geschäften, in Deutschland durch die Handelsüberwachungsstellen (HÜSt) an den Börsen, durch Landesbehörden und das →Bundesaufsichtsamt für den Wertpapierhandel.

In den USA liegt die Börsenaufsicht bei der Securities and Exchange Commission (SEC). An ihren Regulierungsmaßnahmen orientieren sich zahlreiche andere Börsenaufsichten.

Börsenhai
veraltende Bezeichnung für einen raubgierigen Börsenhändler, der zugleich Respekt einflößt.

„Hai" als Synonym für einen Betrüger oder Ausbeuter ist ab 1900, für Gangster ab 1920, als Kompositum mit Börse ab 1960 belegt.

Börsengang →Going Public
Börsenindex →Aktienindex

Börsenkapitalisierung
Methode zur Bewertung eines Börsenplatzes oder eines Unternehmens. Um ein Unternehmen zu kapitalisieren, wird der Kurswert einer Aktie mit der Zahl der ausgegebenen Aktien eines Titels multipliziert. Aus der Addition des Wertes aller notierten Titel entsteht die Bewertung einer Börse. Sie ermöglicht einen nationalen oder internationalen Vergleich von Börsenplätzen. — Die Kapitalisierung von Unternehmen ermöglicht auch einen branchenübergreifenden Vergleich von Un-

ternehmen, deren Umsatzzahlen oder Geschäftsvolumina sonst nicht zu vergleichen sind (Industrie, Handel, Banken). Dadurch werden auch die Auswirkungen von Branchenentwicklungen auf den Kapitalmarkt messbar. Deswegen veröffentlicht das US-amerikanische Wirtschaftsblatt „Business Week" alljährlich Ranglisten nach Umsatz, Gewinn und Börsenwert. Allerdings können nach Wert nur börsennotierte Unternehmen verglichen werden; Großunternehmen mit anderen Rechtsformen oder nicht börsennotierte Aktiengesellschaften entfallen. Die errechneten Werte sind theoretisch und drücken nur den relativen Wert zueinander aus, denn tatsächliche Verkäufe würden die Kurse negativ beeinflussen. Währungseinflüsse, externe Einflüsse wie Kriegsgefahr oder politische Krisen sowie Kursschwankungen aus kurzfristigen Gründen können den Vergleich an einem Stichtag ebenfalls verzerren. Zudem gibt der Wert nur unvollständig Auskunft über den Einfluss und den Beteiligungsbesitz eines Unternehmens, wie sich an der vergleichsweise schlechten Platzierung der Deutschen Bank zeigt.

Größenunterschiede internationaler Wertpapierbörsen

Zahl notierter Wertpapiere und Börsenkapitalisierung

	Zahl inländischer Aktiengesellschaften	Börsenkapitalisierung in Billionen DM
Deutschland	802	1,03
Frankreich	702	0,92
Großbritannien	2.423	2,73
Japan/Tokio	1.770	4,66
Japan/Osaka	1.257	3,86
USA/Nyse	2.919	10,80
USA/NASDAQ	5.863	2,22

Die Börsenkapitalisierung ist wegen Wechselkursschwankungen nur begrenzt aussagekräftig. Stand: Ende 1996. Quelle: Deutsche Börse AG.

Wert deutscher Aktiengesellschaften

Börsenkapitalisierung in Mrd. DM

	Name	Branche	kapitalisiert	branchenüblicher Größenvergleich nach
1	Allianz	Versicherung	65,7	Beitragsaufkommen, Bilanzsumme
2	Daimler-Benz	Auto	54,6	Umsatz
3	Bayer	Chemie	44,4	Umsatz
4	Veba	Versorgung	43,9	Umsatz
5	Hoechst	Chemie	42,7	Umsatz
9	Deutsche Bank	Bank	36,1	Bilanzsumme
20	Metro	Handel	13,0	(Handels-)Umsatz

Stand: Ende 1996. Kapitalisierungsdaten: Deutsche Börse AG.

Börsenkrach
auch Börsen-Crash, Zusammenbruch von Wertpapierkursen oder einer gesamten Börse. Die Abgrenzung von Börsenkrächen gegenüber den weniger weit reichenden Börsenkrisen ist unscharf. Kennzeichnend für Börsenkräche ist eine enge Wechselwirkung mit der Volkswirtschaft, insbesondere von Kursverfall und Verfall der Wirtschaftsleistung. Ein Börsenkrach stellt also keine isolierte Anpassungskrise der Preise von Unternehmen dar, sondern verursacht mindestens eine Konjunkturkrise. — Oft geht Börsenkrächen ein spekulationsbedingtes Hochschießen der Kurse voraus, kombiniert mit einer Abkopplung der Kurse von der Entwicklung der Unternehmen und starken Schwankungen auf Nachbarmärkten, etwa denen für Anleihen und Devisen. Seit den achtziger Jahren werden selbstverstärkende Rückkopplungen, die besonders auf Verkaufsprogramme des Computerhandels zurückgehen, durch Handelsunterbrechungen eingeschränkt. Aus technischen Gründen ist deswegen ein globaler Börsenkrach im klassischen Sinn weniger wahrscheinlich geworden. — Als Börsenkräche unumstritten sind: (1) der Gründerkrach ab 1873, der von Kursstürzen und Bankzusammenbrüchen in Wien, New York und Berlin begleitet war und auf der spekulativen Finanzierung von Überproduktion beruhte, angeheizt durch den Gründerboom ab 1871 und die französische Kriegsentschädigung; (2) der Börsenkrach ab 1929, der mit dem Schwarzen Freitag (25.10.1929) seinen Höhepunkt erreichte und die Weltwirtschaftskrise auslöste, die 1931 mit Bankzusammenbrüchen Deutschland erreichte. — Als Börsenkräche werden auch die Krisen vom Oktober 1987 in New York, der lang anhaltende Kurssturz der Tokioter Börse zu Beginn der neunziger Jahre und die Turbulenzen an den südostasiatischen Aktienbörsen 1997/98 bezeichnet.

Der Begriff wurde schon ab 1880 als Umschreibung für einen Kurssturz verwendet. — Am 25. Oktober 1929 gab der Dow Jones um 12,8 Prozent nach; bis 1932 sank die Börse um 85 Prozent. Am 19. Oktober 1987 waren es 22,6 Prozent, als der Dow Jones um 508 Punkte fiel und mit 1738,40 schloss. Der Nikkei in Tokio gab um 14,8 Prozent nach. Hätte es den DAX an der Frankfurter Börse damals schon gegeben, wäre er um 9,4 Prozent gefallen. Schon zum Jahresende 1987 hatten die meisten Börsen wieder den Stand vom Jahresbeginn erreicht. Die Entwicklung der Unternehmen blieb von der Entwicklung der Wertpapierpreise insgesamt abgekoppelt. Der Einschnitt bestand eher wirtschaftspolitisch im Abschluss der Gründungsphase der →Reagonomics. — In Japan beendete das Platzen der „spekulativen Blase" der →Bubble Economy mit einem dreijährigen Kursrückgang des Nikkei (von rund 39.000 auf 15.000 Punkte im Jahr 1992) das japanische Wirtschaftswunder eines vermeintlich unaufhaltsamen Aufschwungs. — Der größte Eintagesverlust in Frankfurt geschah mit minus 12,8 Prozent beim „Mini-Crash" am 16.10.1989. — Die Herbstkrisen des Jahres 1997 haben in südostasiatischen Ländern zu „echten" Börsenkrächen geführt, die in Banken-, Währungs- und Konjunkturkrisen mündeten. Die großen westlichen Börsen blieben davon verschont. Am 27.10.1997 fiel der Dow Jones zwar um die Rekordzahl von 554 Punkten (auf 7161 Zähler), aber dies stellte nur einen Kursrutsch von sieben Prozent dar. Am Folgetag sackte der DAX vorbörslich um rekordhafte 13 Prozent, schloss aber mit minus 8,04 Punkten und erreichte nicht einmal den Verlust des „Mini-Crashs" von 1989.

Börsenmakler

Sammelbegriff für →Kurs- und →Freimakler (→Börsensegmente). Kursmakler wickeln den amtlichen Handel ab und stellen die Kurse fest. Freimakler sind für den geregelten Markt und den Freiverkehr zuständig, für die sie die Preise feststellen.

Als Vermittler sind Makler seit dem 17. Jahrhundert bekannt. Das Wort geht auf niederdeutsch-niederländisch „maken" (tun, handeln) zurück. Die Nebenform „mäkeln", etwas auszusetzen haben, entwickelte sich seit dem 18. Jahrhundert, weil die Händler häufig die Qualität einer Ware beanstandeten, um ihren Preis zu drücken.

Börsenparkett

traditionelle Bezeichnung für den Ort einer Präsenzbörse; es entfällt im Computerhandel.

Übernahme aus dem Französischen. In Paris hieß der amtliche Börsenmarkt „parquet" (kleiner abgegrenzter Raum, hölzerne Einfassung), verkleinert von „parc" (eingehegter Raum), dies von lateinisch „parricus" (Einfriedung, Gehege). Im Theater heißt der freie Raum zwischen Orchester und Parterre ebenfalls Parkett; daher stammt wiederum die Theater-Bezeichnung „Kulisse" für den Ort, an dem Börsennachrichten verdeckt kolportiert werden.

Börsensegmente

Teile einer Gesamtbörse, die sich durch die Formen des Handels, den Grad der Regulierung und die Publizitätspflichten der Aktiengesellschaften unterscheiden. An den deutschen Börsen existieren drei Segmente: amtlicher Handel, geregelter Markt und Freiverkehr. In Frankfurt bildet der neue Markt ein viertes Segment (siehe Tabelle).

Der amtliche Handel ist der traditionelle Teil der Aktien- und Anleihenbörse. Hier stellen Kursmakler die amtlichen Kurse fest. Anleihen des Bundes und der Länder werden automatisch im amtlichen Handel geführt. Um zugelassen zu werden, müssen alle anderen Emittenten einen ausführlichen Emissionsprospekt über ihre wirtschaftliche Lage und die Perspektiven veröffentlichen. Für die Richtigkeit haftbar sind auch die begleitenden Banken („Prospekthaftung"). — Im geregelten Markt, 1987 eingeführt, sind die Zulassungsvoraussetzungen weniger streng; der Börsenvorstand selbst entscheidet über die Aufnahme. Der geregelte Markt gilt oft als Übergangs- oder Bewährungssegment vor der amtlichen Zulassung. Die Kurse, die hier schlicht Preise heißen, werden von Freimaklern ermittelt. — Im (ungeregelten) Freiverkehr einer Börse, auch als Telefonverkehr bezeichnet, werden in- und ausländische Aktien gehandelt, die an anderen Börsen zugelassen sind. — Der Neue Markt wurde 1997 gegründet und ist besonders für schnell wachsende Technologieunternehmen gedacht, die nach einer Wagnisfinanzierung suchen. Verlangt werden u.a. Jahresabschlüsse nach internationalen Standards, Quartalsberichte und eine jährliche Analystenveranstaltung. Die notierten Unternehmen verfügen dabei über Betreuer, meist ihre Banken, die für eine ausreichende Gängigkeit der Titel sorgen sollen. Dennoch hat die relative Enge des Marktes für erhebliche Kurssprünge gesorgt und Befürchtungen genährt, der neue Markt werde zu einem Zockermarkt verkommen. Die Anforderungen für die Notierung sind im Vergleich zur Londoner AIM (→Risikokapital) hoch. Hauptkonkurrent ist die seit 1996 arbeitende europäische Börse Easdaq in Brüssel, die ebenfalls schnellwachsende Unternehmen notiert. — Der Telefonhandel von Banken und Freimaklern ist nicht Teil der Börse.

Börsenumsatzsteuer

eine Kapitalverkehrsteuer mit geringem Aufkommen, wurde zum 1.1.1992 abgeschafft, weil sie als Preistreiber für Kauf- und Verkaufsgeschäfte und damit als Erschwernis für die Konkurrenz deutscher gegen ausländische Börsenplätze galt. Die Banken senkten ihre Gebühren aber auch nach der Abschaffung der Börsenumsatzsteuer nicht.

Börsenzeit

an deutschen Präsenzbörsen die Handelszeit von 10 Uhr 30 bis 13 Uhr 30. Der computergestützte, von der Börse angebotene →Xetra-Handel von 8 Uhr 30 bis 17 Uhr ist zwar außerbörslich organisiert, unterliegt aber den gleichen Aufsichtsregeln wie der Parketthandel. Unabhängig davon und ohne zeitliche Begrenzung findet der unregulierte, auch börsennotierte Titel umfassende außerbörsliche Telefonhandel direkt zwischen Banken statt. — Vor- und Nachbörse sind inoffiziell; ihre Kurse werden nicht amtlich notiert. Als Vor- und Nachbörse werden alle Kurse außerhalb der Börsenzeit betrachtet (Xetra und Telefonhandel).

Wertpapiere nach Marktsegmenten

alle deutschen Börsen

	amtl. Handel	gereg. Markt	Freiverkehr	neuer Markt	Summe
Aktien	736	192	1.259	-	2.187
inländische	517	162	123	-	802
ausländische	219	30	1.136	-	1.385
Festverz. Wertp.	15.664	7.303	275	-	23.242
inländische	14.784	7.259	190	-	22.233
ausländische	880	44	85	-	1.009
Optionsscheine	290	349	4.667	-	5.306
inländische	259	349	4.366	-	4.974
ausländische	31	-	301	-	332
Summe	16.690	7.844	6.201	-	30.735
Aktien in Frankfurt	587	112	878	16	1.593

Stand: Jahresende 1996, Aktien in Frankfurt: November 1997. Quelle: Deutsche Börse AG.

Boykott
Sammelbegriff für Kampfmaßnahmen, die im Verzicht auf Beziehungen mit einer Person, einem Unternehmen oder einem Land bestehen. Ein Boykottaufruf entsteht oft aufgrund eines als unakzeptabel empfundenen politisch-wirtschaftlichen Verhaltens eines Unternehmens oder eines Landes. Zumeist zielt der Boykott nicht auf ein Verbot, sondern auf eine individuelle Entscheidung gegen den Boykottierten ab. Boykottaufrufe sind nur sinnvoll, wenn sie nicht zu zahlreich und im Hinblick auf Massenunterstützung eingesetzt werden. — Als legale, wenn auch sehr selten genutzte Kampfmaßnahme können Gewerkschaften Arbeitnehmer auffordern, keine Arbeitsverträge mit einem Arbeitgeber abzuschließen. — In den USA seit langem verbreitet, ist der Boykott in Europa als Teil der →Verbrauchermacht in den siebziger Jahren bekannt geworden. Auslöser war die erfolgreiche Boykottkampagne gegen Produkte des Lebensmittelkonzerns Nestlé („Nestlé tötet Babys!"). Dessen Werbemethoden für Babynahrung in der Dritten Welt hatten sich gegen die Verwendung von Muttermilch gewendet. Den ersten wirtschaftlich begründeten Boykott hat es in Deutschland 1971 gegen hohe Fleischpreise gegeben. Der weltweit verbreitetste Boykott einer wirtschaftlichen, politischen und sportlichen Zusammenarbeit, zu der auch UN-Organisationen aufgerufen hatten, richtete sich wegen der Politik der Rassentrennung („Apartheid") gegen Südafrika und wurde erst mit der schrittweisen Demokratisierung des Landes ab 1992 aufgehoben. Einen schnellen, großen Erfolg brachte 1995 der Boykott der Tankstellen des Mineralölkonzerns Shell, weil das Unternehmen nach Protestaktionen der Umweltorganisation Greenpeace trotz erheblicher internationaler Einwände eine Ölbohrinsel in der Nordsee versenken wollte; Shell musste schließlich einlenken und das Vorhaben absagen. — Staatliche Verbote der Waren- und Kapitalausfuhr in ein bestimmtes Land heißen Embargo. Sie werden nur dann als Boykott bezeichnet, wenn sie die Rücknahme protektionistischer Handelsbestimmungen erzwingen wollen.

Benannt nach dem in Irland verhassten englischen Gutsverwalter Charles Boycott, der seinen Pächtern 1879 nach einer Missernte trotz drohender Hungersnot eine Senkung der Pacht verweigerte und deswegen 1880 nach wirtschaftlicher und gesellschaftlicher Ächtung aus dem Land gejagt wurde. — In den USA hält die Fachzeitschrift „National Boycott News" die bewussten Verbraucher auf dem Laufenden; ständig werden mehr als hundert Unternehmen oder Produkte mit den unterschiedlichsten Begründungen boykottiert. — Embargo stammt von spanisch „embargar" (beschlagnahmen). Als Embargo gilt auch das Zurückhalten ausländischen Eigentums im eigenen Land, zum Beispiel von Schiffen oder Flugzeugen. Dies ist heute selten und durch das wirksamere Einfrieren ausländischer Konten ersetzt.

Brady-Plan
ein 1989 von US-Finanzminister Nicholas Brady entwickelter Vorschlag gegen die →Schuldenkrise der Entwicklungsländer, nachdem der →Baker-

Plan als Vorgängermodell gescheitert war. Um die Schulden zu senken, sah er den Einsatz der internationalen Kapitalmärkte zur Schuldenkürzung bei gleichzeitigen Wirtschaftsreformen vor. Drei Bausteine wurden eingeführt: (1) Auf dem Sekundärmarkt für Staatsschulden, auf dem die Papiere der zahlungsunfähigen Krisenländer mit hohen Abschlägen gehandelt wurden, sollen die Schuldner mit Krediten multilateraler Organisationen wie der →Weltbank ihre eigenen Papiere zurückkaufen, um Nominalverschuldung und Schuldendienst zu senken („debt buy back"). (2) Direktinvestoren, die Schuldtitel aufkaufen, erhalten im Tausch („swap") von den Schuldnern Anteile an zur Privatisierung anstehenden Staatsbetrieben, Rohstoffressourcen, aber auch Nationalparks, die damit von ausländischen Umweltorganisationen als Käufern besonders geschützt werden können („debt for equity swap", „debt for nature swap"). (3) Die Verzinsung der Kredite wird gesenkt, indem sie höher abgesichert werden, z. B. mit Unternehmen oder Rohstoffen. Zugleich verzichten die Gläubiger in Einzelfällen auf die lähmende „Sharing-Klausel", nach der die Schuldner stets alle Gläubiger gleich behandeln mussten. — Die Wirksamkeit des Brady-Plans ist zwar überschätzt worden, hat aber zur Entspannung auf den Finanzmärkten beigetragen, seit 1990 ein erstes Paket mit Mexiko abgeschlossen wurde. Den Wirtschaftsreformen, in der Regel als Strukturanpassungsprogramme vom →Internationalen Währungsfonds ausgearbeitet, sind in den Schuldnerländern vor allem Sozialprogramme zum Opfer gefallen, was wiederholt zu Unruhen führte. Im Einzelfall ist allerdings unklar, in welchem Umfang die Programme auf Vorgaben des Brady-Plans, auf die Auflagen von IWF und Weltbank allgemein oder auf Präferenzen der Regierungen in den Schuldnerländern zurückgehen, die damit auch eigene Ziele verfolgten. — Technisch bemängelten Kritiker, dass die Verhandlungen nach dem Brady-Plan zu langwierig, die dafür vorgesehenen Mittel unzureichend und die Abschreibungsregeln für US-Banken mit faulen Drittwelt-Krediten unzureichend seien. Die Direktinvestitionen in den Schuldnerländern sollten stärker gefördert werden. Umgekehrt sei der Brady-Plan aber auch für einige Länder so attraktiv, dass sie ihre Zahlungsmoral verschlechtert hätten, um in den Genuss der Regelungen zu kommen. Ferner legalisiere der den Schuldnerländern abverlangte Wegfall der Kapitalverkehrskontrollen die Kapitalflucht. — Teilentschuldungen oder ein →Schuldenerlass für die ärmsten Länder wurden nicht zum Bestandteil des Brady-Plans.

Branche
Synonym für →Wirtschaftszweig oder einen Teil davon.

Aus lateinisch „bracium" (Arm, Zweig), ebenso französisch „branche".

Bretton Woods
Name eines Badeortes an der Küste von New Hampshire (USA), in dem 1944 die Grundzüge des Weltwährungssystems der Nachkriegszeit und

die Gründung des →Internationalen Währungsfonds und der →Weltbank beschlossen wurden. Ziel der „Bretton-Woods-Institutionen" oder des „Bretton-Woods-Systems" war eine dauerhafte Stabilisierung der Finanzbeziehungen zwischen den Teilnehmerländern, um den Welthandel nicht zu gefährden. Die Weltbank hatte dabei nur eine untergeordnete Funktion zur Teilfinanzierung der Entwicklungsländer. — Noch bis weit nach dem Zweiten Weltkrieg herrschte unter Ökonomen die Vorstellung, stabiler Handel sei nur mit stabilen Wechselkursen möglich. Andererseits waren viele Länder aufgrund der Kriegszerstörungen und -belastungen, aber auch wegen unterschiedlicher Grade der Industrialisierung in so unterschiedlichem Zustand, dass dramatische Differenzen hinsichtlich Inflationsrate, Zinsniveau, Wachstumsrate, Attraktivität für ausländisches Kapital usw. zu einem starken Druck auf die Wechselkurse führen konnten. Als Ziel wurden in Bretton Woods deswegen feste Wechselkurse und als Mittel zu deren Stabilisierung bei größeren und anhaltenden Kapitalabflüssen aus einem Land ein Puffersystem geschaffen. Damit sollten drastischere Schutzmaßnahmen eines Landes vermieden werden (z. B. die Abkapselung, um die Importe zu verhindern, die zum Kapitalabfluss beitrugen). Vor allem sollten die Festkurse eine ständige Unruhe in der Volkswirtschaft durch Ab- und Aufwertungsdruck vermeiden und dazu beitragen, dass konjunkturschädliche Zinsschwankungen zur Währungsstabilisierung unnötig blieben. Als Puffer wurde ein Fonds eingerichtet, der von den Mitgliedsstaaten in Gold und eigener Währung finanziert wurde. Damit konnten sie im Fall von Problemen Devisenkredite bis zu 125 Prozent ihrer Quote ziehen (daher „Ziehungsrechte"; die Quote brauchte nicht vollständig eingezahlt zu sein), um damit ihren Wechselkurs zu stabilisieren. Diese Zahlungsbilanzkredite wurden gegen Auflagen insbesondere zur Haushaltsdisziplin gewährt; aus diesem System entstand der →Internationale Währungsfonds (IWF). — Die Wechselkurse gemäß den Bretton-Woods-Abkommen basierten auf dem Goldstandard. Der Preis einer Unze →Gold wurde auf 35 Dollar festgelegt und die anderen Wechselkurse fast fest (mit einer Schwankungsbreite von einem Prozent) an den Dollar angebunden. Neu festgelegt werden sollten Wechselkurse nur bei gravierenden Zahlungsbilanzproblemen und nur in Abstimmung mit dem IWF. Zugleich verpflichteten sich die USA, im Geschäft mit Regierungen Gold und Dollar zum festgelegten Preis zu kaufen und zu verkaufen. — Das System wies eine Reihe von Schwachpunkten auf: (1) Die Entwicklungsländer, die Zahlungsbilanzkredite am nötigsten hatten, verfügten zugleich über die geringste Quote. (2) Die zunehmenden Dollarreserven in der Welt behielten nur ihren Wert, wenn das Tauschversprechen der USA glaubwürdig blieb; zugleich wurde aber die Lücke zwischen dem Goldbesitz der USA und dem Dollar-Umlauf immer größer. Damit war die Golddeckung und deswegen auch der Dollarwert fragwürdig geworden, und ein Abwertungsdruck auf den Dollar entstand. Die zunehmende Flucht aus dem Dollar in andere Reservewährungen belastete das System immer mehr. (3) Angesichts der zunehmenden Dollarreserven in der Welt war das Fondsvolumen für Interventionen auch nach der Schaffung der →Sonderziehungsrechte nicht mehr groß genug, um im Bedarfsfall große Kapitalbewegungen einzudämmen. (4) Die Inflationsrate der USA bestimmte die Inflationsraten aller anderen Länder und zwang sie zur Anpassung, selbst wenn die Inflationsrate der anderen Länder niedriger lag. Insbesondere die Inflation der sechziger Jahre durch den mit Haushaltsdefiziten finanzierten Vietnam-Krieg sorgte für ständige Spannungen. — Das System brach schließlich schrittweise zwischen 1968 und 1973 zusammen. Zuerst kollabierte der Goldpool zur Stabilisierung des Goldpreises; der Preis am freien Markt überstieg den Fixpreis in inflationsgeschwächten Dollars. 1971 nahmen die USA ihr Konversionsversprechen (Tausch von Gold gegen Dollar) zurück, 1973 erfolgte der Übergang zu freien Wechselkursen.

Am 27.7.1944 von den 45 Teilnehmerländern der UN-Währungs- und Finanzkonferenz in Bretton Woods beschlossen, wurden IWF und Weltbank am 27.12.1945 errichtet und nahmen im Mai 1947 ihre Arbeit auf. Die Sowjetunion hatte den Gründungsbeschluss zwar noch mitgetragen, unterzeichnete die Abkommen aber nicht. Deutschland und Japan traten 1952 bei. Die Ergänzung von IWF und Weltbank durch eine Welthandelsorganisation aufgrund der Havanna-Charta scheiterte; daraus ging aber das →Gatt hervor.

BRH →Bundesrechnungshof

Briefkurs

Verkaufskurs einer Währung oder eines Wertpapiers. Wird ein Kurs mit dieser Kennzeichnung versehen, lag zu diesem Kurs nur ein Verkaufsangebot vor, jedoch keine Nachfrage.

Die Bezeichnung Brief steht historisch für die Papierform des Angebots. Abkürzung auf dem Kurszettel: B (z. B. 90,00 DM B). Gegenteil: Geldkurs.

Broker

im angelsächsischen Börsensystem der Vermittler zwischen Kauf- und Verkaufsinteressenten. Banken, Firmen und Privatleute müssen sich stattdessen an einen Broker wenden, der ihre Aufträge ausführt und dafür eine Gebühr erhebt. Broker können auch auf eigene Rechnung handeln. In Deutschland sind Broker etwa mit →Freimaklern vergleichbar.

Discount Broker, die nach US-Vorbild gängige Wertpapiere im Einzelhandel an Privatanleger weiterverkaufen, sind in Deutschland erst seit Mitte der neunziger Jahre aktiv. Meist wird dieses Geschäft von →Direktbanken angeboten, die auch als Makler an den Wertpapierbörsen zugelassen sein können und ihre Kundenaufträge über die Börse abwickeln, nicht aus eigenen Depots. — „Broker" kommt von englisch „to broke" (handeln, vermitteln). „Discount" (Preisnachlass) wird beim Einkaufen mit Selbstbedienung gegeben.

Bruttoinlandsprodukt (BIP)

die Wirtschaftsleistung eines Landes in einem bestimmten Zeitraum, meist einem Jahr. Die prozentuale Veränderung gegenüber dem Vorjahr ist das →Wirtschaftswachstum. Als Ergebnis der wirtschaftlichen Tätigkeit im Inland („Inlandskonzept", einschließlich der von Ausländern im Inland ausgeübten Tätigkeit) ist das BIP eine der wichtigsten Größen der Wirtschaftspolitik und der →Volkswirtschaftlichen Gesamtrechnung. Es setzt sich aus den Leistungen von Unternehmen, Staat und privaten Haushalten einschließlich des Außenbeitrags zusammen; der Außenbeitrag umfasst die Nettoexporte von Gütern und Dienstleistungen. Das BIP wird nach der statistischen Einteilung verwendet für (1) den privaten Verbrauch, (2) Investitionen, (3) Staatsverbrauch und (4) den Außenbeitrag (Abfluss ins Ausland). Werden vom BIP die Abschreibungen (als Wertverlust in der Produktionsperiode) abgezogen, ergibt sich das Nettoinlandsprodukt. — Haupteinwand gegen die Verwendung des BIP als zentralem Wohlfahrtsindikator ist seine quantitative, auf Geldwerte und Vergleichbarkeit orientierte Ausrichtung. Qualitative Wohlfahrtsaspekte (z. B. die Angst vor Verarmung oder Arbeitslosigkeit, Sicherheit um die Unversehrtheit der Person, Rechtssicherheit bei Eigentumsbesitz) werden damit nicht erfasst, ebenso wenig die „informelle" Wirtschaftstätigkeit (unbezahlte Hausarbeit, Schwarzarbeit, Steuerhinterziehung, Prostitution, Drogenkonsum). Die Schädigung der Umwelt einschließlich der Renaturierung schlägt sich statistisch sogar als Wirtschaftswachstum nieder. Als Alternative oder Ergänzung sollte deswegen das →Ökosozialprodukt dienen, das sich aber wegen methodischer Einwände nicht hat durchsetzen können.

Englisch: Gross Domestic Product (GDP). — Die Berechnungsmethode des BIP wurde 1968 von OECD, IWF, Weltbank und UNO festgelegt. 1999 wird sie geändert; danach werden auch Zahlungen für Urheberrechte und Patente berücksichtigt. Auch die Grundlagen für die Berücksichtigung von Teilen der Schwarzarbeit werden vereinheitlicht. — Bis 1993 wurde die volkswirtschaftliche Gesamtleistung als →Bruttosozialprodukt (BSP) ausgedrückt, das aber aufgrund internationaler Vereinbarungen gegen das BIP ausgetauscht wurde.

Bruttosozialprodukt (BSP)

als Gesamtleistung einer Volkswirtschaft bis zum Beginn der neunziger Jahre die bedeutendste ökonomische Kennziffer. Aus systematischen Gründen wird dazu jetzt das →Bruttoinlandsprodukt (BIP) verwendet. Das deutsche BSP ist etwas umfangreicher als das BIP; zusätzlich berücksichtigt werden die im Ausland erwirtschafteten und nach Deutschland transferierten Einnahmen deutscher Unternehmen („Inländerkonzept"), während die Einnahmen unberücksichtigt bleiben, die Ausländer im Inland erzielen. Bei der weltweit einheitlichen Verwendung berücksichtigt jetzt das BIP jedes Landes die Einnahmen „seiner" Ausländer im Inland, während die Einnahmen seiner Inländer im Ausland nicht in der eigenen Statistik aufgenommen werden, sondern dort, wo sie entstehen.

Englisch: Gross National Product (GNP).

Bruttowertschöpfung

der Anteil der Wirtschaftsbereiche (Unternehmen, Staat, private Haushalte) am →Bruttoinlandsprodukt (BIP), nachdem vom gesamten Produktionswert die Vorleistungen abgezogen wurden (um Doppelerfassungen zu vermeiden; daher auch die Bezeichnung Nettoproduktionswert). An der Bruttowertschöpfung ist insbesondere der Wandel von der Industrie- zur Dienstleistungsgesellschaft zu erkennen. Die Bruttowertschöpfung pro Erwerbstätiger ist die →Arbeitsproduktivität.

BSG →Bundessozialgericht

BSP →Bruttosozialprodukt

BSV →Bundesschuldenverwaltung

Bubble Economy

ein sich selbst verstärkender Finanzaufschwung, bei dem Kreditgeschäfte durch spekulativ angeheizten Aktien- und Immobilienbesitz gesichert werden. Die „Blase" (bubble), auf der unter anderem der Aufschwung der japanischen Börse in den achtziger Jahren beruhte, platzt im Falle eines Kursrückgangs an der Börse, weil die Kredite dann ihre Sicherheiten verlieren und uneinbringlich („faul") werden können. Weil Banken und andere Finanzinstitute auch untereinander verschuldet sind, können Ketten von Zahlungsunfähigkeiten einen Domino-Effekt auslösen. Um dies zu vermeiden, sind sehr hohe Stabilisierungskredite für den Finanzsektor nötig.

Nach einem Kursverfall an der Tokioter Börse bis 1992, als der Nikkei-Index von 39.000 auf 15.000 Punkte fiel, pendelt er seither zwischen 15.000 und 23.000 Punkten, vor allem, weil die Verluste des Finanzsektors noch immer nicht ausgeglichen sind.

Bruttowertschöpfung

Beitrag der Wirtschaftsbereiche zum BIP, in Prozent

	1960	1970	1980	1990	1996
Agrarsektor	5,8	3,4	2,1	1,7	1,1
Industrie	53,2	51,7	47,4	40,6	33,4
Dienstleistungen	32,1	33,7	37,3	44,4	51,3
Staat, Private	9,9	11,2	13,2	13,5	14,2

Quelle: Statistisches Bundesamt. 1960–1990: früheres, 1996: jetziges Bundesgebiet. Agrarsektor: Land- und Forstwirtschaft, Fischerei. Industrie: Produzierendes Gewerbe (→Wirtschaftszweige). Dienstleistungen: Handel, Verkehr, Dienstleistungsunternehmen. Staat, Private: Staat, Sozialversicherungen, private Haushalte, Organisationen ohne Erwerbscharakter. In einer weiten Auslegung des Dienstleistungsbegriffs könnten Staat, Sozialversicherungen und Organisationen ohne Erwerbszweck ebenfalls diesem Sektor zugerechnet werden.

Bufferstock
ein Ausgleichslager, mit dem starke Preisschwankungen von Rohstoffen ausgeglichen werden sollen, um insbesondere die Exporterlöse armer Dritte-Welt-Länder zu stabilisieren. Bei einem großen Angebot eines Rohstoffes auf dem Weltmarkt sollen die Aufkäufe des Bufferstocks die Preise vor einem Verfall bewahren. Bei Verknappung der Ware senkt der Bufferstock seine Lagerbestände, um mit Verkäufen den Preisauftrieb zu dämpfen. — Produzentenländer begannen den nachfragenden Industrieländern Bufferstocks vor allem abzuverlangen, als die Rohstoffexporterlöse in der Folge der Ölpreiskrisen der siebziger Jahre insgesamt stark zu schwanken begannen. Strittig war nicht nur, wer die Ankäufe finanzieren sollte, ungeklärt blieb vor allem, welche Größenordnung die Lager haben müssten, um Weltmarktpreise dauerhaft beeinflussen zu können. Vor allem aber wirkt ein Bufferstock bei steigender Produktion und gleich bleibender Nachfrage als zusätzlicher Abnehmer; dieses führte unweigerlich zum gewaltigen Anschwellen der Vorräte und zum Zusammenbruch des Systems. Zuletzt kollabierte deswegen Mitte der achtziger Jahre der Bufferstock für Zinn. — Derzeit funktioniert nur noch das Kautschuk-Abkommen (International Natural Rubber Agreement, das als INRA-3 in der dritten Periode von 1997 bis 2002 läuft). Das Kautschuk-Abkommen ist zugleich das letztgegründete in der Reihe der Rohstoffabkommen mit Bufferstocks gewesen. Nach den schlechten Erfahrungen mit anderen Bufferstocks enthält INRA Vorschriften über Höchstinterventionen, die verhindern, dass es in eine Käuferrolle gegen den gesamten Markt gedrängt wird. — Für entwicklungspolitische Zwecke sind Ausgleichslager nicht geeignet, weil sie Exportstrukturen stabilisieren, für die die Nutzer fehlen. Eine Variante, die Umstrukturierungen ermöglichen soll, ist die finanzielle Stabilisierung der Exporterlöse, wie sie die EU mit den →AKP-Ländern vereinbart hat und über den →Europäischen Entwicklungsfonds finanziert.

Das Wort kommt von englisch „buffer" (Puffer, Stoßdämpfer) und „stock" (Vorrat, Lager). — Zum Diamantenkartell →Rohstoffversorgung.

Buko →Bundeskongress entwicklungspolitischer Aktionsgruppen

Bund der Steuerzahler
gemeinnützige Interessenvertretung gegen Steuerverschwendung, →Staatsverschuldung und das unübersichtliche deutsche Steuersystem. Zu den öffentlichkeitswirksamen Aktionen des Lobby-Vereins, der in Politik und Finanzwissenschaft Ansehen genießt, gehören Bundesschuldenuhren, die die gesamte Staatsverschuldung und die sekündliche Neuverschuldung anzeigen.

1949 gegründet, Sitz in Wiesbaden, etwa 410.000 Mitglieder.

Bund-Futures („Bunds")
börsennotierte Finanzinnovation, die seit 1990 in Deutschland erlaubt ist. Dabei verpflichtet sich der Käufer, vom

Verkäufer eine Bundesanleihe an einem vorher festgelegten Termin zu einem vorher festgelegten Preis zu kaufen. Von einem normalen →Futures-Geschäft unterscheidet sich ein Bund-Future aber dadurch, dass die zugrunde liegende Anleihe fiktiv ist, also nicht wirklich existiert. Sie ist nur als Grundlage für das Termingeschäft interessant (bei tatsächlichem Bedarf muss der Verkäufer eine ungefähr vergleichbare Anleihe liefern, die über einen Konversionsfaktor an die fiktive Anleihe angepasst wird). Während bei einer echten Bundesanleihe die Laufzeit ständig abnimmt und wegen der erwünschten Laufzeiten immer wieder ausgetauscht werden müsste, erlaubt der fiktive Bund-Future standardisierte, fortlaufende Geschäfte.

Die festgelegte Ausstattung liegt bei achteinhalb bis zehn Jahren Restlaufzeit und einer Verzinsung von sechs Prozent. Stückelung ist 100 Mark (im Kurswert als ebenso viele Prozent ausgedrückt), Kontraktgröße ist 250.000 Mark; täglich werden Gewinne und Verluste abgerechnet. Vergleichbar sind die Bobl-Futures, die auf Bundesobligationen basieren und damit eine kürzere Laufzeit (dreieinhalb Jahre) haben. — Wer zum Beispiel einen Bund-Future zum Kurs von 101,57 Prozent erworben hat, der aber am Kauftag bei 101,61 Prozent liegt, erhält von der Deutschen Terminbörse 0,04 Prozent von 250.000 Mark = 100 DM gutgeschrieben, die dem Verkäufer in Rechnung gestellt werden.

Bundesamt für Wirtschaft (BAW)
die wichtigste Behörde für die Anwendung protektionistischer Bestimmungen (Importkontrolle) und die Zuweisung von Subventionen. Für Waren, deren Einfuhr nicht liberalisiert ist, erteilt das BAW die Importgenehmigungen. So überwacht es die mengen- oder wertmäßig beschränkten Einfuhren, vor allem aufgrund des Welttextilabkommens. Jährlich werden mehr als 500.000 Einfuhranträge gestellt. Das Amt setzt auch die Kontingentzuteilung der EU (vor allem im China-Handel) um. Im Rahmen von EU-Beschränkungen genehmigt und überwacht es die Einfuhr bestimmter Eisen- und Stahlprodukte und vergibt Lizenzen für die begrenzte, aber immer noch erlaubte Einfuhr von Stoffen, die zum Abbau der Ozonschicht führen (FCKW). Es erfasst die Einfuhr liberalisierter Waren für statistische Zwecke (Erdöl, Erdgas, Steinkohle, Spielfilme), kontrolliert die Erdölbevorratung, genehmigt Gaslieferverträge mit einer Lieferfrist von mehr als zwei Jahren und führt Statistiken, z. B. die Nichteisen- und Edelmetall- sowie die Textilstatistik und eine Statistik über die Reichdauer →strategischer Rohstoffe, z. B. Ferrolegierungen, Chrom und Kobalt. Das BAW wickelt auch die Absatzförderung deutscher Steinkohle mit der Zahlung von jährlich ca. sieben Milliarden Mark (1998) an die Bergbauunternehmen ab. Absatzhilfen, Anpassungshilfen und Zuschüsse an den Eisen- und Stahlbereich (von Bund, Ländern und EU) werden ebenfalls vom BAW verwaltet. Ferner ist das BAW für die Wirtschaftsförderung kleiner und mittlerer Unternehmen zuständig. Dazu gehört Beratung und Information, u.a. über sparsame Energieverwendung in Wohngebäuden. Gefördert werden das →Rationalisie-

rungskuratorium der deutschen Wirtschaft (RKW), der Einsatz erneuerbarer Energien und die Teilnahme an Inlandsmessen. Ausserdem wirkt das BAW beim Deutschen Wirtschaftsfilm- und beim Deutschen Lederwarenpreis mit, die vom Bundeswirtschaftsministerium gestiftet worden sind.

Sitz in Eschborn. Selbstständige Bundesoberbehörde im Geschäftsbereich des Bundeswirtschaftsministeriums. 1954 als Bundesamt für gewerbliche Wirtschaft gegründet, seit 1987 jetzige Bezeichnung. Die Ausfuhrkontrolle wurde 1992 zum →Bundesausfuhramt (BAFA) verselbständigt.

Bundesamt zur Regelung offener Vermögensfragen (BuRoV)
regelt die Entscheidungen über Rückgabe oder Entschädigung von Vermögen, das in der DDR verstaatlicht worden war. Die Entscheidungen selbst werden von den Ämtern für offene Vermögensfragen getroffen.

1991 als Oberbehörde im Geschäftsbereich des Bundesfinanzministeriums eingerichtet. Sitz in Berlin. Das BuRoV soll die Aufgaben der Treuhand-Nachfolgebehörde →Bundesanstalt für vereinigungsbedingte Sonderaufgaben übernehmen.

Bundesangestelltentarifvertrag (BAT)
die Regelung der Vergütungsleistungen für die Angestellten im öffentlichen Dienst. Das historisch gewachsene umfangreiche Vertragswerk verfolgt einen tariflichen Mittelweg zwischen der Besoldung der Beamten einerseits, den Gehältern der Angestellten in der Privatwirtschaft andererseits. Es bietet in seinen oberen Gruppen geringere, in den unteren Gruppen hingegen höhere Vergütungen als vergleichbare Arbeitnehmereinkommen in der Privatwirtschaft, also eine geringere Lohnspreizung.

1961 erstmalig abgeschlossen. Die (aussertariflich bezahlten) AT-Angestellten des Bundes unterliegen nicht dem BAT.

Bundesanleihekonsortium
eine Gruppe von Banken, die auf Einladung der Bundesbank alle Emissionen von →Bundesanleihen durchführt. Jedes teilnehmende Kreditinstitut hat dabei eine feste Übernahmequote, aus denen die Verkäufe an Kunden, der Eigenhandel oder die Übernahme in den Eigenbesitz erfolgen.

Auf die drei Großbanken entfällt rund ein Drittel des Emissionsgeschäfts. Der Marktanteil von Auslandsbanken liegt bei 20 Prozent. Die mehr als 80 teilnehmenden Banken wickelten 1996 rund 6,5 Prozent der gesamten Bruttokreditaufnahme des Bundes ab. Der Rest entfällt auf Bundeswertpapiere, die keine Bundesanleihen sind, oder auf Teile von Bundesanleihen, die über die Teilnehmerbanken des Konsortiums, nicht aber über das Konsortium selbst ausgegeben werden. Zudem hält die Bundesbank Teile von Bundesanleihen zurück, um damit bei Bedarf selbst Marktpflege zu betreiben. — Die Großbanken befürworten ein „Primary-dealer-System" nach US-Vorbild, bei dem sechs bis acht Banken eine Großhandelsfunktion für die Staatsschuldverschreibungen einnehmen. Damit soll der Großteil der anderen Konsortialteilnehmer ausgebootet werden. Die

Bundesbank hat in der Übernahme eines neuen Systems bisher keine Kostenvorteile erkennen können.

Bundesanleihen

festverzinsliche Wertpapiere und andere →Anleihen zur langfristigen Finanzierung von Staatsschulden, meist mit einer Laufzeit von zehn Jahren. Sie werden über das →Bundesanleihekonsortium ausgegeben.

Bundesanstalt für Arbeit (BA)

die für die Arbeitsförderung zuständige Körperschaft. Ihre Aufgaben umfassen die Arbeitslosenversicherung, die Arbeitsvermittlung, die Berufsberatung und die Förderung der beruflichen Bildung. Außerdem erledigt sie weitere Aufgaben vor allem für den Bund; dafür erhält sie Bundesmittel (z. B. die Auszahlung von Arbeitslosenhilfe, s.u.). Seit dem Arbeitsförderungsgesetz von 1969 wirkt sie auch an einer „aktiven, vorausschauenden Arbeitsmarkt- und Beschäftigungspolitik" mit. — Reichen die Beiträge von Arbeitgebern und Arbeitnehmern zur Finanzierung der BA-Aufgaben nicht aus, wird die Unterdeckung durch einen Bundeszuschuss ausgeglichen. Er ist ständig von Kürzungen bedroht, die wegen der Rechtsansprüche auf Arbeitslosengeld vor allem Streichungen bei den →arbeitsmarktpolitischen Instrumenten bedeuten würden. Weil die Betroffenen wieder zu regulären Leistungsempfängern der Arbeitslosenversicherung oder von Arbeitslosen- bzw. Sozialhilfe würden, ist der Einspareffekt insgesamt gering, während die Qualifikationschancen der Arbeitslosen entfallen.

Sitz in Nürnberg. 1952 gegründete Körperschaft des öffentlichen Rechts. Die Selbstverwaltungsorgane setzen sich zu je einem Drittel aus Vertretern der Arbeitnehmer, der Arbeitgeber und der öffentlichen Hand zusammen, weil die Sozialpartner schon vor der Einführung der Arbeitslosenversicherung 1927 die Verantwortung für Arbeitsvermittlung und Unterstützung bei Arbeitslosigkeit übernommen hatten und dieser Bereich weitgehend in Selbstverwaltung bleiben sollte. — Für den Bund erledigt die BA die Auszahlung u.a. der Arbeitslosenhilfe, des Kindergeldes, der Anpassungshilfen für Arbeitnehmer der →Montanindustrie und der Mittel des Lehrstellenprogramms

Bundesanstalt für Arbeit

Ausgaben und Einnahmen, in Mrd. DM

	1995	1996	1997s	1998p
Ausgaben der BA	100,5	105,6	108,0	108,5
Arbeitslosengeld	47,3	58,0	59,8	60,5
Arbeitsmarktpolitik	24,3	25,0	22,0	25,3
weitere Leistungen	18,8	14,0	14,4	12,2
Beiträge, andere Einnahmen	89,1	91,8	96,2	94,3
Bundeszuschuss	11,4	13,8	11,9	14,1

1997s: Soll, 1998p: Plan. Ab 1998 geänderte Systematik der Ausgaben. Quelle: BA für Ostdeutschland. — Organisation: Hauptstelle in Nürnberg, elf Landesarbeitsämter, 184 Arbeitsämter und weitere Dienststellen, u.a. die Zentralstelle für Arbeitsvermittlung (ZAV) in Frankfurt/Main. Das Institut für Arbeitsmarkt- und Berufsforschung (IAB) ist eine Abteilung der BA. — Geschichte: In der zweiten Hälfte des 19. Jahrhunderts verelendeten viele Arbeiter auch, weil sie nicht wussten, wo und wie sie eine geeignete Arbeit finden konnten. Gewerbsmäßige Stellenvermittler forderten hohe Provisionen. Auch die Einrichtung gewerkschaftlicher, arbeitgeberseitiger, kommunaler oder karitativer Arbeitsnachweise änderte die Situation nicht grundlegend. Eine flächendeckende Organisation entstand erst 1927 mit der Gründung der Reichsanstalt für Arbeitsvermittlung und Arbeitslosenversicherung, die auch für Berufsberatung und Lehrstellenvermittlung zuständig war. 1933 wurde die Selbstverwaltung aufgehoben und dem nationalsozialistischen Führerkonzept mit der Lenkung der Arbeitskräfte unterworfen. Nach 1945 unterstellten die Alliierten in den Westzonen die Arbeitsämter und Landesarbeitsämter zunächst den Arbeitsministerien. Eine biparitätische Besetzung der neuen Bundesanstalt mit Arbeitgebern und Arbeitnehmern wie bei den anderen Sozialversicherungsträgern gelang nicht; weil Arbeitsvermittlung und Berufsberatung staatliche Aufgaben sind, ist die Besetzung triparitätisch. — In der DDR bestanden bei den Räten der 15 Bezirke je ein Amt für Arbeit und Löhne, das Betrieben die Einstellung von Arbeitskräften auferlegen konnte. Bei den Räten der Städte und Kreise waren insgesamt 227 Ämter für Arbeit eingerichtet. Weil es keinen Arbeitsmarkt gab, aber einen faktischen Arbeitszwang, war auch keine Arbeitslosenversicherung nötig.

Bundesanstalt für Außenhandelsinformation (BfAI)

stellt Mitteilungen über Auslandsmärkte vor allem kleinen und mittleren Unternehmen ohne hinreichende eigene Marktforschungskapazität zur Verfügung. Das Angebot wirkt aufgrund seiner unmodernen Präsentation behäbig und wenig dienstleistungsorientiert und wird deswegen zu wenig genutzt.

Sitz in Köln. Ingesamt 200 Spezialisten im Inland und 45 Marktbeobachter im Ausland publizieren jährlich etwa 1.000 neue Titel über Märkte, ökonomische und rechtliche Rahmenbedingungen, Zollvorschriften und Einfuhrverfahren für viele Länder der Welt. Detailtiefe, Aktualität und Relevanz sind unterschiedlich. Die deutschen Botschaften und Konsulate im Ausland sowie die Außenhandelskammern arbeiten zu. Das BfAI gehört zum Geschäftsbereich des Bundeswirtschaftsministeriums.

Bundesanstalt für Geowissenschaften und Rohstoffe (BGR)

berät die Bundesregierung in Fragen der →Rohstoffversorgung und in geowissenschaftlichen Belangen des Umwelt- und Ressourcenschutzes. Dazu gehören Angebot und Nachfrage von Rohstoffen in Deutschland, die regionale Verteilung in der Welt, die Entwicklung der Vorräte und die Trends des Rohstoffwelthandels. Schwerpunkte sind Metalle, Nichtmetalle, Erdöl und Erdgas. — Die BGR plant und prüft eigenverantwortlich die Endlagerung von Atommüll in Gorleben, Morsleben und im Schacht Konrad. — Die Bedeutung der Anstalt hat nachgelassen, seit die Zahl der Anbieter von Rohstoffen auf dem Weltmarkt zunimmt und Versorgungsengpässe auch bei strategischen Rohstoffen unwahrscheinlich geworden sind. Eher widerstrebend hat die insgesamt konservative BGR begonnen, ökologische Elemente der Rohstoffsuche und -gewinnung in der Dritten Welt in ihre Analysen einzubeziehen. Bei der Diskussion um den Abbau von Rohstoffen in der Antarktis hat sie nur zögernd dem Totalverbot zugestimmt. Die von Haushaltskürzungen bedrohte BGR neigt zur Unterschätzung ökologischer Aspekte von Rohstofffragen und kommt damit der Bundesregierung entgegen.

Sitz in Hannover, zum Geschäftsbereich des Bundeswirtschaftsministeriums gehörig.

Bundesanstalt für vereinigungsbedingte Sonderaufgaben (BvS)
die größte Nachfolgebehörde der →Treuhandanstalt zur Privatisierung des DDR-Volksvermögens. Die BvS ist eine Anstalt des öffentlichen Rechts und zuständig für (1) das Vertragsmanagement, d. h. die Kontrolle von Investitions- und Beschäftigungszusagen sowie anderen Privatisierungsauflagen einschließlich der schwierigen Nachverhandlungen bei Nichteinhaltung, (2) Rettungsaktionen für Unternehmen, deren neue Eigner sich als unqualifiziert oder unverantwortlich zeigen und in denen per „konzertierter Aktion" die Investoren ausgetauscht werden müssen, (3) die Lösung unerwarteter Großprobleme wie die neue Privatisierung der Ostsee-Werften nach dem Bankrott des Werftenverbundes Bremer Vulkan, (4) Liquiditätshilfen für Unternehmen mit dünner Kapitaldecke, insbesondere durch Kredite aus den neu bei den Ländern eingerichteten Konsolidierungsfonds, (5) die immer schwieriger werdende Privatisierung verbliebener Unternehmen, (6) die Kommunalisierung von Grundstücken und Objekten, (7) abschliessende Aufgaben der Privatisierung wie die Verwertung von Vermögensresten, (8) die Abwicklung des Vermögens von Einrichtungen und Organisationen der DDR, u.a. des Ministeriums für Staatssicherheit, der Außenhandelsorganisation Kommerzielle Koordination (KoKo) und treuhänderisch der Parteien und Massenorganisationen. — Die BvS profilierte sich zunächst vor allem als Einrichtung, die die Fehler der Treuhand ausbügeln müsse, geriet aber schnell in den Ruf, langsam, zu starr und zu wenig unternehmerisch zu agieren und dabei zu sehr am Erhalt der eigenen Existenz orientiert zu sein.

1995 mit 2.300 Beschäftigten gegründet, die überwiegend von der Treuhand übernommen wurden. Der Bestand fiel bis Ende 1997 auf immer noch rund 1.500 Beschäftigte. Zur Auflösung war die BvS zunächst bis Ende 1998 vorgesehen, wird aber vermutlich bis nach 1999 erhalten bleiben. Dann sollen die Restaufgaben an das →Bundesamt zur Regelung offener Vermögensfragen übergehen. Hatte die Auflösung der Treuhandanstalt Ende 1994 einen weitgehenden Abschluss ihres Privatisierungsauftrags suggeriert, spricht die BvS seither eher von einem Zuwachs an Aufgaben. — Das Vertragsmanagement erstreckte sich 1997 auf rund 40.000 Privatisierungsverträge, mit denen 15.000 Betriebe oder Betriebsteile privatisiert worden waren. Die Verträge enthalten Zusagen für 1,5 Millionen Arbeitsplätze, davon 750.000 pönalisiert (mit Geldstrafe bei Nichteinhaltung versehen), und Zusagen über Investitionen von 210 Milliarden Mark, davon 110 Milliarden pönalisiert. Zur Kommunalisierung von Grundstücken und Gebäuden wurden mehr als 220.000 Anträge gestellt, für deren Bearbeitung die BvS zuständig ist. Von ursprünglich rund 876.000 zu überprüfenden Grundbucheinträgen waren 1997 mehr als 600.000 erledigt.

Bundesarbeitsgericht (BAG)
oberste Instanz der Arbeitsgerichtsbarkeit, Revisionsinstanz gegen Urteile der Landesarbeitsgerichte (LAG). Nach der erstinstanzlichen Entscheidung eines Arbeitsgerichts ist Sprungrevision zum BAG (ohne Beteiligung eines LAG) möglich, wenn die Prozessgegner sich darauf verständigt haben und eine Revision des LAG-Urteils zulässig wäre. — Arbeitnehmer- und Arbeitgeberverbände stellen paritätisch ehrenamtliche Beisitzer.

Umzug von Kassel nach Erfurt vorgesehen.

Bundesaufsichtsamt für das Kreditwesen (BAKred)
die Behörde für die deutsche Bankenaufsicht einschließlich der Aufsicht über die Kapitalanlagegesellschaften. Das Amt soll Risiken und Störungen im Bankensektor, die die Stabilität der Finanzmärkte gefährden könnten, verhindern. Das BAKred erteilt und widerruft die Erlaubnis für Bankgeschäfte, überwacht die Eigenkapitalausstattung, die Liquiditätshaltung und die Risikobegrenzung der Banken, kann ein Kreditinstitut vorläufig schließen und prüft die Einhaltung der Vorschriften nach dem Geldwäschegesetz. Auch für die Inhaberkontrolle und die Kontrolle über den Verkauf und Ankauf von Bankbeteiligungen ist das BAKred zuständig. — Es hat bisher so diskret gearbeitet wie die Branche, für die es zuständig ist. Erst für 1995 wurde erstmals ein Jahresbericht veröffentlicht. Daraus geht hervor, dass das BAKred innerhalb eines Jahres in 82 Fällen gegenüber Geschäftsleitern wegen Mängeln in der Geschäftsführung Missbilligungen bzw. Verwarnungen ausgesprochen oder deren Abberufung durchgesetzt hat, meist wegen grober Missachtung bankrechtlicher Sorgfalt (z. B. weil die wirtschaftlichen Verhältnisse von Kreditnehmern nicht ausreichend offengelegt worden waren). Dies galt räumlich vor allem für Ostdeutschland und sektoral für die →Genossenschaftsbanken, aber auch in westdeutschen und (West-)Berliner öffentlichen und Privatbanken wurden größere Fälle bekannt. 1996 hat das Amt bereits bei 348 Banken gravierenden Beanstandungen erhoben und 39 Bankmanager mussten gehen. — Die →Geldwäsche wird nicht wirksam genug bekämpft, klagt das Amt. Die immer komplexeren Konstruktionen von Finanzfirmen im internationalen Bereich und der →graue Kapitalmarkt, der auch vom →Bundesaufsichtsamt

für den Wertpapierhandel überwacht wird, bereiten der Bankaufsicht Schwierigkeiten. — Moniert wurden außerdem Bankgeschäfte mit Minderjährigen, insbesondere die Werbung für Kontoüberziehungen und Kreditaufnahmen, die inzwischen zu einer umfangreichen bankaufsichtlichen Regelung führten.

Offenbar ist das Amt bei der Kontrolle aus dem Ausland kommender Inhaber deutscher Kreditinstitute wiederholt Unsauberkeiten auf die Spur gekommen: „Bei der Überprüfung mehrerer ausländischer Erwerber konnten die Kontakte mit ausländischen Aufsichtsbehörden zur Vertiefung vorliegender Informationen und damit zur Abwehr in der Inhaberstruktur liegender Gefahren wiederum genutzt werden", hieß es dezent und umständlich im Geschäftsbericht 1995. — Sitz des Amtes in Berlin, 1999 Umzug nach Bonn geplant. 1962 gegründete, selbstständige Bundesoberbehörde, die dem →Bundesministerium der Finanzen untersteht. Neun Zehntel des Haushaltes werden auf die zu überwachenden Unternehmen umgelegt. Mit 500 Beschäftigten werden 3.700 Banken beaufsichtigt; seit dem 1.1.1998 werden auch 7.500 Finanzdienstleister überwacht. Das Amt hat zusätzlich zur enorm gestiegenen Arbeit Nachwuchssorgen: Erst lockte die Wende mit günstigen beruflichen Entwicklungschancen in Ostdeutschland, dann suchten sich zahlreiche Beschäftigte wegen des bevorstehenden Umzugs der Behörde nach Bonn neue Tätigkeiten im Berliner Raum. Fachleute für den Handel mit Finanzinstrumenten können zudem in der Privatwirtschaft das Mehrfache eines Beamtengehalts verdienen. — Eine Zusammenlegung der drei Bundesaufsichtsämter für Kreditwesen, Versicherungswesen und Wertpapierhandel ist eine organisatorische Voraussetzung für den aktiven Schutz von Finanz- und Kapitalmärkten auch in Zwischenformen und Grauzonen. Dazu gehört allerdings auch ein institutionelles Selbstbewusstsein einer solchen Aufsichtsbehörde, die sich nur über einen längeren Zeitraum ausbilden kann und vor allem eine dynamische Behördenspitze erfordern würde.

Bundesaufsichtsamt für das Versicherungswesen (BAV)
die Behörde für die Aufsicht über die privaten deutschen →Versicherungen. Geprüft werden ihre rechtlichen, versicherungstechnischen und finanziellen Verhältnisse, auch die Tätigkeit in anderen EU-Ländern. Dafür gilt das „Sitzlandprinzip", nach dem in der EU die Versicherungsunternehmen von ihren jeweiligen Heimatbehörden überwacht werden. — Ziel des BAV ist allgemein der Schutz der Versicherten, die in der Regel die Solidität des Unternehmens nicht kennen und auf die Einhaltung der Zahlungsversprechen angewiesen sind. Konkrete Aufgabe des BAV ist, die dauernde Erfüllbarkeit der Versicherungsverträge sicherzustellen. Dazu gehört auch die Überprüfung von Satzung, Eigenkapitalausstattung und Rückversicherung sowie der Fachkunde der Manager und der Solidität der Aktionäre. Kontrolliert werden ferner die Vermögensanlage und der Rechnungsabschluss mit Ertragslage. Das Amt nimmt jährlich mehr als 30.000 Beschwerden von Kunden gegen Versicherungsunternehmen ent-

gegen, war aber erst nach einer erfolgreichen Klage bereit, eine Aufschlüsselung nach betroffenen Unternehmen zu veröffentlichen. Die äußerst restriktive Öffentlichkeitsarbeit umfasst zudem den Verkauf der amtlichen Jahresberichte an die Presse zu einem überteuerten Preis sowie die Weigerung, den Bericht im Internet zu veröffentlichen, um das Verkaufsgeschäft nicht zu gefährden. — Das Amt soll darüber wachen, dass Lebensversicherer die Identifizierungspflichten wegen möglicher → Geldwäsche beachten, was ihnen offenbar in der Realität nicht ausreichend gelingt. Es warnt vor unseriösen Versicherern und hat an der Verhinderung der Ausländerdiskriminierung in der Kfz-Versicherung bedeutenden Anteil gehabt. — Nach EU-Recht unterliegen Versicherungsprodukte nicht mehr der Genehmigung, sondern müssen nun von den Interessenten selbst geprüft werden.

1901 als Kaiserliches Aufsichtsamt für Privatversicherung gegründet, jetzige Bezeichnung seit 1973. Sitz des Amtes ist Berlin. Es ist eine obere Bundesbehörde, die dem Bundesminister der Finanzen nachgeordnet ist. Neun Zehntel der Haushaltskosten werden auf die zu überwachenden Unternehmen umgelegt. In einem Beirat mit Beratungsfunktion sitzen überwiegend die Vertreter der kontrollierten Institute. Rund 350 Beschäftigte beaufsichtigen mehr als 700 Versicherungen mit einem Beitragsaufkommen von mehr als 90 Milliarden Mark in der Lebens-, 30 Milliarden in der Kranken- und 100 Milliarden in der Schaden-/Unfallversicherung. — Zur Zusammenlegung der drei Bundesaufsichtsämter für Kreditwesen, Versicherungswesen und Wertpapierhandel siehe →Bundesaufsichtsamt für das Kreditwesen.

Bundesaufsichtsamt für den Wertpapierhandel (BAWe)
die Behörde für die Aufsicht über den börslichen und außerbörslichen Handel mit Wertpapieren. Ziele sind vor allem Schutz der Anleger, faire Märkte und Markttransparenz. Das BAWe ist u.a. zuständig für die allgemeine Überwachung aller Geschäfte mit Wertpapieren und Derivaten, für die Ermittlung von →Insider-Geschäften, die Überwachung der →Publizität und die Einhaltung der Wohlverhaltensregeln (s.u.). Das BAWe arbeitet mit den Börsenaufsichtsbehörden der Länder und den Handelsüberwachungsstellen (HÜSt) an den Börsen zusammen. — →Insider-Geschäfte, die auch an auffälligen Kursbewegungen kurz vor der Bekanntgabe kursrelevanter Ereignisse ablesbar sind, sind in Deutschland erst seit 1994 strafbar. Die Geschäfte von Kreditinstituten und Maklern werden über ein elektronisches System an das BAWe gemeldet. Es kann Auskünfte und Unterlagen verlangen, trotz des sonst geltenden Bankgeheimnisses auch über die Identität des Kunden. Bei konkreten Verdachtsmomenten wird die Staatsanwaltschaft eingeschaltet. Staatsanwaltliche Befugnisse wie die US-Börsenaufsicht SEC will das BAWe nicht, wie das Amt insgesamt defensiv auftritt, nachsichtig ist und nur niedrige Geldbußen verhängt. Von einem selbstbewussten Beschützer des deutschen Kapitalmarktes ist es weit entfernt. — Emittenten börsennotierter Wertpapiere sind verpflichtet,

neue, der Öffentlichkeit unbekannte Tatsachen aus ihrem Unternehmensbereich unverzüglich bekannt zu geben, wenn sie den Kurs des Wertpapiers erheblich beeinflussen können („Ad-hoc-Publizität"), z. B. Dividenden, Jahresabschlüsse und Zwischenberichte, aber auch Beteiligungsveränderungen oder Fusionen (1995: 1.500 Ad-hoc-Mitteilungen). Es besteht ein enger Zusammenhang zwischen der Veröffentlichung kursbeeinflussender Tatsachen und dem Insider-Handel: Je schneller Informationen bekannt werden (müssen), desto weniger können Wissensvorsprünge missbraucht werden. Bei vorsätzlicher oder leichtfertiger Nichtbeachtung der Pflicht zur Ad-hoc-Publizität kann das BAWe Geldbußen bis zu drei Millionen Mark verhängen. Auch Beteiligungen an Aktiengesellschaften, wenn sie bestimmte Schwellenwerte erreichen, unterliegen der Publizitätspflicht. — Wohlverhaltensregeln verpflichten zu Sachkenntnis, Sorgfalt und Gewissenhaftigkeit im Interesse des Kunden. Sie sollen Konflikte zwischen ihm und dem Wertpapierdienstleistungsunternehmen vermeiden. Dafür hat das BAWe die Richtlinienkompetenz. So soll geklärt werden, welche Risikohinweise ein Kreditinstitut einem interessierten Anleger geben muss und inwieweit es sogar bei vergleichsweise risikolosen Investitionen (z. B. beim Kauf von Bundesschatzbriefen) Auskunft über die finanziellen Verhältnisse des Kunden einfordern darf. — Dem Amt ist auch die Aufsicht über den →grauen Kapitalmarkt in den Bereichen Marktverhalten und Anlegerschutz unterstellt; Anlagevermittler und Portfolio-Verwalter werden erstmals über die Gewerbeaufsicht hinaus kontrolliert. Sorgen machen dem BAWe die Wertpapierwerbungen im Internet, weil hier die Prospekte oft nur wenig Glaubwürdigkeit aufweisen.

Sitz in Frankfurt am Main. 1994 aufgrund des Zweiten Finanzmarktförderungsgesetzes gegründet, Beginn der Tätigkeit am 1.1.1995. Selbstständige Bundesoberbehörde im Geschäftsbereich des →Bundesministeriums der Finanzen. Neun Zehntel des Haushaltes werden auf die zu überwachenden Unternehmen umgelegt. 100 Beschäftige, davon je 30 des höheren und gehobenen Dienstes, überwachen täglich 300.000 bis 450.000 eingehende Mitteilungen. Die Auswertung ist computerisiert. — Zur Zusammenlegung der drei Bundesaufsichtsämter für Kreditwesen, Versicherungswesen und Wertpapierhandel siehe →Bundesaufsichtsamt für das Kreditwesen.

Bundesausfuhramt (BAFA)
die Behörde zur Kontrolle von Exporten aus Deutschland. Die Beschränkung von Ausfuhren ist gesetzlich möglich, um (1) die Sicherheit der Bundesrepublik Deutschland zu gewährleisten, (2) eine Störung des friedlichen Zusammenlebens der Völker zu vermeiden und (3) zu verhüten, dass die auswärtigen Beziehungen der Bundesrepublik Deutschland erheblich gestört werden. Daraus folgt eine Kontrolle insbesondere des Exports von Waffen, Nuklear- und Rüstungsgütern sowie von Produkten, die sowohl zivil als auch militärisch genutzt werden können („Dual-use-Güter"). Der Endverbleib soll ebenfalls geprüft werden.

Berücksichtigt werden auch die Sanktionen internationaler Organisationen (Totalembargos, Teilembargos). Exportverbote oder Genehmigungspflicht gehen aus amtlichen Veröffentlichungen hervor. Nach den Skandalen um deutsche Lieferungen waffentauglicher Güter nach Libyen und in den Irak sind die Strafbestimmungen verschärft worden. Weiterhin sind aber Exporte von Waffen, die unter deutscher Beteiligung im Ausland gebaut und von dort exportiert werden, in vielen Fällen nicht in Deutschland genehmigungspflichtig; die „Genehmigungsvermutung" gilt bei deutschen Zulieferungen in EU-, Nato- und der Nato gleichgestellte Länder (wie die →Asean-Länder außer Vietnam) bis ca. 20 Prozent des Endwertes. — Exporteure von Rüstungsgütern müssen von sich aus eine Genehmigung beantragen. Seit der Export von Dual-use-Gütern in der EU einheitlich gehandhabt wird, die Genehmigungspraxis in den Mitgliedsländern aber unterschiedlich ist, entstanden zahlreiche Schlupflöcher für Exporte in prekäre Empfängerländer, weil brisante Export-Anträge nun vornehmlich in EU-Ländern mit laxer Handhabung der Kontrolle gestellt werden. Auch Länder mit überlasteten Genehmigungsbehörden sind beliebt, weil Anträge innerhalb von zwei Wochen beschieden werden müssen. Gar nicht geregelt sind Wissenstransfer und Transithandel. — Politisch stellen sich oftmals nicht die illegalen, sondern auch die legalen Rüstungsexporte als skandalös heraus, insbesondere bei militärischer Unterdrückung innerhalb des Empfängerlandes (z. B. in der Türkei gegen die kurdische Bevölkerung) oder bei Angriffskriegen (z. B. durch den Irak gegen Kuwait und durch Raketenangriffe gegen Israel).

Sitz in Eschborn. 1992 aus dem →Bundesamt für Wirtschaft (BAW) ausgegliedert und verselbstständigt, sodass die BAW-Arbeit von der Kritik an der Rüstungsexportkontrolle entlastet wurde. Das BAFA ist eine Bundesoberbehörde, die dem Bundeswirtschaftsministerium unterstellt ist. Die 380 Beschäftigten bearbeiten jährlich ca. 30.000 Anträge. Für Exporte nach den Vorschriften des →EU-Agrarmarktes ist das Bundesamt für Ernährung und Forstwirtschaft zuständig. Abfallexporte werden von Landesbehörden genehmigt.

Bundesbank (BBk)

deutsche Währungs- und Notenbank. Ihre Aufgabe ist, den Geldumlauf und die Kreditversorgung der Wirtschaft zu regeln, die Geldwertstabilität zu sichern (die Inflation zu bekämpfen) und den Zahlungsverkehr im Inland sowie denjenigen mit dem Ausland abzuwickeln. Zu den Befugnissen der Bundesbank gehören (1) die Ausgabe von Banknoten, (2) die Festlegung der →Leitzinsen und (3) der →Mindestreserve, (4) die →Refinanzierung der Geschäftsbanken und (5) die →Offenmarktpolitik. Eine Kreditvergabe an den Staat zur Finanzierung von Haushaltsdefiziten ist unzulässig; Kassenkredite für das Tagesgeschäft an den Bund, seine Sondervermögen und an die Länder sind in gesetzlich festgelegtem Umfang erlaubt. Bund, Länder und einige →Sondervermögen legen ihre liquiden Mittel auf Girokonten der Bundesbank ein. — Die Bundesbank ist verpflichtet, unter Wahrung ihrer Aufgabe die allgemeine Wirtschaftspolitik der Bundesregierung zu unterstützen, ist aber von Weisungen der Bundesregierung unabhängig. Mitglieder der Bundesregierung können an den Sitzungen des Zentralbankrats teilnehmen und Anträge stellen, haben aber kein Stimmrecht. Auf ihr Verlangen hin ist die Beschlussfassung des Zentralbankrates bis zu zwei Wochen auszusetzen. — Währungs- und kreditpolitisches Leitungsgremium der Bundesbank ist der →Zentralbankrat; seine Beschlüsse werden vom →Direktorium ausgeführt. Die mittlere Ebene besteht aus den →Landeszentralbanken. Der unselbstständige Unterbau der Bundesbank-Organisation besteht aus Zweiganstalten an allen wichtigen deutschen Bankplätzen. — Die Gewinne der Bundesbank, die vor allem durch die Geschäfte mit den Banken entstehen, werden zu bestimmten Teilen in die Rücklagen eingestellt (vor allem zwanzig Prozent des Gewinns, bis eine Rücklage von fünf Prozent der Höhe des Banknotenumlaufs erreicht ist), der Rest an den Bund abgeführt. Aus der Autonomie der Bundesbank und dem währungspolitischen Stabilitätsgebot — vor allem dem Vorrang der Inflationsbekämpfung — können erhebliche Konflikte entstehen. (1) Während die Stabilitätspolitik in Deutschland insgesamt auf einem breiten politischen Konsens beruht, wird in Hochzinsphasen oft eine nachgiebigere Zinspolitik gefordert, die zwar die Inflation dämpft, zugleich aber das Wirtschaftswachstum stimuliert und die Arbeitslosigkeit zu bekämpfen hilft. Die Bundesbank lehnt dies als Aufweichung, die das Vertrauen in die D-Mark schwäche, ab. (2) Das Bundesbank-Modell mit seinen beiden Hauptkomponenten Autonomie und Stabilitätsgebot ist zwar seit dem →Maastrichter Vertrag von allen EU-Mitgliedern auch für ihre Zentralbanken formal anerkannt und damit zur Grundlage des ESZB (s.u.) geworden. Dennoch bleibt in der EU ein grundlegender Kulturkonflikt über die Funktion einer Zentralbank erhalten. Insbesondere in den romanischen Ländern gehört die Unterordnung der Geld- unter die Wirtschaftspolitik weiterhin zu den Grundlagen des Staatsverständnisses. Als Institution gehört die Bundesbank deswegen zu den Symbolen der ökonomischen Dominanz Deutschlands in der EU. So wird in Streitfällen um die Souveränität der Euro-Zentralbank der Konflikt zwischen Autonomie und staatlicher Beeinflussung immer wieder aufflackern. (3) Zielkonflikte bleiben auch in Deutschland möglich. Politisch vorgegebene Währungsunionen wie die deutsch-deutsche von 1990 und die mit dem →Maastrichter Vertrag be-

Bundesbankgewinne

Gewinn und Abführung an den Bund, in Mrd. DM

Jahr	Gewinn	Abführung
1989	10,3	10,0
1990	9,1	8,3
1991	15,2	14,5
1992	14,7	13,1
1993	18,8	18,3
1994	10,9	10,2
1995	10,9	10,3
1996	9,4	8,8

Quelle: Bundesbank

schlossene europäische von 1991 werden von der Bundesbank wie beschlossen umgesetzt. Insofern ist sie Vollzugsbehörde, auch wenn sie auf Einzelheiten erheblichen Einfluss nehmen kann. Der damalige Bundesbank-Präsident Karl-Otto Pöhl ist nach der ersten Währungsunion und vor der Beschlussfassung zur zweiten 1991 zurückgetreten. — Zurückweisen konnte die Bundesbank 1997 den Versuch von Bundesfinanzminister Theo Waigel, im laufenden Haushaltsjahr die Goldbestände der Bundesbank höher bewerten zu lassen (→Gold), um über die damit steigende Gewinnabführung der Bundesbank und eine erhöhte Tilgung von Schulden den Bundeshaushalt zu entlasten. Allerdings wird die Hochschreibung der Dollar-Reserven vom Niederst- auf den Anschaffungswert zugelassen. — Strittig ist, auf welchen Indikator die Bundesbank zurückgreifen soll, um die Inflationsrate zu beeinflussen. Meist wird die Effektivität von Geldmengen-, Inflations- und Wechselkurszielen verglichen. Die Entwicklung der →Geldmenge zeigt zwar frühzeitig Inflationspotentiale an, kann aber von der Entwicklung der Geldentwertung auch abgekoppelt sein. Wechselkursschwankungen hingegen werden auch von den internationalen Kapitalmärkten beeinflusst und taugen deswegen nur begrenzt als Auslöser währungspolitischer Aktivitäten. — Ein großer Teil der Bundesbank-Kompetenzen geht mit der geplanten Einführung des Euro 1999 auf die Euro-Zentralbank im →Europäischen System der Zentralbanken (ESZB) über.

1957 aus der Bank deutscher Länder hervorgegangen, Sitz in Frankfurt am Main. — Erste deutsche Notenbank war nach der Vereinheitlichung des Währungssystems 1876 die Deutsche Reichsbank in Berlin. Ihre auf →Mark lautenden Banknoten waren bis 1909 kein gesetzliches Zahlungsmittel, sondern mussten auf Verlangen in kursfähige Gold- und Silbermünzen umgetauscht werden. Bis zum Ersten Weltkrieg stabil, wurde die Mark zur Kriegsfinanzierung eingesetzt und entwertete aufgrund der zurückgestauten Inflation ab 1921. Bei Preissteigerungen von über einer Milliarde Prozent wurde 1923 die Rentenmark zur Stabilisierung eingeführt und 1924 durch die Reichsmark abgelöst (→Währungsreformen). Das Bankgesetz von 1924 legte die Unabhängigkeit der Reichsbank explizit fest. Die Kreditgewährung an die Regierung wurde eng begrenzt. Im Dritten Reich wurden die Unabhängigkeit zurückgenommen und die Notenpresse erst zur Finanzierung der Arbeitsbeschaffung, dann direkt zur Finanzierung des Krieges eingesetzt. Die bis 1945 erneut zurückgestaute Inflation entwertete die Reichsmark, die am 18. Juni 1948 durch die Deutsche Mark ersetzt wurde. Die Alliierten schufen dazu in den Westzonen am 1. März 1948 ein zweistufiges Zentralbanksystem aus der Bank deutscher Länder in Frankfurt am Main und rechtlich selbstständigen Landeszentralbanken in den einzelnen Ländern der westlichen Besatzungszonen. Den Landeszentralbanken gehörte das Grundkapital der Bank deutscher Länder. Die Zentrale war für Notenausgabe, Kreditpolitik und Devisenbewirtschaftung zuständig. Ihre Unabhängigkeit auch von der neuen, ab 1949 tätig werdenden Bundesregierung wurde von den Alliierten festgelegt; ihre Unabhängigkeit von den Alliierten erreichte die Bank 1951. 1957 wurde das zweistufige System in eine Einheitsbank umgewandelt, indem die Landeszentralbanken und die Berliner Zentralbank mit der Bank deutscher Länder verschmolzen und diese dann zur Bundesbank umgestaltet wurden. Die Landeszentralbanken behielten ihre Bezeichnungen, wurden aber zu „Hauptverwaltungen" auf mittlere Ebene herabgestuft. Der Einfluss der Länder bleibt aber durch das Besetzungsrecht erhalten: Der Bundesrat als Länderkammer schlägt die Präsidenten der Landeszentralbanken vor, die im Zentralbankrat die Mehrheit stellen. — Als Reaktion auf die Gründung der Bank deutscher Länder und die währungspolitische Spaltung schuf die sowjetische Besatzungsmacht am 21. Mai 1948 in der Ostzone die Deutsche Emissions- und Girobank, die nach der dortigen Währungsreform am 20. Juli 1948 in Deutsche Notenbank und 1968 in Staatsbank der DDR umbenannt wurde. Die neue Ost-Währung hieß ab Juli 1948 „Deutsche Mark der Deutschen Notenbank" und wurde 1968 in „Mark der DDR" umbenannt. Sie verlor mit der deutsch-deutschen Währungsunion am 1. Juli 1990 ihre Eigenschaft als Zahlungsmittel. — Präsident des Zentralbankrats der Bank deutscher Länder: Karl Bernard (1948-57). Bundesbankpräsidenten: Karl Blessing (58-69), Karl Klasen (70-77), Otmar Emminger (77-79), Karl Otto Pöhl (80-91), Helmut Schlesinger (91-93), Hans Tietmeyer (seit 93).

Bundesdeutscher Arbeitskreis für umweltbewusstes Management (B.A.U.M.)
eine Umweltorganisation der Wirtschaft. Der Arbeitskreis ist eine Vereinigung von Unternehmen, die Umweltschutz nicht nur als Kostenfaktor sehen, sondern ihn freiwillig und über die gesetzlichen Anforderungen hinaus betreiben wollen. Ziel ist zudem, andere Unternehmen und Institutionen für den Umweltschutz zu sensibilisieren und ihn „ökologisch wirksam und ökonomisch sinnvoll" einzusetzen. Angeboten werden vor allem Informationsdienstleistungen für Mitglieder. Den Verbandsangaben zufolge können Unternehmen durch umweltbewusstes Management rund zwei Prozent ihrer Kosten einsparen.

Gegründet 1984. Sitz des Vereins in Hamburg. Rund 500 Mitgliedsunternehmen. 1991 Aufnahme in die Global 500 Roll of Honour des Umweltprogramms der Vereinten Nationen (UNEP). 1995 erhielt Mitbegründer Georg Winter den Deutschen Umweltpreis; auch der Arbeitskreis wurde ausgezeichnet.

Bundeseisenbahnvermögen (BEV)
ein →Sondervermögen des Bundes, das die Beamten der ehemaligen Bundesbahn und Reichsbahn nebst deren Pensionsverpflichtungen und weitere ehemalige Bahnbeschäftigte übernommen hat und das Personal an die Deutsche Bahn AG (DBAG) „ausleiht". Ausserdem ist das BEV der Besitzer der Bahn-Immobilien. Die Grundstücke werden der DBAG kostenlos zur Verfügung gestellt; die nicht betriebsnotwendigen Immobilien und Wohnungen sollen verkauft und die Erlöse von mutmaßlich jeweils mehr als zehn Milliarden Mark zur Schuldentilgung verwendet werden.

Der Begriff Vermögen täuscht: Insbesondere sind beim BEV die Schulden von Bundesbahn (55 Milliarden Mark) und Reichsbahn (15 Milliarden Mark) vor der Umwandlung in die DBAG zusammengefasst. Seine insgesamt 78 Milliarden Mark Schulden (1997) sind vom Bund zu bezahlen, soweit sie nicht durch Privatisierungserlöse gedeckt werden. Die ursprünglich ab 1998 vorgesehene Tilgung wurde 1997 aus Haushaltsgründen um vier Jahre verschoben.

Bundesfinanzhof (BFH)
oberste Stufe der Finanzgerichtsbarkeit und Revisionsinstanz nach Entscheidungen der Finanzgerichte; insbesondere für Streitigkeiten in Steuersachen von erheblicher Bedeutung. Die enorme Bedeutung der BFH-Rechtsprechung beruht unmittelbar auf dem komplizierten deutschen Steuerrecht. Während deutsche Gerichte gemeinhin nicht Recht setzen, sondern Recht anwenden, wird dem BFH bei der Auslegung von Steuervorschriften still die Rechtsetzung zugestanden.

Sitz in München.

Bundesfinanzministerium →Bundesministerium der Finanzen

Bundeshaushalt
Jahresplan der Einnahmen und Ausgaben des Bundes. Er muss ausgeglichen sein, Fehlbeträge sind also durch Kredite zu decken. Der bekannteste Teil des Bundeshaushaltes ist die Darstellung der Ausgaben nach den Einzelplänen für die Bundesinstitutionen. Nachtragshaushalte durch veränderte Einnahmen und Ausgabeverpflichtungen sind üblich. Zu einer schweren Belastung hat sich die Massenarbeitslosigkeit entwickelt: Sie vermindert zugleich die Lohn- und Verbrauchsteuereinnahmen und vergrößert den Zuschussbedarf an die Bundesanstalt für Arbeit. Verschiebungen einzelner Kostentitel zwischen den Ressorts von einem Bundeshaushalt auf den anderen sind üblich. — Die Neuverschuldung darf die Höhe der Investitionen nur zur Abwehr einer anhaltenden Störung des wirtschaftlichen Gleichgewichts überschreiten (Art. 115 des Grundgesetzes), die vom Bundestag erklärt werden muss (→Staatsverschuldung).

Die rechtlichen Grundlagen des Bundeshaushalts sind das Haushaltsgrundsätzegesetz und die Bundeshaushaltsordnung (BHO). Für die Überprüfung ist der →Bundesrechnungshof (BRH) zuständig. Übersicht siehe S. 116.

Bundeshaushaltsordnung →Bundeshaushalt

Bundesinstitut für Berufsbildung →Bundesministerium für Bildung, Wissenschaft, Forschung und Technologie

Bundeskartellamt
die in Deutschland zuständige Aufsichtsbehörde für Wettbewerbsbeschränkungen. Ihre Aufgaben sind (1) die Durchsetzung des Verbots, →Kartelle zu bilden, (2) die →Fusionskontrolle und (3) die Missbrauchsaufsicht. Die Konzernbildung kann deswegen staatlichen Auflagen unterliegen. Für Kartellverbot und Missbrauchsaufsicht innerhalb eines Bundeslandes sind die jeweiligen Landeskartellbehörden zu-

ständig. Die Fusionskontrolle liegt in ausschließlicher Zuständigkeit des Bundeskartellamtes, soweit sie nicht in die Kompetenz der →EU-Fusionskontrolle fällt. — Grundlage ist das →Gesetz gegen Wettbewerbsbeschränkungen (GWB). Das Amt gehört zwar zum Geschäftsbereich des →Bundesministeriums für Wirtschaft, unterliegt aber keiner Weisung des Ministers. Er kann jedoch mit der →Ministererlaubnis eine Entscheidung des Amtes aufheben, wenn er gesamtwirtschaftliche Vorteile oder ein überragendes Interesse der Allgemeinheit sieht. — Entscheidungen des Bundeskartellamtes werden in einem justizähnlichen Verfahren in den zehn Beschlussabteilungen getroffen, die voneinander nach Wirtschaftszweigen abgegrenzt sind. Untersagungen können beim zuständigen Oberlandesgericht (in Berlin: Kammerge-

Bundeshaushalt 1998

Angaben in Mio. DM

Einzelplan	1997	1998	Änderung in Prozent
01 Bundespräsidialamt	32	43	+33,3
02 Bundestag	906	977	+7,9
03 Bundesrat	26	27	+0,3
04 Bundeskanzleramt	548	996	+81,9
05 Auswärtiges Amt	3.583	3.532	−1,4
06 Inneres	8.629	8.701	+0,8
07 Justiz	706	693	−2,1
08 Finanzen	7.906	7.889	−0,2
09 Wirtschaft	16.507	16.146	−2,2
10 Ernährung, Landwirtschaft	11.795	11.537	−2,2
11 Arbeit und Soziales	144.375	150.380	+4,2
12 Verkehr	44.073	42.591	−3,4
13 Post, Telekommunikation	344	0	−100,0
14 Verteidigung	46.290	46.679	+0,8
15 Gesundheit	726	718	−1,0
16 Umwelt	1.085	1.212	+11,7
17 Familie, Senioren, Frauen	11.989	11.720	−2,2
19 Bundesverfassungsgericht	30	29	−1,7
20 Bundesrechnungshof	77	116	+50,3
23 Wirtsch. Zusammenarbeit	7.651	7.666	+0,2
25 Raumordnung, Bauwesen	10.971	11.249	+2,5
30 Bildung, Forschung	14.819	14.928	+0,7
32 Bundesschuld	79.673	82.095	+3,0
33 Versorgung	15.860	16.205	+2,2
60 Allg. Finanzverwaltung	16.236	20.674	+27,3
Summe	444.835	456.800	+2,7

Quelle: BMF. Das Bundeskanzleramt übernahm einige Positionen des Verteidigungsministeriums. Das Postministerium wurde aufgelöst. 1997: Soll, einschließlich Nachtragshaushalt.

richt) angefochten werden, bei dem ein Kartellsenat eingerichtet ist. Wird die Untersagung bestätigt, ist dagegen Beschwerde beim Bundesgerichtshof möglich.

„Die Unabhängigkeit [...] ist deshalb so wichtig, weil der Wettbewerb keineswegs ein System ist, welches sich von selbst erhält. Vielmehr ist der Wettbewerb ständig von der Beeinträchtigung oder gar Zerstörung durch Partikularinteressen bedroht. Vom Wettbewerb profitiert zwar die Allgemeinheit; einzelne Unternehmen finden jedoch, insbesondere in wirtschaftlichen Krisenzeiten, Gründe, warum sie sich dem Wettbewerb entziehen wollen. Würden Politiker, die — zu Recht — z. B. um den Bestand von Arbeitsplätzen besorgt sind, in solchen Situationen Druck auf das Bundeskartellamt ausüben, [...] bestünde die Gefahr der Aushöhlung des wettbewerblichen Systems", fürchtet das Amt.

Zu (1): In Deutschland gilt ein allgemeines Kartellverbot, um den Wettbewerb vor spürbaren Beschränkungen zu schützen, weil Preis-, Mengen- und Gebietsabsprachen preistreibend und damit sozialschädlich sind. Seit 1973 ist auch das aufeinander abgestimmte Verhalten ohne Verträge oder Beschlüsse („Frühstückskartelle") verboten. Einige Kartelle sind erlaubt, müssen aber angemeldet werden, z. B. Strukturkrisenkartelle zum geregelten Kapazitätenabbau, Normen- und Typenkartelle zur Vereinheitlichung oder Kartelle aufgrund einer Ministererlaubnis. Die „Umweltkartelle" der Entsorgungswirtschaft und ökologische Selbstverpflichtungen werden bisher mangels gesetzlicher Vorschriften nur geduldet, nicht genehmigt. Das kartellrechtlich fragwürdige Duale System Deutschland (DSD, „grüner Punkt") ist von der EU-Kommission genehmigt worden. Rund 250 Kartelle sind in Deutschland aktiv und legalisiert, 100 davon im mittelständischen Bereich. — Zu (2): Fusionen sind Zusammenschlüsse von Unternehmen, die sich organisatorisch oder mindestens kapitalmäßig verflechten. Sie werden kontrolliert, um mögliche Marktbeherrschungen zu verhindern. Horizontale Zusammenschlüsse sind Fusionen von Unternehmen, die auf demselben Markt tätig sind, vertikale Zusammenschlüsse gelten zwischen Unternehmen vor- und nachgelagerter Marktstufen (z. B. Produktion und Handel). Konglomerate Zusammenschlüsse betreffen Unternehmen, die in unterschiedlichen Märkten tätig sind. Die Qualität der →EU-Fusionskontrolle ist umstritten; insbesondere steht sie einer aktiv in die Wirtschaft eingreifenden Industriepolitik wohlwollender gegenüber als die deutschen Behörden.

Ab bestimmten Aufgreifschwellen müssen Unternehmen eine Fusion beim Bundeskartellamt anmelden: Setzt eines der beteiligten Unternehmen mehr als 2 Milliarden Mark um oder mindestens zwei beteiligte Unternehmen jeweils mehr als eine Milliarde, prüft das Bundeskartellamt den Fall im Voraus. Unterhalb davon, aber bei einem kombinierten Umsatz von mindestens 500 Millionen Mark, wird im Nachhinein geprüft. Unter 500 Millionen Mark Gesamtumsatz wird die Fusion nicht kontrolliert (Stand: 1997). Bei Erreichen der Aufgreifschwellen der →EU-Fusionskontrolle wird das Verfahren nach Brüssel abgegeben. — Die Zahl der angezeigten Fusionen hat sich zwischen 1984 und 1995 fast verdreifacht. Zusätzliche Fusionsschübe waren Ende der achtziger Jahre durch den EU-Binnenmarkt und Anfang der neunziger Jahre aufgrund der deutschen Einheit zu erkennen. Bei weiter zunehmender Konzentration der Wirtschaft hat das Bundeskartellamt in zwanzig Jahren weniger als 200 Untersagungen verfügt. Das Amt selbst sieht dies als Erfolg, denn zahlreiche Fusionsbegehren würden schon bei den Beratungen im Vorfeld aufgegeben, wenn das Amt eine Ablehnung signalisiere.

Zu (3): Missbrauchsaufsicht übt das Bundeskartellamt bei Unternehmen mit marktbeherrschender Stellung aus. Darunter fallen z. B. das Verbot missbräuchlicher Rabattsysteme und der Diskriminierung kleiner Konkurrenten. Zwangsweise Entflechtungen sind aber in Deutschland (anders als in den USA) nicht möglich. Enteignungen im Energiesektor aus Gemeinwohlgründen, rechtlich möglich, würden wegen der Entschädigungsproblematik jahrelange Ungewissheiten bringen. Klassische Indikatoren für den Missbrauch einer marktbeherrschenden Stellung sind überhöhte Preise. Weil sie im Einzelfall kaum nachweisbar sind, werden kaum noch Verfahren eingeleitet. — Verstösse gegen das GWB sind nur Ordnungswidrigkeiten, die Geldbußen mit sich bringen. Eine stärkere strafrechtliche Verfolgung von Absprachen sieht das Amt jedoch skeptisch, denn nach einer Abgabe des Verfahrens an die Justiz bestrafen die Richter oft nur den Täter und denken nicht in ökonomischen Kategorien; das Amt zielt hingegen bei der Verhängung von teilweise sehr hohen Bußgeldern auf den Vermögensvorteil der Firmen ab. — Die Wettbewerbshüter treten deutlich selbstbewusster auf als etwa die Repräsentanten der Bundesaufsichtsämter für Kreditwesen, Versicherungswesen und Wertpapierhandel. Dabei stoßen sie in der Öffentlichkeit zwar auf erhebliche Sympathien, doch mit dem Kartellrecht allein ist der Konzentrationsprozess wirtschaftlicher Macht nicht generell aufzuhalten. Ungelöst sind die Probleme der importierten Marktbeherrschung (z. B. auf Software-Märkten) und das Monopol der Rüstungsproduzenten, der steigende Konzentrationsgrad unter den Fernsehprogrammanbietern, die Nachfragemacht des Handels sowie die veraltete Gesetzgebung für Strom- und Gasnetzmonopole, das kommunale Wegerecht und die Weiterleitungspflicht durch Netze. Bei virtuellen Netzen will das Amt einen Marktbeherrscher verpflichten, einen neuen Wettbewerber gegen Entgelt zu wesentlichen Einrichtungen seines Konkurrenten zuzulassen, wenn dies den einzigen Marktzugang bedeutet; erste Regelungen sind aber Teil des Telekommunikations-, nicht des Wettbewerbsrechts geworden. Die Aufsicht über den ungehinderten Zugang zum Telefonnetz der Telekom unterliegt deswegen nicht dem Kartellamt, sondern einer eigenen Regulierungsbehörde beim Bundeswirtschaftsministerium. Das Kartellamt bezweifelt, dass sich das neue Amt gegen die Interessen von Telekom und Staat durchsetzen kann. Eine noch stärkere Verzettelung ist zu befürchten, falls auch die Stromnetzbetreiber eine eigene Regulierungsbehörde erhalten. — Ein neueres Instrument ist die „Zusagenregelung", derzufolge fusionierende Unternehmen verbindlich den Verkauf von Unternehmensteilen zusagen, um ein Verbot des Zusammenschlusses zu vermeiden; in mehreren Fällen drängte das Amt nicht auf Einhaltung der Zusagen, weil sich der Markt inzwischen verändert habe. — Neben den Niederlagen in prominenten Einzelfällen der Industriepolitik (die Ministererlaubnis für die vom Bundeskartellamt untersagte Fusion von Daimler-Benz mit dem Luft- und Raumfahrtkonzern Messerschmidt-Bölkow-Blohm zu einem ökonomischen und technologischen Industrieriesen) hat es das Amt bisher auch nicht geschafft, der Mineralölindustrie Absprachen über ihre Preiserhöhungen an Tankstellen nachzuweisen. — Im deutschen Vereinigungsprozess gab das Bundeskartellamt keine gute Figur ab. Es wurde umgangen, als noch vor der deutschen Einheit die Versicherungs- und Bankmonopolnetze der DDR in den Besitz deutscher Finanzinstitute übergingen, auch wenn deren marktbeherrschende Stellungen in Ostdeutschland schnell zerfielen. Als Fehler gilt das Verbot des Einstiegs der Lufthansa bei Interflug, das zum Zusammenbruch der DDR-Staatslinie beitrug. Der Versuch, Wettbewerb auf den ostdeutschen Gasmärkten herzustellen, gelang nur unvollständig. — Die Machtzusammenballung auf dem Einzelhandelsmarkt, wo die zehn größten Ketten 85 Prozent des Umsatzes kontrollieren und die mittelständisch organisierte Nahrungsmittelindustrie mit ihrer Nachfragemacht unter Druck setzen, wird beim Bundeskartellamt als funktionierender Wettbewerb betrachtet, weil die Handelsspannen sehr gering seien. Branchenkenner vermuten, dass nach einem Zusammenbruch einiger der grossen Ketten →Oligopol-Preise verlangt werden.

Sitz in Berlin; zum Umzug nach Bonn vorgesehen. Die Gesamteinnahmen des Bundeskartellamts betrugen bisher rund eine halbe Milliarde Mark. Das höchste je verhängte Bußgeld wurde 1997 mit 260 Millionen Mark gegen ein Kartell der Hersteller von Starkstromkabeln verhängt, zu denen auch Tochterfirmen der Elektrokonzerne Siemens, Alcatel und ABB gehörten. Sie hatten gegenüber Energieversorgern, Stadtwerken und Industriebetrieben Preise und Quoten abgesprochen. Zuvor hatte die höchste Strafe bei 224 Millionen Mark gelegen, die 1989 gegen elf Zementhersteller verhängt worden war. Daher rührt auch die bisher höchste Einzelstrafe von 128 Millionen Mark gegen ein Heidelberger Unternehmen.

Bundesknappschaft (BKN, BKn)
der Träger der bergbaulichen Renten-, Kranken- und Pflegeversicherung. Im Gegensatz zu den anderen, paritätisch besetzten Sozialversicherungsträgern sind die Arbeitnehmer in den Knappschaftsgremien überparitätisch vertreten. So besteht die 60köpfige Vertreterversammlung aus 40 Versichertenvertretern (32 Arbeiter-, 8 Angestelltenvertreter) und 20 Arbeitgebervertretern. Umgekehrt zahlen Arbeitgeber einen höheren Anteil an der Rentenversicherung (2/3 Arbeitgeber, 1/3 Arbeitnehmer). — Die Bundesknappschaft weist eine besonders ungünstige Versicherungsstruktur auf: Auf 100 aktiv Versicherte kommen 440 Rentner, während in der übrigen Renten-

versicherung auf 100 wirtschaftlich Aktive etwa 60 Rentner entfallen. Dies beruht auch auf der Politik des Bundes, die Zahl der Beschäftigten im Bergbau auf dem Verrentungsweg zu senken; die Bundeszuschüsse sind damit auch eine direkte Subvention des Bergbausektors. Verschiedene Versuche, die als überteuert geltende Bundesknappschaft, die zudem gerne wie eine Behörde auftritt, in das allgemeine Rentenversicherungssystem einzugliedern, sind bisher gescheitert, obwohl rund die Hälfte aller Bergbaubeschäftigten über Tage arbeiten und der Bund durch Zuschüsse für mehr als die Hälfte der Rentenversicherungskosten aufkommt.

1969 aus der Zusammenlegung der zuvor acht selbstständigen →Knappschaften entstanden, weil bereits damals die Zahl der Bergbaubeschäftigten stark rückläufig war. Sitz in Bochum, sieben Verwaltungsstellen. Die Bundesknappschaft ist außerdem Trägerin von 15 eigenen Krankenhäusern, Kliniken und Sanatorien. Sie ist öffentlich-rechtliche Körperschaft in Selbstverwaltung mit rund 6.200 Beschäftigten, von denen 20 Prozent Beamte sind. Mitglieder: 1,2 Millionen Kranken-, 250.000 Rentenversicherte, 1 Million Rentner.

Bundeskongress entwicklungspolitischer Aktionsgruppen (Buko)

Zusammenschluss von Gruppen vor allem aus der Dritte-Welt-Solidaritätsbewegung. Der Buko war besonders in der Protestbewegung der achtziger Jahre einflussreich. Daraus sind mehrere bis heute aktive Koordinationen oder Initiativen („Kampagnen") hervorgegangen, u.a. die Agrar-Koordination, die Pharma- und die Rüstungsexportkampagne.

Sitz in Hamburg.

Bundesministerium der Finanzen (BMF)

die für Steuern, Zölle, den Bundeshaushalt und die Bundesfinanzverwaltung zuständige Behörde. Zusätzliche Steuerungsfunktionen erhält der Bundesfinanzminister durch das Recht, unter bestimmten Bedingungen über- und außerplanmäßige Ausgaben bewilligen oder Haushalts-(Ausgaben-)Sperren verfügen zu können. Bei Kabinettssitzungen hat der Minister ein Vetorecht, das nur unter erschwerten Voraussetzungen vom Kabinett überstimmt werden kann. — Zu allen Fragen der Finanzpolitik berät den Minister ein Wissenschaftlicher Beirat mit führenden Finanzwissenschaftlern, Steuer- und Verfassungsrechtlern, die unabhängig sind und ehrenamtlich arbeiten. Ihre Untersuchungen und Empfehlungen werden vom Bundesfinanzministerium als Gutachten veröffentlicht. Am Arbeitskreis Steuerschätzungen, der das Steueraufkommen aktuell und mittelfristig schätzt, sind zahlreiche Behörden und Institutionen beteiligt; die zugrunde zu legenden Daten kommen aber von der Bundesregierung. Der Finanzplanungsrat koordiniert die Finanzplanungen von Bund, Ländern und Gemeinden. Er hat zwar wegen der föderalen und kommunalen Haushalts-Unabhängigkeit keine Entscheidungsbefugnis, leistet aber Überzeugungsarbeit; im Vordergrund stehen Verschuldungs- und Finanzierungsfragen. — Die Prüfung der Haushalts- und Wirtschaftsführung des Bundes obliegt dem →Bundesrechnungshof; die Entlastung der Bundesregierung erfolgt durch Bundestag und Bundesrat.

1949 gegründet. 1957 bis 1969 war ein Bundesschatzministerium für den Wirtschaftsbesitz des Bundes selbstständig. 1971-72 unter „Superminister" Karl Schiller mit dem Bundeswirtschaftsministerium zusammengelegt, nahm das Bundesfinanzministerium bei der Wiederaufteilung die wichtigen Zuständigkeiten Geld-, Kredit- und Währungswesen sowie die Bank-, Börsen- und Versicherungspolitik mit sich. Seither ist das Bundeswirtschaftsministerium in seiner Bedeutung gesunken. — Zum Ministerium gehört die Bundeshauptkasse als Zentralkasse des Bundes. Nachgeordnet sind u.a.: als Oberbehörden die →Bundesschuldenverwaltung, das Zollkriminalamt, das →Bundesamt zur Regelung offener Vermögensfragen und die →Bundesaufsichtsämter für Kreditwesen, Versicherungswesen und Wertpapierhandel; als Mittelbehörden die Oberfinanzdirektionen; als örtliche Behörden die Hauptzoll-, Zollfahndungs-, Bundesvermögens- und Bundesforstämter. — Bundesfinanzminister: Fritz Schäffer (1949-57), Franz Etzel (57-61), Heinz Starke (61-62), Rolf Dahlgrün (62-66), Kurt Schmücker (66), Franz Joseph Strauß (66-69), Alex Möller (69-71), Karl Schiller (71-72), Helmut Schmidt (72-74), Hans Apel (74-78), Hans Matthöfer (78-82), Manfred Lahnstein (82), Gerhard Stoltenberg (82-89), Theo Waigel (89-98).

Bundesministerium für Arbeit und Sozialordnung (BMA)

das für den größten Teil der →Arbeitsmarkt-, Renten- und Sozialpolitik zuständige Ministerium. Außerdem ist es verantwortlich für die →Sozialversicherung (die →Krankenversicherung fällt in das Ressort des Bundesgesundheitsministeriums), das Arbeitsrecht einschließlich der Betriebsverfassung und die EU-Sozialpolitik.

Zum BMA-Geschäftsbereich gehören das →Bundesarbeits- und das →Bundessozialgericht als Oberste Gerichtshöfe der Arbeits- bzw. Sozialgerichtsbarkeit, das →Bundesversicherungsamt und die Bundesanstalten für Arbeitsschutz und für Arbeitsmedizin. Beim BMA liegt ferner die Aufsicht über die →Bundesanstalt für Arbeit. Die Ausländerbeauftragte der Bundesregierung ist beim BMA angesiedelt.

Bundesministerium für Bildung, Wissenschaft, Forschung und Technologie (BMBF)

das aus zwei Ministerien 1994 zusammengelegte „Zukunftsministerium"; diese Kurzbezeichnung sollte die Politikbereiche kennzeichnen, die grundlegend für den Wirtschaftsstandort Deutschland im nächsten Jahrhundert sind. Das BMBF ist zuständig für die Förderung der Grundlagenforschung, die Technologie- und Innovationsförderung sowie die Energie- und Umweltforschung sowie (teils gemeinsam mit den Ländern) für die allgemeine und berufliche Bildung einschließlich der Ausbildungsförderung, die Hochschulentwicklung und die Wissenschaftsförderung. — Dem vom BMBF veröffentlichten Bundesforschungsbericht 1996 zufolge sinken die Wissenschaftsausgaben in Deutschland nach allen wichtigen Kennzahlen.

Die Ausgaben der öffentlichen Hände fielen von 4,9 Prozent (1990) auf 4,7 Prozent (1994) des öffentlichen Gesamthaushalts. Die kombinierten Wissenschaftsausgaben der öffentlichen Hand und der Wirtschaft fielen von 3,4 Prozent des Bruttosozialproduktes (1990) auf 3,1 Prozent (1995). Die gemeinsamen Ausgaben von Bund, Ländern und Wirtschaft im Bereich Forschung und Entwicklung schrumpften von 2,8 Prozent des Bruttosozialproduktes (1990) auf 2,35 Prozent (1995). Das grenzüberschreitende Zahlungssaldo für Patente und Forschungsleistungen ist negativ; es wird also mehr Wissen im- als exportiert. Die Angaben des alle drei Jahre erscheinenden Bundesforschungsberichts bemühen sich um Vollständigkeit und sind deswegen bei Erscheinen bereits leicht veraltet. Als Trendaussagen behalten sie jedoch ihre Gültigkeit.

Gemäß der mittelfristigen Finanzplanung sinkt der BMBF-Etat (trotz einer Mittelerhöhung für 1998) bis 2001 real ab. Einen weithin anerkannten und ökonomisch bedeutsamen Erfolg kann die Forschungspolitik nicht aufweisen. Insgesamt modernisiert das Ministerium sich und die geförderten Institutionen zu wenig und zu langsam. Zudem entfällt ein Großteil der staatlichen Forschungsförderung auf Großunternehmen und lastet dort die Kapazitäten aus, während kleinere Firmen von den Programmen weniger erreicht werden. Trotz gegenteiliger Behauptungen funktioniert der Wissenstransfer zwischen staatsnaher Forschung und industrieller Entwicklung nur ungenügend. — Die vielfach gewünschte wirtschaftsnahe Forschungsförderung steht vor einem besonderen Dilemma: Kommerziellen Erfolg verheißende Forschungen werden ohnehin von Unternehmen finanziert; Projekte mit staatlicher Förderung bergen hingegen wirtschaftlich höhere Risiken. In einem politischen Umfeld, in dem sich der Staat aus der Wirtschaft zurückzieht (→Neoliberalismus), sinkt jedoch die öffentliche Akzeptanz von Anstoß-Finanzierungen, deren Wirtschaftlichkeit nicht gleich zu erkennen ist. Zunehmend scheuen auch Unternehmen riskantere Forschungsinvestitionen. Insgesamt droht damit der technologische Anschluß verloren zu gehen. — Bis in die Gegenwart fördert das BMBF spektakuläre Projekte, die zwar staatlich gewünscht sind, denen es aber an gesellschaftlicher Akzeptanz und ökonomischer Rationalität mangelt (Atomenergie, bemannte Raumfahrt, das Breitbildfernsehen, Magnetschwebebahn Transrapid). Aus dieser Förderung sind technologische Inseln entstanden, die insgesamt zu wenig Verbindung mit den Hauptströmungen der industriellen Entwicklung haben und deswegen die an sie geknüpften Hoffnungen — insbesondere in Bezug auf Synergien und Beschäftigungswirksamkeit — nicht erfüllen. Ausnahme könnte der Luftfahrtkonzern Airbus Industries sein, dessen Finanzgeschichte allerdings noch nicht geschrieben ist, der über eine ineffiziente und reformresistente Organisation verfügt und mit seinen Flugzeugen Produkte herstellt, die ökologisch nicht ausgereift sind.

Der Sitz des BMBF bleibt auch nach dem Umzug der Bundesregierung nach Berlin in Bonn. 1955 als Bundesministerium (BM) für Atomfragen gegründet, bald auch mit Weltraumtechnik und allgemeiner Wissenschaftsförderung beauftragt. 1957 in BM für Atomkernenergie und Wasserwirtschaft umbenannt. Ab 1962 BM für wissenschaftliche Forschung mit neuen Schwerpunkten Meeresforschung und Datenverarbeitung. Ab 1969 als BM für Bildung und Wissenschaft auch für die berufliche Bildung und die Hochschulpolitik zuständig. 1972 Abspaltung des BM für Forschung und Technologie, 1994 Wiederzusammenführung. — Der erste Minister wurde später als CSU-Vorsitzender und bayerischer Ministerpräsident einer der einflussreichsten deutschen Nachkriegspolitiker: Franz-Josef Strauß stand dem Atomministerium ein Jahr lang vor. Die zahlreichen Ministerwechsel (20 Amtsinhaber bis 1994) haben den Einfluss beider Häuser in der Bundesregierung geschwächt. Als Ausnahme gilt in dieser Hinsicht Heinz Riesenhuber, seit 1982 Forschungsminister und weithin als Opfer des Parteienproporzes bei einer Kabinettsumbildung (1993) betrachtet. — Im Zuständigkeitsbereich des BMBF liegt u.a. das Bundesinstitut für Berufsbildung (BIBB). Vom Bund und teilweise von den Ländern werden u.a. finanziert: die Deutsche Forschungsgemeinschaft (DFG, universitäre Grundlagenforschung), die Max-Planck-Gesellschaft (MPG, außeruniversitäre Grundlagenforschung), die Fraunhofer-Gesellschaft (angewandte Forschung und Entwicklung), die Großforschungseinrichtungen der Hermann von Helmholtz-Gesellschaft (naturwissenschaftlich-technische und medizinisch-biologische Forschung und Entwicklung) und die →Blaue-Liste-Einrichtungen.

Bundesministerium für Gesundheit →Krankenversicherung

Bundesministerium für Wirtschaft (BMWi)

das für die Gestaltung des wirtschaftspolitischen Ordnungsrahmens zuständige Ministerium. Dazu gehören die Politikfelder Mittelstand, berufliche Bildung, Dienstleistungen einschließlich Ladenschluss, Energiepolitik (Kohle, Öl, Gas, Strom, teilweise Atom und erneuerbare Energien), Industriepolitik, Außenwirtschaft und Informationsgesellschaft. Ein regionaler Unterbau fehlt; deswegen ist es vorwiegend auf wirtschaftspolitische Grundsatzfragen ausgerichtet. Trotz der Vielzahl der Themen hat das Ministerium mit dem Verlust der Kompetenz für Geld- und Kreditfragen an das →Bundesministerium der Finanzen (1972) institutionell an Bedeutung verloren. Andere Politikfelder wurden durch die europäische Integration vergemeinschaftet, neue Politikbereiche hingegen verselbstständigt (Umweltschutzpolitik, Atomenergie als „Reaktorsicherheit"). Seither hängt die politische Wirkung des Ministeriums und sein Einfluss innerhalb der Bundesregierung wesentlich von den konzeptionellen Fähigkeiten der Minister ab und schwankt entsprechend. Die deutsche Vereinigung wurde auch in ihren ökonomischen Aspekten nicht vom BMWi, sondern stark von Bundesinnenministerium und Bundesbank, die Entwicklung der wirtschaftlichen Situation in den neuen Ländern stark von der Treuhandanstalt, dem Bundesfinanz- und dem Bundesarbeitsministerium geprägt.

1949 gegründet, entwickelte Wirtschaftsminister Ludwig Erhard hier das Konzept der →sozialen Marktwirtschaft und galt schnell als „Vater des deutschen Wirtschaftswunders". Staatssekretär wurde der Wirtschaftspolitiker Alfred Müller-Armack. Zunächst nahmen die Kompetenzen des Ministeriums zu. 1952 wurden vom Bundesfinanzministerium die Zuständigkeiten für Geld und Kredit übernommen. 1957 erhielt es die Koordination für alle Fragen der europäischen Integration, ferner (aus dem 1957 gegründeten, 1969 aufgelösten Bundesschatzministerium für den wirtschaftlichen Besitz des Bundes) die Zuständigkeit für das →ERP-Sondervermögen und nach Auflösung des Bundesratsministeriums dessen Zuständigkeit für Konjunktur- und Strukturfragen. Die →konzertierte Aktion wurde vom Bundeswirtschaftsminister von 1967 bis 1976 einberufen. — Beim BMWi sind u.a. der Beaufragte der Bundesregierung für den Mittelstand, der Koordinator für die deutsche Luft- und Raumfahrt und der Beauftragte für die neuen Bundesländer angesiedelt. Das Ministerium arbeitet mit dem →Sachverständigenrat zur Begutachtung der gesamtwirtschaftlichen Entwicklung, der →Monopolkommission, einem eigenen wissenschaftlichen Beirat sowie den Wirtschaftsforschungsinstituten zusammen. Nachgeordnete Behörden sind u.a.: →Bundeskartellamt, →Bundesamt für Wirtschaft, →Bundesausfuhramt, →Bundesstelle für Außenhandelsinformation, →Bundesanstalt für Geowissenschaften und Rohstoffe, Bundesanstalt für Materialforschung und Rohstoffe, Physikalisch-technische Bundesanstalt, seit 1998 die Regulierungsbehörde für Telekommunikation. — Bundeswirtschaftsminister: Ludwig Erhard (1949-63), Kurt Schmücker (63-66), Karl Schiller (66-72), Helmut Schmidt (72), Hans Friderichs (72-77), Otto Graf Lambsdorff (77-82, 82-84), Manfred Lahnstein (82), Martin Bangemann (84-88), Helmut Haussmann (88-91), Jürgen W. Möllemann (91-93), Günter Rexrodt, seit 93).

Bundesministerium für wirtschaftliche Zusammenarbeit und Entwicklung (BMZ)

das für die Entwicklungshilfe zuständige Bundesministerium. Schwerpunkte sind Armutsbekämpfung, Umweltschutz und Bildungsförderung in den Ländern der Dritten Welt. Die Entwicklungszusammenarbeit soll vor allem Hilfe zur Selbsthilfe leisten. Seit 1991 dienen fünf Kriterien zur Prüfung, ob und in welcher Form ein Land offizielle Entwicklungshilfe erhält: (1) Beachtung der Menschenrechte, (2) Beteiligung der Bevölkerung an politischen Entscheidungen, (3) Rechtsstaatlichkeit und Rechtssicherheit, (4) marktwirtschaftlich und sozial orientierte Wirtschaftsordnung und (5) Entwicklungsorientierung der Regierungspolitik von der Sozial- und Umweltpolitik bis zu den Militärausgaben. — Seine einstmalige Bedeutung hat das BMZ teils mit, teils ohne eigenes Zutun verloren (→Entwicklungshilfe). Das Ministerium erweckt trotz der Globalisierung wirtschafts- und umweltpolitischer Probleme den Eindruck, es wolle sich lieber aktiv an den Sparmaßnahmen der Bundesregierung beteiligen als seinen Auftrag erfüllen. Zu glaubwürdigeren und interessierteren Institutionen sind deswegen die →Nichtregierungsorganisationen geworden, deren Mikroprojekte effizienter als die staatlichen sind. Die Forderung der UN-Entwicklungsorganisation Unctad von 1964, die Industrieländer sollten 0,7 Prozent ihres Bruttosozialproduktes für öffentliche Entwicklungshilfe aufwenden, ist in Deutschland nie erreicht worden; der Anteil liegt 1998 bei 0,32 Prozent. Die ab 1990 schnell gestiegenen Ausgaben für ehemalige Ostblockländer, die de facto Entwicklungshilfestatus haben (Südosteuropa, Kaukasus, Zentralasien), müssten hier aber berücksichtigt werden. Dies führt zu dem Vorwurf, die Bundesregierung interessiere sich mehr für die ökonomisch interessanten Reformländer als für die eigentlichen Armutsregionen vor allem in Afrika; der Osten werde gegen den Süden ausgespielt.

1961 gegründet. Die Höhe der öffentlichen Entwicklungshilfe wird vom →Development Assistance Committee registriert. Ein Teil der Projekte wird von der →Kreditanstalt für Wiederaufbau abgewickelt.

Bundesobligation →Anleihe

Bundesrechnungshof (BRH)

weisungsunabhängige Behörde, die das Finanzgebaren des Bundes kontrolliert. Geprüft wird vor allem die Wirtschaftlichkeit; Art und Umfang der Kontrollen werden vom Bundesrechnungshof selbst bestimmt. Die Ergebnisse werden als „Bemerkungen" veröffentlicht und dienen weithin als Grundlage für Klagen über die Verschwendung von Steuergeldern. — Die Behörde gilt als „Ritter ohne Schwert", weil sie keine Exekutivgewalt besitzt und damit nicht unmittelbar eingreifen kann. Der Umfang der Wirtschaftlichkeitsrechnungen reicht noch nicht, und zu wenige Behördenaktivitäten werden vorab geprüft, sondern erst, wenn es zu spät ist.

1950 gegründet, Sitz in Frankfurt am Main.

Bundesschatzbrief

populäres Staatsschuldpapier („Bundesschätzchen") der Bundesrepublik im Nennwert von 100 Mark oder einem Vielfachen davon. Kennzeichnend sind (1) stufenweise in Jahressprüngen ansteigender Zins, (2) das vorzeitige Rückgaberecht an den Bund, wenn andere Kapitalanlagen attraktiver erscheinen, während umgekehrt der Bund kein Kündigungsrecht hat, (3) das im Vergleich zu anderen Staatsschuldpapieren fehlende Kursrisiko, weil Bundesschatzbriefe nicht an Märkten gehandelt werden. Vorteilig sind auch die Gebührenfreiheit und die kostenlose Verwaltung bei der →Bundesschuldenverwaltung. Nachteilig sind die eingeschränkte Verfügbarkeit durch eine einjährige Rückgabe-Sperrfrist und eine Obergrenze bei der Rückgabe; nachteilig für den Bund ist bei steigenden Kapitalmarktzinsen und deswegen nachlassender Attraktivität von Schatzbriefen die Verpflichtung zur Rücknahme auch großer Volumen. Attraktiv sind Bundesschatzbriefe vor allem in Niedrigzinsphasen.

1969 vom Bundesfinanzministerium als Reaktion auf Sparbriefangebote der Privatbanken und Sparkassen entwickelt. Lag das Volumen in Hochzinsphasen zeitweilig bei nur noch 13 Milliarden Mark, wurden 1997 zum ersten Mal 100 Milliarden Mark überschritten. Nach einer Untersuchung der Stiftung Warentest bringen Bundesschatzbriefe eine deutlich höhere Rendite als die meisten Kapitallebensversicherungen. — Erwerbsberechtigt sind nur inländische natürliche Personen und gemeinnützige Organisationen. Zwei Typen werden angeboten: Typ A läuft über sechs Jahre mit jährlicher Zinsausschüttung, Typ B läuft über sieben Jahre mit akkumuliertem Zins und Zinseszins.

Bundesschuldbuch →Bundesschuldenverwaltung

Bundesschuldenverwaltung (BSV)

die für die Abwicklung der Bundesschuld einschließlich der →Sondervermögen des Bundes zuständige Behörde. Privatpersonen können hier ihre Bundeswertpapiere kostenlos verwalten lassen. Die BSV ist von der Beurkundung der Schuld bis zur Zahlung von Zinsen und Tilgung mit allen Aspekten der technischen Schuldenverwaltung befasst. — Als der Bund 1969 mit dem →Bundesschatzbrief ein Wertpapier anbot, das auf die besonderen Sparbedürfnisse des breiten Publikums zugeschnitten war, gab er keine Urkunden mehr aus, sondern nur noch „papierlose" Buchforderungen. Nach und nach wurde diese Rationalisierung auch bei anderen Publikumstiteln eingeführt. Anstatt die Banken mit Lieferung, Verwahrung und Einlösung einer Vielzahl von Zinsscheinen und Stammurkunden zu belasten, erfolgt der gesamte Verkehr durch Einträge auf Depot- und Schuldbuchkonten einer Wertpapiersammelbank. Vorteil: Die Banken dürfen bei dieser Form der →Girosammelverwahrung keine so hohen Depotverwaltungsgebühren verlangen wie bei der Aufbewahrung materieller Wertpapiere (z. B. Aktien); Depotgebühren entfallen ganz, wenn das Depot einer Privatperson über ihre Bank bei der BSV eingerichtet wird.

Sitz in Bad Homburg vor der Höhe, Bundesoberbehörde im Geschäftsbereich des Bundesfinanzministeriums. — Das Bundesschuldbuch, das die Forderungen der Gläubiger enthält, wurde in Deutschland bereits im 19. Jahrhundert eingeführt und soll seither eine verlustsichere und kostengünstige Verwaltung seiner für eine Daueranlage vorgesehenen Papiere anbieten. Ende 1996 enthielt das Bundesschuldbuch Einträge über 988 Milliarden Mark für die Wertpapiersammelbank, 15 Milliarden Mark für private Institutionen und 26 Milliarden Mark auf 1,1 Millionen Einzelkonten privater Gläubiger.

Bundessozialgericht (BSG)

höchste Instanz der Sozialgerichtsbarkeit für Streitigkeiten im Bereich der →Sozialversicherung, vor allem Revisionsinstanz für Landessozialgerichte. Arbeitgeber- und Arbeitnehmerverbände und andere Organisationen, die für das Sozialversicherungswesen von Bedeutung sind (z. B. Sozialverbände), stellen paritätisch ehrenamtliche Beisitzer, die bei Bedarf und Sachkenntnis zugezogen werden und volle richterliche Unabhängigkeit haben.

Sitz in Kassel.

Bundesverband der Deutschen Binnenschifffahrt → Gemeinschaftsausschuss der deutschen gewerblichen Wirtschaft

Bundesverband deutscher Banken →Privatbanken

Bundesverband Deutscher Zeitschriftenverleger →Gemeinschaftsausschuss der deutschen gewerblichen Wirtschaft

Bundesverband der Deutschen Industrie (BDI)

Dachorganisation und Spitzenvertretung der industriellen Wirtschaftsverbände in Deutschland. Der BDI vertritt die wirtschaftspolitischen Interessen der Industrie gegenüber Parlament, Regierung und Opposition, den politischen Parteien, gewerkschaftlichen Dachverbänden, anderen gesellschaftlichen Gruppen und internationalen Gremien und Institutionen. — Die Strukturen im BDI gelten weithin als unmodern. So bilden Computer- bzw. Softwarefirmen noch immer keine eigenständige Branche. Gelähmt ist der BDI auch durch innere Widersprüche in Folge der Modernisierung und Globalisierung. So fordert die Baubranche allgemein verbindliche Mindestlöhne, während die Unternehmen, die auch Bauherren sind, gegen eine Regulierung eintreten. Ökosteuern werden von Branchen mit einem niedrigeren Energieeinsatz durchaus auch befürwortet, während die Grundstoffindustrie sie scharf ablehnt. Andere Wirtschaftszweige sympathisieren mit einer stärkeren Öffnung der deutschen Textilmärkte für Importe, um an kostengünstige Vorprodukte zu kommen, während die Textilindustrie selbst scharfe Schutzbestimmungen im Rahmen des Welttextilabkommens fordert. Größtes Problem des BDI seit Anfang der neunziger Jahre ist jedoch der Unmut seiner Mitgliedsverbände über die Kosten der Organisation und die mangelnde politische Vertretung ihrer Einzelinteressen. Deswegen hat der BDI mehr und mehr die Rolle eines Scharfmachers übernommen, kollidiert dabei aber mit der mehr am tarifpolitischen Konsens orientierten →Bundesvereinigung der deutschen Arbeitgeberverbände und dem alle Wirtschaftsinteressen repräsentierenden Deutschen Industrie- und Handelstag.

Sitz in Köln, Umzug nach Berlin für 1999 vorgesehen. Mitglieder sind rund 35 auf Bundesebene zusammengeschlossene Fachverbände, die rund 80.000 private Industrieunternehmen mit über zehn Millionen Beschäftigten repräsentieren. — Der erste überregionale Verein war der 1876 gegründete, protektionistische Centralverband Deutscher Industrieller. Der 1895 gegründete Bund der Industriellen unterstützte hingegen die damalige Freihandelspolitik. Die Gegensätze traten über der Kriegswirtschaft zurück; beide Verbände vereinigten sich 1919 zum Reichsverband der Deutschen Industrie (RDI). Für die Lohn- und Sozialpolitik war die Vereinigung der deutschen Arbeitgeberverbände zuständig. Diese und der RDI wurden 1934 zur Reichsgruppe Industrie zusammengefasst und in den nationalsozialistischen Machtapparat eingegliedert. Weil viele Industrielle schon vor 1933 Hitler unterstützt und sich dann aktiv am Aufbau des Führerstaates und an der Kriegspolitik beteiligt hatten, und um auszuschließen, dass die Industriellen einen neuerlichen Machtfaktor bilden, verhinderten die Alliierten zunächst jeden Zusammenschluss industrieller Großverbände. Fachverbände wurden nur als Vermittler zwischen Behörden und Betrieben zugelassen. 1949 wurde in Köln der „Ausschuss für Wirtschaftsfragen industrieller Verbände" gegründet; die Montanindustrie, teilweise enteignet oder unter der Aufsicht der Militärregierung, war nicht beteiligt. Eine Machtzusammenballung wie im RDI, hieß es, sei nicht mehr beabsichtigt. Der neue Verbandsname „Bundesverband der Deutschen Industrie" (1950) sollte trotzdem an den RDI erinnern. Er hat seine Existenz auch dem →Deutschen Gewerkschaftsbund zu verdanken, denn die Alliierten akzeptierten, dass dem DGB ein entsprechendes Gremium der Wirtschaft gegenübergestellt werden müsse. Diese Aufgabe nahm später die Bundesvereinigung der deutschen Arbeitgeberverbände wahr. 1950 Gründung des BDI-Europaausschusses, 1952 des Ost-Ausschusses der deutschen Wirtschaft, 1953 der Abteilung für Rüstungsfragen. Die wichtigsten BDI-Mitglieder sind: Verband der Automobilindustrie (VDA), Hauptverband der Deutschen Bauindustrie, Wirtschaftsvereinigung Bergbau, Verband der Chemischen Industrie (VCI), Zentralverband Elektrotechnik- und Elektronikindustrie (ZVEI), Gesamtverband kunststoffverarbeitende Industrie, (GKV), Verband Deutscher Maschinen- und Anlagenbau (VDMA), Wirtschaftsvereinigung Stahl, Gesamtverband der Textilindustrie in der Bundesrepublik (Gesamttextil). Der BDI ist Mitglied im →Gemeinschaftsausschuss der deutschen gewerblichen Wirtschaft.

Bundesverband der Deutschen Volksbanken und Raiffeisenbanken →Genossenschaftsbanken

Bundesvereinigung der deutschen Arbeitgeberverbände (BdA) vertritt die sozialpolitischen Interessen der Wirtschaft gegenüber Gewerkschaften, Politik und Öffentlichkeit. Schwerpunkte liegen bei der Lohn- und Tarifpolitik sowie der Arbeitsmarkt-, Sozial- und Bildungspolitik. Die Vereinigung ist sozialpartnerschaftlich ausgerichtet, ist nicht selbst Tarifvertragspartei, sondern koordiniert die Lohn- und Tarifpolitik der Arbeitgeberseite und arbeitet in den Selbstverwaltungsgremien der Sozialversicherung mit. Die Mitgliedschaft ist freiwillig. — Auch aus dem Interesse am Selbsterhalt spricht sich die Vereinigung gegen Einzeltarifverträge aus, die ohne die Unterstützung der Arbeitgeberverbände verhandelt werden könnten, und fordert die Beibehaltung des Flächentarifvertrages als tragendes Element der Tarifautonomie. Die BdA setzte jedoch in Ostdeutschland Härteklauseln durch. Sie erlauben nach einem Beteiligungsverfahren mit den Gewerkschaften bzw. dem Betriebsrat, bei schlechter wirtschaftlicher Lage eines Unternehmens den vereinbarten Tariflohn zu unterschreiten. Tarifvertraglich vereinbarte Öffnungsklauseln zur Lohnsenkung wurden erstmals 1997 für die westdeutsche chemische Industrie beschlossen. Die BdA will verhindern, den Verteilungskonflikt im Betrieb zu führen, weil vereinzelte Arbeitskonflikte für einen Betrieb schnell existenzgefährdend werden können; zudem können sie durch unterschiedliche Lohnvereinbarungen zu Wettbewerbsverzerrungen innerhalb einer Branche führen. Außerdem wäre in Klein- und Mittelbetrieben die Beratung der Gewerkschaften vermutlich besser als die der Arbeitgeberverbände. Die nach weit verbreiteter Ansicht zu hohen Tarifabschlüsse des Jahres 1995 haben zu einer Austrittswelle aus den Arbeitgeberverbänden geführt. — Ein großer Erfolg für die BdA war 1986 die Neufassung des §116 Arbeitsförderungsgesetz, demzufolge die Arbeitsämter für die in nicht bestreikten Betrieben von einem Streik indirekt betroffenen Arbeitnehmer kein Kurzarbeitergeld zu zahlen brauchen. — Die von der Bundesregierung 1996 beschlossene Senkung des Krankengeldes von 100 auf 80 Prozent ist unter Beteiligung der BdA in weiten Bereichen der Wirtschaft tarifvertraglich wieder auf 100 Prozent aufgestockt worden; die Mehrkosten für die Arbeitgeber sind allerdings kompensiert worden (z. B. mit Kürzungen des Urlaubsgeldes).

Sitz in Köln, Umzug nach Berlin für 1999 vorgesehen. 62 Mitgliedsverbände mit insgesamt mehr als 1.000 regionalen und Branchen-Arbeitgeberverbänden.

Bundesvermögensverwaltung
die Organisationseinheiten zur Verwaltung des Bundesvermögens bei den Oberfinanzdirektionen; im Unterbau die Bundesvermögens- und Bundesforstämter. Die enge Anbindung an das Bundesfinanzministerium und haushaltsrechtliche Vorschriften verhindert oftmals eine marktgerechte Bewirtschaftung des Bundesvermögens (Verkauf von Liegenschaften in City-Lagen, Umwandlung in nicht dem Haushaltsrecht unterliegende Eigenbetriebe, Vermietung oder Verpachtung an Private, Leasing-Lösungen).

Die Bundesvermögensverwaltung gibt alljährlich ihre Einnahmen aus der Verwertung nicht mehr benötigter Liegenschaften bekannt (1997 brachten 3.500 Objekte 2,7 Milliarden Mark). Ostdeutscher Treuhand-Besitz wird durch die →Treuhand Liegenschaft GmbH verwaltet.

Bundesversicherungsamt
die dem Bundesministerium für Arbeit und Sozialordnung unterstehende Behörde, die die Sozialversicherungsträger beaufsichtigt und für den →Risikostrukturausgleich zuständig ist.

Bundesversicherungsanstalt für Angestellte →Rentenversicherung

Bundeswirtschaftsministerium →Bundesministerium für Wirtschaft

Bündnis für Arbeit
zuerst von der IG Metall Anfang 1996 im Rahmen einer Kanzlerrunde den Arbeitgebern vorgeschlagene Vereinbarung zur Schaffung und zum Erhalt von Arbeitsplätzen. Die Gewerkschaften wären demzufolge bei Tarifverhandlungen zum Verzicht auf Reallohnerhöhungen bereit, wenn dafür die Arbeitgeber Neueinstellungen verbindlich zusagen würden. Die Arbeitgeber lehnten dies als Eingriff in die unternehmerische Freiheit und praktisch undurchführbar ab. — „Bündnisse für Arbeit" waren hingegen auf der betrieblichen Ebene (zwischen Arbeitgebern und Betriebsrat in Form von Betriebsvereinbarungen) erfolgreicher. Dabei verzichten Arbeitgeber auf betriebsbe-

dingte Kündigungen, wenn die Belegschaften sich zu einer deutlichen Arbeitszeitverkürzung ohne (vollen) Lohnausgleich oder zu anderen Formen der Arbeitszeitgestaltung (z. B. mit Wechselschichtsystemen) bereit erklären.

Der Begriff ist schnell verflacht. Auch Vereinbarungen, in denen Arbeitsplatzfragen nur am Rand behandelt werden, erhalten aus Akzeptanzgründen diese Bezeichnung.

Bürgerliches Gesetzbuch (BGB)
bildet die Grundlage der Rechtsbeziehungen zwischen Privatpersonen („bürgerliches Recht"). Es umfasst natürliche und juristische Personen einschließlich der Unternehmen. Die Übergänge zu den Regelungen im Handelsgesetzbuch (HGB) sind fliessend.

1896 verabschiedet, 1900 in Kraft getreten. Von wirtschaftlicher Bedeutung sind z. B.: Rechtsfähigkeit, Rechtsgeschäfte, Schuldverhältnisse, Vertragstypen (Kauf, Tausch, Schenkung, Miete, Pacht, Leihe, Darlehen), Personengesellschaften, Besitz, Eigentum, Hypotheken, Pfandrechte, eheliches Güterrecht, Erbrecht. — In der DDR wurde das BGB schrittweise ausser Kraft gesetzt: die arbeitsrechtlichen Bestimmungen durch das Arbeitsgesetzbuch von 1966, weite Teile durch das Zivilgesetzbuch von 1976 und das Vertragsgesetz von 1982.

Bürgermeisterkonkurrenz
Wettbewerb der Gemeinden um Unternehmensansiedlungen. Dabei unterbieten sich die Kommunalgremien bei Preisen für Flächenerwerb, Erschließung und den Hebesätzen für Grund- und Gewerbesteuer gegenseitig, um sich den Investor abzujagen, und verursachen einen Subventionswettlauf, der erhebliche Kosten und eine negative Gesamtkostenbilanz der Ansiedlung verursachen kann. Ein Investor kann die Kommunen auch gegeneinander ausspielen; hingegen sind Absprachen der Kommunen untereinander wegen des generellen Mangels an Investoren nur selten möglich.

BURoV →Bundesamt zur Regelung offener Vermögensfragen

BVfG →Betriebsverfassungsgesetz

BVR →Genossenschaftsbanken

BvS →Bundesanstalt für vereinigungsbedingte Sonderaufgaben

BVVG →Bodenverwertungs- und Verwaltungsgesellschaft

BWL →Betriebswirtschaftslehre

C

Call →Optionen

Cashflow

Kennzahl zur Veränderung der Finanzkraft eines Unternehmens in einem bestimmten Zeitraum, meist dem Geschäftsjahr. Ihre Berechnung ist bislang nicht vereinheitlicht. Verbreitet ist die Grobformel: im Unternehmen verbleibender Gewinn (bei Aktiengesellschaften also nach Abzug der Dividende) plus →Abschreibungen. Der Cashflow soll die mangelnde Aussagekraft des Jahresabschlusses ergänzen. Prinzipiell beschreibt er die Kassenlage und vergleicht die Selbstfinanzierungsfähigkeit eines Unternehmens zu Beginn und zum Ende des Betrachtungszeitraums.

Vor allem in den USA mit ihren weit reichenden Publizitätsvorschriften für Aktien wird der Cashflow stark beachtet und einheitlich errechnet. Für deutsche Aktien, die auch in den USA notiert sind, sind die dortigen Cashflow-Angaben deswegen zuverlässiger als rein deutsche Notierungen. — Deutsche Übersetzung: Kapitalfluss.

CCET →OECD

CD →Certificate of Deposit

CDAX →Deutscher Aktienindex

Cecchini-Bericht →EU-Binnenmarkt

Cefta

Kurzwort für Central European Free Trade Association, die 1991 im ungarischen Visegrad von Polen, der damaligen Tschechoslowakei und Ungarn gegründete Zentraleuropäische Freihandels-Vereinigung. Ziel ist die Liberalisierung des Handels untereinander. Ursprünglich war sogar die Bildung eines gemeinsamen Binnenmarktes angestrebt, doch hätte eine zu weit gehende Verflechtung nach Ansicht einiger Teilnehmerländer ihren EU-Beitritt hemmen können. Eine wirtschaftliche Integration gelingt zudem kaum, weil die Cefta-Teilnehmerländer sich überwiegend als Konkurrenten im EU-Markt sehen und im Besitz ihrer jeweiligen Kostenvorteile bleiben wollen. Aufgrund der Bekämpfung von Handelsbilanzkrisen durch die wechselseitige Verhängung von Einfuhrabgaben und -kontingenten ist die Verflechtung insbesondere im Konsumgüterbereich sogar zeitweilig rückläufig.

Kein ständiges Sekretariat mit festem Sitz. Mitgliedsländer sind Polen, Tschechien, die Slowakei, Ungarn, seit 1996 Slowenien, seit 1997 Rumänien. Mit dem Ausscheiden der Slowakei aus dem Kreis der EU-Anwärter (1997) ist eine weitere Schwächung der Cefta wahrscheinlich.

Central European Free Trade Organization →Cefta

Centralvereinigung Deutscher Handelsvertreter- und Handelsmaklerverbände →Gemeinschaftsausschuss der deutschen gewerblichen Wirtschaft

Certificate of Deposit (CD)

vor allem in den USA und auf dem →Eurogeldmarkt bedeutendes Finanzierungsinstrument, das die Vorteile höherverzinster Termineinlagen (im Vergleich zu Sichteinlagen, →Einlagen) aufweist, aber keinen Kündigungsfristen unterliegt. Meist wandeln Unternehmen die Einlagen auf ihren Bankkonten in Termingelder um und erhalten dafür ein Zertifikat, das Einlagenhöhe und den Zinssatz bestätigt, nicht aber den Namen des Inhabers; der Betrag selbst wird vom Konto gestrichen. Das Zertifikat ist nun handelbar und kann schnell verkauft werden. Bei Fälligkeit legt es der letzte Inhaber bei der ausgebenden Bank vor und erhält Nennbetrag und Zinsen. Voraussetzung ist ein großer Sekundärmarkt für den CD-Handel. Die Nennbeträge liegen oft bei glatten sechs- bis siebenstelligen Dollar- bzw. DM-Beträgen, die Laufzeit reicht meist von wenigen Tagen bis zu einem Jahr. In Deutschland unterliegen Einlagenzertifikate der Mindestreserve, müssten somit zu einem Teil zinslos bei der Bundesbank hinterlegt werden und sind deswegen kommerziell unattraktiv.

CGB → Gewerkschaft

Chaebol

Typenbezeichnung für südkoreanische privatwirtschaftliche Industriekonglomerate, die sich in enger Abstimmung mit dem Staat entwickelt haben. Chaebols entstanden nach dem Zweiten Weltkrieg und dem Koreakrieg, als die südkoreanischen (Militär-)Regierungen die Schwerpunkte der industriellen Entwicklung festlegten, ausgewählte Sektoren vor ausländischer Konkurrenz schützten und Staatsbanken billige Kredite zur industriellen Entwicklung bereitstellten. Die aufgrund der somit praktisch garantierten Wachstumsraten sehr schnell die Volkswirtschaft prägenden Chaebols stellten den Kern des südkoreanischen Wirtschaftswunders und der Erfolge des Landes auf dem Weltmarkt seit den siebziger Jahren dar. Sozial erfüllte dieses Modell die Merkmale einer Entwicklungsdiktatur mit oktroyierten Billiglöhnen und unterdrückten Gewerkschafts- und Demokratiebewegungen. Die wechselseitige Unterstützung von Chaebols und Staat führte zudem auf den höchsten Ebenen von Militär, Politik und Wirtschaft zu Korruption mit sehr hohen Summen. Mit der Demokratisierung Südkoreas seit Ende der achtziger Jahre beginnen sich Chaebols, Banken, Militär und Staatsapparat allmählich voneinander zu lösen. Seither sind zahlreiche Korruptionsskandale aufgedeckt worden und Chaebols mit wirtschaftlichen Problemen können nicht mehr selbstverständlich mit staatlicher Unterstützung rechnen. Die Schulden- und Währungskrise seit Herbst 1997 und ein Regierungswechsel beschleunigen den Zerfall der einst innigen Beziehungen.

Der Begriff wird in Korea als allgemeine

Bezeichnung für die Oberschicht verwendet. — Die wichtigsten Chaebols sind Hyundai (auf den zu Anfang der neunziger Jahre rund ein Fünftel der südkoreanischen Wirtschaftsleistung entfiel), Samsung, Daewoo und Ssang Yong.

Chart

grafische Darstellung des Kurses eines Wertpapiers (zumeist einer Aktie), mit deren Hilfe die künftige Kursentwicklung prognostiziert werden soll. Der zurückliegende Kursverlauf wird dazu mathematisch und empirisch auf regelmäßige und sich wiederholende Elemente untersucht. Dazu gehören Widerstands- und Unterstützungslinien, Trendkanäle oder Umkehrformationen. Die Methode ist umstritten, weil sie mit naturwissenschaftlicher Systematik eine wirtschaftliche und damit letztlich sozialwissenschaftliche Entwicklung vorhersagen will. Chart-Analysten, die über ein umfangreiches Begriffsinventar verfügen, werden deswegen oft als Sektierer belächelt. Als berechtigt gelten Chart-Analysen dann, wenn sich viele Börsenteilnehmer an ihnen orientieren.

Charta von Havanna → Gatt

Chicago Boys

Sammelbezeichnung für die an die Universität von Chicago berufenen Schüler und Anhänger von Milton Friedman, dem Begründer des →Monetarismus.

Christlicher Gewerkschaftsbund
→Gewerkschaften

cif

Abkürzung für cost, insurance, freight (Kosten, Versicherung, Fracht), eine Vertragsformel des internationalen Handels zur Vermeidung von Unklarheiten, die vor allem im Seeverkehr verbreitet ist. „cif" bezeichnet den Importpreis und umfasst den Warenwert, die Versicherungs-, Transport- und Entladekosten im Empfängerhafen bzw. an der Grenze des Empfangslandes. Meist wird die Formel mit dem Importhafen verbunden (z. B. cif Hamburg). Bei einer Vereinbarung „cif" bringt der Verkäufer die Ware bis zum Käufer, während bei einer Vereinbarung →„fob" der Verkäufer nur die Ware an Bord des vom Käufer gecharterten Schiffes bringt. In nationalen und internationalen Wirtschaftsstatistiken dient „cif" als Grundlage der Importwertberechnung.

Club of Rome

eine Vereinigung von maximal hundert hochrangigen Wissenschaftlern, Politikern und Wirtschaftsführern, die sich mit der Lösung globaler Probleme beschäftigen. Bekannt wurde der Club 1972, kurz vor der Ölpreiskrise von 1973, mit der Veröffentlichung seines Berichtes „Die Grenzen des Wachstums", der auf die Endlichkeit der natürlichen Ressourcen hinwies. Mit dem damals neuen Einsatz einer dynamischen Computersimulation zur Entwicklung der Weltwirtschaft wies eine Forschungsgruppe unter der Leitung von Dennis Meadows nach, dass Rohstoffverbrauch und Industrieproduktion, Weltbevölkerung und Umweltbelastung innerhalb der nächsten hundert Jahre zwangsläufig zum Kollaps der Weltwirtschaft führen müssen. Zwar unterschätzten die Autoren die Lenkungsfunktion steigender Preise beim industriellen Einsatz von Rohstoffen, das Recycling und die Substitution teurer werdender Materialien durch kostengünstigere Alternativen, ferner die bei steigenden Preisen steigenden Anreize zur Erforschung weiterer Lagerstätten. Zugleich gebührt dem Club of Rome aber das Verdienst, erstmals eine weltumspannende ökonomisch-ökologische Theorie vorgestellt zu haben. Sie kritisierte die Wegwerfgesellschaft und forderte eine globale Diskussion über die Leitlinien der weltwirtschaftlichen Entwicklung und die globale Verantwortung von Wirtschaft, Regierung und Individuen. Der Bericht wurde zum grundlegenden pessimistischen Modell der Zukunftsforschung und in seiner Populärfassung (Autorin: Donella Meadows) zwölf Millionen mal verkauft. Das optimistische Gegenstück erschien 1976, als Herman Kahn und andere Zukunftsforscher „Die nächsten 200 Jahre" veröffentlichten, ebenfalls ein Erfolgstitel. — Spätere „Berichte an den Club of Rome", so der offizielle Titel der Veröffentlichungen, konnten keine vergleichbare Publizität mehr erreichen, in erster Linie, weil sich zahlreiche gut ausgestattete Forschungsinstitute in aller Welt mit Zukunftsfragen zu beschäftigen begannen. Nach mehr als einem Dutzend Berichten ist auch innerhalb der Organisation die Kritik an veralteten Strukturen gewachsen. Insbesondere gilt die Konzentration auf das Veröffentlichen von Büchern nicht mehr als zeitgemäße Form der Information.

1968 in Rom von dem italienischen Industriellen Aurelio Peccei gegründet. 1996 wurde Reinhard Mohn, Vorstandsvorsitzender der Bertelsmann-Stiftung, zum Ehrenmitglied ernannt.

Commercial Paper (CP)
ein Wertpapier des →Geldmarktes, das von großen Industrieunternehmen ausgegeben wird. Sie können sich mit Hilfe eines CP zur Deckung eines kurzfristigen hohen Liquiditätsbedarfs (manchmal schon für nur einige Tage) Mittel auf dem Geldmarkt leihen. CP sind meist von Banken vorbereitet und können in großen Tranchen (zwei-, dreistellige Millionensummen) sehr schnell mobilisiert werden. Wegen der großen Volumina werden sie auch als Euro-CP auf dem →Eurogeldmarkt gehandelt.

Courtage →Freimakler, →Kursmakler
CP →Commercial Paper
Cross Rates → Kursgitter
crowding out →Staatsverschuldung
Currency Board →Leitwährung
Currency Cross Rates →Kursgitter
Cybercash →Electronic Cash

D

DAC →Development Assistance Committee
Darlehen →Kredit
DAU →Öko-Audit
Davignon-Kommission →Europäische Aktiengesellschaft
DAX →Deutscher Aktienindex
DDR-Altschulden →Finanzierung der deutschen Einheit
Debet →Kredit
Debitor →Gläubiger
Debt-for-nature-Swap, Debt-to-equity-Swap →Swap
DEG →Deutsche Investitions- und Entwicklungsgesellschaft
DeHoGa →Gemeinschaftsausschuss der deutschen gewerblichen Wirtschaft

Deficit Spending

in der →nachfrageorientierten Wirtschaftspolitik eine Haushaltsverschuldung zu Rezessionszeiten. Sie soll zu mehr Beschäftigung und damit zu mehr Nachfrage führen; nimmt das Wirtschaftswachstum wieder zu, soll die Verschuldung aus den Steuermehreinnahmen abbezahlt werden. Inflation wird dabei in Kauf genommen. Der investitionsfördernde Charakter verbraucht sich allerdings schnell, mündet in Mitnahmeeffekte und ist sogar kontraproduktiv, wenn Investitionen unterbleiben, weil Unternehmen eine staatliche Konjunkturankurbelung durch Förderung abwarten. Tritt der Staat in großem Umfang als Kreditnehmer auf, verdrängt er durch seine Zahlungsfähigkeit private Nachfrager („crowding out").

Deflation

sinkendes Preisniveau in einer Volkswirtschaft. Es entsteht, wenn der Versorgung mit Gütern keine entsprechende Versorgung mit Geld gegenübersteht, also der Wert des Geldes steigt. Typisch dafür waren die Deflationskrisen des 19. Jahrhunderts, als Schwankungen in der Versorgung mit →Gold bei gleichzeitigem Wirtschaftswachstum zur Verknappung von (in Gold zu deckendem) Geld führten. In der Weltwirtschaftskrise von 1929 bis 1932 fielen Verbraucherpreise und Geldmenge in Deutschland und den USA um 15 bis 33 Prozent; die letzten Deflationen fanden in Deutschland 1950 und 1953 statt.

Gegenteil: →Inflation.

Demand Management →angebotsorientiert
Depositen →Banken

Depot

im Bankwesen die bei einem Kreditinstitut hinterlegten Wertpapiere. Zu den Dienstleistungen des Depotgeschäftes gehört auch die Besorgung der mit dem Wertpapierbesitz verbundenen Rechte und Pflichten, z. B. die Einlösung von Dividenden- und Zinsscheinen, sowie für Aktien das umstrittene →Depotstimmrecht. Depots bei Privatbanken für Staatsanleihen sind nicht nötig; die →Bundesschuldenverwaltung bietet kostenlose Aufbewahrung an.

Depotstimmrecht
das Recht einer Bank, auf der Hauptversammlung (HV) einer Aktiengesellschaft das Stimmrecht für Aktien auszuüben, die bei ihr deponiert sind. Die Bank muss vorher vom Aktionär dazu bevollmächtigt werden. Nach einigen Einschränkungen, die die Bedeutung des Depotstimmrechts nur unwesentlich gemildert haben, gilt eine Ermächtigung derzeit für maximal 15 Monate und erlaubt den Banken die Stimmrechtsvertretung auf ihrer eigenen HV nur bei genauer Weisung zur Tagesordnung. Bei Fremdunternehmen müssen die Banken die Möglichkeit zur Weisung anbieten. — Tatsächlich kann sich eine Bank so einen erheblichen Einfluss auf eine Hauptversammlung sichern, denn sie macht dem Aktionär eigene Vorschläge zur Tagesordnung, die dieser in der Regel akzeptiert. Auf dem Depotstimmrecht beruht ein erheblicher Teil der →Bankenmacht, weil häufig bis zu zehn, gelegentlich sogar bis über 25 Prozent der Bankstimmrechte auf einer HV auf die Bevollmächtigung der Kleinaktionäre zurückgeht. — Die Ausübung des Depotstimmrechts ist seit der Aktienrechtsreform von Ende 1997 nicht mehr zulässig, wenn Banken ihre Stimmrechte aus mindestens fünf Prozent Eigenbesitz an diesem Unternehmen ausüben. Die Erledigung der Einzelweisungen von Aktionären ist aber weiterhin zulässig. Die Wirksamkeit der neuen Beschränkung war bei ihrem Inkrafttreten noch nicht abzuschätzen.

Deregulierung
Rücknahme staatlicher Eingriffe in einen Markt, Freigabe eines staatlich beherrschten Marktes. Ziel der Deregulierungspolitik ist eine Verringerung der Rolle des Staates in einer Volkswirtschaft durch den weit gehenden Verzicht auf Vorschriften, Genehmigungen und Kontrollen. Im Unterschied zu Privatisierungen, die auf Staatsbesitz abzielen, beziehen sich Deregulierungen auf Märkte mit privatwirtschaftlichen Unternehmen. Oft werden mit einer Privatisierung zugleich die Märkte, in denen vormalige Staatsunternehmen tätig sind, dereguliert. — Weil Regulierungen unternehmerische Initiativen verhindern, sind regulierte Wirtschaftsbereiche weder innovativ noch effektiv. Um ein Marktversagen zu verhindern, können Regulierungen jedoch sinnvoll sein, wenn Produktions- oder Gebrauchskosten von Produkten in die Umwelt externalisiert werden oder anders eine Schadensbegrenzung nicht herbeigeführt werden kann. Dies gilt insbesondere für die Umweltpolitik, z. B. für die Einführung von Abgasnormen und technischen Innovationen wie den Katalysator. Deregulierung kann aber auch selbst wiederum zu Marktversagen führen, indem nach ei-

ner heftigen Konkurrenzphase nach und nach die meisten Mitbewerber ausscheiden und ein →Monopol oder →Oligopol mit wieder steigenden Preisen entsteht.

Die Entwicklung auf dem US-Luftfahrtmarkt ist dafür symptomatisch geworden. Ein stärkerer Preisanstieg hat nach dem Bankrott mehrerer inländischer Fluggesellschaften nur durch das Zulassen ausländischer Konkurrenz vermieden werden können. — Teil- bis hochregulierte Wirtschaftsbereiche sind in Deutschland Verkehrsmärkte (Luft, Straße, Wasser, Schiene), Versorgungsmärkte (Strom, Wasser, Wohnen) und Kommunikationsmärkte (Telekommunikation, Rundfunk und Fernsehen).

Derivate

Finanzinstrumente und -handelsformen, die seit den siebziger Jahren aus traditionellen börsengehandelten Wertpapieren und kaufmännischen Verpflichtungen abgeleitet sind. Sie tragen auch die Bezeichnung „Finanzinnovationen". Präzise Abgrenzungen der Derivate voneinander sind nicht mehr möglich, aber drei große Gruppen können unterschieden werden: (1) →Swaps, bei denen die Handelspartner

Kostenvorteile von Deregulierungen

Sektor	Land	Preisrückgang (1) in Prozent
Straßentransport	Deutschland	30
	Mexiko	25
	Frankreich	20
	USA	19
Fluggesellschaften	Großbritannien	33
	USA	33
	Spanien	30 (2)
	Australien	20
Elektrizität	Norwegen	18–26 (3)
	Großbritannien	9–15 (4)
	Japan	5
Finanzdienstleistungen	Großbritannien	70 (5)
	USA	30–62 (5)
Telekommunikation	Finnland	66 (6)
	Großbritannien	63 (7)
	Japan	41 (7)
	Mexiko	21 (6)
	Südkorea	10–30 (8)

Quelle: OECD. Der Preisrückgang muss nicht allein auf Deregulierungsmaßnahmen beruhen.
(1) Basis: reale Preise. (2) Billigflüge auf stark beflogenen Strecken; in anderen Marktsegmenten stärkerer Rückgang. (3) Für Industriekunden. (4) Erste Zahl für Privat-, zweite für Industriekunden. (5) Kosten von Börsentransaktionen, in den USA erste Zahl für Klein-, zweite für Großtransaktionen. (6) Ferngespräche. (7) Durchschnittskosten. (8) Erste Zahl für Inlands-, zweite für Auslandsgespräche.

Schuldpapiere mit unterschiedlichen Zinsen, Währungen, Laufzeiten und Fälligkeiten tauschen, (2) →Futures als Finanztermingeschäfte, bei dem ein Handel an einem festgelegten Zeitpunkt zu einem bereits jetzt festgelegten Preis stattfinden muss, und (3) →Optionen, bei dem der zukünftige Handel stattfinden kann, aber nicht muss. Futures und Optionen werden in Deutschland an der →Deutschen Terminbörse gehandelt. Swaps sind ausserbörsliche Rechtsgeschäfte. Risiken für den Händler mit Derivaten bestehen durch unzureichende finanzielle Reserven im Fall größerer Preisausschläge, fehlende Mechanismen zur Risikokontrolle am laufenden Handelstag und Schwächen bei der technischen Abwicklung der laufenden Abrechnungen. Aus den sehr großen Zahlungsverpflichtungen, die Derivatgeschäfte nach sich ziehen können, wird gelegentlich eine Gefahr für die Stabilität des Weltfinanzsystems abgeleitet. Dies ist nur möglich, wenn es zu einer Kettenreaktion aus Zahlungsunfähigkeiten von Wertpapierhändlern bzw. -banken kommt. — Derivate vereinfachen die Finanzierung und den Zugang zu Geld- und Kapitalmärkten. Sie dienen dem →Hedging (dem Schutz von Investitionen vor Kursschwankungen), der →Arbitrage (dem Ausnutzen von Kursunterschieden zwischen Börsen) und der Spekulation (besonders der auf fallende Kurse, →Baisse). Ursachen für ihr Aufkommen waren die wachsende Nachfrage nach Kapital und nach Anlagemöglichkeiten mit unterschiedlichen Risikostufen, das Umgehen staatlicher Auflagen und das Ausschöpfen neuer Deregulierungsfreiräume. Technische Voraussetzung bot erst die Computerisierung der großen inländischen Märkte vor allem in den USA, dann die enorme Beschleunigung der internationalen Kommunikation zu Handelszwecken. Kritiker wenden ein, Händler und Handelshäuser könnten die Risiken kaum noch analysieren und beherrschen. Außerdem werde die Geldpolitik der Notenbanken erschwert und der Finanzmarkt aufgebläht. Verteidiger machen dagegen geltend, dass ein angemessenes Risikomanagement möglich ist, wenn nur die Kontrolle über die Händler gewährleistet sei. Inflationäre Geldschöpfung könne den Märkten nicht nachgewiesen werden, während für die Fehlentwicklungen in der Wechselkurspolitik (Währungsspekulationen) nicht die davon profitierenden Händler, sondern die Politiker verantwortlich seien. Ausserdem sorge der Finanzmarkt für eine immer bessere Kapitalallokation (ein immer dichteres Netz von Finanzierungsmöglichkeiten an den Orten und zu den Zeiten, wo sie benötigt werden). Tatsächlich werden fast alle Produktinnovationen der Händler durch Unternehmen, Regierungen und in geringem Umfang auch von Privatpersonen genutzt. Berechtigt ist der Vorwurf, dass diese Innovationen volks- bzw. weltwirtschaftlich wenig produktiv sind und damit sogar ineffizient sein können. Insbesondere für die Finanzierung von Firmenübernahmen in den USA der achtziger Jahre durch →Leveraged Buy-outs (LBO) ist dies mittlerweile anerkannt. Die rechtlichen und steuerlichen Eigenschaften der an Komplexität weiter zunehmenden Derivate sind oft ungeklärt. — Die

Einführung von Finanzinnovationen auf den deutschen Märkten geschieht nach Beobachtungen des Bundesfinanzministeriums durchschnittlich achteinhalb Jahre nach ihrem ersten Auftreten auf anderen Finanzplätzen.

Das Wort kommt von lateinisch „derivatum" (das Abgeleitete) und wurde aus Sprachwissenschaft, Biologie und Chemie auf den Finanzhandel übertragen. — 1994 hat der →Baseler Ausschuss für Bankenaufsicht grundlegende „Richtlinien für das Risiko-Management im Derivate-Geschäft" veröffentlicht. 1995 folgten Richtlinien des Bundesaufsichtsamtes für das Kreditwesen über Mindestanforderungen beim Derivatgeschäft. Darin werden Verantwortlichkeiten und laufende Kontrollen geregelt. Als besonders kritisch gelten zu hohe Gewinnbeteiligungen zugunsten der Händler, weil sie zu riskanten Geschäften verlocken. Prominentestes Opfer des Handels mit Derivaten war das britische Bankhaus Barings, dessen Eigenkapital 1995 durch ihren 28jährigen Händler Nick Leeson vernichtet wurde, als er sich von seinem Sitz in Singapur aus mit Futures am japanischen Kapitalmarkt übernahm.

Desinvestition → Investition

Deut

eine niederländische Kleinmünze (duit). Der Ausdruck „kein Deut" bedeutet „nichts".

Der Deut wurde ab 1573 in Kupfer geprägt und bis in das 19. Jahrhundert in riesigen Mengen vor allem für den Absatz in Niederländisch-Indien (jetzt Indonesien) erzeugt. Der Deut lief auch in Deutschland als Alltagsmünze regulär um.

Deutsche Akkreditierungs- und Zulassungsgesellschaft für Umweltgutachter →Öko-Audit

Deutsche Angestelltengewerkschaft (DAG)

die nach dem →Deutschen Gewerkschaftsbund (DGB) zweitgrößte deutsche Arbeitnehmerorganisation. Im Gegensatz zum DGB lehnt die auf die Schicht der Angestellten und damit berufsständisch ausgerichtete DAG das Prinzip der nach Branchen gegliederten Industriegewerkschaften ab. Allerdings bietet der angekündigte Zusammenschluss mit mehreren DGB-Gewerkschaften die Möglichkeit, eine starke Dienstleistungsgewerkschaft zu bilden. — In den Betrieben und bei Betriebsrats- und Sozialwahlen ist die DAG Konkurrent des DGB. Doch bei Tarifverhandlungen haben sich DGB-Einzelgewerkschaften und DAG von der Arbeitgeberseite kaum gegeneinander ausspielen lassen. Dennoch gilt die DAG als weniger kämpferisch als der DGB. Aus dem zunehmenden Anteil der Angestellten an der Gesamtbeschäftigung hat die DAG keinen wirklichen Vorteil ziehen können.

Deutsche Ausgleichsbank (DtA)

öffentliches Kreditinstitut für die Wirtschaftsförderung vor allem des Mittelstandes, zur Finanzierung von sozialen oder Umweltvorhaben und für Existenzgründungsdarlehen. Außerdem wickelt sie den Lastenausgleich von durch den Zweiten Weltkrieg betroffenen Personen ab. Neue Mittel beschafft sich die DtA überwiegend durch die Ausgabe von Anleihen.

Sitz in Bonn, 1986 gegründet. Vorgängerin war die 1954 gegründete Lastenausgleichsbank / Bank für Vertriebene und Geschädigte, die die wirtschaftliche Eingliederung und Förderung von Vertriebenen, Flüchtlingen und Kriegsgeschädigten erleichtern sollte.

Deutsche Forschungsgemeinschaft → Bundesministerium für Wissenschaft, Forschung und Technologie

Deutsche Investitions- und Entwicklungsgesellschaft (DEG)

ein bundeseigenes Finanzierungs- und Beratungsinstitut zur Förderung des privaten Sektors in den Entwicklungs- und den östlichen Reformländern. Dazu unterstützt die DEG die Bildung von →Joint Ventures zwischen interessierten deutschen bzw. EU-Unternehmen und solchen aus den über 100 Partnerländern, gewährt langfristige Darlehen an Projektgesellschaften in diesen Ländern und beteiligt sich selbst an Gemeinschaftsunternehmen. Der Schwerpunkt der DEG-Projekte liegt auf der Finanzierung von Produktions-, in geringerem Umfang von Dienstleistungsunternehmen, hier vor allem von Finanzierungsinstituten und Leasinggesellschaften. Die DEG ist aktuell an weit über 300 Unternehmen beteiligt. Die Mittel dazu stammen entweder von Einzahlungen des Bundes, Rückflüssen aus der Tilgung von Darlehen und dem Verkauf von früher übernommenen Beteiligungen oder vom Kapitalmarkt. — Ins Gerede gekommen ist die DEG 1988 durch eine Beinahe-Pleite und 1996 durch die für Bundesunternehmen untypische und regelwidrige Alleingeschäftsführung, die dann abgeschafft wurde. Der Rechnungsprüfungsausschuss des Bundestages monierte auch die schwache Aufsicht des →Bundesministeriums für Wirtschaftliche Zusammenarbeit über die DEG. Im Aufsichtsrat finden sich viele Honoratioren; auch die Mitarbeiterschaft gilt als überaltert.

Sitz in Köln. Gegründet 1962.

Deutsche Girozentrale → Sparkasse

Deutsche Siedlungs- und Landesrentenbank → Anleihen

Deutsche Mark →Mark

Deutsche Postgewerkschaft →Deutscher Gewerkschaftsbund

Deutsche Terminbörse (DTB)

elektronische Börse für Finanztermingeschäfte mit Sitz in Frankfurt am Main. Gehandelt werden →Derivate, die aus traditionellen Börsenpapieren abgeleitet sind: →Futures (Titel, die zu einem bestimmten Fälligkeitszeitpunkt zu einem bereits jetzt festgelegten Preis ver- bzw. gekauft werden müssen) und →Optionen (Titel, die zu einem bereits jetzt festgelegten Preis ver- bzw. gekauft werden können). — DTB-Teilnehmer sind mehr als 100 Institute (meist Banken) mit rund 1.000 Händlern, die aus ihren Büros heraus Bildschirmhandel betreiben. Nicht mehr Börsenmakler, sondern Computerprogramme führen Angebot und Nachfrage zusammen.

Die DTB ist eine Tochtergesellschaft der Deutschen Börse AG und nahm im Januar 1990 ihren Betrieb auf. Die DTB, die Schweizer und die Pariser Börse wollen ihr Derivatgeschäft 1998 im grenzüberschreitenden elektronischen Markt →Eurex zusammenlegen, ohne allerdings ihre Geschäfte miteinander zu verschmelzen.

Terminbörsen im Größenvergleich
Anzahl der gehandelten Kontrakte in Millionen

Ort	Börse	gesamt	Optionen	Futures
Frankfurt	DTB	77,3	37,0	40,4
Paris	MATIF	68,3	12,1	56,2
London	LIFFE	167,9	31,5	136,4
Chicago	CBOE	173,9	173,9	—
Chicago	CBOT	222,4	51,3	171,1
Chicago	CME	198,0	43,6	154,4

Die Kontrakte an verschiedenen Börsen sind wegen teilweise unterschiedlicher Kontraktgrößen nur eingeschränkt vergleichbar.
Stand: 1996,
Quelle: Deutsche Börse AG.

Deutsche Vereinigung für Finanzanalyse und Anlageberatung (DVFA)

Fachverband zur Verstärkung des Anlegerschutzes und zur Verbesserung der Transparenz auf den Kapitalmärkten. Die von der Vereinigung entwickelte DVFA-Formel soll ein realistischeres Bild vom Gewinn eines Unternehmens zeigen, als es der Jahresabschluss erlaubt. Die Formel wird seit den achtziger Jahren von der Kennzahl →Cashflow und von den US-amerikanischen Buchhaltungsstandards verdrängt. Nach ihnen beginnen deutsche Unternehmen ihre Bilanzen abzufassen, um für internationale Investoren interessant zu bleiben.

Deutscher Aktienindex (DAX)

seit 1988 der Aktienindex der Wertpapierbörse in Frankfurt am Main. Der Hauptindex umfasst 30 inländische Titel, die nach den Kriterien Börsenumsatz, Börsenkapitalisierung und frühe Bekanntgabe der Eröffnungskurse ausgewählt wurden. Die DAX-Titel umfassen mehr als 60 Prozent des handelbaren Kapitals an der Börse. — Die DAX-Zusammensetzung wird jährlich überprüft. Titel können gestrichen werden, wenn sie nach Handelsvolumen und Börsenkapitalisierung deutlich außerhalb der Werte der ersten 30 Titel liegen. Allerdings soll auch ein möglichst großes Branchenmix gewährleistet sein. Ursachen für die Aufnahme in den DAX sind meist die schnell gewachsene Bedeutung eines Titels (z. B. SAP), sein Gang an die Börse (z. B. Telekom) oder der Aufkauf eines im DAX notierten Unternehmens (z. B. ersetzte

DAX-Entwicklung

Jahresendstände, 1987=1000	
1991	1577,98
1992	1545,05
1993	2266,68
1994	2106,58
1995	2253,88
1996	2888,69
1997	4249,69

Quelle: Deutsche Börse AG. Am 20. 3. 1998 erreichte der DAX mit 5001,55 einen neuen Rekord.

Metro die Kaufhof-Notierung). Häufigste Ursachen für ein Streichen aus dem DAX sind nachlassende Bedeutung eines Unternehmens und Fusionen. Aufnahme und Streichung sind für ausländische Investoren und Aktienfonds, die die Zusammensetzung ihres Portfolios am DAX orientieren, von erheblicher Bedeutung. Deswegen beeinflussen Aufnahme und Streichung die Kurse der betroffenen Titel. — Seit 1996 wird auch der MDAX veröffentlicht, der aus 70 Werten mittlerer Kapitalisierung („Midcaps") besteht. Er soll das Problem mindern, dass die DAX-Werte den Großteil der Aufmerksamkeit auf sich ziehen und Investoren deswegen kleinere Unternehmen benachteiligen. Gesellschaften, die den DAX wegen nachlassender Bedeutung verlassen, werden in den MDAX übernommen.

Die Aktien im DAX

Name	Branche	seit
Allianz	Versicherung	1988
BASF	Chemie	1988
Bayer	Chemie	1988
Bay. Hyp.- u. Wechselb.	Bank	1988
BMW	Auto	1988
Bayerische Vereinsbank	Bank	1988
Commerzbank	Bank	1988
Daimler Benz	Auto	1988
Deutsche Bank	Bank	1988
Degussa	Chemie	1988
Dresdner Bank	Bank	1988
Henkel	Chemie	1988
Hoechst	Chemie	1988
Karstadt	Konsum	1988
Lufthansa	Verkehr	1988
Linde	Maschinenbau	1988
MAN	Maschinenbau	1988
Mannesmann	Maschinenbau	1988
Metro	Konsum	1996
Münchner Rück	Versicherung	1996
Preussag	Stahl	1990
RWE	Versorgung	1988
SAP	Elektro	1995
Schering	Chemie	1988
Siemens	Elektro	1988
Telekom	Versorgung	1996
Thyssen	Masch.bau/Stahl	1988
VEBA	Versorgung	1988
VIAG	Versorgung	1988
Volkswagen	Auto	1988

Stand: 1997. Branchen nach der Zuordnung zu den 16 Branchenindices des CDAX. Quelle: Deutsche Börse AG.

DAX und MDAX bilden den DAX 100. Der CDAX (Composite DAX) umfasst alle in Frankfurt gehandelten inländischen Aktien. — Der DAX wurde von der Frankfurter Wertpapierbörse, der Arbeitsgemeinschaft der Deutschen Wertpapierbörsen und der „Börsen-Zeitung" entwickelt. Er löste 1988 die bis dahin am stärksten beachteten, aber nicht von der Börse selbst veröffentlichten Indizes der „Börsen-Zeitung" und der Commerzbank ab und begann mit einer Indexbasis von 1000.

Deutscher Genossenschafts- und Raiffeisenverband →Genossenschaftswesen

Deutscher Gewerkschaftsbund (DGB) der Dachverband der deutschen Gewerkschaftsbewegung. Er vertritt die Einzelgewerkschaften in der Politik, gegenüber den Parteien, den Dachorganisationen der Wirtschaft und gesellschaftlichen Gruppen, koordiniert gemeinsame Forderungen, Themen und Aktionen und unterstützt sie bei Arbeitskämpfen. Der DGB ist selbst keine Tarifvertragspartei, hat aber wegen seiner arbeits- und sozialpolitischen Kompetenz und der Mitgliederbasis seiner Einzelgewerkschaften erhebliche Bedeutung. — Größtes Problem des DGB sind die Gewerkschaftsaustritte und die nachlassende Bedeutung von kollektiv orientierten Gewerkschaften in einer zunehmend individualisierten Dienstleistungsgesellschaft. Eine Organisationsreform soll die Gewerkschaftsbewegung straffen und stärken. — Im Anschluss an die deutsche Einheit ist den DGB-Einzelgewerkschaften vorgeworfen worden, ihr Drängen auf schnelle Angleichung der Ost-Löhne an das West-Niveau habe bei der nur langsam steigenden Produktivität die Wettbewerbsfähigkeit der ostdeutschen Betriebe untergraben; deren Niedergang habe damit westdeutsche Arbeitsplätze gerettet. Der DGB hält dagegen, in erster Linie habe die Altschulden-, Rückgabe- und Privatisierungspolitik den Niedergang der ostdeutschen Beschäftigung verursacht. — Auf seinem Bundeskongress 1996 in Dresden hat sich der DGB nicht zu einem klaren Bekenntnis zur sozialen Marktwirtschaft durchringen können; die Delegierten entschieden sich nach heftigen internen Auseinandersetzungen für die Formulierung „sozial regulierte Marktwirtschaft", die stärkere staatliche Eingriffsrechte umfasst.

Sitz in Düsseldorf. Gründung 1949 in München. Von 9,007 Millionen Mitgliedern sind ein Drittel Frauen, rund 60 Prozent Arbeiter, 30 Prozent Angestellte und 10 Prozent Beamte. Von den gewerkschaftlich Organisierten gehören mehr als 80 Prozent einer DGB-Gewerkschaft an. 1996 sank die Mitgliederzahl um 348.000, im Jahr davor um 413.000. In einigen Gewerkschaften nehme die Mitgliederzahl wieder zu, heißt es beim DGB. — Die Organisationsreform soll aus einst 16 DGB-Mitgliedsgewerkschaften langfristig drei Industrie- und ein oder zwei Dienstleistungsgewerkschaften bilden. Die Zusammenschlüsse begannen 1996 mit der Bildung der Industriegewerkschaft Bauen Agrar Umwelt (IG BAU) aus der IG Bau Steine Erden und der Gewerkschaft Gartenbau, Land- und Forstwirtschaft. 1997 schlossen sich die IG Chemie-Papier-Keramik mit der IG Bergbau und Energie sowie der Gewerkschaft Leder zur IG Bergbau Chemie Energie (IG BCE) zusammen. 1998/99 gehen die Gewerkschaften Textil/Bekleidung und Holz/Kunststoff in der IG Metall (IGM) auf. Im Dienstleistungssektor sind die Gewerkschaften Öffentliche Dienste, Transport und Verkehr (ÖTV), Handel, Banken, Versicherungen (HBV), Nahrung, Genuss, Gaststätten (NGG), Erziehung und Wissenschaft (GEW), die IG Medien sowie die Eisenbahner-, die Post- und die Polizeigewerkschaft (GdED, DPG und GdP) tätig. Vorbereitet wird der Zusammenschluss fast aller Organisationen mit der →Deutschen Angestellten-Gewerkschaft, um eine schlagkräftige Dienstleistungsgewerkschaft zu bilden.

Deutscher Hotel- und Gaststättenverband →Gemeinschaftsausschuss der deutschen gewerblichen Wirtschaft

Deutscher Industrie- und Handelstag →Industrie- und Handelskammer

Deutscher Raiffeisenverband →Genossenschaftswesen

Deutscher Rentenindex →REX

Deutscher Sparkassen- und Giroverband →Sparkassen

Deutsches Institut für Gütesicherung und Kennzeichnung →Rationalisierungskuratorium der deutschen Wirtschaft

Deutsches Institut für Wirtschaftswissenschaften →Wirtschaftsforschungsinstitute

Deutsches Übersee-Institut →Blaue Liste

Development Assistance Committee (DAC)

der Entwicklungshilfe-Ausschuss der →OECD. Das DAC führt seit 1962 eine Liste über die Empfängerländer öffentlicher Entwicklungshilfe und den Umfang der Zahlungen. Ziel ist, das Erreichen des von →Unctad und Vereinten Nationen verkündeten Ziels zu überprüfen, 0,7 Prozent des Bruttosozialproduktes für öffentliche Entwicklungshilfe aufzuwenden. In Deutschland erreichte der Anteil 1991 nur noch 0,4 Prozent und fällt weiter auf die 0,3-Prozent-Marke zu (1996-98: 0,32 Prozent). Bereits 1995 hatten die DAC-Mitglieder die niedrigste Entwicklungshilfequote seit 1950 erreicht (Tabelle →Entwicklungshilfe); 1997 lag sie bei 0,25 Prozent.

1993 beschlossen die 21 am DAC beteiligten Länder und die EU, die Liste in Anrechnungs- und Nichtanrechnungsländer aufzuteilen, um vor allem die Wachstumsländer Asiens aus dem 0,7-Prozent-Ziel herauszunehmen.

Devisen

Forderungen auf Zahlung im Ausland in Fremdwährung, z. B. als Bankguthaben im Ausland oder als Scheck an eine ausländische Bank. Im allgemeinen Sprachgebrauch, vor allem in vormals sozialistischen Ländern, werden auch die ausländischen Barzahlungsmittel so bezeichnet, die bei den Banken →Sorten und umgangssprachlich auch →Valuta heißen.

Die Bezeichnung „Devise" stammt aus der französischen Wappenkunst und meint ursprünglich ein abgeteiltes Feld eines Wappens, dann einen darin stehenden Wahlspruch, dann nur noch den Wahlspruch. Die Herkunft des Wortes in seiner wirtschaftlichen Bedeutung ist ungeklärt.

Devisenbörse → Börse

Devisenreserven

in der Bilanz einer Zentralbank Positionen, die auf ausländische Währung lauten. Sie garantieren die Bezahlung der Importe einer Vokswirtschaft, können für Devisenmarktinterventionen verwendet werden, um den →Wechselkurs zu beeinflussen, und sind der bedeutendste Teil der →Währungsreserven einer Volkswirtschaft.

In Deutschland werden die Devisenreserven von der Bundesbank gehalten. Am 31.12.1997 lagen die deutschen Devisenreserven bei rund 68 Milliarden Mark; die gesamten Währungsreserven hatten einen Gegenwert von insgesamt 116 Milliarden Mark. Zu den Währungsreserven gehören auch Forderungen über weitere 20,4 Milliarden DM, die beim →Europäischen Währungsinstitut eingestellt sind, und →Gold im Wert von 13,7 Milliarden Mark. Weil die Währungsreserven 1997, insbesondere Gold und Dollar, noch nach dem Niedrigstwertprinzip bilanziert sind, ist der Marktwert der Devisen- und der anderen Währungsreserven erheblich höher. Eine Hochschreibung der Dollarreserven auf den Anschaffungswert ist für 1998 angekündigt.

DFG →Bundesministerium für Bildung, Wissenschaft, Forschung und Technologie

DGB →Deutscher Gewerkschaftsbund

DGRV →Genossenschaftswesen

DGZ →Sparkassen

Diamanten →Rohstoffversorgung

Dienstleistungen

immaterielle Wirtschaftsgüter, deren Produktion oft mit ihrem Verbrauch zusammenfällt. Die Abgrenzung zur Warenproduktion ist problematisch, weil zur Produktion ebenfalls Dienstleistungen erforderlich sind (z. B. Transport, Finanzierung, Entwicklung).

Erwerbstätige nach Wirtschaftssektoren

Jahresdurchschnitt, in Mio., alte BRD

	1960	1970	1980	1990
Landwirtschaft	3,6	2,3	1,4	1,0
Industrie	12,5	13,0	11,7	11,3
Dienstleistungen	10,9	11,9	14,8	17,5
Summe	26,1	26,6	27,0	28,5

Quelle: Statistisches Bundesamt.

Produktion nach Sektoren

Produktionswert in Mrd. DM, alte BRD

	1960	1970	1980	1990
Landwirtschaft	27,9	39,1	65,4	72,7
Industrie	388,9	790,7	1.662,4	2.472,1
Dienstleistungen	416,8	874,9	2.120,4	3.452,5
Summe	833,6	1.704,7	3.848,2	6.007,3

Quelle: Statistisches Bundesamt.

Nach der klassischen Dreiteilung der Wirtschaft werden die Dienstleistungen als tertiärer Sektor bezeichnet, die Landwirtschaft als primärer und die Industrie als sekundärer. Der Produktionswert der Dienstleistungen nimmt erheblich schneller zu als die Zahl der in diesem Sektor Beschäftigten. Die Steigerungsraten sind bei „ungebundenen" Dienstleistungen (mit Trennung von Produktion und Verbrauch, z. B. bei freien Berufen) deutlich höher als bei „personengebundenen" Dienstleistungen (z. B. in Handel und Verkehr sowie beim Staat).

Als Dienstleistungen sind hier Handel und Verkehr, Kreditinstitute und Versicherungsgewerbe, Dienstleistungen von Unternehmen und freien Berufen, Organisationen ohne Erwerbstätigkeit, private Haushalte, Staat mit Gebietskörperschaften und Sozialversicherung zusammengefasst. Siehe auch Tabelle →Wirtschaftszweige.

DIHT →Industrie- und Handelskammer

Direktbanken

seit Mitte der neunziger Jahre verbreitete Gruppe von Kreditinstituten, die nicht über ein teures Filialnetz verfügen, sondern nur über Telefon oder Computer erreicht werden können (→Electronic Banking). Das Angebotsspektrum reicht dabei von der kargen Ausführung grundlegender Bankdienstleistungen bis zum beratungsintensiven Anlagegeschäft.

Die meisten neuen Direktbanken sind spezialisierte Tochterunternehmen bereits bestehender Kreditinstitute. Kostenvergleiche zeigen, dass niedrigere Leistungskosten schnell durch erhöhte Telefonrechnungen aufgewogen werden. Allerdings entfallen Kosten und Aufwand für den Besuch einer Filiale. Direktbanken können auch als Discount Broker (→Broker) tätig sein.

Direktorium

das geschäftsführende Organ der →Bundesbank, das zugleich auch ein Teil des →Zentralbankrats ist, des höchsten Leitungsgremiums der Bundesbank. Es führt die Beschlüsse des Zentralbankrates aus, insbesondere die →Diskont- und Lombard-Geschäfte mit den Geschäftsbanken und die →Offenmarktpolitik.

Das Direktorium besteht aus dem Bundesbank-Präsidenten, seinem Stellvertreter und maximal sechs weiteren Mitgliedern, den Bundesbankdirektoren. Sie müssen besondere fachliche Eignung besitzen, sind also keine politischen Beamten, werden auf Vorschlag der Bundesregierung vom Bundespräsidenten ernannt, jedoch wird der Zentralbankrat vorher angehört. Sie können vor Ablauf ihrer Regelamtszeit von acht Jahren nicht abberufen werden.

Discount Broker →Broker

Diskont

der niedrigste der →Leitzinsen (→Lombard). Zum Diskontsatz teilt die Bundesbank den Geschäftsbanken ein bestimmtes Geldvolumen für ihre →Refinanzierung zu. Kamen die Kreditinstitute damit nicht aus, konnten sie sich früher zum teureren Lombardsatz theoretisch beliebig viel weitere Liquidität verschaffen. Die Bedeutung des Diskontzinses ist heutzutage zugunsten der flexibleren →Wertpapier-Pensionsgeschäfte stark geschrumpft.

Technisch entsteht der Diskontkredit, indem die Geschäftsbanken aus ihren Beständen →Wechsel mit einer Restlaufzeit von maximal drei Monaten bei der Bundesbank einreichen und dafür einen Kredit erhalten, den die Banken mit einem Zins für die Restlaufzeit („Diskont") bezahlen müssen. Für jede Bank gilt ein bestimmtes Kontingent, das vor allem nach der Höhe der haftenden Eigenmittel errechnet wird (Rediskontkontingent).

Diskontierung →Wechsel

Dividende

Anteil der Aktionäre am Bilanzgewinn einer Aktiengesellschaft, ausgedrückt als DM-Betrag pro →Aktie. Inhabern von →Vorzugsaktien kann eine erhöhte Dividende eingeräumt werden. Die Politik der →Ausschüttung entscheidet über längerfristige Kontinuität der Dividendenzahlung oder ihre jeweilige Anpassung an ein kurzfristiges Jahresergebnis.

Dividenden-Stripping

illegale Börsentransaktion, die auf der Kapitalertragsteuer beruht, mit der Dividendenzahlungen an In- und Ausländer belastet werden. Während Steuerinländer, um eine →Doppelbesteuerung zu vermeiden, auf die Körperschaftsteuer eine die Einkommensteuer mildernde Steuergutschrift erhalten, wird sie den in Deutschland nicht steuerpflichtigen Ausländern nicht gewährt. Dividenden-Stripping bedeutet nun, dass in Deutschland Banken oder Makler am Tag einer Dividendenausschüttung deutsche Aktien, die sich im Ausland befinden, kaufen, um in den Besitz der Steuergutschrift zu kommen. Danach werden die Aktien wieder an den Vorbesitzer jenseits der Grenze zurückverkauft; den Erlös aus der Steuerverkürzung oder -hinterziehung teilen sich die Beteiligten. Inländisch gehaltene Aktien können aber auch wegen der Steuerpflichtigkeit der Dividenden kurzfristig in eine Steueroase verkauft werden. Beide Varianten des Dividenden-Strippings sind durch die Handelsüberwachungssysteme bei den Börsen stark erschwert worden.

Der Begriff beruht auf engl. „to strip" (entkleiden, berauben) und meint technisch die Abtrennung des Dividendenscheins (des Zinscoupons einer Aktie), der als „strippable" getrennt handelbar wird. — Mit der Ausweitung der Bankenaufsicht soll das Dividenden-Stripping an der Frankfurter Börse stark zurückgegangen sein. Presseberichten zufolge sollen noch 1991 dem Fiskus 500 Millionen Mark Einkünfte entgangen sein. — Das Stripping von Staatsanleihen („Bond Stripping", in den USA seit 1985, in Deutschland seit 1997 erlaubt) zielt hingegen nicht auf Steuerverkürzung. Staatsanleihen werden in ihre beiden Teile, die zum Erhalt der Rückzahlung und der Zinszahlung berechtigen, zerlegt. Daraus entstehen eine Nullkuponanleihe (Zero-Bond, →Anleihen) und die Zinsscheine als eigenständig handelbare Wertpapiere mit unterschiedlicher Laufzeit. — Stripping ist das Akronym für Separate Trading of Registered Interest and Principal of Securities, in etwa „getrennter Handel von Zinsschein und Wertpapierkapital".

DIW →Wirtschaftsforschungsinstitute

DJIA →Dow Jones

DM-Auslandsanleihen

Anleihen, die auf DM lauten, eine Laufzeit von mindestens zwei Jahren haben und unter der Leitung deutscher Banken auf dem deutschen Markt emittiert werden. Sie werden nicht von deutschen, sondern von ausländischen Schuldnern (Konzernen, Banken, Staaten und supranationalen Institutionen) ausgegeben, die damit die Wechselkurs- und Zinsrisiken ihres Kapitalbedarfs mischen können. Die Bundesbank beobachtet den Markt für Auslandsanleihen wegen der dafür gültigen Mindestreserve-Vorschriften und verlangt die maßgebliche Beteiligung deutscher Banken oder inländischer Töchter ausländischer Banken an der Begebung.

Doppelbesteuerung

die gleichzeitige Besteuerung des gleichen Steuerfalls in mindestens zwei Staaten. Sie erschwert insbesondere Auslandsinvestitionen und gilt in der Regel für Steuern auf Unternehmensgewinn, Einkommen und Vermögen. Dagegen helfen (1) einseitiger Verzicht auf Steuererhebung durch das Land, in dem die Steuern anfallen, wenn die gesamtwirtschaftlichen Vorteile von Auslandsinvestitionen die Steuerausfälle überwiegen, (2) Doppelbesteuerungsabkommen, die entgegen ihrer Bezeichnung der Vermeidung der Doppelbesteuerung dienen. Es sind internationale Verträge, die meist wechselseitige Verzichte für bestimmte Steuerfälle vorsehen. Die Normen dafür wurden von der OECD entwickelt.

Doppelminus-, Doppelplusankündigung →Ankündigungen

Doppelwährungsanleihe →Anleihen

Dow Jones

Kurzform für den weltweit wichtigsten →Aktienindex Dow Jones Industrial Average (DJIA), der das Geschehen an der New York Stock Exchange (Nyse) zusammenfassen soll. Er basiert auf nur 30 von insgesamt 2.500 gehandelten Werten und ist preisgewichtet: Jede Aktie ist zu ihrem Kurswert im Index enthalten, weswegen Veränderungen bei Papieren mit hohen Kursen den Index stärker beeinflussen als Veränderungen bei Papieren mit niedrigen Kursen. Die Zusammensetzung des Dow Jones wird in mehrjährigem Abstand aktualisiert. Eine Aufnahme in den DJIA hat erheblichen Einfluss auf den Börsenkurs, weil zahlreiche institutionelle Anleger den Titel dann ihrem Portfolio zukaufen. — Ein breiterer und repräsentativer angelegter Index ist der Standard & Poor's 500 (S&P 500) mit 500 Werten.

Der Dow-Jones-Index wird seit 1884 vom US-Verlag Dow Jones & Co., der auch die Wirtschaftszeitung „Wall Street Journal" herausgibt, veröffentlicht. Seit 1928 basiert er auf der Entwicklung von 30 Standardwerten, den →Blue Chips. Nach 1991 wurde die Zusammensetzung erst 1997 wieder geändert.

Downsizing

Unternehmenskonzept, bei dem Betriebe verkleinert und Abteilungen ausgelagert (verselbstständigt) werden, um die Rentabilität zu erhöhen. Als Methode wird Downsizing oft überschätzt, denn häufig sind sinkende Gewinne die Folge. Zu den Ursachen dafür zählen Organisationsfehler bei der Umstellung, wegen der hohen Spezialisierung eine schlechtere Qualität und Passgenauigkeit der nun zugekauften Produkte und Dienstleistungen sowie ein unzureichender Wettbewerb um die Zulieferaufträge.

Die Imponiervokabel gilt ähnlich wie das →Lean Management oft nur als Umschreibung für das Abspecken als Sparmaßnahme. — Gegenteil: →Synergieeffekte.

Dritte Welt →Ländertypologien

Drittstaat

eine diplomatische und rechtliche Bezeichnung aus dem EU-Sprachgebrauch. Danach ist ein „Erststaat" eines der EU-Mitgliedsländer; „Zweitstaaten" sind jeweils alle anderen EU-Mitgliedsländer. Drittstaaten sind Nicht-EU-Länder.

Die Begriffe „Erststaat" und „Zweitstaaten" werden selten benutzt.

DRV →Genossenschaftswesen

DSD →Bundeskartellamt

DSGV →Sparkassen

DSL Bank →Anleihen

DtA →Deutsche Ausgleichsbank

DTB →Deutsche Terminbörse

Dual-use-Güter →Bundesausfuhramt

DÜI →Blaue Liste

Dumping
eine Variante protektionistischer Handelspolitik, bei der (1) der Exportpreis eines Produktes unter seinem Inlands- oder gar Gestehungspreis liegt, (2) ein Exportprodukt zu unterschiedlichen Preisen auf verschiedenen Auslandsmärkten verkauft wird oder (3) ein Staat die inländischen oder ausländischen Preise subventioniert. Voraussetzung dafür ist eine Regierung, die die Ausweitung von Exporten anstrebt, um ihre Devisensituation, die Konjunktur oder den Arbeitsmarkt zu begünstigen. Die Regierung beeinflusst die Kostenvorteile über administrierte Niedrigpreise (meist für Vorprodukte aus staatlicher Produktion, für Energie und Transportdienstleistungen oder Finanzierungen über Staatsbanken) und das Fehlen kostentreibender Vorschriften (z. B. im Umwelt- und Arbeitsschutz). — Streitigkeiten um Dumping-Vorwürfe werden in der Regel von beiden Seiten mit harten Bandagen und viel Finesse ausgetragen. Kostenvorteile, die auf Wechselkursschwankungen beruhen, und →Abwertungen gehören nicht zum Dumping, weil niedrige Exportpreise auch hohe Importpreise bedeuten, die Inflation hervorrufen, Modernisierungsimporte erschweren und ausländischen Investoren Marktvorteile bieten. Nachgewiesenes Preisdumping, für das die Welthandelsorganisation →WTO Standards entwickelt hat, führt in der Regel zu Strafzöllen für Importe in Höhe des Dumping-Vorteils; Öko- und Sozialdumping, die wertmässig kaum zu bestimmen sind, führen zwar zu Vorwürfen auf internationalen Konferenzen, rufen aber nur selten handelspolitische Reaktionen (z. B. den Wegfall von Vorzugsbehandlungen) hervor. — Der Vorwurf des Preis-, Sozial- und Ökodumpings wird seinerseits protektionistisch eingesetzt, um unliebsamer Billigkonkurrenz den Marktzutritt zu verweigern. Vor allem sozialdemokratische Politiker in Westeuropa erheben gerne den Vorwurf des Lohndumpings, weil die Löhne in den exportorientierten Industriebranchen der ostmitteleuropäischen Reformländer erheblich unter denen des Westens liegen. Der Vorwurf suggeriert zwar den Wunsch nach Lohnsteigerungen im Osten; gemeint ist aber der Schutz des Arbeitsmarktes im Westen vor neuer Konkurrenz. Tatsächlich handelt es sich bei den Niedriglöhnen um einen echten Kostenvorteil der exportierenden Länder, der oft gerade die Voraussetzung für die Verbesserung von Umwelt- und Arbeitsschutz sowie für Lohnsteigerungen ist. In internationalen Gremien wie der Weltarbeitsorganisation →ILO werden die komparativen Kostenvorteile von Entwicklungsländern, die aus niedrigerer Entlohnung und niedrigeren Sozialstandards stammen, als legitim betrachtet, solange sie die Entwicklung stimulieren und nicht als Wirtschaftsstrategie künstlich verfestigt werden.

Dutyfree
abgabenfreier Verkauf von Waren ausserhalb eines Zollgebietes, also hinter der Zollkontrolle in Flughäfen, auf internationalen Flügen im Luftraum, außerhalb der Hoheitsgewässer oder in Zollausschlussgebieten, in Deutschland etwa auf der Insel Helgoland. Verkauft werden insbesondere Waren, die mit hohen Verbrauchssteuern oder Zöllen belegt sind, vor allem Alkoholika und Zigaretten. Die erlaubten Mengen pro Kopf entsprechen der erlaubten zollfreien Einfuhr in den Zielländern. — Die EU-Kommission lehnt den zollfreien Verkauf beim Verkehr innerhalb der Mitgliedsländer, insbesondere auf den Kanal- und Ostseefähren sowie beim Flugverkehr innerhalb der EU, ab. Vorgesehen ist eine Beendigung der Praxis für EU-Inländer im Juni 1999. Dutyfree-Befürworter fürchten steigende Transportpreise, wenn die Gewinne aus dem Dutyfree-Verkauf fortfallen. Allerdings ist nicht einzusehen, weshalb Finanzminister mit Einnahmeausfällen privatwirtschaftliche Transportdienstleistungen subventionieren sollten.

Die Idee entstand in Irland, wo 1947 ein entsprechendes Gesetz verabschiedet wurde und ein Kiosk am Flughafen Shannon öffnete, letzte Auftankstation vor transatlantischen Flügen. Zunächst wurden Souvenirs, schnell aber auch Konsum- und Luxusgüter verkauft. Von dort verbreitete sich die Idee innerhalb eines Jahrzehnts um die Welt. Der Weltumsatz lag 1995 bei rund 30 Milliarden Mark.

DVFA →Deutsche Vereinigung für Finanzanalyse und Anlageberatung

E

EAG →Europäische Aktiengesellschaft
EAG →Europäische Atomgemeinschaft
EAGFL →Europäischer Ausrichtungs- und Garantiefonds für die Landwirtschaft
EAN →Europäische Artikelnummer
EASDAQ →Börsensegmente
EBRD →Europäische Bank für Wiederaufbau und Entwicklung
EBWE →Europäische Bank für Wiederaufbau und Entwicklung
Eckrentner →Rentenversicherung
Ecofin →Europäische Union
Ecu →European Currency Unit

Edelmetalle

Gruppe chemischer Elemente, die an der Luft kaum oxidieren, auch andere chemische Verbindungen nur schwer eingehen und damit besonders haltbar sind. Dazu gehören Gold, Silber, Quecksilber, Platin und die Platin-Metalle Ruthenium, Rhodium, Palladium, Osmium und Iridium. An Börsen werden vor allem Gold, Silber, Platin und Palladium gehandelt.

EEA →Einheitliche Europäische Akte
EEF →Europäischer Entwicklungsfonds

Effekten

an →Börsen gehandelte, zur Kapitalanlage geeignete →Wertpapiere (→Aktien, →Anleihen).

Der Begriff ist veraltend und beruht auf französisch „effets" (Sachen, Reisegepäck), weil Wertpapiere mit auf Reisen genommen wurden.

EFRE →Europäischer Fonds für regionale Entwicklung

Efta

die Europäische Freihandelsassoziation oder -zone (European Free Trade Association) besteht nach dem Übertritt vieler Mitgliedsländer zur EU nur noch aus Island, Norwegen, Liechtenstein und der Schweiz. Sie konzentriert sich jetzt auf den Abschluss von Freihandelsabkommen vor allem mit den östlichen Reformländern und den Anrainerstaaten des südlichen und östlichen Mittelmeeres.

Sekretariat in Genf (Schweiz). 1960 zur Beseitigung von internen Handelsbarrieren nur bei nichtagrarischen Gütern gegründet, hat sie auch keine gemeinsame Agrarpolitik entwickelt. Die Zölle beim Handel von Industriegütern mit der EG fielen 1984. Efta und EU bilden seit 1994 zusammen den →Europäischen Wirtschaftsraum (EWR), an dem sich zwar Liechtenstein, nicht aber die Schweiz beteiligt. — Von den Gründungmitgliedern traten zur EU über: Dänemark und Großbritannien 1972, Portugal 1986, Österreich und Schweden 1994. Finnland war von 1986 bis 1994 Mitglied.

EG →Europäische Union
eG →eingetragene Genossenschaft
EGKS →Europäische Gemeinschaft für Kohle und Stahl
eGmbH →Rechtsformen von Unternehmen
eGmuH →Rechtsformen von Unternehmen
Ehegattensplitting →Einkommensteuer
EIB →Europäische Investitionsbank

Eigenkapital

die vom Eigentümer eines Unternehmens diesem langfristig zur Verfügung gestellten Mittel, ferner einbehaltene Gewinne. Komplementärbegriff ist Fremdkapital, das z.B. durch Bankkredite oder auf dem Kapitalmarkt durch die Begebung von Anleihen aufgenommen wurde. Gemäß der →goldenen Bilanzregel sollte das Eigenkapital das langfristig gebundene Vermögen eines Unternehmens abdecken. — Das tatsächliche, „effektive" Eigenkapital liegt aufgrund der →Bilanzpolitik oft höher als im Jahresabschluss angegeben, lässt sich aber kaum feststellen.

Eigenkapitalquote

in einem Unternehmen der Anteil des →Eigenkapitals am Gesamtkapital bzw. das Verhältnis von Eigen- zu Fremdkapital. Ist die Quote hoch, gelten Unternehmen als finanzstark und unabhängig. Vergleiche sind nur innerhalb von Branchen sinnvoll. Im internationalen Vergleich der Kapitalausstattung von Unternehmen kann eine relativ niedrige Eigenkapitalquote aber auch auf effiziente Märkte zur Versorgung von Unternehmen mit Fremdkapital hinweisen. Die stillen Reserven, die im Eigenkapital nicht erfasst sind, aber zur Finanzstärke eines Unternehmens erheblich beitragen können, beschränken die Aussagefähigkeit der Eigenkapitalquote stark.

eingetragene Genossenschaft

(eG), eine Erwerbs- und Wirtschaftsvereinigung von mindestens sieben Mitgliedern zu gemeinschaftlichem Geschäftsbetrieb. Sie haften nur in Höhe ihrer Einlagen. Die eG wird im Genossenschaftsregister eingetragen. Ist es eine Genossenschaft mit beschränkter Haftung (eGmbH), haften die Genossen nicht mit ihrem Anteil, sondern mit einer im Statut festgelegten Summe. Ist es eine Genossenschaft mit unbeschränkter Haftung (eGmuH), haften die Genossen unbeschränkt.

→Genossenschaften, →Rechtsformen von Unternehmen

Einheitliche Europäische Akte

(EEA), Vertragswerk von 1987, das die so genannte Vollendung des →EU-Binnenmarktes mit seinen →vier Freiheiten für grenzüberschreitenden Personen-, Waren-, Dienstleistungs- und Kapitalverkehr bis zum Jahresende 1992 festlegte. Für Harmonisierungsbeschlüsse der EG legte die EEA den Übergang vom bisherigen lähmenden Einstimmigkeitsprinzip zum Mehrheitsprinzip (bei weit reichenden Ausnahmen) fest.

Die EEA erklärte auch Umwelt-, Forschungs- und Technologiepolitik zur Aufgabe der EG und führte die Politik der →Kohäsion zur Stärkung des wirtschaftlichen und sozialen Zusammenhalts ein. Der EU-Strukturfonds wurde reformiert und seine Mittel verdoppelt. Die Mitwirkungsrechte des Europäischen Parlamentes wurden zwar erweitert, ein Mitentscheidungsrecht wurde dem →Europäischen Parlament aber auch in der EEA verweigert. — Eingeführt wurde auch eine Europäische (außen-)politische Zusammenarbeit (EPZ), die aber nur wenige eigenständige Resultate erzielte und durch die Bestimmungen des Maastrichter Vertrages über eine gemeinsame Außen- und Sicherheitspolitik (GASP) ersetzt wurde, ohne dadurch eine größere Bedeutung gegenüber den nationalen Außenpolitiken zu erlangen.

Die EEA ist kein eigenständiger, konsistenter Vertrag, sondern die Zusammenfassung zahlreicher Änderungen und Ergänzungen bisheriger Verträge. Vorausgegangen war 1983 ein Beschluss des EG-Gipfels von Stuttgart zur Einberufung einer Regierungskonferenz, um die →Eurosklerose nach der Verwirklichung der Zollunion im Jahr 1968 zu überwinden und die Integration voranzutreiben, sowie 1985 die Vorlage eines Weißbuches der EG-Kommission mit einem Katalog von Harmonisierungsschritten, um Grenzkontrollen abzubauen und einen Binnenmarkt zu ermöglichen.

Einkommensteuer

→Steuer auf das Einkommen natürlicher Personen, in Deutschland die wichtigste Einnahmequelle der öffentlichen Hände und damit „Königin der Steuern". Sie bezieht sich auf sieben Einkunftsarten: (1) aus Land- und Forstwirtschaft, (2) aus Gewerbebetrieb, (3) aus selbstständiger Arbeit, (4) aus nichtselbstständiger Arbeit, (5) aus Kapitalvermögen, (6) aus Vermietung und Verpachtung, (7) sonstige nach dem Einkommensteuergesetz. Die Einkommensteuer wird von Arbeitnehmern als Lohnsteuer, aufgrund von Kapitalerträgen als Kapitalertragsteuer, ansonsten als Einkommensteuer erhoben. Die Lohnsteuer wird am Entstehungsort, beim Arbeitgeber, eingezogen und ist deswegen eine Quellensteuer. Als Gemeinschaftssteuer geht ihr Aufkommen zu je 42,5 Prozent an Bund und Länder, zu 15 Prozent an die Gemeinden. — Eine erhebliche Ausweitung des steuerfreien Existenzminimums konnte erst mit Hilfe des Bundesverfassungsgerichtes gegen die Bundesregierung durchgesetzt werden. Die Gestaltung der Einkommensteuer, die fast die Hälfte aller Steuereinnahmen in Deutschland ausmacht, weist einen hohen Grad wirtschafts- und sozialpolitischer Lenkungsfunktion auf, insbesondere durch Freibeträge, Sonderabschreibungen und die Absetzbarkeit von Werbungskosten. — Das Einkommensteuersplitting der Ehegatten ist eine Sonderform der Versteuerung. Das gemeinsam zu versteuernde ungleiche Einkommen der Ehegatten wird halbiert und auf dieser Basis die beiden Hälften zu einem aufgrund der Steuerprogression oft niedrigen Satz versteuert. Das Splitting bedeutet eine steuerliche Bevorzugung Verheirateter gegenüber Unverheirateten. Die Einkommensteuer ist zugleich maßgeblich für die Höhe der Kirchensteuer und des Solidaritätszuschlages. — Der Tarifverlauf muss eine Balance zwischen Steuergerechtigkeit einerseits, der Gefahr von Steuerflucht und Schwarzarbeit andererseits wahren. Der Spitzensteuersatz ist dabei eine politisch-psychologische Größe; die reale Durchschnittsbelastung liegt bei nur zwei Drittel der rechnerischen Höchstbelastung. Das Aufkommen der veranlagten Einkommensteuer (endgültige Einkommensteuerschuld), zu der zumeist Besserverdienende herangezogen werden, ist in den neunziger Jahren von 1991 fast 42 auf 1997 nur noch etwa fünf Milliarden DM geschrumpft; diese Entwicklung spiegelt die gewaltigen legalen Steuerschlupflöcher wider, die vor allem in Ostdeutschland locken (siehe Tabelle →Steuern). 1997 drohte das Einkommensteueraufkommen sogar negativ zu werden; in den ersten sieben Monaten überstiegen die Erstattungen der Finanzämter die Abschlags- und Nachzahlungen um mehr als fünf Milliarden Mark. — Eine aufkommensneutrale Steuerreform, die den Spitzensteuersatz senkt, muss deswegen die Ausnahmebestände reduzieren oder die →Bemessungsgrundlage verbreitern. Bei einem freigestellten Existenzminimum von 15.000 DM jährlich pro Kopf würde bei einer radikalen Vereinfachung eine Durchschnittsbesteuerung tatsächlich aller Einkommen von 23,2 Prozent aufkommensneutral sein, hat der CDU-Bundestagsabgeordnete Gunnar Ulldal vorgerechnet. Ein solcher, in den USA unter der Bezeichnung „flat tax" populärer Tarifansatz widerspricht allerdings dem in Deutschland weithin akzeptierten Grundsatz der Steuerprogression, nach dem die Bezieher höherer Einkommen nicht nur absolut, sondern auch relativ höher besteuert werden. Ulldal hat deswegen einen Stufensatztarif von 8, 18 und 28 Prozent bei der Einkommen- und einheitlich 28 Prozent bei der Körperschaftsteuer vorgeschlagen. — Eine Senkung der Einkommensteuertarife ist regelmäßig nötig, weil die Inflationsraten im Steuersystem unbeachtet bleiben und deswegen eine schleichende Progression stattfindet. Hauptgründe für die Unübersichtlichkeit des Steuersystems, insbesondere der Einkommensteuer, sind die steuertheoretische Gleichstellung von Privat- und Unternehmenseinkünften innerhalb der Einkommensteuererklärung und die steuerpsychologisch erwünschten Lenkungsfunktionen mit einem verschleiernden, umfangreichen System von Steuerminderungen statt einer offener Subventionierung.

Einkommensverteilung
die Anteile von Arbeit und Kapital am Gesamteinkommen einer Volkswirtschaft (Volkseinkommen). Die tatsächliche Lohnquote ist der Anteil des Einkommens aus unselbstständiger Arbeit am Volkseinkommen. Die bereinigte Lohnquote berücksichtigt den zunehmenden Anteil der Arbeitnehmer an der Zahl der Erwerbstätigen und ist deswegen die Grundlage der einkommenspolitischen Diskussion. Sinkende Lohnquoten bedeuten eine nachlassende Bedeutung des Faktors Arbeit zugunsten des Kapitals, bedingt durch ein geringeres Wachstum der Löhne und Gehälter im Vergleich zu Einkom-

men aus selbstständiger Arbeit und Vermögen. Mitte der neunziger Jahre hat die Lohnquote ein Niveau wie zu Beginn der sechziger Jahre erreicht. — Methodische Vorbehalte gelten den sehr hohen Gehältern leitender Angestellter, die bei der bereinigten Lohnquote miterfasst werden, sowie die Nichtberücksichtigung der Arbeitnehmer-Einkommen aus Vermögen, die in den letzten 20 Jahren stark gestiegen sind, sowie Niedrigeinkommen von als selbstständig geltenden Landwirten und Scheinselbstständigen. Diese Faktoren kompensieren sich teilweise und verändern das Gesamtbild kaum.

Einlagen

die hereingenommenen Gelder einer Bank. Es sind Spareinlagen (mit Kündigungsfrist oder fester Laufzeit), die kürzerfristigen Termineinlagen (als →Festgeld oder Kündigungsgeld) oder die täglich fälligen →Sichteinlagen, die die Voraussetzung für die Teilnahme am →bargeldlosen Zahlungsverkehr bilden.

Einlage ist auch eine handelsrechtliche Bezeichnung für einen Anteil an einem Unternehmen (→Rechtsformen von Unternehmen).

Einlagensicherung

Schutz von Giro-, Spar- und Termingutiaben bei einer Bank im Fall ihrer Zahlungsunfähigkeit. Die Privatbanken unterhalten dazu einen Einlagensicherungsfonds beim Bundesverband deutscher Banken, der den Großteil einer einzelnen Einlage absichern kann. Bei den Genossenschaftsbanken existieren ein Garantiefonds und ein Garantie-

Einkommensentwicklung in Deutschland

	Einkommen aus unselbstständiger Arbeit	Einkommen aus unternehm. Tät. und Vermögen	Volkseinkommen
nominell, Mrd. DM			
1993	1.777,9	622,6	2.400,5
1994	1.822,7	687,3	2.510,0
1995	1.882,4	732,8	2.615,2
1996	1.900,4	768,5	2.668,9
Veränderung zum Vj., in %			
1993	+2,1	−1,6	+1,1
1994	+2,5	+10,0	+4,6
1995	+3,3	+6,6	+4,2
1996	+1,0	+4,9	+2,1
Quote in %			
1993	74,1	25,9	100
1994	72,6	27,4	100
1995	72,0	28,0	100
1996	71,2	28,8	100

Quelle: Bundesbank.

verbund zum Schutz der gesamten Bank. Die Sparkassen bilden regionale Stützungsfonds und können auch auf Sicherungsreserven bei den Landesbanken/Girozentralen zurückgreifen; letzte Sicherung ist die Gewährträgerhaftung der öffentlichen Hand, die die öffentlichen Banken insgesamt, nicht nur die Einlagen, schützt. Nur wenige deutsche Banken gehören keinem Einlagesicherungssystem an. Die Bundesbank bietet über die Liquiditätskonsortialbank Hilfe bei unverschuldeten Zahlungsschwierigkeiten. — Deutschland hat in der EU nicht die heimischen Standards der Einlagensicherung durchsetzen können. Jedes EU-Land muss zwar über ein Sicherheitssystem verfügen, aber vorgeschrieben ist nur ein Einlagenschutz bis 20.000 Ecu. Deswegen stellt die aufwändige deutsche Einlagensicherung nun einen Wettbewerbsnachteil in der EU dar, behaupten deutsche Bankenvertreter, ohne sich aber zu trauen, eine Senkung der deutschen Einlagesicherung zu fordern.

Die Banken haben sich lange gegen einen Einlagenschutz gesträubt, der Kleinspareinlagen hinreichend absichert. Dies gelang erst, als 1974 die Pleite des Kölner Bankhauses Herstatt die Vertrauenswürdigkeit des gesamten Banksektors in Frage stellte.

Electronic Banking

im weiteren Sinne Sammelbezeichnung für Bankgeschäfte, die auf dem Einsatz von Computern beruhen. Dazu gehören neben der rationalisierten bankinternen Abwicklung auch der Einsatz von Geldautomaten, Kontoauszugsdruckern usw. außerhalb einer Bank bis hin zur Selbstbedienungsbank ohne Personal sowie Online-Kreditkartenabrechnungen. — Ein schnell wachsendes Teilgebiet des Electronic Banking ist das Tele-Banking. Dabei werden Bankgeschäfte unter Verwendung eines Telefons mündlich, durch den Signalgeber des Telefons elektronisch oder unter Einsatz eines PC mit einem Computerprogramm erledigt. Bei PC-Einsatz wird Tele-Banking zum Home Banking. Die Geschäfte werden auch von →Direktbanken angeboten. — Probleme bei Datensicherheit und -schutz haben die schnelle Entwicklung des Electronic Banking nicht verlangsamen können. Die Kostenvorteile bei der Kontoführung müssen allerdings mit den erhöhten Telefon- bzw. Onlinedienst-Kosten gegengerechnet werden. Viele Systeme sind zudem technisch und organisatorisch noch nicht ausgereift. — Zunehmend spalten sich Bankleistungen in beratungsintensive Bereiche mit hohem Personaleinsatz und personallose Routine-Geschäfte auf. Bankgeschäfte mit schwachem Beratungsbedarf, die betriebswirtschaftlich am wenigsten lohnen, werden mit Electronic Banking rationalisiert. Unklar ist, ob die teilweise hohen Gebühren, die den Kunden für Electronic Banking zwangsweise abverlangt werden und die für die Banken einen lukrativen Verdienst darstellen, auf Dauer bleiben oder aufgrund des Wettbewerbs auf einen kostenorientierten Umfang fallen.

Electronic Cash

„elektronisches Bargeld", wird bankenintern für den bargeld- und beleglosen Zahlungsverkehr genutzt. Verbreitet wird der Begriff für Bargeldersatz auf Karte, insbesondere die wiederaufladbare →Geldkarte, verwendet. Jüngste Form des Electronic Cash ist das Cybercash, um in Computernetzen (vor allem dem Internet) nicht nur zu bestellen, sondern auch zu bezahlen und die elektronische Geldbörse wieder aufzuladen. Experimentiert wird mit virtuellen Geldbörsen oder realen Geldkarten, die in das Diskettenlaufwerk des Computers passen oder in ein eigenes Lesegerät eingeführt werden.

Die enormen Kosten für die Entwicklung von Cybercash-Systemen, die nicht überzeugend gelösten Sicherheitsprobleme für Banken, Händler und Kunden sowie das erhebliche Misstrauen gegenüber den Leistungen von im Internet anbietenden Firmen verzögern die Verbreitung von Cybercash stark.

Elefantenschmusen →Europäisches Parlament
elektronischer Zahlungsverkehr →bargeldloser Zahlungsverkehr
elektronisches Geld →Electronic Cash, →Geldkarte
Embargo →Boykott

Emerging Markets

Investorenbezeichnung für Länder, die im Begriff sind, mit ihren Kapitalmärkten, vor allem den Wertpapierbörsen, Anschluss an das Niveau entwickelter westlicher Industrieländer zu finden. Nach den gebräuchlichen →Ländertypologien umfassen sie Schwellen- bzw. Wachstumsländer. Maßgeblich sind einerseits die Entwicklungspotentiale der Volkswirtschaft und der Börsenpapiere, andererseits die Seriosität des Börsenplatzes.

Der Begriff kommt von engl. „to emerge" (zum Vorschein kommen). Die Emerging Markets des britischen Wirtschaftsmagazins „Economist" sind in Asien: China, Hongkong, Indien, Indonesien, Malaysia, Philippinen, Singapur, Süd-Korea, Taiwan, Thailand; in Lateinamerika: Argentinien, Brasilien, Chile, Kolumbien, Mexiko, Venezuela; in Europa: Griechenland, Portugal, Türkei, Tschechien, Ungarn, Polen, Russland, ferner Israel und Südafrika.

EMI →Europäisches Währungsinstitut
Emission →Begebung, →Going Public
EMS →Europäisches Währungssystem
EMU →Wirtschafts- und Währungsunion
Energieintensität →Öl

Entwicklungsbanken

im Unterschied zur global operierenden →Weltbank-Gruppe vier supranationale, aber regionale, meist auf Kontinente ausgerichtete Förderinstitute, in der Regel zur Kreditvergabe für langfristigen Investitionen. Sie werden durch Beiträge der Mitgliedsländer, Kreditrückflüsse und Anleihen auf den Kapitalmärkten finanziert. Auch wenn die Industrieländer in ihnen nicht die Mehrheit der Stimmrechte innehaben, orientieren sich die Entwicklungsbanken bei der Kreditvergabe meist an den Grundsätzen der Weltbank. — Im weiteren Sinn werden als Entwicklungsbanken auch die Weltbank-Gruppe, die →Europäische Investitionsbank (EIB) und nationale Förderbanken wie die deutsche →Kreditanstalt für Wiederaufbau (KfW) angesehen.

Die Interamerikanische Entwicklungsbank (IDB) wurde 1959 gegründet, die Afrikanische Entwicklungbank 1963, die Asiatische Entwicklungsbank (ADB) 1966 und die →Europäische Bank für Wiederaufbau und Entwicklung (EBRD, „Osteuropabank") 1991.

Entwicklungshilfe
in der internationalen Politik die grenzüberschreitende Unterstützung für ärmere Länder oder Regionen zu günstigeren als Marktbedingungen. Offiziell wird von Entwicklungszusammenarbeit gesprochen, weil „Hilfe" einen gönnerhaften Beiklang hat und „Zusammenarbeit" eine Wechselseitigkeit umfasst, die aber tatsächlich kaum existiert. Zu den Ursachen der nachlassenden Bedeutung in Politik und öffentlicher Meinung zählen (1) das Scheitern zahlreicher in den sechziger und siebziger Jahren aufgelegten, am Industrialisierungsmodell der wohlhabenden Länder ausgerichteten Großprojekte, (2) das Verhalten der Industrieländer seit den siebziger Jahren, den Regierungen der Empfängerländer — oft ehemaliger Kolonien — stärker als zuvor eine eigene Verantwortlichkeit für die politische, wirtschaftliche und soziale Entwicklung in ihren Ländern abzuverlangen, (3) der enorme Bedeutungszuwachs des →Internationalen Währungsfonds und der →Weltbank seit dem Ausbruch der →Schuldenkrise 1982, der die Bedeutung der traditionelle Entwicklungshilfe zugunsten der makroökonomischen Anpassungsprogramme zurückgedrängt hat, (4) die Ausrichtung der Projektausgaben auf die wirtschaftlichen Interessen des Geberlandes und seiner Unternehmen, (5) der Wegfall einer weltpolitischen Funktion der Entwicklungshilfe nach dem Ende der Ost-West-Konfrontation, (6) die in den neunziger Jahren zu erkennende Ausrichtung zahlreicher Empfängerländer auf die Akquisition von →Auslandsinvestitionen statt staatlicher Projekte. — In Deutschland wird die Entwicklungshilfe vom →Bundesministerium für wirtschaftliche Zusammenarbeit und von →Nichtregierungsorganisationen geleistet. International wird die öffentliche Entwicklungshilfe vom →Development Assistance Committee (DAC) registriert. Um die Akzeptanz der Entwicklungshilfe wieder zu steigern und die verbreitete Ansicht zurückzudrängen, Entwicklungshilfeausgaben seien angesichts der ständig sich verschlimmernden Weltlage aussichtslos, sind einige Organisationen dazu übergangen, Positivmeldungen zu verbreiten. Die Botschaft ist, dass Entwicklungshilfe trotz aller Fehler funktioniert und zudem billiger ist als befürchtet.

Nach dem Weltentwicklungsbericht 1997 des UN-Entwicklungsprogramms UNDP ist die Armut in der Welt in den letzten 50 Jahren stärker zurückgegangen als in den 500 Jahren davor. Die Entwicklungsländer haben in den letzten 30 Jahren grössere Fortschritte gemacht als die Industrieländer in den 100 Jahren davor. Seit 1960 hat sich die Sterblichkeitsrate der Kinder halbiert. Der Anteil von Kindern ohne jede Schulbildung ist seither von mehr als der Hälfte auf unter ein Viertel gefallen. Der Anteil von Familien auf dem Land ohne Zugang zu sauberem Trinkwasser ist von neun Zehntel auf unter ein Viertel zurückgegangen. Die Weltbank erklärte in ihrem Jahresbericht 1997, dass die Armut weltweit sinke. So haben in Indien vor einer Generation noch 50 Prozent der Menschen unter der Armutsgrenze gelebt, während es heute 35 Prozent sind. Nach Weltbank-Angaben wird sich der Anteil der Entwicklungsländer an der Weltwirtschaft bis 2020 von jetzt etwa einem Sechstel auf rund ein Drittel verdoppeln. Selbst in Afrika südlich der Sahara liegt die Wachstumsrate seit 1995 mit vier Prozent fast doppelt so hoch wie im Jahrzehnt vorher. — Zugleich wuchs aber auch die Zahl der in absoluter Armut lebenden Menschen auf derzeit 1,3 Milliarden; 840 Millionen müssen hungern, jährlich sterben 40 Millionen Menschen an Unterernährung (täglich 110.000). Die UN-Welternährungsorganisation FAO hat einen Investitionsbedarf in den Agrarsektor der Hungerländer von jährlich 166 Milliarden US-Dollar ausgerechnet, der zu drei Vierteln von den Bauern selbst und zu einem Viertel (41 Milliarden Dollar) von Regierungen und Organisationen erbracht werden müsste; die internationale Agrarhilfe für arme Länder ist aber in zehn Jahren um die Hälfte auf unter zehn Milliarden Mark gesunken. Nach einer 1996 von der UNDP vorgestellten Studie verfügen die 358 Dollar-Milliardäre über mehr Geld als die drei Milliarden ärmsten Menschen. Die Verteilungsgerechtigkeit nimmt weiter ab: Die UN-Handelskonferenz UNCTAD errechnete 1997, dass das durchschnittliche Pro-Kopf-Einkommen der 20 Prozent Weltbevölkerung mit dem höchsten Einkommen 60mal so hoch gewesen sei wie dasjenige der 20 Prozent mit dem niedrigsten Einkommen. Vor zwanzig Jahren lag das Durchschnittseinkommen der oberen 20 Prozent nur 20mal so hoch wie das der unteren 20 Prozent.

Öffentliche Entwicklungshilfe
in Millionen US-Dollar und Anteil am Bruttosozialprodukt

Land	Betrag	Anteil
Japan	9.437	0,20
USA	9.058	0,12
Deutschland	7.515	0,32
Frankreich	7.430	0,48
Niederlande	3.303	0,83
Großbritann.	3.185	0,27
Italien	2.397	0,20
Schweden	1.968	0,82
Kanada	1.782	0,31
Dänemark	1.773	1,04
Norwegen	1.311	0,85
Spanien	1.258	0,22
Australien	1.093	0,29
Schweiz	1.021	0,34
Belgien	937	0,35
Österreich	640	0,28
Finnland	409	0,34
Portugal	221	0,21
Irland	177	0,30
Neuseeland	122	0,21
Luxemburg	77	0,41

Quelle: DAC. Angegeben sind alle DAC-Mitglieder. Stand: 1996. Den angestrebten Anteil von 0,7 Prozent an der Wirtschaftsleistung erreichten nur Schweden, Dänemark, Norwegen und die Niederlande.

Entwicklungsprogramm der Vereinten Nationen →United Nations Development Programme

EP →Europäisches Parlament
EP →Rentenformel
EPZ →Einheitliche Europäische Akte

Erblastentilgungsfonds

ein 1995 gegründetes →Sondervermögen des Bundes zur →Finanzierung der deutschen Einheit, in das u.a. die Schulden der →Treuhandanstalt (205 Milliarden Mark), des →Kreditabwicklungsfonds (102 Milliarden Mark) und die von Bund und Ländern gemeinsam bedienten kommunalen Altschulden ostdeutscher Gemeinden (8 Milliarden Mark) eingebracht wurden. 1997 betrug der Schuldenstand etwa 320 Milliarden Mark (→Staatsverschuldung). Der Erblastentilgungsfonds soll über vermutlich mehr als 30 Jahre aus dem Bundeshaushalt und den Bundesbankgewinnen abgewickelt werden.

Erlös →Umsatz
ERP →Marshall-Plan

ERP-Sondervermögen

ein auf den →Marshall-Plan zurückgehendes Instrument der Wirtschaftsförderung. Es wird für zinsverbilligte ERP-Kredite eingesetzt, deren Ziele von der Bundesregierung festgelegt werden. Die Finanzierung erfolgt inzwischen hauptsächlich über die Mittelaufnahme am Kapitalmarkt. ERP-Kredite werden von der →Kreditanstalt für Wiederaufbau ausgegeben und von den Geschäftsbanken ausgezahlt.

Für die Warenkredite, die die drei Westzonen Deutschlands gemäß dem Marshall-Plan (European Recovery Program, ERP) zwischen 1947 und 1952 auf Dollarbasis erhielten, mussten deutsche Importeure einen Gegenwert auf DM-Basis in einen Fonds einzahlen, der bereits 1952 fünf Milliarden Mark erreichte. Diese Rückzahlungen wurden zum ERP-Sondervermögen verselbstständigt. — Als →Sondervermögen wird es im Bundeshaushalt als eigener Ansatz erfasst. 1996 wurden Darlehen über 13 Milliarden Mark vergeben; die Zinsausgaben für selbst aufgenommene Kredite am Kapitalmarkt lagen bei 2,8 Milliarden Mark. Dem standen Darlehensrückflüsse von 5 Milliarden und Zinseinnahmen aus laufenden, selbst ausgegebenen Krediten von 2,9 Milliarden Mark gegenüber. Insgesamt musste das Sondervermögen rund 10,2 Milliarden Mark Schulden neu am Kreditmarkt aufnehmen.

Ersatzkassen →Krankenversicherung
Erste Welt →Ländertypologien

Ertragsteuern

Steuern auf den Ertrag eines Vermögens, nicht seinen Wert (→Substanzsteuern). Die wichtigsten Ertragsteuern sind →Einkommensteuer (auf Kapitaleinkünfte), →Körperschaftsteuer und Gewerbeertragsteuer (→Gewerbesteuer). Sie gelten als konjunkturverträglich für Unternehmen, weil in Zeiten niedriger Gewinne und Einkommen auch wenig zu versteuern ist. Ertragsteuern führen aber im Verlauf von Rezessionen zu erheblichen Einnahmeausfällen, obwohl gerade dann die Staatsausgaben stark ansteigen können (z.B. durch Sozialleistungen). Die Staatsquote steigt, weil der öffentliche Sektor langsamer auf die Konjunkturentwicklung reagiert als der private. — Ertragsteuern ermöglichen durch die Verlagerungen innerhalb internationaler Unternehmen Steuerflucht, weil Bilanzen so gestaltbar sind, dass Gewinne nur dort versteuert werden, wo die Steuersätze am niedrigsten sind.

ESF →Europäischer Sozialfonds

ESBZ →Europäisches System der Zentralbanken

ethische Aktionäre

Kapitalanleger, deren Investitionen sozial- und umweltverträglich sein sollen. Ethisch und ökologisch ausgerichtete Kapitalanlagen können wegen höherer Resistenz gegen Risiken höhere Renditen aufweisen (z. B. wegen einer geringen Wahrscheinlichkeit von Schadenersatzklagen, Unfallkosten, Marktregulierungen durch umwelt- oder moralisch bewusste Regierungen). Im Gegensatz zu kritischen Aktionären verfolgen ethische Aktionäre jedoch renditeorientierte Anlegerinteressen.

Der Börsendienst Öko-Invest, der beim Forschungsinstitut für ethisch-ökologische Geldanlagen (FIFEGA, Wien) erscheint, bewertet deutsche und internationale Kapitalanlagen unter ethischen Gesichtspunkten.

EU →Europäische Union

EU-Agrarfonds →Europäischer Ausrichtungs- und Garantiefonds für die Landwirtschaft.

EU-Agrarpolitik

der politisch umstrittenste Teil der europäischen Integration. Eine gemeinsame europäische Agrarpolitik (im Insider-Jargon: GAP) wurde bereits im EWG-Vertrag von 1957 ausdrücklich festgelegt. Sie hatte fünf Ziele: (1) Produktionssteigerung durch Technisierung und Rationalisierung, (2) Einkommenssteigerung der im Agrarsektor Beschäftigten, (3) Stabilisierung der Märkte, (4) Versorgungssicherheit für die Bevölkerung und (5) angemessene Verbraucherpreise. Damit sollte auch für Agrarprodukte die Freiheit des Warenverkehrs möglich sein. Die Ziele galten gleichberechtigt nebeneinander, obwohl sie widersprüchlich waren (Einkommenssicherung und angemessene Preise, Produktionssteigerung und Marktstabilisierung). Um sie zu erreichen, wurden viele Marktmechanismen reguliert (ausgeschaltet oder eingeschränkt). Als maßgebliche, bis heute fortwirkende Ursachen für das Misslingen einer ökonomisch, sozial und politisch akzeptablen EU-Agrarpolitik gelten (1) ihre fehlenden Prioritäten und die Vielzahl von Interessen in der EU, die schnelle Änderungen verhindern, (2) der zum Scheitern verurteilte Versuch, auf dem Verwaltungsweg saisonale, regionale und strukturelle Gleichgewichte zwischen Angebot und Nachfrage anzusteuern, und (3) die Entscheidung, die Einkommen der Landwirte grundsätzlich über Preise zu sichern und sie damit an die Produktion zu koppeln. — Ab 1962 wurden für fast alle Agrarprodukte gemeinsame Marktorganisationen aufgebaut, bis wertmäßig 80 Prozent aller EU-Agrargüter der Marktordnung unterlagen.

Anfangs wurde die Überwindung einer Vielzahl nationaler Schutzmaßnahmen als Chance empfunden. Die klaren finanziellen Produktionsanreize, der Schutz vor Preisschwankungen und die damit verbundene Risikominimierung erwiesen sich aber schnell als ineffizient: Sie führten zur Finanzierung von Überproduktion und ihrer Einlagerung (Butterberge, Weinseen) oder Vernichtung (Obst). In der ersten Hälfte der achtziger Jahre drohte schließlich der finanzielle Kollaps der EG. Mehrere Reformen haben seither die Probleme zwar entschärft, aber nicht wirklich lösen können. In den neunziger Jahren entfällt auf die Agrarausgaben mehr als die Hälfte des EU-Haushalts. — Trotz der gewaltigen Ausgabensteigerungen nähern sich die Einkommen der Bauern, die in Deutschland rund zur Hälfte aus Subventionen bestehen, nicht den Industrielöhnen an. Bis heute bevorzugt das Subventionssystem die großen Agrarbetriebe und benachteiligt die kleinen. Wegen ihrer günstigeren Betriebsgrößen und den produktspezifischen Förderungen werden zudem die „nördlichen", wohlhabenderen Mitgliedsländer gegenüber den „südlichen" begünstigt. Deswegen nehmen die strukturellen Ungleichgewichte innerhalb der EU-Landwirtschaft durch die Agrarpolitik eher noch zu. Zeitweilig verließen erhebliche Teile der EG-Mittel den Agrarsektor und flossen an Einlagerungsbetriebe und Kühlhausbetreiber. Nicht einmal ein einheitlicher Währungsraum war durchsetzbar. Mit den →grünen Paritäten hat sich eine Nebenagrarwährung entwickelt. Außerdem sind administrativ verteuerte Nahrungsmittelpreise sozial ungerecht, weil ärmere Haushalte einen größeren Teil ihres Einkommens für Nahrungsmittel ausgeben als wohlhabendere. — Die ökologischen Kosten sowie Geschmacks- und Qualitätsverluste der stimulierten Hochleistungslandwirtschaft sind seit den siebziger Jahren ins Bewusstsein der Verbraucherinnen und Verbraucher geraten. Ins Blickfeld der Öffentlichkeit geraten die EU-Agrarpolitik und ihre Finanzierung nur noch durch Skandale (die Vernichtung von Lebensmitteln, Subventionsbetrügereien, der Streit um die Bekämpfung des Rinderwahnsinns) oder bei Außenhandelsproblemen. Insgesamt sind die kaum noch überschaubaren Agrarprobleme durch den Integrationsprozess der achtziger und neunziger Jahre (→Binnenmarkt, →Wirtschafts- und Währungsunion) in den Hintergrund gedrängt worden. — Die EU-Agrarpolitik erfordert eine weit gehende Abschottung des landwirtschaftlichen Binnenmarktes vom Weltmarkt, weil die Preisniveaus innerhalb und außerhalb der Gemeinschaft unterschiedlich sind. Dies führt zu hohen Preisen in der EU und zu einem Anstieg des Selbstversorgungsgrades, der in einem funktionierenden Weltmarkt mit seinem entwickelten Transportsystem unnötig ist. Außerdem können insbesondere große Dritte-Welt-Länder, die aus der EU in bedeutendem Umfang Industriegüter beziehen, diese Importe nur mit „erwünschten" Agrarlieferungen gegenfinanzieren. Die Weigerung der EU, ihren Agrarmarkt zu öffnen, hat den Abschluss der →Uruguay-Runde beinahe verhindert. Andererseits beginnen die weiter zunehmende Weltbevölkerung und eine Verknappung der Weltanbauflächen die EU-Flächenstilllegungspolitik moralisch in Frage zu stellen. Die wichtigsten Hilfsmittel der Abschottung sind →Abschöpfung und →Ausfuhrerstattung. — Produktionssteigernd wirken Beihilfen (die ausgezahlt werden) und Interventionen (die die Nachfrage und damit die Preise verändern). Produktionshemmend wirken etwa Quoten und Straf-(„Mitverantwortungs-")Abgaben bei Überproduktion. — Insgesamt sind die Kosten des Systems so hoch, dass sie zum wichtigsten wirtschaftlichen Hindernis bei der Aufnahme neuer, ärmerer EU-Mitglieder geworden sind. Andererseits hat die EU im Zuge der Uruguay-Runde eine substanzielle Senkung der Exportsubventionen bis zum Jahr 2000 zugesagt, wenn eine neue Verhandlungsrunde beginnt, um mehr Freihandel bei Agrargütern zu ermöglichen. Deswegen wird eine Totalrevision der Agrarausgaben einschließlich einer stärkeren Hinwendung von der Preisstützung hin zu stärkeren Einkommensbeihilfen notwendig. EU-Erweiterung und die von der →Welthandelsorganisation erwarteten Strukturänderungen sind Bestandteile der →Agenda 2000. — Seit Mitte der neunziger Jahre fließen durch den Anstieg der Weltmarktpreise vieler Nahrungsmittel die eingelagerten EU-Überschüsse ab. Dadurch sinken die Erstattungszahlungen der EU an die Exporteure. — Die „offiziellen" Kosten der EU-Agrarpolitik trägt zum größten Teil der →Europäische Ausrichtungs- und Garantiefonds für die Landwirtschaft (oft kurz: Agrarfonds), der ein regulärer Teil des EU-Haushaltes ist. Die inoffiziellen Kosten fallen als erhöhte Verbraucherpreise an. In der Bevölkerung der EU besteht allerdings noch immer ein politischer Konsens über eine weit gehende Selbstversorgung mit Lebensmitteln und weltmarktunabhängige Bauerneinkommen.

Systematische Übersicht nach produktionsfördernden Maßnahmen und Marktordnungsprodukten: (1) Erzeuger erhalten Produktionsbeihilfen, weil der Marktpreis das Einkommen nicht garantiert: für Hopfen, Flachs, Hanf, Saatgut, Trockenfutter, verarbeitetes Obst und Gemüse (um deren Anbauer zu unterstützen), Sojabohnen, Lein- und Rizinussamen, Baumwollsaat und Hanfsaaten, Eiweißpflanzen (um Sojaschrotimporte zu ersetzen), Seidenraupen, Körnerhülsenfrüchte sowie griechische Baumwolle. (2) Interventionen sind möglich bei Schweinefleisch, Obst, Gemüse, Fisch, Schaffleisch, Tafelwein, Getreide, Reis, pflanzlichen Fetten (bei Olivenöl ist zusätzlich eine Erzeugungsbeihilfe möglich), Rindfleisch (zusätzlich Prämien möglich), Zucker, Milch und Milchprodukten. (3) Um Importe zu reduzieren, trat 1993 die Bananenmarktordnung in Kraft, die auf Schutzzollbasis funktioniert und den Bananenanbau in einigen EU-Mitgliedsländern fördern sollte; sie wurde 1997 von der Welthandelsorganisation verworfen. (4) Einige Beihilfen sollen Produkte wieder verbilligen, die mit anderen Mitteln verteuert wurden. Sie werden etwa für Stärke aus Kartoffeln, Getreide oder Reis gewährt, weil die Stärkeproduzenten sonst auf dem Weltmarkt benachteiligt sowie die Hersteller chemischer Ersatzprodukte im Vorteil wären. (5) Beihilfen können auch Agrarprodukte in andere Märkte umlenken, etwa über die Verfütterung in die Fleischproduktion. Hier ist die Missbrauchsgefahr besonders groß, weil die Umlenkung kaum kontrolliert werden kann. (6) Keine Markteingriffe, aber Marktordnungen mit Qualitätsnormen gelten für Eier, Geflügelfleisch, Lebendpflanzen, Blumen und bestimmte Weine.

EU-Binnenmarkt
das Wirtschaftsgebiet der EU (vor 1993 der EG) ohne Binnengrenzen, in dem der freie Verkehr von Waren, Personen, Dienstleistungen und Kapital (→vier Freiheiten) gewährleistet ist. Angeregt im Weißbuch der EG-Kommission von 1985, wurde die „Vollendung" des Binnenmarktes zum 31.12.1992 in der →Einheitlichen Europäischen Akte (EEA) von 1987 beschlossen. Das Konzept sah keine einheitliche Neugestaltung des Wirtschaftsraums vor, sondern eine Vielzahl von Einzelmaßnahmen, von denen zwar die meisten Harmonisierungen rechtzeitig von der Kommission verabschiedet, aber nur wenige zum vorgesehenen Zeitpunkt bereits in nationales Recht umgesetzt waren. Betroffen waren u.a. die Bereiche öffentliches Auftragswesen, technische Harmonisierung, Dienstleistungs- und Niederlassungsfreiheit, die Anerkennung von Berufsabschlüssen, das Urheber- und das Medienrecht. Der vollständige Abbau der innergemeinschaftlichen Grenzkontrollen und einige Schritte zur Steuerharmonisierung, die laut EEA ebenfalls zur Vollendung des Binnenmarktes gehörten, sind noch nicht abzusehen. — Untermauert wurde der Binnenmarkt-Plan 1988 durch den von der Kommission veranlassten „Cecchini-Bericht", der Kosteneinsparungen von 200 Milliarden Ecu, eine sechsprozentige Preissenkung und den Gewinn von 1,8 Millionen Arbeitsplätzen prognostizierte. Die dazu entwickelten Annahmen waren so beliebig, dass das Ausbleiben oder die Nichtberechenbarkeit der Vorteile kaum erstaunte. — Kritik rief der Binnenmarktplan vor allem wegen seiner Auswirkungen auf die Wirtschaftsstruktur hervor: (1) Aus dem Binnenmarkt, hieß es, entwickle sich eine handelspolitische „Festung Europa", um die Größenvorteile, die der neue Wirtschaftsraum bietet, vor allem EU-Unternehmen zugute kommen zu lassen. Diese Vermutung hat sich nicht erhärten lassen. Über das übliche Maß protektionistischer Außenhandelspolitik hinaus, wie sie die EU zeitgleich bei den Handelsgesprächen der →Uruguay-Runde zeigte, war keine Abschottung, sondern tatsächlich eher eine wirtschaftliche Öffnung zu verzeichnen. (2) Die Freiheiten des Waren-, Dienstleistungs- und Kapitalverkehrs begünstige die EU-Großunternehmen, weil nur sie stark genug seien, die Wachstumschancen vollständig zu nutzen. Diese Vermutung ist durch den schnellen Aufbau von Produktionsverbünden in der EU bestätigt worden. Kleine und mittlere Unternehmen sind durch den Binnenmarkt kaum begünstigt worden und haben deswegen im Vergleich zu den Großunternehmen Wettbewerbseinbußen hinnehmen müssen. (3) Das Mittel, Wachstumschancen wahrzunehmen, seien in erster Linie Fusionen und Übernahmen bereits bestehender Firmen, nicht aber Neugründungen oder Erweiterungsinvestitionen. Diese Annahme wurde

durch eine enorme Fusionswelle zwischen 1987 und 1990 bestätigt, die in vielen Mitgliedsländern durch die anschließenden Rationalisierungen zu Arbeitsplatzverlusten und nicht den behaupteten Beschäftigungsgewinnen geführt hat. Binnenmarkt- und Globalisierungseffekte sind zwar nur schwer zu trennen, aber viele Manager haben aus einem vom Binnenmarkt angestossenen Rationalisierungsschub keinen Hehl gemacht. Der Cecchini-Bericht selbst sah einen erheblichen Konzentrationsschub in der Industrie voraus. Allerdings war er nicht so weit reichend, wie ihn die Cecchini-Arbeitsgruppen prognostiziert hatte. (4) Kritiker befürchteten zudem eine EU-weite Vereinheitlichung insbesondere von Nahrungs- und Genussmitteln und Konsumgütern und damit eine Verödung der innergemeinschaftlichen Vielfalt. Insgesamt ist dieser Effekt nicht eingetreten. Allerdings war der kapitalmäßige Konzentrationsschub in diesen Branchen erheblich. Heute stellen weniger, aber erheblich größere Unternehmen mehr Produkte her oder vertreiben sie. (5) Eine über Einzelfragen hinausgehende Kritik setzt vor allem am undemokratischen Zustandekommen des Binnenmarktprojektes an, das die Vorteile auf die EU-Unternehmen und die Kommission mit ihrem Machtzuwachs konzentriert, während für das Europäische Parlament und die EU-Bürger über Marginalitäten hinaus kaum etwas abfalle. Ähnliches gelte auch für das an den Binnenmarkt anschließende Integrationsprojekt, die →Wirtschafts- und Währungsunion. Tatsächlich sind die seit Anfang der neunziger Jahre in allen Mitgliedsländern wieder zunehmende Euroskepsis und das verbreitete Misstrauen gegenüber der Währungsunion Ausdruck einer geringen Glaubwürdigkeit solcher Integrationsprojekte. Bedeutsam dafür ist die Schattenexistenz des Europäischen Parlamentes, das weder beim Binnenmarkt noch bei der Währungsunion die Kraft aufgebracht hat, offensiv aus der Zustimmungspflichtigkeit vieler Einzelmaßnahmen politisches Kapital, nämlich die Ausweitung seiner Rechte, zu schlagen.

EU-Finanzausgleich
ein (im Vergleich etwa zu Deutschland) nur schwach ausgeprägtes Instrument eines systematischen Finanztransfers, um wirtschaftlich schwache Regionen vor weiteren Wohlfahrts- und Abwanderungsverlusten innerhalb der EU zu schützen. Insbesondere die Freigabe des grenzüberschreitenden Kapitalverkehrs führt in der Regel zum Abfluss von Kapital aus renditeschwachen Regionen in neu zugängliche Renditezentren. Eine solche Entkapitalisierung der „Peripherie" muss durch direkte staatliche Transfers oder indirekte Mittel wie Infrastrukturpolitik oder Steuererleichterungen kompensiert werden, wenn die Kluft zwischen Armuts- und Wohlstandsgebieten nicht wachsen soll. Den →EU-Strukturfonds (Regional-, Sozial-, Agrar-, Kohäsionsfonds), teils aus anderen Gründen geschaffen, kommt deswegen die Funktion eines Finanzausgleichs zu. — Traditionelles Mittel, um die wirtschaftliche Attraktivität einer strukturschwachen Region wieder zu steigern und ausländische Investitionen anzulocken, ist

ihre schwache Währung, also ein günstiger Wechselkurs für den Warenexport. Als aber Ende der achtziger bis Anfang der neunziger Jahre auch Schwachwährungen im Rahmen des →Europäischen Währungssystems (EWS) durch Hochzinspolitik fast stabile Wechselkurse auswiesen, fiel dieses Mittel aus. Die EU-Strukturfonds, für diese Aufgabe nicht vorgehen, konnten die Verluste an Wettbewerbsfähigkeit trotz drastischer Mittelerhöhung nicht ausgleichen. Eine einheitliche EU-Währung, die keinen Schutz schwacher Regionen durch Wechselkurse und andere Hemmnisse bietet, erfordert einen zusätzlichen, systematisch verfassten EU-Finanzausgleich. Er müsste die zusätzlichen Wettbewerbsnachteile in Folge der Währungsunion und die dadurch vergrößerte Mobilität des Kapitals abdecken. Allerdings ist im einzelnen schwer zu beurteilen, inwieweit unzureichender nationaler Finanzausgleich (vor allem in Zentralstaaten) eine Region belastet und in welchem Maße darüber hinaus eine Währungsunion bei fehlendem EU-Finanzausgleich zum Niedergang einer Region beitragen kann.

EU-Finanzverfassung
das System der Mittelerhebung, -verwendung und Ausgabenkontrolle der EU. Rechnungseinheit ist die →Ecu. Die Umstellung auf den Euro ist angekündigt. Stärkere Schwankungen der Ecu-Wechselkurse gegenüber den nationalen Währungen verändern auf der Einnahme-, vor allem aber auf der Ausgabenseite den Wert von Zahlbeträgen. Dewegen existiert neben dem Hauptumrechnungskurs auch eine für Agrarzahlungen geltende →grüne Parität. — Die EU verfügt über vier hauptsächliche Einnahmequellen: (1) Zölle, (2) Agrarabschöpfungen an den EU-Aussengrenzen, (3) ein Anteil an den Mehrwertsteuereinnahmen der Mitgliedsländer (1,4 Prozent bei einer Bemessungsgrundlage von maximal 55 Prozent des Bruttosozialprodukts) und (4) Beiträge der Mitgliedsländer von maximal 1,27 Prozent des jeweiligen Bruttoinlandsproduktes. Dominant sind die dritte und vierte Einnahmequelle, deren Finanzrahmen bisher nie ausgeschöpft wurden. Reduzierungen zugunsten Großbritanniens werden von den anderen Mitgliedsländern getragen. — Ein eigenes Steuerrecht und eigene Steuern hat die EU nicht. Über die finanzielle Ausstattung der EU wird auf EU-Gipfeln entschieden. Grundlage für ihren mehrjährigen Haushaltsplan ist eine „Finanzielle Vorausschau". Eine Verschuldung am Kapitalmarkt zur Finanzierung von Haushaltsdefiziten ist unzulässig; Vorstöße der Kommission, durch ein Kreditaufnahmerecht einen größeren finanziellen Spielraum gegenüber den Mitgliedsländern zu erhalten, sind bisher gescheitert.

Auf der Ausgabenseite dominieren die Kosten der →EU-Agrarpolitik (über 50 Prozent) und der Strukturpolitik (rund 30 Prozent). Die Verwaltungsausgaben betragen etwa fünf Prozent und liegen damit bei internationalen Vergleichen im Mittelfeld. Auf Verschwendung, Fehlausgaben oder Betrug entfallen etwa fünf bis sechs Prozent des EU-Haushalts. Ursache dafür ist der hohe Anteil an Zuschüssen aus dem Haushalt, der Verstöße gegen die Zweckbestimmung erleichtert. Der →Europäische Rechnungshof, dem die Kontrolle des Hauhaltes obliegt, kritisiert, dass der größte Teil des Geldes unter Aufsicht der Mitgliedsregierungen verschwinde. Viele EU-Aufgaben werden zudem in Auftragsverwaltung von privaten Agenturen erledigt. Sie gelten als überteuert, aber notwendig, solange die Mitgliedsländer der Kommission keinen weiteren Stellenzuwachs genehmigen wollen. — Die finanzielle Vorausschau für 1993 bis 1999 sieht eine Zunahme des Haushaltsvolumens von 69 auf 84 Milliarden Ecu vor. Der EU-Haushalt von 2000 bis 2006 ist ein Teil der →Agenda 2000. — Deutschen Forderungen nach einer Senkung der Beiträge, weil Deutschland der größte Netto-Zahler der EU sei, entgegnet die EU-Kommission, wichtiger sei das enorme Einsparpotential durch eine Reform der Agrarpolitik, die die deutsche Seite aber wegen befürchteter Bauernproteste verhindere.

EU-Fonds

Sammelbezeichnung für die →EU-Strukturfonds (Agrarfonds / Abteilung Ausrichtung, Regional-, Sozial- und Kohäsionsfonds), den Agrarfonds / Abteilung Garantie sowie den →Europäischen Entwicklungsfonds.

EU-Fusionskontrolle

Einrichtung der EU-Kommission zur Wettbewerbsüberwachung, entfernt dem →Bundeskartellamt verwandt, aber keine unabhängige Behörde. In der EU gelten ebenfalls Kartellverbot und die Prüfung von Unternehmenszusammenschlüssen, die zu einer Marktbeherrschung führen können. Allerdings befindet die Kommission selbst über diese „Zusammenschlüsse gemeinschaftsweiter Bedeutung". Die Aufgreifschwellen sind erreicht, wenn alle am Zusammenschluss beteiligten Unternehmen einen Weltumsatz von mehr als 5 Milliarden Ecu haben oder wenn mindestens zwei beteiligte Unternehmen einen EU-Umsatz von jeweils mehr als 250 Millionen Ecu haben. Die EU ist aber nicht zuständig, wenn mehr als zwei Drittel dieser Umsätze in einem Mitgliedsstaat erzielt werden. Außerdem prüft die EU keine Minderheitsbeteiligungen, obwohl davon ein erheblicher Einfluss auf ein Unternehmen ausgehen kann. Für Unternehmen der →Montanindustrie besteht eine generelle Genehmigungspflicht, die bei drohender Marktbeherrschung zu versagen ist, es sei denn, die Fusion ist „tolerabel", wofür Kriterien existieren. — Erhebliche Anlaufschwierigkeiten haben zunächst zu einem gewaltigen Stau bei der Bearbeitung der Anträge geführt. Die EU-Kommission prüft zwar in erster Linie den Wettbewerb; nach harten Auseinandersetzungen zwischen den Mitgliedsländern ist sie aber auch ermächtigt worden, industriepolitische Ziele zu akzeptieren: zur „Entwicklung des technischen und wirtschaftlichen Fortschritts, sofern er dem Verbraucher dient und den Wettbewerb nicht behindert". Deswegen gilt die EU-Fusionskontrolle bei der Industrie als unternehmerfreundlicher und beeinflussbarer als das Bundeskartellamt; deshalb haben Unternehmen ihre Umsätze bereits künstlich (aber vergeblich) hochgerechnet, um in die Zuständigkeit Brüssels zu gelangen. Daher drängt aber auch die deutsche Industrie auf eine Senkung der Brüsseler Eingreifschwellen, wozu die deutsche Seite nur bereit ist, wenn statt der Kommission ein unabhängiges EU-Kartellamt gegründet wird, was aber kein anderes Mitgliedsland will. Sachlich umstritten ist, ob mit der zunehmenden Entwicklung des Binnenmarktes die marktbeherrschende Stellung eines Unternehmens in Deutschland hingenommen werden kann, wenn dadurch der Wettbewerb in der EU mit seinem ungehinderten grenzüberschreitenden Warenverkehr nicht gefährdet wird und Deutschland damit nur noch eine Region innerhalb des Binnenmarktes ist.

1990 eingerichtet. Die Zahl der bei der EU angemeldeten Großfusionen steigt schnell und lag 1997 bei 130 bis 150 Anträgen.

EU-Gipfel →Europäische Union

EU-Handelspolitik
die Gestaltung der Außenwirtschaftsbeziehungen der EU. Ihre Bedeutung beruht vor allem auf der vollständigen Vergemeinschaftung der Handelspolitik der Mitgliedsländer, d.h. selbst Not- und Schutzmaßnahmen bedürfen der Zustimmung der Kommission. Zur Handelspolitik gehören auch der Abschluss von Rohstoff- und Präferenzabkommen mit entwicklungspolitischer Zielsetzung (z. B. mit den →AKP-Ländern) und politisch motivierte Handelssanktionen. Bestimmend für den Einsatz vieler handelspolitischer Instrumente ist deren Ableitung aus anderen EU-Politikfeldern, vor allem aus der Agrarpolitik. — Die Überwindung der →Eurosklerose ab Mitte der achtziger Jahre durch die Diskussionen um den →EU-Binnenmarkt und die →Wirtschafts- und Währungsunion, die Verhandlungen der →Uruguay-Runde und die Umbrüche in den vormals sozialistischen Ländern haben die wirtschaftliche und politische Bedeutung der EU-Handelspolitik stark vergrößert. Die in den achtziger Jahren vielfach behauptete „Triadisierung" des Welthandels, die Dreiteilung der Welt in die drei Wirtschaftsblöcke EU, Nordamerika (→Nafta) und Fernost (Japan, →Asean), die mit einer steten Zunahme von Handelskonflikten und einer zunehmenden Abschottung voneinander einhergehen sollte, hat sich bislang nicht eingestellt. Zahl und Umfang der handelspolitischen Reibereien der EU insbesondere mit den USA haben nicht deutlich zugenommen. — Während die EU behauptet, ihre Handelspolitik sei freihändlerisch verfasst, sind große Teile ihres Außenhandels vom Einsatz protektionistischer Maßnahmen betroffen. Tatsächlich wird der Freihandel, insbesondere freier Import, nur dort zugelassen, wo er die Wirtschaft der EU nicht belastet oder im Saldo ökonomisch vorteilhaft ist; dies gilt insbesondere bei Abkommen mit entwicklungspolitischer Zielsetzung. Protektionistische Maßnahmen gelten insbesondere auf dem →EU-Agrarmarkt (dessen Marktordnungsregime die Preise auf dem Weltagrarmarkt beeinflusst), im Textilsektor, in der Rohstoffpolitik (z.B. für Kohle), aufgrund von Selbstbeschränkungsabkommen mit der japani-

schen Industrie (weil die EU sonst mit rigideren Mitteln auf die Marktzugangsbeschränkungen in Japan reagiert hätte) oder in Spezialfällen (z. B. die immer wieder angestrebten Quotenregelungen für Film- und Fernsehen-Produktionen aus Drittländern). Außerdem existiert eine Fülle von Vorschriften aufgrund der wechselseitigen diskriminierenden Gleichbehandlung („Reziprozität") mit vielen Ländern.

EU-Haushalt →EU-Finanzverfassung

EU-Industriepolitik

Maßnahmen, die die Wettbewerbs- und Leistungsfähigkeit der Industrie in den Mitgliedsländern stärken sollen. Als eigenständige Aufgabe ist die Industriepolitik erst in der →Einheitlichen Europäischen Akte verankert worden. Sie wird neutral als Teil der Wirtschaftspolitik verstanden, so wie Industrie ein Teil der Wirtschaft ist, und beinhaltet noch kein staatsinterventionistisches Verständnis. Während die deutsche Industriepolitik stark auf den Erhalt von Krisenbranchen ausgerichtet ist, setzt die EU stärker auf Strukturwandel. Ursache dafür ist, dass bei der Umstrukturierung einer Branche in mehreren EU-Ländern die Kommission die Anpassungslasten unter den Mitgliedsstaaten einfacher verteilen kann als eine Regierung innerhalb ihres Landes, wo Krisenbranchen oft zugleich das industrielle Rückgrat einer Region darstellen.

Die →EU-Fusionskontrolle erlaubt weitaus mehr die Berücksichtigung industriepolitischer Belange im staatsinterventionistischen Sinn als etwa das deutsche →Bundeskartellamt.

EU-Kohäsionsfonds →Kohäsionsfonds

EU-Kommission →Europäische Union

EU-Regionalfonds →Europäischer Fonds für regionale Entwicklung

EU-Sozialfonds →Europäischer Sozialfonds

EU-Strukturfonds

Sammelbezeichnung für vier Finanzierungsinstrumente der EU ohne eigene Rechtspersönlichkeit, die aus dem EU-Haushalt finanziert werden. Es sind nach ihrer Bedeutung (1) der →Europäische Ausrichtungs- und Garantiefonds für die Landwirtschaft (EAGFL, kurz Agrarfonds, gegründet 1962, hier nur dessen Abteilung Ausrichtung), (2) der →Europäische Fonds für regionale Entwicklung (EFRE, kurz Regionalfonds, gegründet 1975), (3) der →Europäische Sozialfonds (EFS, kurz Sozialfonds, gegründet 1960) und (4) der 1993 gegründete →Kohäsionsfonds. — Zu den Aufgaben der Abteilung Ausrichtung des Agrarfonds gehören Verbesserungen der Agrarstruktur, Verarbeitung und Vermarktung land- und forstwirtschaftlicher Erzeugnisse und die Förderung der bäuerlichen Landwirtschaft. Der Regionalfonds soll sich an der Entwicklung und Strukturanpassung rückständiger Gebiete und der Modernisierung von Industriegebieten mit rückläufiger Entwicklung beteiligen. Der Sozialfonds zielt auf die Eingliederung von Jugendlichen in das Erwerbsleben. Der Kohäsionsfonds finanziert Umweltprojekte und Infrastrukturvorhaben, insbesondere transeuropäische Netze. — Die Strukturfonds, die zuvor unabhängig voneinander arbeiteten, wurden 1988 reformiert und ihre Mittelausstattung verdoppelt. Seither unterliegen sie vier gemeinsamen Prinzipien: Konzentration auf ärmere Regionen (um strukturpolitische Effizienz herbeizuführen), Mehrjährigkeit (um anhaltenden Strukturwandel zu garantieren), Partnerschaftlichkeit (gegenüber den Gremien der Region) sowie Zusätzlichkeit der Mittel (die Empfänger müssen Eigenleistungen erbringen). Auf die Ausgaben der Strukturfonds entfällt etwa ein Drittel des EU-Haushaltes; sie stellen faktisch einen →EU-Finanzausgleich dar. — Der seit dem Beitritt von Schweden und Finnland auf sechs offizielle Förderziele ausgeweitete Aufgabenkatalog der Strukturfonds deckt sich nicht genau mit ihren historisch gewachsenen Einzelaufgaben. Deshalb kann ein Strukturfonds Projekte mit mehreren Förderzielen unterstützen. Ziele sind nach ihrer offiziellen Nummerierung: (1) Strukturanpassung von Regionen mit Entwicklungsrückstand, (2) Umstellung entindustrialisierender Regionen, (3) Bekämpfung der Langzeitarbeitslosigkeit, (4) Bekämpfung der Jugendarbeitslosigkeit, (5a) Modernisierung der Erzeugung, Verarbeitung und Vermarktung von Agrargütern, Förderung der (5b) Entwicklung des ländlichen Raumes und (6) subarktischer dünn besiedelter Regionen. — Die Osterweiterung der EU erfordert eine weitere Reform der Strukturfonds, weil sonst die Aufnahme vormaliger Ostblockländer unter den Bedingungen der neunziger Jahre alle Fonds sprengen würde. Die Gesamtflächen der für die nächste Erweiterung in Frage kommenden Neumitglieder wären fördertauglich. Bereits derzeit lebt die Hälfte der EU-Bevölkerung in Fördergebieten. Ein eigener Ziel-7-Fonds für Transitionsländer ist zwar denkbar, müsste aber ein Versperren des Zugangs zu anderen Strukturfördermitteln umfassen, um das Finanzproblem zu lösen. Dies verstößt gegen den Gleichheitsgrundsatz. Möglich sind deswegen auch eine Umstrukturierung der Fonds, wie sie der Arbeitsplan der →Agenda 2000 ermöglichen würde, und eine Reduktion auf drei Förderziele.

Neben den Strukturfonds sind weitere strukturpolitische Instrumente die →Europäische Entwicklungsbank (EIB) und die Investitionsförderung der Montanunion (→Europäische Gemeinschaft für Kohle und Stahl) zugunsten von Montanunternehmen sowie die Investitionsförderung der →Europäischen Atomgemeinschaft (EAG) zur Finanzierung von Nuklearforschungen und Atomkraftwerken. — Nichtstrukturfonds der EU sind zum Beispiel die Abteilung Garantie des EAGFL, der zur Finanzierung von Hilfsprojekten in Drittländern eingerichtete Europäische Entwicklungsfonds oder der Europäische Fonds für währungspolitische Zusammenarbeit (seit 1994 auf das Europäische Währungsinstitut übergegangen).

Euratom →Europäische Atomgemeinschaft

Eurex

gemeinsamer elektronischer Handelsplatz der Deutschen Terminbörse (DTB) in Frankfurt, der Schweizer und der Pariser Börse, ab 1998 zunächst für den Handel mit →Derivaten. Ab 1999 ist auch der Handel mit Aktien geplant. Die Notierungen der beteiligten Börsen laufen dann auf einem Bildschirm zusammen, bleiben aber formal selbstständig. Der Vorteil liegt vor allem in einem größeren Handelsvolumen. Zuvor müssen aber noch erhebliche technische und rechtliche Probleme überwunden werden, v. a. die Angleichung der Aufsichts- und Regulierungsvorschriften.

Euribor →Interbankraten

EuRH →Europäischer Rechnungshof

Euro

die Währung in den Teilnehmerländern der umstrittenen →Wirtschafts- und Währungsunion (WWU). Grundlegend sind die Bestimmungen des →Maastrichter Vertrages. Technische Einzelheiten der Einführung regelt das →Europäische Währungsinstitut (EWI). Der Zeitplan zur Einführung des Euro sieht drei Stufen vor: (1) Im ersten Halbjahr 1998 entscheidet ein EU-Gipfel über die am Euro-Währungsraum teilnehmenden Mitgliedsstaaten. Kommt der entsprechende Beschluss zu Stande, wird das →Europäische System der Zentralbanken gegründet, das den Euro ausgibt. Die Herstellung der Banknoten und Münzen beginnt, der Zeitpunkt ihrer Einführung wird bekanntgegeben. (2) Am 1. Januar 1999 beginnt die dritte Stufe der WWU mit der unwiderruflichen Festlegung der Umrechnungskurse zwischen den Währungen der Teilnehmerländer und dem Euro (die Bekanntgabe der Wechselkurse soll schon Mitte 1998 erfolgen), der Erklärung des Euro zum Zahlungsmittel und seiner Einführung für bargeldlose Transaktionen. Von 1999 bis 2002 muss der Euro die nationalen Währungen vollständig ersetzt haben. (3) Spätestens am 1. Januar 2002 müssen Euro-Banknoten und -Münzen eingeführt sein und der Umtausch begonnen haben. Spätestens sechs Monate nach der ersten Einführung muss der Übergang abgeschlossen sein. Sämtliche rechtsverbindlichen Bezugnahmen auf nationale Währungseinheiten werden zu Bezugnahmen auf den Euro. Nationale Banknoten und Münzen verlieren ihren Status als gesetzliche Zahlungsmittel.

Euro-Banken →Euromarkt, →Eurogeldmarkt

Euro-Betriebsräte →Mitbestimmung

Euro-CD →Certificate of Deposit, →Eurogeldmarkt

Euro-CP →Commercial Paper, →Eurogeldmarkt

Euroaktienmarkt

gelegentlich als Teil des →Euromarktes betrachtet, wenn Aktien auch außerhalb des Raums gehandelt werden, auf dessen Währung sie lauten. Im Gegensatz zum →Euro-Geldmarkt und →Euro-Kapitalmarkt werden sie aber nicht unter eigenständiger Preisbildung international gehandelt, sondern regulär an einzelnen Auslandsbörsen zugelassen.

Vorstufen des Euro-Aktienmarktes sind aber möglich, indem z.B. ein festgelegter Prozentsatz der Aktien eines Unternehmens ins Ausland transferiert und daraus ein Fonds gebildet wird, dessen Anteile in ausländischer Währung, also derjenigen des Börsenplatzes, gehandelt werden. Nach diesem Prinzip funktionieren die an der New Yorker Börse zugelassenen ADR (American Depository Receipts) etwa von festgelegten Teilen des Stammkapitals russischer Unternehmen. Arbitrage ist meist weder rechtlich noch faktisch möglich, auch wenn die Kurse im In- und Ausland erheblich voneinander abweichen können. Internationale Aktienfonds können als Ersatz für einen Euro-Aktienmarkt angesehen werden.

Euroanleihen→Anleihen
Euroanleihenmarkt →Eurokapitalmarkt
Eurobond →Eurokapitalmarkt
Eurobondmarkt →Eurokapitalmarkt
Euroclear →Eurokapitalmarkt

Eurogeldmarkt

der Teil des →Euromarktes, der als internationaler Markt für Währungsgeschäfte fungiert, während der →Eurokapitalmarkt das Geschäft mit Anleihen umfasst. Hauptgründe für die Attraktivität des Eurogeldmarktes sind der Wegfall einer Mindestreservepflicht und anderer gesetzlicher Regulierungen, der Handel in sehr großen Beträgen und die Vielzahl von Marktteilnehmern. Viele Banken haben an den Eurogeldmarktzentren Tochterbanken (Euro-Banken) errichtet. Sie versorgen ihre Mutterbanken preiswert mit Liquidität, anstatt einen Teil der Einlagen als Mindestreserve zinslos bei einer Zentralbank hinterlegen zu müssen. Die Zinssätze der Eurogeldmärkte liegen deswegen unter den nationalen Geldmarkt-Zinssätzen. Für Währungen aus Ländern ohne Mindestreserve (z.B. Frankreich) sind die Zinsen des Euromarktes praktisch identisch mit denen des nationalen Marktes. — Gehandelt werden: (1) Währungen, die dann mit dem Zusatz „Euro-" gekennzeichnet werden (Euro-Geld, z.B. Euro-Dollar, Euro-Mark), entweder als (Ein-)Tagesgeld oder als Termingeld mit Laufzeiten ab einem Monat, und (2) Wertpapiere des internationalen Geldmarktes, die deswegen Euro-Geldmarktpapiere heißen: vor allem großvolumige →Commercial Papers („Euro-CP") und →Certificates of Deposit („Euro-CD"). Die Verzinsung richtet sich nach den →Interbankenraten; maßgeblich ist der Londoner Libor. — Wegen seines gewaltigen Spekulationspotentials steht der Eurogeldmarkt im Zentrum der öffentlichen Kritik am Weltfinanzsystem, das der →Euromarkt darstellt.

Eurokapitalmarkt

der Teil des →Euromarktes, auf dem international →Anleihen (Bonds) gehandelt werden, und der deswegen auch Euroanleihen- oder Eurobondmarkt heißt. Die Anleihen werden außerhalb des Landes gehandelt, in dessen Währung sie denominiert sind; die Verzinsung ist etwas niedriger als auf den nationalen Kapitalmärkten. Die Emittenten sind zumeist erstklassig, weil die Anleihen ohne Sicherheiten begeben werden. Käufer sind meist institutionelle Investoren wie Versicherungen oder Pensionskassen. Die Attraktivität des Eurokapitalmarktes besteht insbesondere im Fehlen einer Quellensteuer, was für höhere Netto-Zinsen sorgt, und dem Fehlen weit reichender behördlicher Regulierungen. Während der Eurogeldmarkt der kurzfristigen Liquiditätsversorgung dient, ermöglicht der Eurokapitalmarkt eine längerfristige Mittelaufnahme. Die meist sehr umfangreichen Eurobonds werden gestückelt, von Bankenkonsortien platziert und an mehreren Plätzen gehandelt. Der Handel erfolgt ohne die Lieferung physischer Ware, d.h., die Eigentümer werden nur bei zwei Wertpapiersammelbanken (Euroclear in London und Cedel in Luxemburg) registriert. — Der Eurokapitalmarkt ist die wichtigste Einrichtung zur Finanzierung der internationalen Staatsverschuldung und dient auch als →Sekundärmarkt für Schuldtitel, die unter den →Brady-Plan fallen.

Euromarkt

Umschreibung für die internationalen Finanzmärkte, nicht nur in Europa, wie der Begriff nahelegt, sondern weltweit. Der Begriff „Offshore-Märkte" hat sich nur für die Märkte auf Inseln durchgesetzt. Gegenüber den nationalen Finanzmärkten ist für den Euromarkt kennzeichnend, dass dort in Währungen gehandelt wird, die am Ort des Handels kein gesetzliches Zahlungsmittel sind oder sein müssen. Für verschiedene Teile des Euromarktes haben sich verschiedene Zentren etabliert. In Europa sind dies v.a. London und Luxemburg, in Amerika verschiedene Karibik-Inseln, in Asien Hongkong, Singapur und Bahrain. Außerdem sind Bankenfreizonen in den USA und Japan Euromärkte. — Sie lassen sich grob in →Eurogeldmarkt, →Eurokapitalmarkt und (mit starken Einschränkungen) →Euroaktienmarkt dreiteilen. Eine genaue Abgrenzung ist nicht mehr möglich, weil einige der neuen Finanzinstrumente speziell auf die Möglichkeiten von Quergeschäften zwischen den Teilmärkten zugeschnitten sind (→Swaps, Doppelwährungsanleihen). Kennzeichnend sind ein rapide zunehmender Umsatz mit neuen Finanzinstrumenten, eine Konzentration des Wettbewerbs, das Entstehen grosser →Finanzkonglomerate, die wachsende internationale Bedeutung institutioneller Investoren und die rechtliche Abtrennung vom Aufsichtsrecht der Heimatländer der Akteure. Alle großen Banken haben spezielle Tochterbanken, die Euro-Banken, gegründet, um an den Euromärkten teilzunehmen. — Eigenschaften des Euromarktes sind das hohe Volumen einzelner Geschäfte in runden Summen (z.B. in Schritten von 50 Millionen Dollar), die Konzentration auf erstklassige Emittenten (→multinationale Konzerne, internationale Organisationen und Mitgliedsländer der →OECD mit hoher →Bonität und erstklassigem →Ranking), eine Vielzahl von Marktteilnehmern und deswegen hohe Liquidität, sehr schneller Datenaustausch, der Verzicht auf physische Ware (z.B. bei Wertpapieren) sowie globaler Handel rund um die Uhr. Die Tagesumsätze des Euromarktes insgesamt sind enorm, lassen sich aber wegen des schnellen Durchhandelns und wegen Mehrfachzählungen nicht sinnvoll ausdrücken. Die Tagesumsätze allein an den Devisenmärkten sind innerhalb von zehn Jahren von 200 Milliarden auf 1,2 Billionen US-Dollar (1996) angeschwollen. Allerdings werden alleine durch die wichtigsten Zahlungssysteme der Industrieländer im traditionellen Nicht-Euromarkt-Bereich täglich mehr als fünf Billionen US-Dollar abgerechnet. — Befürworter des Euromarktes machen geltend: (1) eine optimale Versorgung aller kreditwürdigen Nachfrager mit Liquidität, (2) die Warnfunktion bei finanziellen, fiskalischen und wirtschaftspolitischen Fehlentwicklungen und (3) den Deregulierungsdruck auf verkrustete und unmoderne nationale Märkte. Kritiker verweisen hingegen auf (1) die mangelnde Aufsicht und Kontrolle, die bei Währungskrisen Spekulationswellen auslöse und das Weltfinanzsystem insgesamt in einen Kollaps treiben könne, (2) die weit gehende Nichtproduktivität des Handels mit Finanzinstrumenten und die Kurzfristigkeit von Engagements, die keine an sich wünschenswerte Planung auch über „Durststrecken" hinweg ermöglicht, (3) den Triumph der Wirtschaft über den Staat, also den Autonomieverlust nationaler Entscheidungsgremien, z.B. von Zentralbanken oder Regierungen, (4) die Bevorteilung der Großen gegenüber den Kleinen durch günstigere Kapitalversorgung, bessere Wechselkursabsicherung und Möglichkeiten zur Steuerflucht. Spektakulär sind vor allem starke Wechselkursschwankungen, Geißelungsbedarf sehen Kritiker insbesondere bei den Kosten erfolgloser Interventionen von Zentralbanken. Dabei bleibt aber die Frage unbeantwortet, ob Stützungsversuche vertretbar sind, die offensichtlich nicht marktkonform sind. — Zur Dämpfung der insgesamt stürmischen Entwicklung auf dem Euromarkt, insbesondere auch zur Verhinderung der Steuerflucht, und als Einnahmequelle zur Finanzierung globaler Entwicklungsprojekte wird deswegen seit einigen Jahren über eine Transaktionssteuer nachgedacht (→Tobin Tax). Eine ernsthafte Diskussion über die Grenzen der politischen Lager hinweg ist bislang weit gehend ausgeblieben, weil die Selbstgefälligkeit der Euromarkt-Befürworter, aber auch die Mystifizierungsbereitschaft der Kritiker erhebliche Abstriche hinzunehmen hätten.

Eine einheitliche Verwendung des Begriffs „Euromarkt" hat sich bisher nicht durchgesetzt. — Nur der Ursprung des Euromarktes ist europäisch, weil in den fünfziger Jahren in London erstmals ein Markt für US-Dollar entstand. Er geht indirekt auf die Sowjetunion zurück, weil sie im Kalten Krieg ihre Alliierten dazu zwang, einen Großteil ihrer Guthaben in US-Dollar auf europäische, vor allem britische Banken zu übertragen. Etwa zur gleichen Zeit, 1957, hatten die wichtigsten westlichen Staaten die freie Austauschbarkeit ihrer Währungen untereinander vereinbart, was den Währungshandel außerhalb des Währungsgebietes und damit den Eurogeldmarkt ermöglichte. Mit der Einführung einer Quellensteuer auf Wertpapierzinsen 1963 in den USA und der Flüchtung von Anleihegeschäften ins Ausland entstand der Eurokapitalmarkt.

Europa-Parlament →Europäisches Parlament

Europäische Aktiengesellschaft (EAG)
geplante Rechtsform einer Aktiengesellschaft für Unternehmen in der EU, die grenzüberschreitend arbeiten und nicht durch unterschiedliche Bestimmungen in den Mitgliedsländern behindert werden sollen. Als Mindestkapital wurden 100.000 Ecu vorgeschlagen, ferner die Registrierung bei einem Europäischen Handelsregister und die Besteuerung in dem Land, in dem die EAG ansässig ist. — Seit mehr als zehn Jahren ist die Richtlinie nicht verabschiedet; Hauptgrund ist die Uneinigkeit über den Grad der Konsultation der Arbeitnehmer und ihrer →Mitbestimmung. Insbesondere soll vermieden werden, dass Modelle einiger weniger EU-Mitgliedsstaaten den anderen übergestülpt werden. Andererseits sollen bestehende Mitbestimmungsvorschriften nicht mit Hilfe der EAG umgangen werden können, indem Unternehmen sich mit Hilfe des EAG-Status in Ländern mit schwächerer Mitbestimmung niederlassen oder den EAG-Status erwerben, wenn der Status niedrigere Mitbestimmungsstandards erlaubt.

EU-Begriff: Societas Europeae (SE), „europäische Gesellschaft". — Bewegung ist 1997 in die Diskussion gekommen, als eine von der EU eingesetzte Sachverständigengruppe, die nach ihrem Vorsitzenden auch „Davignon-Kommission" genannt wurde, eine überraschende Einigung erzielte. Sie sieht ein zweistufiges Modell vor. Bei der Verhandlungslösung können sich Arbeitgeber- und Arbeitnehmervertreter frei auf eine Mitwirkungsform verständigen; auch der vollständige Verzicht auf Mitbestimmung ist möglich. Wenn die Verhandlungslösung scheitert, kann die EAG/SE trotzdem gegründet und in das Handelsregister eingetragen werden. Arbeitnehmer haben Anspruch auf mindestens zwei Sitze im Aufsichts- oder Verwaltungsrat, aber höchstens 20 Prozent der Anteile an der Gesamtgröße des Gremiums. Eine EAG soll nur für Holdings, die Fusion zweier Firmen oder gemeinsame Tochterunternehmen möglich sein, um eine „Mitbestimmungsflucht" aus Deutschland zu verhindern. In jedem Fall muss die EAG ihren Sitz in mindestens zwei EU-Ländern haben. — Deutsche Gewerkschaftsvertreter fürchten insbesondere bei deutschen Tochterunternehmen ausländischer Konzerne einen Wechsel zur EAG, um die Mitbestimmung zu umgehen.

Europäische Artikelnummer (EAN)
einheitliches Strichcode-System zur Warenkennzeichnung, um den Warenvertrieb und -verkauf zu rationalisieren. Von den dreizehn Stellen dienen die ersten beiden als Länderkennzeichen, die nächsten fünf für den Betrieb, weitere fünf werden intern vom Hersteller für das Produkt bestimmt. Die letzte ist eine Prüfziffer.

1977 von zwölf europäischen Staaten vereinbart. Inzwischen mehr als 50 Mitgliedsländer, darunter auch die USA und Japan.

Europäische Atomgemeinschaft (Euratom, seltener EAG)
supranationale Organisation mit eigener Rechtspersönlichkeit, die zu den Europäischen Gemeinschaften (EG) gehört (→Europäische Union) und mit den Römischen Verträgen 1957 ge-

gründet wurde. Sie sollte die Voraussetzungen dafür schaffen, eine Atomindustrie zu bilden und zu fördern, und damit zur Hebung des Lebensstandards innerhalb der Mitgliedsländer beizutragen. Die Euratom hat aufgrund des Niedergangs der westeuropäischen Atomindustrien in den siebziger Jahren und wegen der Akzeptanzprobleme in der Bevölkerung stark an Bedeutung verloren.

Europäische Bank für Wiederaufbau und Entwicklung (EBWE)
kurz auch Osteuropabank oder nach der englischen Abkürzung EBRD (s.u.), die Finanzierungsorganisation zur Unterstützung des Strukturwandels in den ehemals sozialistischen Staaten. Die Unterstützung von Wirtschaftsreformen, Privatisierungen, unternehmerischen Initiativen und dem Ausbau der Infrastruktur erfolgt überwiegend durch die Vergabe von Krediten, die Übernahme von Bürgschaften und durch Beteiligungen an Finanz-, Industrie- und Dienstleistungsfirmen. — Der Start der Bank wurde vom Skandal um den Gründungspräsidenten Jacques Attali überschattet, dessen Vorstellungen von der luxuriösen Ausstattung und Arbeitsweise der Bank nicht recht zur schlechten wirtschaftlichen Lage in den Empfängerländern passen wollte; Attali wurde 1993 abgelöst. Seither beschränkt sich die Kritik an der Bankorganisation auf die umständliche Arbeitsweise mit ihren zwei Schichten von Länderexperten und länderübergreifenden Branchenexperten. Die mögliche Ineffizienz, die zögerliche Bearbeitung von Projekten und die Bevorzugung einiger Länder wird aber überschattet von den in den Reformländern häufigen Privatisierungs- und Finanzierungsskandalen, die der Bank nicht vorzuwerfen sind. Die politische Abteilung, die von Attali gefördert worden war, um bei undemokratischen Entwicklungen Druck auf die Empfängerländer auszuüben, ist abgewickelt worden. Seither vergibt die Bank ihre Kredite unter ähnlichen Rentabilitäts- und Verzinsungskriterien wie Geschäftsbanken. Die Kritik, dass deswegen die Osteuropabank überflüssig sei, ist allerdings wegen der großen Zurückhaltung westlicher Geschäftsbanken in ihrem Zuständigkeitsgebiet unzutreffend. — Ökologische Aufgaben sind bei der Gründung der Osteuropabank weitaus stärker in den Vordergrund gestellt worden als etwa bei der Weltbank. Gegen die Finanzierung der Atomenergie gibt es dennoch in der Bank nur eine Minderheit. Die Bank wickelt einen großen Teil der Projekte für die „Nachrüstung" unsicherer Atomreaktoren sowjetischer Bauart ab, deren Finanzierung von der →Gruppe der 7 (G-7) auf dem Weltwirtschaftsgipfel in München 1992 beschlossen worden war. Dies ist zwar satzungswidrig, aber die Bank konnte sich nicht gegen den erheblichen Druck der G-7 durchsetzen; Attali-Nachfolger Jacques de Larosière verzichtete darum auf eine zweite Amtszeit ab 1998.

1990 beschlossen, 1991 gegründet. Sitz in London. Am 1.1.1997 hatte die Bank 60 Mitglieder, davon 26 ehemals sozialistische Länder, 34 Staaten in Westeuropa, Amerika, Asien, dem Pazifik und Nordafrika, die EU sowie die →Europäische Investitions-Bank. 1996 wurden mehr als

300 Einzelprojekte mit rund 7 Milliarden Ecu (ca. 14 Milliarden Mark) unterstützt. — Die englische Bezeichnung European Bank for Reconstruction and Development und ihre Abkürzung EBRD sind der →Weltbank (International Bank for Reconstruction and Development, IBRD) nachempfunden. — Die Bank hat auch versucht, sich am Neubau des slowakischen Atomkraftwerks Mochovce zu beteiligen, das im Westen nicht genehmigungsfähig wäre. Das Engagement, das sich vor allem zugunsten des Konsortialpartners Siemens ausgewirkt hätte, kam 1995 nicht zu Stande, weil die slowakische Regierung ein preisgünstigeres Baukonsortium unter starker russischer Beteiligung bevorzugte; seither ist die →Kreditanstalt für Wiederaufbau mit einem →Hermes-Kredit beteiligt. Die EBRD räumt offen ein, dass angesichts des ineffizienten Energieeinsatzes in den Reformländern die Finanzierung von Sparmaßnahmen am sinnvollsten wäre; die effizientesten hätten jedoch so kleine Volumina, dass sie weit unter den Mindestbeträgen für Projekte lägen.

Europäische Gemeinschaft für Kohle und Stahl (EGKS)

kurz auch als Montanunion bezeichnet, wurde 1952 zur Herstellung eines gemeinsamen Marktes für die Kohle- und Stahlindustrie gegründet. Im Vordergrund stand zunächst die politische Vergemeinschaftung dieser kriegswichtigen Wirtschaftszweige. Die Montanunion wird deshalb auch als Keimzelle der EU betrachtet.

Die EGKS ist rechtlich selbstständig und bildet formell mit der →Europäischen Wirtschaftsgemeinschaft (EWG) und der →Europäischen Atomgemeinschaft (EAG, „Euratom"), beide 1957 geschaffen, die Europäischen Gemeinschaften (→Europäische Union).

Europäische Investitionsbank (EIB)

Finanzierungsinstitut für Infrastruktur- und Unternehmensinvestitionen überwiegend in den ärmeren Teilen der EU, vor allem denen, für die auch die →EU-Strukturfonds zuständig sind. Das Grundkapital der EIB wurde von den EG- bzw. EU-Mitgliedsländern aufgebracht; weitere Finanzierungsquellen sind Kreditrückflüsse und Anleihen am Kapitalmarkt. Außerdem unterstützt die EIB als Teil der EU-Entwicklungshilfe die Projektförderung in Drittländern. Die EIB ist neben der Euratom die einzige EU-Institution, die zur Aufnahme von Anleihen am Kapitalmarkt berechtigt ist.

1958 gegründet, Sitz in Luxemburg.

Europäische Kommission →Europäische Union

Europäische politische Zusammenarbeit →Einheitliche Europäische Akte

Europäische Rechnungseinheit →grüne Parität

Europäische Union (EU)

der politische und wirtschaftliche Zusammenschluss zahlreicher europäischer Länder; Mischform zwischen Bundesstaat und Staatenbund. Ob die EU zu „Vereinigten Staaten von Europa" werden soll oder kann, ist wegen vielerlei Vorbehalten gegen die Aufgabe nationaler Souveränität unwahrscheinlich. Einverständnis herrscht unter den Regierungen der Mitgliedsstaaten aber darüber, die EU weiter zu vertiefen und auszuweiten. Triebkraft der Integration war von Anfang an die Wirtschaftspolitik, neben der nach und nach weitere Politikbereiche vergemeinschaftet wurden. Seit dem →Maastrichter Vertrag besteht die EU, die selbst kein Rechtssubjekt ist, aus drei Säulen. Dabei ist die EG (s.u.) eine eigenständige Institution mit Rechtspersönlichkeit, während für die Gemeinsame Außen- und Sicherheitspolitik (GASP) und die Justizielle Zusammenarbeit (Innen- und Rechtspolitik) der Mitgliedsländer nur der institutionelle Rahmen bereitgestellt wird. Die unübersichtliche Struktur, historisch gewachsen, von Pragmatismus und Kompromissen anstelle von Systematik und Transparenz geprägt und manchmal nur durch Gerichtsentscheidungen weiterentwickelt oder ausgekleidet, fördert die Identitätsbildung der EU selbst und die Identifizierung mit ihr nicht. — Befürworter der EU begründen sie vor allem mit der Notwendigkeit eines Einigungswerkes nach dem Zweiten Weltkrieg und nach dem Zusammenbruch der Blockkonfrontation, um interne und grenzüberschreitende politische und wirtschaftliche Konflikte zu verhindern. Die zahlreichen Staatsgrenzen auf dem Kontinent seien lästig und teuer. Eine Integration der Länder könne enorme Wachstums- und Wohlfahrtspotentiale realisieren und zu einem Gleichziehen mit den anderen Weltwirtschaftsmächten (USA und Japan) führen. Kritiker lehnen entweder eine wirtschaftliche, politische und kulturelle Öffnung ab (Nationalisten), kritisieren die EU als Projekt willfähriger Regierungen zugunsten von Großunternehmen und Ausbeutung (Sozialisten) oder befürchten eine zunehmende kulturelle Nivellierung und mehr Umweltzerstörungen durch weiter steigende Produktion, noch mehr Verkehr und Konsum (Ökologen). Allgemein kritisiert wird die unzureichende Transparenz und Demokratie (zu Recht) und die überbordende Bürokratie (zu Unrecht; der Anteil der Verwaltungskosten am Haushalt liegt bei bescheidenen fünf Prozent, und die meisten bürokratischen Exzesse gehen auf das Verlangen der Fachministerräte und die Gipfelbeschlüsse der Staats- und Regierungschefs zurück). Befürchtungen von einer „Festung Europa" als Folge der Vollendung des Binnenmarktes haben sich nicht bewahrheitet. Die Absicherung der EU-Außengrenzen durch den Wegfall der Grenzkontrollen im Innern kann nicht als Festungsdenken interpretiert werden, sondern ist eine Reaktion auf den Wegfall des Eisernen Vorhangs, zu dessen Zeiten das EG-Gebiet fast nur nur auf dem See- oder Luftweg erreicht werden konnte. Die pragmatische Kritik konzentriert sich auf die ungenügende institutionelle Reform (z. B. den weiterhin ungenügenden Einfluss des →Europäischen Parlaments, die Agrarlastigkeit, die unzureichend geklärte Verteilung des Einflusses zwischen großen und kleinen Mitgliedern, die unklaren neue Strukturen und Finanzierungen bei noch mehr Mitgliedern) und das Zustandekommen von Großprojekten wie der →Wirtschafts- und Währungsunion (WWU).

Artikel B des Maastrichter Vertrages, der verfassungsähnlichen Rang hat, lautet:

„Die Union setzt sich folgende Ziele:
— die Förderung eines ausgewogenen und dauerhaften wirtschaftlichen und sozialen Fortschritts, insbesondere durch Schaffung eines Raumes ohne Binnengrenzen, durch Stärkung des wirtschaftlichen und sozialen Zusammenhalts und durch Errichtung einer Wirtschafts- und Währungsunion, die auf längere Sicht auch eine einheitliche Währung nach Maßgabe dieses Vertrages umfaßt;
— die Behauptung ihrer Identität auf internationaler Ebene, insbesondere durch eine gemeinsame Außen- und Sicherheitspolitik, wozu auf längere Sicht auch die Festlegung einer gemeinsamen Verteidigungspolitik gehört, die zur gegebenen Zeit zu einer gemeinsamen Verteidigung führen könnte;
— die Stärkung des Schutzes der Rechte und Interessen der Angehörigen ihrer Mitgliedstaaten durch Einführung einer Unionsbürgerschaft;
— die Entwicklung einer engen Zusammenarbeit in den Bereichen Justiz und Inneres;
— die volle Wahrung des gemeinschaftlichen Besitzstandes und seine Weiterentwicklung..."
Artikel 2 des EG-Vertrages formuliert die Aufgabe, „eine harmonische und ausgewogene Entwicklung des Wirtschaftslebens innerhalb der Gemeinschaft, ein beständiges, nichtinflationäres und umweltverträgliches Wachstum, einen hohen Grad der Konvergenz der Wirtschaftsleistungen, ein hohes Beschäftigungsniveau, ein hohes Maß an sozialem Schutz, die Gleichstellung von Männern und Frauen, die Hebung der Lebenshaltung und der Lebensqualität, den wirtschaftlichen und sozialen Zusammenhalt und die Solidarität zwischen den Mitgliedstaaten zu fördern." — Wichtigste EU-Institutionen: (1) Höchstes beschlussfassendes Organ ist der „Europäische Rat", der sich aus den Staats- und Regierungschefs der Mitgliedsstaaten und dem Präsidenten der Kommission zusammensetzt. Als „EU-Gipfel" trifft sich der Rat halbjährlich in dem Mitgliedsland, das den gleichfalls halbjährigen Vorsitz des Rates innehat. Die Fachminister kommen als Ministerräte zusammen und haben je nach der Bedeutung ihres Landes ungleiche Stimmenzahl; der Ministerrat der Wirtschafts- und Finanzminister firmiert als „Ecofin". Entscheidungen in wichtigen Fragen, vor allem die wichtigsten finanzierungswirksamen, müssen einstimmig, ansonsten können sie mehrheitlich getroffen werden. (2) Die Ratsbeschlüsse werden von der „Kommission der Europäischen Gemeinschaften" ausgeführt. Sie besteht aus 20 Kommissaren, auf die sich die Regierungen der Mitgliedsländer einigen und denen das Europäische Parlament zustimmen muss. Jedes Mitgliedsland stellt einen Kommissar, die fünf größten zwei. Um bei der nächsten Erweiterung nicht endgültig als Gremium arbeitsunfähig zu werden, hat der Vertrag von Amsterdam (→Maastrichter Vertrag) die Rechte des Kommissionspräsidenten um die „politische Führung" erweitert. Vorgesehen ist, dass die großen Länder zugunsten der Neumitglieder auf ihren zweiten Kommissar verzichten, aber nur, wenn über eine Reform des Stimmrechts im Ministerrat Einigung erzielt wird; dies wurde im Vertrag von Amsterdam nicht erreicht. EU-Kommissare werden für vier Jahre gewählt; einer wird zum Präsidenten der Kommission ernannt. Die Stärken der Kommission liegen insbesondere in ihrer Rolle als „Hüte-

rin der Römischen Verträge" (s.u.) und in ihrem Vorschlagsrecht für neue Integrationsprojekte begründet. Die 23 Fachabteilungen der Kommission tragen die Bezeichnung →Generaldirektionen. (3) Das →Europäische Parlament ist an der EU bis zur Mitentscheidung beteiligt, aber nicht ihr Souverän. (4) Der Europäische Gerichtshof (EuGH) wendet das Recht nicht nur an, sondern schreibt es vielfach fort, wenn es nur aus vertraglichen Grundsätzen abgeleitet werden kann. (5) Der →Europäische Rechnungshof (EuRH) überwacht die Haushaltsführung. (6) Die →Europäische Investitionsbank (EIB) dient als Haus- und Abwicklungsbank der EU. (7) Der Wirtschafts- und Sozialausschuss (WSA) besteht aus 189 Vertretern des sozialen und wirtschaftlichen Lebens (Arbeitnehmer, Arbeitgeber, Landwirte, Freiberufler usw.), die vom Rat ernannt werden. Der WSA soll Kommission und Rat in einer Reihe von Politikbereichen beraten und muss angehört werden. Allerdings treffen sich Kommission und Interessenvertreter von Verbänden vielfach direkt. (8) An die WSA-Struktur ist ein Ausschuss der Regionen mit 222 Mitgliedern angelehnt, der ebenfalls Beratungsfunktion und Anhörungsrechte hat. Die Berücksichtigung der Standpunkte von WSA und Regionenausschuss durch EU-Institutionen sind freiwillig. — Geschichte: 1951 wurde die →Europäische Gemeinschaft für Kohle und Stahl (EGKS, Montanunion) gegründet, 1957 mit den Römischen Verträgen die Europäische Wirtschaftsgemeinschaft (EWG) und die Europäische Atomgemeinschaft (Euratom). 1958 wurden die parlamentarischen Kontrollorgane der drei Gemeinschaften zusammengelegt und ab 1962 als Europäisches Parlament bezeichnet. Ab 1965 verfügten die drei Organisationen über Rat und Kommission als einheitliche Leitungsinstitutionen. Die drei blieben aber als „Europäische Gemeinschaften" (EG) jeweils selbstständig und werden zusammen als Europäische Gemeinschaft (ebenfalls EG) bezeichnet, die aber selbst kein Rechtssubjekt ist. Die EWG wurde zu einer Dach-Institution, während Montanunion und Euratom faktisch zu Sonderorganisationen herabsanken. Durch den 1992 unterzeichneten Maastrichter Vertrag wurde die EG formell in EU umbenannt. — Wichtigste Schritte waren 1968 die Zollunion nach innen und außen für Industrie- und 1970 für Agrargüter, 1970 der Beschluss eigener Mittel für die EG, 1979 die erste Direktwahl zum EP und die Gründung des →Europäischen Währungssystems (EWS), 1987 die Verabschiedung der →Einheitlichen Europäischen Akte (EEA) mit der Vollendung des →Binnenmarktes und 1991 der Beschluss des Maastrichter Vertrages. 1999 soll die →Wirtschafts- und Währungsunion mit gemeinsamer Währung beginnen. Auf dem Gebiet der währungspolitischen Zusammenarbeit gab es auch die größten Rückschläge. Die Währungsschlange von 1972 bis 1979 blieb ineffektiv, das EWS zerbrach 1992/93 beinahe. — Mitglieder: Seit der Gründung 1957 Frankreich, Deutschland, Italien, die Niederlande, Belgien, Luxemburg, 1973 Großbritannien, Irland, Dänemark, 1981 Griechenland, 1986 Spanien, Portugal, 1995 Schweden, Finnland, Österreich. Zur EU gehörig sind die französischen Übersee-Departements, Madeira, die Azoren, die Kanaren sowie die spanischen Afrika-Besitzungen Ceuta und Melilla. Der EU angeschlossen sind alle übrigen zu EU-Mitgliedern gehörigen Überseegebiete und Gibraltar. Nicht zur EU gehören Andorra, einige Kanalinseln, die Färöer, die Isle of Man, Monaco, San Marino, Vatikanstadt und Grönland; Monaco und Vatikanstadt könnten wegen fehlenden allgemeinen Wahlrechts ohnehin nicht Mitglied werden. Der Beitritt Norwegens scheiterte durch Volksabstimmungen 1972 und 1994. Zwölf Beitrittsgesuche liegen vor; die von Malta und Marokko wurden zurückgezogen, eines der Schweiz ruht seit 1992. Die nächste Runde der Erweiterung soll Estland, Polen, Tschechien, Ungarn, Slowenien und Zypern (vorbehaltlich einer Lösung des dortigen griechisch-türkischen Konfliktes) umfassen. Assoziierungsstatus haben 15 Reformstaaten und Länder des Mittelmeerraumes. EU und →Efta arbeiten im →Europäischen Wirtschaftsraum eng zusammen.

Europäische Zentralbank (EZB)
wichtigste Einrichtung der →Wirtschafts- und Währungsunion. Über die inhaltliche Ausgestaltung entscheidet der Rat der Euro-Zentralbank in eigener Verantwortung nach der für 1999 vorgesehenen EZB-Gründung. Die dafür notwendigen Vorbereitungen hat das →Europäische Währungsinstitut übernommen. Die EZB ist das Kernstück des →Europäischen Systems der Zentralbanken; die Kompetenzen sind im →Maastrichter Vertrag geregelt.

Europäischer Ausrichtungs- und Garantiefonds für die Landwirtschaft (EAGFL)
kurz Agrarfonds genannt, ist seit seiner Gründung 1962 das Finanzinstrument der →EU-Agrarpolitik und mit einem Anteil von über 50 Prozent am EU-Haushalt dessen gewichtigster Teil. Er besteht aus der Abteilung Garantie mit einem Anteil von rund 90 Prozent des Agrarfonds und der Abteilung Ausrichtung mit einem Anteil von rund zehn Prozent. Die Mittel des Agrarfonds sind regulärer Teil des EU-Haushaltes. — Die Abteilung Garantie zahlt Ausfuhrerstattungen, Interventionen zur Regulierung der Binnenpreise und Währungsausgleichsbeträge (→grüne Parität). Die Höhe der Ausgaben werden deshalb vom Niveau der Weltmarkt- und der erwünschten Binnenpreise bestimmt, ferner v.a. von den Produktionsmengen und den Wechselkursentwicklungen und können deswegen vorher nicht genau bestimmt werden. Die Zuwachsraten dieser Agrarausgaben sind allerdings durch Vereinbarungen begrenzt. — Die Abteilung Ausrichtung, die zu den →EU-Strukturfonds gehört, fördert vor allem die Verarbeitung und Vermarktung land- und forstwirtschaftlicher Produkte sowie des Fischfangs. Auch diese Mittel sind regulärer Bestandteil des EU-Haushaltes. Nach dem Aufgabenkatalog der EU-Strukturfonds fördert die Abteilung Ausrichtung vor allem Vorhaben der Ziele 5a (Agrarmodernisierung), 5b (Infrastruktur im ländlichen Raum) und 1 (Regionen mit erheblichem Entwicklungsrückstand).

Europäischer Entwicklungsfonds (EEF)
der Fonds für die Entwicklungshilfe der EU an die →AKP-Länder. Die Mittel werden für einen Fünfjahreszeitraum festgelegt und gehen vor allem in Infrastruktur-, Wirtschafts- und Sozial-

projekte sowie in die Stabilisierungssysteme für Rohstofferlöse beim Export in die EU. Das sog. Stabex-System gilt für agrarische Rohstoffe, die am Export eines AKP-Landes in die EU einen Anteil von (meist) fünf Prozent überschreiten. Sinken die Devisenerlöse aus diesem Export, zahlt die EU einen Ausgleichsbetrag, der sich an den zurückliegenden Einnahmen der Länder orientiert. Für die zweite Hälfte der neunziger Jahre stehen für Stabex und das für Bergbauprodukte geltende vergleichbare Sysmin-System zusammen insgesamt rund 2,4 Milliarden Ecu zur Verfügung.

Europäischer Fonds für regionale Entwicklung (EFRE)
kurz Regionalfonds, ein 1975 gegründeter →EU-Strukturfonds, der zum Abbau regionaler Ungleichgewichte beitragen soll. Insbesondere gilt er für die Entwicklung und Strukturanpassung rückständiger Gebiete (Ziel 1 der EU-Strukturpolitik, für Gebiete mit einem Durchschnittseinkommen von unter 75 Prozent des EU-Durchschnittseinkommens), für die Umstellung von Industriegebieten mit rückläufiger Entwicklung (Ziel 2, vor allem Montan-, Schiffbau- und Textilindustrie) und für die Entwicklung des ländlichen Raumes (Ziel 5b). Empfänger sind vor allem südeuropäische Regionen, Irland und Ostdeutschland. Anlass für die Einrichtung des Regionalfonds war ein sich abzeichnender Subventionswettlauf der Mitgliedsländer. Inzwischen gilt das Prinzip der Komplementärfinanzierung: Mitgliedsländer müssen Eigenmittel aufbringen, um EU-Regionalfördermittel zu erhalten. Die Mittel des Regionalfonds machen etwa die Hälfte der EU-Strukturförderung aus. Sie sind Teil des regulären Haushaltes der EU.

Europäischer Rat →Europäische Union

Europäischer Rechnungshof (EuRH)
unabhängige EU-Behörde zur Kontrolle von Einnahmen und Ausgaben sowie der Wirtschaftlichkeit der Haushaltsführung der EU. Der EuRH veröffentlicht nach Abschluss eines Haushaltsjahres einen Jahresbericht. Fünf bis sechs Prozent des EU-Budgets entfallen auf Verschwendung, Betrug oder Fehlausgaben (→EU-Finanzverfassung).

Europäischer Sozialfonds (ESF)
der seit 1960 operierende und damit älteste der →EU-Strukturfonds. Er soll die berufliche Verwendbarkeit von Arbeitskräften verbessern und die örtliche und berufliche Mobilität fördern. Damit fließen seine Mittel vor allem in die Bekämpfung der Langzeit- und Jugendarbeitslosigkeit (Ziele 3 und 4 der EU-Strukturfonds), meist als Zuschüsse für Bildungs- und Beschäftigungsprojekte. Seine Mittel sind Teil des regulären Haushaltes der EU.

Europäischer Währungsraum (EWR)
wird von EU und den drei →Efta-Ländern Island, Norwegen und Liechtenstein gebildet. Inhalt des EWR-Vertrages ist die Ausdehnung des EU-Binnenmarktes mit seinen →vier Freiheiten

des Waren-, Kapital-, Dienstleistungs- und Personenverkehrs auf die Efta-Länder. Die Efta-Länder übernahmen rund 1.400 Rechtsakte mit zahlreichen Übergangsvorschriften, Ausnahmeregelungen und Anpassungen. Weil der EWR-Vertrag weder eine Zollunion noch eine gemeinsame Agrarpolitik oder eine Harmonisierung der indirekten Steuern vorsieht, müssen die Grenzkontrollen zwischen EU und Efta grundsätzlich bestehen bleiben.

1992 wurde der EWR-Vertrag in der portugiesischen Stadt Porto unterzeichnet und trat 1994 in Kraft. Erhebliche Verzögerungen verursachte ein Urteil des Europäischen Gerichtshofes, das die vorgesehene Bildung eines EWR-Gerichtshofes für die Klärung von Streitfällen verwarf, weil dieser den EU-Institutionen übergeordnet wäre. Das Efta-Land Schweiz hat sich in einer Volksabstimmung gegen eine Mitgliedschaft ausgesprochen und nimmt deswegen am EWR nicht teil.

Europäisches Parlament (EP)

Volksvertretung der →Europäischen Union. Sie besteht aus einer Kammer, die seit 1979 direkt gewählt wird und davor von den nationalen Parlamenten beschickt wurde. Anders als traditionelle Parlamente ist das EP nicht gesetzgebender Souverän der EU; selbst sein Sitz wird nicht vom EP selbst, sondern vom Rat festgelegt. Für die Beteiligungsrechte an der EU-Politik können fünf Ebenen definiert werden: (1) keine Mitwirkung, (2) Anhörung, (3) Zustimmung, (4) Zusammenarbeit, (5) Mitentscheidung (Aufteilung auf Politikfelder s.u.). — Während bei Zustimmung und Zusammenarbeit das EP vom Europäischen Rat (als Treffen der Staats- und Regierungschefs auf einem EU-Gipfel oder als Ministerrat) überstimmbar ist, kann das EP bei Mitentscheidungen einen Rechtsakt verhindern. Das Verfahren der Zusammenarbeit ist mit der →Einheitlichen Europäischen Akte, die Mitentscheidung mit dem →Maastrichter Vertrag eingeführt worden. Hinsichtlich der Mitentscheidungen ist das EP erst seit dem Vertrag von Maastricht (1991/92) erstmals als Mitgesetzgeber anerkannt; der Anschlussvertrag von Amsterdam (1997) hat das Verfahren vereinfacht. — Insgesamt ist die wirtschaftliche Integration der EU der Entwicklung der Demokratie weit vorausgeeilt. Vertreter der Regierungen aus den Mitgliedsstaaten weisen darauf hin, dass auch sie selbst durch Wahlen legitimiert seien und damit das Demokratiedefizit übertrieben dargestellt werde. Das EP selbst tritt wenig selbstbewusst auf, auch wo das Demonstrieren von Stärke möglich wäre. So kann es den EU-Haushalt mit absoluter Mehrheit ablehnen oder EU-Kommissaren die für ihre Einsetzung notwendige Zustimmung verweigern. Die Fraktionen sind aber häufig der heimatlichen Politik ihrer Partei verpflichtet; das Image von der Versorgungsstelle für abgehalfterte Politiker seit den sechziger Jahren oder von der Spielwiese für Jungkarrieristen seit den achtziger Jahren ändert sich kaum. Die enorme Größe des EP und die langjährige Zusammenarbeit zwischen konservativer und sozialdemokratischer Fraktion („Elefantenschmusen") haben zudem eine Kompromisskultur geschaffen, von der wenig politische Impulse ausgehen.

Auswahl von Politikfeldern und Beteiligung des EP nach dem Maastrichter Vertrag und dem ergänzenden Vertrag von Amsterdam: (1, keine Mitwirkung): Embargobeschlüsse, Assoziierungsabkommen (teilweise), Zollunion, Zolltarif, Kontingentierungen, Handwerksordnung, freier Kapitalverkehr, generelle Wirtschaftspolitik (teilweise), Zahlungsbilanz, Dumping, internationale Währungsverhandlungen. (2, Anhörung): Ernennung der Leiter von Europäischem Währungsinstitut und Europäischer Zentralbank (EZB), des Kommissionspräsidenten und des Rechnungshofs, Handelspolitik, Handelsabkommen, Abkommen mit Drittstaaten, generelle Assoziierungsabkommen (teilweise); Binnenmarkt: Steuern, Arbeitnehmerrechte; Haushaltsdefizite der Mitgliedsländer, Kartellrecht, Beihilfen, Währungspolitik, Satzung des Europäischen Systems der Zentralbanken (teilweise), Ecu-Kurs, Kohäsion, Beschäftigungspolitik, Agrarstruktur, Verkehrsordnung und Beschäftigung; Umweltpolitik: Steuern, Raumordnung, Energieversorgung, Aktionsprogramme (teilweise); Forschungspolitik. (3, Zustimmung): Abkommen mit Drittstaaten (teilweise), Bankaufsicht, Satzung des Europäischen Systems der Zentralbanken (teilweise), Strukturfonds, Kohäsionsfonds. (4, Zusammenarbeit): Entwicklungspolitik, Dienstleistungsfreiheit, multilaterale Überwachung der Wirtschaftspolitik, Staatsfinanzierung durch Zentralbank-Kredite, Münzharmonisierung, Regionalfonds, Sozialfonds, Arbeitsumwelt, Berufsbildung, Verkehrspolitik, -sicherheit, transeuropäische Netze: Durchführung, Umwelt-Aktionsprogramme (teilweise). (5, Mitentscheidung): Arbeitnehmer-Freizügigkeit, Beschäftigungsförderung, Diskriminierungsverbote, Betrugsbekämpfung, Binnenmarkt-Harmonisierung (teilweise), Zusammenarbeit im Zollwesen, Niederlassungsfreiheit, Anerkennung von Diplomen, Unternehmensrecht, Transeuropäische Netze: Leitlinien, Umwelt-Aktionsprogramme (nur Beschlussfassung), Verbraucherpolitik. — Im Streit um die Bekämpfung der Rinderseuche BSE hat das EP erstmals entschieden sein Recht auf Mitentscheidung geltend gemacht, indem es sich auf seine Zuständigkeit für die Verbraucherpolitik berief. Die Kommission erklärte BSE daraufhin zu einer nicht der Mitentscheidung unterliegenden Agrar-Angelegenheit.

Europäisches System der Zentralbanken (ESZB)

die Einrichtungen, denen mit Beginn der dritten Stufe der umstrittenen →Wirtschafts- und Währungsunion (WWU) nach der Einführung der neuen Währung (→Euro) die einheitliche Geld- und Wechselkurspolitik der WWU-Teilnehmerländer obliegt. Alle Teile des ESZB sind weisungsunabhängig. Es besteht aus der →Europäischen Zentralbank (EZB) und den nationalen Zentralbanken. Seine Strukturen sind im →Maastrichter Vertrag festgelegt und vom →Europäischen Währungsinstitut (EWI) ausgekleidet worden.

Nach dem Beschluss eines EU-Gipfels in der ersten Hälfte des Jahres 1998 über die am Euro-Währungsraum teilnehmenden Staaten sollen EZB und ESZB errichtet und ihre Betriebsbereitschaft sichergestellt werden, damit sie ab dem ersten Tag der dritten Stufe der WWU ausschließlich in Euro arbeiten können. Das ESZB überwacht die Herstellung der

Euro-Banknoten und -Münzen und gibt ihren Einführungstermin bekannt. Es führt den Euro für bargeldlose Transaktionen und das Zahlungsverkehrssystem „Target" ein, tauscht Banknoten um, gibt neue handelbare Schuldtitel der öffentlichen Hand in Euro heraus, überwacht und hilft bei der Umstellung in Verwaltungen und in der Privatwirtschaft. Nach dem 1.1.2002 veranlasst es die Einziehung der nationalen Banknoten und Münzen und erklärt sie für ungültig.

Europäisches Währungsinstitut (EWI) der 1994 in Frankfurt gegründete Vorläufer der →Europäischen Zentralbank. Das EWI wurde im →Maastrichter Vertrag festgelegt und koordiniert die Vorbereitung auf die umstrittene →Wirtschafts- und Währungsunion (WWU) während der zweiten Stufe. Aufgaben sind, (1) zum Erreichen der dritten Stufe der WWU beizutragen, (2) die Gründung des →Europäischen Systems der Zentralbanken, eine einheitliche Geldpolitik und eine einheitliche Währung (→Euro) voranzutreiben, (3) die Funktionen einiger EG-Institutionen zu übernehmen. — Zu (1): Die dritte Stufe der WWU kann nur bei einem hinreichenden Grad wirtschaftlicher Konvergenz in den Teilnehmerstaaten, die sich in den vier Kriterien des Maastrichter Vertrages ausdrückt, erreicht werden. Zwar liegen die Geld- und Währungspolitiken in der zweiten Stufe weiterhin in nationaler Verantwortung, aber das EWI ist für die zunehmende Koordination der Politiken und der Schritte der Zentralbanken verantwortlich. Dazu gehören Analysen, Konsultationen und Anhörungen über Haushaltsdefizite, Staatsverschuldung, Wechselkurse, Zinsen, Arbeitskosten und Leistungsbilanzen. Das EWI kann dazu (in der Regel streng vertrauliche) Stellungnahmen und Empfehlungen abgeben. Außerdem überwacht das EWI das Funktionieren des →Europäischen Währungssystems. Zu (2): Das EWI hat den regulatorischen, organisatorischen und logistischen Rahmen für die Gründung des ESZB sowie für die Geld- und Währungspolitik festgelegt. Aus dem Stabilitätsgebot des Maastrichter Vertrags abgeleitet, hat das EWI fünf geldpolitische Strategien untersucht: Wechselkursziel, Zinsziel, Einkommensziel, Geldmengenziel, Inflationsziel. Als realistisch beurteilte es die Vorgabe eines Geldmengenzieles als indirekter oder eines Inflationsziels als direkter Stabilitätsindikator; Mischformen sind möglich. Die letzte Wahl soll dem Rat der Euro-Zentralbank überlassen bleiben; für beide Formen wurde die statistische und analytische Infrastruktur vorbereitet. Festgelegt wurde bereits, dass die EZB als geldpolitisches Instrument vornehmlich →Offenmarktgeschäfte zur Liquiditätssteuerung betreiben wird. Daneben soll sie über zwei Einrichtungen zur sehr schnellen Bereitstellung bzw. Abschöpfung von Liquidität verfügen. Auch ein Mindestreservesystem, das Geschäftsbanken zur Einlage von Mitteln verpflichtet, soll geschaffen werden. Währungspolitisch musste zunächst innerhalb der EU ein neuer Wechselkursmechanismus zwischen WWU-Teilnehmern und Nichtteilnehmern vereinbart werden. Bei Devisenmarktinterventionen hat das EWI die Arbeitsteilung zwischen der EZB und den nationalen Zentralbanken und das Verfahren festgelegt. Vorzubereiten war ferner das Verfahren, die EZB mit Währungsreserven bis zu einem Gegenwert von 50 Milliarden Euro auszustatten. Für die Umrechnung gilt, wie international üblich, der Marktwert, nicht der bei der Bundesbank noch übliche Bilanzwert zu Niederstpreisen (→Gold). Zur technischen Vorbereitung gehören die Entwicklung und Installation eines notwendigerweise sehr leistungsfähigen Zahlungsverkehrsstems für Liquiditätsfluss und Zahlungsausgleich und für die Abwicklung der damit verbundenen Wertpapiergeschäfte. Es wird Trans-European Automated Real-time Gross Settlement Express Transfer („Target") heißen. Auch die Planung von Druck und Ausgabe der Euro-Banknoten obliegt dem EWI. Zu (3): Das EWI hat die Verwaltung der EWS-Mechanismen (sehr kurzfristige Finanzierung, kurzfristiger Währungsbeistand, Schaffung von Ecu) und weitere Anleihe- und Darlehensgeschäfte übernommen und darf nationale Währungsreserven verwalten.

Beschlussfassendes Organ des EWI ist der EWI-Rat aus dem EWI-Präsidenten und den Präsidenten der nationalen Zentralbanken. Der EU-Ratspräsident und ein Kommissionsmitglied dürfen ohne Stimmrecht an den Sitzungen teilnehmen, die mindestens zehnmal im Jahr stattfinden und vertraulich sind. Der EWI-Rat ist weisungsungebunden. Das EWI erlischt mit der Gründung der EZB. — Englische Bezeichnung: European Monetary Institute (EMI).

Europäisches Währungssystem (EWS) politische Ordnung zur Herstellung einer stabilen Währungszone in der EG und später der EU. Seit der Gründung 1979 stand unter den Teilnehmerländern im Vordergrund: die Begrenzung von Wechselkursschwankungen, der Schutz vor Zahlungsbilanzproblemen, die Annäherung wichtiger volkswirtschaftlichen Größen (insbesondere die Konvergenz von Zinssätzen und Inflationsraten) und damit die Disziplinierung von Ländern mit expansiven, inflationsverursachenden Haushaltspolitiken. Realwirtschaftlich stand durch den angestrebten Wegfall stärkerer Wechselkursschwankungen die Herstellung größerer Planungssicherheit beim grenzüberschreitenden Güter- und Kapitalverkehr im Vordergrund. — Grundlage des EWS ist ein System aus Leitkursen, um die die einzelnen Währungen nur in festgelegten Bandbreiten schwanken dürfen. Standard war eine Bandbreite von 2,25 Prozent um den Leitkurs, also eine maximale Schwankungsbreite von 4,5 Prozent. Einige Ausnahmen waren vereinbart; so erhielt die italienische Lira zunächst eine Bandbreite von sechs Prozent, der belgische Franc durfte zunächst seinen gespaltenen Kurs für Privat- und Handelszwecke beibehalten. Ergänzend wirkt ein gegenseitiger Beistandsmechanismus, um mit Interventionen auf den Devisenmärkten diese Kurse beibehalten zu können. Als ideelle Klammer entstand dazu als Korbwährung der damaligen EG-Länder die Europäische Währungseinheit (→European Currency Unit, Ecu), deren Wert sich aus den Wechselkursen ihrer Mitgliedswährungen ergibt. — Der Druck auf die Kurse ließ jedoch nach der Gründung des EWS nicht nach. Denn alle wirtschaftspolitischen Daten der beteiligten Länder gingen weit auseinander: Wirtschaftswachstum, Haushaltsdefizite, Arbeitslosenquoten, Produktivität, Abhängigkeit vom Ölpreis, Aussenhandelsbilanz, Kapitalflüsse und Zinssätze, vor allem die Inflationsraten, die von 4,1 Prozent in der BRD bis zu 15,7 Prozent in Italien und 14 Prozent in Frankreich reichten. Die Inflationsbekämpfung, von deutschen Politikern massiv eingefordert, wurde zur gemeinsamen Grundlage des EWS. Weil die Bundesbank über eine Verknappung des Geldes die deutsche Währung stärkte und sie über die Leitkurse und die Ecu mit den anderen Währungen verbunden war, wurde die Mark zur Ankerwährung im EWS; die schwächeren Währungen mussten künstlich gestärkt werden, um die vereinbarten Wechselkurse aufrechtzuerhalten. Mittel dazu waren erhöhte Zinsen der Zentralbanken, also höhere Zinsangebote an den Kapitalmärkten, um im Ausland eine erhöhte Nachfrage nach den Schwachwährungen zu erzeugen, damit sie in den Bandbreiten gehalten wurden. Unmittelbares Ergebnis: Die erhöhten Zinsen — bei Weltmarktkonkurrent Frankreich lagen sie zeitweilig etwa um mehr als zwei Prozent höher — verringerten die Wettbewerbsfähigkeit ausgerechnet der ohnehin schwächeren Volkswirtschaften mit ihren schwachen Währungen weiter. Zugleich konnten die deutschen Exporte massiv steigen, bis die BRD einige Jahre lang (aufgrund des günstigen Wechselkurses) sogar den Titel eines „Exportweltmeisters" in Anspruch nehmen konnte. Er hat an sich nichts Bedenkliches. Aber der deutsche →Außenhandel war dabei nicht ausgeglichen, sondern begann schnell steigende Exportüberschüsse auszuweisen, was letztlich zu einem Export von Arbeitslosigkeit führte, weil die bundesdeutschen Überschüsse zugleich auch wegfallende oder nicht entstehende Arbeitsplätze in den Exportzielländern bedeuteten. Die Unterbewertungspolitik der Bundesbank sollte letztlich dazu führen, den Kreislauf von Haushaltsdefiziten, deren Finanzierung durch die Zentralbank, Inflation, wieder erhöhte Haushaltsdefizite und den Abwertungsdruck auf die Währung zu durchbrechen. Der politische, ökonomische und soziale Preis der höheren Zinsen wurde von allen Teilnehmerregierungen bewusst bezahlt. Problematischer war der Druck auf die Wechselkurse und die diese Kurse stabilisierenden Zinsen bei plötzlich steigender Auslandsnachfrage nach D-Mark. Denn die D-Mark hatte schnell eine Zwitterstellung erreicht: Trotz der Exportüberschüsse stellte sie die große Ordnungskraft im EWS dar. Zugleich wurde sie durch ihre Stabilität für den internationalen Kapitalverkehr, inbesondere die Devisenmärkte, ein zunehmend attraktives Anlagemedium und damit Gegenstand spekulativer Umschichtungen und Kursschwankungen vor allem gegenüber dem US-Dollar. So konnten Schwachwährungsländer ihre Zinsen zu erhöhen gezwungen sein, wenn der Wert der D-Mark durch externe Faktoren (Auslandsnachfrage aus dem Dollar-Raum nach D-Mark) hochgetrieben wurde, auch wenn die wirtschaftliche Situation der

Schwachwährungsländer Zinserhöhungen eigentlich nicht zuließ. Ungelöst blieb auch das Problem, wie unerwünschte Belastungen durch das EWS vermieden werden können, wenn zwei beteiligte Volkswirtschaften unterschiedliche Konjunkturzyklen durchlaufen. Tatsächlich haben sich die Regierungen der Teilnehmerländer am EWS in den achtziger Jahren im Zweifel eher für wirtschafts- und haushaltspolitische „Anpassungsmaßnahmen" nach innen als für währungspolitische Konfrontationen entschieden. — Zwar gehen die Meinungen der Statistiker in der Bewertung von Details stark auseinander, aber insgesamt ist hinsichtlich der Entwicklung von Inflationsraten, Zinsniveaus und Haushaltsdefiziten bis Ende der achtziger Jahre im EWS eine deutliche Konvergenz festzustellen. Allerdings haben auch Nicht-EWS-Länder entsprechende weltwirtschaftlich bedingte Entwicklungen durchlaufen (Preisverfall von Öl und Dollar) und eine autonome Stabilitätspolitik betrieben. Schwachwährungsländer wurden durch die prestigeträchtige Anbindung an die D-Mark und die dadurch notwendige Hochzinspolitik in eine scharfe, bis in die Gegenwart andauernde Wirtschaftskrise getrieben. So hat Spanien die sozialen Folgen, insbesondere die Massenarbeitslosigkeit, bis heute nicht überwunden. — Seit der Gründung des EWS mussten aufgrund der unterschiedlichen wirtschaftlichen Entwicklung in den Teilnehmerländern die Wechselkurse immer wieder angepasst, also die Währungen auf- oder abgewertet werden (Realignments), wenn der Zinsdruck alleine nicht zur Stabilisierung ausreichte. 1992/93 führte die Wechselkursklammer jedoch zum faktischen Platzen des Systems, nämlich zur Ausweitung der Bandbreite auf je 15, also insgesamt 30 Prozent, und zum Ausscheiden des britischen Pfunds und der italienischen Lira aus dem Wechselkursmechanismus. Dem lag die (berechtigte) Einschätzung von Devisenmarktspekulanten zugrunde, dass die Wechselkurse im EWS nicht mehr den volkswirtschaftlichen Realitäten entsprachen, zahlreiche Währungen überbewertet waren und auch durch Zentralbankinterventionen nicht mehr verteidigt werden könnten. — Aus der zunehmenden Konvergenz zumindest einiger Indikatoren verbreitete sich ab Mitte der achtziger Jahre die Ansicht, das EWS könne letztlich in eine Währungsunion münden (Krönungstheorie). Daraus entstand das Dreistufenmodell der →Wirtschafts- und Währungsunion (WWU) und nachfolgend der →Maastrichter Vertrag, der das EWS praktisch als erste Stufe der WWU vorsah. So kann die erfolgreiche Spekulation gegen einige EWS-Währungen 1992/93 auch als massives Misstrauen gegen durch Hochzinsen gestützte Kurse interpretiert werden. Die Krise verdeutlichte zugleich, dass von einem gleichzeitigen Inkrafttreten der Währungsunion in allen EU-Ländern keine Rede sein konnte. Das Risiko einer neuen EWS-Krise (insbesondere eine Spekulation gegen den französischen Franc, der inzwischen ebenfalls als Hartwährung galt, dessen Härtegrad aber als unsicher angesehen wurde) mochten die Zentralbankchefs und Finanzminister aber nicht mehr eingehen, entschärften durch die Erweiterung der Bandbreite den Druck im EWS und legten stattdessen alle Aufmerksamkeit auf die Kriterien für eine Teilnahme an der WWU gemäß den Bestimmungen des Maastrichter Vertrages, bei der die Wechselkursstabilität nur noch eins von mehreren Kriterien war. Die Beibehaltung der Schwankungen in der alten Bandbreite von plusminus 2,25 Prozent wurde seither mit Absichtserklärungen formalisiert, ohne dass aber ein entsprechender Beistandsmechanismus eingeführt wurde. — Die EWS-Krisen von 1992/93 bedeuteten auch das faktische Ende der Krönungstheorie. Die wirtschaftspolitische Diskussion zeigt, dass jetzt die WWU die Haushaltsdisziplin rasch erzwingen, nicht mehr die Haushaltsdisziplin allmählich die WWU ermöglichen soll.

Im Juli 1978 auf dem EU-Gipfel in Bremen beschlossen, im Dezember endgültig vereinbart, riefen die beteiligten Zentralbanken das EWS am 13.3.1979 ins Leben. Vorausgegangen war die „Währungsschlange", mit der zwischen 1972 und 1979 erst zehn, später nur noch vier europäische Regierungen versucht hatten, die heftigen Wechselkursschwankungen in den Griff zu bekommen. — Englische Bezeichnung: European Monetary System (EMS).

European Bank for Reconstruction and Development →Europäische Bank für Wiederaufbau und Entwicklung

European Currency Unit (Ecu)
die europäische Währungseinheit, Kernstück des →Europäischen Währungssystems (EWS). In Ecu werden die Leitkurse der am EWS teilnehmenden Währungen ausgedrückt. Verteidigen Notenbanken den Wechselkurs einer Mitgliedswährung gegen das Verlassen der zulässigen Bandbreite mit Hilfe von Krediten des →Europäischen Währungsinstituts (EWI), wird der Saldenausgleich zwischen den beteiligten Notenbanken in Ecu vorgenommen. Ausserdem ist die Ecu die Haushaltswährung der EU; dies gilt auch für Länder, die nicht am EWS teilnehmen. Sie dient als Grundlage für die Errechnung von Agrarpreisen (→grüne Parität), für den Zahlungsverkehr in und mit der EU und für einige Wertpapiergeschäfte. Nachfolger der Ecu soll mit der dritten Stufe der →Wirtschafts- und Währungsunion der →Euro werden. — Auf freiwilliger Basis veröffentlichen einige in der EU ansässige Konzerne, die ein Interesse an einer gemeinsamen Währung haben, ihre Jahresabschlüsse auch in Ecu. Verbreitet ist die Verwendung als gemeinsame Bezugsgröße im innereuropäischen Verkehr (z.B. für Eisenbahntarife). Privatrechtliche Schuldverschreibungen in Ecu sind möglich. Münzen sind Gelegenheitsprägungen, die nur selten als Zahlungsmittel verwendet werden können. — Die Ecu beruht als Kunstwährung auf einem Währungskorb der zwölf Mitgliedsstaaten der EU zum Zeitpunkt der Unterzeichnung des →Maastrichter Vertrages; die Währungen der später beigetretenen Länder wurden nicht berücksichtigt. Auch Währungen, die sich nicht am Wechselkursmechanismus des EWS beteiligen (griechische Drachme), sind in der Ecu enthalten. Unterschieden wird zwischen Gewicht und dessen Wert; maßgeblich ist die Wirtschaftskraft der

Mitgliedsländer. Aus dem System sind dann die Wechselkurse der Währungen zur Ecu, untereinander und nach außen festzustellen. Tatsächlich errechnet die EU-Kommission den Ecu-Kurs gegen die Mitgliedswährungen jedoch in entgegengesetzter Richtung, indem sie vom Wechselkurs der Mitgliedswährungen gegen den US-Dollar ausgeht und daraus den Ecu-Wert errechnet. Er kann auch durch Veränderungen in der Zusammensetzung des Währungskorbes schwanken. — Im Unterschied zur Ecu ist der Euro nicht als Währungskorb, sondern als selbstständige Währung mit eigener Zentralbank verfasst (Umstellungskurs 1:1).

Beispiel zur Berechnung: 32,4 Prozent einer Ecu kosten 62 Pfennig; damit hat die Ecu einen DM-Wert von 1,96 DM, analog 6,59 französische Franc oder 2,20 Gulden. Daraus lassen sich das Paritätengitter für alle beteiligten Währungen und ihre Leitkurse untereinander errechnen. — Geschaffen 1978, 1981 mit der wertgleichen Europäischen Rechungseinheit (ERE) zusammengelegt. Gedeckt ist die Ecu durch die Hinterlegung von zwanzig Prozent der Währungsreserven eines jeden Mitgliedslandes zunächst beim Europäischen Fonds für Wirtschaftliche Zusammenarbeit (EFWZ), dann der Nachfolge-Institution →Europäisches Währungsinstitut (EWI). — Das französische Wort „ecu" bedeutet „deutscher Taler, Franken". Mit der gleichzeitigen Verwendung einer englischsprachigen Abkürzung und einer französischen Münzbezeichnung für eine deutsche Münze wurden die drei wirtschaftsstärksten Mitglieder der EU terminologisch an der Ecu beteiligt. — Auch in amtlichen Übersetzungen wird gelegentlich die Ecu als „der" Ecu bezeichnet.

Der Währungskorb der Ecu

Zusammensetzung und Gewichtung

Währung	Gewicht (%)	Wert
Deutsche Mark	32,4	0,62 DEM
Französischer Franc	20,6	1,33 FRF
Britisches Pfund	11,1	0,09 GBP
Niederländischer Gulden	10,1	0,22 NLG
Belgischer / lux. Franc	8,8	3,13 BEF
Italienische Lira	8,0	152 ITL
Spanische Peseta	4,2	6,89 ESP
Dänische Krone	2,7	0,20 DKK
Irisches Pfund	1,1	0,01 IEP
Portugiesischer Escudo	0,7	1,39 PTE
Griechische Drachme	0,5	1,44 GRD

Angaben gerundet. Aufgeführt sind die am 25.11.1996 festgelegten Leitkurse, die einen Ecu-Wert von etwa 1,93 Mark ergeben. Die Tageskurse weichen von den Leitkursen ab. Beim Übergang zum Euro erlischt das System.

European Free Trade Association →Efta

European Monetary Institute →Europäisches Währungsinstitut

European Monetary System →Europäisches Währungssystem

European Monetary Union →Wirtschafts- und Währungsunion

Eurosklerose

populäre Umschreibung der siebziger und achtziger Jahre für die Perspektivlosigkeit der europäischen Integration in jener Zeit. Nach der Verwirklichung der Zollunion 1968 waren die traditionellen Ziele einer Freihandelszone erreicht. Weitergehende Integrationspläne scheiterten zunächst am mangelnden Willen der Mitgliedsländer und ihren divergierenden Wirtschafts- und Haushaltspolitiken, am blockierenden Einstimmigkeitsprinzip innerhalb der damaligen EG, an der misslungenen EG-Agrarpolitik und der zunächst wenig erfolgreichen währungspolitischen Zusammenarbeit. Erst durch die Vorarbeiten an der →Einheitlichen Europäischen Akte ab etwa 1983 und der Verkündung des Ziels, den →EU-Binnenmarkt bis zum 31.12.1992 zu „vollenden", wurde die Eurosklerose überwunden.

Maßgeblichen Anteil daran hatte der aus Frankreich stammende Kommissionspräsident Jacques Delors mit seiner Politik des selbstbewussten, ununterbrochenen Reformdrucks auf die Mitgliedsländer. Zuvor hatte die EG weniger durch Visionen, sondern eher durch die Kosten ihrer Landwirtschaftspolitik und die Vernichtung von Agrarüberschüssen Aufsehen erregt. Die Überwindung der Eurosklerose kann auch als Vorbild für die notwendige Reform des Systems der Vereinten Nationen gelten. Generell ist an der EG-Reform zu sehen, welche Dynamik auch in Organisationen möglich ist, die als erstarrt und verkrustet gelten.

EWI →Europäisches Währungsinstitut
EWS →Europäisches Währungssystem
Export →Außenhandel
Externalisierung →Öko-Steuern
EZB →Europäische Zentralbank

F

Fabrik

veraltende Bezeichnung für einen Ort der gewerblichen Produktion mit einem hohen Grad an Arbeitsteilung und Mechanisierung (in Abgrenzung zum →Handwerk).

Der Begriff kommt von lateinisch „fabrica", Handwerksarbeit.

Factoring

ein Finanzierungsgeschäft im Handel, das in Deutschland von nur 13 Spezialinstituten (1996) ausgeübt wird. Der Verkäufer einer Ware tritt seine Geldforderung gegenüber dem Käufer an ein Factoring-Unternehmen, den Factor, ab. Dafür erhält der Verkäufer vom Factor den Kaufpreis als Vorschuss. Die Übernahme des gesamten Zahlungsrisikos durch den Factor ist möglich und weithin üblich; dafür zahlt das Unternehmen etwa ein bis zwei Prozent des Umsatzes. Üblich sind auch die ergänzenden Buchhaltungs-, Mahnungs- und Inkasso-Dienstleistungen. In Deutschland nutzen rund 2.000 Unternehmen das System. Von einem Zwischenhändler unterscheidet sich ein Factor in erster Linie dadurch, dass der Kaufvertrag, dem das Factoring-Geschäft zugrunde liegt, direkt zwischen Käufer und Verkäufer abgeschlossen wird.

Engl. „factor" bedeutet „Agent, Vertreter" und geht auf lateinisch „facere" (machen) zurück.

FDGB →Gewerkschaften

FDI →Ausländische Direktinvestitionen

Federal Reserve Board

Kurzform: Fed, in den USA das höchste Leitungs- und Aufsichtsgremium des föderativ ausgerichteten Zentralbanksystems, das aus sieben auf 14 Jahre vom US-Präsidenten ernannten und vom Senat bestätigten Gouverneuren besteht. Es beaufsichtigt zwölf regionale Zentral- und Notenbanken, die Federal Reserve Banks mit Direktoren an ihrer Spitze. Diese Banks sind Aktiengesellschaften, deren Anteile von den überregional operierenden Geschäftsbanken in ihrem Zuständigkeitsbereich gehalten werden müssen; die Geschäftsbanken halten dort auch ihre Liquiditätsreserven. — Der Board und die Direktoren sind gemeinsam für Bankaufsicht, Geschäftsregulierungen und die Abwicklung von Geldgeschäften für Staat und Geschäftsbanken zuständig. Das aus Board und fünf Direktoren bestehende Federal Open Market Committee (Offenmarktausschuss) legt das Geldmengenziel fest und wickelt über die Federal Reserve Bank in New York seine Geldpolitik mit der Beeinflussung von Geldmenge und Zinsniveau ab.

Fertigungstiefe

in der Betriebs- und der Produktionswissenschaft der Umfang, in dem die Bestandteile von Endprodukten selbst hergestellt sind. Oft sind Teile bei Zukauf billiger als in der Eigenproduktion, weil Zulieferer Größenvorteile, Spezialisierung und Rationalisierung besser nutzen können. Eine Verringerung der Fertigungstiefe wird deswegen in der Industrie allgemein angestrebt. Mittel dazu sind das Schließen eigener Betriebsbereiche (→Lean Production) und/oder ihr →Outsourcing.

Fertigungszyklus →Zyklus

Festgeld

für einen festen Zeitraum (mindestens einen Monat) an eine Bank ausgeliehenes Geld. Die Verzinsung dieser →Termineinlage kann erheblich von derjenigen von Spareinlagen abweichen, weil nicht die Kapitalmarktzinsen, sondern die Liquiditätsbedürfnisse der Bank und damit die Geldmarktzinsen maßgeblich sind. Meist nutzen Unternehmen oder Privatpersonen solche kurzfristigen Anlagemöglichkeiten bei kurzzeitig frei werdendem Kapital.

Eine seltenere Form der Termineinlage ist das Kündigungsgeld, das der Bank unbefristet, aber mit befristeter Kündigung zur Verfügung steht.

festverzinsliche Wertpapiere →Anleihen

Fibor →Interbankraten

Finanzausgleich

im weiteren Sinn die Verteilung von Einnahmen und Ausgaben in einem komplex aufgebauten Staat, sofern also nicht alle Einnahmen am Ort des Aufkommens auch wieder ausgegeben werden. Der vertikale Finanzausgleich legt fest, auf welcher Ebene des Staates Ausgaben erfolgen sollen (zentral, auf einer Mittelstufe, kommunal); grundlegend dafür sind Kompetenz- und Aufgabenverteilung. Der horizontale Finanzausgleich bedeutet eine Umverteilung innerhalb der mittleren oder unteren Schicht; er wird meist allgemein als Finanzausgleich bezeichnet. — In der föderal gegliederten Bundesrepublik Deutschland tragen der →Länderfinanzausgleich und der kommunale Finanzausgleich zur Herstellung einheitlicher Lebensverhältnisse bei. Der →EU-Finanzausgleich wird vor allem über die →EU-Strukturfonds abgewickelt.

Finanzfreihafen

Ort, an dem Kapital weitgehend unkontrolliert, unreguliert und (steuerlich) unbelastet angelegt werden kann, oder an dem Kapitalmarktgeschäfte nur schwach reguliert werden.

finanzielle Vorausschau →EU-Finanzverfassung, →EU-Haushalt

Finanzierung der Deutschen Einheit die Art und Weise, wie öffentliche und private Haushalte seit 1990 die einheitsbedingten Kosten tragen, und wie sie verteilt wurden. (1) Staat und Sozialversicherungen haben zwischen 1990 und 1996 mehr als eine Billion Mark brutto von West nach Ost transferiert. Nach Abzug der Einnahmen in Ostdeutschland bleibt eine Nettotransferleistung von gut 75 Prozent der Bruttosumme. Unberücksichtigt blieben dabei u.a. auf der Ausgabenseite die Kosten des Erblastentilgungsfonds, des Fonds „Deutsche Einheit" sowie des Abzugs der Roten Armee, und auf der Einnahmenseite die Steuermehreinnahmen der Hochkonjunkturjahre 1990 und 1991. Brutto- wie Nettotransfer hatten 1995 ihre Spitze mit 185 bzw. 140 Milliarden Mark erreicht. — Die Leistungen sind von Steuer- und Beitragszahlern ungleichmäßig aufgebracht worden. Besonders hohe Lasten hatten die Sozialversicherungen zu tragen, während sozialversicherungsfreie Beamte, Landwirte und Selbstständige davon weitgehend befreit blieben. Die einigungsbedingten Erhöhungen der Mehrwert- und der Mineralölsteuer sind ebenfalls sozial unausgewogen. 1992 trug ein Haushalt bei einem Monatseinkommen von 2.300 Mark mit 3,2 Prozent zu den Kosten der Einheit bei, bei einem Monatseinkommen von 4.300 Mark mit 3,7 Prozent und bei 13.400 Mark mit 2,7 Prozent. Das Föderale Konsolidierungsprogramm (FKP) von 1993 verband zudem Einsparungen im Sozialbereich direkt mit den Transferleistungen für Ostdeutschland und hätte somit zu einer Neiddebatte beitragen können. Sie ist aber trotz gelegentlich geäußerter Unzufriedenheit ausgeblieben, weil die Transfers auf Akzeptanz in der Bevölkerung gestoßen sind. — Die Bildung der Sondervermögen von rund 500 Milliarden Mark ist vielfach als Verschleierung der Einheitskosten und als ihre Verschiebung in die Zukunft bezeichnet worden. Zwar wären die Kosten nicht sofort und in voller Höhe finanzierbar gewesen. Aber von einer Konsolidierungspolitik der Bundesregierung kann dennoch keine Rede sein. Dies gilt vor allem, weil der im Prinzip weithin akzeptierte →Solidaritätszuschlag nach politischen, nicht nach wirtschaftlichen Gesichtspunkten ausgesetzt, wieder eingesetzt, gesenkt und wieder abgeschafft wird, während sich die Banken an vereinigungsbedingten Schuldzinseinnahmen allein durch die Sondervermögen von mindestens 30 Milliarden Mark jährlich erfreuen. Durch Versuche, Kosten auf andere Träger abzuwälzen, entstanden jahrelange Streitigkeiten, so bei der Finanzierung der neuen Länder, den Altschulden der Kommunen und den Wohnungsbauschulden. Zudem hat der Bund bereits den Beginn der Rückzahlungen verschoben (→Bundeseisenbahnvermögen). — Neben den Sozialversicherungsträgern hat auch der Bund unmittelbar hohe Sozialleistungen getragen, insbesondere für Arbeitsmarktpolitik. Große Positionen sind ferner die Länderfinanzierung mit dem Fonds „Deutsche Einheit" bis 1994 und die Neuregelung des Finanzausgleichs ab 1995 sowie die Zuschüsse an die Reichsbahn. — Unberücksichtigt blieb dabei der →Erblastentilgungsfonds mit den Nettokosten der Treu-

Finanztransfer nach Ostdeutschland
in Milliarden DM

	1991	1992	1993	1994	1995	1996	1997
Leistungen:							
Bund	75	88	114	114	135	133	126
West-Länder / Gdn.	5	5	10	14	10	10	11
Fonds „Dt. Einheit“	31	24	15	5	–	–	–
EG / EU	4	5	5	6	7	7	7
Bundesanst. f. Arbeit	24	25	15	17	16	16	18
Ges. Rentenvers.	–	5	9	12	17	18	16
Bruttotransfer	139	152	168	168	185	184	178
darin:							
Sozialleistungen	56	69	78	73	79	74	69
Subventionen	8	10	11	17	18	16	16
Investitionen	22	23	26	26	34	39	36
nicht aufteilbar	53	50	53	52	54	55	57
abzgl. ostdeutsche Bundeseinnahmen	–33	–37	–39	–43	–45	–50	–48
Nettotransfer	106	115	129	125	140	134	130

Quelle: Bundesbank.

Bruttotransferleistungen des Bundes
in Milliarden DM

	1991	1992	1993	1994	1995	1996
Sozialleistungen	32	39	53	44	46	40
darin:						
arbeitsmarktbedingt	14	19	34	23	22	15
für sonst. Sozialvers.	10	10	11	13	16	16
Länderfinanzierung	4	10	14	19	35	35
Eisenbahnen	8	9	10	15	14	11
Sonstiges	31	30	37	36	40	47
zusammen	75	88	114	114	135	133

Quelle: Bundesbank.

Kosten der Einheit (erweitertes Modell)
in Milliarden DM

	1991	1992	1993	1994	1995	zus.
Inst. für Weltwirtschaft	129	253	198	165	143	888
Nettotransfer gem. Bundesfinanzmin.	106	115	129	125	140	615

Quelle: Bundesbank. Fehlende Daten: nicht mitgeteilt.

handanstalt, also nach Abzug aller Privatisierungserlöse und den Kosten der Währungsumstellung, weil sie keine eigentlichen Transfers sind. Auch Steuervergünstigungen sind nicht eingerechnet. Das Institut für Weltwirtschaft in Kiel hat 1995 diese Kosten kalkuliert und kommt auf einen fast 30 Prozent höheren Wert der Transferleistungen oder rund sechs Prozent des deutschen Bruttoinlandsproduktes.

Finanzierungsschätze →Anleihen
Finanzinnovationen →Derivate
Finanzinstitut →Banken
Finanzinstrumente →Derivate

Finanzkonglomerate

international operierende Konzerne mit Beteiligungen im Bank-, Versicherungs-, Wertpapierhandels- und Kapitalanlagebereich. Die Besorgnis nationaler Aufsichtsbehörden über die Entwicklung solcher internationaler Allfinanzkonzerne bezieht sich weniger auf ihre erfolgreiche Steuerminderungspolitik, sondern mehr auf unkontrollierte riskante Geschäfte und die Gefahr eines Zusammenbruchs, der eine Kettenreaktion nach sich ziehen könnte. Die Kontrolle ist vor allem durch das Fehlen einer internationalen Finanztransaktions- und Wertpapieraufsicht erschwert. Zudem sind die Hemmnisse beim Informationsaustausch zwischen den Finanzzweigen erheblich (Bankgeheimnis, verbotene Weiterleitung von Informationen selbst beim Verdacht auf Insider-Handel mit Wertpapieren). Auch die deutsche Dreiteilung der Finanzmarktkontrolle mit jeweils einem →Bundesaufsichtsamt für das Kredit-, das Versicherungswesen und den Wertpapierhandel deckt die Grenz- und Übergangsbereiche in Finanzkonglomeraten nicht ab.

In Großbritannien sollen die verschiedenen Aufsichtsbehörden 1998 zusammmengelegt werden.

Finanzplanung, mittelfristige →mittelfristige Finanzplanung
Finanzplanungsrat →Bundesministerium der Finanzen

Firma

der Name, unter dem ein Unternehmer oder Unternehmen sein Geschäft betreibt und seine Unterschrift abgibt. Umgangssprachlich ist meist das Unternehmen selbst gemeint.

Der Begriff kommt von italienisch „firma“, der Kaufmannsunterschrift unter einem Vertrag; dies aus lateinisch „firmare“ (bekräftigen, bestätigen).

Firmenmantel

eine Kapitalgesellschaft (meist eine GmbH oder AG) ohne Geschäftsbetrieb. Sie entsteht oft durch einen Konkurs und ist wegen des bekannten Firmennamens oder der auf ihr lastenden Verluste steuerlich interessant. Ein Käufer muss hinreichend ähnliches eigenes Geschäft in den Mantel einbringen, um seine Steuerbelastung durch den Verlustvortrag zu senken und den Mantel durch einen Zwangsvergleich zu entschulden. Volkswirtschaftlich ist dieses Steuersparmodell unsinnig.

Ab 1998 soll die Nutzung von Firmenmänteln erschwert werden. Attraktiv bleiben insbesondere Bankmäntel, wenn sie noch über eine Bankerlaubnis verfügen. — Im Finanzjargon wird der Träger eines Firmenmantels auch als „Garderobenständer" bezeichnet.

Fiskus

der Staat als Eigentümer des Staatsvermögens, im allgemeinen Sprachgebrauch die Staatskasse.

Der Begriff kommt von lateinisch „fiscus" (Geldkorb).

FKP →Finanzierung der deutschen Einheit
Flächentarifvertrag →Tarifvertrag
Floating Rate Notes →Anleihen

fob

Abkürzung für free on board (frei an Bord), eine Vertragsformel des internationalen Handels zur Vermeidung von Unklarheiten. Sie bezeichnet den Exportpreis und umfasst den Warenwert, die Versicherungs-, Belade- und Transportkosten bis zur Grenze des Ausfuhrlandes. Meist wird die Formel mit dem Exporthafen verbunden (z. B. fob Singapur). Bei der Vereinbarung „fob" bringt der Verkäufer die Ware an Bord eines Schiffes, das der Käufer gechartert hat, während bei einer Vereinbarung →„cif" der Verkäufer die Ware bis zum Empfänger bringt. Dies legt auch fest, wer sich um die Frachtpapiere kümmern muss („fob" der Käufer, „cif" der Verkäufer). In nationalen und internationalen Wirtschaftsstatistiken dient „fob" als Grundlage der Exportwertberechnung.

Föderales Konsolidierungsprogramm →Finanzierung der deutschen Einheit
FÖV →Blaue Liste

Fond deutsche Einheit

eines der Instrumente zur →Finanzierung der deutschen Einheit. Er ersetzte von 1990 bis 1994 den für Ostdeutschland ausgesetzten Länderfinanzausgleich.

Seine Schulden von 95 Milliarden Mark werden vom Bund zu 27,9 Prozent und den westlichen Bundesländern zu 72,1 Prozent seit 1995 abbezahlt.

Fonds

allgemein ein Vermögen für bestimmte Zwecke. Neben den staatlichen →Sondervermögen und den →EU-Fonds, die allerdings einen regulären Bestandteil des EU-Haushaltes darstellen, sind Fonds insbesondere die Vermögen von Kapitalanlagegesellschaften (Investmentfonds). Meist bestehen sie aus Aktien, Anleihen (Renten), Immobilien oder Geldmarktpapieren, werden von Banken oder anderen Finanzgesellschaften nach bestimmten, vorher veröffentlichten Kriterien zusammengestellt und ihre Fondsanteile (Investmentzertifikate) an private oder institutionelle Investoren, die Fondsanleger, verkauft. Die Anleger erwerben dadurch ein Miteigentum an sämtlichen Objekten des Fondsvermögens. Die Anteile sind handelbar und schwanken im Wert; z. B. richtet sich der Wert eines Aktienzertifikates nach dem Wert der Aktien, aus denen der Fonds besteht. Auch gemischte Fonds sind möglich und üblich. Offene Fonds können gemanagt werden und ihr Portfolio verändern, geschlossene Fonds dienen zur einmaligen und meist langfristigen Kapitalbeschaffung und sind deswegen besonders bei Immobilien beliebt. Fonds mit ihren ganz unterschiedlichen Zuschnitten ermöglichen Anlegern die Beteiligung an Wertentwicklungen, ohne dass sie ständig die Kursentwicklungen einzelner Papiere verfolgen müssen. Fonds, die in ausländische Papiere investieren, unterliegen dem Wechselkursrisiko. →Geldmarktfonds, erst seit kurzem erlaubt, leiden unter niedriger Rendite und hohen Verwaltungskosten. — Insbesondere die Kapitalflucht in das steuergünstige Luxemburg hat das Fondssystem belebt. Gegen deutsche Banken sind deswegen Verfahren wegen Beihilfe zur Steuerhinterziehung vor Gericht anhängig.

Der Begriff kommt von französisch „fonds“ (Grund, Boden, Schatz), dies von lateinisch „fundus“ (Grund, Boden eines Gegenstandes).

Footsie →FTSE 100

Neuaufkommen deutscher Fonds

Veränderungen nach Fonds-Arten, in Mrd. DM

	Gesamt	Aktienfonds	Rentenfonds	offene Imm.fonds	Geldmarktfonds	sonstige
1990	7,2	3,1	4,1	−0,2	–	0,2
1991	13,2	1,5	8,1	2,0	–	1,6
1992	−3,2	2,3	−11,5	6,0	–	0,0
1993	20,5	9,2	−4,0	14,6	–	0,7
1994	62,5	11,7	11,2	7,7	31,2	0,8
1995	16,7	0,9	2,4	6,8	6,2	0,4
1996	16,5	1,2	5,4	14,0	−4,7	0,7

Quelle: BVI

Fonds-Vermögen

in Mrd. DM

	Publikumsfonds in Deutschland					DFiL
	Gesamt	Aktienfonds	Rentenfonds	Imm.fonds	Geldm.fonds	
1990	132,5	26,4	89,7	16,4	–	16,6
1991	139,7	19,2	101,3	19,2	–	30,4
1992	140,4	20,2	93,4	26,8	–	101,3
1993	179,1	38,2	98,2	42,7	–	134,1
1994	225,4	46,4	97,3	50,4	31,3	141,5
1995	250,4	48,8	105,3	58,1	38,2	141,5
1996	284,7	61,8	116,5	72,4	33,9	140,5

DFiL: Deutsche Fonds in Luxemburg. Sie haben ganz oder teilweise deutsche Institute als Gesellschafter. Quelle: BVI.

Fordismus

das Prinzip der Massenproduktion in der Wirtschaft, dem Henry Ford 1913 mit dem Einsatz des Fließbandes in seiner Autofabrik zum Durchbruch verhalf. Ford kombinierte Arbeitsteilung und Rationalisierung, die zu höherer Produktion und niedrigeren Preisen führte, mit kürzeren Arbeitszeiten und höheren Löhnen, blieb dabei aber auf einem strikt antigewerkschaftlichen Kurs.

Henry Ford (1863-1947), Automobilunternehmer seit 1898, hatte seinen ersten weltweiten Erfolg ab 1908 mit dem Automodell Ford T, indem er sich darauf konzentrierte, nur ein einziges Modell anzubieten.

Foreign Direct Investment →Auslandsinvestitionen

Forschungsinstitut für öffentliche Verwaltung →Blaue Liste

Forschungspolitik →Bundesministerium für Bildung, Wissenschaft, Forschung und Technologie

Franchising

Vermarktungsmodell und Vertriebsform im Einzelhandel. Der Franchise-Geber liefert Konzept, Vor- oder Endprodukte, Herstellermarke, Firmenname und Werbung, während der rechtlich selbstständige Franchisenehmer für den Vertrieb bzw. Verkauf sorgt. Für den Franchise-Geber liegt der Vorteil im Wegfall eines eigenen kapital- und zeitintensiven Vertriebsnetzes und damit in einem schnelleren Wachstum, für den Franchise-Nehmer komplementär bei der Konzentration auf den Endverkauf. Der Franchise-Geber erhält neben dem Gewinn aus der regulären Lieferbeziehung zu seinem Franchise-Nehmer eine Franchise-Gebühr, die meist vom Umsatz abhängt. Unseriöse Franchising-Angebote nehmen zu. Einige Unternehmer vor allem im Bau- und Transportgewerbe stehen im Verdacht, mit ihren Franchising-Modellen Scheinselbstständigkeit zu verbergen.

In Deutschland existieren rund 550 solcher Ideenvermarkter und rund 22.000 Franchise-Nehmer. Die bekanntesten sind McDonalds, Coca-Cola, Benetton, VAG-Autohäuser, Wienerwald-Gaststätten, OBI-Heimwerkermärkte und Ibis-Hotels. Die Abgrenzung zu Pachtmodellen ist unklar; manchmal werden auch die Tankstellennetze der großen Mineralölkonzerne zur Franchise-Branche gezählt. — Der Begriff stammt vom US-amerikanischen „franchise", Konzession. Er geht über das französische „franchise" (Freiheit) (von Abgaben) und „franc" (frei) auf lateinisch „Franci" (die Franken) (nach deren Stand als Freie) zurück.

Frankfurter interbank offered rate →Interbankrate

Fraunhofer-Gesellschaft →Bundesministerium für Bildung, Wissenschaft, Forschung und Technologie

Freiburger Schule

Gruppe von Wissenschaftlern um den Ökonomen Walter Eucken, die seit den dreißiger Jahren an einem funktionsfähigen und menschenwürdigen System für die Ordnung von Wirtschaft und Gesellschaft arbeiteten und daraus die deutsche Variante des →Neoliberalismus, den →Ordoliberalismus, entwickelten. Das Wettbewerbsmodell richtete sich insbesondere gegen die Kartell- und Monopolbildung, die der ältere „Laisser-faire"-Liberalismus zuließ, zugleich auch gegen die mangelproduzierende Plan- und die nationalsozialistische Kriegswirtschaft. Der Ordoliberalismus hat die Entwicklung der →sozialen Marktwirtschaft maßgeblich beeinflusst.

Walter Eucken (1891-1950) wurde nach dem Krieg alliierter Wirtschaftsberater und legte in Programmen, auf die sich Ludwig Erhard berief, die Grundsätze seiner Wettbewerbsordnung nieder. Sein wichtigstes Buch „Grundsätze der Wirtschaftspolitik" erschien 1952 posthum.

freier Waren-, Kapital-, Dienstleistungs- und Personenverkehr →vier Grundfreiheiten

Freihandel

im Gegensatz zum →Protektionismus und staatlichen Außenhandelsmonopol ein freier grenzüberschreitender Güterverkehr ohne staatliche Einflüsse. Den Effizienz- und Spezialisierungsvorteilen des Freihandels steht die Bedrohung von Volkswirtschaften oder einzelner ihrer Sektoren entgegen, die sich auf einem niedrigeren Entwicklungsniveau befinden. Tatsächlich betreiben die Industrieländer, die aus einer Liberalisierung der Handelspolitik die größten Vorteile schöpfen, keine Freihandelspolitik, weil sie die Wirtschaftszweige, in denen die Entwicklungs- oder andere Industrieländer über →komparative Kostenvorteile verfügen, abschirmen. — Freihandel ist nicht nur praktisch, sondern auch theoretisch ein realitätsfernes Ideal, weil es auf der Annahme eines Marktes mit idealem →Angebot und Nachfrage und einer sehr hohen Anpassungsgeschwindigkeit der Inlandsmärkte beruht.

Freimakler

vermittelt im geregelten Markt und im Freiverkehr einer Börse (→Börsensegmente) die Geschäfte zwischen anderen Börsenteilnehmern oder handelt auf eigene Rechnung. Freimakler sind im Gegensatz zum Kursmakler ohne amtliche Funktion und stellen nicht Kurse, sondern in ihrem Bereich Preise fest. Sie können als Vermittlungsgebühr „Courtage" verlangen, meist 0,06 Prozent des Kaufpreises.

Freiverkehr →Börsensegmente
Fremdwährungsanleihe →Anleihen

Fringsen

in der westdeutschen Nachkriegszeit Umschreibung für den weit verbreiteten Kohlenklau von Eisenbahnwaggons herunter. Der Ausdruck entstand nach der Silvesterrede 1946 des Kölner Kardinals Joseph Frings, der diesen Diebstahl durch Familien ohne ausreichende Koch- und Heizmittel nicht als Sünde, sondern als Akt berechtigter Notwehr sah. Seither gilt Fringsen verallgemeinert als Selbsthilfe in der Not, wenn sie offen gegen behördliche Anordnungen verstößt. Sie ist ein Beispiel für ein legitimiertes Eigentumsdelikt.

Eine Beteiligung von Geistlichen an Plünderungen bei Hungerunruhen in Lateinamerika ist seit den achtziger Jahren bekannt. John Papworth (75), Priester der Kirche von England, hat 1997 den Diebstahl aus Supermärkten als eine „dringend notwendige Umverteilung von Ressourcen" gerechtfertigt und dadurch gewaltige Entrüstung hervorgerufen. Sprecher von Supermarktketten verwiesen auf das achte Gebot („du sollst nicht stehlen").

FRN →Anleihen

Frühjahrsgutachten

das gemeinsame Gutachten der sechs →Wirtschaftsforschungsinstitute, die es alljährlich im Frühjahr vorstellen.

In der politischen Diskussion ergänzt es das Herbstgutachten des →Sachverständigenrates und den Jahreswirtschaftsbericht des Bundeswirtschaftsministers. Auch die Sondergutachten des Sachverständigenrates, die im Frühjahr erscheinen, werden manchmal als Frühjahrsgutachten bezeichnet.

FTSE 100

→Aktienindex der Londoner Börse und nach dem →Dow Jones der weltweit zweitwichtigste Index. Er wird von der Wirtschaftszeitung „Financial Times" (FT) und der London Stock Exchange (LSE) berechnet und umfasst die 100 grössten Titel Großbritanniens. Die Gewichtung wird nach der Börsenkapitalisierung festgelegt.

Umgangssprachlich als „Footsie" bezeichnet.

fünf Weise

umgangssprachliche Bezeichnung für den →Sachverständigenrat zur Begutachtung der gesamtwirtschaftlichen Entwicklung.

Fundierungsschuldverschreibung
→Anleihen

Fusion →Unternehmenszusammenschlüsse

Fusionskontrolle

Überwachung von →Unternehmenszusammenschlüssen, die zu wettbewerbswidriger Marktbeherrschung führen können, in Deutschland durch das →Bundeskartellamt, in der EU durch die →EU-Fusionskontrolle.

Futures

Finanzterminkontrakte, bei denen der Preis eines Wertpapiers bei Handelsabschluss festgelegt wird, die verbindliche Lieferung aber erst zu einem späteren, vereinbarten Zeitpunkt erfolgt. Futures sind damit Analogentwicklungen zu Warenterminkontrakten, die schon seit dem letzten Jahrhundert an großen Warenterminbörsen gehandelt werden und die schwankende Versorgung mit Agrargütern und Rohstoffen widerspiegeln; deswegen ist die weltgrößte Warenterminbörse (Chicago) zugleich zur weltgrößten Finanzterminbörse geworden. Futures entstanden allerdings erst in den siebziger Jahren als effektive Sicherung gegen das

Schwanken von Kursen und Zinsen (→Hedging) oder als verselbstständigte Spekulation von Kapitalanlegern, insbesondere auf eine →Baisse. — In Deutschland werden Futures an der →Deutschen Terminbörse (DTB) gehandelt. Sie sind bezüglich Umfang und Fälligkeit standardisiert. Internationale Finanzterminkontrakte werden aufgrund US-amerikanischer Gepflogenheiten im März, Juni, September und Dezember (jeweils am 3. Mittwoch) fällig; in Deutschland ist es der 3. Freitag dieser Monate.

G

G-7 →Gruppe der 7

G-8 →Gruppe der 8

G-10 →Gruppe der 10

G-77 →Gruppe der 77

G+V →Gewinn-und-Verlust-Rechnung

GAP →EU-Agrarpolitik

Garderobenständer →Firmenmantel

Gatt (General Agreement on Tariffs and Trade)

deutsch „Allgemeines Zoll- und Handelsabkommen", war bis zur Gründung der →Welthandelsorganisation (WTO) 1995 die höchste internationale Institution zur Regelung des Welthandels. Anfänglich auf die Reduzierung von Zöllen ausgerichtet, blieb das Gatt bis in die achtziger Jahre auf den Welthandel mit Waren beschränkt; erst die →Uruguay-Runde brachte eine Ausweitung auf Dienstleistungen. Das Gatt war selbst ein Vertrag, keine Organisation, und verfügte in Genf nur über ein Sekretariat. Dieses stellte den Rahmen einerseits für die insgesamt acht allgemeinen Runden zur Liberalisierung des Welthandels dar, andererseits für das wuchernde System von Handelsverträgen, die zwar auf dem Gatt beruhten, aber nicht durch und für alle Mitglieder verhandelt wurden.

1947 in Genf von 23 Staaten gegründet, trat das Gatt 1948 in Kraft. Ursprünglich war es als Teil der Grundlagen für die Internationale Handelsorganisation (ITO) geplant, deren Gründungsdokument, die Havanna-Charta, 1948 von 54 Mitgliedsländern unterzeichnet, die Gründung selbst aber vom US-Kongress verhindert wurde. Hauptgrund dafür waren die großen Kompetenzen der ITO. Sie hatte als handelspolitische Ergänzung zum →Internationalen Währungsfonds und zur →Weltbank dienen sollen. — Die Verhandlungsrunden und ihre Laufzeiten: 1. 1947, 2. 1949, 3. 1950/51, 4. 1955/56, 5. („Dillon-Runde") 1961/62, 6. („Kennedy-Runde") 1964-67, 7. („Tokio-Runde") 1973-79, 8. („Uruguay-Runde") 1986-94. Alle Runden beschäftigten sich mit der Reduzierung von Zöllen, die ersten fünf ausschließlich. Bei der Kennedy-Runde kamen Dumping-Probleme dazu, bei der Tokio-Runde nichttarifäre Handelshemmnisse und Vereinbarungen über Rahmenbedingungen. Die Uruguay-Runde erweiterte die Themen um Dienstleistungen, geistiges Eigentum, Agrar- und Textilhandelsbestimmungen, die Gründung der WTO und die Einführung allgemein verbindlicher Prozeduren zur Konfliktlösung.

GASP →Maastricht-Vertrag, →Einheitliche Europäische Akte

GATS →Uruguay-Runde

GbR →Gesellschaft bürgerlichen Rechts, →Rechtsformen von Unternehmen

GD →Generaldirektion

GdED →Deutscher Gewerkschaftsbund

GdP →Deutscher Gewerkschaftsbund

GDP →Bruttoinlandsprodukt

GDV →Versicherung

GDW →Genossenschaftswesen

Geld

allgemein anerkanntes Zahlungsmittel. Auf metallischen Münzen (→Gold) bestätigte die Prägung zugleich Gewicht und Wert. Die umständliche Handhabung und Unsicherheit, insbesondere beim Transport von Metallgeld, ließen Banken seit der Frühneuzeit gegen Hinterlegung von Gold Schuldscheine in Papierform ausstellen, die ihrerseits Zahlungsmittel waren. Aus diesen privaten Banknoten entwickelten sich die Geldscheine. Das Geldschöpfungsmonopol liegt beim Staat, der deswegen auch bestimmt, was gesetzliches Zahlungsmittel ist, und darüber Rechtssicherheit herstellt. — Funktionen des Geldes sind Tauschmittel, verbindliche Recheneinheit und Wertaufbewahrung. Effizienzvorteile des Geldes liegen insbesondere bei den Informationskosten, weil nicht mehr alle Wertverhältnisse von Waren untereinander bekannt sein müssen, sondern nur noch ihr jeweiliger Geldwert, und bei den Transaktionskosten, weil (Bar-)Geld absolut liquide ist. Neue Geldformen wie →Electronic Cash oder das Zahlungsmittel in einem →Tauschring verändern nur die Erscheinungsform, nicht aber das Wesen des Geldes. — In Deutschland sahen Konsumkritik und Alternativbewegung seit den siebziger Jahren das Geld bzw. das Streben nach in Geld ausdrückbarem materiellen Wohlstand als die Hauptursache für den sozialen Zerfall und für die Zerstörung der menschlichen Lebensgrundlagen an („Geld kann man nicht essen").

Das Wort kommt von althochdeutsch „gelt" (Zahlung, Lohn, Vergeltung, Opfer) und bedeutete gemeingermanisch „kultische oder rechtliche Einrichtung, Abgabe". Die Bedeutung als geprägtes Zahlungsmittel (Münze) setzte sich in Deutschland erst seit dem 16. Jahrhundert durch. Sprachlich und begrifflich verwandt ist englisch „yield" (Ertrag, Ausbeute), in der englischen Finanzsprache „Rendite, Verzinsung". — Die zahlreichen umgangssprachlichen Bezeichnungen verweisen auf überregionale, interkulturelle und historische Einflüsse: (1) „Moneten", eine veraltende, ironische Bezeichnung, wurde in Deutschland ab Ende des 18. Jahrhunderts von Studenten verbreitet. Der Begriff stammt von lateinisch „monetae" (geprägte Münzen) ab, dies von lateinisch „moneta" (Münzstätte). Es besteht ein sekundärer Zusammenhang zu Moneta, dem Beinamen der altrömischen Göttin Juno, bei oder in deren Tempel sich die römische Münzstätte befand. Der Beiname soll von „monere" (mahnen) oder griechisch Mnemosyne, Göttin des Gedächtnisses, stammen. Worin Mahnung oder Erinnerung bestanden, ist umstritten; möglicherweise, weil die Römer in einem Krieg gegen Tarent trotz Geldmangels kämpften. Münzen zur Erinnerung zu prägen, könnte ebenfalls hierher rühren. Von lateinisch „moneta" stammt französisch „monnaie" (Geld, Münzstätte) (vgl. Portemonnaie); daraus entstand englisch „money" (Geld). Das englische Wort „mint" (Münzstätte) geht hingegen auf eine sehr frühe Direktentlehnung von „moneta" zurück, das aus dem Altenglischen wiederum ins Deutsche weiterentlehnt wurde. Aus „moneta" (Münzstätte) entstand in Rom die Bedeutung „Geldmünze" zunächst nur literarisch, verbreitete sich aber nach der Zeitenwende. Geld im engeren Sinne hieß dagegen „pecunia" und stammt von „pecu" (Viehstand), der in den ältesten vorrömischen Zeiten den Hauptteil des Vermögens bildete. Auch indogermanisch „peku" bedeutete „Schaf, Wolltier" und ging in die Bedeutung „Reichtum, Geld" über. Englisch „fee" (Eigentum, Gebühr) gehört zur gleichen Gruppe. Aus der germanischen Form „fehu" entstand das lateinische „feum" (Besitz), daraus „feudum" (Lehensgut) und das Adjektiv „feudalis" (zum Lehensgut gehörig). (2) „Kohle(n)", abgeleitet aus der seit dem 18. Jahrhundert verbreiteten Redewendung „Der Schornstein muss rauchen" im Sinne von „Was die Kohle für den Ofen, ist das Geld für den Menschen". In diesen Bedeutungskreis gehört auch die Bezeichnung Asche. Zudem wird (Münz-) Geld oft mit harten Materialien umschrieben: Bims, Kies (entweder von hebräisch „kiss" (Geldbeutel) oder Parallelbildung zu Steine), Schamott, Schiefer, Schotter, Steine. (3) „Kröten" wurde eigentlich als Schimpfwort wegen der Giftigkeit der Kröte verwendet. Es kann dorthin aus der niederdeutschen Münzbezeichnung „grote" abgeleitet sein. Hauptsächlich wird der Begriff im Ausdruck „die paar Kröten" verwendet. (4) „Moos" kommt von jiddisch „moo" (Pfennig), „moos" (Geld) und ist seit 1750 belegt. (5) „Penunzen" (auch „Penunsen") kommt von polnisch „pieniadze" (aus lateinisch „finantia", „was zu Ende kommt, was zu Termin steht", „Finanzen") und ist seit Ende des 18. Jahrhunderts mit Ernte- und Industriearbeitern in den Westen gebracht worden. (6) „Zaster" stammt vom Roma-Wort „sáster" (Eisen) ab und wird rotwelsch seit dem frühen 19. Jahrhundert für „gestohlenes Geld" verwendet. (7) „Zechinen" waren Goldmünzen, die von italienisch „zecchino" eingedeutscht wurden, zu „zecha", der Münzstätte in Venedig. Diese erhielt ihren Namen von arabisch „sakk" (Münze). Das Wort „Zeche" ist hingegen germanischen Ursprungs und hatte ursprünglich die Bedeutung „Veranstaltung, geordneter Kreis, Gesellschaft", woraus die an einer Kohlengrube beteiligte bergmännische Genossenschaft hervorging. Dieser Name ging seit dem 13. Jahrhundert auf die Grube über. Die Zeche im Sinn von „Wirtshausrechnung", seit dem 15. Jahrhundert verwendet, bedeutet einen Beitrag zu gemeinsamem Gelage einer Gesellschaft. (8) „Pinke", lautmalend für den Klang von Münzen, ist seit dem 19. Jahrhundert bezeugt und veraltet. (9) „Pulver" kommt von der Redewendung „sein ganzes Pulver verschossen haben", sich nichts mehr leisten können, ist ab 1830/40 nachweisbar und wird nur noch selten gebraucht.

Geldkarte

aufladbare Chipkarte für den bargeldlosen Zahlungsverkehr, die besonders Kleinbetragszahlungen vereinfachen soll (→Electronic Cash) und im Unterschied zu Kreditkarte und Euroscheck beleglos arbeitet. Die 1997 eingeführte ec-Geldkarte wird an einem Terminal in einer Bank mit bis zu 400 DM vom Girokonto des Inhabers aufgeladen. Sie wird zum Bezahlen in den Terminal eines Händlers eingeführt; im Terminal wird der Rechnungsbetrag abgebucht. Gebühren werden sowohl vom Geldkartenbenutzer für den Ladevorgang als auch vom Händler für die Benutzung des Systems verlangt. — Gegen Geldkarten, die durch den Wegfall von Bargeldzahlungen ein erhebliches Rationalisierungspotential darstellen, werden vier Einwände erhoben: (1) Der Recht auf gebührenfreie Barzahlung ist bedroht, weil die erheblichen Investitionen vor allem im Einzelhandel sich nur lohnen, wenn die Kunden praktisch zum Einsatz der Geldkarte gezwungen werden. Tatsächlich werden sich deswegen aber die Geldkarten nur langsam verbreiten. (2) Datenschützer führen an, dass alle Transaktionsdaten in den Evidenzzentralen des Handels gesammelt werden, wo Auskünfte über die Kaufgewohnheiten der Kunden gewonnen werden können. Anders als bei Kreditkartenzahlungen und ec-Lastschriften sind die Daten der Geldkarten-Transaktionen aber nicht personenbezogen, sondern nur einer Kartennummer zugeordnet. (3) Über die technische Sicherheit der Systeme herrscht unter den Fachleuten Uneinigkeit, insbesondere, seit die Entschlüsselbarkeit von PIN-Nummern demonstriert wurde (auch wenn bei Geldkarten der Einsatz von PIN-Nummern entfällt; aber das Sicherheitsversprechen wurde in beiden Fällen gleich kategorisch abgegeben). Von technischen Schwächen können sowohl die Kunden betroffen sein, deren Girokonten zum Aufladen der Karte benutzt werden, als auch Händler, bei denen mit einer gefälschten Karte bezahlt wird. Denn die Händlerterminals arbeiten offline, sind also nicht ständig an ihre Evidenzzentrale angeschlossen, in der die Zahlungseingänge von der Geldkarte als „Schattenkonto" von einem Verrechnungskonto abgebucht werden. Es wird von der ausgebenden Bank für die Geldkarte geführt und bei jeder Ladung der Geldkarte um den gleichen Betrag aufgefüllt. (4) Ein Schutz des Kartenguthabens beim Verlust der Chipkarte ist nicht möglich, kritisieren Verbraucherverbände. Ausserdem lasse sich der Stand des Guthabens nicht von der Karte ablesen.

Geldkurs
Kaufangebot für eine Währung oder ein Wertpapier. Wird ein Kurs mit der Bezeichnung „Geld" versehen, lag zu diesem Kurs nur Nachfrage vor, kein Angebot.

Kurzform: „Geld", Abkürzung auf dem Kurszettel: G (z. B. 90,00 DM G). Gegenteil: →Briefkurs.

Geldmarkt
Sammelbezeichnung für Handelsgeschäfte mit Geld: (1) Geldhandel der Geschäftsbanken untereinander, um sich mit Liquidität zu versorgen. Dazu werden die zinslosen Arbeitsguthaben benutzt, die die Geschäftsbanken bei der Bundesbank unterhalten müssen. (2) Refinanzierungsgeschäfte, die die Bundesbank im Zug ihrer →Geldpolitik mit den Geschäftsbanken betreibt, (3) der Handel mit →Geldmarktpapieren.

Geldmarktfonds

Vermögen einer Kapitalanlagegesellschaft, das überwiegend aus →Geldmarktpapieren besteht. Relativ hohe Gebühren bei mäßiger Verzinsung schränken die Attraktivität ein.

→Fonds

Geldmarktpapiere

Sammelbezeichnung für die am →Geldmarkt gehandelten →Wertpapiere. Dazu gehören (1) Finanzierungspapiere (Schatzwechsel und U-Schätze, s.u.), die von öffentlichen Stellen zu ihrer kurzfristigen Kreditversorgung ausgegeben werden dürfen, (2) Liquiditätspapiere (ebenfalls Schatzwechsel und U-Schätze), die hier ein Instrument der →Geldpolitik zur Steuerung der Geldmenge sind, sowie die von Banken und großen Industrieunternehmen ausgegebenen →Certificates of Deposit (CD) und →Commercial Papers (CP).

Schatzwechsel, die den kurzfristigen Kreditbedarf öffentlicher Institutionen überbrücken, laufen zwischen wenigen Tagen und sechs Monaten, U-Schätze (→unverzinsliche Schatzanweisungen) zwischen drei Monaten und mehreren Jahren.

Geldmenge

alle als Geld verwendbaren Mittel einer Volkswirtschaft. Zahlreiche Definitionen versuchen eine genauere Beschreibung und legen Teilmengen fest. Die Bundesbank definiert drei Geldmengen; Nichtbanken sind dabei Unternehmen, Privatpersonen und öffentliche Haushalte, also die üblichen Bankkunden, nicht jedoch Kreditinstitute:

Geldmengen in Deutschland
nach der Systematik der Bundesbank, in Mrd. DM

Art	Abgrenzung	Menge
M1	Bargeldumlauf (ohne Kassenbestände der Banken, aber mit im Ausland befindlichen DM-Noten und -Münzen)	247,0
	Sichteinlagen inländischer Nichtbanken (v. a. auf sofort verfügbaren Girokonten)	691,0
	Summe	938,0
M2	M1 plus Termineinlagen inländischer Nichtbanken (v. a. Festgeld, Kündigungsgeld) mit Laufzeit unter vier Jahren	393,0
	Summe	1.331,0
M3	M2 plus Spareinlagen inländischer Nichtbanken mit dreimonatiger Kündigungsfrist (die frühere „gesetzliche Kündigungsfrist")	928,8
	Summe	2.259,8

Quelle: Bundesbank, Stand: Jahresende 1997.

Für die Bundesbank ist das Geldmengenziel, der im Voraus angekündigte Zielwert für die jährliche Zunahme der Geldmenge, die wichtigste Zwischengröße auf dem Weg zur Währungsstabilität. Um über eine Verknappung oder Ausweitung der Geldmenge auf die Preisentwicklung einzuwirken, setzt sie die →Geldpolitik ein. Dabei wird die Geldmenge M3 zugrunde gelegt. — Die Geldmengenorientierung ist umstritten, weil sie die Währungsstabilität nur indirekt steuert und der Zusammenhang mit der Inflationsentwicklung immer weniger zu erkennen ist. So schlugen sich die zeitweilig sehr starken Ausweitungen der Geldmenge in den neunziger Jahren (Februar 1994: plus 17,5 Prozent auf Jahresbasis) nicht in höheren Inflationsraten nieder. Im Gegenteil: Die Bundesbank hatte danach die Leitzinsen gesenkt. Die →Bank für Internationalen Zahlungsausgleich fordere von der Bundesbank vor allem ein glaubwürdiges Inflationsziel.

Geldpolitik
der Einsatz geldpolitischer Instrumente durch eine Zentralbank oder andere Währungsbehörden, um die Geldversorgung und damit die Zins- und Preisentwicklung zu beeinflussen. Die Bundesbank setzt dazu ihre (1) Refinanzierungs-, (2) →Offenmarkt- und (3) →Mindestreserve-Politik ein. Insbesondere die Verzinsung der Refinanzierungs- und Offenmarktgeschäfte, die die Bundesbank den Geschäftsbanken abverlangt, schlägt schnell auf die Sollzinsen im Bankgeschäft durch. Zu (1): Die Geschäftsbanken können vor allem wegen der in einer expandierenden Volkswirtschaft insgesamt zunehmenden Geldnachfrage nicht ihren gesamten Geldbedarf bei anderen Banken decken und sind deswegen auf eine Refinanzierung (Neuausstattung mit Geld gegen die Abgabe von Wertpapieren) bei der Zentralbank (in Deutschland: Bundesbank) angewiesen. Diese leiht ihr Zentralbankgeld an die Geschäftsbanken aus und verlangt dafür Zinsen (→Leitzinsen). Zu (2): Die Bundesbank kann auch auf eigene Rechnung festverzinsliche Wertpapiere („Liquiditätspapiere") auf den „offenen Märkten" Geld- oder Kapitalmarkt verkaufen. Verkauft sie den Banken Papiere, wird damit dem Geldmarkt Liquidität entzogen. Kauft sie hingegen Papiere an, gibt sie dafür Liquidität aus und erhöht damit die Geldmenge, erhält dafür aber auch Zinsen. Wird beim Verkauf gleich eine Vereinbarung über den Rückkauf zu einem bestimmten Termin geschlossen, handelt es sich um ein →Wertpapierpensionsgeschäft, das zum wichtigsten geldpolitischen Instrument geworden ist. Zu (3): Auch die Höhe der Mindestreserve, die die Banken als einen Prozentsatz ihrer Einlagen als zinsloses Guthaben bei der Bundesbank unterhalten müssen, dient zur Regelung der Geldnachfrage der Kreditinstitute, ist aber nicht so bedeutend wie die anderen Instrumente. Wird die Mindestreserve gesenkt, erhalten die Banken mehr Liquidität; wird die Mindestreserve erhöht, wird das Geld verknappt.

Geldsorten →Sorten

Geldwäsche
das Einschleusen von Erlösen aus illegalen Geschäften in den legalen Wirtschaftskreislauf. Den größten Teil machen Gewinne aus Drogengeschäften, erzwungener Prostitution, illegalem Glückspiel und Erpressung aus. Für Geldwäsche im großen Stil ist vor allem die →organisierte Kriminalität verantwortlich, die mit grenzübergreifenden Finanztransaktionen arbeitet. Entscheidender Schwachpunkt für Geldwäscher ist immer die Umwandlung von Barbeträgen, für die ein Herkunftsnachweis fehlt, in Buchforderungen. Hauptmittel der Geldwäsche sind Bareinzahlungen bei Geldinstituten,

der Abschluss von Versicherungsverträgen gegen bar (die Wäsche erfolgt über vorzeitige Kündigung oder Beleihung der Verträge), der Barkauf von Wertpapieren (→OTC), der Erwerb von Jetons in Spielbanken, die nicht benutzt werden und belegbar rückgetauscht werden, das Buchen und Stornieren von Gruppenreisen und der Erwerb von Unternehmen, die zur Geldwäsche eingesetzt werden (z. B. Wechselstuben). Die Erschwerung der Geldwäsche gilt als wirksames Mittel, die vorgelagerten Delikte zu bekämpfen. Eine Abgrenzung des Schadens durch Geldwäsche vom Schaden durch die vorgelagerten Straftaten ist nicht möglich. Neue Methoden des grenzüberschreitenden Zahlungsverkehrs wie Kreditkarten oder das Internet werden die Geldwäschebekämpfung künftig erheblich erschweren. — Voraussetzung für den Kampf gegen Geldwäsche ist ihre Strafbarkeit, stärkere internationale Kooperation und eine Lockerung des Bankgeheimnisses. Insbesondere die europäischen Regierungen und Banken sträuben sich deswegen weiterhin gegen eine wirksame Bekämpfung der Geldwäsche. Entsprechende Konventionen und Empfehlungen gegen Geldwäsche verabschiedeten 1988 die Vereinten Nationen, 1990 der →Weltwirtschaftsgipfel von Houston und 1991 die EU, allerdings in abgeschwächter Form. Daraufhin ist in Deutschland 1993 ein (gegenüber früheren Entwürfen gleichfalls abgeschwächtes) Geldwäschegesetz in Kraft getreten, das als harmlos gilt. Bei Verdachtsanzeige von Banken haben Ermittler nur zwei Tage Zeit, die Herkunft des Geldes zu klären. Bei einer Reform, fordern Fachleute, solle insbesondere die Beweislast umgekehrt werden, damit bei begründetem Verdacht der Geldbesitzer die Herkunft belegen muss. Ob eine solche Regelung verfassungsgemäß ist, ist umstritten. Eine Novellierung brachte kaum mehr als die Anmeldepflicht größerer Bargeldbeträge an den Grenzen. — Einen stärkeren Abschreckungseffekt erwarten Juristen eher nach einer Grundsatzentscheidung des Bundesgerichtshofs von 1997, Geldwäscher im internationalen organisierten Drogenhandel nach den höheren Haftandrohungen des Betäubungsmittelgesetzes bestrafen zu können (jetzt bis 15 statt vorher bis zehn Jahre). Denn Warenkreislauf und Finanzkreislauf greifen so ineinander, dass die Förderung des zweiten die unmittelbare Förderung des ersten bedeutet. — Weiterhin geben sich die Banken keine Mühe, die Bekämpfung von Geldwäsche von sich aus voranzutreiben: Der enorme Aufwand sei bei den geringen Ergebnissen kaum vertretbar, heißt es zur Begründung. Die schnelle Entwicklung der Banktechnik eröffnet immer wieder Schlupflöcher, die die Banken nicht von sich aus zu schließen versuchen. Das Bundesaufsichtsamt für das Kreditwesen hat sogar öffentlich getadelt, dass das Bankpersonal an der Identifizierung von Kunden wenig interessiert sei, und dazu 1994 eine eigene Richtlinie erlassen. Insgesamt hat der Banksektor nicht verhindern können, dass der Eindruck entsteht, er sei aus wirtschaftlichen Gründen am Ignorieren der Geldwäsche interessiert, ohne dies aber zeigen zu können. Gegen die Aufweichung des Bankgeheimnisses, insbesondere die von der Bankenaufsicht gewünschte Rasterfahndung nach verdächtigen Geldbewegungen, spricht sich die Branche vor allem aus, weil dies das Tor zur Auskunftspflicht bezüglich weiterer Problembereiche (→Fluchtkapital) aufstoßen könne. Wenig Druck geht dabei auch von den Regierungen von Herkunfts- und Zielländern aus; das grenzüberschreitende Vorgehen gegen Geldwäsche wird oft durch fehlende Abkommen erschwert. — Häufig sind Wechselstuben das wichtigste Mittel zur Geldwäsche. Sie tauschen auswärtiges Bargeld um und wechseln es wiederum regulär bei einer Bank ein. Wechselstuben sind erst seit 1998 der Bankaufsicht unterstellt.

1994 sind nach Branchenangaben 20 Millionen Aufzeichnungen von Barein- und -auszahlungen registriert worden; von 3.000 Verdachtsanzeigen und 2.700 Ermittlungsverfahren seien aber die meisten wieder eingestellt worden, weil strafbare Vorfeld-Handlungen nicht hatten bewiesen werden können. Die Identifizierungspflicht bei Bargeldeinzahlungen, zunächst ab 20.000 Mark, liegt EU-einheitlich bei 30.000 Mark. — An Geldwäsche in Deutschland sind wegen hoher Provisionen häufig auch deutsche Dienstleister mittelbar beteiligt. So hatte ein deutsches Rechtsanwaltsbüro einem Lebensversicherer (vergeblich) den Abschluss von Rentenversicherungsverträgen mit einer größeren Anzahl von GUS-Staatsangehörigen angeboten, wobei Einmalbeiträge von 50.000 bis 150.000 Dollar geleistet werden sollten. — International haben sich 28 Regierungen und Organisationen zu einer Arbeitsgruppe gegen Geldwäsche (FATF) zusammengeschlossen, die bei der OECD angesiedelt ist und die Bekämpfung der Geldwäsche koordinieren soll. Das Volumen der Geldwäsche auf internationalen Finanzmärkten schätzte der IWF für 1996 auf über 500 Milliarden US-Dollar oder zwei Prozent der Weltwirtschaftsleistung.

Gemeindefinanzierung

die Ausstattung der Kommunen mit hinreichenden Haushaltsmitteln, damit sie ihre Aufgaben in Selbstverwaltung erledigen können. Die Gemeindefinanzierung gilt als einer der Schlüsselbestandteile des föderalen Systems in Deutschland. — Größte Position sind die Steuereinnahmen, vor allem der Gemeindeanteil an der →Einkommensteuer als Landeszuweisung, die Gewerbeertragsteuer (→Gewerbesteuer) und die Grundsteuer. Mit den Gewerbe- und Grundsteuerhebesätzen kann eine Kommune ihr Steueraufkommen verändern, um entweder Betriebe anzulocken oder sich für eine erfolgreiche Ansiedlungspolitik fiskalisch zu „belohnen". — Die Finanzkrise der Kommunen hat sich vielfach ohne ihr Zutun, sowohl aus konjunkturellen Gründen als auch durch Gesetzesänderungen, zugespitzt, ohne dass der Bund für die Zuweisung von Leistungen an die Gemeinden erstattungspflichtig ist. Auf der Ausgabenseite haben vor allem die zunehmenden Sozialhilfelasten zur Krise beigetragen. Die Einnahmen sind vor allem aufgrund der Massenarbeitslosigkeit und des Ausnutzens legaler Steuerschlupflöcher ungewiss. Insbesondere das Einkommensteueraufkommen, das zu 15 Prozent an die Gemeinden geht, ist im Verlauf der neunziger Jahre fast auf

Null geschrumpft. Die Gewerbeertragsteuer ist ausgehöhlt, weil freiberufliche Gewerbetreibende und Agrarbetriebe nicht gewerbesteuerpflichtig sind und Freibeträge ihren Charakter zu einer Großbetriebssteuer verändert haben. Außerdem sind Gewerbeerträge konjunkturempfindlich. Insgesamt leiden die Gemeinden an einer zu geringen Einnahmen- und Ausgabenautonomie, zumal die Zweckbindung von Zuweisungen des Bundes und der Länder die Spielräume weiter einschränken. — Der Wegfall der Gewerbekapitalsteuer (1997) wurde mit einer 2,2prozentigen Beteiligung der Gemeinden an der Umsatzsteuer ausgeglichen. Sinn ist, den Gemeinden mehr wachstumsproportionale Einnahmequellen zu verschaffen.

gemeinsame Außen- und Sicherheitspolitik →Maastricht-Vertrag

Gemeinschaftsausschuss der deutschen gewerblichen Wirtschaft

Zusammenschluss der wirtschaftlichen Spitzenverbände. Er dient zur allgemeinen wirtschaftspolitischen Aussprache und Abstimmung der Verbände untereinander, hat aber durch die Vielzahl von Gegensätzen zwischen seinen Mitgliedern nur begrenzte Wirkung.

Gegründet 1951, Sitz in Köln. Mitglieder sind: Bundesverband deutscher Banken (BdB, →Privatbanken), Bundesverband der Deutschen Binnenschiffahrt, Bundesverband des Deutschen Groß- und Aussenhandels (BGA), →Bundesverband der Deutschen Industrie (BDI), →Bundesvereinigung der deutschen Arbeitgeberverbände (BdA), Centralvereinigung Deutscher Handelsvertreter- und Handelsmaklerverbände, Deutscher Hotel- und Gaststättenverband (DeHoGa), Deutscher Industrie- und Handelstag (DIHT, →Industrie- und Handelskammer), Deutscher Sparkassen- und Giroverband (DSGV, →Sparkassen), Gesamtverband der Versicherungswirtschaft (GDV, →Versicherung), Hauptgemeinschaft des Deutschen Einzelhandels (HDE), Verband deutscher Reeder, Zentralarbeitsgemeinschaft des Straßenverkehrsgewerbes, Zentralverband des Deutschen Handwerks (ZDH, →Handwerk).

Gemeinschaftsunternehmen →Joint Venture

Gemeinwirtschaft

ökonomische Konzeption, bei der Unternehmen nicht der Gewinnmaximierung dienen, sondern dem Nutzen für die Allgemeinheit verpflichtet sind. Träger können Staat, Kirchen, Gewerkschaften und andere Institutionen sein. Nach den Skandalen um die gewerkschaftlichen Unternehmen Neue Heimat (Wohnungswirtschaft) und coop (Handel) sowie nach dem Verkauf der kriselnden Bank für Gemeinwirtschaft (BfG) an die französische Großbank Crédit Lyonnais sind gemeinwirtschaftliche Ideen wirtschaftspolitisch bedeutungslos geworden. Der soziale Wohnungsbau und dessen Träger haben sich aus der Gemeinwirtschaft weitgehend verselbstständigt und stehen zudem unter Privatisierungsdruck. Die Betriebe von Kirchen und Wohlfahrtsverbänden (z. B. Krankenhäuser) stellen jedoch weiterhin ein erhebliches gemeinwirtschaftliches Gewicht dar.

General Agreement on Tariffs and Trade
→Gatt

Generaldirektion (GD)

in der →Europäischen Union ein Verwaltungsressort der Kommission, ungefähr einem Ministerium entsprechend. An der Spitze steht ein Generaldirektor. Jeder der 20 EU-Kommissare ist für mindestens eine der 24 Generaldirektionen verantwortlich.

Sie werden mit unmodernen römischen Ziffern bezeichnet.

GD I: Auswärtige Beziehungen, Handelspolitik, Nordamerika, Ferner Osten, Australien und Neuseeland.
GD I.A: Gemeinsame Außen- und Sicherheitspolitik, Europa, ehemalige Ostblockländer.
GD I.B: Nord-Süd-Zusammenarbeit, Südlicher Mittelmeerraum, Naher und Mittlerer Osten, Süd- und Südostasien, Lateinamerika.
GD II: Wirtschaft und Finanzen
GD III: Industrie
GD IV: Wettbewerb
GD V: Beschäftigung, Arbeitsbeziehungen, Soziales
GD VI: Landwirtschaft
GD VII: Verkehr
GD VIII: Entwicklung
GD IX: Personal und Verwaltung
GD X: Information, Kommunikation, Kultur, Audiovisuelle Medien
GD XI: Umwelt, Nukleare Sicherheit, Katastrophenschutz
GD XII: Wissenschaft, Forschung und Entwicklung
GD XIII: Telekommunikation, Informationsmarkt
GD XIV: Fischerei
GD XV: Binnenmarkt und Finanzdienstleistungen
GD XVI: Regionalpolitik
GD XVII: Energie
GD XVIII: Kredit und Investitionen
GD XIX: Haushalt
GD XX: Finanzkontrolle
GD XXI: Zoll und indirekte Steuern
GD XXII: allgemeine und berufliche Bildung, Jugend
GD XXIII: Unternehmenspolitik, Handel, Tourismus, Sozialwirtschaft
GD XXIV: Verbraucherpolitik

Generationenvertrag

ein Prinzip der deutschen Sozialpolitik. Es besagt, dass die gegenwärtigen Beitragszahler der gesetzlichen Rentenversicherung den ehemaligen Beitragszahlern die Rente finanzieren und die künftigen Beitragszahler (Kinder) über den Familienlastenausgleich (z. B. die Anrechnung von Kindererziehungszeiten) sozial absichern. — Die Leistungen aus dem zeitgleichen Volkseinkommen aufzubringen, ist nur bei stabilem demografischen Aufbau möglich. Nach allgemein anerkannten Berechnungen wird aber die Zahl der Rentner auf 100 Beitragszahler von jetzt 37 (1997) über 48 im Jahr 2010 auf 79 im Jahr 2030 steigen; dies würde eine Steigerung des Rentenversicherungsbeitrags von jetzt 20 auf über 40 Prozent des Bruttoarbeitseinkommens im Jahr 2030 bedeuten. Bleiben die durch die beitragsbezogene Rente erworbenen Ansprüche ungekürzt, können die wirtschaftlich Aktiven überfordert werden, mit der Aufkündigung des Generationenvertrages reagieren oder aus Kostengründen auf die Kinder verzichten, die ihnen eigentlich später die Rente bezahlen würden. So ist das System vom Zusammenbruch bedroht. Wenn auf eine strukturelle Mischfinanzierung aus Beiträgen und Bundeszuschüssen verzichtet werden soll, muss ein demografischer Faktor in die →Rentenformel aufgenommen werden, der das Aktiven-Rentner-Verhältnis berücksichtigt, also die Renten kürzt, um die abnehmende Gruppe der Beitragszahler zur Rentenversicherung nicht zu stark zu belasten. Der Generationenvertrag kann aber auch nicht mit einer zu starken Rentenkürzung aufrechterhalten werden: Dann würde eine Flucht in die private Altersversorgung einsetzen, weil die gesetzliche Rente zu niedrig zu werden droht. Die Beiträge der Flüchtenden würden zur Finanzierung der jetzigen Renten fehlen. Außerdem bedeutet eine starke Absenkung der Durchschnittsrente, dass die Zahl der Rentner mit zusätzlichem Sozialhilfebedarf schnell steigen würde. Dies gilt rentenpolitisch als unerwünscht und für die sozialhilfefinanzierenden Kommunen als untragbar.

Der Begriff Generationenvertrag wurde von dem katholischen Unternehmer Wilfried Schreiber geprägt, der die Rentenreform von 1957 stark beeinflusst hat. Der Begriff suggeriert eine freiwillige sozialpolitische Vereinbarung, ist aber tatsächlich oktroyiert worden.

Genossenschaften

Erwerbs- und Wirtschaftvereinigungen zur solidarischen Eigenhilfe mit einer nicht geschlossenen Mitgliederzahl und gemeinschaftlichem Geschäftsbetrieb.

→Genossenschaftswesen, →eingetragene Genossenschaften

Genossenschaftsbanken

→Volks- und Raiffeisenbanken sowie ihre übergeordneten Institute, die den genossenschaftlichen Banksektor in Deutschland bilden (→Banken). Neben rund 2.500 Volksbanken und Raiffeisenbanken gehören dazu drei regionale Zentralbanken, als Spitzeninstitut die Deutsche Genossenschaftsbank (DG Bank) und Spezialinstitute wie die Bausparkasse Schwäbisch Hall und die R+V Versicherungsgruppe. Alle Institute sind im Bundesverband der Deutschen Volksbanken und Raiffeisenbanken (BVR) zusammengeschlossen.

Genossenschaftswesen

in Deutschland der genossenschaftliche Sektor innerhalb der Marktwirtschaft, im Ausland teilweise staatswirtschaftlich geprägte Gewerbezweige.

In Deutschland entstand der stark ausdifferenzierte Wirtschaftsbereich ab Mitte des 19. Jahrhunderts zur Bekämpfung der wirtschaftlichen Not auf dem Land, unter den Gewerbetreibenden und den Arbeitern. Die Erfolge führten bereits 1867 zur Anerkennung der →Genossenschaften als Rechtsform. Überregionale Bedeutung erhielten Kreditvereine, Einkaufsgenossenschaften und Handwerkerverbünde. Im 20. Jahrhundert bildeten sich vier Hauptgruppen heraus: ländliche und gewerbliche Genossenschaften, Wohnungsbau- und Konsumgenossenschaften. — Ländliche und gewerbliche Genossenschaften schlossen sich 1972 zum Deutschen Genossenschafts- und Raiffeisenverband (DGRV) zusammen. Er besteht aus drei Bundesverbänden: (1) dem Bundesverband der Deutschen Volksbanken und Raiffeisenbanken (BVR) als Zusammenschluss der Kreditgenossenschaften (→Volks- und Raiffeisenbanken), (2) dem Deutschen Raiffeisenverband (DRV) mit ländlichen Genossenschaften für den Bezug, die Produktion und den Absatz von Agrar- und Verbrauchsgütern (u.a. mit der Deutschen Raiffeisen-Warenzentrale und dem Deutschen Milch-Kontor), (3) dem Zentralverband gewerblicher Verbundgruppen (ZGV) mit Einkaufsgenossenschaften von Handwerk und Handel (u.a. Edeka, Rewe) sowie handwerklichen Produktivgenossenschaften. Alle Zweige verfügen über einen vielstufigen Aufbau und Prüfungsverbände. — Spitzenverband von fast 2.000 Wohnungsbaugenossenschaften mit mehr als zwei Millionen Wohnungen und drei Millionen Mitgliedern ist der Gesamtverband der Wohnungswirtschaft (GDW). — Die BRD-Konsumgenossenschaften wurden 1974 unter der Beteiligung der Gewerkschaften zur coop AG zusammengefasst. Das Konglomerat aus zuletzt mehr als 300 in- und ausländischen Firmen brach nach betrügerischen Manipulationen 1989 zusammen und verursachte mit 2,6 Milliarden Mark den seinerzeit größten Schaden der deutschen Nachkriegsgeschichte. Die Konsumgenossenschaften der DDR verloren ab 1990 sehr schnell an Bedeutung.

geregelter Markt →Börsensegmente

geringfügig Beschäftigte
Arbeitnehmerinnen und Arbeitnehmer in sozialversicherungsfreien Beschäftigungsverhältnissen (610-DM-Jobs in Westdeutschland, 520-DM-Jobs in Ostdeutschland bei unter 15 Wochenstunden Arbeit). Über ihre Zahl gehen die Angaben weit auseinander, je nachdem, ob auch Schüler, Studenten, Rentner und gelegentlich arbeitende Putzhilfen in Privathaushalten hinzugezählt werden. Die Zahl der geringfügigen Hauptjobs wird auf etwa vier Millionen geschätzt. Umstritten ist, welcher Teil von ihnen wieder der Sozialversicherungspflichtigkeit unterliegen soll, um die Aushöhlung des Sozialversicherungssystems zu verhindern, Beitragszahlungen in die Sozialkassen zu erhöhen und die indirekte Subventionierung von Billigarbeitsplätzen zu beenden. Befürworter der Versicherungsfreiheit befürchten, die Mehrzahl der Jobs würden im Fall einer Verteuerung wegfallen oder in die Schwarzarbeit abwandern.

Gesamttextil →Bundesverband der Deutschen Industrie

Gesamtverband der Wohnungswirtschaft →Genossenschaftswesen

Gesamtverband der Deutschen Versicherungswirtschaft →Versicherung

Gesamtverband der Textilindustrie in der Bundesrepublik Deutschland →Bundesverband der Deutschen Industrie

Gesamtverband Kunststoffverarbeitende Industrie →Bundesverband der Deutschen Industrie

Geschäftsbanken
(1) Banken, die alle oder die meisten üblichen Bankdienstleistungen anbieten, im Gegensatz zu →Spezialbanken, (2) Banken, mit denen die Bundesbank Geschäfte zu Diskont- und Lombardzinsen (Refinanzierungsgeschäfte) betreibt.

Geschäftsjahr →Wirtschaftsjahr

Gesellschaft bürgerlichen Rechts (GbR)
eine Personengesellschaft von mindestens zwei Personen zur Verfolgung eines gemeinsamen Zwecks. Die GbR dient aber nicht selbst dem Wirtschaften, sondern soll es ermöglichen (z. B. als Trägergesellschaft einer Gemeinschaftspraxis von Ärzten).
→Rechtsformen von Unternehmen

Gesellschaft für Zahlungssysteme (GZS)
für die Abwicklung der Eurocheque- und vieler Kreditkartenzahlungen zuständige Processing-Gesellschaft.
1982 von Sparkassen, Genossenschaftsbanken und privaten Kreditinstituten gegründet. Die GZS, lange Zeit Monopolistin auf ihrem Sektor, hat in den letzten Jahren Konkurrenz durch andere Processing-Gesellschaften bekommen, bleibt aber Marktführer.

Gesellschaft mit beschränkter Haftung (GmbH)
die in Deutschland verbreitetste Kapitalgesellschaft. Sie ist mit eigener Rechtspersönlichkeit ausgestattet. Sie kann von einem oder mehreren Gesellschaftern gegründet werden. Wichtigstes Kennzeichen der GmbH ist die faktische Haftungsbeschränkung der Gesellschafter auf ihre Anteile an dem Unternehmen. Die Geschäftsanteile der Gesellschafter heißen Stammeinlagen. Die GmbH wird von Geschäftsführern geleitet. Die Gesellschafter treten zur Gesellschafterversammlung zusammen.
Nach der Einführung der Wirtschafts- und Währungsunion soll das Mindest-Stammkapital für eine GmbH EU-weit bei 25.000 Euro liegen. Die Mindeststückelung für GmbH-Geschäftsanteile soll 100 Euro betragen. Zur Verärgerung der EU veröffentlichen von den mehr als 450.000 deutschen GmbH weniger als zehn Prozent ihre Jahresabschlüsse (→Publizität).
→Rechtsformen von Unternehmen

Gesellschafter
Anteilseigner an einem Unternehmen, das auf einem →Gesellschaftsvertrag beruht.
→Rechtsformen von Unternehmen

Gesellschaftssteuer
eine Kapitalverkehrsteuer, wurde bei der Zufuhr von Eigenkapital für Kapitalgesellschaften erhoben. Sie verteuerte die finanzielle Stärkung von Unternehmen und wurde zum 1.1.1992 abgeschafft.

Gesellschaftsvertrag
im Wirtschaftsrecht die juristische Grundlage eines Unternehmens mit mehr als einem →Gesellschafter. Bei

Kapitalgesellschaften (GmbH, AG, KGaA) heißt er Satzung, bei Genossenschaften Statut.

→Rechtsformen von Unternehmen

Gesetz gegen den unlauteren Wettbewerb (UWG)

ein Kernstück des rechtlichen Gewerbe- und →Verbraucherschutzes. Am wichtigsten sind die Generalklauseln des § 1 (Verbot des sittenwidrigen Wettbewerbs) und des § 3 (Verbot der irreführenden Werbung). Geregelt werden außerdem Sondertatbestände wie Konkurswaren- und Räumungsverkauf sowie Sonderveranstaltungen oder Anschwärzung von Konkurrenten. — Insbesondere aus den beiden Generalklauseln haben Gerichtsurteile ein dichtes Netz von Bestimmungen über Sittenwidrigkeit und Irreführung geknüpft, das teilweise als widersprüchlich gilt. Gegen Überlegungen, neue, über die bisherigen Generalklauseln hinausreichende Regelungen einzuführen, argumentieren Befürworter von (gerichtlichen) Einzelfallfeststellungen, neue Generalklauseln würden den Wettbewerb verzerren. — Umstritten ist das in Deutschland gültige Verbot vergleichender Werbung, das aus der Irreführung abgeleitet und in anderen Ländern zulässig ist; die EU strebt eine gemeinschaftsweite Zulassung vergleichender Werbung an.

1896 erstmals, 1909 mit der Generalklausel über Sittenwidrigkeit verabschiedet.

Gesetz gegen Wettbewerbsbeschränkungen (GWB)

auch „Kartellgesetz" genannt, ist das wichtigste Gesetz gegen das Zustandekommen und den Missbrauch von Marktmacht und Marktbeherrschung. Zentrale Elemente sind das Kartellverbot, Fusionskontrolle und Missbrauchsaufsicht. Für die Anwendung ist das →Bundeskartellamt zuständig. Vom GWB weitgehend ausgenommen oder durch besondere Bestimmungen gegen Wettbewerb geschützt sind die Energieversorgung, Banken und Versicherungen, die Verkehrs- sowie die Land- und Forstwirtschaft.

Das GWB ist in der Nachfolge der alliierten Dekartellierungs- und Entflechtungsgesetze nach zähem Ringen mit der Großindustrie 1958 in Kraft getreten. Nicht mehr die Monopole und Kartelle alter Prägung, sondern der Wettbewerb sollte die Preise regeln. So wurde das GWB einer der Pfeiler für Ludwig Erhards Konzept einer „sozialen Marktwirtschaft". Es galt aber mit seinen Ausnahmen und dem Fehlen einer Sanktionsgewalt zunächst als unbefriedigender Kompromiss. Die anfangs teilweise unbestimmten und unzureichenden Formulierungen und die allgemeine wirtschaftliche Entwicklung mit neuen Formen des Wettbewerbs haben im Lauf der Zeit fünf Novellen nötig gemacht. 1965 erhielt das Bundeskartellamt u. a. das Recht, Geldbußen zu verhängen. Die Novelle des Jahres 1973 brachte die Fusionskontrolle mit dem Kriterium der Marktbeherrschung und das Verbot aufeinander abgestimmten Verhaltens. 1976 wurde die Konzentration im Pressebereich erschwert. Die Novelle von 1980 erweiterte die Missbrauchsaufsicht bei steigender Nachfragemacht und die Fusionskontrolle. 1990 wurde zur Vermeidung von Umgehungskonstruktionen der Tatbestand des „wettbewerblich erheblichen Einflusses" neu geschaffen. Die sechste GWB-Novelle (geplantes Inkrafttreten: 1999) dient der Harmonisierung mit dem EU-Recht. Sie enthält wiederum die Kombination aus generellem Kartellverbot und Ausnahmen und nicht, wie umgekehrt von der Industrie im Einklang mit dem fusionsfreundlicheren EU-Recht gewünscht, eine generelle Freistellung und einzelne Verbote. In der neuen Novelle sollen spezielle Freistellungen Kartelle für Rationalisierungen, Spezialisierungen sowie für die Verbesserung der Warenerzeugung und -verteilung erlauben, nicht aber die aus deutscher Sicht unter dem Verdacht der interventionistischen Industriepolitik stehende, in der EU erlaubte „Förderung des wirtschaftlichen und technischen Fortschritts" als Freistellungsgrund (→EU-Fusionskontrolle). Die Ministererlaubnis bleibt bestehen. Das Kartellverbot soll künftig auch für Verkehr, Banken und Versicherungen gelten. Erschwert werden künftig Unterpreisverkäufe; inbesondere Handelsketten verkaufen bisher einzelne Produkte über einen langen Zeitraum unter ihrem Einstandspreis und versuchen damit, schwächere Anbieter vom Markt zu verdrängen.

Gesundheitsreform →Krankenversicherung
GEW →Deutscher Gewerkschaftsbund
Gewährträgerhaftung →Landesbanken, →Sparkassen

Gewerbe

Teil der Volkswirtschaft, in dem berufsmäßig aus Erwerbsgründen Sachgüter erzeugt oder bearbeitet werden. In der Systematik der →Wirtschaftszweige (Tabelle S. 483) bilden die Landwirtschaft, das Gewerbe und der Dienstleistungsbereich zusammen die Unternehmen. Über den Begriff herrscht umgangssprachlich Unklarheit, weil zum Gewerbe bis in dieses Jahrhundert hinein auch das Haus- und Kleingewerbe zählte; in diesem Sinn hat sich die Bedeutung erhalten, obwohl das Hausgewerbe selbst praktisch nicht mehr existiert. Ein Hausgewerbe betrieben selbstständige Heimarbeiter, die im Auftrag eines anderen Waren herstellten, z. B. einfache Apparate, Nahrungsmittel, Textilien oder Kunstblumen. Die beiden anderen Gewerbezweige Industrie und Handwerk sind ungleich bedeutender und bilden das warenproduzierende Gewerbe.

Der Begriff geht auf das mittelhochdeutsche Wort „werben" (kreisen, sich drehen, tätig sein) zurück. Dies ist verwandt mit griechisch „karpos" (Handwurzel, Drehpunkt der Hand). Aus „werben" (sich bemühen) ging im 19. Jahrhundert die Bedeutung „sich um einen Kunden bemühen" hervor.

Gewerbesteuer

die wichtigste Einnahmequelle der Gemeinden. Sie wird von Unternehmen erhoben und bestand bis 1997 aus zwei selbstständigen Steuern, der Gewerbekapital- und der Gewerbeertragsteuer. Die Höhe der Gewerbeertragsteuer richtet sich nach dem Unternehmensgewinn (Ertragsteuer), die der Gewerbekapitalsteuer orientierte sich am Wert des Betriebs (Substanzsteuer). Weil mit der Gewerbekapitalsteuer ein Unternehmen auch in ertragschwachen Zeiten belastet wurde, ist die Gewerbekapitalsteuer 1997 abgeschafft worden. Als Ausgleich erhalten die Kommunen einen Anteil von 2,2 Prozent an der Mehrwertsteuer. — Wichtigste Eigenart der Gewerbesteuer ist die kommunale Hebesatz-Autonomie. Um auf den Steuersatz zu kommen, wird ein aus dem Gewinn errechneter Steuermessbetrag (meist in Promille) gebildet und dieser mit dem Hebesatz multipliziert. Der Hebesatz wird in den einzelnen Kommunen von den Gemeindeparlamenten festgelegt und überlässt ihnen damit die Entscheidung über das Kosten-Nutzen-Verhältnis von Gewerbeansiedlungen. Landwirtschaftliche Betriebe und vor allem freie Berufe werden von der Gewerbesteuer ungerechterweise nicht erfasst. Weil die in der EU unübliche deutsche Gewerbeertragsteuer wettbewerbsverzerrend sei, verlangen deutsche Unternehmerverbände auch ihre Abschaffung.

Für 1997 wurde ein Gewerbesteueraufkommen von rund 50 Milliarden Mark erwartet; der Anteil der Gewerbeertragsteuer daran betrug 85 Prozent, der der Gewerbekapitalsteuer rund 15 Prozent. Rund 15 Prozent des Gewerbesteueraufkommens gehen an Bund und Altbundesländer. Das Gewerbesteueraufkommen deckt etwa 40 Prozent der kommunalen Haushalte.

gewerbliche Wirtschaft →Wirtschaftszweige, Systematik

Gewerkschaft öffentliche Dienste, Transport und Verkehr →Deutscher Gewerkschaftsbund

Gewerkschaft Handel, Banken, Versicherungen →Deutscher Gewerkschaftsbund

Gewerkschaft der Polizei →Deutscher Gewerkschaftsbund

Gewerkschaft Erziehung und Wissenschaft →Deutscher Gewerkschaftsbund

Gewerkschaft der Eisenbahner Deutschlands →Deutscher Gewerkschaftsbund

Gewerkschaft Nahrung, Genuss, Gaststätten →Deutscher Gewerkschaftsbund

Gewerkschaften

Zusammenschlüsse und Interessenvertretung der Arbeitnehmer gegenüber Arbeitgebern und Staat. Mittel dazu sind u.a. die →Tarifverhandlungen als Vereinbarung über Entlohnung und Arbeitsbedingungen, die innerbetriebliche Mitwirkung im →Betriebsrat, die unternehmerische →Mitbestimmung in Aufsichtsräten, die Interessenvertretung in der →Sozialversicherung durch Sozialwahlen und in den Leitungsgremien, durch die Mitwirkung ehrenamtlicher Funktionsträger in der Arbeits- und Sozialgerichtsbarkeit, in Rundfunkräten usw. — Gewerkschaftliche

Gewerkschaftlicher Organisationsgrad
in einigen Industrieländern, in Prozent

Land	Organisationsgrad (1995)	Veränderung (1985–1995)
Deutschland	28,9	−17,6
Frankreich	9,1	−37,2
Großbritannien	32,9	−27,7
Italien	44,1	−7,4
Japan	24,0	−16,7
Kanada	37,4	+1,8
Niederlande	25,6	−11,0
Schweden	91,1	+8,7
Schweiz	22,5	−21,7
USA	14,2	−21,1

Quelle: ILO.

Betätigung ist durch die Vereinigungsfreiheit grundgesetzlich und durch die Menschenrechtskonvention international geschützt. Dominierend ist in Deutschland die Einheitsgewerkschaft des →Deutschen Gewerkschaftsbundes (DGB) mit branchenorientierten Industriegewerkschaften und einer Reihe von Gewerkschaften im staatlichen und Dienstleistungssektor; daneben verfügt auch die →Deutsche Angestelltengewerkschaft (DAG) über Einfluss. Der Christliche Gewerkschaftsbund (CGB) hat wenig Bedeutung. — Der Rückgang der Mitgliederzahlen und die Debatte über die Zukunft der Gewerkschaften haben vor allem den DGB getroffen, weil die DAG auf den Wandel der Arbeitswelt von einer Arbeiter- und Industrie- zu einer Dienstleistungs- und Angestelltengesellschaft besser vorbereitet war. DAG und mehrere DGB-Mitgliedsgewerkschaften wollen sich zu einer Dienstleistungs-Gewerkschaft zusammenschließen, um schlagkräftiger zu werden. Allerdings belasten nachlassende Bereitschaft zu solidarischem Handeln, Massenarbeitslosigkeit und neue Formen individualisierter Arbeit alle Gewerkschaften in Industrieländern gleichermaßen.

Die erste deutsche Gewerkschaft im industriell-proletarischen Sinn war eine 1848 gegründete „Arbeiterverbrüderung". Ferdinand Lasalle gründete 1863 den „Allgemeinen Deutschen Arbeiterverein" (ADAV) und setzte ab 1869 in Preussen die Koalitionsfreiheit durch. Dadurch entstanden die sozialistischen Arbeitergewerkschaften (Lassalle, Bebel), die liberalen Gewerkvereine (Hirsch, Duncker) und die der christlichen Soziallehre verpflichteten christlichen Gewerkschaften (Bischof Ketteler). Die Arbeitergewerkschaften waren durch die Sozialistengesetze (1878-1890) nahezu funktionsunfähig. Im November 1918 erkannten die Arbeitgeber das Prinzip der Kollektivvereinbarungen mit Tarifverhandlungen und Streikrecht sowie den Acht-Stunden-Tag an. Arbeitsausschüsse wurden zu Vorläufern der Betriebsräte. Für den Ausbau der →Sozialversicherungen waren die gewerkschaftlichen Forderungen maßgeblich. Von 1933 bis 1945 wurden alle Gewerkschaften durch die Deutsche Arbeitsfront ersetzt; das Führer-Gefolgschafts-Prinzip galt auch in den Betrieben. Der ab 1945 aufgebaute Freie Deutsche Gewerkschaftsbund (FDGB) spaltete sich 1949 in den FDGB der DDR und den DGB in der BRD. — Der FDGB entwickelte sich zu einer der tragenden Institutionen der DDR. 1990 wurde der in den Augen der Beschäftigten diskreditierte und bis zuletzt von Parteifunktionären geprägte Verband aufgelöst. Die West-Gewerkschaften bauten eigene Organisationen auf, erlitten aber nach anfänglichen Erfolgen einen erheblichen Mitgliederrückgang aufgrund der scharfen Wirtschaftskrise. — Die Rechtsform einer „bergrechtlichen Gewerkschaft" als Unternehmen zur Bergwerksausbeutung existiert seit 1994 nicht mehr.

Gewinn-und-Verlust-Rechung (GuV)
Gegenüberstellung von Aufwendungen und Erträgen als Teil des →Jahresabschlusses von Unternehmen. Sie ist alljährlich und nach der gleichen Struktur aufzustellen, um ihre Angaben vergleichbar zu machen, und endet mit Jahresüberschuss oder -fehlbetrag.

Verschiedene Gliederungen sind möglich. — Bei der GuV der Aktiengesellschaften folgt auf den Jahresüberschuss die Gewinnverwendungsrechnung. Zunächst wird der Gewinn-und-Verlust-Vortrag (aus dem Vorjahr), dann die Entnahmen und Einstellungen in die Rücklagen und dann der Bilanzgewinn/-verlust aufgeführt. Der Bilanzgewinn kann zur Ausschüttung an die Aktionäre (→Dividende) oder als Gewinnrücklage verwendet werden. Die ebenfalls mögliche Bildung von Gewinnvorträgen ist selten.

Gewinn-und-Verlust-Rechnung, Schema

+/–	Betriebsergebnis (z. B. Umsatzerlöse, Material- und Personalaufwand, Abschreibungen)
+/–	Finanzergebnis (z. B. Erträge aus Beteiligungen, Wertpapieren, Zinsen)
=	Ergebnis der gewöhnlichen Geschäftstätigkeit
+/–	außerordentliches Ergebnis (Erträge/Aufwendungen außerhalb der gewöhnlichen Geschäftstätigkeit des Unternehmens)
–	Steuern
=	Jahresüberschuss/-fehlbetrag

Giro

die Überweisung eines Betrags von einem Konto auf ein anderes, schriftlich per Scheck oder mündlich im Telefonbanking. Diesem →bargeldlosen Zahlungsverkehr dienen Girokonten. Im Prinzip stellt jedes Banksystem für die Abwicklung solcher alltäglichen Zahlungen ein Gironetz dar. Der ältliche Begriff hat sich v.a. in Bezeichnungen des öffentlichen Banksektors erhalten. So hießen die Niederlassungen der Postbank vor ihrer Privatisierung Postgiroämter, ihre Konten Postgirokonten. Der Sparkassensektor betreibt zur Erledigung der Überweisungen regionale Girozentralen und die Deutsche Girozentrale.

Der Begriff stammt vom italienischen „giro" (Kreis, Umlauf von Geld oder Wechseln) und ist für Genua schon im 12. Jahrhundert bezeugt. Die Gironetze waren lange Zeit nicht flächendeckend. Ein landesweiter Giroverkehr bildete sich erst im England der 19. Jahrhunderts aus.

„Girokonto für jedermann"

Forderung an Banken, auch Antragstellern mit negativem →Schufa-Eintrag, Überschuldeten, Obdachlosen und Sozialhilfeempfängern ein Konto einzurichten, um ihnen unbare Leistungen und eine sichere Geldverwahrung zu ermöglichen. Von Banken und Sparkassen wird die Einrichtung trotz anderslautender Verbandsempfehlungen oft verweigert, selbst wenn Guthabenkonten ohne Überziehungskredit möglich sind.

Girosammelverwahrung

Form der Aufbewahrung von Wertpapieren bei Banken oder der →Bundesschuldenverwaltung. Während im Depot einer Bank bei der selten gewordenen Streifbandverwahrung für einen Kunden ein bestimmtes, meist mit einer Nummer identifiziertes Wertpapier gelagert wird, bedeutet die Girosammelverwahrung nur noch den Anspruch des Kunden auf ein beliebiges Papier aus dem Bankbestand dieses Wertpapiers. In beiden Fällen ist das Wertpapier aber noch physisch vorhanden und begründet Depotgebühren.

Bei der →Bundesschuldenverwaltung existieren die Bundeswertpapiere nicht mehr materiell, sondern nur noch als verzeichnete Forderung im Bundesschuldbuch; Depotgebühren entfallen.

GKV →Bundesverband der Deutschen Industrie, →Krankenversicherung

Gläubigerpapier →Wertpapiere

Globalisierung

seit den neunziger Jahren populärer, aber unscharfer Sammelbegriff für Strukturveränderungen in der Weltwirtschaft, der die nicht ganz deckungsgleiche Bezeichnung „internationale Arbeitsteilung" abgelöst hat. Er wird sowohl von weltmarktorientierten Liberalen als auch von weltmarktkritischen Linken benutzt. Im Vordergrund stehen einerseits zunehmende Effizienz, Märkteerschließung und internationale Verflechtung von Konzernen und Volkswirtschaften, andererseits die Abwanderung von Arbeitsplätzen aus den Industrie- in die Wachstumsländer Asiens oder des vormaligen Ostblocks, Wohlstandsverluste durch Billigkonkurrenz und die zunehmende Unabhängigkeit der Konzerne von jeder nationalen Wirtschaftspolitik. Nur noch 20 bis 40 Prozent der Menschen, so die düstersten Prognosen, werden in der globalisierten Wirtschaft tatsächlich gebraucht. Der gesellschaftliche Reichtum wächst weiter, wird aber immer ungerechter verteilt. Die Schwächeren im Wirtschaftsleben verlieren jedes Recht auf Teilhabe, wodurch der „Turbo-Kapitalismus" Staat und Demokratie aushöhle. Die auswärtige Konkurrenz ist omnipräsent: Mit der Liberalisierung des Kapitalmarktes und der Konvertierbarkeit von immer mehr Währungen werden die Flexibilitätsvorteile des Finanz- und Investitionskapitals gegenüber den immobilen Faktoren Staat und Arbeitskraft immer deutlicher. — Globalisierungsfaktoren, die sich teilweise überschneiden, sind (1) die Zunahme des intra-industriellen Handels, also der Arbeitsteilung zwischen Industrieländern oder Industriekonzernen, aufgrund einer ständig fortschreitenden Spezialisierung und Zerlegung der Wertschöpfungskette, die zu einer gleichzeitigen Ausdifferenzierung und Vermischung von Produktionsstandorten und Märkten führt, (2) der Aufstieg der Wachstumsländer, die den arbeitskraftintensiven Fertigungsbedarf der Weltproduktion bedienen, die damit auch in der Konkurrenz um Auslandsinvestitionen erfolgreich sind und deswegen in Industrieländern mit bereits hoher Arbeitslosigkeit als besonders bedrohlich verspürt werden, (3) die globale Organisation der Produktion von Konzernen, die weltweit Kostenunterschiede ausnutzen und zu einer steigenden Einbeziehung selbst armer Entwicklungsländer (als „Wachstumsinseln" mit →komparativen Kostenvorteilen) geführt haben, (4) die Verschlankung der Konzerne, vor allem die Verkürzung der Entscheidungswege, die Auslagerung von Produktionsteilen, die als nicht mehr zum Kerngeschäft gehörig angesehen werden, bei gleichzeitiger Erhöhung des Fremdbezugs, also der Verringerung der →Fertigungstiefe, (5) die nicht mehr nur regionale, sondern globale Konkurrenz um Kunden, um Preise und

Märkte, (6) die schnell sinkenden Kosten des Waren- und Datentransports, also der Aufschwung in der Telekommunikation und in der Verkehrsinfrastruktur, die die Aufspaltung der Wertschöpfungskette erst ermöglichte, (7) der Machtverlust von Gewerkschaften durch das Ausspielen von Lohnkostenvorteilen rund um die Welt, (8) das nachlassende Standortbewusstsein der unternehmerischen „Global Players" und die daraus abgeleitete Aufkündigung des sozialen Konsenses. — Allerdings bringt die Globalisierung auch positive Veränderungen. (1) Sie hat in vielen asiatischen Wachstumsländern, wenn auch teilweise zu einem hohen sozialen und ökologischen Preis, erstmals zu einer Perspektive anhaltender materieller Sicherheit geführt. (2) Der grösste Teil der Auslandsinvestitionen verbleibt in Industrieländern und verteilt sich ähnlich den Handelsströmen. Die Fabriken und mit ihnen die Arbeitsplätze folgen also den Waren auf ihre Märkte, bei zunehmendem Welthandel aber in beiden Richtungen. In Deutschland werden sogar erhebliche und steigende Überschüsse im Außenhandel erzielt. (3) Die neuen Wachstumsmärkte, die noch nicht zu Industrieländern geworden sind, werden nicht dauerhaft auf Kosten der Industrieländer Exportüberschüsse aufrechterhalten können, sondern müssen kapitalintensive Produkte und Technologien nachfragen. Entgegen dem Eindruck in der Öffentlichkeit weisen zahlreiche dieser Wachstumsländer zudem Importüberschüsse auf, handeln also nicht „auf Kosten" der Industrieländer. Gelingt es den Industrieländern, ihre Handelsbilanzen und ihren Weltmarktanteil stabil zu halten, werden auch große Volkswirtschaften, die in den Weltmarkt eintreten, nicht schon allein aufgrund ihres Eintritts eine Gefährdung darstellen. (4) Durch den Zutritt neuer Konkurrenten auf dem Weltmarkt entsteht ein Umstrukturierungsdruck, auf den Volkswirtschaften reagieren müssen. Protektionismus ist dabei nicht nur ineffizient, sondern führt gerade zu dem, was die Globalisierung erst gefährlich macht: zu einem auf eine Regionalisierung abzielenden Rückzug aus der Weltwirtschaft. (5) Die Globalisierung kann zwar für die Lage auf dem Arbeitsmarkt mitverantwortlich gemacht werden. Die gleichzeitigen hohen (deutschen) Exportüberschüsse zeigen aber, dass wertschöpfungs-, technologie- und damit wissensintensive Arbeitsplätze konkurrenzfähig sind. Allerdings bedeutet dies in einem bisher nicht gekannten Ausmaß die Orientierung an mitunter sehr kurzzeitigen Nachfragen, was neue Flexibilitätsanforderungen vor allem an Unternehmer, an Arbeitsplätze und ihre Inhaber stellt. Innerhalb des Bildungssystems hat sich das Bewusstsein von der Dynamik des wirtschaftlichen Strukturwandels, in den hinein es seine Absolventen entlässt, noch kaum durchgesetzt. (6) Die Globalisierung der Finanzmärkte hat zu einer erheblichen Konkurrenz unter den Unternehmen um günstige Finanzierungen geführt, sowohl durch Kreditaufnahme wie durch die Emission von Aktien und Anleihen. Die Wertpapieremissionen verlangen Unternehmen Ende der neunziger Jahre deutlich mehr →Publizität ab als noch Ende der achtziger Jahre. Insbesondere die Durchleuchtung der Wertverhältnisse eines Unternehmens (→Shareholder Value) kann erheblichen Reformdruck auf die bislang verdeckte Beteiligungspolitik der Banken und Versicherungen an branchenfremden Unternehmen ausüben.

GmbH →Gesellschaft mit beschränkter Haftung, →Rechtsformen von Unternehmen

GmbH & Co.

Gesellschaftsform einer offenen Handelsgesellschaft (oHG) mit eingeschränkter Haftung. Unter ihren Gesellschaftern befindet sich eine GmbH (deren Haftung begrenzt ist), während die oHG-Gesellschafter, die natürliche Personen sind, füreinander unbegrenzt haften.

→Rechtsformen von Unternehmen

GmbH & Co. KG

eine Gesellschaftsform mit konstruktionsbedingt schlechtem Ruf, weil die Haftung auf zweierlei Weise eingeschränkt ist. Der →Kommanditist haftet wie in der regulären →Kommanditgesellschaft nur mit seinem Anteil. Der Komplementär ist jedoch keine natürliche Person, die unbeschränkt haftet, sondern eine GmbH, die nur mit ihrem Stammkapital haftet.

→Rechtsformen von Unternehmen

GmbH & Co. KGaA

die seltene Rechtsform einer →Kommanditgesellschaft, bei der das Kommanditkapital als Aktiengesellschaft organisiert ist, während der →Komplementär eine GmbH ist. Die AG haftet nur in Höhe ihres Grund-, die GmbH nur in Höhe ihres Stammkapitals.

→Rechtsformen von Unternehmen

GNP →Bruttosozialprodukt

Going Public

der Gang eines inländischen Unternehmens an die →Börse, um dort seine →Aktien öffentlich zu platzieren (→Begebung). Diesen Schritt machen in Deutschland je nach Börsenlage meist ein bis zwei Dutzend Unternehmen pro Jahr. Ziel ist die Kapitalbeschaffung bei neuen Geldgebern. Entscheidend für den Erfolg einer solchen Neuemission ist die Börsenkonjunktur: Wird allgemein mit Kursgewinnen gerechnet, steigt die Attraktivität einer Aktie stärker, als wenn sich das Anlegerinteresse vornehmlich auf die →Dividende richten muss. Der Ausgabekurs einer Aktienemission liegt meist etwas niedriger als ihr kalkulierter Marktwert, damit der Handel mit einer hohen Nachfrage beginnt und der Kurs nicht gleich nachgibt. — Die erstmalige Zulassung eines ausländischen Unternehmens an einer inländischen Börse ist kein Going Public, wenn das Unternehmen bereits im Herkunftsland börsenpublik ist. Vor dem Börsengang muss ein Unternehmen vollständig in eine Aktiengesellschaft umgewandelt werden; Teilumwandlungen sind nicht zulässig. — Für den Gang junger Unternehmen an die Börse ist die Dominanz der Banken ein enormes Hindernis. Die Börsenbegleitung durch eine Bank ist in Deutschland zwingend vorgeschrieben, selbst wenn eine Nichtbank den Zulassungsantrag stellt. Die Banken kontrollieren die Wertpapierbörsen; in den Zulassungsausschüssen auch der Regionalbörsen nehmen sie die Hälfte aller Sitze ein. Die Börsenreife eines Unternehmens wird damit faktisch nicht anhand der gesetzlichen Zulassungsvoraussetzungen geprüft, sondern von den Banken nach ihrem Dafürhalten und ihren Kriterien entschieden. Außerdem liegen die Emissionskosten insgesamt bei mindestens einer halben Million Mark, weshalb sich erst Emissionsvolumina ab zehn Millionen Mark für Banken lohnen; die gesetzliche Untergrenze liegt aber beim amtlichen Handel (→Börsensegmente) bei 2,5 Millionen Mark, im geregelten Markt sogar bei nur 500.000 Mark. Wegen der Prospekt- und Beratungshaftung empfehlen Banken die Aktien bislang unbekannter Unternehmen nur ungern ihrer Kundschaft. Sie fürchten, dass ihnen die Kunden das erhöhte Risiko anlasten könnten, auch wenn die Verjährungsfrist für Ansprüche aus der Prospekt- und Beratungshaftung 1997 von 5 bzw. 30 auf jeweils drei Jahre gesenkt und die Haftung eingeschränkt worden ist. Um die Macht der Banken einzuschränken, würden Börsianer gerne einen zunehmenden Marktanteil ausländischer, auf Emission spezialisierter Finanzdienstleister sehen. Ihr Mindestkapital sollte deutlich heruntergesetzt werden. An der Wertpapierbörse Frankfurt soll der neue Markt (→Börsensegmente) der Wagnisfinanzierung dienen und die konservative Emissionspolitik der Banken umgehen. Das Going Public wird aber auch vonseiten der Börsen dadurch behindert, dass Aktien an jeder Börse einzeln zugelassen werden müssen.

Die größten Neuemissionen der jüngeren Börsengeschichte waren der Börsengang der Telekom (1996, Erlös 20 Milliarden Mark), Merck (1995, 2,4 Mrd.), Adidas (1995, 2,1 Mrd.) und Feldmühle Nobel (1986, 2,0 Mrd. DM).

Gold

Edelmetall und seit mindestens 4000 Jahren Zahlungsmittel. Seit dem 19. Jahrhundert diente es in vielen Ländern zur Deckung von Papierwährungen. Dabei galt ein festes Verhältnis zwischen Gold- und Geldeinheiten. Diese Parität konnte durch das Zahlungsversprechen des Staates glaubwürdig gemacht werden, einem Banknotenbesitzer auf Wunsch den Gegenwert in Gold auszuzahlen. Weil viele Währungen mit Gold oder Silber gedeckt und die Goldparitäten als unveränderlich betrachtet wurden, ließ sich über eine bestimmte Menge Gold — etwa eine Feinunze (s.u.) — ein Wechselkurssystem zwischen den Papierwährungen festlegen.

So entspricht z. B. eine Feinunze Gold 100 Einheiten der Währung A und 40 Einheiten der Währung B; 100 A entsprechen also 40 B, 1 A = 0,40 B oder 1 B = 2,50 A.

Mit dem daraus abgeleiteten Wechselkurssystem wurde im 19. und 20. Jahrhundert die Internationalisierung des Handels erheblich gefördert. 1934 wurde der Goldpreis bei 35 US-Dollar je Feinunze fixiert und nach dem Krieg 1948 im System von →Bretton Woods bestätigt. Der US-Dollar wurde zur Standardwährung des Welthandels, denn die USA deckten jeden umlaufenden Dollar mit seinem Gegenwert von rund 1,1 Gramm Gold. — Doch eine völlige Golddeckung ist nur begrenzt durchzuhalten. Denn ohne über eine eigene Förderung zu verfügen, bedeutete Wirtschaftswachstum mit einer entsprechenden Zunahme der Geldmenge den Zwang zum Kauf großer Mengen Gold im Ausland zur Deckung des Geldes. Außerdem werden die über den Goldpreis miteinander verknüpften Wechselkurse bei unterschiedlichen Wachstums- und Inflationsraten früher oder später gesprengt.

In A-Land steigen die Preise um fünf Prozent, in B-Land um zehn Prozent, und der feste, an der Feinunze Gold orientierte Wechselkurs liegt bei 100 A zu 40 B. Sobald die Preise nun in A-Land um fünf Prozent auf 105 A und in B-Land um zehn Prozent auf 44 B steigt, lautet der neue Wechselkurs 100 A zu 41,90 B. In B-Land würde die Feinunze Gold also um 1,90 B teurer werden — ein Widerspruch zum verabredeten festen Wechselkurs von 100 A zu 40 B. Gibt es in A- und B-Land nur Binnenhandel und kaum wirtschaftlichen Austausch untereinander, bleiben die Folgen gering. Ist der Außenhandel aber entwickelt und soll der festgelegte Gold- und Wechselkurs trotzdem beibehalten werden, beginnt der Druck auf B-Land. Wenn vorher in jedem der beiden Länder ein Wirtschaftsgut X für 100 A bzw. 40 B hergestellt und ausgetauscht wurde, müsste das inflationierte B-Produkt in A-Land jetzt 105 A kosten. Da der Erlös aber aus Konkurrenzgründen nur 100 A sein darf, wird entweder die Gewinnspanne gesenkt, die Qualität verschlechtert oder auch die Produktion rationalisiert — niedrigere Gewinne, verschlechterte Konkurrenzsituation oder teure Investitionen sind die Folge. Umgekehrt soll ein Produkt aus A-Land im Wert von 100 A im B-Land weiterhin 40 B kosten, obwohl der echte Wechselkurs bei 100 A zu 41,90 B, entsprechend 95,47 A zu 40 B liegt. Bei jedem Export würde der Hersteller im A-Land, der seine Ware zu 40 B verkauft, also 4,53 A Zusatzgewinn machen. Realistischer ist, dass alle Waren aus A-Land preiswerter sein werden als die Waren in B-Land, weswegen es zu Handelsbilanzproblemen für B-Land kommt, die immer weiter zunehmen, bis der Wechselkurs neu angepasst werden muss. Von hier an ist es nur noch ein kleiner Schritt zu freien Wechselkursen, die immer neu festgelegt werden.

Weil nach der Vereinbarung von Bretton Woods das Geldvolumen in den USA und die Dollarguthaben ihrer ausländischen Handelspartner stetig zunahmen, wurde das Versprechen der Regierung, 1,1 Gramm Gold pro Dollar auszuzahlen, immer unglaubwürdiger und trug schließlich zum weltweiten Zusammenbruch der Golddeckung bei. 1965 nahm der französische Präsident Charles de Gaulle das Zahlungsversprechen des transatlantischen Rivalen ernst, ließ große Mengen Dollar aus französischem Staatsbesitz medienwirksam in Gold umtauschen und aus Fort Knox nach Frankreich bringen. Immer mehr Nachahmer zwangen die USA, 1968 den Goldpreis freizugeben und 1971 die Goldbindung des Dollars insgesamt aufzugeben. Die Rechnung de Gaulles ging auf: Es zeigte sich, dass Gold durch den alten Festkurs zu billig veranschlagt worden war. Bis 1973, dem Jahr der →Ölpreiskrise, stieg der Goldpreis auf damals sensationelle 42 Dollar pro Feinunze an und war damit schnell marktfähig geworden. Kurzfristig wurde es sogar zum Fluchthafen: 1980 ließen der Wertverfall des Dollars, die Iran- und die Afghanistan-Krise den Feinunzenpreis auf 850 Dollar emporschnellen. Schnell ließ aber die Attraktivität des Goldes nach, weil die Inflationsängste in den Industrieländern gebändigt und an den Börsen neue finanztechnische Möglichkeiten gegen Währungsschwankungen entwickelt wurden. Der New Yorker →Börsenkrach von 1987 trieb den Goldpreis nur noch auf 450 Dollar hoch, der Niedergang der Tokioter Börse von 1991/92 beeinflusste ihn nicht mehr messbar. — In Ländern mit unsicheren Banksystemen, vor allem in Asien, ist Gold als Hortungsmittel weiterhin beliebt. In den Industrieländern hat es als Zahlungsmittel oder Währungsreserve keine besondere Bedeutung mehr. Nur in der konservativen Schweiz besteht noch die Pflicht, 40 Prozent der umlaufenen Banknoten mit Gold zu decken. Tatsächlich liegt der Deckungsgrad der anderen europäischen Industrieländer durch die noch vorhandenen Reserven sogar noch etwas höher. — In Deutschland wollten Politiker mit dem Gold der Bundesbank immer wieder Sonderaufgaben finanzieren. Denn die 3.700 Tonnen standen bis 1997 zum Niederstwert von 13,7 Milliarden Mark in den Büchern, während ihr Marktwert (bei 400 Dollar pro Feinunze) rund 40 Milliarden Mark zusätzlich beträgt. Obwohl ein allmählicher Verkauf ohne Marktturbulenzen möglich wäre, lehnten Bundesbank und Finanzministerium ab: Die Bundesbank dürfe keine Haushaltsausgaben finanzieren. Das Gold sei ein volkswirtschaftlicher Notgroschen für Krisenzeiten. Zudem würden die Märkte etwaige Goldverkäufe als Schwäche der D-Mark interpretieren. Aber die D-Mark wird durch Goldverkäufe, wenn sie transparent gestaltet und wie beim Schuldenabbau wirtschaftlich sinnvoll eingesetzt sind, nicht schwächer, sondern eher stärker. EU-Länder wie Belgien und die Niederlande haben zum Wohlgefallen der Märkte ebenfalls Zentralbankgold zur Haushaltskonsolidierung eingesetzt. Und ein Notgroschen im Gesamtwert von mehr als 50 Milliarden Mark, der über Jahrzehnte nicht einmal Zinsen bringt, ist unwirtschaftlich eingesetzt. Wer ihn schon nicht ausgeben will, sollte ihn wenigstens vermehren, indem das Gold in Dollar-Anleihen umgetauscht wird und die Zinseinnahmen daraus als Bundesbankgewinn an den Bund abgeführt werden. Denn ihre Dollar-Reserven, ein Mehrfaches der Goldreserven, hat die Bundesbank schon lange in den USA angelegt und kassiert dafür reguläre Zinsen. Das Risiko größerer Dollar-Kursschwankungen nimmt sie dabei in Kauf. Aber für die phantasielose Bundesbank ist es noch immer unvorstellbar, dass Gold unmodern geworden sein könnte. „Die fette Reserve spricht allen aufgeklärten Versuchen Hohn, Gold aus dem internationalen Währungssystem zu entfernen wie einen vergreisten Aufsichtsratsvorsitzenden" (schon in Geo 4/1980). 1997 scheiterte ein Versuch von Bundesfinanzminister Theo Waigel, an der Bundesbank vorbei das Gold höher zu bewerten und den Buchgewinn zum Schuldenabbau einzusetzen, um die Kriterien des →Maastrichter Vertrages zu erfüllen und an der →Wirtschafts-

und Währungsunion teilzunehmen. 1998 wird das Niederstwertprinzip bezüglich der Dollar-Währungsreserve abgemildert. Das Gold, das die Bundesbank an die →Europäische Zentralbank abgibt, wird zwar marktnäher bewertet, der Buchgewinn aus der Differenz darf aber nicht ausgeschüttet werden, sondern wird einem Ausgleichskonto gutgeschrieben. — Trotz seines guten Rufs weist das Edelmetall in Produktion und Vermarktung dunkle Flecken auf. Der weltweite Verkauf der Goldmünze Krügerrand stellte in den achtziger Jahren für das international geächtete Apartheid-Regime in Südafrika (→Boykott) eine bedeutende Einkunftsquelle dar. Die Münzen wurden in vielen Ländern auf Druck der Anti-Apartheid-Bewegung unpopulär, doch sträubten sich besonders die westlichen Regierungen und Banken, den Handel mit Krügerrand einzuschränken oder einzustellen.

Westliches Gewicht ist die Unze (engl. troy ounce, Abk. oz) zu 31,1 g. Im Nahen Osten und Indien ist der Tola zu 11,7 g verbreitet, in China das Tael zu 37,4 g. Die Feinheit wird im Handel in Tausendsteln ausgedrückt. Goldmünzen haben meist 900/1.000, Goldbarren die Höchstfeinheit von 999,9 Tausendsteln (dann als Einheit „Feinunze"). — Bisher wurden weltweit 120.000 t Gold gefördert, wovon noch drei Viertel vorhanden sein sollen. Rund 40 Prozent der Welt-Goldvorräte gehören den Zentralbanken, der Rest ist private Hortung, Schmuck- oder Zahngold. Hauptproduzenten sind Südafrika, die USA, Australien, die GUS-Staaten und Kanada. Die Weltförderung liegt im langjährigen Mittel bei jährlich 2.000 bis 3.000 t, die Weltproduktion (Förderung und Einschmelzen von Altgold) bei 3.000 bis 4.000 Tonnen. 75 Prozent werden heutzutage von der Schmuckindustrie abgenommen. Der Rest entfällt überwiegend auf Münzprägungen, Zahngold und die Elektronikindustrie. — Weltgrößte Goldbesitzer sind die USA mit 8.200 t, der →Internationale Währungsfonds (IWF) mit 6.400 t, das →Europäische Währungsinstitut (EWI) mit 5.600 t, Deutschland mit 3.700 t, Frankreich mit 3.200 t und die Schweiz mit 2.600 t. Streng gesehen gehören die IWF- und EWI-Bestände nicht den Organisationen, sondern sind Einlagen ihrer Mitglieder. Das mit mutmaßlich 10.000 t Eigen- und Fremdgold größte Depot gehört der US-Zentralbank Federal Reserve Board und liegt unter dem New Yorker Stadtteil Manhattan. Im legendären Fort Knox im US-Bundesstaat Kentucky lagern nur 4.600 t. — Die großen südafrikanischen Goldbergwerke sind die unsichersten der Welt. Statistisch entfallen durch Arbeitsunfälle auf jede Tonne gefördertes Gold ein Toter und zwölf Verletzte. — Der irreguläre Gold-Kleinbergbau in der Dritten Welt bringt oft Selbstausbeutung, Umweltschäden und die Missachtung der Rechte von Eingeborenen mit sich. Aber auch Großprojekte, etwa die mit deutscher Beteiligung gegründete Ok-Tedi-Mine in Papua-Neuguinea oder der Goldabbau an der türkischen Ägäis-Küste, sind ökologisch verheerend oder zumindest umstritten, vor allem wegen der Verwendung und mangelhaften Entsorgung hochgiftiger Trennmittel und der Emission von Blausäure aus Giftschlamm-Speicherbecken.

goldene Aktie
eine einzelne Aktie, die dem Eigentümer ein Veto-Recht im Aufsichtsrat und damit in einem Unternehmen einbringt. Goldene Aktien oder „Golden Shares" räumte sich in Großbritannien die Regierung bei der Privatisierung von Schlüsselindustrien ein, um sicherzugehen, dass die damit privatisierten Märkte sich im gewünschten Sinn entwickelten, und vor allem, um ausländische Übernahmen zu verhindern (→Thatcherismus). Goldene Aktien wirken auf Investoren nur dann nicht abschreckend, wenn die Regierung glaubwürdig versichert, sich nicht in das Tagesgeschäft, Umstrukturierungen und Rationalisierungen einmischen zu wollen und damit die Privatisierung teilweise rückgängig zu machen.

Goldene Aktien sind in Deutschland unzulässig. Das Ziel, (ausländische) Übernahmen zu verhindern, kann durch die Ausgabe vinkulierter Namensaktien erreicht werden; auch Aktien mit sehr hohem Mehrfachstimmrecht können diese Funktion erfüllen (→Aktien).

goldene Bankregel
ein Grundsatz der Bankführung, demzufolge sich die Fälligkeitsstruktur von Krediten einerseits und Einlagen andererseits decken soll (Fristenkongruenz), um zahlungsfähig zu bleiben. Bei unprofessioneller Handhabung, die gelegentlich bei Banken in Reformländern vorkommt, droht trotz einwandfreier Bilanzverhältnisse ein Liquiditätsengpass und ein Ansturm der Einleger (engl. „run"). Durchbrochen wird die Regel meist, wenn in großem Umfang die Laufzeit von Krediten verändert wird, weil nicht analog dazu auch die Laufzeiten der Einlagen verändert werden können.

goldene Bilanzregel
ein betriebswirtschaftlicher Grundsatz, demzufolge langfristig gebundene Vermögenswerte, meist Anlagegüter, durch Eigenkapital oder langfristiges Fremdkapital (Kredite) finanziert werden sollen. Hingegen sollen kurzfristig gebundene Vermögenswerte, meist Umlaufgüter, auch kurzfristig finanziert werden (Fristenkongruenz).

goldene Finanzierungsregel
ein betriebswirtschaftlicher Grundsatz, demzufolge langfristige Investitionen nicht mit kurzfristigen Krediten und Investitionen mit kurzer Laufzeit nicht mit langfristigen Krediten finanziert werden sollen (Fristenkongruenz). Eine Fremdfinanzierung muss im Voraus und bis zum Ende überschaubar sein.

Gratisaktie →Kapitalverwässerung

grauer Kapitalmarkt
Finanzsparte mit inoffiziellem Handel riskanter Kapitalanlagepapiere, die hohe Zinsen versprechen. Vertriebsmethoden sind meist Anzeigen in Zeitungen und Zeitschriften, in denen in- oder ausländische Investmentgesellschaften oder Immobilienfonds mit hohen Renditeerwartungen locken. Während deutlich überdurchschnittliche Renditen oft als Hinweis auf mangeln-

de Seriosität gelten können, sind leicht erhöhte Renditen besonders schwer zu beurteilen.

So haben im Jahr 1995 rund 1.700 Ermittlungen des →Bundesaufsichtsamts für den Wertpapierhandel nur zu 17 förmlichen Untersagungen geführt. Die niedrige Zahl „besagt nicht etwa, dass die meisten der überprüften Unternehmen in seriöser Weise erlaubnisfreie Geschäfte betrieben, sondern ist vielmehr Ausdruck der Tatsache, dass es immer mehr Unternehmen des sogenannten grauen Kapitalmarkts immer besser verstehen, unter zum Teil missbräuchlicher Ausschöpfung rechtlicher Gestaltungsmöglichkeiten den wahren Charakter ihrer Geschäfte zu verschleiern ... So wählen die Initiatoren solcher Unternehmen vielfach gesellschaftsrechtliche Scheinkonstruktionen, um das Verbot, Einlagen- oder Effektengeschäfte ohne Bankerlaubnis zu betreiben, zu umgehen. Mit Hilfe hochqualifizierter Juristen, derer sich viele dieser Unternehmen — nicht zuletzt dank der hereingekommenen Anlegergelder — bedienen können, werden diese Konstruktionen so geschickt gesponnen, dass es dem Aufsichtsamt zunehmend schwerfällt, den wirklichen Charakter des jeweils betriebenen Geschäftes zu enthüllen. Oft ist dies erst nach längerer Beobachtung der praktizierten Vertriebsmethoden und Geschäftsabwicklung möglich. Leider ist dann allerdings vielfach auch der Schaden für die Anleger bereits entstanden", so der erste Geschäftsbericht des Amtes 1995 unverblümt; der Tenor blieb seither. Die Anbieter am grauen Kapitalmarkt sollen ab 1998 stärker durch das Bundesaufsichtsamt für das Kreditwesen kontrolliert werden.

Grenzausgleich →grüne Parität
Grenznutzentheorie →Neoklassik

grenzüberschreitender Kapitalverkehr
der Transfer von Geld- und Sachkapital zwischen zwei Ländern. Dazu gehören physische Transporte von Devisen, vor allem aber →ausländische Direktinvestitionen, die grenzüberschreitende Gewährung von Krediten und Bürgschaften, Unternehmensbeteiligungen, der Immobilienerwerb, Wertpapieranlagen und die Emission von →Anleihen. Das Hauptinteresse an möglichst unreguliertem und unkontrolliertem Kapitalverkehr haben die internationalen Finanzmärkte. — Ohne Beschränkungen wie →Kapitalverkehrskontrollen ist grenzüberschreitender Kapitalverkehr am ehesten in einer →Wirtschafts- und Währungsunion möglich. Innerhalb der EU ist freier Kapitalverkehr zwischen den Mitgliedsländern eine der →vier Grundfreiheiten. Gemäß ihrer Liberalisierungspflicht müssen die EU-Mitglieder untereinander alle Hindernisse beseitigen und Diskriminierungen aufgrund von Staatszugehörigkeit, Wohn- oder Anlageort aufheben.

Gross National Product →Bruttosozialprodukt
Gross Domestic Product →Bruttoinlandsprodukt

Großbanken
die größten Banken eines Landes, in Deutschland in der traditionellen Bedeutung Deutsche Bank, Dresdner

Bank und Commerzbank. Seit der starken Expansion einiger →Landesbanken werden unter der Bezeichnung nur noch die großen Privatbanken verstanden. Mit der Fusion von zwei bayerischen Privatbanken steigt die Zahl der Großbanken auf vier. Mindestens eine Landesbank ist zwar nach der Bilanzsumme ebenfalls Großbank, aber als öffentliche Bank bleibt sie unberücksichtigt.

Die größten deutschen Banken I

Konzernbilanzsummen 1996 in Milliarden Mark

Deutsche Bank	866,8
Dresdner Bank	561,2
Westdeutsche Landesbank	470,8
Commerzbank	448,0
Bayerische Vereinsbank	403,6
Bayerische Landesbank	360,5
Bayerische Hypo- u. Wechselbank	339,4
Bankgesellschaft Berlin	337,5

Die größten deutschen Banken II

einschließlich der für 1998 angekündigten Fusionen, auf der Basis der Konzernbilanzsummen 1996, in Mrd. DM

Deutsche Bank	866,8
Bayr. Vereins-/Bayr. Hyp. u. Wechs.bk.	743,0
Bankgesellsch. Berlin/Norddt. Landesbk.	567,1
Dresdner Bank	561,2
Westdeutsche Landesbank	470,8
Commerzbank	448,0
Bayerische Landesbank	360,5

Größenklassen von Unternehmen →Jahresabschluss

Grundkapital →Rechtsformen von Unternehmen

Grundschuld →Hypothek

Grundsicherung →Sozialleistungen

grüne Parität

eine Bezeichnung für den Kurs, zu dem die EU ihre in Ecu ausgedrückten Agrarpreise in nationale Währungen umrechnet. Er weicht vom offiziellen Umrechnungskurs der Ecu ab. Wenn die in Ecu festgelegten Agrarzahlungen der EU an die Bauern in deren nationaler Währung ausgezahlt werden, diese Währungen aber gegenüber der Ecu stark schwanken, kommt es für Landwirte zu Währungsverlusten bzw. Vorteilen für die Konkurrenz in anderen Mitgliedsländern. Diese Verluste werden abgepuffert, indem in der EU künstliche, „grüne" Wechselkurse zur echten Ecu ausgehandelt und auf dieser Basis den Bauern Ausgleichsbeträge der EU (der „Grenzausgleich") gezahlt werden. — Währungsverluste treten für die Bauern in Hartwährungsländern ein, weil für sie die Ecu an Wert verliert. Währungsgewinne sind seltener: Zum einen kann die grüne Parität dann unproblematisch angepasst werden, weil derartige Kursgewinne von Weichwährungsbesitzern als unerwünscht gelten und letztlich aus der EU-Kasse bezahlt würden. Da ferner sowohl Weichwährungsländer wie auch die Ecu gleichzeitig abwerten können (und dies in der Vergangenheit oft getan haben), besteht ein geringerer Bedarf, deren grünen Wechselkurs zu verändern. — Auch nationale Beihilfen gegen die Benachteiligung der Landwirte in Hartwährungsländern sind zulässig. Politisch sind sie vor allem in Deutschland kein großes Problem, weil keine Direktzahlungen an die Bauern erfolgen, sondern gezielte Steuersenkungen (z. B. für Treibstoffe) festgelegt werden. Für den Schutz der

Bauern vor solchen Aufwertungsrisiken gibt es bis weit in die Reihen kritischer Agrarexperten hinein Verständnis. — Das System ist so ausdifferenziert, dass zeitweilig sogar mehrere „grüne Wechselkurse" für verschiedene Agrarprodukte existieren können. Eine regelmäßige Heranführung der „grünen" an die „echte" Ecu scheiterte bisher. Damit ist die EU im Prinzip kein einheitlicher Währungsraum. Mit der Einführung des Euro und dem Ende der Wechselkursschwankungen müsste die grüne Ecu erlöschen.

Die grüne Ecu wird auch als „grüner Dollar", „Rechnungseinheit (RE)" oder „Agrarrechnungseinheit" bezeichnet. — 1958 begann die EG-Agrarpolitik noch ohne jeden gemeinsamen Währungsüberbau. 1962 wurde zur Vereinfachung des Rechnungswesens und um die Agrarpreise einheitlich ausdrücken zu können eine Rechnungseinheit (RE) geschaffen, die einem US-Dollar entsprach (daher „grüner Dollar", obwohl auch die US-Banknote selbst grün ist). Ab 1971, mit der Freigabe der Wechselkurse, wurde der Wert dieser RE in →Sonderziehungsrechten und seit 1975 in Ecu definiert, um darüber den RE-Wert im Verhältnis zu den nationalen Währungen festlegen zu können. Erst 1978 erlosch die alte RE ganz, die Agrarpreise und alle anderen EU-Transaktionen wurden 1979/80 in Europäischen Rechnungseinheiten (ERE) und erst ab 1981 direkt in Ecu ausgedrückt. Der besondere landwirtschaftliche Umrechnungskurs zu den nationalen Währungen wurde erstmals 1972 und regulär 1975 eingeführt.

Gruppe der 7 (G-7)

informeller Zusammenschluss der sieben wichtigsten westlichen Industrieländer, die gemeinsam rund 70 Prozent der Weltproduktion an Gütern und Dienstleistungen auf sich vereinen. Ziele der Gruppe sind die Beratung der weltwirtschaftlichen Lage, insbesondere der Konjunktur-, Inflations- und Wechselkursentwicklung, und der Abbau von ökonomischen und wirtschaftspolitischen Spannungen zwischen den Mitgliedsländern. Besprochen werden auch Einzelfragen der internationalen Finanzpolitik, z. B. die Verschuldung der Entwicklungsländer und die Entwicklung in den östlichen Reformländern. Aufgrund ihrer separaten Verständigungen steigt der Einfluss der Industrieländer in den ohnehin von den Industrieländern dominierten multinationalen Organisationen (IWF, Weltbank) noch.

Teilnehmer sind Deutschland, Frankreich, Großbritannien, Italien, Japan, Kanada und die USA. Ihre Staats- und Regierungschefs treffen sich meist dreimal im Jahr. Wichtigstes Gremium der G-7 ist der →Weltwirtschaftsgipfel; zudem findet regelmäßig eine Zusammenkunft unmittelbar vor dem Auftakt der Jahrestagung von Internationalem Währungsfonds und Weltbank statt. Der Kommissionspräsident der EU nimmt an den Weltwirtschaftsgipfeln teil, ohne bei der Gruppenbezeichnung berücksichtigt zu werden. Der russische Präsident war seit 1991 Gast; seit der Einbeziehung Russlands 1997 wird die G-7 inoffiziell als Gruppe der 8 (G-8) bezeichnet.

Gruppe der 10 (G-10, Zehnergruppe)
informeller Zusammenschluss der elf (s. u.) wichtigsten Industrieländer. Während die Mitglieder der G-7 ihre internationale Wirtschaftspolitik beraten, konzentriert sich die G-10 mit ihren Vertretern von Zentralbanken und Finanzministerien auf internationale Währungspolitik. Drei ständige Unterausschüsse, die bei der →Bank für Internationalen Zahlungsausgleich (BIZ) angesiedelt sind, beschäftigen sich mit Gold- und Devisenmärkten, Fragen des →Eurogeldmarktes und der Bankenaufsicht. Zahlreiche personelle Überschneidungen zwischen G-10, BIZ und →OECD garantieren ein dichtes informelles Informationsgeflecht und persönliche Verbindlichkeiten. Trotz verbaler Bekenntnisse zur Globalität der Weltfinanzmärkte hängt die Zehnergruppe letztlich noch immer dem Blockdenken und der (währungspolitischen) Suprematie der westlichen Industrieländer über den Rest der Welt nach.

Gründungsmitglieder waren die G-7-Länder sowie Belgien, die Niederlande und Schweden. Die Gruppe hat ihren Ursprung in den 1962 zwischen ihnen und dem IWF abgeschlossenen Kreditvereinbarungen über Nothilfen für Länder in akuten Finanzkrisen, wenn die IWF-Mittel nicht ausreichen. Die Schweiz wurde 1964 assoziiert und trat 1983 bei, die Bezeichnung der Gruppe blieb jedoch. — Die G-10 leistete die Vorarbeiten für die →Sonderziehungsrechte und schaffte 1971 ein kurzlebiges System fester Wechselkurse (Smithsonian Agreement, →Bretton Woods).

Gruppe der 24
Zusammenschluss der Entwicklungsländer, um ihre Interessen vor allem im Internationalen Währungsfonds und bei der Weltbank besser zu vertreten. Die unterschiedlichen Interessen zwingen oftmals zu internen Kompromissen, bevor eine Auseinandersetzung mit den Industrieländern (→Gruppe der 7, →Gruppe der 10) beginnt.

Mitglieder sind die Finanzminister von je acht Staaten Afrikas, Asiens und Lateinamerikas.

Gruppe der 77 (G-77)
Zusammenschluss von ursprünglich 77 Entwicklungsländern, 1964 von der UN-Konferenz →Unctad I ausgelöst und 1967 durch die Erklärung von Algier institutionalisiert. Sie tritt im System der Vereinten Nationen oftmals mit einem einzigen Sprecher auf. Inzwischen gehören der Gruppe mehr als 130 Länder an. Durch die Auseinanderentwicklung der wirtschaftlichen und politischen Interessen, das Ende der Blockkonfrontation und den Siegeszug der marktwirtschaftlichen Ideen verlor die G-77 im System der UN-Organisationen an Bedeutung.

GuV →Gewinn-und-Verlust-Rechung
GWB →Gesetz gegen Wettbewerbsbeschränkungen
GZS →Gesellschaft für Zahlungssysteme

H

Hamburger Abrechnung
eine noch bis 1997 praktizierte spezielle Abwicklung des Zahlungsverkehrs zwischen Hamburger Banken. Während anderswo die Landeszentralbanken dieses Interbanken-Clearing vornehmen, war damit, historisch begründet, in Hamburg eine Vereinigung Hamburger Kreditinstitute befasst, die insbesondere für den physischen Austausch von Zahlungsverkehrsträgern (Überweisungsscheine usw.) zuständig war. Die Landeszentralbank buchte die ihr mitgeteilten Beträge nur. Durch die Computerisierung der Hamburger Banken wurden das Sonderrecht überflüssig und die Funktion verstaatlicht.

Handelsbilanz →Zahlungsbilanz, Außenhandel

Handelsgesetzbuch (HGB)
das „Gesetz der Wirtschaftsgesetze" zur Festlegung von Rechten und Pflichten von Unternehmern („Kaufleuten"), zur Regelung von Wirtschaftsgeschäften und Buchhaltung sowie einiger →Rechtsformen von Unternehmen.

1897 verabschiedet, 1900 in Kraft getreten. Die Bezeichnung „Handel" ist heutzutage verwirrend, weil eine Handlung im Sinn unternehmerischer Tätigkeit gemeint ist, nicht der Groß- oder Einzelhandel. — Nebengesetze sind z. B. das Aktiengesetz, das GmbH-Gesetz oder das Gesetz gegen unlauteren Wettbewerb. Das Vertragsrecht und das Recht der Personengesellschaften sind im →Bürgerlichen Gesetzbuch (BGB) geregelt.

Handwerk
mittelständisch geprägter Wirtschaftszweig, in dem Güter produziert, montiert, installiert und repariert werden. Eine genaue Abgrenzung zur Industrie ist aufgrund der Technisierung der Arbeit nicht mehr möglich. Hauptmerkmale des Handwerks bleiben aber starker Personenbezug, geringe Betriebsgröße und ein Übergewicht der Handarbeit. Der Anteil an der gesamtwirtschaftlichen Wertschöpfung liegt seit Jahrzehnten bei rund zehn Prozent und nimmt erst seit Anfang der neunziger Jahre ab. Klagen über das Aussterben des Handwerksstandes haben sich bisher nicht bewahrheitet. — Auf Handwerker entfällt der größte Teil der →Schwarzarbeit.

Als Berufsstand zerfällt das Handwerk in rund 125 Fachberufe und 40 handwerksähnliche Gewerbe. Angehörige eines Fachberufs schließen sich zu Innungen (meist auf Kreisebene) zusammen, die wiederum Landes- und Bundesinnungsverbände bilden und als Spitzenorganisationen mehr als 50 Zentralfachverbände bilden, die in einer Bundesvereinigung der Fachverbände des Deutschen Handwerks zusammengeschlossen sind. Die Innungen eines Kreises bilden die Kreishandwerkerschaft; die Handwerker eines Bezirks bilden eine Handwerkskammer (analog zu den Industrie- und Handelskammern). Die Spitzenorganisation der 56 Handwerkskammern ist der Zentralverband des Deutschen Handwerks (ZDH). Die Mitgliedschaft in einer Innung ist freiwillig. Pflichtmitgliedschaft besteht für die Handwerkskammer, die auch die Handwerksrolle führt, in der jeder Handwerker eingetragen sein muss, um selbstständig einen Handwerksbetrieb zu führen. Dafür muss noch immer eine Meisterprüfung oder eine gleichwertige Prüfung abgelegt werden. Eine Handwerksreform soll die Ausbildungsberechtigung vom Meisterstatus abkoppeln. Nichtgefahrenträchtige Handwerksberufe könnten selbstständig nach einigen Jahren Berufspraxis auch dann ausgeübt werden, wenn keine Meisterprüfung abgelegt wurde — wogegen sich die Handwerker bei der Novellierung des Handwerksrechts 1998 erfolgreich wehrten. — Das ausgeprägte Verbandswesen der Handwerker geht auf die Zünfte als selbstverwaltete Regulierungsstruktur für Ausbildung, Arbeit und gegenseitige Hilfe zurück. Die Gewerbeordnung von 1869 führte die Gewerbefreiheit in ganz Deutschland ein, regelte aber die Berufsausbildung nicht; ein schneller Niedergang von Kenntnissen und Fähigkeiten setzte ein. Mit dem Handwerksgesetz von 1877 und dem Innungsgesetz von 1881 wurden obligatorische Handwerkskammern und Innungen eingeführt. Die Lehrlingsausbildung durch Handwerker mit Gesellen- und Meisterprüfung begann erst 1913; die Handwerksrolle wurde 1929 eingeführt. Die Nazifizierung der Handwerksorganisationen gelang schneller als die anderer berufsständischer Organisationen, weil die ständestaatliche Propaganda bei den korporatistisch eingestellten Handwerkern Anklang fand. 1949 Gründung des Zentralverbandes des Deutschen Handwerks als neue Spitzenorganisation, 1953 Inkrafttreten der Handwerksordnung nach langem Widerstand der USA, die durch die restriktiven Vorschriften die Gewerbefreiheit bedroht sah. Die Zahl der Betriebe in der BRD sank von 850.000 (1950) auf 500.000 (1980) und lag 1997 in Gesamtdeutschland bei 830.000 Betrieben mit 6,7 Millionen Beschäftigten. — In der DDR wurden 1950 alle Betriebe mit weniger als zehn Beschäftigten den Handwerkskammern unterstellt. Hohe Steuern zwangen viele Alleinmeister-Betriebe zur Aufgabe oder in eine →Produktivgenossenschaft des Handwerks (PGH). Der VII. Parteitag der SED (1967) beschränkte das Handwerk auf Reparaturen und Dienstleistungen für die Bevölkerung. 1990 übernahm die letzte DDR-Regierung noch die bundesdeutsche Handwerksordnung.

Handwerkskammern →Handwerk

Hang Seng

→Aktienindex der Börse in Hongkong. Er enthält 33 Titel, die nach ihrer Börsenkapitalisierung ausgesucht wurden, und gilt wegen möglicher Auswirkungen der chinesischen Politik auf Hongkong als besonders empfindlich. Ausserdem wird er stark beachtet, weil die Börse in Hongkong als „Fieberthermometer" für die anderen Wachstumsländer der Region gilt.

1969 begründet. Größter Kurssturz am 28.10.1997 um 13,7 Prozent. — Neben dem Hang Seng erscheint seit 1997 auch der Hang Seng China Affiliated Corporations Index (HSSCI) mit Aktien von Firmen in der Volksrepublik China (→Red Chips).

Harmonisierung →Steuerharmonisierung

Hauptgemeinschaft des Deutschen Einzelhandels →Gemeinschaftsausschuss der deutschen gewerblichen Wirtschaft

Hauptverband der Deutschen Bauindustrie →Bundesverband der Deutschen Industrie

Hauptversammlung (HV)

gesetzlich festgelegtes Organ der Anteilseigner einer →Aktiengesellschaft oder einer →Kommanditgesellschaft auf Aktien. Auf ihr bestimmen die Aktionäre die Zusammensetzung des →Aufsichtsrates (ohne die Arbeitnehmervertreter in mitbestimmten Unternehmen), befinden über die Entlastung von →Vorstand und Aufsichtsrat, beschließen Satzungs- und Kapitalveränderungen und mit der Höhe der →Dividende die Gewinnverwendung. Außerordentliche Hauptversammlungen (ao. HV) werden meist in Krisensituationen und bei Fusionen mit verkürzten Geschäftsjahren einberufen. — Theoretisch sind Hauptversammlungen die wichtigsten Institutionen einer Aktionärsdemokratie. Die oft enormen Teilnehmerzahlen einer HV dürfen aber nicht darüber hinwegtäuschen, dass für Kleinaktionäre die Anreise oft zu aufwändig ist und die Präsenz (Verhältnis von ausgegeben und anwesenden Stimmrechten) niedrig sein kann, sodass professionelle Stimmrechtsvertreter (z. B. von Banken) bevorteilt sind. Eine HV gerät auch schnell zur reinen Schauveranstaltung, bei der die Selbstdarstellung des Vorstandes nur von →kritischen Aktionären, Vertretern der Aktionärs-Schutzgemeinschaften und querulatorischen Kleinaktionären gestört wird. Großaktionäre, deren Vertreter zudem im Aufsichtsrat präsent sein können, sorgen mit ihrer Stimmkraft in der Regel dafür, dass fast alle Anträge aus dem Aktionärskreis mit großer Mehrheit abgelehnt werden.

Haushalt

(1) Wirtschaftseinheit von Privatpersonen, (2) Einnahmen und Ausgaben einer öffentlichen Einrichtung.

→Bundeshaushalt, →EU-Finanzverfassung

Hausse

Zeit steigender Börsenkurse. Hausse-Spekulanten treiben Aktienkurse künstlich nach oben, um günstig zu verkaufen. Hausse-Spekulation ist auch ein Termingeschäft in Erwartung steigender Preise, bei dem die Lieferung von Aktien zum derzeitigen Preis an einem bestimmten künftigen Zeitpunkt vereinbart wird. Der Spekulationsgewinn wird vom zwischenzeitlichen Kursanstieg bestimmt.

Der Begriff kommt von französisch „hausser" (erhöhen). Haussen werden von Bullen symbolisiert, deren Hörner von unten nach oben stoßen. — Gegenteil: Baisse.

Havanna-Charta →Gatt

HBV →Deutscher Gewerkschaftsbund

HDE →Gemeinschaftsausschuss der deutschen gewerblichen Wirtschaft

Hedging

Absichern vor Wechselkurs-, Zins- und Preisverlusten bei internationalen Finanzierungen. Risikogewinne werden dadurch ebenfalls ausgeschlossen. Dabei wird ein Risiko A+ durch ein Risiko A-, meist ein Termingeschäft, ergänzt, sodass ihre Summe bei Null liegt. Als Kosten der Risikoabsicherung fallen nur die Kommissionen der Finanzgeschäfte an. — Auch unvollkommenes Hedging für einen Teil eines Geschäftes ist möglich.

Der Begriff kommt von englisch „to hedge" (einzäunen).

Herbstgutachten →Sachverständigenrat zur Begutachtung der gesamtwirtschaftlichen Entwicklung

Hermann-von-Helmholtz-Gesellschaft →Bundesministerium für Bildung, Wissenschaft, Forschung und Technologie

Hermes-Bürgschaften

im allgemeinen Sprachgebrauch staatliche Ausfuhrgarantien und -bürgschaften. Sie sollen Exporteuren Schutz vor politischen und wirtschaftlichen Risiken geben, werden aus dem Bundeshaushalt finanziert und von einem Konsortium aus der namengebenden privatwirtschaftlichen Hermes Kreditversicherungs-AG und der C&L Deutsche Revision abgewickelt. — Von den deutschen Gesamtausfuhren werden durchschnittlich nur um fünf Prozent gedeckt, aber für einzelne Länder kann der Anteil erheblich höher sein. Die Verteilung schwankt von Jahr zu Jahr stark; die größte Gruppe sind Entwicklungsländer mit Schwerpunkt auf China und Indonesien. Die GUS-Länder haben für die Gesamtsumme neuer Deckungszusagen keine größere Bedeutung. Hier wird eine vorherige Zahlungszusage der Regierung des Empfängerlandes verlangt; die GUS-Regierungen geben diese Gegendeckung aber kaum. Wird sie doch erteilt, versichert Hermes letztlich die Zahlungsfähigkeit der Regierung des GUS-Staates. Ausnahmen bei politischer Opportunität sind möglich; ohne russische Staatsgarantie wurde 1997 eine Hermes-Deckung über 1,45 Milliarden DM für ein Erdgasröhrengeschäft erteilt, an dem der deutsche Röhrenhersteller Mannesmann und der russische Erdgasmonopolist Gazprom beteiligt sind. — Prominenteste Deckungsobjekte sind eine große Zahl der von Airbus Industries ausgelieferten Flugzeuge (gemeinsam mit Kreditversicherern aus Frankreich und Großbritannien). Für die Zerstörung seines Werkes bei Sarajevo hat VW eine Hermes-Entschädigung von 110 Millionen Mark erhalten. Auch Rüstungsexporte an Diktaturen wie Indonesien können abgesichert werden. Siemens erhielt eine Deckungszusage für die Beteiligung des Elektrokonzerns am umstrittenen slowakischen Atomkraftwerk Mochovce.

Der Bund sichert auch Engagements deutscher Firmen beim Bau des Yangtse-Staudamms in China ab, was die USA und Japan für ihre Unternehmen abgelehnt haben. — Bei der Unterscheidung nach politischen, wirtschaftlichen und wechselkursbedingten Schäden dominieren die politischen Risiken mit rund 90 Prozent stark. Größte Risiken waren 1995 Russland (als Rechtsnachfolger der Sowjetunion) und Algerien: Von 3,7 Milliarden Mark Zahlungen entfielen auf sowjetische Altschulden 2,0 und auf Zahlungsausfälle algerischer Abnehmer 0,6 Milliarden Mark. — Die Schadenszahlungen übertreffen die Beiträge, die die Exporteure leisten müssen, teilweise erheblich. Weil die Prämien deswegen zu billig sind, handelt es sich um indirekte Exportsubventionen, die in den fünf Jahren von 1990 bis 1994 insgesamt 20 Milliarden Mark ausgemacht haben und aus dem Bundeshaushalt bezahlt wurden. Die Forderungen an die Empfängerländer gehen bei Eintritt des Versicherungsfalls auf den Bund über, der sie teilweise über die Verhandlungen des →Pariser Clubs wieder eintreiben kann. Der Bund war selbst bei Exporten in EU-Mitgliedsländer lange zur Übernahme von Exportrisiken bereit, obwohl privatwirtschaftliche Alternativen bestanden. Erst seit 1997 übernimmt der Bund keine Deckungen mehr für wirtschaftliche Risiken aus kurzfristigen Geschäften bis zu zwei Jahren Kreditlaufzeit mit privaten Schuldnern z.B. in den EU-Ländern, den USA und Japan. Allerdings bietet der Bund einen den Kapitalanlage-Garantien (s.u.) ähnlichen Deckungsschutz für politische Risiken in diesen Ländern an. Weil auch die anderen Industrieländer über solche Staatsbürgschaften verfügen, bemüht sich die OECD, über eine Angleichung der Gebühren diese Variante des Exportdumpings einzuschränken. Ein einheitliches neues Prämiensystem soll nach einer zweijährigen Testphase verbindlich ab 1999 gelten. — Die OECD hat sich mit der Berücksichtigung von Umweltaspekten bei der Vergabe von Deckungen befasst. Die meisten Exportkreditversicherer, darunter auch Hermes, wollen die Vergabe von Deckungen jedoch nicht an die Beachtung von Umweltstandards geknüpft sehen. Unberücksichtigt bleiben auch entwicklungspolitische Aspekte und Menschenrechtsfragen. Weil die Exporte zwar staatlich abgesichert werden, aber privatwirtschaftlich zu Stande kommen, werden Einzelheiten von Exportbürgschaften in der Regel nicht veröffentlicht. — Neben Exporten können auch deutsche Auslandsinvestitionen vom Bund garantiert werden; für die Abwicklung sind ebenfalls C&L und Hermes zuständig. Gedeckte Risiken sind u.a. Enteignung, der Bruch staatlicher Zusagen, Krieg, Revolution und Aufruhr, ein plötzliches Verbot von Kapitaltransfers oder Beschränkungen der →Konvertierbarkeit, die bei Verschuldungskrisen drohen können. Jährlich werden etwa 100 bis 200 Anträge im Volumen von ein bis zwei Milliarden Mark genehmigt; die laufende Höchsthaftung des Bundes liegt insgesamt zwischen fünf und zehn Milliarden Mark. Traditionell liegen die Branchenschwerpunkte bei der Erdöl- und Erdgasindustrie sowie dem Fahrzeugbau mit gemeinsam fast der Hälfte des

Deckungsvolumens. Länderschwerpunkte sind Brasilien, Tschechien, Ungarn, Ägypten, China, Libyen und Argentinien. Politisch bedeutsame Hermes-Bürgschaften werden oft durch Kredite der bundeseigenen →Kreditanstalt für Wiederaufbau ergänzt.

Für die Hermes Kreditversicherungs-AG, Hamburg, stellt dieses „Mandatsgeschäft" des Bundes nur einen kleinen Teil ihrer Tätigkeit dar. 1917 gegründet, versichert sie im Hauptgeschäft vor allem Warenkredite im Inland gegen die mögliche Zahlungsunfähigkeit des Schuldners. Sie gehört mehrheitlich der Allianz-Holding, München. Hermes führt das Mandatsgeschäft im Konsortium mit der Wirtschaftsprüfungsgesellschaft C&L Deutsche Revision AG, Frankfurt am Main, an der die öffentliche Hand beteiligt ist. Alle administrativen und finanziellen Transaktionen gehen nicht in die Bilanz von Hermes und C&L ein, sondern sind eine Dienstleistung des Konsortiums. Es erhält dafür rund 100 Millionen Mark Kostenerstattungen und Honorare jährlich.

HGB →Handelsgesetzbuch

HIC →Ländertypologien

Holding

Dachgesellschaft eines Konzerns, bei der nur einige wenige Führungsfunktionen liegen, vor allem die Verwaltung der Kapitalbeteiligungen an den Tochterunternehmern sowie Verkauf und Erwerb weiterer Beteiligungen. Die operativen Funktionen, insbesondere die Produktion bzw. Dienstleistung, verbleiben hingegen bei den Tochterunternehmen. Breiter angelegte Modelle fassen auch die strategische Planung für den Gesamtkonzern oder Teile davon als Aufgabe der Holding auf. — Zwischenholdings werden meist aus steuerlichen Gründen oder wegen der Beteiligung eines konzernfremden Großaktionäres eingerichtet.

Englisch „holding" (festhalten) meint den Besitz der Anteile der nachgeordneten Unternehmen.

Holländische Krankheit

ein Wechselkursphänomen, das seinen Namen nach den Erdgasfunden an der niederländischen Küste in den sechziger Jahren erhalten hat. Es bedeutet, dass exportfähige Rohstoffe zur Entindustrialisierung eines Landes führen können. Denn neue Exporte, sobald sie volkswirtschaftlich signifikant werden, lassen die Nachfrage nach der einheimischen Währung des Exporteurs steigen, um damit die Ausfuhren bezahlen zu können. Dies führt zu einem Aufwertungsdruck auf die Währung und zu einer schlechteren Wettbewerbssituation der ebenfalls exportorientierten Industrie. Verschärft wurde die „Holländische Krankheit" noch, weil die Erlöse aus den Erdgasfunden überwiegend in das Sozialsystem statt in die Produktion investiert wurden. Letztlich führte dies zum Konsum der Erlöse, nicht zu Investitionen in die Strukturverbesserung der Produktion. — In erheblichem Umfang hat das Aufwertungsphänomen der „Holländischen Krankheit" solche Drittwelt-Länder belastet, die mit den Erlösen ihrer Rohstoffexporte vergebens versucht haben, eine Exportindustrie aufzubauen.

Home Banking →Electronic Banking

HSCCI →Red Chips, →Hang Seng

HÜSt →Börsenaufsicht

HV →Hauptversammlung

Hypothek

Schuld, die durch ein Grundstück besichert ist und oft aufgrund des Darlehens eines Kreditinstitutes entsteht. Bei der Festsetzung des Grundstückswertes wird auch die Bebauung berücksichtigt. Die Hypothek wird in das Grundbuch eingetragen, das Darlehen meist von einer →Hypothekenbank, der Hypothekarabteilung eines Geldinstituts oder der →Bausparkasse aufgebracht. — Eine Hypothek und die ebenfalls verbreitete Grundschuld sind nicht identisch. Während eine Hypothek faktisch eine Belastung zu einem einmaligen Zweck darstellt und die Schuld bei Rückzahlung automatisch erlischt, bleibt eine Grundschuld auch nach der Rückzahlung des Kredits im Grundbuch eingetragen. Bei einem neuen Kredit bedarf es nicht einer neuerlichen Eintragung im Grundbuch; deswegen ermöglicht eine Grundschuld einen dauerhaften Kreditrahmen.

Der Begriff kommt von griechisch „hypotheke" (Unterlage, Unterpfand). Juristisch ist die Hypothek ein Pfandrecht, das eine Forderung (oft die Rückzahlung eines Darlehens) sichert. Bei Nichtrückzahlung kommt es meist zur Zwangsversteigerung. — Hypotheken auf Schiffe werden im Schiffsregister eingetragen.

Hypothekenbanken

Kreditinstitute zur Beleihung von Grundstücken. Dabei vergibt die Bank Darlehen und nimmt die Mittel dafür durch die Ausgabe von Hypothekenpfandbriefen auf dem Wertpapiermarkt auf. Zur Besicherung des Darlehens wird das Grundstück im Grundbuch mit einer Hypothek belastet. — Hypothekenbanken bilden mit den →Schiffspfandbriefbanken die Gruppe der →Realkreditinstitute. Sie sind meist eine Spezialbank innerhalb eines Bankkonzerns. Ihre bis heute verbreitete organisatorische Trennung von der Mutterbank geht auf die Entwicklung aus der Pfandleihe hervor (→Banken). — Hypothekenbanken dürfen auch Kommunalobligationen zur Gemeindefinanzierung auf dem Kapitalmarkt begeben.

HWWA →Wirtschaftsforschungsinstitute

I

i.A. →Abwicklung
IAB →Bundesanstalt für Arbeit
IAMO →Blaue Liste
IBCA →Rating
IBRD →Weltbankgruppe
IBIS →Xetra
ICSID →Weltbankgruppe
IDA →Weltbankgruppe
IDB →Entwicklungsbanken
IEA →OECD
IFC →Weltbankgruppe
IfL →Blaue Liste
ifo →Wirtschaftsforschungsinstitute
IfW →Wirtschaftsforschungsinstitute
IG BAU →Deutscher Gewerkschaftsbund
IG BCE →Deutscher Gewerkschaftsbund
IGM →Deutscher Gewerkschaftsbund
IHK →Industrie- und Handelskammer
IIF →Institute for International Finance
IKK →Krankenversicherung
i.L. →Abwicklung
ILO →Internationale Arbeitsorganisation
IMF →Internationaler Währungsfonds

Immobilienfonds

Vermögen einer Kapitalanlagegesellschaft, das überwiegend aus Immobilien besteht. Über die Anteile an dem Vermögen werden Zertifikate ausgegeben. Geschlossene Immobilienfonds dienen der Finanzierung einzelner, bestimmter Immobilien; haben Anleger die erforderliche Summe eingezahlt, wird der →Fonds geschlossen. Die Bindungsfristen sind mit oft über 20 Jahren erheblich, bei Ausstieg wegen anderweitigem Bedarf nach dem eingesetzten Kapital werden hohe Kosten fällig. Bei einem offenen Fonds können die Fondsmanager weitere Zertifikate ausgeben, Objekte aus dem Fonds verkaufen und neue erwerben.

Import →Außenhandel
Indossament →Wechsel, →Begebung

Industrie

→Wirtschaftszweig aus Fabrikationsbetrieben zur Herstellung von Verbrauchs- oder Investitionsgütern. Zusammen mit dem →Handwerk bildet die Industrie das Gewerbe bzw. die gewerbliche Wirtschaft. Die Abgrenzung vom Handwerk ist wegen dessen teilweiser Übernahme industrieller Produktionsmethoden schwierig geworden. Der Hauptunterschied besteht in der höheren Kapitalintensität der Industrie, einer stärkeren Arbeitsteilung und der Produktion für überlokale Märkte. — Die Industrie besteht ihrerseits aus vier Zweigen: der Energie- und Wasserwirtschaft, dem Bergbau, dem verarbeitenden Gewerbe und dem Baugewerbe. Das verarbeitende

Gewerbe wird in engerem Sinn ebenfalls als Industrie bezeichnet.

Der Begriff kommt von lateinisch „industria" (Fleiss, Betriebsamkeit). — Daten über Produktion und Erwerbstätigkeit in der Industrie: →Dienstleistungen. Schaubild: →Wirtschaftszweige.

Industrie- und Handelskammer (IHK)
Selbstverwaltungs- und Interessenorganisation der gewerblichen Wirtschaft, die für die Unternehmen ihres Bezirkes zuständig ist und das Gesamtinteresse ihrer Angehörigen zu wahren hat. Eine IHK ist Körperschaft des öffentlichen Rechts und u.a. für die Aus- und Weiterbildung, die Bestellung von Sachverständigen, die Abnahme von Prüfungen und die Ausstellung von amtlichen Außenhandelsdokumenten zuständig. Für bundesweit drei Millionen Unternehmen besteht Zwangsmitgliedschaft in den insgesamt 83 IHK, die zum Deutschen Industrie- und Handelstag (DIHT) zusammengeschlossen sind. Schwerpunkt der IHK-Arbeit über den engeren gesetzlichen Auftrag hinaus sind die Interessenvertretung in der kommunalen und regionalen Politik und die internen Beratungsangebote zu betrieblichen, rechtlichen und wirtschaftspolitischen Fragen. Der DIHT wird als Spitzenorganisation der Wirtschaft an zahlreichen Anhörungen der Bundesregierung beteiligt. — Größtes Problem der IHK ist die Zukunft der Zwangsmitgliedschaft. Zahlreiche Unternehmen wollen die Kosten sparen und drängen auf eine Aufhebung der Mitgliedschaftspflicht, während Verbandsobere und Politiker die Struktur erhalten wollen. 1994, nach einer Beitragsreform, waren auch zahlreiche Bagatellgewerbe zur Kammerfinanzierung herangezogen; im Gegenzug waren die Beiträge von Großunternehmen gesenkt worden. Das Kleinstgewerbe ist seit einer neuerlichen Änderung 1996 wieder beitragsbefreit, inzwischen haben sich aber ganze Branchen den „IHK-Verweigerern" angeschlossen. Beklagt wird auch, dass sich die IHK bei ihrer Lobby-Arbeit vor Ort eher für die wirtschaftlichen Belange der Großunternehmen einsetzen und sich konservativ gegen neue Ausbildungsberufe sperren. Kritisiert wird auch, dass ihr Apparat mit 7.500 Beschäftigten überdimensioniert ist, die Haushalte als einzige der öffentlich-rechtlichen Körperschaften nicht von Rechnungshöfen geprüft werden und die Organisation insgesamt wenig demokratisch und transparent ist. — Während IHK die Interessen aller Mitglieder vertreten müssen, betrachten diese sich eher als Konkurrenten. Außerdem sehen Unternehmen ihre Partikularinteressen (nach Betriebsgrößen oder Branchen) eher in den Fachverbänden mit freiwilliger Mitgliedschaft, die sich um ihre Attraktivität bemühen müssen, gewährleistet.

Der Umzug des DIHT nach Berlin ist für 1999 vorgesehen. Der DIHT wurde 1861 als Deutscher Handelstag gegründet, 1935 aufgelöst und 1949 neu gegründet. Vom ersten Handelstag-Präsidenten David Hansemann ist der Spruch „Beim Geld hört die Gemütlichkeit auf" überliefert. — Als Interessenorganisationen existieren weltweit rund 50 Außenhandelskammern (AHK) mit freiwilliger Mitgliedschaft und 20 Repräsentanzen oder Delegiertenbüros der Deutschen Wirtschaft.

Industriegewerkschaft →Deutscher Gewerkschaftsbund

Industrieobligationen →Anleihen

Industriespionage →Wirtschaftsspionage

Inflation

fortdauernder Wertverfall der Geldes mit anhaltenden Preissteigerungen. Bekanntester Maßstab ist der Lebenshaltungsindex (→Warenkorb). Inflation entsteht, wenn die Geldmenge einer Volkswirtschaft, die von einer Zentralbank beeinflusst wird, stärker steigt als die Warenproduktion. Für das Vorhandensein überschüssigen Geldes und steigender Preise existiert eine Vielzahl von theoretischen Begründungen und empirischen Beobachtungen. Geldwertstabilität und damit die Inflationsbekämpfung ist in den Industrieländern grundlegend für die Geldpolitik geworden (→Bundesbank, →Europäisches Währungsinstitut). Sinnvoll kann eine Inflation zur Vernichtung einer inländischen Staatsverschuldung oder zur Entschuldung der Wirtschaft sein (→Währungsreform). Allerdings werden damit auch die Ersparnisse der Bevölkerung vernichtet. — Durch staatliche Festlegung von Preisen oder das Verbot von Preiserhöhungen (Preisstopps) wird „zurückgestaute Inflation" verursacht. Dadurch steigt die Ersparnisbildung. Zugleich bilden sich Schwarzmärkte mit durch überschüssiges Geld verursachten hohen Preisen. Die Wertaufbewahrungs- und Zahlungsmittelfunktion des Geldes geht oft auf eine ausländische harte Währung über, deren Besitz offiziell geduldet wird. — Steigende Einzelpreise oder Preiserhöhungen infolge von Steuererhöhungen oder Missernten gelten nicht als Inflation, auch wenn sie Bestandteil davon sein können. Als Untergrenze der Inflation wird meist eine Geldentwertungsrate von ein bis zwei Prozent angesehen. Die Verwendung der Begriffe „schleichende", „galoppierende" oder „Hyperinflation" ist nicht geregelt. Zur Hyperinflation gehört eine so starke Preisexplosion, dass das Geld nicht einmal mehr als Zirkulationsmedium akzeptiert wird, also zwischen Einnahme und schneller Wiederausgabe bereits an Wert verliert.

Gegenteil: Deflation. Das Phänomen stei-

Inflationsraten in Industrieländern

Veränderungen gegenüber dem Vorjahreszeitraum in Prozent

Belgien	1,8
Deutschland	1,2
Dänemark	1,9
Finnland	1,0
Frankreich	2,1
Griechenland	7,9
Großbritannien	2,5
Irland	2,2
Italien	4,0
Japan	0,1
Kanada	1,6
Niederlande	1,5
Norwegen	0,7
Österreich	1,8
Portugal	2,9
Schweden	0,8
Schweiz	0,8
Spanien	3,6
USA	2,9
EU	2,4

Quelle: Eurostat, StatBA, OECD. Stand: 1996 (Jahresdurchschnitt). Für Deutschland →Warenkorb.

gender Preise in Verbindung mit schwachem oder negativem Wirtschaftswachstum wird als Stagflation bezeichnet. Importierte Inflation beruht entweder auf anhaltend höheren Inflationsraten in den Herkunftsländern der Einfuhrgüter oder entsteht als Wechselkursphänomen aus steigenden Importpreisen infolge einer anhaltenden Abwertung. Das vorerst letzte Beispiel einer Hyperinflation in Europa stammt aus Jugoslawien; die Inflationsrate betrug dort 1992 zeitweilig ein Prozent stündlich.

Inhaberpapier →Wertpapier

Inhaberschuldverschreibung
die übliche Form einer →Anleihe. Dem Inhaber ist damit ein Schuldtitel des Ausstellers verschrieben. Im Gegensatz zur Namenschuldverschreibung trägt die Inhaberschuldverschreibung nicht den Namen des Gläubigers, vor allem, um eine leichte Handelbarkeit des Titels zu ermöglichen. — Es ist üblich, sie zu stückeln; darum wird dieses Wertpapier auch Teilschuldverschreibung genannt. Der Zins geht in den Kurs ein. Der Aussteller muss bei Fälligkeit seine Schuld gegenüber dem letzten Inhaber begleichen.

Innung →Handwerk
Innungskrankenkasse →Krankenversicherung
INRA →Bufferstock

Insider-Geschäfte
das Ausnutzen von nichtöffentlichen Informationen über Aktiengesellschaften, die meist auf einen Vermögensvorteil des Insiders durch Börsentransaktionen abzielen. Beim Ausnutzen von Insider-Informationen gibt es keinen chancengleichen Handel mehr, sodass das Vertrauen in die Fairness des Marktes schwindet. — Insider-Geschäfte sind in Deutschland erst nach erheblicher internationaler Kritik seit 1994 durch das Wertpapierhandelsgesetz verboten. Das Verbot gilt für Primär-Insider, die einen regulären, oft berufsbedingten Zugang zu den Informationen haben, und für Sekundär-Insider, die zufällig von der Information erfahren. Die Fälle von Verdacht auf Insider-Geschäfte gehen meist auf die Überprüfung auffälliger Kursbewegungen durch das →Bundesaufsichtsamt für den Wertpapierhandel zurück.

Geldstrafe oder Freiheitsstrafe bis zu fünf Jahren sind möglich. Etwa ein Dutzend Verfahren sind ständig anhängig. Über die Dunkelziffern des Insider-Geschäftes gibt es nur Spekulationen. Die Behörden setzen vor allem auf die Präventivwirkung und sehen die geringe Zahl der eingeleiteten Verfahren als Erfolg. 1996 wurden 17 Fälle angezeigt und vier gerichtliche Verurteilungen ausgesprochen. 1997 erhielt ein Aufsichtsratsmitglied des Türen- und Fensterherstellers Weru AG die bisher höchste Geldstrafe von 4,6 Millionen Mark (davon 3,6 Millionen Mark auf ein Jahr Bewährung, als ob Wiederholungsmöglichkeit bestünde). Der Mann hatte mit seinem Insider-Wissen vom bevorstehenden Einstieg eines ausländischen Investors 1,2 Millionen Mark Gewinn durch Aktienkäufe vor und Aktienverkäufe nach dem Bekanntwerden der Investition gemacht. — Strittig ist, ob Aktien-Analysten, die für eine Wertpapieranlage-Abteilung einer Bank ein Unternehmen prüfen und dabei Insider werden, diese Informationen überhaupt an ihre Arbeitgeber weitertragen dürfen.

Insolvenz

andauernde Zahlungsunfähigkeit eines Unternehmens oder einer natürlichen Person. Insolvenz ist (wie →Überschuldung) Konkursgrund. Als Hauptursachen von Firmenpleiten gelten: eine geringe Eigenkapitalausstattung, mangelnde Liquidität, zunehmende Unternehmensverflechtung und damit die steigende Zahl von Folgekonkursen, die hohe Zahl von riskanten Unternehmens-Neugründungen und schließlich Managementfehler.

Für 1997 erwartete die Hermes Kreditversicherungs-AG, Hamburg, rund 30.000 Insolvenzen mit Forderungsausfällen von 50 Milliarden Mark. Indirekte Kosten wie der Wegfall von Arbeitsplätzen, Steuerausfälle und Zinsverluste sind dabei noch nicht berücksichtigt.

Insolvenzordnung

die 1994 verabschiedete und ab 1999 geltende Regelung bei andauernder Zahlungsunfähigkeit. Sie löst die gespaltenen Vorschriften, das westdeutsche Konkurs- und das ostdeutsche Gesamtvollstreckungsrecht ab. — Während Unternehmen ihre Schulden durch Konkurs schon bisher auf Null bringen konnten, verjährten bis zur Neuordnung die Schulden von Privatleuten erst nach dreißig Jahren. Trotz langen Widerstands von Banken und Unternehmen erlaubt die neue Insolvenzordnung nun den „Verbraucherkonkurs" mit „Restschuldbefreiung" (s.u.). — Beim Firmenkonkurs wird die Sanierung vereinfacht. So kann das Unternehmensvermögen besser zusammengehalten und verwaltet werden. Banken konnten sich bisher nur schwer an den zu sanierenden Unternehmen beteiligen, wenn ihre (durch Pfandrecht gesicherten) Kredite in Kapitalersatz umgewandelt wurden, wodurch sie ihre Sicherheit verloren, weil sie damit zu (Mit-)Schuldnern wurden. Bei der übertragenden Sanierung bleibt das Problem eine BGB-Bestimmung, der zufolge bei der Übernahme eines zu sanierenden Betriebes auch alle Arbeitsverhältnisse auf den Erwerber übergehen; würde diese Klausel geändert, drohte allerdings erheblicher Missbrauch durch „Kündigungskonkurse". — Betriebe mit hohen Zusagen an Betriebsrenten sind schwer sanierbar. Aber Pensionssicherungsvereine zahlen erst, wenn der Konkurs ausgesprochen ist, und nicht, wenn er bei Streichung dieser Zahlungsverpflichtung abgewendet werden könnte. Die mögliche Belastung von Pensionssicherungsvereinen durch Missbrauch hat dazu geführt, dass die geltenden Bestimmungen nicht geändert wurden. — Weder schärfere Kontrollen über die Machtfülle der staatlich bestellten Konkursverwalter noch eine Honorarbegrenzung bei Großverfahren wurde verankert. Standesrechtliche Vorschriften der Konkursverwalter, die zu mehr Offenheit gegenüber den Konkursrichtern und Gläubigern geführt hätten, wurden ebenfalls nicht verabschiedet.

Das Verbraucherinsolvenzverfahren besteht aus mehreren Phasen. Zunächst sollen sich Schuldner und Gläubiger außergerichtlich unter Beteiligung eines kostenfrei arbeitenden Schuldnerberaters auf einen Sanierungsplan zu einigen versuchen. Sinn ist auch, die Verwendung von Teilen des Ehegatteneinkommens zur Schuldentilgung zu ermöglichen; dies kann gerichtlich nicht erzwungen werden, ist aber manchmal durchaus möglich. Bescheinigt der Schuldnerberater ein Scheitern der außergerichtlichen Einigung, beginnt das Amtsgericht auf Antrag des Schuldners mit einem erneuten Schlichtungsversuch; Gläubiger mit weniger als der Hälfte der Forderungen können dabei übergangen werden, um eine Blockade zu vermeiden. Scheitert auch diese gütliche Einigung, wird das Verfahren eröffnet. Zwangsvollstreckungsmaßnahmen und Gehaltsabtretungsansprüche werden unwirksam, womit alle Gläubiger gleichmäßig berücksichtigt werden können. Das Schuldnervermögen wird verwertet, um die Gläubiger zu bedienen. Nun folgt eine siebenjährige Wohlverhaltensperiode unter der Aufsicht eines „Treuhänders". In dieser Zeit muss der Schuldner die Restschulden so gut wie möglich abtragen, zur Hälfte auf ein in dieser Zeit anfallendes Erbe verzichten und jede zumutbare Tätigkeit annehmen. Der pfändbare Teil des Lohnes wird abgeführt, aber vom fünften Jahr an erhält der Schuldner einen schrittweise auf 20 Prozent steigenden Teil davon als Ermunterung, die restliche Zeit durchzuhalten, wieder zurück. Danach folgt die gerichtliche Restschuldenbefreiung. Sie ist nur einmal möglich, gilt nicht bei Kreditschwindel, bei unangemessenem Verschulden oder Vermögensverschwendung im Jahr vor dem Antrag auf Eröffnung des Insolvenzverfahrens sowie für Schuldner, die wegen einer Konkursstraftat verurteilt wurden. — Vorteile und Lasten werden durch die Insolvenzreform politisch ungleich verteilt. Auf die Länder kommen erhebliche Belastungen durch mehr benötigte Richter- und Rechtspflegerstellen zu. Zwar könnten nach Angaben von Verbraucherschutzverbänden durch die Reform bis zu 350 Millionen Mark Sozialhilfe jährlich eingespart werden. Denn für bis zu zehn Prozent der Sozialhilfeempfänger lohnt es sich derzeit nicht zu arbeiten, weil das Einkommen gepfändet wird; die mögliche Restschuldbefreiung würde dies schlagartig ändern. Aber die Entlastung käme den die Sozialhilfe finanzierenden Kommunen zugute, nicht den das Justizpersonal finanzierenden Ländern, die deswegen die Umsetzung der Insolvenzreform verzögern.

Institut für Agrarentwicklung in Mittel- und Osteuropa → Blaue Liste
Institut für Arbeitsmarkt- und Berufsforschung →Bundesanstalt für Arbeit
Institut für Länderkunde →Blaue Liste
Institut für Ökologische Wirtschaftsforschung →Ökologische Wirtschaftsforschung
Institut für Weltwirtschaft, Institut für Wirtschaftsforschung →Wirtschaftsforschungsinstitute

Institute for International Finance (IIF)

internationales Finanzinstitut, eine Forschungs- und Lobbyeinrichtung weltweit tätiger Großbanken, die für ihre Mitglieder vor allem die Rahmenbedingungen für internationale Kapitalanlagen verbessern will. Das Institut soll insbesondere die Herausbildung von Aufsichtsregeln auf dem Weltfinanzmarkt, etwa durch den →Baseler Bankenausschuss und den →Internationalen Währungsfonds, beeinflussen.

Es wurde 1983 auf dem Höhepunkt der Lateinamerika-Schuldenkrise gegründet, arbeitet für rund 250 Banken und Finanzkonzerne und gilt unter Fachleuten als konservativer Hardliner gegen Schuldenstreichungen und eine nach IIF-Meinung zu weit reichende Bankenaufsicht.

institutionelle Anleger

Großkäufer auf den internationalen Kapitalmärkten, die hohe regelmäßige Geldeinnahmen wertsicher investieren wollen. Dazu gehören insbesondere →Versicherungen und →Pensionsfonds. Sie kaufen und verkaufen meist konservativ, legen also oft Schwerpunkte auf Papiere mit niedrigem Risiko und niedriger Verzinsung. Meist orientieren sie sich an mittel- bis langfristiger Renditeerwartung, handeln also nicht oder nur wenig im aktiven Tagesgeschäft. Insbesondere Pensionsfonds können begrenzte Positionen in Risikopapieren, z. B. →Junk Bonds, halten.

Inter-American Development Bank →Entwicklungsbanken

Interbankraten

Zinssätze, die sich Geschäftsbanken untereinander für Geschäfte am →Euro-Geldmarkt abverlangen. Sie dienen in erster Linie dem Geldhandel zwischen den Banken und damit dem internationalen Liquiditätsausgleich. Sie können deswegen von den Kredit- und Einlagenzinsen stark abweichen; die Verzinsung von →Termineinlagen orientiert sich hingegen an den Interbankraten.

Die Interbankraten werden oft ähnlich abgekürzt: in London Libor (London interbank offered rate), in Frankfurt am Main Fibor, in der EU mit der Euro-Einführung Euribor usw. — London liefert die mit Abstand am meisten beachteten Interbankraten. Sie werden handelstäglich um 11 Uhr Ortszeit von der British Bankers Association und der Nachrichtenagentur Telerate berechnet, indem der Durchschnitt aus den Zinsforderungen mehrerer Geschäftsbanken gebildet wird, von denen die höchsten und die niedrigsten gestrichen werden. Der Fibor wird in Frankfurt börsentäglich um 11 Uhr 30 Ortszeit gebildet.

Internalisierung →Öko-Steuern

International Bank for Reconstruction and Development →Weltbankgruppe

International Center for Settlement of Investment Disputes →Weltbankgruppe

International Development Agency →Weltbankgruppe

International Energy Agency →OECD

International Finance Corporation →Weltbankgruppe

International Labour Organization →Internationale Arbeitsorganisation

International Monetary Fund →Internationaler Währungsfonds

International Natural Rubber Agreement →Bufferstock

International Trade Organization →Gatt

Internationale Arbeitsorganisation (ILO)

Eine Tochtereinrichtung der Vereinten

Nationen. Ihre drei Hauptziele sind Demokratie und grundlegende Arbeitnehmerrechte, Beschäftigungsförderung und Armutsbekämpfung sowie Arbeitsschutz. Anders als etwa der der →Unido steht der Bestand der ILO nicht in Frage. Sie ist durch den Weltsozialgipfel in Kopenhagen (1994) und Beschlüsse der →Welthandelsorganisationen (WTO) in ihrer Kompetenz für internationale Sozialpolitik eher gestärkt worden. Allerdings hat zugleich der Druck für mehr Transparenz und Effizienz zugenommen. Insbesondere, kritisiert die Industrie, beschäftige sich die ILO mit zu vielen unwichtigen oder nicht durchsetzbaren Normen und Standards; ihre Programme müssten stärker geprüft werden. Erfolge werden der ILO aber auch von Industrieverbänden im Bereich der Arbeitsplatzförderung in kleinen Unternehmen und bei der Bekämpfung der Kinderarbeit zugestanden.

internationale Arbeitsteilung
die Nutzung von Standortvorteilen über Landesgrenzen hinaus, um damit Kosten zu senken und die Wettbewerbsfähigkeit zu erhöhen. Dazu gehören regionale oder nationale Spezialisierung zur Komplettproduktion für den Weltmarkt oder die grenzüberschreitende Güterherstellung durch →multinationale Konzerne mit einer Zerlegung der Wertschöpfungskette (→Globalisierung). Ausschlaggebend sind Geografie, Klima und Marktnähe, am wichtigsten aber Lohnkosten und Infrastruktur. Weil auch Gestattungsproduktion (mit Lizenzen) oder Zukäufe möglich sind, bedarf es nicht notwendig der →ausländischen Direktinvestitionen. Zur Sicherstellung stabiler Lieferbeziehungen sind sie aber sehr häufig. — Das schnelle Wachstum des →Welthandels geht weitgehend auf die Ausweitung der internationalen Arbeitsteilung zurück. Jüngste Form ist die interkontinentale Telearbeit durch die Verlagerung von Entwicklungskapazitäten in Länder der Dritten Welt. — Anders als im Industrie- und im Dienstleistungssektor hat die internationale Arbeitsteilung im Agrarsektor der Bevölkerung von Entwicklungsländern gravierende Nachteile gebracht, insbesondere wenn Nahrungsmittel nicht mehr für den einheimischen Bedarf, sondern für die Bedürfnisse des Weltmarktes produziert werden. Bei der Einbeziehung der Industrie kann besonders die mangelnde Aufsicht über Arbeitsschutz und Anlagensicherheit als Dumping mit der Gefahr sehr hoher Verluste an Menschenleben betrachtet werden (wie bei der Explosion in einer Union-Carbide-Fabrik in der indischen Stadt Bhopal im Jahr 1985 mit rund 50.000 Opfern).

Internationale Energieagentur →OECD
internationale Handelsorganisation →Gatt

Internationaler Währungsfonds (IWF)
multilaterale Organisation zur Regelung der internationalen Währungspolitik, des zwischenstaatlichen Zahlungsverkehrs und der gegenseitigen Hilfe der Mitgliedsländer zur Überwindung von Zahlungsbilanzdefiziten. Der IWF strebt ein umfassendes Mandat im Kapitalverkehrsbereich an. — Die

Stimmrechte im IWF entsprechen ungefähr der Quote, die die Länder am Kapital des Fonds haben; sie wird anhand von Bruttoinlandsprodukt, Währungsreserven und Außenhandelsvolumen errechnet. Die wichtigsten Beschlüsse erfordern eine Zustimmung von 85 Prozent der Stimmen; die USA mit mehr als 17 Prozent der Stimmen verfügen deswegen über ein Veto-Recht. — Urspünglich beruhte das durch den IWF repräsentierte internationale Wechselkurssystem auf der Leitwährung des goldgedeckten Dollars und festen Wechselkursen. Seit dem Zusammenbruch des Systems von →Bretton Woods (1973) ist den IWF-Mitgliedern die Wahl des Wechselkurssystems freigestellt. Die ebenfalls angestrebte volle →Konvertierbarkeit der Währungen ist bisher von weniger als einem Drittel der Mitgliedsstaaten erreicht worden. — Zur wichtigsten Aufgabe des IWF ist der Beistand für Länder mit Zahlungsbilanzproblemen geworden. Mitglieder können maximal das Vier- bis Fünffache ihrer Quote als Beistandskredit (teilweise in →Sonderziehungsrechten) erhalten, in Einzelfällen bis zum Sechseinhalbfachen. Die großen Hilfspakete des IWF enthalten jedoch oft eine Kofinanzierung mit anderen Institutionen oder Staaten. Dominierten in den siebziger Jahren noch die durch die Ölpreisexplosion hervorgerufenen Beistandsaktionen, traten in den achtziger Jahren die hochverschuldeten Entwicklungsländer in den Vordergrund. Zur →Strukturanpassung vergibt der IWF Kredite gegen weit reichende wirtschaftspolitische Auflagen („Konditionalität"), die vom →Monetarismus geprägt sind und weit in die Zuständigkeit der →Weltbank hineinreichen. Im Zentrum der Auflagen stehen die Bekämpfung von Haushaltsdefiziten und Inflation. Unruhen und Aufstände wegen der teilweise rabiaten Eingriffe in staatliche Sozialsysteme und der Preisfreigabe subventionierter Grundnahrungsmittel in armen Ländern tragen deswegen die englische Bezeichnung „IMF riots", deutsch „IWF-Aufruhr". — Bei Umschuldungsverhandlungen ist die Aushandlung eines Beistandsabkommens mit dem IWF oft Voraussetzung für eine Einigung mit den Banken. Der IWF stellt Mitgliedsländern auch Mittel zum Schuldenrückkauf zur Verfügung (→Brady-Plan). Forderungen insbesondere von Nichtregierungsorganisationen nach einem →Schuldenerlass hat der IWF abgelehnt und lediglich — jeweils mit langen Verzögerungen — für besonders arme Länder Erleichterungen beim Schuldendienst beschlossen. — Weitaus weniger als die IWF-Politik gegenüber Entwicklungsländern ist das Vorgehen des Fonds in den Übergangsländern kritisiert worden. Auch wenn in den industrialisierten vormaligen Ostblockstaaten das lehrbuchartige Vorgehen des IWF gelegentlich auf Ablehnung gestoßen ist, sind makroökonomische Stabilisierungen in der Regel gelungen; wo nicht, kann dies oft unmittelbar auf ausgebliebene Privatisierungen und andere unterlassene Reformen zurückgeführt werden. Die Verdienste des IWF liegen, teils in Zusammenarbeit mit anderen Institutionen, insbesondere beim Aufbau eines grundlegenden volkswirtschaftlichen Berichtswesens. Umstritten ist die vom IWF auch in industrialisierten Reformländern oft verlangte Hochzinspolitik, die zwar Wechselkurse stabilisiert und die Inflationsrate senkt, aber auch die Konjunktur abwürgt. Das alternative Konzept gleitender Abwertungen würde zwar den Anpassungszeitraum verlängern, aber das Wirtschaftswachstum erleichtern. Kritisiert wurde das IWF-Verhalten zur Überwindung der asiatischen Wirtschafts- und Finanzkrise ab Herbst 1997. Die hohen Stützungskredite des IWF an einige Länder belohnten vor allem die Banken, bei denen die Länder verschuldet sind.

Englische Bezeichnung: International Monetary Fund (IMF). Beschlossen 1944, Sitz in Washington D.C. (USA). 181 Mitglieder (Stand: 1997). — Gegen Währungskrisen stehen bis zu 34 Milliarden Sonderziehungsrechte (rund 46 Milliarden US-Dollar) bereit. — Stimmrechtsverteilung, Auswahl: USA 17,78 %, Deutschland, Japan 5,54 %, Großbritannien, Frankreich 4,98 %, Saudi-Arabien 3,45 %, Italien 3,09 %, Kanada 2,91 %, Russland 2,90 %, China 2,28 %, Belgien 2,09 %, Indien 2,06 %. EU-15: 28,82 %. Auf der Jahrestagung des IWF im September 1997 ist eine Quotenerhöhung und -umverteilung beschlossen werden. Nach deren Ratifizierung wird der deutsche Anteil bei etwa 6,2, der japanische bei 6,3 Prozent liegen.

Intervention

währungspolitisch der Kauf oder Verkauf einer Währung am Devisenmarkt durch eine Zentralbank. Interventionen können auch der abgestimmten Unterstützung einer Drittwährung dienen.

Der Begriff geht auf lateinisch „intervenire" (dazwischentreten) zurück.

inverse Zinsstruktur →Zins

Investition

im ökonomischen Sinn der Kauf von Anlagen, Vorräten oder Bauten, meist durch Unternehmen oder den Staat. Investitionen müssen dauerhaft und dürfen nicht geringwertig sein. Die Nutzungsgrenze zwischen einem Verbrauchs- und einem Investitionsgut wird meist bei einem Jahr festgelegt. Konsumgüter in Privathaushalten, auch langlebige (z. B. Autos), sind keine Investitionen. Investitionen zur meist kurzfristigen Kapitalanlage werden als →Portfolio-Investitionen bezeichnet. Auslandsinvestitionen sind analog nach →ausländische Direktinvestitionen und →Portfolio-Investitionen zu unterteilen. — Desinvestition ist ein sinkender Wert von Anlagen, Vorräten oder Bauten. Der Wertverlust wird an der Nutzungsdauer gemessen und buchhalterisch als →Abschreibung bezeichnet. Investitionen, die diesen Wertverlust ausgleichen, heißen oft Re-Investitionen.

Investitionen der öffentlichen Hand stellen einen erheblichen Anteil an den Gesamtinvestitionen dar. Die Baubranche ist zu mehr als der Hälfte von ihnen abhängig. 85 Prozent der öffentlichen Investitionen werden von Kommunen getätigt. Ihre Zahlungsmoral hat wegen des auf ihnen lastenden Sparzwangs erheblich abgenommen und zur Pleitewelle in der Bauwirtschaft beigetragen. — Der Begriff kommt von lateinisch „investire" (einkleiden, ausstatten).

Investitionsbilanz →Zahlungsbilanz

Investitionsgüter
die zur Herstellung weiterer Güter von Unternehmen beschafften Produktionsmittel. Betriebswirtschaftlich werden sie in Verbrauchsgüter (z. B. Rohstoffe, die innerhalb eines Jahres umgeschlagen werden) und Gebrauchsgüter (z. B. Werkzeuge, Maschinen, Gebäude) unterschieden.

Gegenteil: Konsumgüter; sie werden von privaten Haushalten zur Bedürfnisbefriedigung nachgefragt.

Investivlohn
Teil des Einkommens von abhängig Beschäftigten, der nicht ausgezahlt wird, sondern als Beteiligung im Unternehmen verbleibt. Vorteile sind die Vermögensbildung in Arbeitnehmerhand und das Interesse des Beschäftigten am Unternehmen als Miteigentümer. Investivlöhne werden aber meist in Krisenzeiten vorgeschlagen, wenn Unternehmen in Liquiditätsproblemen stecken. Bei Zustimmung zu einem Investivlohnmodell würden Beschäftigte ein doppeltes Risiko (um Arbeitsplatz und Kapitaleinlage) übernehmen. Zudem werden im Konkursfall Forderungen von Anteilseignern nachrangig behandelt; der Investivlohn-Gläubiger müsste deswegen mit seinen Ansprüchen möglicherweise hinter denjenigen von Lieferanten zurückstehen. — Bei nachlassender Bedeutung von Arbeitseinkommen infolge hoher Arbeitslosigkeit bzw. bei sinkendem Arbeitslosengeld können regelmäßige Einnahmen aus Investivlöhnen (z. B. Dividenden) zur Einkommensstabilisierung beitragen, argumentieren liberale Ökonomen.

→Pensionsfonds

Investmentaktiengesellschaft
seit 1997 erlaubte Rechtsform eines Unternehmens. Geschäftszweck ist die Beteiligung an anderen Unternehmen, besonders an jungen (→Risikokapital). Im Unterschied zu Investmentfonds, die ein Sondervermögen mit Fremdbeteiligung darstellen (→Fonds) und deren Träger in der Regel Banken oder Finanzinstitute sind, ist die Investment-AG selbst börsennotiert. Ihre Anteile sind damit auch in kleinen Beträgen handelbar. Auf das erhöhte Anlagerisiko einer Investment-AG soll auch die Bezeichnung hinweisen.

Investmentfonds →Fonds
Investors Relation →Publizität

islamisches Banking
das Ausüben von Bankgeschäften in Übereinstimmung mit dem islamischen Recht, insbesondere mit dem Koran und der Scharia als Gesetzeswerk. Im Vordergrund steht das Verbot, Zins (riba) zu zahlen oder zu nehmen, weil er nicht mit einer Arbeitsleistung verbunden ist. Versuche, die Zinsen des westlichen Banksystems in eine rechtsphilosophische Übereinstimmung mit den islamischen Gesetzen zu bringen, sind gescheitert. Die im Koran niedergelegte Ansicht, auf die Eintreibung von Schulden bei Zahlungsunfähigkeit des Schuldners zu verzichten, wird in der Praxis mit einer sehr genauen Prüfung ergänzt. — Statt Zinsnahme wird eine Vielzahl anderer Geschäftsformen praktiziert. Explizit verzichtet wird auf die Zinszahlung, mit der kein Risiko eingegangen wird, explizit erlaubt ist

aber die Teilhabe am Risiko und am Entgelt dafür. Anstelle von ausgegebenen Krediten steht deswegen insbesondere die Beteiligung an einem Unternehmen und damit an seinem Gewinn, während auf die Geschäftsführung kein Einfluss genommen wird. Damit ist eine entfernte Verwandtschaft mit der deutschen →Kommanditgesellschaft gegeben. Auch abgeschwächtere Investmentformen sind möglich: Ein Einleger erhält anstelle einer Verzinsung seines Guthabens eine Beteiligung am Gewinn der Bank, also eine Art Dividende. Eine Beteiligung an Unternehmen, die selbst Zinsen erwirtschaften, Alkohol oder andere religiös nicht akzeptable Produkte herstellen, ist nicht möglich. Hypotheken und andere Finanzprodukte sind inzwischen üblich. Rapide nimmt Leasing zu.

Die Kreditkartenorganisation Visa offeriert eine islamische Kreditkarte der Arab Malaysian Bank; eine Reihe westlicher Banken haben Tochtergesellschaften islamischen Rechts gegründet. Unter islamischen Gelehrten ist ihre Bewertung umstritten. Die Summen, die in der islamischen Welt als Bargeld gehortet werden, weil es an akzeptablen Anlagemöglichkeiten mangelt, werden auf mehrere hundert Millionen Dollar geschätzt. Die Einlagen in islamischen Banken liegen bei rund 70 Milliarden US-Dollar. — Die erste islamische Bank entstand als Sparkasse 1963 in Ägypten. In den siebziger Jahren wurden in den islamischen Ländern zahlreiche islamische Geschäftsbanken gegründet. Das Bankwesen in Iran und Pakistan ist islamisiert. In den anderen Ländern mit starken oder Mehrheitsanteilen islamischer Bevölkerung existieren traditionell-westliche und islamische Banken nebeneinander. Auf den katholisch dominierten Philippinen wurde bereits 1973 auf Anordnung des Staates eine auch nach islamischen Prinzipien funktionierende Bank eingerichtet, um den Bedürfnissen der islamischen Bevölkerung Rechnung zu tragen und insbesondere den aufständischen Moslem-Rebellen die Unterstützung zu entziehen. Die erste islamische Bank im Westen wurde 1978 in Luxemburg etabliert. — Ein Zinsverbot für Konsumtivdarlehen ist auch im kanonischen Recht der katholischen Kirche bis heute verankert.

ISO

Abkürzung für die International Organization for Standardization, deutsch Internationale Organisation für Normung. Ziel ist die Standardisierung im technischen und wirtschaftlichen Bereich (z. B. die →Währungscodes). Auch die Normen selbst werden so gekennzeichnet.

Die ISO wurde 1946 gegründet; Sitz in Genf, Schweiz. Deutsches Mitglied ist das Deutsche Institut für Normung (DIN).

ISO 9000ff

eine Normenfamilie der →ISO, die Vorgaben für die Qualitätssicherung gibt und in den neunziger Jahren stark an Bedeutung gewonnen hat. Die Senkung der Fehlerquote in allen Produktphasen vom Design bis hin zur Wartung soll insbesondere die Wettbewerbsfähigkeit von Unternehmen erhöhen. In Deutschland wird die Zertifizierung von Prüfgesellschaften vergeben; ihr geht ein Audit voraus, das die eigentliche Prüfarbeit umfasst. — Der

Nutzen von ISO 9000ff ist umstritten. Insbesondere wird das Ignorieren von Faktoren kritisiert, die außerhalb des Betriebsprozesses liegen. So bleiben etwa Kundenzufriedenheit oder Umweltschutzbelange unberücksichtigt, weil auch Betriebsprozesse zertifiziert werden können, die zwar im technischen Sinn fehlerlos sind, aber am Kundeninteresse vorbeigehen oder die Umwelt belasten. Für das getrennt zertifizierbare Umweltmanagement (→Öko-Audit) ist die neue Norm ISO 14001 gültig. — Größer als in den westlichen Industrieländern ist die Bedeutung von ISO 9000ff in Regionen, in denen viele Betriebe zu modernisieren sind, also in den vormals sozialistischen Ländern und den Industrie-Inseln in der Dritten Welt. Weil deren Lieferbeziehungen nicht aufgrund von Produktqualität entstanden, sondern durch planwirtschaftliche Vorgaben oder Monopolstellungen, stellt die Zertifizierung faktisch einen Beleg für die erfolgreiche Umstrukturierung dar. Deswegen steigt in diesen Ländern die Anzahl der Unternehmen rapide, die einander als Qualitätsnachweis eine Zertifizierung abverlangen. Auf diesen Wachstumsmarkt drängen allerdings auch weniger strenge Zertifizierer, weswegen interessierte Abnehmer von Produkten nicht mehr nur das Zertifikat, sondern auch dessen Ausstellung durch einen renommierten Zertifizierer fordern.

1987 erschienen die ersten Normen dieser Gruppe; der Ausbau geht weiter. ISO 9000 beschreibt die Normen für Qualitätsmanagement und Qualitätssicherung. Nach ISO 9001 werden Design, Entwicklung, Produktion, Montage und Wartung zertifiziert, nach ISO 9002 nur Produktion, Montage und Wartung, wenn also Design und Entwicklungsarbeiten nicht anfallen. Nach ISO 9003 wird die Endprüfung selbst zertifiziert. ISO 9004 enthält Leitfäden für die Qualitätsverbesserung. Es sind also nur Zertifizierungen nach den Normen 9001, 9002 und 9003 möglich. — In Deutschland haben sich rund 60 Zertifizierer in der Trägergemeinschaft für Akkreditierung (TGA), Frankfurt am Main, zusammengeschlossen. Die TGA prüft die Eignung der Zertifizierer für bestimmte Branchen nach ISO 45012, während Audit-Durchführung, die Qualifikationskriterien für Qualitätsprüfer und das Management von Audit-Programmen durch ISO 10011 geregelt sind. ISO 10012 umfasst Forderungen an die Qualität für Messmittel, ISO 10012 ist ein Leitfaden für die Erstellung von Qualitätsmanagement-Handbüchern usw. usf. — Die ISO gibt die Zeitschrift „ISO 9000 News" heraus.

ITO →Gatt

IWH →Wirtschaftsforschungsinstitute

IWF →Internationaler Währungsfonds

J

Jahresabschluss

die zum Ende eines Wirtschaftszeitraums fällige Abrechnung in einem Unternehmen. In Deutschland besteht der Jahresabschluss je nach Unternehmensform und -größe aus →Bilanz, →Gewinn-und-Verlust-Rechnung (GuV) und weiteren Teilen; die Einzelheiten sind im →Handelsgesetzbuch festgelegt. Soweit dazu eine gesetzliche Verpflichtung besteht, prüfen externe Abschlussprüfer die Einhaltung der ordnungsgemäßen Buchführung und die Wiedergabe einer den tatsächlichen Verhältnissen entsprechenden Vermögens-, Finanz- und Ertragslage. Jahresabschlüsse unterliegen unterschiedlicher →Publizität. Ihre Aussagefähigkeit ist insbesondere durch die →Bilanzpolitik begrenzt. — Eine soziologische Betrachtung sieht den Jahresabschluss als Konfliktregelungsinstanz

Jahresabschluss

Rechtsformen, Unternehmensgrößen und Publizität

	Personengesellschaften		Kapitalgesellschaften: AG und GmbH		
	klein	groß	klein	mittel	groß
Bilanz	ja	ja	verkürzt	ja	ja
GuV	ja	ja	verkürzt	verkürzt	ja
Anhang	nein	nein	verkürzt	verkürzt	ja
Lagebericht	nein	nein	nein	ja	ja
Prüfung	nein	ja	nein	ja	ja
Publizität	nein	ja	nur Bilanz	verkürzt	ja

Der Lagebericht gehört formell nicht zum Jahresabschluss. Möglich sind auch freiwillige Erstellungen und Veröffentlichungen. Bei der Zuordnung zu einer Unternehmensgröße müssen nach dem Handelsgesetzbuch zwei von drei Kriterien erfüllt sein. Börsennotierte Aktiengesellschaften gelten immer als große Kapitalgesellschaften.

Größenklassen

Bilanzsumme und Umsatz in Mio. DM, teilw. gerundet, Stand: 1997

	Personengesellschaften		Kapitalgesellschaften: AG, KGaA, GmbH		
	klein	groß	klein	mittel	groß
Bilanzsumme	bis 125	ab 125	bis 5,3	bis 21,2	ab 21,2
Umsatz	bis 250	ab 250	bis 10,6	bis 42,4	ab 42,4
Beschäftigte	bis 5.000	ab 5.000	bis 50	bis 250	ab 250

für unterschiedliche Interessengruppen (Eigentümer, Geschäftsleitung, Anteilseigner, Finanzamt, Gläubiger, Belegschaft, Öffentlichkeit).

Jahreshauptversammlung →Hauptversammlung

Jahreswirtschaftsbericht

die von der Bundesregierung alljährlich im Januar abgegebene Erklärung zur wirtschafts- und finanzpolitischen Lage. Sie enthält auch die Antwort auf das Herbstgutachten des →Sachverständigenrates.

Der Bericht beruht auf einem entsprechenden Auftrag im Stabilitätsgesetz von 1967.

Jahrhundertvertrag

der 1977 abgeschlossene und 1980 erweiterte Vertrag zwischen Strom- und Bergbauunternehmen, mit dem sich die kohleverfeuernden Kraftwerksbetreiber verpflichten, heimische Kohle zu nutzen. Dafür erhielten sie eine Ausgleichsabgabe, den →Kohlepfennig, der den Stromverbrauchern auferlegt wurde. Dieses Verfahren wurde 1994 vom Bundesverfassungsgericht für nicht verfassungsgemäß erklärt und ist zum 1.1.1996 ausgelaufen. Seither müssen die Subventionen unmittelbar vom Bund und den steinkohlefördernden Ländern Nordrhein-Westfalen und Saarland aufgebracht werden.

Jobless Growth →Konjunktur

Joint Venture

Zusammenschluss von Unternehmen, von denen mindestens eines aus dem Ausland stammt. Üblich sind Kapitalbeteiligungen an einer gemeinsamen Tochtergesellschaft. — Joint Ventures waren bis zum Zusammenbruch des Sozialismus die Regelform, in der westliche Unternehmen in einem Ostblockland investieren konnten; das Verbot für ausländische Unternehmen, Eigentum zu erwerben, wurde durch das zwischengeschaltete Gemeinschaftsunternehmen umgangen. Joint Ventures sind in den Reformländern bis heute eine verbreitete Gesellschaftsform für ausländische Investoren. Oft bringt dabei das ansässige Unternehmen, z. B. ein ehemaliger Staatsbetrieb, die Grundstücke, die Gebäude und Anlagen und ihre Wartung ein, während der westliche Investor die Modernisierung und ihre Kosten übernimmt.

Joint Venture, englisch, heißt wörtlich „gemeinsames Wagnis".

junge Aktien →Aktien

Junk Bonds

in den USA hochriskante und deswegen mit hoher Verzinsung ausgestattete Wertpapiere. In den achtziger Jahren wurden sie als unentbehrliches Hilfsmittel bei feindlichen Firmenübernahmen bekannt (→Leveraged Buyouts, LBO). In den neunziger Jahren ist ihre Verbreitung stark gestiegen, während das Risiko abgenommen hat.

Auf Deutsch werden Junk Bonds als „Müll-" oder „Schrottanleihen" bezeichnet. Im LBO-Spitzenjahr 1986 lag das Gesamtvolumen neuer Junk Bonds bei 35,5 Milliarden Mark, brach Ende der achtziger Jahre durch mehrere Großpleiten zusammen und erholte sich schnell. Im ersten Halbjahr 1997 lag das Volumen bei 422 Milliarden Dollar. Die Durchschnittsrendite von Junk Bonds ist zwischen 1991 und 1997 von 18 auf 9,5 Prozent gefallen und liegt damit nur noch um drei bis vier Prozent über derjenigen von US-Staatsanleihen, denn die Gefahr von Zahlungsausfällen hat deutlich nachgelassen: 1992 wurden 6,8 Prozent aller Junk Bonds faul, während 1997 nur noch 1,5 Prozent aller Unternehmen ihren Zahlungsverpflichtungen nicht nachkommen konnten.

K

kalte Aussperrung →Aussperrung, →Streik

Kammerorganisationen

staatlich vorgeschriebene Zusammenschlüsse von Unternehmen auf bezirklicher Ebene, um ihre gemeinsamen Interessen zu wahren. Kammern sind Körperschaften des öffentlichen Rechts, weil sie zugleich eine Reihe staatlicher Aufträge übernehmen, vor allem in den Bereichen Berufsausbildung, Prüfungen, Schlichtung sowie das Führen von Registern (Handwerksrolle). Es sind (1) für die Gewerbetreibenden aller Wirtschaftsorganisationen (außer Handwerk) die 83 →Industrie- und Handelskammern mit dem Deutschen Industrie- und Handelstag (DIHT) als Spitzenorganisation, (2) die 54 →Handwerkskammern mit dem Deutschen Handwerkskammertag und (3) zehn Landwirtschaftskammern, zusammengeschlossen im Verband der Landwirtschaftskammern; in einigen Bundesländern werden die Kammeraufgaben von Behörden oder Landesbauernverbänden wahrgenommen. Als Elemente der Wirtschafts- neben der parlamentarischen Demokratie, die vor allem in der Weimarer Republik durch die Kammern institutionalisiert werden sollte, sind auch (heute veraltete) Arbeiterkammern als Körperschaft zur Interessenvertretung der Arbeiter mit Pflichtmitgliedschaft eingerichtet worden (in Deutschland nur in Bremen und im Saarland; in Österreich noch ausgeprägt). Freie Berufe verfügen ebenfalls über Kammern. — Größtes Problem der Kammern ist die Unzufriedenheit ihrer Mitglieder mit dem Kosten-Nutzen-Verhältnis der Zwangsmitgliedschaft, einer geringen Dienstleistungsorientierung und der Prägung der Kammern durch Honoratioren und Funktionäre.

Kapitaldeckungsverfahren →Kapitalstock, →Rentenversicherung

Kapitalflucht

das Abwandern großer Summen Spar- und Anlagegelder ins Ausland. Kapitalflucht an sich ist nicht notwendig illegal, weil sie auf einen Standortwettbewerb um Renditeaussichten, Sicherheit und Anlageflexibilität zurückgeht. Tatsächlich verstößt Kapitalflucht aber oft gegen gesetzliche Bestimmungen, entweder durch den Akt der Flucht selbst (bei eingeschränkter Freiheit der Kapitalausfuhr, in Schwachwährungsländern besonders der Verstoß gegen den Erwerb von Devisen) oder in weiterem Zusammenhang (Steuerflucht,

-hinterziehung, Geldwäsche). Beliebt ist auch die Kapitalflucht durch die Wahl von Verrechnungspreisen mit Tochterunternehmen, die in Hartwährungsländern niedergelassen sind. Direktinvestitionen im Ausland zählen nicht immer als Kapitalflucht; insbesondere bei Finanzanlagen im Ausland ist die Grenze aber unscharf. — Verbreitete Beweggründe für die Kapitalflucht sind: (1) die Angst vor dem Wertverfall inländischer Investitionen und Ersparnisse (besonders durch Inflation) und vor Devisenbewirtschaftung, aus Mangel an Anlagemöglichkeiten und aus Furcht vor politischem Umsturz (meist in hochverschuldeten Entwicklungsländern). Hierzu gehören auch die erheblichen Beträge, die Diktatoren sich und ihren Familien verschafft und ins Ausland transferiert haben. Fluchtkapital kann einen großen Teil der Auslandsverschuldung eines Landes ausmachen und zudem spürbar im Wirtschaftskreislauf fehlen. Eine Repatriierung gelingt nur, wenn die Anlagebedingungen im Herkunftsland attraktiver sind als in den Fluchtzielländern oder mindestens anhaltend an Attraktivität zunehmen. Dies ist möglich, weil die Orts- und Marktkenntnis der Verfügungsberechtigten groß ist und in den Herkunftsländern, die überwiegend wirtschaftlich schwach entwickelt sind, hohe Renditen erzielt werden können. (2) Nahezu notwendig ergibt sich Kapitalflucht beim Anfall großer Geldbeträge aus Geschäften der →organisierten Kriminalität, weil entweder die Volkswirtschaften ihrer Sitzländer zu klein sind (Drogengelder in Kolumbien), nicht hinreichend unauffällig untergebracht werden können (Mafiagelder in Italien) oder interessante Anlagemöglichkeiten fehlen (Mafiagelder in Russland). (3) Die in Deutschland bekannte Kapitalflucht z. B. nach Luxemburg ist eine Steuerflucht vor der Zinsabschlagsteuer und als Steuerhinterziehung oder -verkürzung strafbar.

Kapitalgesellschaft

im Gegensatz zu einer Personengesellschaft, bei der die Anteilseigner unbegrenzt haften, ein juristisch selbstständiges Unternehmen, das deswegen auch selbst haftet. Diese Haftung ist naturgemäß auf das eigene Vermögen begrenzt. Die wichtigsten Formen sind →Gesellschaft mit begrenzter Haftung (GmbH), →Aktiengesellschaft (AG) und →Kommanditgesellschaft auf Aktien (KGaA).

→Rechtsformen von Unternehmen

Kapitalismus

ältere Sammelbezeichnung für Wirtschaftsordnungen, die auf Privateigentum (an Produktionsmitteln) beruhen. Die maßgeblichen deutschen Theoretiker sahen den Kapitalismus geschichtsdeterministisch als vorübergehend an, weswegen die Verwendung des Begriffs die Kritik des Systems beinhaltet. — Karl Marx analysierte den Übergang vom Wettbewerbs- zum Monopolkapitalismus und leitete aus der Verschlechterung der Lebensbedingungen der Arbeiterklasse die Notwendigkeit der sozialen Revolution ab. Nach Werner Sombart führen die sozialen Klassengegensätze zum Sozialismus, ohne dass die bisherigen Produktionsweisen verschwinden. Beim Nichtmarxisten Joseph Alois Schumpeter geht der Kapitalismus nicht an seinen Mängeln, sondern an seinem Erfolg zugrunde: Weil die Monopolisierung den Lebensstandard erhöhe und die Planungsprozesse im Monopolkapitalismus immer langfristiger werden, sei die Sozialisierung in die Planwirtschaft hinein nur noch „ein Schritt über die Großunternehmung hinaus". In den USA beschäftigt sich die Forschung vorwiegend mit der Verdrängung des Eigentümer- durch den Managerkapitalismus.

Karl Marx (1818-1883), auf dessen politische Theorien wie auf deren praktische Anwendung inzwischen mancher Schatten gefallen ist, gilt dennoch bis heute als glänzender Kritiker der bürgerlichen Ökonomie des 19. Jahrhunderts. Hauptwerk ist „Das Kapital", dessen erster Band 1862 erschien. Werner Sombart (1863-1941) veröffentlichte als marxistischer Sozialreformer 1902 das zweibändige Werk „Der moderne Kapitalismus", wandte sich aber in den zwanziger Jahren vom Marxismus ab und in den dreißiger Jahren dem Nationalsozialismus zu. Joseph Alois Schumpeter (1883-1950) erklärte in seinem Hauptwerk „Theorie der wirtschaftlichen Entwicklung" (1912) die kapitalistischen Konjunkturzyklen aus dem Wechselspiel von Innovation (bei Produkten und Produktionstechniken, bei der Markterschließung und der Betriebsorganisation) und Stagnation. Schumpeter entwickelte das Leitbild des dynamischen Unternehmers. 1932 übersiedelte er in die USA, blieb aber wegen rassistischer Äußerungen über Juden und Slawen isoliert; er bezeichnete die Kapitulation Hitler-Deutschlands als „jüdischen Sieg". — Der Begriff „Kapitalismus" ist — ähnlich wie „Sozialismus" — in Deutschland weitgehend diskreditiert. In den USA und Großbritannien werden „capitalism" wie auch „class" (Klasse) unbeschwerter verwendet, weil sie dort neben der politischen auch eine anerkannte sozialwissenschaftlich-analytische Bedeutung haben.

Kapitalmarkt

der Markt für den Handel mit mittel- und langfristigen Kapitalanlagen, neben dem →Geldmarkt, der kurzfristiges Kapital aufnimmt. Der wichtigste Teil des Kapitalmarktes ist der Handel mit →Wertpapieren, vor allem mit börsennotierten →Aktien und →Anleihen sowie den von ihnen abgeleiteten →Finanzinnovationen. Der Handel mit Wertpapieren, die nicht auf die Währung des Landes lauten, in dem sie gehandelt werden, findet auf dem →Euro-Kapitalmarkt statt. — Zum Kapitalmarkt gehören auch der Markt für Hypotheken, Lieferantenkredite und Fonds für Unternehmensbeteiligungen.

Kapitalstock

(1) Wert des für Produktionszwecke eingesetzten Vermögens, (2) als Sparvermögen der →Rentenversicherung eine Alternative oder Ergänzung zum →Generationenvertrag. Weil ein demografisch kalkulierbarer „Rentnerbuckel" bis zum Jahr 2040 die Rentenfinanzierung nach traditionellen Normen ohne Leistungskürzungen ungewiss macht, solle, so die Idee, zunächst ein Kapitalstock angespart werden, der später zur Teilfinanzierung der Al-

tersversorgung wieder abgeschmolzen wird, bis das Verhältnis von Beitragszahlern zu Rentnern — demografisch bedingt — wieder günstiger wird. Der Übergang vom Umlage- zum Kapitaldeckungsverfahren führt zu einer Doppelbelastung der Beitragszahler: Anders als bisher müssten sie nicht nur für die Bezüge der gegenwärtigen Rentner aufkommen, sondern auch komplett oder teilweise für ihre eigenen. Umstritten ist das notwendige Volumen eines solchen Kapitalstocks, der einen gewaltigen staatlichen →Pensionsfonds darstellt; Schätzungen reichen bis zum Doppelten des jetzigen Anlagekapitals aller deutschen Unternehmen.

Kapitalverkehrskontrollen
Beschränkungen der Ein- oder Ausfuhr von Kapital, meist der inländischen Währung oder von Devisen. Ursachen können sein: der Schutz nicht marktkonformer Wechselkurse, die Verhinderung von Kapitalflucht, Schutz vor zunehmenden Ungleichgewichten in der →Zahlungsbilanz. Kapitalverkehrskontrollen sind bei nicht- oder teilkonvertierbaren Währungen (→Konvertierbarkeit) der Regelfall.

So kann eine Zentralbank versuchen, die Inflationsrate mittels hoher Zinsen zu senken, und deswegen die Einfuhr ausländischen Kapitals verbieten oder erschweren. Denn Auslandskapital, das von Zinssteigerungen profitieren will, kann über die Nachfrage nach Inlandswährung den Wechselkurs hochtreiben und damit den Export stören. Dieses Phänomen verursachte Anfang der siebziger Jahre die letzte große Zahlungsbilanzkrise der BRD.

Kapitalverkehrsteuern
bestanden aus der →Börsenumsatz- und der →Gesellschaftsteuer und wurden zum 1.1.1992 abgeschafft.

Kapitalverwässerung
bei einer börsennotierten Aktiengesellschaft möglich. Wird deren Kapital erhöht, können Gratisaktien oder junge Aktien zu einem Wert, der deutlich unter dem bisherigen Kurs liegt, ausgegeben werden. Dementsprechend sinkt der Kurs der Altaktien, während derjenige der jungen Aktien steigt. Sinn ist die Absenkung eines (optisch) unerwünscht hohen Börsenkurses. Die Benachteilung der Altaktionäre wird durch die Gewährung von Bezugsrechten verhindert; so erhält bei einer Kapitalerhöhung um zehn Prozent jeder Inhaber von zehn Aktien eine junge Aktie zum Bezug angeboten. Meist bleiben die Kurse bis zur ersten Dividendenzahlung ungleich, weil junge Aktien, die im laufenden Geschäftsjahr ausgegeben werden, nur eingeschränkt dividendenberechtigt sind.

Kartell
Vereinbarungen zwischen Unternehmen oder →Unternehmenszusammenschlüssen, um den Wettbewerb zu beschränken und sich in eine günstigere Marktstellung zu bringen. Kartelle sind in stagnierenden Märkten häufiger als in wachsenden, weil die Steigerung des Marktanteils in stagnierenden Märkten sonst nur durch kostenaufwendigen Verdrängungswettbewerb möglich ist. In den meisten Fällen führen erfolgreiche Kartelle zu überhöhten Prei-

sen. — Grundsätzlich werden horizontale und vertikale Kartelle unterschieden. Der klassische Typ des horizontalen Kartells gilt für den gleichen Markt bzw. auf der gleichen Produktionsstufe, während vertikale Kartelle (zum Beispiel zwischen aufeinander folgenden Produktionsstufen oder zwischen Produktion und Handel) auf Preisabsprachen, meist Preisbindungen, zwischen Lieferant und Käufer beruhen. Nach dem Grad des Kartells sind zu unterscheiden: (1) mündliche Absprachen (Frühstückskartelle), (2) schriftlich fixierte, aber nicht rechtsverbindliche Vereinbarungen (Gentlemen's Agreements), (3) auf Verträgen beruhende Kartelle, (4) eine gemeinsame Organisation etwa für den Einkauf oder den Vertrieb (Syndikat). Die Absprachen können abzielen auf: (1) Preiskartelle mit der Festlegung von Niedrigst- oder Höchstpreisen, (2) Quotenkartelle zur Aufteilung eines Gesamtmarktes, (3) Gebietskartelle zur regionalen Aufteilung eines Marktes, (4) Spezialisierungskartelle zur Aufteilung von Produkten auf bestimmte Produzenten, (5) Konditionenkartelle mit einheitlicher Rabattgewährung oder einheitlichen Geschäfts-, Lieferungs- oder Zahlungsbedingungen, (6) Normen- und Typenkartelle, um technische Vorgaben und Prüfungen für die Zulassung eines Produktes verbindlich zu machen, (7) Import- und Exportkartelle als Gebiets- oder Quotenkartelle für An- und Verkäufe im Ausland, (8) Strukturkrisenkartelle, um einen Kapazitätsabbau auf alle Marktteilnehmer zu verteilen, z. B. in der Stahlindustrie. Eingeteilt wird auch nach Kartellen niederer Ordnung (z. B. Konditionen- oder Normenkartell) und höherer Ordnung (z. B. Syndikate, Preiskartelle). — In der BRD sind Kartelle seit 1958 nach dem →Gesetz gegen Wettbewerbsbeschränkungen grundsätzlich verboten. Ausnahmen betreffen die Bundesbank, die Landwirtschaft sowie Banken und Versicherungen. Eine Reihe von festgestellten „Tatbeständen" wie die Strukturkrisen- oder Normenkartelle sind beim →Bundeskartellamt anmelde- oder genehmigungspflichtig; das Amt übt auch die Missbrauchsaufsicht aus. — Kartelle werden nicht nur von Behörden und Justiz, sondern auch aufgrund wirtschaftlicher Prozesse bedroht: Außenseiter und die internationale Konkurrenz bedrohen in offenen Marktwirtschaften Kartelle grundsätzlich. Horizontalkartelle werden bei kurzlebigen Produktzyklen, die eine Kette von Wachstumsschüben darstellen, und bei der Spezialisierung von Produkten unwahrscheinlicher. Bedeutsam bleibt das formlose Frühstückskartell oder das bewusste Parallelverhalten. So deuten die Benzinpreiserhöhungen an Tankstellen auf abgestimmtes Verhalten ohne Absprachen hin, sind aber bisher nicht beweisbar.

Die seit dem 16. Jahrhundert nachweisbare Bezeichnung meint zunächst eine schriftliche Vereinbarung der Kampfbedingungen in einem Turnier, dann zwischen Kriegführenden, schließlich den vertraglich fixierten Zusammenschluss von Unternehmen, die aber weitgehend selbstständig bleiben. Der Begriff geht über italienisch „cartello" (kleines Schreiben, Zettel) auf lateinisch „charta" (Papyrusstaude, Papier als Schreibmaterial) zurück.

Kartellgesetz →Gesetz gegen Wettbewerbsbeschränkungen

Kassakurs

an einer →Börse der Kurs bei sofortiger oder sehr schneller Abwicklung eines Handelsgeschäfts. An deutschen Devisenbörsen bedeutet der Kassakurs die Wertstellung zwei Tage nach Abschluss eines Währungshandelsgeschäfts.

Kassamarkt

an einer Börse der Markt mit sofortiger oder sehr schneller Abwicklung des Handelsgeschäfts (zum →Kassakurs).

Gegenteil ist der →Terminmarkt.

Kaufkraft

Gegenwert eines Geldbetrages in Gütern. Die Kaufkraft ist einer der wichtigsten Indikatoren für historische, regionale oder internationale Vergleiche der Wohlstands- bzw. Armutsentwicklung (→Kaufkraftparität).

Die durchschnittliche Kaufkraft in Ostdeutschland lag 1997 bei rund 76 Prozent der West-Kaufkraft und nahm nur noch leicht zu, während die West-Kaufkraft stagniert oder abnimmt.

Kaufkraftparität

englisch Purchasing Power Parity (PPP, zugleich auch in Deutschland übliche Abkürzung), ein fiktiver, idealer Wechselkurs, zu dem die Kaufkräfte beider Länder identisch sind. Die PPP wird vor allem von internationalen Organisationen beim Vergleich volkswirtschaftlicher Größen in verschiedenen Ländern benutzt und bedient sich überwiegend des US-Dollars oder eines Vergleichsindexes (siehe Tabellen) als Maßstab. Von erheblicher Bedeutung ist dies,

Kaufkraftvergleiche

Bruttosozial- bzw. Bruttoinlandsprodukt pro Kopf, 1993, Österreich = 100

Organisation:	OECD		Weltbank	
Basis:	BIP		BSP	
Land: Vergleich:	PPP	WK	PPP	WK
Slowenien	48	28	n	28
Tschechien	44	13	41	12
Ungarn	31	16	33	15
Slowakei	30	9	34	8
Weißrussland	26	6	34	12
Russland	26	2	28	13
Polen	24	10	27	10
Bulgarien	22	6	20	5
Kroatien	20	11	n	n
Estland	20	5	36	12
Litauen	19	3	17	6
Rumänien	19	5	15	5
Ukraine	17	3	21	9
Lettland	16	4	28	10
Moldawien	12	1	17	5
Kasachstan	n	n	20	6
Usbekistan	n	n	14	4
Kirgistan	n	n	13	4
Aserbaidschan	n	n	12	3
Armenien	n	n	11	3
Tadschikistan	n	n	8	2
Georgien	n	n	8	2
nachrichtlich:				
Deutschland	97	103	112	102
USA	127	107	132	105

BIP: Bruttoinlandsprodukt, BSP: Bruttosozialprodukt. PPP: Purchasing Power Parity (Kaufkraftparität). WK: Kaufkraft nach Wechselkursen. n: nicht mitgeteilt.

— Quellen: OECD 1996 (Europäisches Vergleichsprogramm), Weltbank-Atlas 1995, DIW-Berechnungen, BMWi 1997.

Kaufkraftvergleiche
in US-Dollar, nach Kaufkraftparität

	1992	1993	1994	1995	1996
Polen	4.426	4.672	5.006	5.482	5.901
Tschechien	8.333	8.490	8.857	10.272	11.104
Slowakei	6.393	6.285	6.712	7.320	7.970
Ungarn	5.918	6.057	6.435	6.842	6.886
Slowenien	8.722	9.234	9.946	10.594	11.113
Rumänien	3.542	3.698	3.931	4.312	4.591
Bulgarien	4.112	4.193	4.377	4.588	4.190
Estland	3.957	3.785	3.842	4.138	4.431
Lettland	3.451	3.070	3.204	3.291	3.484
Litauen	5.131	3.681	3.807	4.014	4.273

Quelle: OECD, BMWi. Teilweise Schätzungen.

Kaufkraftvergleiche
in US-Dollar, nach PPP und als Index, Türkei = 100

	1994		1995	
	Dollar	Index-Punkte	Dollar	Index-Punkte
Armenien	850	17	1.421	25
Aserbaidschan	1.345	26	1.665	29
Georgien	1.320	26	1.813	32
Kasachstan	3.518	69	3.664	64
Kirgistan	1.559	31	1.621	28
Russland	7.472	147	7.315	129
Tadschikistan	882	17	456	8
Turkmenistan	2.210	43	2.345	41
Usbekistan	1.273	25	1.942	34
Türkei	5.082	100	5.691	100

Quelle: OECD (1997).

wenn Konditionen für internationale Vorzugskredite an die Dritte Welt nach dem Grad der Armut gestaffelt werden. Denn ein nach Wechselkursen umgerechnetes Pro-Kopf-Bruttosozialprodukt oder Jahreseinkommen kann erheblich von den mit PPP errechneten abweichen. — In der Wirtschaftswissenschaft werden gegen eine solche Umrechnung systematische Einwände erhoben, in der Praxis hat es dagegen zu deutlich realistischeren Vergleichsmöglichkeiten geführt. Allerdings existieren verschiedene Modelle mit unterschiedlichen Ergebnissen, wie am Beispiel der ehemals sozialistischen Länder zu erkennen ist.

Als die Wirtschaft der Volksrepublik China Anfang der neunziger Jahre erstmals in PPP ausgedrückt wurde, machte die Armutsbekämpfung in der Welt einen gewaltigen Fortschritt: Ein chinesisches

Durchschnittseinkommen nahm um mehr als das Doppelte zu. Tatsächlich war nur mit der neuen Berechnungsmethode zu erklären, warum in China nicht eine Hungersnot auf die andere folgt — was gemäß den älteren Rechnungen wegen der winzigen Einkommen zu geschätzten Wechselkursen hätte der Fall sein müssen. — 1993 machte der vermeintliche Scherz die Runde, der russische Präsident Jelzin verdiene fünf Dollar im Monat und für das Gehalt eines US-Präsidenten Clinton seien 8.000 Jelzins zu haben; Grundlage der Umrechnung war der offizielle Wechselkurs. Auch wohlmeinende Elendsberichterstattung aus dem Ausland bedient sich oft der Wechselkursumrechung („verdient 30 Pfennig pro Stunde", „einen Dollar am Tag"), ohne zu berücksichtigen, dass das Preisniveau deutlich niedriger und die Kaufkraft erheblich höher sein kann. — Die britische Wirtschaftszeitschrift „Economist" legt ihren weltweiten Kaufkraftvergleichen die Kosten eines Hamburgers zugrunde und berechnet daraus die Über- bzw. Unterbewertung von Währungen.

Keiretsu

Bezeichnung für die japanischen Industriekonglomerate, die formell keine Führungsgesellschaft besitzen, über wechselseitigen Anteilsbesitz miteinander verflochten sind und auf ein hierarchisch gestaffeltes Zuliefersystem zurückgreifen. Durch ihre enorme volkswirtschaftliche und politische Machtstellung, vor allem durch den landesüblichen Wechsel hochrangiger Unternehmensangehöriger zwischen Manager- und Beamtenpositionen, verfügen Keiretsu über einen erheblichen Einfluss auf die staatliche Wirtschaftspolitik. Umgekehrt unterlagen sie der staatlichen Planung, die seit den fünfziger Jahren die Hauptlinien der wirtschaftlichen Entwicklung festlegten und förderten. Diese wechselseitige Abhängigkeit führte seit Mitte der achtziger Jahre zur Aufdeckung einer Fülle von Korruptionsskandalen. Keiretsu sind hinsichtlich der Verflechtung von Industrie- und Staatsinteressen mit koreanischen →Chaebols vergleichbar.

Die bedeutendsten Keiretsu sind Mitsubishi, Mitsui und Sumitomo. Zu den Gruppen gehören Banken, Schwerindustrie-, Bau-, Chemie-, Elektro- und Elektroniksowie Konsumgütergruppen. Sie gingen nach 1945 aus den Zaibatsu hervor, den großen Konzernen der japanischen Kriegsindustrie, und wurden von der US-Besatzung zwangsentflochten. Der informelle Zusammenhalt der vormals Zaibatsu-angehörigen Unternehmen blieb aber ungebrochen.

Keynesianismus

wirtschaftswissenschaftliche Schule, die sich vor allem mit den Zusammenhängen von Löhnen, Preisen und Beschäftigung befasst und auf den englischen Ökonomen Keynes zurückgeht. Im Gegensatz zur klassischen Nationalökonomie, die von einem grundsätzlichen Gleichgewicht des Marktes ausgeht, das nur von außen gestört werden kann, hielt Keynes den Markt alleine für nicht in der Lage, die wirtschaftlichen Bedürfnisse einer Gesellschaft zu befriedigen. Er wies theoretisch nach, dass dauerhafte Arbeitslosigkeit auch bei gesamtwirtschaftlichem Gleichgewicht möglich ist und eine Lohnsenkung nicht automatisch zu mehr Beschäftigung führt. Keynes entwickelte die →nachfrageorientierte Strategie der Globalsteuerung: Aus der Massenarbeitslosigkeit der Zeit zwischen den Weltkriegen leitete er die Forderung ab, der Staat müsse Vollbeschäftigung anstreben und die fehlende Nachfrage durch Investitions- bzw. Konjunkturprogramme herstellen. Dafür seien auch Staatsverschuldung (→Deficit Spending) und Inflation hinnehmbar. In den kapitalistischen Staaten dominierte Keynes' Denken die Wirtschaftspolitik vor allem in den sechziger und siebziger Jahren. Der →Monetarismus warf dem Keynesianismus vor, dass sein Konzept ebenfalls zur Instabilität neige. Insbesondere das Kernstück der wirtschaftspolitischen Praxis, die antizyklische Konjunktursteuerung, sei widersprüchlich, weil sie Inflation produziere, deren Anstieg nur durch eine Stabilisierungskrise gebremst werden könne. Empirisch sei außerdem belegbar, dass antizyklische Investitionen zu spät einsetzen und damit die Konjunkturzyklen eher verstärken als dämpfen würden. Gegenwärtiger Haupteinwand gegen den Keynesianismus ist, dass bei weit gehender Freiheit des grenzüberschreitenden Waren- und Kapitalverkehrs eine nationale Nachfragepolitik verpufft, weil ausländische Anbieter nicht von der Teilhabe ausgeschlossen werden können, ohne die außenwirtschaftliche Integration in Frage zu stellen.

John Maynard Keynes, 1883 geboren, hielt ab 1909 als Dozent in Cambridge volkswirtschaftliche Vorlesungen, wechselte 1914 ins Finanzministerium und nahm als britischer Finanzbeauftragter an der Pariser Friedenskonferenz teil. Er erregte großes Aufsehen, als er in seinem Buch „Die wirtschaftlichen Folgen des Friedensvertrages" (1919) die Reparationsforderungen nicht für vertretbar hielt und eine Revision der Versailler Verträge fordete (1922). Wegen seiner Kritik aus dem Staatsdienst entlassen, arbeitete er wieder als Hochschullehrer, machte durch Spekulationen ein Vermögen, rettete zwei Ballett-Ensembles und veröffentlichte 1936 sein Hauptwerk, die „Allgemeine Theorie der Beschäftigung, des Zinses und des Geldes", die begründete, warum der Staat eine aktive Wirtschaftspolitik betreiben solle. Als Berater des britischen Schatzkanzlers (Finanzministers) entwickelte er einen Plan zur Kriegsfinanzierung („How to pay for the war", 1940). 1942 wurde er einer der Direktoren der Bank of England und 1944 als britischer Vertreter bei der Konferenz von →Bretton Woods einer der Architekten des neuen Weltwährungssystems. Er starb 1946.

KfW →Kreditanstalt für Wiederaufbau

KG →Kommanditgesellschaft, →Rechtsformen von Unternehmen

KGaA →Kommanditgesellschaft auf Aktien, →Rechtsformen von Unternehmen

KGV →Kurs-Gewinn-Verhältnis

Kinderarbeit

Arbeit von Kindern zwischen 5 und 14 Jahren, vorwiegend in armen Entwicklungsländern. Sie ist Ursache und Folge von Armutsketten: Wegen ihrer Arbeit erhalten Kinder keine oder zu geringe Schulbildung und lassen später wiederum ihre Kinder arbeiten. — Kinderarbeit ist nur durch eine kombinierte

Verbesserung der Gesetzgebung (auch in Regionalsprachen), der Bildungsmöglichkeiten und der sozialen Lage der Familien zu bekämpfen. Die schrittweise Begrenzung der Arbeitszeit und die Verbesserung der Arbeitsplätze können Zwischenschritte sein. In einigen von der Kritik besonders betroffenen Exportbranchen in Mittelasien, vor allem der Textil- und Teppichindustrie, sind mit Hilfe von →Nichtregierungsorganisationen zahlreiche Programme gegen Kinderarbeit angelaufen. — Die Ausstattung von Textilien mit Kennzeichen, die eine Produktion ohne Kinderarbeit bezeugen, wird von deutschen Unternehmerverbänden explizit abgelehnt. Das „Labeling" führe zu Wettbewerbsverzerrungen, weil nicht alle Produkte ohne Kinderarbeit mit einem solchen Label ausgestattet seien und die Erzeugung sowie die Vorprodukte nicht hinreichend kontrolliert würden. Doch unberücksichtigt bleibt dabei, dass ein Kundenwunsch nach ausdrücklich kinderarbeitsfreier Ware besteht, sodass sich kundenorientierte Importeure und Produzenten um ein solches Label bemühen müssten.

Nach einer Studie der →Internationalen Arbeitsorganisation (1997) arbeiten weltweit 250 Millionen Kinder, 120 Millionen davon ganztägig. Die anderen müssen Arbeit und Schule miteinander kombinieren. 61 Prozent arbeiten in Asien, 32 Prozent in Afrika, sieben Prozent in Lateinamerika. Nicht erfasst sind Kinder, die im elterlichen Haushalt arbeiten (die Gesamtzahl soll 15 bis 20 Prozent der Altersgruppe erreichen, vor allem Mädchen). In einigen Ländern arbeiten bis zu 80 Prozent der Kinder sieben Tage pro Woche. In einigen Ländern sind mehr als zwei Drittel dieser Kinder krank oder verletzt. Die gefährlichsten Branchen sind Bau und Bergbau.

Klassik →Neoklassik

kleine Aktiengesellschaft →Aktiengesellschaft, →Mitbestimmung

KMU →Mittelstand

Knappschaften

Bezeichnung für die regionalen Träger der bergbaulichen Sozialversicherung nach 1945 bis 1969.

Der Begriff Knappe stammt von mittelhochdeutsch Knabe, Geselle im Bergbau. Dessen Zünfte hießen seit dem 16. Jahrhundert Knappschaften und besaßen Sozialversicherungsfunktionen, verloren aber ihre Selbstbestimmung an den Staat. 1854 wurde in Preußen die Selbstverwaltung mit paritätischer Besetzung von Bergarbeitern und Arbeitgebern hergestellt und 1923 mit der Reichsknappschaft eine einheitliche Sozialversicherung für alle Bergbaubetriebe eingeführt. In allen Organen standen den Versicherten drei Fünftel, den Arbeitgebern zwei Fünftel der Stimmen zu. 1945 übernahmen acht bezirkliche Knappschaften die Versicherung der Bergleute. Ab 1951 setzten sich die Organe zu zwei Dritteln aus Versicherten und zu einem Drittel aus Arbeitgebern zusammen. Die Knappschaften wurden 1969 zur →Bundesknappschaft zusammengelegt.

Kohäsion

Zusammenhalt, eines der Prinzipien der europäischen Integration. Bereits der EWG-Vertrag von 1957 legte als

Auftrag die Stärkung des wirtschaftlichen und sozialen Zusammenhangs der Mitgliedsländer fest, „um eine harmonische Entwicklung der Gemeinschaft als ganzer zu fördern". Daraus folgt die Notwendigkeit des Abbaus von Ungleichgewichten im Gemeinschaftsgebiet und die Anhebung der Wirtschaftskraft ärmerer Mitgliedsländer. Oft wird der Begriff neben oder anstelle von →Konvergenz benutzt, der Angleichung der Wirtschaftspolitiken mit dem Ziel der Angleichung volkswirtschaftlicher Indikatoren (z. B. als Zinskonvergenz). Kohäsion geht meist der Konvergenz voraus.

Der Begriff kommt von lateinisch „cohaerere" (zusammenhängen).

Kohäsionsfonds
der 1993 gegründete und damit jüngste EU-Strukturfonds, der schwerpunktmäßig Umweltprojekte und den Ausbau transeuropäischer Netze, vor allem der Verkehrswege, mitfinanziert. Seine Mittel sind regulärer Bestandteil des EU-Haushaltes und kommen den ärmsten Mitgliedsländern als Ausgleich für die Vorteile der reicheren EU-Länder durch Binnenmarkt und Währungsunion zugute.

Kohlepfennig
eine im →Jahrhundertvertrag 1977 zwischen Strom- und Bergbauunternehmen festgelegte Ausgleichsabgabe, mit dem die steinkohleverfeuernden Kraftwerksbetreiber die Kosten der teuren einheimischen Kohle auf den Stromverbraucher abgewälzt haben. 1994 vom Bundesverfassungsgericht für nicht verfassungsgemäß erklärt, ist er zum 1.1.1996 ausgelaufen. Seither wird die Verfeuerung der heimischen Steinkohle mit Subventionen der öffentlichen Hände finanziert.

KoKo →Bundesanstalt für vereinigungsbedingte Sonderaufgaben

kollektives Eigentum
(1) in der DDR Umschreibung für Volks-, Staats- oder Genossenschaftseigentum, (2) in der BRD die informelle Eigentumsform in einem →Alternativbetrieb.

Kombi-Einkommen →Sozialhilfe

Kombinat
In der DDR Zusammenschluss von volkseigenen Betrieben (VEB) eines Wirtschaftszweiges zu einer übergeordneten Führungseinheit.

→Rechtsformen von Unternehmen

Kommanditgesellschaft (KG)
Unternehmen mit den beiden Gesellschaftertypen Kommanditist und Komplementär. Die Kommanditisten bringen eine Geld- oder Sacheinlage ein und haften bis zur Höhe ihrer Einlage. Sie haben keinen Einfluss auf den Komplementär, der die Geschäftsführung innehat und dafür unbegrenzt haftet.

→Rechtsformen von Unternehmen

Kommanditgesellschaft auf Aktien (KGaA)
Form einer →Kommanditgesellschaft. Der Komplementär ist auch der Inhaber, leitet die Geschäfte und haftet unbeschränkt. Das geldgebende Kommanditkapital, das nur mit seiner Einlage haftet, ist eine Aktiengesellschaft.

→Rechtsformen von Unternehmen

Kommanditist
der Gesellschafter einer →Kommanditgesellschaft (KG). Er ist Geldgeber, haftet nur in Höhe seiner Kapitaleinlage und darf sich nicht in die Geschäfte des die KG leitenden →Komplementärs einmischen.

Der Begriff kommt von lateinisch „commendare" (anvertrauen). →Rechtsformen von Unternehmen

kommerzielle Koordination →Bundesanstalt für vereinigungsbedingte Sonderaufgaben

Kommission →Europäische Union

kommunaler Finanzausgleich
die Zahlung von „Schlüsselzuweisungen" eines Bundeslandes an Kommunen mit stark unterdurchschnittlichen eigenen Einkünften. Ziel ist die Herstellung einheitlicher Lebensverhältnisse.

→Finanzausgleich, →Gemeindefinanzierung

komparative Kostenvorteile
für die Herstellung gleichartiger Waren relativ günstigere Bedingungen im einen als im anderen Land. Ursachen können Produktivitätsunterschiede oder unterschiedliche Ausstattung mit Produktionsfaktoren sein. Komparative Kostenvorteile lösen Außenhandel aus.

Komplementär
Gesellschafter einer →Kommanditgesellschaft, der zugleich ihre Geschäfte führt und dafür unbegrenzt haftet. Der geldgebende →Kommanditist hingegen hat keine Geschäftsführungsbefugnis.

Der Begriff kommt von lateinisch „complementum" (Ergänzungsmittel).

→Rechtsformen von Unternehmen

Kommunalfinanzierungsreform →Gemeindefinanzierungsreform

Kommunalobligationen →Anleihen

Konjunktur
(1) allgemein die Aktivität in einer Volkswirtschaft, (2) abweichende Entwicklung einer Volkswirtschaft von ihrem längerfristigen Trend, oft als →Zyklus, (3) Aufschwung im Rahmen des Konjunkturzyklus. — In der Wirtschaft werden unter Konjunktur meist die zyklischen Schwankungen um den langfristigen Trend (Bedeutung 2) verstanden. Indikatoren für die Abweichung können der Auslastungsgrad der Wirtschaft, die Arbeitslosenrate, die Investitionsrate und das Wirtschaftswachstum sein. Während bis in die achtziger Jahre die Entwicklung von Konjunktur und Beschäftigung langsam auseinander lief, sind die beiden Faktoren in den neunziger Jahren entkoppelt („jobless growth", „Wachs-

tum ohne Arbeitsplätze"). Methodisch streng müsste der Auslastungsgrad des Produktionspotentials im Vordergrund stehen, ist aber schwer zu definieren und zu ermitteln; als Normalauslastung wird etwa 96 Prozent des Potentials kalkuliert.

Der Begriff geht auf lateinisch „coniunctio" (Verbindung) zurück und hatte astrologische Bedeutung („Lage der Dinge aufgrund verschiedener Beziehungen").

Konjunkturpolitik

Steuerung der wirtschaftlichen Entwicklung durch staatliche Maßnahmen, um Konjunkturschwankungen zu vermindern und damit Produktion und Beschäftigung zu verstetigen. Der Inhalt des Begriffs hat sich in den letzten Jahrzehnten stark gewandelt. Mitte der sechziger Jahre umfasste er durch den vorherrschenden →Keynesianismus noch eine aktive Steuerungsfunktion des Staates, um festgelegte volkswirtschaftliche Zielgrößen zu erreichen. Seit den achtziger Jahren, unter dem Einfluss des staatsfernen →Monetarismus und der Orientierung auf wirtschaftliche Rahmenbedingungen, ist Konjunkturpolitik eher eine Sammelbezeichnung für staatliche Maßnahmen, die zwar die Konjunktur beeinflussen, sie aber nicht mehr steuern sollen. In der Praxis führt dies in Deutschland zu einem Policy Mix aus keynesianischen und monetaristischen Elementen. Theoretisch würde der vollständige Verzicht auf Konjunkturpolitik nicht nur den Verzicht auf antizyklische „Globalsteuerung" (→Zyklus), sondern auch den Verzicht auf die Aufrechterhaltung des „magischen Vierecks" bedeuten (nach dem Stabilitäts- und Wachstumsgesetz von 1967 sollten zugleich stabiles Preisniveau, hoher Beschäftigungsstand, aussenwirtschaftliches Gleichgewicht und stetiges, angemessenes Wirtschaftswachstum erreicht werden). Lassen sich diese konjunkturpolitischen Ziele auch als volkswirtschaftlich wünschenswert bezeichnen, sind sie doch nie eingelöst worden; auch monetaristische Politik ist bisher daran gescheitert.

Konjunkturzyklus →Zyklus

Konkurs →Insolvenz

Konkursausfallgeld

Lohnersatz bei Zahlungsunfähigkeit des Arbeitgebers. Es wird von der Bundesanstalt für Arbeit bzw. den Arbeitsämtern ausgezahlt und von den Berufsgenossenschaften durch Umlage bei den Arbeitgebern aufgebracht.

Konsolidierung

(1) das Einbeziehen von Tochtergesellschaften in den Jahresabschluss der Muttergesellschaft eines Konzerns, (2) die Verringerung von Haushaltsdefiziten, (3) die Vereinheitlichung unterschiedlicher Staatsanleihen.

Der Begriff kommt von lateinisch „consolidare" (festmachen, festigen, sichern).

Konsum

Verbrauch von Waren oder Dienstleistungen, Marktentnahme durch Letztverwender. Damit sind private Haushalte und Staat als Konsumenten definiert,

Unternehmen nicht. Der Konsum von Natur ist nur möglich, wenn Natur als Wirtschaftsgut betrachtet wird. — Die „Konsumgesellschaft" löste in den sechziger Jahren in der BRD die Aufbauphase nach dem Zweiten Weltkrieg ab und steigerte sich in den siebziger Jahren zur „Überfluss-" und „Wegwerfgesellschaft". Die Konsumkritik lehnt insbesondere den Vorrang materieller Werte vor sozialen und geistigen, die Identitätsstiftung durch Kauf und Besitz und die Umweltzerstörung durch Produktion, Transport und Verbrauch ab.

Das Verbrauchsgüter produzierende Gewerbe, das Konsumgüter im Wortsinn herstellt, ist nach der Definition des Statistischen Bundesamtes wesentlich schmaler ausgelegt als im allgemeinen Sprachgebrauch. Es umfasst nur die Herstellung bzw. Verarbeitung von Musikinstrumenten, Spiel- und Schreibwaren, Feinkeramik, Glas, Holz, Papier, Pappe, Kunststoffwaren, Leder, Textil, Bekleidung und Druckerei/Vervielfältigung. — Das Gegenteil von Konsumgütern sind →Investitionsgüter. — Der Begriff geht über italienisch „consumo" (Verbrauch) auf lateinisch „consumere" (verbrauchen) zurück.

Konsumgenossenschaften →Genossenschaftswesen

Konvergenz

Annäherung. In der EU beschreibt der Begriff eine Angleichung der Wirtschafts-, Haushalts- und Währungspolitik der Mitgliedsländer, die auch zu einer Annäherung wichtiger volkswirtschaftlicher Indikatoren (Zinsen, Wachstum, Inflation, Stabilität von Wechselkurs und Zahlungsbilanz) führt. — Je offener eine Volkswirtschaft ist, umso günstiger ist die Konvergenz für die Verstetigung ihrer Aussenwirtschaftsbeziehungen. Ein breit angelegter Konvergenzversuch war das →Europäische Währungssystem (EWS), dessen stabilitätsorientierte Politik in den achtziger Jahren zu einer Konvergenz der Inflationsraten, Zinsen und Wechselkursabweichungen beitrug. Eine gesamtwirtschaftliche Konvergenz unter den Teilnehmerländern entstand daraus jedoch nicht. Einige Kriterien für die Teilnahme an der →Wirtschafts- und Währungsunion (WWU) beruhen ebenfalls auf der Konvergenz: Inflationsvorgabe, Wechselkursstabilität und Langfrist-Zinssätze orientieren sich an der Entwicklung anderer bzw. aller EU-Mitglieder.

Der Begriff kommt von lateinisch „convergere" (sich hinneigen).

Konvergenzkriterien →Maastrichter Vertrag, →Wirtschafts- und Währungsunion

Konvertierbarkeit

offizielle Tauschfähigkeit einer Währung in eine andere. Die Spanne der Möglichkeiten reicht von voller Konvertierbarkeit (also bei vollständiger Kapitalverkehrsfreiheit), die eine Voraussetzung dafür ist, eine Währung zur internationalen Reservewährung (→Devisenreserve) zu machen, bis zur vollen Nichtkonvertierbarkeit, bei der keine grenzüberschreitenden Transaktionen möglich sind und ein geschlossener Binnenwährungsraum entsteht. Dabei muss für den internationalen Handels- und

Zahlungsverkehr eine künstliche Transfer-Währung geschaffen werden. Binnenwährungsräume weisen oft einen regen Schwarzmarkt mit Devisen oder Gold auf, die als Hortungsmedium genutzt werden. Mischformen sind Ausländer- und Inländerkonvertierbarkeit, bei der nur Gebietsfremde oder Gebietsansässige tauschen dürfen; Teilkonvertierbarkeit hauptsächlich zu Handelszwecken ist verbreitet. — Alle Einschränkungen der Konvertierbarkeit verfolgen wirtschaftspolitische Zwecke. Oft wird damit eine Flucht inländischer Geldbesitzer in eine Hartwährung verhindert, weil eine Freigabe zum Abschmelzen der Devisenreserven, zum Abwertungsdruck auf den Wechselkurs und damit auf die Devisen erwirtschaftende Exportindustrie führen würde. Inländerkonvertierbarkeit ist in der Praxis oft die Erlaubnis zu einem begrenzten Devisentausch, der streng überwacht wird (z. B. durch Eintrag in Personalpapiere). Ziel ist vor allem die Vermeidung eines →Schwarzmarktes. Er kann vermieden werden, wenn eine legale Versorgung mit Importgütern zu einem realistischen Wechselkurs gewährleistet ist und der Devisentausch zur begrenzten, aber hinreichenden Versorgung mit Reisezahlungsmitteln dient.

Konzern

→Unternehmenszusammenschluss aus mindestens zwei rechtlich selbstständigen Unternehmen, die unter einheitlicher Leitung stehen. Die Konzerngesellschaften stehen in Über- bzw. Unterordnungsverhältnissen. Wenn die Muttergesellschaft eine Aktiengesellschaft ist, sind die Tochtergesellschaften meist als GmbH verfasst. Bei den sehr seltenen Gleichstellungskonzernen entsteht die einheitliche Leitung durch Personalunionen der Vorstände. — Die meisten Großunternehmen sind Konzerne, weil das Unternehmen mit Hilfe von Mutter- und Tochterunternehmen gegliedert ist, deren Teile auch unabhängig von anderen Teilen des Konzernverbundes operieren können. Durch die Möglichkeit zur Vermögensverschiebung und Wahlrechte bei der Bilanzierung bestehen erhebliche Spielräume in der →Bilanzpolitik. Anders als die Einzelabschlüsse der Konzernunternehmen haben Konzernabschlüsse nur eine Informations-, aber keine Zahlungsfunktion. Sie liegt bei der konsolidierten Bilanz der Muttergesellschaft. Konsolidiert werden alle Tochterunternehmen auch im Ausland; Konzernbilanzen sind deswegen Weltbilanzen. Bei Anteilen gilt die „Quotenkonsolidierung", bei der die Aufteilung der Bilanzwerte auf die Muttergesellschaften nach dem Grad der Beteiligung erfolgt. — Kauf und Verkauf von rechtlich selbstständigen Tochtergesellschaften sind für Konzerne wesentlich einfacher als die zuvorige Herauslösung aus einem Unternehmen. Außerdem erlaubt die Freiheit der Namenswahl, eine größere Markenvielfalt zu etablieren oder die Präsenz der Konzerne auf verbrauchernahen Märkten zu verschleiern. Große deutsche Konzerne können Hunderte von Tochtergesellschaften oder Beteiligungen besitzen.

konzertierte Aktion

ein Gremium von Regierung, Arbeitgeberverbänden und Gewerkschaften zur

Koordinierung der Lohn- und Konjunkturentwicklung, um volkswirtschaftliche Zielprojektionen zu erreichen. 1965 vom →Sachverständigenrat zur Begutachtung der gesamtwirtschaftlichen Entwicklung (SVR) angeregt, wurde die konzertierte Aktion 1967 im Stabilitätsgesetz verankert. Ab Anfang der siebziger Jahre konnte sie über das Ausmaß der Lohnerhöhungen keine Einigkeit mehr herstellen. Mit der Klage der Arbeitgeber gegen das Mitbestimmungsgesetz im Jahr 1976 kündigten die Gewerkschaften die konzertierte Aktion auf. — Auch nach dem Scheitern der vom →Keynesianismus geprägten Lohn- und Konjunkturpolitik werden von Zeit zu Zeit idealistisch geprägte Vorschläge für neue konzertierte Aktionen gemacht, um mit einer „Koalition des guten Willens" o. Ä. einen Weg aus der Massenarbeitslosigkeit und anderen gesellschaftlichen Krisen zu finden.

„Die Veranstaltung wurde freilich, von den fruchtbaren Anfängen des Rezessionsjahres 1967 abgesehen, mehr eine Demonstration des sozialen Konsenses, als daß sie diesen herbeiführen half, und als er zerbrach, hörte man damit auf", so der langjährige SVR-Vorsitzende Olaf Sievert („Frankfurter Allgemeine Zeitung" vom 13.8.1988).

Korbwährungen

die in einem →Währungskorb befindlichen ausländischen Zahlungsmittel, aus denen der Wert einer inländischen →Währung errechnet wird.

Körperschaftsteuer

Steuer auf das Einkommen juristischer Personen, insbesondere von →Kapitalgesellschaften (z. B. Aktiengesellschaften, GmbH). Sie gleicht damit der Einkommensteuer, die für das Einkommen natürlicher Personen gilt. Die Körperschaftsteuer ist aber keine reine Unternehmensteuer, weil sowohl ein Regelsteuersatz (für das einkommenerwirtschaftende Unternehmen) wie auch ein Ausschüttungssteuersatz (für die Empfänger ausgeschütteter Gewinne) existiert. Wird der Gewinn ausgeschüttet, wird die Körperschaftsteuer mit der Einkommensteuer des Empfängers verrechnet, weil ansonsten dessen Doppelbesteuerung vorläge. Das dazu nötige Anrechnungsverfahren mit seinen Gestaltungsspielräumen gehört zu den kompliziertesten Teilen des deutschen Steuerrechtes. Die Erträge aus der Körperschaftsteuer stehen Bund und Ländern je zur Hälfte zu. — Teilweise erhebliche Unternehmensteuersenkungen in den mit dem Standort Deutschland konkurrierenden Industrieländern üben Druck auf die Höhe der Steuer aus. Eine EU-weite Harmonisierung ist nicht zu erwarten. Deswegen soll der Steuersatz auf einbehaltene Gewinne gesenkt werden (was das Eigenkapital stärkt) und insgesamt der Abstand zwischen Ausschüttung (30 Prozent) und der Zuführung zu den Rücklagen („Thesaurierung", 45 Prozent) angeglichen werden.

Aufkommensentwicklung: Tabelle →Steuern. Die Körperschaftsteuerreform von 1977 hat die Doppelbesteuerung des ausgeschütteten Gewinns beim Unternehmen und des eingenommenen Gewinns bei einer natürlichen oder juristischen Person beendet; die letzte Senkung der Körperschaftsteuer erfolgte mit dem

Standortsicherungsgesetz von 1993 ab 1.1.1994. Der Spitzensatz der Körperschaftsteuer hat nur psychologische Bedeutung, weil der (effektive) Durchschnittssteuersatz nur bei rund der Hälfte des Spitzensatzes liegt. Ursächlich dafür sind die zahlreichen (legalen) Steuerschlupflöcher, die von Unternehmen umso eher ausgenutzt werden können, je größer die Firmen sind. Der durchschnittliche Körperschaftsteuersatz der 30 im →Deutschen Aktienindex enthaltenen Unternehmen liegt bei unter zehn Prozent. — Die Diskussion um eine weitere Senkung der Körperschaftsteuersätze ist seit Mitte der neunziger Jahre jedoch durch den Streit um die enorme Belastung der Arbeitskosten mit Sozialversicherungsabgaben verdrängt worden.

Korruption

Bestechung oder Bestechlichkeit, in größerem Umfang meist im öffentlichen Dienst und oft im öffentlichen Auftragswesen. Korruption nimmt aber auch im privatwirtschaftlichen Bereich zu. In Deutschland sollen die Schäden allein im Bereich der öffentlichen Bauvorhaben bei bis zu zehn Milliarden Mark liegen. Bei 40 Prozent aller öffentlichen Bauten soll Korruption im Spiel sein. Die rund 1.600 Fälle, die 1995 angezeigt wurden, gelten bei enormen Dunkelziffern nur als Spitze des Eisberges; das Unrechtsbewusstsein nimmt erheblich ab. Zugleich werden Korruptionspraktiken dreister. Nach dem Ranking der korruptionsanfälligsten Länder nimmt Deutschland bereits einen schlechteren Platz ein als Singapur. Mit einem 1997 beschlossenen neuen Abschnitt im Strafgesetzbuch über „Straftaten gegen den Wettbewerb" (u.a. wegen verbotener Preisabsprachen bei Ausschreibungen) und mit einer Strafverschärfung für Bestechlichkeit und Bestechung im öffentlichen und privatwirtschaftlichen Bereich soll die Korruption in Deutschland eingedämmt werden. — Umstritten ist, ob Korruption insbesondere von multinationalen Unternehmen in die Entwicklungsländer importiert wird, um Regierungsaufträge zu erhalten, oder ob — wie etwa in den Reformländern des ehemaligen Ostblocks — die Initiative maßgeblich von den Empfängern ausgeht. Nach einem OECD-Beschluss soll die Bestechung ausländischer Amtsträger durch eine internationale Konvention kriminalisiert und in nationales Recht umgesetzt werden, um eine Strafverfolgung der Korrumpierenden in ihren Heimatländern zu ermöglichen. Danach ist eine steuerliche Abzugsfähigkeit von Schmiergeldern überhaupt nicht mehr möglich, nachdem 1995 erste Einschränkungen (nach rechtskräftiger Verurteilung) beschlossen wurden. — Für die wirtschaftliche Entwicklung eines Landes, insbesondere für Auslandsinvestitionen, ist Korruption zwar ein negativer Faktor, der aber bei Kalkulierbarkeit abgemildert wird und auch zu einem Ordnungsfaktor werden kann.

Nach Angaben der Weltbank, die Geschäftsleute in 69 Ländern befragte, wiesen Länder mit hoher Korruption und niedriger Vorhersagbarkeit (z. B. das Bezahlen von Bestechungen mit unsicherer tatsächlicher Gegenleistung) eine Investitionsrate von 12,3 Prozent des Bruttosozialproduktes auf. Viel Korruption und hohe Vorhersehbarkeit fanden in Ländern mit 19,5 Prozent Investitionsquote statt und in

Ländern mit geringer Korruption und hoher Vorhersehbarkeit waren es 21,3 Prozent. — Die 1993 gegründete Non-Profit-Organisation Transparency International (TI) mit Sitz in Berlin hat sich dem Kampf gegen die Korruption verschrieben und veröffentlicht jährlich einen internationalen Index der wahrgenommenen Korruption (Corruption Perception Index). Ein Land wird erst bei mindestens vier verwendungsfähigen Umfragen unter Geschäftsleuten aufgenommen.

Korruptionsindex

Index der wahrgenommenen Korruption, maximale Punktzahl: 10,00

Rang	Land	Punkte 1997	Punkte 1996	Anzahl Umfragen
1	Dänemark	9,94	9,33	6
2	Finnland	9,48	9,05	6
3	Schweden	9,35	9,08	6
4	Neuseeland	9,23	9,43	6
5	Kanada	9,10	8,96	5
6	Niederlande	9,03	8,71	6
7	Norwegen	8,92	8,87	6
8	Australien	8,86	8,60	5
9	Singapur	8,66	8,80	6
10	Luxemburg	8,61	–	4
11	Schweiz	8,61	8,76	6
12	Irland	8,28	8,45	6
13	Deutschland	8,23	8,27	6
14	Großbritannien	8,22	8,44	6
15	Israel	7,97	7,71	5
16	USA	7,61	7,66	5
17	Österreich	7,61	7,59	5
18	Hongkong	7,28	7,01	7
19	Portugal	6,97	6,53	5
20	Frankreich	6,66	6,96	5
21	Japan	6,57	7,05	7
22	Costa Rica	6,45	–	4
23	Chile	6,05	6,80	6
24	Spanien	5,90	4,31	6
25	Griechenland	5,35	5,01	6
26	Belgien	5,25	6,84	6
27	Tschechien	5,20	5,37	5
28	Ungarn	5,18	4,86	6
29	Polen	5,08	5,57	5
30	Italien	5,08	5,57	5
31	Taiwan	5,02	4,98	7
32	Malaysia	5,01	5,32	6
33	Südafrika	4,95	5,68	6
34	Südkorea	4,29	5,02	7
35	Uruguay	4,14	–	4
36	Brasilien	3,56	2,96	6
37	Rumänien	3,44	–	4
38	Türkei	3,21	3,54	6
39	Thailand	3,06	3,33	6
40	Philippinen	3,05	2,69	6
41	China	2,88	2,43	6
42	Argentinien	2,81	3,41	6
43	Vietnam	2,79	–	4
44	Venezuela	2,77	2,50	5
45	Indien	2,75	2,63	7
46	Indonesien	2,72	2,65	6
47	Mexiko	2,66	3,30	5
48	Pakistan	2,53	1,00	4
49	Russland	2,27	2,58	6
50	Kolumbien	2,23	2,73	6
51	Bolivien	2,05	3,40	4
52	Nigeria	1,76	0,69	4

Quelle: Transparency International.

Krankenhausfinanzierung

der finanziell bedeutsamste Teil der gesetzlichen →Krankenversicherung. Etwa ein Drittel ihrer Leistungen entfallen auf die Krankenhausbehandlung. Von den Gesamtausgaben für stationäre Behandlung in Deutschland entfallen drei Viertel auf die gesetzliche Krankenversicherung. Darin ist die Krankenhausfinanzierung im engeren Sinne noch nicht erhalten: Der Neubau von Krankenhäusern und die Erhaltungs- sowie Erweiterungsinvestitionen obliegen den Bundesländern. Dieses duale System hat zur Herausbildung eines „Vorschriftenpaares" aus Krankenhausgesetz und Pflegesatzverordnung geführt, wobei das Gesetz die bedarfsgerechte Versorgung der Bevölkerung zu tragbaren Pflegesätzen regelt (die Ausgabenseite), während die Verordnung die Mittelaufbringung festlegt (die Einnahmenseite). — Mehrere Anläufe zur Reform der Krankenhausfinanzierung haben nicht zum erwünschten Ergebnis geführt, die stationäre medizinische Versorgung mit einer hinreichenden wirtschaftlichen Betriebsführung zu kombinieren.

Von 1973 bis 1985 trugen Bund, Länder und Gemeinden die Errichtungs- und die langfristigen Kosten, während die Benutzungskosten durch die Pflegesätze aufzubringen waren. Damit erhielt die öffentliche Hand das Prestige, während die Krankenkassen die Folgekosten übernehmen mussten. Die Kostenerstattung war kaum an Wirtschaftlichkeit ausgerichtet. Allerdings hatte der Krankenhaussektor zu Beginn der siebziger Jahre mit seinem noch stark ausgeprägten Klassensystem erheblichen Aufholbedarf, um eine Gleichbehandlung von ärmeren Kassenpatienten und Privatzahlern zu sichern. — Krankenhäuser ohne öffentliche Finanzierung blieben bei diesem System ohne Chance. Von 1985 bis zur Mitte der neunziger Jahre blieben zwar duale Finanzierung und Kostenerstattung erhalten, aber nur noch die Länder trugen die Krankenhausinvestitionen. Krankenkassen und Krankenhäuser können seither die Pflegesätze untereinander aushandeln, Krankenkassen haben zudem ein stärkeres Mitwirkungsrecht bei der Bedarfsplanung. Besondere Pflegesätze und Sonderentgelte für teurere Leistungen sind möglich. — Die 1995 in Kraft getretene Bundespflegesatzverordnung verändert teilweise das Prinzip der Selbstkostendeckung durch ein leistungsorientiertes Prinzip mit Fallpauschalen und Sonderentgelten. Damit sollen 30 Prozent der Krankenhausleistungen finanziert werden, der Rest wird über Basis- und Abteilungspflegesätze vergütet. Fallpauschalen decken die Behandlungskosten, Sonderentgelte die Operationen ab. Sie werden in Punktzahlen ausgedrückt, die auf Landesebene in Punktwerte umgerechnet werden. Diese werden zwischen den Landeskrankenhausgesellschaften und den Landesverbänden der Krankenkassen ausgehandelt und sind von so divergierenden Interessen gekennzeichnet, dass sie oft von Schiedsstellen festgelegt werden müssen. Bei der Umstellung hat sich gezeigt, dass viele Krankenhäuser weiterhin weder in der Lage waren, ihre genauen Kosten für einzelne Behandlungen zu kalkulieren, noch die Wirtschaftlichkeit einzelner Abteilungen zu berechnen. Streitpunkte sind auch die Trennung von Fallpauschalen und Sonderentgelten sowie das Leistungsspektrum der Fallpauschalen, das die Krankenhäuser verringern, die Krankenkassen aber erweitern wollen.

Krankenkassen →Krankenversicherung

Krankenversicherung

tritt für die Behandlungskosten bei Krankheit und vorübergehender Arbeitsunfähigkeit ein. Die gesetzliche Krankenversicherung (GKV) ist ein Teil der →Sozialversicherung, stellt etwa zehn Prozent des deutschen Bruttosozialprodukts dar und ist damit umsatzstärker als die Automobilindustrie. Sie ist eine Pflichtversicherung, vor allem für Arbeiter und Angestellte, wenn ihre Löhne und Gehälter nicht die festgelegten Obergrenzen überschreiten. — Träger der Krankenversicherung sind die Krankenkassen (s.u.). War die Krankenversicherung einst paritätisch von Arbeitgebern und Arbeitnehmern finanziert, zahlen durch Patientenselbstbeteiligungen und Zuzahlungen in den neunziger Jahren die Kranken 38 Prozent, die Versicherten 31 Prozent und die Arbeitgeber 31 Prozent, ohne dass dies sich auch in der Stimmrechtsverteilung in den Gremien spiegelt. Zudem verliert sie an Solidarität, weil nicht die Versicherten, sondern die Kranken und damit meist die Leistungsschwächsten zuzahlen. Beiträge zur Krankenversicherung haben erheblich zum Anstieg der Lohnnebenkosten beigetragen. — Die unwirtschaftliche Krankenhausfinanzierung, Mängel in der Organisation der Krankenkassen, der unzureichende Wettbewerb, aufgeblähte Kapazitäten, Überbehandlungen in der Apparatemedizin, politisch erwünschte →versicherungsfremde Leistungen wie die Kindermitversicherung einerseits und fehlende Einnahmen infolge der hohen Arbeitslosigkeit andererseits haben seit den achtziger Jahren zu hohen drohenden oder tatsächlichen Defiziten geführt. Die Kostenentwicklung soll seither durch eine mehrstufige Gesundheitsreform gebremst werden. Der Begriff ist unsinnig und beschönigend; richtig müsste es Gesundheitswesen- oder

Gesetzliche Krankenversicherung

Auswahl von Einnahmen und Ausgaben, 1996, in Mrd. DM

	West-deutschland	Ost-deutschland
Einnahmen, darin	219,6	46,2
Beiträge	195,2	39,5
sonstige*	24,4	6,7
Ausgaben, darin	224,2	48,3
Ärzte	33,7	5,7
Zahnärzte, -ersatz	19,0	4,1
Arzneien	26,8	6,7
Heil- u. Hilfsmittel	15,6	2,8
Krankenhaus	64,6	13,6
Krankengeld	14,9	3,3
Verwaltung	10,3	2,5
sonstige*	17,6	5,8
Saldo	−4,7	−2,1

Quelle: BMG.
* überwiegend Risikostrukturausgleich

versicherungsfremde Leistungen

in der gesetzlichen Krankenversicherung

Leistung	Mrd. DM
Beitragsfreiheit für Versichertenangehörige	53,5
bei Schwangerschaft/Mutterschaft	4,3
Beitragsfreiheit im Erziehungsurlaub	2,9
Sterbegeld	1,6
Betriebs-/Haushaltshilfe	0,5
Familienplanung	0,3
Summe	63,1

Quelle: BMG, Stand 1995. Familienplanung: Empfängnisverhütung, Abtreibung, Sterilisation.

Krankenversicherungsreform heißen. Ihre Unübersichtlichkeit resultiert aus den gegensätzlichen Interessen der Vielzahl beteiligter Gruppen, u.a. Ärzte, Apotheker, Krankenkassen, Arzneimittelhersteller, Krankenhausträger, beitragszahlende Arbeitnehmer und -geber sowie ihre Verbände. Damit vermischt ist der Streit um das Ausmaß und die Form, in der marktwirtschaftliche Elemente in den vom Solidaritätsgedanken geprägten Gesundheitssektor eingeführt werden sollen, die Mobilisierung von →„Wirtschaftlichkeitsreserven" und die Notwendigkeit zu einem weitgehenden, parteiübergreifenden Konsens im Bundestag. — Die 1. Stufe mit dem Gesundheitsreformgesetz von 1988 führte zu Streichungen im Leistungskatalog, einer Festbetragsregelung und Wirtschaftlichkeitsprüfungen. Die 2. Stufe mit dem Gesundheitsstrukturgesetz von 1992 brachte insbesondere die Gleichstellung von Arbeitern und Angestellten mit der freien Wahl ihrer Krankenkassen, die dafür den →Risikostrukturausgleich erhalten. Mit der 3. Stufe seit 1997 werden u.a. Beitragserhöhungen der Krankenkassen an eine erhöhte Zuzahlungspflicht der Versicherten für Medikamente, Krankenhausaufenthalte, Fahrtkosten und Massagen gebunden. Damit soll das Interesse der Krankenkassen an Beitragsstabilität erhöht werden, weil die Versicherten bei steigenden Beiträgen die Kasse wechseln können („Sonderkündigungsrecht"). — Eine eigene Gruppe von „Gestaltungsleistungen" aus Logopädie, Ergotherapie, Krankengymnastik und Orthopädie, die von den Krankenkassen individuell angeboten und abgerechnet werden, darf nicht mehr über Beitragserhöhungen oder den Risikostrukturausgleich finanziert werden, sodass entweder ihre Abschaffung oder die Kostenübernahme durch den Patienten zu erwarten ist.

Krankenkassen sind Körperschaften des öffentlichen Rechts und verwalten sich selbst. Über 90 Prozent der Einwohner Deutschlands sind bei einer gesetzlichen Krankenkasse krankenversichert. Ende 1996 waren es 20 Allgemeine Ortskrankenkassen (AOK, früher überwiegend für Arbeiter), 507 Betriebskrankenkassen (BKK, innerhalb eines Unternehmens mit mindestens 450 Beschäftigten), 43 Innungskrankenkassen (IKK, für die in einer oder mehreren →Innungen vereinigten Arbeitnehmer), 20 Landwirtschaftlichen Krankenkassen, die See-Krankenkasse, die →Bundesknappschaft für den Bergbau und 15 Ersatzkassen (früher überwiegend für Angestellte). Einschließlich Rentner und Familienangehörige entfallen auf die AOK ein Marktanteil von rund 42 Prozent, auf die Ersatzkassen für Angestellte 35 Prozent, auf die BKK 11 Prozent und auf die IKK rund 4 Prozent. Im Allgemeinen sind die Organe paritätisch aus Versicherten und Arbeitgebern zusammengesetzt; bei Ersatzkassen sind nur die Versicherten vertreten, bei der Bundesknappschaft werden zwei Drittel von den Versicherten gestellt (Tabelle: →Sozialversicherung). Die Versichertenvertreter werden in →Sozialwahlen gewählt. — Die einzelnen Krankenkassenarten können sich zu Landes- und Bundesverbänden zusammenschließen. Neue Ersatzkassen werden nicht mehr zugelassen, weil das Angebot nach Ansicht des Bundesgesundheitsministeriums ausreicht. Die Krankenkassen sind die Einzugsstellen für den von den Arbeitgebern überwiesenen Gesamtsozialversicherungsbeitrag und erhalten dafür ein Honorar. — Die mit der gesetzlichen Pflichtversicherung konkurrierenden privaten Krankenversicherer sind nach Ansicht der Stiftung Warentest bei den angebotenen Produkten nur wenig problematisch. Kritikwürdig seien jedoch zu hohe Beiträge und vor allem die Handhabung von Altersrückstellungen, die bei einem Versicherungswechsel verfallen und nicht mitgenommen werden können.

Kredit

(1) ein auf Treu und Glauben Anvertrautes (bezieht sich meist auf die Geldleihe, das „Darlehen"), (2) das Vertrauen in die Fähigkeit und Bereitschaft des Kreditnehmers, eine Verbindlichkeit ordnungsgemäß zu begleichen. Die Kreditvergabe gehört zu den traditionellen Bankgeschäften und ermöglicht fremdfinanzierte Investitionen. — Rechtlich ist der Begriffsinhalt wesentlich erweitert, um alle Risiken bankaufsichtlich abzudecken (z. B. auch Garantien, Bürgschaften, Stundungen, verleaste Gegenstände). Buchhalterisch ist Kredit die Haben-Seite der Bilanz, während Debet die Soll-Seite ist.

Kredit geht auf lateinisch „credere" (glauben) zurück. Creditum war das Anvertraute, Darlehen, und entwickelte sich über italienisch „credito" und französisch „crédit", während die buchhalterische Bedeutung von „credit" (er glaubt) abstammt. — Kredit wird oft mit Darlehen gleichgesetzt, umfasst aber außer der Geldleihe z.B. auch Kreditbürgschaften.

Kreditabwicklungsfonds

eines der Instrumente zur →Finanzierung der deutschen Einheit. Der Fonds übernahm die Staatsschulden der DDR und die Kosten der Währungsumstellung, die entstanden, weil für Guthaben in Mark der DDR ein besserer Umtauschkurs galt als für die Schulden. Der Kreditabwicklungsfonds ging 1995 mit Schulden von 102,4 Milliarden Mark in den →Erblastentilgungsfonds ein (→Staatsverschuldung).

Vereinfachtes Beispiel: Dem Guthaben eines Einlegers über 1.000 Mark stand in der Bilanz eines DDR-Geldinstitutes ein Kredit von 1.000 Mark der DDR an einen Betrieb gegenüber. Wenn der Umtauschkurs für Guthaben 1:1 beträgt, der für die betrieblichen Altschulden aber 2:1, hat die Bank nach der Währungsunion zwar weiterhin eine Verbindlichkeit von 1.000 DM gegenüber dem Einleger, aber nur noch eine Forderung von 500 DM gegenüber dem Betrieb. Also wird sie bilanziell zwangsverschuldet. Eine solche Verschuldung wurde vor allem durch den Kreditabwicklungsfonds ausgeglichen. (Tatsächlich war das Verhältnis der Umtauschkurse für private Guthaben und für betriebliche Altschulden etwas günstiger, weil 1:1 nur für einen Sockelbetrag galt und Privatguthaben insgesamt mit etwa 1:1,2 umgestellt wurden.)

Kreditanstalt für Wiederaufbau (KfW)

Staatsbank, die mit langfristigen Krediten zunächst den Wiederaufbau nach dem Zweiten Weltkrieg finanzierte und dazu die →ERP-Kredite verwendete. Jetzt wickelt die KfW zahlreiche staatliche Hilfsprogramme ab. Dazu gehören Kredite an kleine und mittlere Unternehmen, in strukturschwachen Gebieten besonders in Ostdeutschland, für kommunale und ökologische Vorhaben, für Wohnungsbau und Werftenhilfe sowie zur Förderung und Aufrechterhaltung der Atomenergie besonders in den Reformländern des früheren Ostblocks. Kredite zur Exportfinanzierung bedürfen meist einer Deckungszusage der Hermes-Exportkreditversicherung. Zinszuschüsse werden für den Export von Schiffen und Flugzeugen gewährt, Finanzkredite werden besonders zur Erschließung von Rohstoffquellen für deutsche Unternehmen gewährt. — Die KfW wickelt außerdem die Finanzierung von Entwicklungshilfeprojekten für den Bund ab. Sie überprüft zwar auch den Erfolg und kommt auf bis zu zwei Drittel gelungene Projekte, aber uneinheitliche Prüfverfahren, die Verwendung undefinierter Begriffe und der Einsatz KfW-interner Prüfer beschränken die Aussagekraft der Auswertungsberichte erheblich. — Die Refinanzierung erfolgt auf dem Kapitalmarkt oder beim ERP-Sondervermögen. Die Kredite werden überwiegend über Geschäftsbanken ausgezahlt.

1948 gegründet, Sitz in Frankfurt am Main, Besitz zu 80 Prozent in Bundes-, der Rest in Länderbesitz.

Kredithai →Kreditvermittlung

Kreditkarte

Zahlungsmittel, das zum bargeldlosen Einkauf bei den Vertragsunternehmen der kartenausgebenden Organisation berechtigt. Dabei unterschreibt der Karteninhaber einen Beleg über die Kaufsumme, die damit zu einem Kredit des Vertragsunternehmens wird. Das Vertragsunternehmen macht den Rechnungsbetrag gegenüber der Kartenorganisation geltend, die ihn — meist monatlich — vom Konto des Karteninhabers abbucht. Gegenüber anderen unbaren Zahlungsmethoden liegt der Vorteil für den Karteninhaber vor allem in höheren Summen und im Verzicht auf mitzunehmende und auszufüllende Formulare. Die Kartenorganisation wird finanziert durch die Jahresgebühr, Verzugs- oder Depotzinsen (in einigen Ländern), eine Provision des Vertragsunternehmens beim Auslandseinsatz und eine von der Kaufsumme abhängige Gebühr des inländischen Vertragsunternehmens (rund drei Prozent). Wegen dieser Gebühr, die die Gewinnspanne eines Vertragsunternehmens deutlich reduzieren kann, sind die Akzeptanzstellen zwar verbreitet, aber nicht flächendeckend. — Kreditkarten werden bei höherem Einkommen des Inhabers auch in exklusiveren Versionen ausgegeben (Gold-Karte, Platin-Karte usw.), die mit erhöhten Gebühren und einer Vielzahl von Dienstleistungen verbunden sind. Ihr Nutzwert — insbesondere die Versicherungen sehr spezieller Schadensfälle — ist umstritten. — Die Kreditkarte ist in Deutschland nicht so weit verbreitet wie in anderen Ländern, weil die konkurrierende eurocheque-(ec-) Karte mit 40 Millionen ausgegebenen Exemplaren preiswerter für Kunden und Händler ist und deswegen über mehr Akzeptanzstellen verfügt.

Die ersten Kreditkarten wurden 1950 in den USA ausgegeben und verbreiteten sich auch in Europa schnell. Zunehmende Reisefreude und steigende Zahl der Akzeptanzstellen verbreiteten die Idee. Als Jahr des Durchbruchs gilt 1988, als auch Tankstellenketten Kreditkarten zu akzeptieren begannen, Visa mit Lockangeboten auf den vorher trägen Markt drängte und die Kartengebühren schnell fielen.

statt. — Für einige Großunternehmen veröffentlichen kritische Aktionäre auch alternative Geschäftsberichte. Die etwa 50 Gruppen in Deutschland sind im Dachverband der kritischen Aktionärinnen und Aktionäre, Köln, zusammengeschlossen.

kritische Aktionäre
in Deutschland seit den achtziger Jahren bekannt gewordene Sonderform von →Aktionären. Kritische Aktionäre benutzen ererbte oder eigens zu diesem Zweck gekaufte Aktien sowie das ihnen von anderen Aktionären übertragene Stimmrecht, um mit ihrem Rede- und Antragsrecht auf den →Hauptversammlungen von →Aktiengesellschaften politische, soziale, wirtschaftliche und ökologische Forderungen zu stellen. Insbesondere sind dies der Ausstieg aus der Atomenergie, die Abkehr von Rüstungsgeschäften, die Entschädigung von Zwangsarbeitern in Nazi-Deutschland, die Einhaltung von Menschenrechten besonders in den ausländischen Tochterunternehmen multinationaler Konzerne und eine umweltbewusstere Produktion. Branchenschwerpunkte der Aktivität kritischer Aktionäre sind Energieerzeugung, Banken, chemische, Auto- und Elektroindustrie. Die Bildung von Gruppen kritischer Aktionäre ist zumeist eine Reaktion auf mangelhafte Informationspolitik und Dialogbereitschaft von Unternehmen. — Verwandt mit kritischen Aktionären sind →ethische Aktionäre, die aber zudem ein echtes Anlegerinteresse haben.

Der erste überlieferte Auftritt eines kritischen Aktionärs fand 1932 in den USA

Krönungstheorie →Wechselkurs, →Wirtschafts- und Währungsunion

Kurs-Gewinn-Verhältnis (KGV)
eine Kennzahl zur Bewertung von Aktien. Kurs ist der Börsenkurs, der letzte Reingewinn pro Aktie wird aus der Bilanz abgeleitet. Je höher das KGV ist, desto teurer ist der Kauf einer Aktie.

Kursgitter
tabellarische Aufstellung von Devisenkursen zum schnellen Umrechnen zwischen mehreren Währungen, bei der die Währungsbezeichnungen sowohl in den Spalten als auch in den Zeilen stehen. Angegeben sind meist die Mittelkurse.

Kursgitter wichtiger Währungen

	Dollar	Mark	Pfund	Yen
Dollar	–	1,8046	0,6087	132,0902
Mark	0,5542	–	0,3373	73,1984
Pfund	1,6428	2,9645	–	216,9967
100 Yen	0,7571	1,3662	0,4608	–

Stand: 2.1.1998, Quelle: Reuters.

Kursmakler
an deutschen Wertpapierbörsen ein Vermittler zwischen Käufern und Ver-

käufern. Er wird von der Regierung des Bundeslandes vereidigt, in deren Land die Börse ihren Sitz hat, ist beim Land angestellt und stellt anhand seiner Vermittlungen auch den amtlichen Schlusskurs fest. Im Gegensatz zu →Freimaklern (→Börsenmakler) sind ihm praktisch keine Eigengeschäfte erlaubt. Kursmakler erheben als Vermittlungsgebühr eine „Courtage" von meist 0,06 Prozent des Kaufpreises.

L

Label →Verbrauchermacht, →Kinderarbeit
LAG →Bundesarbeitsgericht
Lagebericht →Jahresabschluss
Laisser-faire-Politik →Neoliberalismus

Länderfinanzausgleich (LFG)
Instrument zum Ausgleich der unterschiedlichen Finanzkraft der Bundesländer. Der LFG setzt sich aus einem horizontalen Finanzausgleich (zwischen den Ländern) und einem vertikalen (zwischen Bund und den bedürftigen Ländern) zusammen. — Dem eigentlichen Finanzausgleich geht die Verteilung des Länderanteils an der Umsatzsteuer voraus, der zu drei Vierteln nach der Einwohnerzahl und zu einem Viertel zugunsten von Ländern mit geringer Steuerkraft verteilt wird. Das Volumen des horizontalen Finanzausgleichs wird ermittelt, indem der „Ausgleichsmesszahl" (zur Ermittlung des Finanzbedarfs) die „Steuerkraftmesszahl" (der tatsächlichen Finanzkraft) gegenübergestellt wird. Die Ausgleichsmesszahl wird errechnet aus Einwohnerzahlen, aus dem bundesweiten Pro-Kopf-Durchschnitt der Landes- und aus dem der Gemeindesteuereinnahmen. Der horizontale Finanzausgleich garantiert den Bundesländern im Ergebnis eine Finanzkraft von 95 Prozent der Durchschnittsfinanzkraft der Länder. Die Differenz zu 100 Prozent wird im Zuge des vertikalen Finanzausgleichs zu 90 Prozent durch den Bund über Fehlbetrags-Bundesergänzungszuweisungen ausgeglichen, sodass jedes Bundesland über mindestens 99,5 Prozent der durchschnittlichen Finanzkraft verfügt. Zusätzlich kann der Bund Sonderbedarf-Bundesergänzungszuweisungen vergeben und tut dies in erheblichem Umfang (z. B. aufgrund von Seehafenlasten, der Haushaltsnotlagen in Bremen und im Saarland und aufgrund der Übergangslasten für einige Altbundesländer, die seit 1995 von der Ausdehnung des alten LFG auf die ostdeutschen Länder besonders betroffen wurden). Die Bundesergänzungszuweisungen übersteigen den horizontalen LFG. — Die Struktur des LFG führt dazu, dass es den Bundesländern keinen wirtschaftlichen Anreiz bietet, ihre Finanzkraft aus eigenem Bemühen zu stärken. Die Bundesländer können die Landessteuern (Erbschaft-, Kfz- und Biersteuer, einige →Verkehrsteuern, Spielbankenabgaben) als eigene Einnahmenquelle kaum verändern. Die für die Länderfinanzen bedeutendsten Steuern sind Gemeinschaftssteuern, deren Aufkommen zwischen Bund, Ländern und ggf. Gemeinden festgelegt wird. — Die zusätzlichen Lasten durch die Einbezie-

hung der ostdeutschen Länder in den LFG wurden durch eine Erhöhung des Länderanteils an der Umsatzsteuer finanziert.

Der LFG beruht auf Artikel 107 Abs.2 Grundgesetz, nach dem „die unterschiedliche Finanzkraft der Länder angemessen ausgeglichen wird". — Pro Kopf der Landesbevölkerung fielen 1996 im horizontalen wie vertikalen Finanzausgleich, also mit Bundesergänzungszuweisungen, bei den sieben Geber- und acht Nehmerländern folgende DM-Beträge an: Hessen zahlte 865 DM, Hamburg 625, Baden-Württemberg 569, Bayern 563, Nordrhein-Westfalen 500, Schleswig-Holstein 111, Niedersachsen 4 DM, Bremen erhielt 3.811 DM, Mecklenburg-Vorpommern 2.669, Thüringen 2.562, Sachsen-Anhalt 2.542, Sachsen 2.339, Brandenburg 2.299, Berlin 2.060, das Saarland 2.056 und Rheinland-Pfalz 12 DM pro Kopf.

Länderrating →Rating

Länderrisiko

im internationalen Kapital- und Warenverkehr die Gefahr der Nichtbezahlung gelieferter Waren oder Dienstleistungen (für Exporteure), des Verlustes einer Auslandsinvestition (für die Muttergesellschaft) oder der Nichtrückzahlung von Krediten (für Banken). Zu den Gründen zählen Ursachen in der politischen Verantwortung einer Regierung (Enteignungen, Zwangsverkauf, der Bruch staatlicher Zusagen), Krieg, Revolution, Aufruhr und Sezession, Kapitaltransferverbote, Liquiditätskrisen und Beschränkungen der Konvertibilität. In Deutschland schützen →Hermes-Bürgschaften Exporteure und Investoren. Beim →Rating von staatlichen Wertpapieren ist das Länderrisiko fundamental, beim Rating privater ausländischer Schuldner (Anleihen von Banken und Industrie-Unternehmen) fließt es in die Gesamtbewertung ein. Die Länderrisiko-Analyse ist durch die unvorhergesehene Krise der asiatischen Schwellenländer seit Herbst 1997 in ihrer Glaubwürdigkeit erschüttert.

Ländertypologien

hier die wirtschaftlichen und sozialen Merkmale von Staaten, die eine Einteilung in Gruppen ermöglicht. Weit verbreitet ist eine auf die UNO zurückgehende Einteilung in die „Erste Welt" der entwickelten westlichen Länder (USA, Kanada, Westeuropa, Japan, Australien, Neuseeland), die „Zweite Welt" der sozialistischen Planwirtschaften in Europa und Asien und die „Dritte Welt", alle anderen Länder, die zugleich als Entwicklungsländer betrachtet wurden. Seit der Öl- und anderen Rohstoffpreiskrisen werden als „Vierte Welt" besonders arme Entwicklungsländer ohne bedeutende Rohstoffvorkommen und mit anderen Standortnachteilen bezeichnet. Trotz vieler Misch- und Übergangsformen und Zuordnungsprobleme genügte diese Vierteilung in sehr allgemeiner Weise bis zum Ende der Blockkonfrontation; manche Kritiker lehnten die Begriffe ab, weil die Hierarchisierung („Erste", „Zweite" usw.) auf einen Standard abziele, der von der Ersten Welt gesetzt werde. — In der entwicklungspolitischen Diskussion werden die ersten beiden Gruppen auch als der

Norden, die anderen beiden als der Süden bezeichnet; aus den Unterschieden zwischen den beiden Gruppen entstand der Begriff des Nord-Süd-Konfliktes. Die Auseinandersetzungen im Norden wurden als Ost-West-Konfrontation, die zwischen Dritter und Vierter Welt werden als Süd-Süd-Konflikte bezeichnet. Mit der Prosperität der Ölexportländer, dem Zerfall der Sowjetunion und des Ostblocks, dem Aufschwung in ost- und südostasiatischen Ländern einschließlich der Volksrepublik China haben die Einordnungsprobleme zugenommen. — Schon 1971 hatte die UNO eine neue Gruppe der am wenigsten entwickelten Länder (LDC, Least Developed Countries) eingeführt, die zu einigen Vergünstigungen im internationalen Rahmen, vor allem bei der Finanzierung, führen. Dabei werden u.a. berücksichtigt: Einkommen (Bruttoinlandsprodukt pro Kopf anhaltend unter 700 US-Dollar), Lebensqualität (Lebenserwartung, Kalorienversorgung, Bildungsgrad), ein Wirtschaftsindex (gebildet aus der Bedeutung des Industriesektors, dem Stromverbrauch und der Exportorientierung) und Einwohnerzahl (maximal 75 Millionen). Als Schwellenländer (Newly Industrializing Countries, NIC) gelten Staaten, die zwar einen wirtschaftlichen Aufschwung verzeichnen, deren soziale und politische Entwicklung jedoch dahinter zurückbleibt. Wegen seines statischen Gehaltes wird der Begriff „Schwellenland" heutzutage weniger gebraucht und durch „Wachstumsland" ersetzt. Die beiden Begriffe sind aber nicht deckungsgleich. Darin kommt auch zum Ausdruck, dass in der öffentlichen Aufmerksamkeit das Wirtschaftswachstum die Wirtschaftsleistung und damit die Perspektive das Niveau verdrängt. Darin spiegelt sich auch das Interesse internationaler Investoren auf der Suche nach neuen Anlagemöglichkeiten wider. Auch ihr Begriff →Emerging Markets für neu entstehende Märkte verweist auf diese Dynamik, umfasst allerdings auch Schwellenländer mit niedrigen Wachstumsraten. — Verbreitet ist inzwischen eine in internationalen Organisationen wie der OECD eingeführte Einteilung für Entwicklungsländer gemäß →Pro-Kopf-Wirtschaftsleistung nach →Kaufkraftparität (dort auch Tabellen). Danach lautet die am niedrigsten entwickelte Gruppe LLDC (Least Developed Countries), dann folgen die anderen Länder mit niedrigem Einkommen (LIC, other Low Income Countries), mit niedrigerem bis mittlerem Einkommen (LMIC, Lower Middle Income Countries), mit mittlerem bis höherem Einkommen (UMIC, Upper Middle Income Countries) und hohem Einkommen (HIC, High Income Countries). Daneben existiert eine Sammelgruppe der „Übergangsländer" aus überwiegend kleinen wohlhabenderen Entwicklungsländern wie Singapur, Brunei oder den Bahamas einerseits sowie den meisten ehemaligen Ostblockländern andererseits. Die zentralasiatischen und kaukasischen ehemaligen Sowjetrepubliken gehören jetzt den LIC und LMIC an. Referenz ist die Pro-Kopf-Wirtschaftsleistung nach Weltbank-Angaben. Für LLDC gelten weniger als 675 US-Dollar jährlich (Stand: 1997), für LIC und LMIC 676 bis 2.695, für UMIC 2.696 bis 8.355 und für HICs ab 8.356 Dollar. Länder, die auf den Status als Entwicklungsland verzichten wollen, können sich von der Liste streichen lassen. — Methodische Gründe sprechen gegen eine Überbewertung der Pro-Kopf-Wirtschaftsleistung als einer verlässlichen Aussage über den Entwicklungsstand einer Volkswirtschaft. Denn in Volkswirtschaften mit ausgedehnter agrarischer Selbstversorgung (Subsistenz) spielt Geld eine weniger bedeutende Rolle, als sie die Wirtschaftsstatistik suggeriert.

Landesbanken/Girozentralen
die Hausbanken der Bundesländer und regionale Spitzeninstitute der Sparkassen. Die Eigentümerstruktur der Landesbanken reicht vom vollständigen Landes- über Misch- bis zum vollständigen Sparkassenbesitz; einige der zwölf Landesbanken sind durch Kapitalbeteiligungen miteinander verflochten. — Als Landesbanken erledigen sie die Bankgeschäfte der Landesverwaltung und sind Instrument der Wirtschaftsförderung. Seit den siebziger Jahren haben sie ihr privatwirtschaftlich orientiertes Bankgeschäft, vor allem die Unternehmensfinanzierung, rapide ausgeweitet. Die großen Landesbanken scheuen auch Konfikte mit den privaten Großbanken um industrielle Einflusssphären nicht mehr. — Die öffentliche Hand als (Mit-)Eigentümerin trägt letztlich die Haftungsrisiken der Landesbanken („Gewährträgerhaftung"). Im Vergleich zu deren machtbewussten Vorständen haben die öffentlichrechtlich besetzten, von Honoratioren gestellten beaufsichtigenden Verwaltungsräte wenig Kompetenz und Einfluss, zumal die Landesregierungen die Geschäfte nicht beeinflussen dürfen, selbst wenn sie Besitzerin der Landesbanken sind. Wegen dieses Machtgefälles sind die Gewinnausschüttungen oft marktunangemessen niedrig. Die Einbehaltung von Gewinnen wird von den Vorständen mit den juristischen Schwierigkeiten bei der anderweitigen Ausweitung des Eigenkapitals (die aus Landeszuschüssen unzulässig ist) begründet. Dazu diente auch die niedrig verzinste Einverleibung von landeseigenem Sonder-, insbesondere Wohnungsbauvermögen. Die Privatbanken haben sich darüber wegen unerlaubter Beihilfe förmlich bei der EU beschwert. Die Landesbanken werfen umgekehrt den Privatbanken vor, sie wollten das dreisäulige deutsche Bankensystem aus privaten, öffentlichen und genossenschaftlichen Banken zu eigenen Gunsten aus Profitinteresse beseitigen. Der Nachweis, dass ein öffentlicher Banksektor mit Landesbanken und →Sparkassen zur flächendeckenden Versorgung der Bevölkerung mit Finanzdienstleistungen überhaupt nötig ist, fehle bisher, kontern Kritiker. Auch um die Sparförderung mache sich der öffentliche Sektor nicht besonders verdient, weil er keine besseren Konditionen anbiete als der private. Weder sei die Finanzierung öffentlicher Infrastruktur-Investitionen eine soziale Leistung, die durch die Gewährträgerhaftung quasi belohnt würde, noch könne sie mit der Hausbank-Eigenschaft für Kommunen und Länder begründet werden. Unbegründet ist demgegenüber das Ansinnen des privaten Banksektors, der öffentlichen Hand mit ihrem enormen Kapitalumschlag das

Recht auf eigene Banken abzuerkennen. Deshalb ist eine Umwandlung der Landesbanken in reguläre Aktiengesellschaften mit den bisherigen Anteilseignern als künftigen Aktionären denkbar. Die Bundesregierung verankerte 1997 einen Bestandsschutz für das deutsche öffentliche Banksystem, vor allem für die Sparkassen, im EU-Recht. — Kritiker fürchten besonders eine vertikale Integration von Sparkassen und Landesbanken, die zu einem enormen Machtzuwachs der Landesbanken führen kann.

Eigenkapitalrendite und Ausschüttungsquote für die fünf größten Landes- und Privatbanken, 1980 bis 1994

	Eigenkapitalrendite	Ausschüttungsquote
öffentliche Banken:		
WestLB	4,9 %	50 %
BayLB	10,1 %	38 %
NordLB	8,4 %	36 %
Helaba	10,2 %	38 %
SüdWestLB	10,5 %	80 %
private Banken:		
Deutsche Bank	18,3 %	60 %
Dresdner Bank	12,0 %	58 %
Commerzbank	12,2 %	61 %
Bay. Vereinsbank	13,9 %	74 %
Bay. Hypo- u. Wechsel-Bk.	13,8 %	71 %

Quelle: Hans-Werner Sinn, Der Staat im Bankwesen. München 1997.

Landesregierungen setzen den umfangreichen Beteiligungsbesitz der Landesbanken oft zur regionalen Strukturpolitik ein. Den Landesbanken kommt damit eine Pufferfunktion zu, wenn unpopuläre Maßnahmen durchgesetzt werden sollen oder wenn die Landesregierung ihre wirtschaftlichen Interessen gefährdet sieht. So hat die Westdeutsche Landesbank wiederholt in die Konflikte innerhalb der Stahlindustrie des Ruhrgebiets eingegriffen, teils zugunsten, teils zu Ungunsten der privaten Geschäftsbanken. Die Privatisierung der Landesanteile an den Landesbanken wird immer wieder gefordert. Privatiseure könnten wegen der ohnehin vorhandenen Doppelfunktion die Sparkassen sein. — Als Girozentralen nehmen Landesbanken in der Sparkassenorganisation eine Mittelstellung ein. Sie sind deren regionale Spitzeninstitute und Verrechnungsstellen, sorgen für den Liquiditätsausgleich und geben Pfandbriefe (für Hypothekendarlehen) sowie Kommunalobligationen aus, mit denen der gemeindliche Kreditbedarf gedeckt wird. Bundesweites Spitzeninstitut der Girozentralen ist die Deutsche Girozentrale – Deutsche Kommunalbank. Innerhalb der Sparkassenorganisation kommt den Girozentralen nicht nur technisch eine zentrale Funktion zu. Über sie werden auch politische Machtkämpfe um Fusionen, Beteiligungen und Strukturveränderungen ausgetragen.

Landesbanken sind im Laufe dieses Jahrhunderts durch die Zusammenführung der Giroverbände der Sparkassen und verschiedener Staatsbanken entstanden. Daher stammt die Vielfalt der Eigentumsverhältnisse. Vor der deutsch-deutschen Vereinigung verfügte jedes der elf Bundesländer über eine Landesbank. Von den neuen Ländern hat nur Sachsen ein eigenes Institut gegründet. In den anderen Ländern haben westliche Landesbanken diese Funktion mit übernommen und die Länder bzw. Sparkassen an ihrem Kapital beteiligt. — Die Landesbanken sind nicht zu verwechseln mit den →Landeszentralbanken, der mittleren Organisationsebene der Bundesbank.

Landesversicherungsanstalten →Rentenversicherung

Landeszentralbanken (LZB)

die neun regionalen Verwaltungseinrichtungen der →Bundesbank. Sie sind meist für mehr als ein Bundesland zuständig und wickeln die Geschäfte mit der öffentlichen Hand und den Kreditinstituten in ihrem Bereich ab, wenn diese (anders als z. B. die →Großbanken oder Spezialkreditinstitute) nicht überregional tätig sind. Den Landeszentralbanken sind zudem die Zweiganstalten unterstellt, die die Bundesbank an grösseren Orten unterhält, und die zur Bargeldversorgung und zur Abwicklung des bargeldlosen Zahlungsverkehrs dienen. Das Filialnetz gilt als aufgebläht und wird allmählich reduziert.

Bis 1992 bestand in jedem Bundesland eine Landeszentralbank; erst infolge der deutsch-deutschen Einheit wurden mehrere Sprengel zusammengelegt. Die Präsidenten der Landeszentralbanken sind zugleich Mitglieder des Zentralbankrates. Sie werden vom Bundesrat (Länderkammer) vorgeschlagen und vom Bundespräsidenten ernannt. Auch nach der Verringerung der Zahl der Landeszentralbanken stellen ihre Präsidenten die Mehrheit im Zentralbankrat; das förderale Element innerhalb der Bundesbankorganisation ist deswegen nicht eingeschränkt worden. — →Landesbanken sind hingegen Institute des öffentlichen Banksektors.

Landwirtschaft

Sektor der Volkswirtschaft mit einer Nutzung von 50 Prozent der Gesamtfläche Deutschlands, 3,3 Prozent der Beschäftigten und 1,3 Prozent der Wertschöpfung. Die Zahl der Haupt- und Nebenerwerbsbetriebe ist stark rückläufig. Die deutsche Landwirtschaft gehört zu den am stärksten vor dem Welthandel geschützten Bereichen und verfügt zudem über eine angesichts ihrer geringen wirtschaftlichen Bedeutung unangemessen einflussreiche politische Lobby. Die Agrarpolitik ist EU-weit vergemeinschaftet (→EU-Agrarpolitik).

Erwerbstätige und Produktion: →Dienstleistungen.

Landwirtschaftliche Produktionsgenossenschaft →Rechtsformen von Unternehmen

Landwirtschaftskammern →Kammerorganisationen

LB →Landesbanken

LBO →Leveraged Buy-out

Lean Management

„schlankes Management", Bündel von Maßnahmen zur Modernisierung der Produktion, die dann selbst Lean Production heißt. Ausgelöst wurde diese Managementtheorie 1991/92 durch eine Untersuchung, in der das US-amerikanische Massachussetts Institute of Technology (MIT) westliche und japanische Autokonzerne verglich. Demnach können Kosten- und Qualitätsvorteile erreicht werden durch (1) die Dezentralisierung von Verantwortlichkeiten und den Abbau von Hierarchiestufen, (2) das Herstellen von Strukturen für eine kontinuierliche Verbesserung des innerbetrieblichen Informations- und Produktionsprozesses (auch durch die Beschäftigten), (3) den Verkauf von nicht zum Kerngeschäft gehörenden oder wertschöpfungsschwachen Unternehmensbereichen und Produkten, (4) den Wegfall nicht wertschöpfungsintensiver Bereiche und ihre Integration in die Fertigung (vor allem die Qualitätskontrolle und die Lagerung; letztere wird durch zeitgenaue Just-in-time-Lieferungen ersetzt) und (5) eine engere Zusammenarbeit oder Anbindung der Zulieferer bis hin zur Übertragung von Montage-Aufgaben an den Zulieferer selbst. — Das Konzept, das sich auch für die Umstellung der Fertigung von Massenprodukten auf kleinere Serien (Losgrößen) eignet, ist schematisch auf andere Bereiche der Wirtschaft (Lean Banking) oder des Staates (Lean Administration) übertragen worden.

Inzwischen ist der Begriff vulgarisiert, weil ihn Unternehmen schon im Fall schlichter Entlassungen oder oberflächlicher Betriebsablaufverbesserungen verwenden.

Lean Production →Lean Management

Leasing

Sonderform der Ver- bzw. Anmietung von Investitions- oder langlebigen Konsumgütern und Immobilien. Der Mietvertrag wird entweder direkt mit dem Hersteller bzw. Bauherrn oder mit einer Leasing-Gesellschaft abgeschlossen und sieht in der Regel monatliche Leasing-Raten vor. Im Vergleich zum Kauf liegen die Leasingkosten um etwa 30 Prozent höher. Gegenzurechnen sind Liquiditätsvorteile und Zinsersparnis sowie die Absetzbarkeit von Leasing-Raten als Betriebsausgaben; dies kann die Höhe der Abschreibungen übersteigen. Im Gegensatz zur Kreditist die Leasingfinanzierung gewerbesteuerlich begünstigt. — Verkauf und Zurückleasen ist ein beliebtes Mittel der →Bilanzpolitik, weil damit ein hoher Einmal-Erlös realisiert werden kann. Oft sind Leasinggesellschaften, weil sie Eigentümer des zu leasenden Objektes bleiben, auch zum Abschluss eines Vertrages bereit, wenn Banken eine Kreditfinanzierung nicht mehr riskieren. Generell schont ein leasendes Unternehmen seine Kreditlinien bei Banken. — Leasing stellt neben der Finanzierungs- auch eine eigene Vertriebsform dar. Zudem treten Leasing-Unternehmen vermehrt als Dienstleister mit Beratungs- und Wartungsangeboten auf oder übernehmen sogar →Outsourcing-Funktionen. — Mit der massenhaften Verbreitung des privaten Fahrzeugsleasings anstelle einer Ratenkreditfinanzierung ist das Leasing-Vertragsrecht immer wieder gerichtlich überprüft worden. Eine Vielzahl von Bestimmungen ist für einen Leasing-Nehmer nicht nur unverständlich, sondern benachteiligt ihn auch. — Unter ökologischen Gesichtspunkten ist Leasing umstritten. Während modernere Güter generell ökologisch vorteilhafter sind, beschleunigt andererseits die Orientierung von privaten oder gewerblichen Investitionen an steuerlichen Abschreibungsfristen den Umschlag von Konsum- und Investitionsgütern. Schlüssige Analysen, die die Verwendung der Güter nach Ablauf der Leasingzeit mit einbeziehen (Produktbilanzen als Form einer →Ökobilanz), fehlen bislang.

Der Begriff kommt aus den USA und meint ursprünglich nur „Verpachtung", „Miete". In Deutschland begann die Verbreitung der Finanzierungsform in den sechziger Jahren. Im Mobilienbereich hat die Leasingquote 18 Prozent erreicht (1996), im Immobilienbereich rund fünf Prozent der gewerblichen Bauinvestitionen. Rund die Hälfte der gewerblichen Investitionen in Fahrzeuge und höherwertige Büromaschinen beruhen auf Leasing-Verträgen. — Leasing als Form einer Pachtgebühr ermöglicht beim →islamischen Banking den Verzicht auf die unerlaubten Zinszahlungen für einen Investitionskredit.

Lebenshaltungskosten

die Untersuchungskategorie des verbrauchernähesten Preisindexes, der vom Statistischen Bundesamt errechnet wird. Zugrunde liegt die Preisentwicklung eines →Warenkorbes für private Haushalte und bestimmte Haushaltstypen.

Leistungsbilanz →Zahlungsbilanz

Leistungsfähigkeitsprinzip

ein von großen Unschärfen gekennzeichneter Grundsatz der Steuerpolitik, demzufolge unterschiedliche Leistungsfähigkeit unterschiedliche Besteuerung erlaubt. Daraus leitet sich vor allem die Rechtfertigung der →Steuerprogression ab. Als Indikatoren für die Leistungsfähigkeit gelten Einkommen, Vermögen und Verbrauch. — Einen Gegenentwurf hat die Äquivalenztheorie entwickelt, nach der die Abgaben an den Staat dem Empfang von Leistungen durch den Staat entsprechen sollen. Auf individueller Ebene ist das Modell unbrauchbar, weil es auf jede Umverteilung verzichtet. Vor allem ist ein Empfang vieler Staatsleistungen nicht quantifizierbar (z. B. Rechts-, innere und äußere sowie Erbsicherheit).

Leitkurs

Austauschverhältnis nationaler Währungen zu einer gemeinsamen Rechnungseinheit (z. B. →Ecu, →Sonderziehungsrechte). Die Wechselkurse der beteiligten Währungen errechnen sich über die Leitkurse.

Leitwährung

eine Währung, der eine oder mehrere andere untergeordnet werden. Voraussetzung ist die langanhaltende Stabilität der Leitwährung. Zweck der Ankopplung ist ein stabiler Wechselkurs auch für die „Trabantenwährung", um deren Außenhandel zu schützen, die Inflationsrate zu senken und von der Reputation der Leitwährung zu profitieren. Folge ist immer ein gegenüber dem Leitwährungsland erhöhter Zinssatz, mit dem die mehr oder weniger mindere Attraktivität der Trabantenwährung ausgeglichen werden muss, um den Wechselkurs zu halten. Vor allem die Abhängigkeit des Außenhandels kleiner Länder von stabilen Wechselkursen erzwingt oft eine De-facto-Ankopplung an die stabile Währung seines größten Handelspartners (z. B. des österreichischen Schillings an die Deutsche Mark). Meist sind die geldpolitischen Entscheidungsträger im Land der Trabantenwährung bereit, eine zinsbedingte anhaltende leichte Konjunkurdämpfung zugunsten einer importierten Stabilität hinzunehmen. So holen sie aber Stabilität und Wachtum des Leitwährungslandes nie ein. Zudem werden Leitwährungen gerade wegen ihrer Stabilität an den Devisenmärkten geschätzt; handelsbedingte Wechselkursschwankungen gegenüber Drittwährungen (z. B. gegenüber dem US-Dollar) müssen deswegen von den Trabantenwährungen nachvollzogen werden, obwohl sie mit deren Ursachen nichts zu tun haben. Ungelöst ist auch das Problem externer Schocks, also Konjunkturkrisen oder singuläre Ereignisse, die im Leitwährungsland die Zinsen hochtreiben; dem muss die Geldpolitik im Land der Trabantenwährung folgen, um ihre Glaubwürdigkeit zu beweisen, auch wenn eine Zinserhöhung nicht zur eigenen konjunkturellen Situation passt. Blieben die Leitzinsen unverändert, würde der Wechselkurs der Trabantenwährung wegen der nachlassenden Attraktivität für ausländische Nachfrager sinken. — Die Bandbreite der Orientierung reicht vom Nachvollziehen der Geldpolitik des Leitwährungslandes bis zur offiziell deklarierten Festverkopplung, dem „Pegging", das große Devisenmarktinterventionen erfordern kann (die Maßnahme selbst wird verwirrend als „Currency Board" bezeichnet, wörtlich „Währungsamt"). Die Erklärung einer ausländischen Währung zur Leitwährung kann auch eine Notmaßnahme gegen den unmittelbar bevorstehenden finanziellen Zusammenbruch eines Hochinflationslandes sein. Dies bedeutet eine besonders rabiate Form der Strukturanpassung, weil der Staat damit zu einem extremen Sparkurs gezwungen wird.

Dies kann freiwillig erfolgen (z. B. in Rest-Jugoslawien) oder wird gelegentlich vom Internationalen Währungsfonds durchgesetzt (z. B. in Bulgarien); die Folgen werden meist mit Krediten zur Umstrukturierung der Wirtschaft abgemildert. Die expansive Geldpolitik der USA zur Finanzierung des Vietnamkrieges ab den späten sechziger Jahren hat allerdings maßgeblich zur Abkehr von der weltweiten Leitfunktion des Dollars geführt (→Bretton Woods, →Gold). Hingegen vollzog die österreichische Zentralbank den steilen Anstieg des deutschen Zinsniveaus im Zuge der deutschen Vereinigung nach.

Leitzinsen

die Zinsen, die eine Zentralbank den Geschäftsbanken für deren Refinanzierung abverlangt. In Deutschland sind dies der →Diskont und der →Lombard. Der Zins auf →Wertpapier-Pensionsgeschäfte („Repo") ist ein inoffizieller Leitzins. Seit den achtziger Jahren wird der Zinssatz auf Wertpapier-Pensionsgeschäfte auf den Märkten stärker als die traditionellen Leitzinsen beachtet.

Entwicklung der deutschen Leitzinsen
Auswahl der Zinsbeschlüsse, Angaben in %

	Diskont	WPG	Lombard
1980 Mai	7,5	.	9,5
1987 Dez	2,5	.	4,5
1989 Okt	6	.	8
1990 Nov	6	8,0	8,5
1992 Juli	8,75	9,63	9,75
1996 Apr	2,5	3,0	4,5
1997 Okt	2,5	3,3	4,5

Quelle: Bundesbank. WPG: Wertpapier-Pensionsgeschäft. Zum Vergleich: Im Oktober 1997 lag der Fibor, zu dem sich die Banken in Frankfurt untereinander Geld leihen (→Interbankraten), bei 3,44 Prozent.

Leveraged Buy-out (LBO)
in den USA seit den achtziger Jahren verbreitete Übernahme- und Spekulationsform. Ziel ist die Übernahme eines unterbewerteten Unternehmens, ohne dass der Übernehmer einen großen Kapitalaufwand betreiben muss. Dazu wird zunächst eine Gesellschaft gegründet, die von risikowilligen, durchaus seriösen Spekulanten die Mittel für ein Übernahmeangebot an die Aktionäre des zu übernehmenden Unternehmens erhält. Die für die Finanzierung der Übernahme genutzten Wertpapiere heißen →Junk Bonds (Müll-Anleihen), weil sie meist hochspekulativ und hochverzinst sind. Gelingt die Übernahme, wird das Unternehmen zerlegt und in Einzelteilen lukrativ verkauft; mit dem Erlös werden zunächst die Geldgeber bezahlt. Weitere Forderungen können auch aus dem laufenden Ertrag des Restunternehmens bezahlt werden. Oft wird anschließend der Unternehmenskern wieder an der Börse verkauft. — In den achtziger Jahren lag das Volumen von Junk Bonds bei 130 Milliarden Dollar, ohne dass daraus Kapital in Investitionen oder Arbeitsplätze geflossen wäre. Ein stark beachteter moralischer Einwand gegen LBO war auch, dass damit das Unternehmen praktisch seinen bisherigen Eigentümern weggenommen wird. Der Boom endete mit zusammengebrochenen Finanzierungsplänen und Pleiten zwischen 1987 und 1990. Die maßgeblichen Entwickler des Konzeptes, die US-Amerikaner Ivan Boesky und Michael Milken und das Investmenthaus Drexel Burnham Lambert, zahlten zusammen weit mehr als eine Milliarde Dollar Strafe; Boesky und Milken wurden zudem u. a. wegen Insider-Handels verurteilt. — Zuweilen bemüht sich auch ein Management um die Übernahme der eigenen Firma (→Management-Buy-out, MBO). Diese Übernahme wird an Börsen oft für attraktiv gehalten, wenn die übernommenen Unternehmen zum Teil wieder an die Börse zurückkehren, denn ein MBO drückt eine größere Verbundenheit des Managements mit dem Unternehmen aus.

Das englische Wort „leverage" bedeutet Hebelkraft, „buy-out" Herauskauf. — Das erste sehr große LBO organisierte die Investmentbank Kohlberg Kravis Roberts (KKR) 1985 gegen den Nahrungs- und Konsumgüterhersteller Beatrice. KKR bot den Aktionären insgesamt 6,2 Milliarden Dollar, finanzierte sie überwiegend fremd und setzte selbst nur 457 Millionen Dollar Eigenmittel ein. Nach der gelungenen Übernahme wurden die Beatrice-Töchter Playtex, die Avis-Autovermietung und Coca-Cola-Abfüllereien für 2,5

Milliarden Dollar verkauft, 1,7 Milliarden Dollar erwirtschaftete Beatrice selbst, und als Beatrice wieder an die Börse zurückkehrte, nahm KKR für die Aktien 5,4 Milliarden Dollar ein. — Größtes Projekt wurde 1988 die Übernahme des Genussmittelherstellers RJR Nabisco (u.a. Camel-Zigaretten). Nach wochenlangem Wettbieten gegen das Management und andere Interessenten setzte sich KKR mit einem Kaufpreis von 24,5 Milliarden Dollar durch.

Lex Abs →Aufsichtsrat

LFG →Länderfinanzausgleich

Liberalismus →Neoliberalismus

Libor →Interbankraten

LIC →Ländertypologien

Liquidation →Abwicklung

Liquiditätskonsortialbank →Einlagensicherung

LLDC →Ländertypologien

LLIC →Ländertypologien

LMIC →Ländertypologien

Lohnnebenkosten

die Belastung von Löhnen mit dem Arbeitgeberanteil an den Sozialversicherungsabgaben und mit Zusatzkosten, die auf tarifvertraglichen Vereinbarungen beruhen. Seit die Gewerkschaften nur noch auf geringfügige Tariflohnerhöhungen drangen, sind die Lohnnebenkosten zum bedeutsamsten Teuerungsfaktor der Arbeitskosten geworden. Hauptsächliche Gründe für den Anstieg der Sozialabgaben in den neunziger Jahren sind die Abwälzung eines großen Teils der →Finanzierung der deutschen Einheit auf die Sozialversicherungen sowie die Massenarbeitslosigkeit, die zu Einnahmeausfällen und deswegen zu Beitragserhöhungen führt. — Der parteiübergreifende Konsens über die Notwendigkeit, diese Nebenkosten zu senken, endet bei der Frage, wie dies erreicht werden kann. Weil Lohnnebenkosten zur Hälfte aus Leistungen bestehen, die in Tarifverträgen festgelegt sind, sind auch die Traifvertragsparteien betroffen. Dennoch dominieren insbesondere auf Drängen der Unternehmer, die ihre Tarifverhandlungen nicht über Gebühr erschweren wollen, die politisch bestimmten Sozialversicherungsbeiträge die Diskussion. Möglichkeiten sind u. a. Leistungseinschränkungen und Leistungsverschiebungen wie die Übertragung →versicherungsfremder Leistungen aus der Arbeitslosen- und der Krankenversicherung auf den Bundeshaushalt.

Lohnquote →Einkommensverteilung

Lohnsteuer

die →Einkommensteuer auf Einkünfte aus nichtselbständiger Arbeit und damit bedeutendster Teil des Steueraufkommens in Deutschland. Als Quellensteuer (am Ort ihrer Entstehung) wird sie vom Arbeitgeber abgeführt.

Aufkommensentwicklung: Tabelle →Steuern

Lohnstückkosten

Anteil der Lohnkosten an einem „Stück" wirtschaftlicher Produktion. Die Kennzahl ist ein Schlüsselbegriff bei Tarifverhandlungen: Arbeitgeber verweisen auf die im internationalen Vergleich enorm hohen Stundenlöhne, Gewerkschaften auf die enorm hohe Arbeitsproduktivität, die dazu geführt hat, dass die deutschen Lohnstückkosten in den letzten zwanzig Jahren im internationalen Vergleich der Industrieländer im Mittelbereich gelegen haben. Die Entlastung durch den nur unerheblichen Anstieg ist aber durch die Aufwertung der D-Mark in der ersten Hälfte der neunziger Jahre wieder zunichte gemacht worden.

Lohnveredelung
Form der grenzüberschreitenden Produktion. Ein Gebietsfremder importiert Waren, die auf seine Rechnung „veredelt", d.h. im Wert erhöht (weiterverarbeitet, vernäht oder montiert, ausgerüstet) und anschließend wieder exportiert werden. Meist wird diese Form gewählt, um niedrige Lohnkosten auszunutzen. Zollzahlungen, die sonst bei internationalen Wertschöpfungsketten entstehen, entfallen. — Im Unterschied zu einer traditionellen Auslandsinvestition ist die Ansiedlung tendenziell flüchtig. Seit den siebziger Jahren wird Lohnveredlung besonders in handarbeitsintensiven Betrieben mit hoher Mobilität (Textilindustrie, Apparatebau) betrieben, die schnell in andere Länder verlagert werden können. Die Ansiedlung erfolgt zudem oft unter Gewährung von Steuervorteilen.

Die Aufteilung in aktive und passive Veredelung ist perspektivenabhängig: aktive bedeutet Import der Vorprodukte, Veredelung und Reexport, passive meint Export, Veredelung und Re-Import.

Lombard
der höhere der beiden →Leitzinsen. Während die Bundesbank die Versorgung der Geschäftsbanken mit einer bestimmten Menge Geld mit dem →Diskont verzinst, müssen Geschäftsbanken auf den teureren Lombard zurückgreifen, wenn ihre vorübergehende Liquiditätsnachfrage ihren Anteil, das Rediskontkontingent, übersteigt. Um die Inanspruchnahme eines Lombardkredites zu vermeiden, versuchen Banken stattdessen eine Refinanzierung mit →Wertpapier-Pensionsgeschäften. Auch eine Finanzierung am →Interbankenmarkt, also bei einer anderen Geschäftsbank, ist möglich. Die Geldnachfrage kann so stark steigen, dass der Interbankenzins bis an den Lombard herankommt; dann kann eine unkontrollierte Geldschöpfung drohen, weil sich die Banken dann mit Lombardkrediten einzudecken beginnen, während der Interbankenzinssatz nicht weiter steigen kann. Im Ergebnis muss der Lombard erhöht werden. Dies kann etwa durch spekulative Kapitalflüsse auf den Devisenmärkten durch plötzlichen hohen Geldwechselbedarf oder bei einer Erhöhung der →Mindestreserve passieren. — Technisch entsteht der Lombardkredit als verzinsliches Darlehen dadurch, dass Geschäftsbanken zur Kreditsicherung Wertpapiere bei der Bundesbank verpfänden.

Der Begriff geht auf französisch „maison de lombard" (Leihhaus) zurück, die im Spätmittelalter von lombardischen Geldverleihern geführt wurden. Die Kurzform Lombard bezeichnete ihren Zins auf die Verpfändung beweglicher Sachen.

Lomé-Abkommen →AKP-Abkommen

Londoner Club
halbformelle Vereinigung von Gläubigerbanken, die die Rückzahlungs- und Umschuldungsvereinbarungen mit hochverschuldeten Staaten in Zahlungsschwierigkeiten führen. Meist folgen Vereinbarungen mit dem Londoner Club den Vereinbarungen mit dem →Pariser Club, in den sich die Gläubigerregierungen zusammengeschlossen haben.

1976 tagte der Londoner Club (mit Zaire) erstmals. Er wird nicht von allen international tätigen Geschäftsbanken gebildet, sondern tritt faktisch als Gläubigerversammlung zusammen. Der Lenkungsausschuss der Großgläubiger für die Rückzahlungsverhandlungen wird von der Bank mit den größten Außenständen geleitet. — Anders als der Pariser hat der Londoner Club kein festes Sekretariat.

Louvre-Akkord →Weltwirtschaftsgipfel
LPG →Rechtsformen von Unternehmen
Ltd. →Rechtsformen von Unternehmen (GmbH)
LVA →Rentenversicherung
LZB →Landeszentralbank

M

M →Mark, →Währungsreform

Maastricht-Kriterien →Wirtschafts- und Währungsunion

Maastrichter Vertrag

Abkommen zur Vertiefung der europäischen Integration, im Dezember 1991 in der niederländischen Stadt Maastricht beschlossen und dort im Februar 1992 unterzeichnet. Es ist kein in sich geschlossenes neues Verfassungsdokument, sondern eine Sammlung von Vereinbarungen u.a. zur Schaffung (1) der →Wirtschafts- und Währungsunion (WWU) mit den dafür gültigen Teilnahme-Kriterien, (2) einer gemeinsamen Außen- und Sicherheitspolitik (GASP) einschließlich einer gemeinsamen Verteidigungspolitik, (3) einer Unionsbürgerschaft und engerer justizieller Zusammenarbeit. Der Vertrag mit seinen 17 Protokollen und 33 Erklärungen behandelt außerdem zahlreiche andere Politikfelder. Er hat ferner die Europäische Gemeinschaft (EG) in →Europäische Union (EU) umbenannt. Meist wird der Maastricht-Vertrag gemeinsam mit seinem Nachfolger, dem Vertrag von Amsterdam (s.u.), und dem durch beide Verträge an zahlreichen Stellen geänderten EG-Vertrag abgedruckt. — Der Maastrichter Vertrag ist seinerseits der Anschlussvertrag an die →Einheitliche Europäische Akte (EEA) von 1987, die den →Binnenmarkt begründete. Im Vorfeld der Verhandlungen wurde die Begleitung der WWU durch eine politische Union angekündigt. Der niederländische Vertragsentwurf war aber nicht mehrheitsfähig und wurde zurückgezogen. Das Europäische Parlament wurde nur um das Mitentscheidungsverfahren aufgewertet. Die Demokratisierung der EU und ihre politische Integration ist demzufolge weit hinter der wirtschaftlichen Integration zurückgeblieben. Nach der Verabschiedung stießen die Inhalte in allen Mitgliedsländern auf mehr oder weniger starke Kritik. In einer ersten Volksabstimmung lehnte die dänische Bevölkerung 1992 den Maastrichter Vertrag sogar ab; erst in einem zweiten Referendum mit verändertem Wortlaut stimmte sie zu. Eine Volksabstimmung in Frankreich endete mit einer dünnen Mehrheit von 51 Prozent; der Nichtbeitritt von Norwegen zur EU aufgrund einer Volksabstimmung wird weithin ebenfalls auf den Maastrichter Vertrag zurückgeführt. Die britische Regierung hatte wie die dänische gegen den WWU-Automatismus von vornherein ihr Recht auf Nichtteilnahme („opting out") verankert.

Weil der Vertragstext recht überhastet

zustande gekommen war, wurde eine Überarbeitung vereinbart, die 1997 mit dem so genannten Maastricht-II-Vertrag (Vertrag von Amsterdam) abschloss. — Während die im Maastrichter Vertrag vereinbarte justizielle Zusammenarbeit (z. B. gemeinsame Polizeibehörde Europol) nur langsame Fortschritte machte, endete die vereinbarte GASP angesichts des Bürgerkriegs im ehemaligen Jugoslawien im Debakel, weil ein gemeinsames Vorgehen nicht möglich war. Die GASP reichte nicht einmal aus, um die Blockadepolitik des EU-Mitglieds Griechenland gegenüber der jugoslawischen Nachfolgerepublik Mazedonien zu beenden. Die nationalistische Regierung in Athen hatte Mazedonien Territorialansprüche gegen Nordgriechenland unterstellt. — Nach Unterzeichnung des Maastrichter Vertrages sollte eine Regierungskonferenz Vorschläge zur Ausweitung der politischen Union machen. Daraus entstand der Vertrag von Amsterdam, der ein Beschäftigungskapitel in den EG-Vertrag einführte, einen Stabilitätspakt zur Haushaltsdisziplin enthält und das Mitentscheidungsverfahren des →Europäischen Parlamentes vereinfachte. Er enthält aber weder eine Neuordnung der Stimmrechte im Ministerrat noch eine Festlegung zur Verkleinerung der EU-Kommission oder eine Einschränkung des blockierenden Veto-Rechtes jedes Mitglieds. Damit blieben die strukturellen Reformen auf dem Weg zur nächsten EU-Erweiterung unerledigt.

magisches Viereck

geometrische Figur, in der die vier wirtschaftlichen Ziele des Stabilitäts- und Wachstumsgesetzes von 1967 dargestellt werden: angemessenes und steti-

magisches Viereck

angemessenes und stetiges Wachstum		Stabilität des Preisniveaus	
Bruttoinlandsprodukt, Zunahme in Prozent		Lebenshaltungskosten, Anstieg in Prozent	
1994	+2,7	1994	+2,7
1995	+1,9	1995	+1,8
1996	+1,1	1996	+1,5
1997	+2,2	1997	+1,8

außenwirtschaftliches Gleichgewicht		hoher Beschäftigungsstand	
Leistungsbilanz-Defizit, in Mrd. DM		Jahresdurchschnitt der Arbeitslosenzahl	
1994	−33,4	1994	3,7 Mio.
1995	−33,8	1995	3,6 Mio.
1996	−19,7	1996	4,0 Mio.
1997	−10,1	1997	4,4 Mio.
Handelsbilanz-Überschuss, in Mrd. DM			
1994	71,8		
1995	85,3		
1996	98,6		
1997	121,7		

Quelle: Bundesbank, Statistisches Bundesamt. Akzeptabel ist die Entwicklung nur bei der Preisstabilität.

ges Wachstum, hoher Beschäftigungsstand, Stabilität des Preisniveaus und außenwirtschaftliches Gleichgewicht. Die Verstetigung des Wachstums ist seit der Lösung der deutschen →Konjunkturpolitik vom →Keynesianismus weniger bedeutend geworden. Hoher Beschäftigungsstand wurde seit den siebziger Jahren nicht mehr erreicht. Unumstritten blieb nur die DM-Stabilität. Unterschiedliche Ansichten herrschen darüber, ob als Bestimmungsgröße für außenwirtschaftliches Gleichgewicht die →Handelsbilanz oder die →Zahlungsbilanz herangezogen werden soll. Der Fehlbetrag der Leistungsbilanz von rund zehn Milliarden Mark (1997) ist angesichts der Höhe des deutschen Bruttoinlandsprodukts relativ unbedeutend, sodass das Ziel des außenwirtschaftlichen Gleichgewichts erreicht ist. Anders ist es beim Saldo der Handelsbilanz mit seinem hohen Exportüberschuss; mehr als 20 Prozent der Ausfuhren sind nicht durch Einfuhren gedeckt.

Makler →Börsenmakler

Makroökonomie

(methodischer) Zweig der →Volkswirtschaftslehre mit der Betrachtung aggregierter Größen und ihrer Verknüpfung, die die Beziehungen zwischen den einzelnen volkswirtschaftlichen Sektoren (private Haushalte, Staat, Unternehmen) untersucht. Damit liefert ihre Darstellung, die Makroökonomik, die Daten für die →volkswirtschaftliche Gesamtrechnung.

Komplementär: Mikroökonomie.

Management

(1) Gruppe von Angestellten mit Entscheidungsbefugnis an der Unternehmensspitze (Top Management), in mittleren oder unteren Funktionen (Middle, Lower Management), (2) allgemeiner die Leitung eines Unternehmens, zu der auch der Eigentümer zählen kann. Im Vordergrund stehen Planung, Entscheidung, Organisation und Kontrolle. Das Management selbst ist Gegenstand zahlreicher Management-Theorien, die besonders in den USA banale oder neue Ideen unter griffigen Titeln („Management by...") propagieren. Sie beziehen sich entweder auf personale (Delegation, Motivation, Partizipation) oder sachliche Aspekte (Kundenorientierung, Fehlervermeidung, →Shareholder Value).

Der Begriff geht über italienisch „maneggiare" (handhaben, bewerkstelligen) auf lateinisch „manus" (Hand) zurück.

Management-Buy-out (MBO)

Übernahme eines Unternehmens durch sein Management, zumeist fremdfinanziert und damit eine Form des →Leveraged Buy-out (LBO). Das MBO kann auch durch eine Muttergesellschaft ermöglicht werden, die sich von einem Unternehmensteil trennen will und es den Managern anbietet. Die Finanzierung durch Banken ist oft erleichtert, weil die Bereitschaft von Managern, eigenes Kapital einzusetzen, positiv bewertet wird.

In Deutschland ist diese Form der Existenzgründung durch die Treuhandanstalt popularisiert worden, die ab 1990 insgesamt 2.000 Unternehmen an deren Führungskräfte und Mitarbeiter verkauft hatte. 1996 arbeiteten davon erst zwei Drittel kostendeckend oder mit Gewinn.

Manageraktie →Shareholder Value
Manchester-Kapitalismus →Neoliberalismus
Mantel →Anleihe, →Firmenmantel
Manteltarifvertrag →Tarifvertrag

Mark

deutsche Währungseinheit, als Deutsche Mark (DM) herausgegeben von der Deutschen →Bundesbank. Zur „harten" Währung ist sie durch das gesetzliche Gebot an die Bundesbank geworden, für die Geldwertstabilität zu sorgen; dieses „Stabilitätsgebot" beruht auf einem breiten gesellschaftlichen Konsens. Als Reservewährung ist die D-Mark die nach dem Dollar weltweit zweitwichtigste Währung. Als positives Symbol ist sie Ausdruck des Wiederaufbaus nach dem Krieg, der Exportstärke und Weltgeltung der deutschen Wirtschaft und der Überlegenheit der →sozialen Marktwirtschaft der BRD über die sozialistische Planwirtschaft der DDR. Als negatives Symbol steht sie für die Konsum- und Wegwerfgesellschaft seit den sechziger Jahren, für die Hegemonie des Ökonomischen über das Soziale und Ökologische und für die wirtschaftliche Dominanz Deutschlands in Europa. — Die D-Mark soll mit der →Wirtschafts- und Währungsunion im →Euro aufgehen; der Umtausch soll bis 2002 erfolgen.

Der Begriff Mark bedeutete im Mittelalter zunächst die obrigkeitliche Markierung auf einem Metallbarren von bestimmtem Gewicht, der damit als Zahlungsmittel oder Schatz verwendet werden konnte, und ging dann auf den Barren selbst bzw. sein Gewicht über. Barren (oder Münzen, über Teilbeträge davon) verbreiteten sich seit dem 11. Jahrhundert in Westeuropa; mittelhochdeutsch marc bedeutet „halbes Pfund Silber". Seit dem 15. Jahrhundert verdrängte die „Mark kölnisch" zu 233,856 Gramm andere Gewichte und wurde damit zum Grundgewicht der Reichsmünzordnung von 1524. Das Reichsmünzgesetz von 1873 machte die Mark zur Einheitswährung in Deutschland, doch die auf Mark lautenden Banknoten der Deutschen Reichsbank mussten bis 1909 auf Verlangen in kursfähige (umlaufende, als Zahlungsmittel akzeptierte) Gold- oder Silbermünzen umgetauscht werden. Nach der Inflation von 1923 wurde die Mark durch die Rentenmark als Übergangswährung ersetzt und 1924 durch die Reichsmark abgelöst (→Währungsreform). 1948 entstand mit einer neuerlichen Währungsreform in den drei Westzonen die Deutsche Mark, daraufhin in der Ostzone die „Deutsche Mark der Deutschen Notenbank", die 1968 in „Mark der DDR" umbenannt wurde und 1990 mit der deutsch-deutschen Währungsunion erlosch. — Im Ausland, besonders in der Wirtschaft, hat sich die Bezeichnung „Deutschmark" eingebürgert. Andere Mark-Währungen existieren in Finnland und Bosnien-Herzegowina. Auch andere europäische Währungseinheiten sind aus Gewichtsangaben hervorgangen, so das britische Pfund Sterling (Sterling als Silbermünze, die auf die altgriechische Münze Stater zurückgeht, deren Bezeichnung selbst wiederum „Gewicht" bedeutete) oder die italienische Lira (aus altlateinisch „libra" (Waage, Pfund)). Pfund geht auf lateinisch „pondo" (Römisches Pfund) (zu 326 Gramm) und „pondus" (Gewichtstück an einer Waage) zurück.

Marktbeherrschung
Dominanz eines Anbieters infolge fehlenden Wettbewerbs. Dies ist auch möglich, wenn noch mehrere kleine Anbieter existieren, die aber keine wirksame Konkurrenz (insbesondere bei Preisen) entfalten können. Oft haben marktbeherrschende Unternehmen auch die Möglichkeit, den Marktzutritt weiterer Anbieter zu verhindern (nach dem →Gesetz zum Schutz des Wettbewerbs eine „überragende Marktstellung"). In Deutschland ist die Marktbeherrschung entweder verboten oder unterliegt der Missbrauchsaufsicht. Zuständig dafür ist das →Bundeskartellamt.

Marktordnung
staatliche Lenkung von Angebot, Nachfrage und Preisen in eine gewünschte Richtung. Dazu können auch Eingriffe in die Produktion nötig sein. Verzerrungen und Effizienzverluste einerseits, ökonomische Scheinsicherheit andererseits sind die Folge. Schwächere Formen der Marktordnung umfassen Zölle zum Schutz von Inlandsmärkten, Preisbindungen und Ausgleichszahlungen. Das bedeutendste System von Marktordnungen ist im Zuge der →EU-Agrarpolitik entstanden.

Marktordnungsprodukte →EU-Agrarpolitik

Marktwirtschaft
Wirtschaftssystem mit dezentraler Planung und Lenkung, dessen Austauschprozesse auf Märkten stattfinden. Zahlreiche Spielarten liegen zwischen den Extremformen der vollständig freien Marktwirtschaft einerseits und letzten marktwirtschaftlichen Elementen in Planwirtschaften (Handwerkerlöhne, Devisenschwarzhandel) andererseits; zudem unterscheidet sich die jeweilige Praxis erheblich von der Theorie. Wichtigste Formen in der Reihenfolge zunehmender Bedeutung des Staates: (1) Die freie Marktwirtschaft im altliberalen Sinn sollte ohne jeden staatlichen Eingriff funktionieren. Ihre Anfälligkeit für die Monopolbildung führte allerdings zu Marktversagen (Manchester-Kapitalismus, Laisser-faire-Politik). Eine soziale Absicherung der Beschäftigten war nicht vorgesehen. (2) Die Wirtschaftsordnung des →Neoliberalismus als heutige „freie Marktwirtschaft" herrscht in den USA und in Großbritannien als →Monetarismus. Seine deutsche Entsprechung hat er im →Ordoliberalismus. Alle Spielarten weisen dem Staat eine →angebotsorientierte Wirtschaftspolitik zu, im wesentlichen die Aufgabe, Hindernisse für das Wirtschaften zu beseitigen, für die Aufrechterhaltung des Wettbewerbs zu sorgen und die Geldmenge zu begrenzen, um Inflation zu verhindern. Soziale Sicherung wird als Privatangelegenheit verstanden. (3) Die →soziale Marktwirtschaft deutscher Prägung verbindet ordoliberale Vorstellungen vor allem mit Elementen der christlichen Soziallehre und schließt den Sozialstaat mit ein. (4) Die gelenkte Marktwirtschaft reicht vom interventionischen →Keynesianis-

mus über Konzepte der Wirtschaftsdemokratie, bei der die wirtschaftlichen Entscheidungen eines Privateigentümers im Einvernehmen mit den Gewerkschaften oder dem Staat gefällt werden, bis zur Verstaatlichung von Schlüsselbranchen, etwa Banken, um politisch festgelegte Ziele zu erreichen. Zumeist gehört zu solchen Konzepten die Idee des Versorgungsstaates. (5) Der Versorgungsstaat ist am ausgeprägtesten in der Planwirtschaft, in der es theoretisch keine Märkte mehr gibt, sondern nur noch staatlich festgelegte Produktions- und Lieferbeziehungen. — Während die Suche nach der wünschenswerten Mischung zwischen einem privat-totalitären Kapitalismus und einem staatlich-totalitären Sozialismus weitergeht, sind diese beiden „Flügelpositionen" diskreditiert.

In den ehemals sozialistischen Industrieländern haben die Volkswirtschaften inzwischen unterschiedliche Grade der Privatisierung erreicht. In allen Fällen ist aber der direkte oder indirekte Einfluss des Staates noch erheblich höher als in den Industrieländern Westeuropas und Nordamerikas. Gegen eine rigide Entstaatlichung machen Verteidiger eines gemässigten Privatisierungskurses geltend, dass gesellschaftliche Reformen auch des politischen Konsenses bedürften. Viele Marktwirtschaften Ostasiens beruhten bis zur Börsenkrise 1997/98 auf einer engen Abstimmung von Privatwirtschaft und Staat (→Keiretsu,→Chaebol).

Marshall-Plan

US-Hilfsprogramm für den Wiederaufbau in Europa nach dem Zweiten Weltkrieg.

1947 von US-Außenminister George C. Marshall angeregt, lief es von 1948 bis 1952. Die Warenkredite stellten den materiell bedeutendsten Teil des European Recovery Program (Europäisches Wiederaufbauprogramm, ERP) dar, auf das sich 1947 in Paris 16 europäische Regierungen geeinigt hatten. Ursprünglich zur Überwindung der Zahlungsmittelknappheit und der Behebung von Kriegsfolgen in allen europäischen Ländern außerhalb der Sowjetunion gedacht, lehnten die Regierungen im Machtbereich der UdSSR auf sowjetischen Druck eine Teilnahme am Marshall-Plan ab, weil er die Westorientierung in den Empfängerländern unterstützen und dort explizit der politischen Eindämmung des Kommunismus dienen sollte. Das Interesse an einer verstärkten Ausrichtung der westeuropäischen Wirtschaft auf die USA kam erst später hinzu; ökonomisch stand zunächst die Wiederherstellung der Vorkriegs-Handelsbeziehungen im Mittelpunkt. — Um die Verwendung der ERP-Mittel gemeinsam mit den USA und die Wiederaufbaupläne der beteiligten Regierungen zu koordinieren, gründeten 17 Empfängerländer 1948 die Organisation für europäische wirtschaftliche Zusammenarbeit (Organization for European Economic Co-Operation, OEEC), aus der 1960 die Organization for Economic Co-operation and Development (Organisation für wirtschaftliche Zusammenarbeit und Entwicklung, →OECD) hervorging. — Vom Gesamtvolumen von 13,9 Milliarden Dollar erhielt Westdeutschland 1,3 Milliarden Dollar. Einschließlich anderer Programmmittel belief sich die US-Hilfe für die BRD auf 3,3 Milliarden Dollar, von denen die BRD 1,1 Milliarden Dollar innerhalb von 30 Jahren aus Exporterlösen zu tilgen hatte. 2,2 Milliarden Dollar wurden erlassen. Mit der Wirtschaftshilfe konnten Rohstoffe, Lebensmittel und Maschinen in den USA und anderen Ländern eingekauft werden. Die Importeure zahlten den Kaufpreis in heimischer Währung in einen Gegenwert-Fonds ein, der schon 1952 auf fünf Milliarden Mark angewachsen war. Nach der Umwandlung dieses Fonds in das →ERP-Sondervermögen werden daraus zinsverbilligte Kredite vergeben.

Max-Planck-Gesellschaft →Bundesministerium für Bildung, Wissenschaft, Forschung und Technologie

MBO →Management-Buy-out

MDAX →Deutscher Aktienindex

Mehrfachstimmrecht →Aktie, →goldene Aktie

Mehrwertsteuer →Umsatzsteuer

Meistbegünstigungsklausel

handelspolitischer Grundsatz der →Welthandelsorganisation (WTO), demzufolge alle Vorteile, die ein WTO-Mitglied einem anderen WTO-Mitglied einräumt, auch allen anderen WTO-Mitgliedern eingeräumt werden müssen. Damit sollen →Präferenzabkommen verhindert werden, die nur für Entwicklungsländer zulässig sind; Zollunionen und Freihandelszonen sind vom Meistbegünstigungsgebot ausgenommen. Als wirtschaftspolitisches Druckmittel taugt die Meistbegünstigung deswegen nur gegenüber WTO-Nichtmitgliedern.

Die englische Bezeichnung des Status lautet „Most Favoured Nation" (MFN).

Memorandum-Gruppe →Arbeitskreis Alternative Wirtschaftspolitik

Mengentender →Wertpapier-Pensionsgeschäft

Merkantilismus

Sammelbezeichnung für die Wirtschaftspolitik in den feudalen europäischen Ländern vor allem des 16. bis 18. Jahrhunderts. Sie war auf die Stärkung der Staatsmacht ausgerichtet und griff dirigistisch und protektionistisch, mit Ge- und Verboten, in die Wirtschaft ein. Ziel war die Erwirtschaftung von Handelsüberschüssen. Gefördert wurden insbesondere die damals modernsten Wirtschaftsformen: Manufakturen als Vorform der industriellen Produktionsweise, die Ansiedlung von Flüchtlingen zur Urbarmachung von Land und zur Ausnutzung ihrer wirtschaftlichen Kenntnisse sowie die Konzessionierung von Handelsgesellschaften zum Erwerb von Kolonien. — Strukturell steht der Merkantilismus für den Übergang von der punktuellen Stadtwirtschaft zum Wirtschaften in Flächenländern; daraus sind die Reformen zur Vereinheitlichung der Verwaltung abgeleitet. Weil die Kategorie des Wirtschaftswachstums noch nicht existierte, führte die Vorstellung vom konstanten Reichtum auf der Welt zu einer endlosen Kette von Territorial- und Handelskriegen, mit denen sich die absolutistischen Herrscher einen größeren Anteil an diesem Reichtum verschaffen wollten. Theoretisch überwunden wurde der Merkantilismus durch die →Klassik, insbesondere durch den Ökonomen Adam Smith.

Der Begriff stammt vom „system mercantile", der als „kaufmännisches System" bezeichneten Theorie französischer Ökonomen. Der französische Wirtschaftspolitiker Jean Baptiste Colbert (1619-1683) setzte die Theorie in die Praxis um („Colbertismus").

MFN →Meistbegünstigungsklausel
Midcaps →Deutscher Aktienindex
mifrifi →mittelfristige Finanzplanung
MIGA →Weltbankgruppe

Mikroökonomie

(methodischer) Zweig der →Volkswirtschaftslehre, der die Beziehungen zwischen einzelnen Wirtschaftssubjekten innerhalb der drei volkswirtschaftlichen Sektoren Unternehmen, Staat und private Haushalte untersucht. Im Vordergrund stehen Marktvorgänge wie Preisbildung, Wettbewerb oder Arbeitsteilung innerhalb von Institutionen wie Unternehmen oder Privathaushalten.

Komplementär: →Makroökonomie

Milchmädchenrechnung

Überlegung, die auf Trugschlüssen beruht oder einer realen Grundlage entbehrt. Seltener im Sinn von „unverständlich"; dann ist das für Nichteingeweihte sehr kompliziert aussehende und schnelle Ausrechnen des Milchpreises mit Hilfe der Finger beider Hände gemeint, das Milchmädchen bis ins 20. Jahrhundert praktizierten.

Der Ausdruck geht auf die Fabel „La Laitière et le pot au lait" von Jean de La Fontaine (1621-1695) zurück und wurde 1757 von Wilhelm Ludwig Gleim sowie 1766 von Johann Benjamin Michaelis übersetzt.

Mindestabstandsgebot

Prinzip der Sozialpolitik, nach dem ein deutlicher Abstand zwischen einem niedrigen Einkommen (Lohn, später Rente) und der →Sozialhilfe vorhanden sein soll. Ziel ist, das Interesse an einer bezahlten Erwerbsarbeit aufrechtzuerhalten und zu verhindern, dass von einer nur knapp darunter liegenden Sozialhilfe ein Ansaug-Effekt ausgeht, der zu Nichtarbeit und zur Vermeidung von Beitragszahlungen für die Rentenversicherung anreizt. Zur Wahrung des Mindestabstandsgebotes von etwa 15 Prozent Unterschied zwischen der Obergrenze der Sozialleistungen und der Untergrenze von Löhnen sind entweder Kürzungen bei der Sozialhilfe, Erhöhungen der Niedriglohngruppen oder die Senkung ihrer Belastung mit Steuern und Abgaben möglich. Die Freistellung des Existenzminimums von der Besteuerung und niedrige Eingangssteuersätze vergrößern den Abstand. — Tatsächlich unterschreitet das Einkommen der Sozialhilfeempfänger wie verlangt das Nettodurchschnittseinkommen der unteren Lohn- und Gehaltsgruppen in allen relevanten Fällen um mehr als 15 Prozent. Nur aufgrund von Sonderfaktoren (bestimmte Familienkonstellationen) schrumpft der Abstand; Sonderfaktoren sind aber vom Abstandsgebot explizit ausgenommen. Die Rechnungen der Sozialhilfekritiker beruhen in der Regel auf dem Vergleich mit untersten (nicht wie vorgeschrieben unteren) Einkommensgruppen und einer „passenden" Zahl Kindern im „passenden" Alter. Wichtigster Kostentreiber der Sozialhilfe sind die hohen Mietsteigerungen im sozialen Wohnungsbau — Wenn ein Arbeitsmarkt nicht in ausreichendem Umfang unqualifizierte, niedrig bezahlte Arbeit nachfragt, beginnt ein langsames Absinken der Niedriglöhne. Bei gleichzeitiger Deregulierung des Arbeitsmarktes erfolgt das Absinken schneller. Einkommensabhängige, beitragsfinanzierte Leistungen wie das Arbeitslosengeld oder die Altersrente können dann unter die Sozialhilfe-Obergrenze rutschen und die Zahlung ergänzender Sozialhilfe erfordern. Insbesondere wird sich diese Gefahr durch den Trend zur Teilzeitarbeit verschärfen. Um dies zu verhindern, diskutieren Sozialexperten eine steuerfinanzierte Grundrente (ohne Bedürftigkeitsprüfung) oder eine Grundsicherung (mit Bedürftigkeitsprüfung, →Sozialleistungen). Beide Modelle werfen erhebliche Finanzierungsprobleme auf. — Nach dem Stand von 1997 erreicht die Rente eines Durchschnittsverdieners nach 26 Jahren Beitragszahlung Sozialhilfeniveau; wer zwei Drittel eines Lebensdurchschnittseinkommens bezieht, erreicht mit seiner Rente nach 40 Beitragsjahren Sozialhilfeniveau. Damit sind eigene Vorsorge-Aufwendungen kaum mehr möglich; zugleich droht auch eine von Sozialneid geprägte Gerechtigkeitsdebatte über diese Inanspruchnahme des sozialen Netzes. Eine zusätzliche politische Komponente resultiert aus der Finanzierung der Sozialhilfe durch die Gemeinden.

Mindestreserve

unverzinsliches Guthaben eines Kreditinstitutes bei einer Zentral-, in Deutschland bei der Bundesbank. Die Mindestreserve gehört zu den Instrumenten zur Steuerung der →Geldmenge. Setzt eine Zentralbank die Mindestreserve herauf, reduziert sie die umlaufende Geldmenge; wird die Mindestreserve gesenkt, expandiert die Geldmenge. In Deutschland wird anstelle der Mindestreservepolitik überwiegend die Zinspolitik zur Geldmengensteuerung eingesetzt.

Grundlage der deutschen Mindestreserve sind (1) Sichteinlagen, also meist Guthaben auf Girokonten, (2) befristete Verbindlichkeiten wie Termingelder mit kürzeren Laufzeiten sowie (3) Sparguthaben. Die davon zu hinterlegenden Prozentsätze liegen je nach Bankengruppen zwischen 1,5 und 2 Prozent der Einlagen (1997), insgesamt rund 40 Milliarden Mark. Die Höhe der Mindestreserve-Verpflichtung muss der Bundesbank monatlich gemeldet werden. Der Strafzins bei Unterschreitung der Mindestreserve liegt seit 1951 unverändert bei drei Prozent.

Ministererlaubnis

Element des deutschen Wettbewerbsrechts. Wenn das →Bundeskartellamt einen Unternehmenszusammenschluss aus Gründen der Marktbeherrschung verbietet, kann der →Bundesminister für Wirtschaft auf Antrag des Unternehmens und nach einer Stellungnahme der →Monopolkommission den Zusammenschluss erlauben, wenn (1) der gesamtwirtschaftliche Vorteil des Zusammenschlusses wichtiger ist als der Nachteil der Wettbewerbsbeschränkung oder (2) ein überragendes Interesse der Allgemeinheit herrscht. Weiter gehende inhaltliche Bestimmungen macht das zugrunde liegende →Gesetz über Wettbewerbsbeschränkungen (GWB) nicht; der Minister hat einen weiten Ermessensspielraum und kann Auflagen verhängen. Die →EU-Fusionskontrolle enthält ein solches Instrument nicht.

Die bisher umstrittenste Ministererlaubnis war 1989 die Zustimmung zur Großfusion des Automobilunternehmens Daimler-Benz mit dem Luft- und Raumfahrtkonzern Messerschmidt-Bölkow-Blohm zu einem ökonomischen und technologischen Industriegiganten; im Gegenzug mussten einige kleinere Tochtergesellschaften verkauft werden. Weil der Wirtschaftsminister seine Erlaubnisabsicht schon vor der Abgabe des Gutachtens der Monopolkommission abgegeben hatte, trat deren Vorsitzender zurück. Insgesamt sind Ministererlaubnisse sehr selten: In über zwanzig Jahren wurden 15 Anträge gestellt, von denen sechs erlaubt wurden.

Minusankündigung →Ankündigungen

Mitarbeiter

vor allem seit den siebziger Jahren von Unternehmern und Managern benutzter sozialpartnerschaftlicher Begriff anstelle der klassenkämpferischen oder hierarchischen Bezeichnungen „Untergebener", „abhängig Beschäftigter", „Lohnabhängiger" oder „Arbeitnehmer". Er löst das Problem, Arbeiter und Angestellte unter einem Begriff zu vereinen, der persönlicher ist als die Bezeichnung „Belegschaft", aber weniger egalitär als „Kolleginnen und Kollegen". Der „Mitarbeiter" ist zwar terminologisch aufgewertet, semantisch aber degradiert; daher rührt auch der gönnerhafte Beiklang, mit dem ein Sprecher den Eindruck erweckt, er selber leiste die Arbeit, während ein Mitarbeiter lediglich dazu beitrage. Von Kapitalvertretern verwendet, signalisiert er, Kapital und Arbeit nicht als gleichberechtigt zu verstehen. In Komposita ist der Begriff bereits verselbstständigt und lässt das Hierarchische aufscheinen: Mitarbeiterführung, Mitarbeitergespräch. — Der Begriff kann inzwischen als verbraucht gelten. Angemessen ist allenfalls eine Verwendung des Begriffs Firmen mit Belegschaftsbeteiligung, im Belegschaftsbesitz oder bei tatsächlich sehr hoher Identifikation mit dem Unternehmen. Die Bezeichnung „Beschäftigter" trifft die Realität des Arbeitslebens besser.

Mitbestimmung

im weiteren Sinn alle Formen der Teilhabe von Arbeitnehmern und Gewerkschaften am Wirtschaftsleben. Sie wird aus politischen und ethisch-moralischen Prinzipien abgeleitet: Befreiung aus völliger Fremdbestimmung, Gleichberechtigung von Kapital und Arbeit, Demokratisierung des Arbeitslebens, Kontrolle wirtschaftlicher Macht. Mitbestimmung kann sich auf unterschiedliche Ebenen erstrecken: (1) Zur Steuerung oder politischen Beeinflussung gesamtwirtschaftlicher Prozesse dient die Kandidatur von Arbeiterparteien bei Parlamentswahlen (z. B. historisch in Großbritannien die Gründung der Labour Party durch Gewerkschaften). (2) Die Beteiligung an Entscheidungen über- und außerbetrieblicher Gremien reicht von schwachen Formen (wie der Anhörung der Gewerkschaften bei Gesetzgebungsvorhaben) bis zur Vertretung der Arbeitnehmer in den Verwaltungsgremien der →Krankenkassen und →Sozialversicherungen. (3) Die arbeitsrechtliche Beteiligung von Arbeitnehmern bzw. →Betriebsräten an Entscheidungen und Prozessen innerhalb des beschäftigenden Unternehmens ist vor allem im →Betriebsverfassungsgesetz von 1972 festgelegt; für den öffentlichen Dienst gilt analog das Personalvertretungsgesetz von 1974. (4) Die unmittelbare Beteiligung der Arbeitnehmer(-vertreter) am Aufsichtsrat beruht auf dem Montanmitbestimmungsgesetz von 1951, dem Betriebsverfassungsgesetz von 1952 und dem Mitbestimmungsgesetz von 1976 (s.u. Tabelle und Erläuterungen). — In Deutschland wurden die großen Debatten um die Mitbestimmung, die für die Kapitalseite als Einstieg in die Enteignung und für die damalige SPD/FDP-Bundesregierung als Element der Wirtschaftsdemokratie galt, in den siebziger Jahren geführt. Nachdem das Bundesverfassungsgericht ihre Rechtmäßigkeit bestätigt hat, weil die Kapitalvertreter letztlich in jedem Fall eine Mehrheit haben können, ist es still um die Mitbestimmung geworden. In modernen Unternehmen wird sie von beiden Seiten meist als sozialpartnerschaftliches Instrument und als vertrauens- und motivationssteigerndes Element einer offenen Betriebsführung betrachtet. — Mehrere Großunternehmen haben ihre Konzernstruktur verändert, Gesellschaften aufgespalten und Konstruktionen für Obergesellschaften gebildet, die nicht mitbestimmt sind (z. B. der Handelskonzern Metro, die Transportfirma UPS, der Discounter Aldi). Die Angst mittelständischer Unternehmer vor einer faktischen „Enteignung" ihres wachsenden Unternehmens, sobald Mitbestimmungspflichtigkeit eintritt, hat seit den siebziger Jahren nicht nachgelassen. — Die 1988 eingeführten, vom Betriebsrat unabhängigen „Sprecherausschüsse" der leitenden Angestellten haben keine größere Bedeutung erreicht. — Die Montanmitbestimmung wird allmählich vom Strukturwandel überholt. Der Montan-Anteil in den Kohle- und Stahlkonzernen sinkt stetig, während in ihnen der Anteil von Chemie, Maschinenbau und Dienstleistungen steigt. Schon 1988 wurde deswegen festgelegt, dass die Montanmitbestimmung fortgelten soll, solange ein Konzern 20 Prozent seines Umsatzes in diesem Bereich erwirtschaftet und insgesamt mindestens 2.000 Beschäftigte hat.

Einzelheiten der Mitbestimmung des Aufsichtsrats: (1) Maßgeblich sind vor allem die →Rechtsform der Unternehmen, die Zahl der Beschäftigten und die Branche. Mitbestimmungsfrei bleiben alle von natürlichen Personen gebildeten Gesellschaften sowie Tendenzbetriebe wie Medienunternehmen, politische, konfessionelle oder Bildungseinrichtungen und fast alle anderen Betriebe mit weniger als 500 Beschäftigten. (2) Unternehmen der Montanindustrie (die Produzenten von Kohle, Eisen und Stahl) unterliegen generell der Eindrittel-Mitbestimmung, wenn sie mehr als 500 Beschäftigte haben, eine

AG auch mit weniger Beschäftigten, aber nur, wenn sie kein Familienunternehmen ist. Ab 1.000 Beschäftigte wird der mindestens elfköpfige Aufsichtsrat paritätisch mit je fünf Arbeitgeber- und Arbeitnehmervertretern besetzt und durch einen „neutralen" Mann, auf den sich beide Gruppen einigen, zur Herstellung einer ungleichen Stimmenzahl ergänzt. Die Zusammensetzungen 7+7+1 oder 10+10+1 gelten für größere Unternehmen; drei der Arbeitnehmervertreter können unternehmensextern sein und von den im Betrieb vertretenen Gewerkschaften vorgeschlagen werden. Die Arbeitnehmer- oder Gewerkschaftsvertreter werden vom Betriebsrat vorgeschlagen und von der Hauptversammlung bestätigt. Dem Vorstand gehört als gleichberechtigtes Mitglied ein Arbeitsdirektor an, der nicht gegen die Mehrheit der Arbeitnehmerstimmen im Aufsichtsrat be-

Arbeitnehmer-Mitbestimmung

Anteil der Arbeitnehmer in Aufsichtsrat und Vorstand, vereinfachte Darstellung, mit Rechtsgrundlagen

Beschäftigtenzahl	bis 500		500 bis 1.000	1.000 bis 2.000	über 2.000
	FG Jg. AG	Alt-AG			
Tendenz-Unternehmen			(nein) 52 / 76		
Einzelfirma, OHG, KG GmbH & Co. KG					
AG & Co. KG				**1/2**, V,AD,* 76	
VVaG mit Aufsichtsrat			**1/3**, 52	**1/3**, 52	**1/2**, V, AD, 76
Genossenschaften		**1/3**, 52	**1/3**, 52	**1/2**, V, AD, 76	
GmbH			**1/3**, 52	**1/3**, 52	**1/2**, V, AD, 76
KGaA		**1/3**, 52	**1/3**, 52	**1/3**, 52	**1/2**, V, AD, 76
AG		**1/3**, 52	**1/3**, 52	**1/3**, 52	**1/2**, V, AD, 76
Montan: AG		**1/3**, 52	**1/3**, 52	**1/2**, N, AD, 51	**1/2**, N, AD, 51
Montan: GmbH		**1/3**, 52	**1/3**, 52	**1/2**, N, AD, 51	**1/2**, N, AD, 51

1/3: eindrittelmitbestimmt
1/2: knapp unterparitätisch mitbestimmt
51: gemäß Montan-Mitbestimmungsgesetz von 1951
52: gemäß Betriebsverfassungsgesetz von 1952
76: gemäß Mitbestimmungsgesetz von 1976
V: Aufsichtsratsvorsitzender hat zwei Stimmen, Vertreter der leitenden Angestellten sitzt auf der Arbeitnehmerseite
N: mit zusätzlichem neutralen Aufsichtsratsmitglied
AD: Arbeitsdirektor im Vorstand, in der Montanindustrie von der Arbeitnehmerseite akzeptiert
* mitbestimmt ist nur die Komplementärin
FG: Familiengesellschaft.– Jg. AG: junge (durch das Gesetz für kleine Aktiengesellschaften nach dem 10.8.1994) gegründete AG. – Alt-AG: AG mit Gründung vor dem 10.8.1994. VVaG: Versicherungsverein auf Gegenseitigkeit.

stellt oder abberufen werden kann und in der Praxis meist für Personalfragen zuständig ist. (3) Fast alle anderen Unternehmen mit 500 bis 2.000 Beschäftigten sind drittelmitbestimmt, ebenfalls eine KGaA und eine AG, sofern sie vor August 1994 gegründet wurde und keine Familiengesellschaft ist. (4) Bei über 2.000 Beschäftigten sind die Aufsichtsräte knapp unterparitätisch besetzt. Hier hat der Aufsichtsrat eine gerade Anzahl von Mitgliedern (12, 16 oder 20), die zur Hälfte die Arbeitnehmer und Arbeitgeber vertreten. Bei 12 oder 16 Mitgliedern dürfen zwei, bei 20 drei Arbeitnehmervertreter externe Gewerkschafter sein. Ein Sitz der Arbeitnehmerbank ist für die Vertretung der leitenden Angestellten vorgesehen, der tatsächlich oft auf der Arbeitgeberseite steht. In Pattsituationen hat der Aufsichtsratsvorsitzende doppeltes Stimmrecht. Er wird entweder mit einer Zweidrittelmehrheit vom gesamten Aufsichtsrat oder, wenn sie nicht zustande kommt, allein von den Anteilseignern gewählt. Anders als in der Montanmitbestimmung haben die Arbeitnehmer bei der Bestellung des Arbeitsdirektors kein Vetorecht. In einer GmbH & Co. KG und einer AG & Co. KG ist nur die Komplementärin mitbestimmt; für eine KGaA ist ein Arbeitsdirektor nicht vorgeschrieben. — Geschichte: Erste Elemente der Mitbestimmung fanden sich bereits 1891 in der Gewerbeordnungsnovelle mit Arbeiterausschüssen, die als Arbeiter- und Angestelltenausschüsse auch in der Weimarer Republik eingeführt wurden, aber nur ein kurzes Leben führten und von den Gewerkschaften zugunsten des antikapitalistischen Kampfes wieder aufgegeben wurden. Bis heute zieht sich eine Trennlinie zwischen klassenkämpferischer Verweigerung und sozialpartnerschaftlicher Kooperationsbereitschaft durch die europäische Gewerkschaftsbewegung (Frankreich, Italien, Spanien). Die deutsche Montanmitbestimmung geht auf die Enteignung der Montankonzerne durch die britischen Besatzungsbehörden nach dem Zweiten Weltkrieg zurück. Die Unternehmen wurden Treuhändern übergeben und die Gewerkschaften an der Führung beteiligt. Bei der Restauration waren die Gewerkschaften stark und die Alteigentümer diskreditiert genug, sodass die Montanmitbestimmung Gesetzeskraft erlangte.

Mitgliederpapier →Wertpapier

mittelfristige Finanzplanung (mifrifi)

Abschätzung der Entwicklung von Einnahmen und Ausgaben für einen mit dem laufenden Jahr beginnenden Fünfjahreszeitraum. Die Aufstellung des Plans ist für Bund, Länder und Gemeinden obligatorisch, seine Umsetzung jedoch nicht.

Mittelkurs

an einer Devisenbörse das arithmetische Mittel zwischen Kauf-(Geld-) und Verkaufs-(Brief-)Kurs einer Währung. Der Abstand von Geld- und Brief- zum Mittelkurs ist umso größer, je weniger attraktiv eine Devise ist. Ursache ist meist ein geringes Handelsvolumen. In der Spreizung kann sich auch ein Wechselkurs- und Inflationsrisiko äussern.

Mittelstand
Umschreibung für die Gruppe der selbstständig Erwerbstätigen oder für Unternehmen mit bis zu 500 Beschäftigten, überwiegend der gewerblichen Wirtschaft. Die Verwaltungsbezeichnung „kleine und mittlere Unternehmen" (KMU) deckt zwar einen großen Teil des Mittelstandes ab, ist aber eine reine Größenbezeichnung, während sich im Begriff Mittelstand und in der Zugehörigkeit dazu auch ein bürgerliches Selbstbewusstsein äußert. — Bedroht sieht sich der Mittelstand vor allem als Konkurrent von Großunternehmen durch deren Preisvorteile, durch eine schlechtere Kapitalausstattung und relativ höhere Kosten bei der Erschließung neuer Märkte, als Zulieferer vor allem durch den Preisdruck der Großunternehmen als Hauptkunden. — Weithin unstrittig ist die Notwendigkeit der Mittelstandsförderung. Wo sie allerdings der Deregulierung entgegensteht, hat die Akzeptanz des Mittelstandsschutzes in den letzten Jahren erheblich abgenommen (z. B. bei der Liberalisierung der Ladenschlusszeiten gegen die Stimmen der selbstständigen Einzelhändler). — Problematisch ist oftmals die Ausrichtung des mittelständischen Betriebs auf eine Einzelperson, insbesondere, wenn für einen Gründerunternehmer ein Nachfolger gefunden werden muss. Durch den stark ausgeprägten Eigentumsbegriff der Besitzer ist das Verhältnis zur Belegschaft eher patriarchal als sozialpartnerschaftlich bestimmt. Wirtschaftsdemokratische Elemente, vor allem die →Mitbestimmung im Aufsichtsrat, sind deswegen in der Großindustrie eher anzutreffen als im Mittelstand. — Günstig für den Mittelstand ist der Strukturwandel zur Dienstleistungsgesellschaft, seine im Vergleich zu Großunternehmen größere Flexibilität und Kundenorientierung, hinderlich ist andererseits die langsame Einführung neuer Methoden der Betriebsführung. Das mittelständische Bewußtsein etwa im Handwerk blieb trotz der weiten Verbreitung industrieller Fertigungstechnik erhalten und äußert sich bisweilen in einer antikapitalistischen, gegen Großunternehmen gerichteten Haltung. In modernen Großunternehmen mit geschickt eingeführter weitgehender Dezentralisierung kann sich in der Belegschaft ein mittelständisches Bewusstsein als Unternehmenskultur durchsetzen, sodass die soziale Gruppe der selbstständig Erwerbstätigen perspektivisch um die Angestelltengruppe der selbstständig Entscheidenden erweitert wird.

Der Mittelstand dominiert die deutsche Wirtschaft stark; nur in Ostdeutschland ist er unterdurchschnittlich entwickelt. Die 3,2 Millionen kleinen und mittleren Betriebe in Deutschland beschäftigen 68 Prozent aller Arbeitnehmer und bilden 80 Prozent aller Lehrlinge aus. Mit 45 Prozent aller Investitionen und 47 Prozent aller Umsätze erreichen sie 45 Prozent der Wirtschaftsleistung.

Mondpreise
überhöhte oder hoch angesetzte Preise, die ein Verkäufer dann unterschreitet, damit sein Angebot günstig wirkt.

Anspielung auf astronomische Zahlen, ab 1963 verwendet, als der Wettlauf der bemannten Mondraumfahrt zwischen der UdSSR und den USA begann.

Mondscheingeschäfte
kaufmännische Vorgänge genau am Wechsel zwischen zwei Geschäftsjahren, die bilanziell keinem der beiden zuzuordnen sind.

Mondscheintarif
ermäßigte Gebühr für das nächtliche Telefonieren, 1974 vom damaligen Bundespostministerium eingeführt. Seltenes Beispiel für eine amtliche Wortschöpfung, die sofort allgemein verwendet wurde.

Monetarismus
eine wirtschaftswissenschaftliche Schule, die seit dem Ende der siebziger Jahre die Wirtschaftspolitik vieler kapitalistischer Länder dominiert. Für den Monetarismus ist die Geldmenge das wichtigste Element für die Bestimmung des Niveaus der volkswirtschaftlichen Aktivität. Während der →Keynesianismus das Niveau der Beschäftigung von der Nachfrage durch Konsum und Investitionen bestimmt sieht und von einer Instabilität des Marktes ausgeht (die des staatlichen Eingreifens bedarf), knüpft der Monetarismus an die Gleichgewichtstheorie der klassischen Nationalökonomie an: Er postuliert die grundsätzliche innere Stabilität des Marktmechanismus, an der auch staatliche Wirtschaftspolitik nichts ändere. Greift der Staat in die Wirtschaft ein, entwickelt sich dem Monetarismus zufolge aus der Störung eine neue Stabilität. Insbesondere Beschäftigungs- und Konjunkturpolitik bleiben deswegen wirkungslos. Vollbeschäftigung stellt sich nur bei einem freien Spiel der Kräfte ein, Arbeitslosigkeit hingegen resultiert überwiegend aus falschen Lohnerwartungen. Aufbauend auf der Geldtheorie, beschränkt eine bedeutende Strömung der monetaristischen Wirtschaftswissenschaft die Rolle des Staates auf eine →angebotsorientierte Wirtschaftspolitik, die zwar einen Ordnungsrahmen für das Funktionieren des Marktes herstellen, sich aber aus der Wirtschaft selbst heraushalten soll. Begrenzte Geldmenge und niedrige Inflationsrate würden als Stabilisierungspolitik des Staates ausreichen. — In die Praxis umgesetzt wurden die monetaristischen Ideen überwiegend in den USA (→Reaganomics) und in Großbritannien (→Thatcherismus), während die soziale Marktwirtschaft in der BRD nach dem Wechsel von der sozial- zur christlich-liberalen Regierung 1982/83 von monetaristischer Politik zunächst nur schwach beeinflusst wurde. Während sich die Bereitschaft zur Privatisierung langsam durchsetzte, blieben das Streichen aller Subventionen und vor allem der monetaristische Traum von der Beseitigung des staatlichen Sozialsystems und seine Ersetzung durch private Vorsorge undurchführbar. Erfolge haben monetaristische Reformen in Reformländern des ehemaligen Ostblocks gehabt. Sie waren allerdings nur möglich, wenn dort die Sozialsysteme in ihren Grundzügen aufrechterhalten wurden. — Einige monetaristischen Annahmen gelten als widerlegt. Insbesondere ist dies die Behauptung, Steuersenkungen führten längerfristig zu Steuermehreinnahmen. Die Vermutung, dass jede Störung des Wirtschaftssystems einen Harmonisierungsprozess auslöst,

ist bislang nicht schlüssig bewiesen. Vor allem aber hat das monetaristische Programm in den achtziger Jahren zu einer steil ansteigenden Arbeitslosigkeit, in den USA zu erheblichen Steuererhöhungen, einem Doppeldefizit in Haushalt und Handelsbilanz und zu verlangsamtem Wirtschaftswachstum geführt. Erst in den Neunzigern stabilisierten sich Wachstum und Beschäftigung, wobei unklar ist, ob dies dem mehr als zehn Jahre alten monetaristischen Programm oder dessen Inkonsequenzen zuzuschreiben ist.

Seine Bezeichnung soll den Monetarismus als Geldtheorie kennzeichnen. Der bekannteste Vertreter der Selbstheilungskräfte des Kapitalismus ist Milton Friedman. 1912 geboren, studierte er in New York Volkswirtschaft und Mathematik und erhielt 1946 eine Professur an der Universität von Chicago, wo er seine Theorie entwickelte und die Denkrichtung der „Chicago-Schule" begründete, einen Zusammenschluss vieler junger Ökonomen („Chicago boys"), die zahlreiche Arbeiten über Geldmenge und Beschäftigung, Entstaatlichung und Deregulierung veröffentlichten. In den sechziger Jahren wurde Friedman zum Berater des rechten Flügels der Republikaner, die wie er der Meinung waren, das Sozialsystem sei „ein Betrug an den Leuten, die noch arbeiten und Steuern zahlen".1962 veröffentlichte er zur Erheiterung vieler Fachkollegen das Buch „Kapitalismus und Freiheit" mit dem Nachweis, dass letztere nur in ersterem möglich sei. 1976 erhielt er den Wirtschaftsnobelpreis. Die Verleihung war von Protesten wegen seiner Beziehungen zur Pinochet-Dikatur in Chile begleitet, wo das monetaristische Programm erstmals praktisch ausprobiert wurde. 1980 veröffentlichte er mit „Chancen, die ich meine" sein populärstes Buch; im gleichen Jahr erklärte er in einer Fernsehserie die beginnenden Reaganomics und wer ihr Hauptfeind sei: der Staat. Einwände gegen die monetaristische Wirtschaftspolitik lässt Friedman bis heute nicht gelten — solche Reformen seien immer auf Jahrzehnte angelegt, wie sich am Aufschwung in den USA zeige. — Friedman, dem auch Freunde seine Härte in sozialen Fragen und seine politische Naivität vorwarfen, hat sich in Schottland zur Ruhe gesetzt. Derzeit wohl bekanntester Monetarist ist Harvard-Professor Jeffrey Sachs (geb. 1956), der als Wirtschaftsreformer in Polen und Russland gearbeitet hat. — Ökonomenwitze: „Wie viele Ökonomen aus Chicago braucht man, um eine Glühbirne zu wechseln?" „Keinen. Wenn die Birne ausgewechselt werden müsste, hätte die unsichtbare Hand des Marktes schon dafür gesorgt." Oder: „Keinen. Wegen der Dunkelheit würde sie sich selbst auswechseln – wenn sich die Regierung nicht immer einmischen würde!" „Wie viele neoklassische Ökonomen braucht man, um eine Glühbirne zu wechseln?" „Kommt auf den Stundenlohn an." „Wie viele keynesianische Ökonomen braucht man, um eine Glühbirne zu wechseln?" „Alle. Damit erreicht man Vollbeschäftigung, mehr Konsum, höhere Nachfrage, mehr Wachstum..." „Wie viele marxistische Ökonomen braucht man, um eine Glühbirne zu wechseln? „Keinen. Die Birne enthält ihre eigene Revolutionierung."

Monopol

Markt mit einem Anbieter und deswegen ohne Wettbewerb. In der Praxis können faktische Monopole auch aus einem marktbeherrschenden Unternehmen und einer Vielzahl von kleinen Anbietern bestehen. Auch die Abgrenzung der Märkte, auf denen ein Monopol besteht, ist oft strittig. In der Regel sind Monopolpreise überhöht und senken die Innovationsfähigkeit, wobei wegen des mangelnden Wettbewerbs ein nationaler Vergleichsmaßstab fehlt. — Unterschieden werden (1) natürliche Monopole (Rohstoffquellen), (2) rechtliche Monopole, die vom Staat festgelegt sind (die meisten Staatsmonopole sind mit der beginnenden Deregulierung und Privatisierung erloschen) oder aufgrund gesetzlichen Schutzes (Patentrecht), (3) wirtschaftliche Monopole, zumeist aufgrund von →Unternehmenszusammenschlüssen, und (4) →Kartelle mit Monopolcharakter. Umstritten ist die theoretische Zuordnung der Netzmonopole (z. B. Bahn-, Telefon-, Strom-, Gasnetz) zu den natürlichen oder wirtschaftlichen Monopolen, ferner in der Praxis das Recht auf die Nutzung fremder Netze (z. B. für Fahr- oder Energiedienste, auch in den virtuellen Netzen der Computer-Kommunikation). Das Nutzungsrecht bzw. eine Durchleitungspflicht kann gegen Eigentumsrechte der Infrastrukturbesitzer verstoßen, ist aber eine Voraussetzung für Wettbewerb, Preissenkungen und die Verbesserung der Dienstleistungen. Der Staat als Eigentümer eines Netzbetriebes kann Nutzungsrechte beschließen, um den Wettbewerb zu vergrößern. — Unternehmenszusammenschlüsse ab bestimmten Größenordnungen müssen vom →Bundeskartellamt genehmigt werden; Monopole unterliegen seiner Missbrauchsaufsicht.

Böhmsche Maxime (nach Franz Böhm, einem Vertreter des Ordoliberalismus): „Öffentlich-rechtliche Monopolisten unterscheiden sich von privaten nur insoweit, als sie obendrein ein gutes Gewissen haben." — Der Begriff kommt von griechisch „monos" (allein, einzig) und „polein" (Handel treiben, verkaufen). — →Oligopol, →Polypol.

Monopolkommission
ein Gremium zur Aufrechterhaltung des Wettbewerbs in Deutschland. Die Monopolkommission hat fünf Mitglieder, die sachkundig und unabhängig sein müssen und auf Vorschlag der Bundesregierung vom Bundespräsidenten berufen werden. Aufgaben: (1) regelmäßige Beurteilung von Stand und Entwicklung der Unternehmenskonzentration, (2) Würdigung der Entscheidungen des →Bundeskartellamtes und der Gerichte zur Missbrauchsaufsicht und zur Fusionskontrolle, (3) Entwicklung von Vorschlägen für Änderungen des →Gesetzes gegen Wettbewerbsbeschränkungen (GWB). Um diese drei Aufgaben zu erledigen, veröffentlicht die Monopolkommission alle zwei Jahre zum 30. Juni ein Hauptgutachten für die Bundesregierung, das diese mit einer Stellungnahme u. a. an den Bundestag weiterleitet. Es enthält meist auch Stellungnahmen zu aktuellen →Unternehmenszusammenschlüssen, Privatisierungs- und Deregulierungsfragen. (4) Aus eigenem Ermessen oder im Auftrag der Bundesregierung veröffentlicht sie Sondergutachten zu Einzelfragen. (5) Bevor der

Bundeswirtschaftsminister sich bei einem Fusionsvorhaben per →Ministererlaubnis über einen ablehnenden Bescheid des Bundeskartellamtes hinwegsetzt, muss die Monopolkommission eine gutachterliche Stellungnahme abgeben. — Um die Konzentration bei einzelnen Warenklassen zu quantifizieren, erhebt sie, wie groß die Umsatzanteile der ersten drei, sechs und zehn größten Unternehmen in diesen Warenklassen sind. Außerdem veröffentlicht sie eine Liste der 100 größten Unternehmen. Die Kommission hält aber die Kontrolle der Konzentration für völlig unzureichend und die amtlichen Angaben zur Kapitalverflechtung für deutlich zu niedrig; im produzierenden Gewerbe liege sie um 50 Prozent höher als nach den offiziellen Daten, schätzt sie selbst. Außerdem beklagt sie, dass das Statistische Bundesamt nicht auf öffentliche Firmenregister und private Datenbanken zurückgreifen dürfe, um sich ein schnelleres und genaueres Bild zu verschaffen. — Die Monopolkommission hat maßgeblich zu einer breiteren öffentlichen Diskussion um die Gefahren der wirtschaftlichen Konzentration in Deutschland beigetragen. Insbesondere belegte sie die heutzutage selbstverständliche Ansicht, dass die größten Unternehmen auch die fusionsaktivsten sind. Ein Geheimnis ihres Erfolges war der zu Beginn der siebziger Jahre noch umstrittene Auftrag, nicht nur wissenschaftlich und juristisch zu erfassen, sondern auch politisch zu bewerten. Sie kann bei der Erstellung der Hauptgutachten gegenüber Verbänden und Unternehmen kein Auskunftsrecht geltend machen, aber Bundesregierung und Bundestag informieren, wenn sie auf Verweigerung stößt. Die Missbrauchsaufsicht bei marktbeherrschender Stellung eines Unternehmens sah sie immer skeptisch: Gegen den fehlenden Wettbewerb werde die behördliche Aufsicht gesetzt; dies führe nur zur Simulation von Wettbewerb mit konstanten Preisen. Bisher nicht verwirklicht wurde ihre Forderung, Privatpersonen ein Zivilklagerecht gegen mutmaßlichen Machtmissbrauch von Unternehmen einzuräumen.

Die Monopolkommission nahm 1974 ihre Arbeit auf. Ihre gesetzliche Grundlage ist das GWB. Um die Unabhängigkeit der Monopolkommission zu unterstreichen, wurde ihre Geschäftsstelle beim Bundesverwaltungsamt, nicht beim Bundeskartellamt eingerichtet. Das erste Sondergutachten erschien 1975, das erste Hauptgutachten 1976. Zu den wichtigsten Sondergutachten gehören:

Die Rolle der Deutschen Bundespost im Fernmeldewesen (1981)

Zur Einführung von privatem Hörfunk und Fernsehen (1981)

Zur Neuordnung der Stahlindustrie (1983)

Die Konzentration im Lebensmittelhandel (1985)

Zusammenschluss von Daimler-Benz und MBB (1989)

Zur Neuordnung der Telekommunikation (1991)

Die Telekommunikation im Wettbewerb (1996)

Anders als ihre deutsche Namensschwester darf die britische Monopolies and Mergers Commission ihre Gutachten nicht nach eigenem Ermessen erstatten. Ihre Zuständigkeit ähnelt der des Bundeskartellamts: Sie ist an allen Verfahren zur

Fusionskontrolle und zur Missbrauchsaufsicht beteiligt. Ähnlich wie die Monopolies and Mergers Commission arbeitet auch die französische Commission de la Concurrence (gegründet 1977). — Die schwerste Krise, in die die Monopolkommission bisher geraten ist, wurde 1988/89 vom Kauf des Luft- und Raumfahrtkonzerns Messerschmitt-Bölkow-Blohm (MBB) durch das Automobilunternehmen Daimler-Benz ausgelöst, die wohl umstrittenste Fusion der bundesdeutschen Wirtschaftsgeschichte. Weil die Bundesregierung bereits weit vor der erwarteten negativen Entscheidung des Bundeskartellamts eine positive →Ministererlaubnis signalisierte, sei das gesetzlich vorgesehene Gutachten der Monopolkommission sinnlos, kommentierte deren Vorsitzender Ulrich Immenga; der Wert der Stellungnahme der Monopolkommission werde auf den Wert des Papiers reduziert, auf dem sie geschrieben stehe. Im August 1989 befürwortete die Monopolkommission, von der vier Mitglieder in den letzten drei Jahren neu hinzugekommen waren, sogar mehrheitlich (gegen Auflagen) die Fusion. Immerhin: Sie erklärte, dass eine Trennung der Deutschen Bank von ihrem Besitz an Daimler-Aktien zwar nicht Gegenstand des Verfahrens, aber wünschenswert sei. Immenga trat nach Abgabe des Gutachtens zurück.

Montanindustrie

im weiteren Sinn die auf dem Bergbau beruhenden Industrieunternehmen, im engeren Sinn die Kohlen-, Eisenhütten- und Stahlindustrie. In Deutschland von den Alliierten entflochten und 1952 mit weit reichender →Mitbestimmung versehen, wurde die Montanindustrie in die →Europäische Gemeinschaft für Kohle und Stahl eingebracht und bildete dort mit den Benelux-Ländern, Frankreich und Italien den ersten gemeinsamen Markt.

Der Begriff kommt von lateinisch „montanus“ (Berge und Gebirge betreffend).

Montanmitbestimmung →Mitbestimmung

Montanunion →Europäische Gemeinschaft für Kohle und Stahl

Most Favoured Nation →Meistbegünstigung

MPG →Bundesministerium für Bildung, Wissenschaft, Forschung und Technologie

MR →Rentenformel

Multilaterale Investitionsgarantie-Agentur (MIGA) →Weltbankgruppe

Multilateralität

Eigenschaft von Verhandlungen oder Verträgen, an denen mehrere Seiten beteiligt sind. Gegenbegriff ist die Bilateralität. Insbesondere in der internationalen Wirtschaftspolitik stoßen diese beiden Prinzipien aufeinander, weil die Bilateralität ein Problem vor allem als Einzelfall sieht, während die Multilateralität zur Vergemeinschaftung von Lösungen neigt. Tendenziell neigen protektionistische Länder zu bilateralen Wirtschaftsverträgen, um Geben und Nehmen im Einzelnen zu steuern, während freihändlerische Länder zur Multilateralität neigen, um vertraglich möglichst große Wirtschaftsbereiche zu regeln. Multilaterale Verhandlungen sind insbesondere in internationalen Gremien wie der →Welthandelsorganisation oder schwach strukturierten Wirtschaftsgemeinschaften üblich.

In der vergemeinschafteten EU-Politik gelten die Abstimmungsprozesse nicht als multilateral, sondern als intern. Verhandlungen zwischen Staatengruppen, etwa zwischen der EU und der →Asean-Gruppe, gelten als bilateral.

Multinationale Konzerne (Multis)

grenzüberschreitend tätige Großunternehmen. Ihr Zweck ist die Ausbeutung von Rohstoffen, die Nutzung von Standortvorteilen für eine konzerninterne Arbeitsteilung oder die Markterschließung außerhalb des Heimatlandes. — Die Kritik an den Multis hat sich insbesondere aufgrund ihres erheblichen ökonomischen Einflusses in den Zielländern entwickelt; der Umsatz zahlreicher Multis übersteigt den Haushalt der Regierungen in ihren Zielländern. Zunächst standen Rohstoffkonzerne (Öl, Erze, Bananen) im Vordergrund. Sie machten und hielten die Regierungen der Zielländer von sich abhängig und verantworteten bei Gefährdung ihrer Interessen militärische oder paramilitärische Aktionen. Besonders nach der Entkolonialisierung in den sechziger Jahren wurden deswegen zahlreiche Multis mit oder ohne Entschädigung enteignet. Einen Höhepunkt erreichte die Kritik, als sich der US-Fernmeldekonzern ITT als treibende Kraft beim Putsch gegen den chilenischen Staatspräsidenten Allende herausstellte. Im Verlauf der achtziger Jahre begann sich das Image multinationaler Unternehmen allmählich zu wandeln (→ausländische Direktinvestitionen, →Technologietransfer). Für die Zuwachsraten des Welthandels (→Globalisierung) sind maßgeblich die Multis verantwortlich; ihr konzerninterner Handel ist seit Beginn der neunziger Jahre bedeutender als der Handel zwischen unabhängigen Unternehmen.

Nach dem Weltinvestitionsbericht der Unctad von 1997 existieren rund 44.000 Multis mit 280.000 ausländischen Beteiligungen. Von den hundert größten Multis haben 30 ihren Sitz in den USA, 18 in Japan, elf in Großbritannien und neun in Deutschland. — Über den Grad der Internationalisierung, der zur Bezeichnung „Multi" berechtigt, herrscht Uneinigkeit. Im engeren Sinn sind Multis nur grenzüberschreitend operierende Konzerne, die aus mehreren Ländern stammen und in mehreren Ländern Geschäfte betreiben. Sie werden von Experten auch „transnationale Unternehmen" (TNU) genannt.

Mundraub

Entwendung oder Unterschlagung von Nahrungsmitteln oder Gegenständen des hauswirtschaftlichen Gebrauchs in geringer Menge. Mundraub wird von § 248a des Strafgesetzbuchs abgedeckt (Diebstahl und Unterschlagung geringwertiger Sachen) und nur auf Antrag verfolgt.

Münze

Wertträger von →Geld aus Metall, früher meist aus Edelmetall. Vorteil war ihre von einer Ware abgelöste Aufbewahrungs- und Tauschfunktion. Mit zunehmender wirtschaftlicher Expansion ab dem Mittelalter führten Probleme bei Transport-, Verwendungs- und Fälschungssicherheit schrittweise zur Dominanz von Papiergeld und Wertpapieren. „Scheidemünzen“ (deren materieller Wert weit unter dem Nominalwert liegt) sind heute für den Zahlungsverkehr bedeutungslos geworden. Für die Verwendung bei Kleinkäufen und in Automaten einstweilen unentbehrlich, könnte auch diese Bedeutung mit dem Ersatz durch →Geldkarten abnehmen. Als Hoffnung auf anhaltende wirtschaftliche Genesung gilt es, wenn Länder mit überwundener Hochinflation ihre Währungsnominale um einige Nullen kürzen und Kleingeldscheine wieder durch Geldmünzen ersetzt werden.

Wort- und Begriffsgeschichte: →Geld

MwSt →Umsatzsteuer

N

nachfrageorientiert

Bezeichnung für eine Wirtschaftspolitik, die in das Geschehen einer Volkswirtschaft eingreift, um erwünschte Ziele zu erreichen, vor allem Vollbeschäftigung oder eine sinkende Arbeitslosenquote. Als zentrale Größe gelten die Löhne. Sie nehmen infolge staatlicher Konjunktur- und Arbeitsbeschaffungsprogramme zu, lösen eine zusätzliche Nachfrage nach Gütern und Leistungen, eine steigende Beschäftigung und zusätzliches Wirtschaftswachstum aus. Die Kosten der Staatsprogramme werden per Staatsverschuldung finanziert (→Deficit Spending) und müssen in der nachfolgenden Hochkonjunktur durch Steuereinnahmen kompensiert werden. — Die Nachfrageorientierung bestimmte die Wirtschaftspolitik der Industrieländer seit den sechziger Jahren (→Keynesianismus), bis sie in den achtziger Jahren von der →angebotsorientierten Wirtschaftspolitik abgelöst wurde (→Monetarismus). Der angebotsorientierten Wirtschaftspolitik lag die Vorstellung zugrunde, dass Märkte alleine nicht in der Lage sind, den gesellschaftlichen Bedarf insbesondere an Vollbeschäftigung zu decken („Marktversagen"). Der Fortschrittsoptimismus der sechziger Jahre schien auch eine Steuerung der Konjunktur zu erlauben (→konzertierte Aktion), wodurch die Gefahr des Marktversagens beherrschbar erschien. Für Keynes war allerdings die Hinnahme von Inflation zur Beseitigung eines zwischenzeitlichen Geldüberhangs notwendig, während man z. B. in Deutschland gemäß dem Stabilitäts- und Wachstumgesetz (1967) die Geldwertstabilität als gleichwertiges Wirtschaftsziel betrachtete (→magisches Viereck). — Die Gleichzeitigkeit von Konjunkturprogrammen, Inflationsbekämpfung, steigender Staatsverschuldung und steigender Arbeitslosenzahlen trug zum Zusammenbruch der sozialliberalen und zur Bildung der christlich-liberalen Koalition bei (1982). Allerdings setzte bereits die sozialliberale Koalition auch nachfragepolitische Elemente ein, wie umgekehrt die christlich-liberale Wirtschaftspolitik auch angebotspolitische Anreize enthält. Solche Mischformen (Policy Mix) lassen manchmal die Unterschiede in den wirtschafts- und finanzpolitischen Konzepten verschwimmen.

Nachhaltigkeit

ein Wirtschaften in der Gegenwart, ohne das Wirtschaften in der Zukunft zu gefähren. Das Prinzip bestimmt seit dem Bericht der von den Vereinten Nationen eingesetzten Brundlandt-Kommission (1987) auch die offizielle entwicklungs- und umweltpolitische Diskussion. Die Kommission unter der Leitung der norwegischen Politikerin Gro Harlem Brundtland verband die Probleme der Überentwicklung des Nordens mit denen der Unterentwicklung des Südens, indem sie für die Erfüllung von Nachhaltigkeit sowohl in wohlhabenden wie in armen Gesellschaften zwei Kriterien aufstellte: die zunehmende Verwendung von erneuerbaren Ressourcen, die insgesamt nicht abnehmen sollen (damit werden Produktion, Konsum und Verschmutzung begrenzt), und der Ersatz des Verbrauchs nicht erneuerbarer Ressourcen durch erneuerbare. Daraus leitete die Brundtland-Kommission die Befriedigung der Grundbedürfnisse in den armen Ländern, ihre Selbstversorgung und eine Verringerung ihrer Weltmarktabhängigkeit ab, ferner die Demokratisierung und damit eine Verringerung der extremen Wohlstandsunterschiede in vielen Entwicklungsländern sowie ein erst dadurch möglich werdender schonender Umgang mit der Natur. Wichtigster Baustein einer nachhaltigen Wirtschaftsweise ist die Internalisierung von ökologischen Kosten, die bisher den Verursachern nicht zugerechnet wurden (→Öko-Steuer). — Auch wenn der Begriff Nachhaltigkeit oft unscharf verwendet wird, ist das Konzept von rechten wie linken Ökonomen grundsätzlich kritisiert worden. Liberale haben zwar die theoretischen Grundlagen begrüßt: Die Analogie zur Wirtschaftswissenschaft mit ihrem Grundsatz unternehmerischen Handelns, nur den Zins zu konsumieren und nicht das Kapital, liegt auf der Hand. Aber Nachhaltigkeit bedeute damit unter realistischen Bedingungen eine Abwendung vom Wirtschaftswachstum; deswegen führten konservative Ökonomen die Variante vom „nachhaltigen Wachstum" ein. Außerdem bedeute Nachhaltigkeit eine Abkopplung vom Weltmarkt und damit von den Vorteilen der →internationalen Arbeitsteilung, weswegen sie seit den neunziger Jahren den Begriff vom „nachhaltigen Handel" verbreiten. Insbesondere könne so ein Rückgang des Rohstoffverbrauchs im Norden vermieden werden, um die Situation der rohstoffexportierenden Entwicklungsländer im Süden nicht zu verschlechtern. Von links wird das Nachhaltigkeitskonzept vor allem als Schadensbegrenzungspolitik kritisiert, ohne dass sich an den ungerechten Strukturen der Weltwirtschaft und in den einzelnen Volkswirtschaften etwas ändere. Das Konzept trage durch eine Modernisierung des Kapitalismus nur zur Sicherung von Herrschaft bei. — Das Prinzip kann auch auf konkrete Entwicklungshilfeprojekte und -pläne angewendet werden. Dann wird zwischen interner und externer Nachhaltigkeit unterschieden. Bei interner Nachhaltigkeit bleiben die Projekte auch nach ihrem offiziellen Abschluss in Übereinstimmung mit dem Nachhaltigkeitskonzept. Bei externer Nachhaltigkeit strahlt es darüber hinaus auf andere Projekte oder Politikbereiche aus. Eine entsprechend präzise Prüfung nach einheitlichen Kriterien unterbleibt jedoch bei den meisten Entwicklungsvorhaben sowohl in der Planung, der Durchführung als auch nach Abschluss.

Der Begriff entstammt der Waldwirtschaft und meinte ursprünglich das Verbot, nicht mehr Holz zu schlagen, als nachgewachsen ist. Wegen seines programmatischen Inhaltes und seiner universellen Einsatzmöglichkeit hat er es zu großer Beliebigkeit gebracht. Auch die englische Bezeichnung Sustainability wird häufig verwendet.

Nachtwächterstaat →angebotsorientiert
Nafta →North American Free Trade Agreement
Namensaktie →Aktie
Nationalisierung →Verstaatlichung
Nationalökonomie →Volkswirtschaftslehre
NEA →OECD
Nebenhaushalte →Staatsverschuldung
nennwertlose Aktie →Aktie

Neoklassik

als „Theorie der Marktwirtschaft" die Sammelbezeichnung für eine Vielzahl wirtschaftswissenschaftlicher Strömungen. Gemeinsam betonen sie Individualismus, Konkurrenz und die Rolle des Staates als Ordnungs- und Schutzmacht der Wirtschaft; im Vordergrund stehen das Gleichgewicht eines marktwirtschaftlichen Systems, das Entstehen von Marktpreisen aus Angebot und Nachfrage sowie individuelle Entscheidungsakte als Ausgangspunkte aller ökonomischen Phänomene. — Gegen die idealistischen Grundlagen einer solchen Wirtschaftsbetrachtung sind insbesondere von Vertretern des →Keynesianismus Einwände erhoben worden, denn die neoklassischen Modelle beruhen auf den Prinzipien der vollkommenen Konkurrenz, der vollständigen Voraussicht und völlig flexibler Preise. Eine solche Vollkommenheit der Märkte stimme nicht mit der Realität überein.

Das ökonomische Denken in der Zeit vom 18. Jahrhundert bis etwa 1870 wird als „Klassik" zusammengefasst und entwickelte sich damals zur Wissenschaft. Wichtigster Vertreter war der englische Ökonom Adam Smith, dessen Hauptwerk „Der Wohlstand der Nationen" (1776) sich mit dem Verhältnis von Markt und Staat, insbesondere mit der Erledigung öffentlicher Aufgaben, befasste und den staatsabsolutistischen →Merkantilismus theoretisch überwand. — Die Theoretiker der auch als Neoklassik bezeichneten Grenznutzentheorie setzten sich von Smith ab, weil der Klassiker den Warenwert von den Herstellungskosten bestimmt sah; der Wert der Ware, so die Neoklassiker, sei aber durch ihren Nutzen bestimmt. Wichtige Neoklassiker waren Marie Esprit Léon Walras (1834-1910) mit Theorien zur Optimierung, zur gerechten Besteuerung und der Einführung der Mathematik in die Ökonomie, Alfred Marshall (1842-1924) mit Arbeiten über die Nachfrage der Konsumenten, Kurvendarstellungen und der Durchsetzung der Ökonomie als selbstständige Wissenschaft, und Artur Cecil Pigou (1877-1959), der Begründer der Wohlfahrtsökonomie mit Einkommensumverteilung und Steuerprogression; Pigou legte zugleich die Grundlagen für die Umweltökonomie, forderte an Stelle von →Öko-Steuern jedoch ein Subventionssystem zur Senkung der Umweltbelastung. — Die Bezeichnung „Grenznutzentheorie" entspringt der Ansicht, dass in einer Volkswirtschaft das Wichtigste zuerst, dann das weniger Wichtige und zuletzt die unwichtigen Güter gekauft werden sollen, ökonomisch ausgedrückt: dass der Konsum optimiert ist, wenn das Geld so auf die einzelnen Waren verteilt wird, dass die zuletzt beschafften (relativ unwichtigsten) Güter allesamt den gleichen (relativ geringsten) Grenznutzen haben.

Neoliberalismus

Sozial- und Wirtschaftstheorie, die zwar auf den Individualismus setzt (Liberalismus), aber die Freiheit des Einzelnen nur in einer Wettbewerbssituation anerkennt. Deswegen müssen immer mindestens zwei Möglichkeiten zur Entscheidung existieren. Daraus ist die Ablehnung von totalitären Systemen und von Modellen der historischen Bestimmtheit („Determinismus") abgeleitet. Notwendig ist, dass der Staat den ordnungspolitischen Rahmen für Wettbewerb und Konkurrenz intakt hält und auch gegen unternehmerische Lobbies für funktionierende Märkte sorgt. Damit folgt der Neoliberalismus historisch auf den ursprünglichen Wirtschaftsliberalismus, der dem Staat keinerlei Regulierungsfunktion in der Wirtschaft zubilligte („Laisser-faire-Politik", „Manchester-Kapitalismus"). Aktive Wettbewerbspolitik ist unter neoliberalen Theoretikern umstritten, weil einige Ökonomen jede Form des Marktversagens verneinen und nur Politikversagen anerkennen.

Wie in der konkurrierenden →Neoklassik gibt es keine einheitliche Theorie, sondern eine Reihe von Denkrichtungen und Schulen. Für den deutschen Neoliberalismus war die →Freiburger Schule um den Ökonomen Walter Eucken mit ihrem →Ordoliberalismus maßgeblich. Als wichtigster US-amerikanischer Theoretiker gilt Milton Friedman (→Monetarismus).

Nettoinlandsprodukt →Bruttoinlandsprodukt

Neuemission →Going Public

neuer Markt →Börsensegmente

New Deal

US-amerikanisches Wirtschaftsprogramm ab 1933 zur Überwindung der Wirtschaftskrise (deutsch „neuer Handel", „neuer Vertrag"). Das Projekt ging auf Präsident Roosevelt zurück; mit öffentlichen Investitionen wie ausgedehnten Infrastrukturprojekten zur Energieerzeugung (z. B. Staudammsystem im Tennessee Valley) sollte die Arbeitslosigkeit reduziert werden. Zur Finanzierung wurden die Steuern erhöht. Die Zahl der Arbeitslosen fiel dadurch von dreizehn auf sieben Millionen, was die Kritiker staatlicher Arbeitsbeschaffungsmaßnahmen als Misserfolg betrachteten. Vollbeschäftigung wurde erst mit dem Eintritt der USA in den Zweiten Weltkrieg erreicht.

New York Stock Exchange →Dow Jones, →Wall Street

NGG →Deutscher Gewerkschaftsbund

NGO →Nichtregierungsorganisationen

NIC →Ländertypologien

Nichtregierungsorganisationen (NRO)

englisch nongovernmental organizations (NGO), Sammelbegriff für eine sehr große Zahl von Gruppen, die sich überwiegend gebildet haben, weil Regierungen sich als unfähig erwiesen, Probleme im eigenen Land zu lösen oder über Ländergrenzen hinweg wirksame (Entwicklungs-)Hilfe zu leisten. Allgemein gelten sie als Reaktion auf Staats- und Marktversagen. — Kennzeichnend sind Freiwilligkeit, Non-profit-Orientierung, geringer bürokratischer Aufwand, Konzentration auf kleine und mittelgroße Projekte, Finanzierung durch Eigenleistung, Spenden und Zuschüsse und eine bevorzugte Zusammenarbeit mit anderen NGOs. Für die Vereinten Nationen werden NGOs zu einer „essenziellen Dimension des öffentlichen Lebens auf allen Ebenen und in allen Teilen der Welt". Die OECD schätzt, dass NGOs aus den entwickelten Ländern 1992 rund 8,3 Milliarden Dollar in die Entwicklungsländer transferiert haben, rund 13 Prozent aller Entwicklungshilfemittel. NGOs aus den entwickelten Ländern haben von 1975 bis 1985 ihre Hilfen real verdoppelt, während die offizielle Entwicklungshilfe nur um 39 Prozent stieg; neue Zahlen fehlen, aber der Trend hält bis in die Gegenwart an. Ein steigender Teil offizieller Entwicklungshilfe wird NGOs übergeben; 1970 stammten erst 1,5 Prozent der NGO-Mittel aus offiziellen Quellen, 1988 waren es bereits 35 Prozent. — Auch in den Empfängerländern hat die Zahl von NGOs schnell zugenommen; die Weltbank schätzt, dass in Indien bereits ein Viertel der Hilfen nicht mehr über die Regierung abgewickelt werden. Nach dem Weltentwicklungsbericht (1993) des UNDP erreichen NGOs in unterentwickelten Gebieten jährlich 250 Millionen Menschen, die von offiziellen Hilfsgeldern nicht berührt werden; bis Ende der neunziger Jahre sollen es 350 Millionen Menschen sein. Durch die intensive Lobbyarbeit und die Anerkennung auf internationaler Ebene sind NGOs in den letzten Jahren zu einem politischen Faktor geworden, der in der Öffentlichkeit der entwickelten Länder leicht unterschätzt wird. — Hauptprobleme von NGOs sind organisatorische Instabilitäten sowie Anfälligkeit für Repression und staatliche Eingriffe in ihre Autonomie. Nur im Einzelfall kann entschieden werden, wie das Verhältnis der NGO zur Regierung definiert sein soll, insbesondere ob die NGO mit, neben oder gegen die staatlichen Strukturen arbeiten soll. NGOs äußern vielfach die Befürchtung, dass ihre größere Effizienz dazu benutzt wird, staatliche Ausgaben zu senken. Ihr guter Ruf führt immer wieder dazu, dass sich staatsnahe Organisationen mit diesem Attribut zu schmücken versuchen, um als Trittbrettfahrer ihr Renommee zu erhöhen oder Einfluss auf internationale Beratungen von NGOs zu nehmen.

Auch die deutschen Organisationen verwenden zur Abgrenzung von staatlichen Stellen gerne die englische Abkürzung NGO, weil die deutsche Form NRO überwiegend amtlich benutzt wird. Bedeutende deutsche und internationale NGOs sind die mit dem Nobelpreis ausgezeichneten Gruppen „amnesty international", „Internationale Ärzte gegen den Atomkrieg" und „Internationale Kampagne zur Ächtung der Landminen", Umweltschutzverbände wie „Greenpeace" und „Robin Wood", die „Gesellschaft für bedrohte Völker", die Initiativen „Ärzte ohne Grenzen" und „medico international", die Kinderhilfsorganisation „Terres des Hommes" oder die kirchlichen Hilfswerke „Misereor" und „Brot für die

Welt". Viele in der Dritten Welt aktive deutsche Organisationen haben sich 1995 im Verband Entwicklungspolitik deutscher Nichtregierungsorganisationen zusammengeschlossen.

Nikkei

japanischer →Aktienindex, der seinen Namen von einer Abkürzung der veröffentlichenden Wirtschaftszeitung „Nihon Keizai Shimbun" hat. Er umfasst 225 Titel, die weder preisgewichtet noch (wegen der Konzentration auf die großen Schwerindustrie-Aktien der Nachkriegszeit) modern zusammengesetzt sind. Versuche, ihn durch bereits vorhandene repräsentativere Indizes wie den Nikkei-300 oder den TOPIX (Tokio Performance Index) zu ersetzen, blieben bisher erfolglos.

Starke Kursschwankungen des Nikkei sind durch das Platzen der →Bubble Economy ausgelöst worden (→Börsenkrach).

Nobelpreis für Wirtschaft

der von der Schwedischen Reichsbank 1968 aus Anlass ihres 300. Gründungstages im Einvernehmen mit der Nobel-Stiftung begründete offiziell so benannte „Preis für Wirtschaftswissenschaften in Erinnerung an Alfred Nobel". Er wurde 1969 erstmals vergeben. Sein Kapital wird von der Nobel-Stiftung verwaltet; die Königlich Schwedische Akademie der Wissenschaft bestimmt die Preisträger. Damit unterscheidet sich die Vergabe nicht von derjenigen der seit 1901 vergebenen „klassischen" Nobelpreise. — Vor allem in den ersten beiden Jahrzehnten war das Durchschnittsalter der Empfänger deutlich höher als dasjenige der Laureaten anderer Nobelpreise, denn zunächst musste eine lange Liste von Anwärtern abgearbeitet werden, deren wissenschaftliche Arbeiten sich längst durchgesetzt hatten. Allerdings machen Wirtschaftswissenschaftler auch geltend, dass es — anders als etwa in Physik oder Chemie — bei den Sozialwissenschaften länger dauere, bis Forschungen ihre Plausibilität bewiesen hätten. Häufig ist der Akademie ihre insgesamt konservative Vergabepolitik vorgeworfen worden, die vor allem Ökonomen würdigt, deren Arbeiten längst Allgemeingut geworden sind. Umstritten sind meist nicht die Inhalte der gewürdigten Arbeiten, sondern die politischen Ansichten der Empfänger; die Preise werden überwiegend an rechtsgerichtete Amerikaner vergeben. In Schweden wird deswegen offen die Abschaffung des Wirtschaftsnobelpreises diskutiert. — Als 1976 der Preis an den →Monetarismus-Ökonomen Milton Friedman vergeben wurde, stieß die Verleihung auf erhebliche Proteste, weil Friedman gute Kontakte zur chilenischen Militärdiktatur, die sein Wirtschaftsprogramm in die Tat umsetzte, unterhielt.

Von Fragen nach dem heutigen Sinn der Nobelpreise blieb auch der Wirtschaftsnobelpreis nicht verschont. Nach Assar Lindbeck, dem Vorsitzenden der Nobel-Kommission für Wirtschaftswissenschaften, „kann angenommen werden, dass ein großer und hochangesehener Preis wie eben der Nobelpreis für eine beträchtliche Anzahl von Wissenschaftlern bis zu einem gewissen Grade auch ein Anreiz zu hoch qualifizierten Forschungen sein kann, wenn man davon ausgeht, dass auch Gelehrte nicht frei von Eitelkeit und Habgier sind." Während die Anreizfunktion des Wirtschaftsnobelpreises insgesamt umstritten ist, gelten insbesondere US-Wirtschaftswissenschaftler und ihre Heimat-Universitäten als an einer Verleihung außerordentlich interessiert. — 1976 wies der Ökonom Richard E. Quandt durch eine Analyse der Zitierungen in acht führenden ökonomischen Fachzeitschriften nach, dass der Kreis der Nobelpreis-Anwärter statistisch eingegrenzt werden kann. Ab 1960 befanden sich unter den 23 meistzitierten Ökonomen zwölf (spätere) Nobelpreisträger; auf den ersten sechs Plätzen standen ausschließlich spätere Nobelpreisträger. 1970 waren vier der fünf meistzitierten Ökonomen (spätere) Nobelpreisträger. Allerdings wurden auch schon sehr selten Zitierte ausgezeichnet. — Die Empfänger und die offiziellen Begründungen:

1969: Ragnar Frisch (Norwegen, 1895–1973) und Jan Tinbergen (Niederlande, 1903–1994), „für die Entwicklung und Anwendung dynamischer Modelle zur Analyse ökonomischer Vorgänge".

1970: Paul A. Samuelson (USA, 1915–), „für das wissenschaftliche Werk, mit dem er die statische und dynamische Wirtschaftstheorie entwickelt und aktiv zur Anhebung des Niveaus der Analyse in der Wirtschaftswissenschaft beigetragen hat."

1971: Simon Kuznets (USA, 1901–1985), „für seine empirisch begründete Interpretation des Wirtschaftswachstums, die zu neuen und vertieften Einsichten in die ökonomische und soziale Struktur und den Prozess der Entwicklung führte."

1972: John R. Hicks (Großbritannien, 1904–1989) und Kenneth J. Arrow (USA, 1921–), „für ihre pionierhaften Beiträge zur allgemeinen Gleichgewichts- und zur Wohlfahrtstheorie".

1973: Wassily Leontieff (USA, 1906–), „für die Entwicklung des Input-Output-Verfahrens und dessen Anwendung auf bedeutende ökonomische Fragestellungen".

1974: Gunnar Myrdal (Schweden, 1898–1987) und Friedrich August von Hayek (Großbritannien, 1899–1992), „für ihre pionierhafte Arbeit auf den Gebieten der Geld- und Konjunkturschwankungen und für ihre eindringliche Analyse der Interdependenz ökonomischer, gesellschaftlicher und institutioneller Erscheinungen".

1975: Leonid V. Kantorowitsch (UdSSR, 1912–1986) und Tjalling C. Koopmans (USA, 1910–1986), „für ihre Beiträge zur Theorie der optimalen Allokation von Ressourcen".

1976: Milton Friedman (USA, 1912–), „für seine Leistungen auf dem Gebiet der Konsum-Analyse, der Geldgeschichte und -theorie und für seine Darstellung der Komplexität der Stabilisierungspolitik".

1977: Bertil Ohlin (Schweden, 1899–1979) und James E. Meade (Großbritannien, 1907–1995), „für ihren bahnbrechenden Beitrag zur Theorie des internationalen Handels und des internationalen Kapitalverkehrs".

1978: Herbert A. Simon (USA, 1916–), „für seine pionierhafte Erforschung der Entscheidungsprozesse in ökonomischen Organisationen".

1979: Theodore W. Schultz (USA, 1902–1998) und Arthur Lewis (Großbritannien, 1915–1990), „für ihre pionierhafte Untersuchung der Wirtschaftsentwicklungsforschung unter besonderer Berücksichtigung der Probleme von Entwicklungsländern".

1980: Lawrence R. Klein (USA, 1920–),

„für die Entwicklung ökonometrischer Modelle und deren Anwendung auf die Analyse von Konjunkturschwankungen und Wirtschaftspolitik".

1981: James Tobin (USA, 1918–), „für seine Analyse der Finanzmärkte und deren Beziehungen zu Ausgabenentscheidungen, Beschäftigung, Produktion und Preisen".

1982: George J. Stigler (USA, 1911–1991), „für seine fruchtbaren Studien über Industriestruktur, über die Funktionsweise von Märkten sowie über Ursachen und Folgen öffentlicher Regulierung".

1983: Gérard Debreu (USA, 1921–), „für den Einbau neuer analytischer Methoden in die ökonomische Theorie und für seine rigorose Neuformulierung der Theorie des gesamtwirtschaftlichen Gleichgewichts".

1984: Richard Stone (Großbritannien, 1913–1991), „für seine maßgeblichen Beiträge zur Entwicklung der volkswirtschaftlichen Gesamtrechnung und damit für die Verbesserung der Voraussetzungen für die empirische Wirtschaftsanalyse".

1985: Franco Modigliani (USA, 1918–), „für seine pionierhaften Analysen des Sparens und der Finanzmärkte".

1986: James M. Buchanan (USA, 1919–), „für seine Entwicklung der kontrakttheoretischen und konstitutionellen Grundlagen der ökonomischen und politischen Beschlussfassung".

1987: Robert M. Solow (USA, 1924–), „für seine Beiträge zur Theorie des Wirtschaftswachstums".

1988: Maurice Allais (Frankreich, 1911–), „für seine pionierhaften Beiträge zur Theorie der Märkte und der effizienten Ressourcenverwendung".

1989: Trygve Haavelmo (Norwegen, 1911–), „für seine Verdeutlichung der wahrscheinlichkeitstheoretischen Grundlagen der Ökonometrie und seine Analysen simultaner ökonomischer Strukturen".

1990: Harry M. Markowitz (USA; 1927–), Merton M. Miller (1923–) und William F. Sharpe (USA, 1934–), „für ihre Pionierarbeit an der Theorie der Finanzwirtschaft".

1991: Ronald H. Coase (Großbritannien, 1910–), „für seine Entdeckung und Klärung der Bedeutung von Transaktionskosten und Eigentumsrechten für die institutionelle Struktur und Funktionsweise der Wirtschaft".

1992: Gary S. Becker (USA, 1930–), „für die Ausweitung des Bereiches der Mikroanalyse auf weite Bereiche des menschlichen Verhaltens und menschlicher Interaktion einschließlich des Nichtmarktverhaltens".

1993: Robert W. Fogel (USA, 1926–) und Douglass C. North (USA, 1920–) „für die Erneuerung der wirtschaftsgeschichtlichen Forschung durch Anwendung der Wirtschaftstheorie und quantitativer Methoden, um wirtschaftlichen und institutionellen Wandel zu erklären".

1994: John C. Harsanyi (USA, 1920–), John F. Nash (USA, 1928–) und Reinhard Selten (Deutschland, 1930–), „für ihre pionierhaften Analysen des Gleichgewichts in der Theorie nichtkooperativer Spiele".

1995: Robert E. Lucas (USA, 1937–), „für die Entwicklung und Anwendung der Hypothese der rationalen Erwartung und die dadurch erreichte Transformation makroökonomischer Analyse und Vertiefung unseres Verständnisses der Wirtschaftspolitik".

1996: James A. Mirrlees (Großbritannien, 1936–) und William Vickrey (USA, 1914–

1996), „für ihre grundlegenden Beiträge zur Wirtschaftstheorie der Anreize unter asymmetrischer Information".
1997: Robert C. Merton (USA, 1944–) und Myron S. Scholes (USA, 1941–), „für eine neue Methode, den Wert von Derivativen zu bestimmen".
Angegeben sind die Länder des dauernden Aufenthalts; dies kann als Hinweis auf ein besonders forschungsfreundliches Klima gelten. Abweichend davon sind die Geburtsländer von Kuznets und Leontief Russland, von v. Hayek Österreich, von Koopmans die Niederlande, von Lewis die Westindischen Inseln, von Debreu Frankreich, von Modigliani Italien und von Harsanyi Ungarn. Die nach der Zahl der Preisträger erfolgreichste Universität von Chicago stellte folgende Laureaten: Friedman (1976), Schultz (1979), Stigler (1982), Miller (1990), Coase (1991), Becker (1992), Fogel (1993) und Lucas (1995). — Als einzige Frau war bisher die US-Amerikanerin Joan Robinson als Anwärterin auf den Nobelpreis im Gespräch. Als „skandalöses Versehen" bezeichnete es der Ökonom Geoffrey G. Harcourt, sie nicht ausgezeichnet zu haben. In Fachkreisen heißt es dazu, die Keynesianerin würde den Nobelpreis vermutlich abgelehnt haben. — Die →alternativen Nobelpreise werden am Vorabend der offiziellen Preisverleihung ausgehändigt. Sehr weit gediehene Bemühungen, auch einen offiziellen Umweltnobelpreis zu stiften, scheiterten bisher am Nobel-Komitee, das nur in den testamentarisch vermachten Preisen den Stifterwillen erkennt, obwohl besonders die Chemie längst keine Schlüsselstellung mehr für die wissenschaftliche oder soziale Entwicklung besitzt. — Witz unter Insidern: „Die Wirtschaftswissenschaften sind die einzige Disziplin, in der zwei Leute einen Nobelpreis erhalten können, obwohl sie genau das Gegenteil sagen." Version seit 1974: „Die Wirtschaftswissenschaften sind die einzige Disziplin, in der zwei Leute sich einen Nobelpreis teilen, obwohl sie genau das Gegenteil sagen"; Myrdal galt als Staatsinterventionist, von Hayek als Marktliberaler.

Nominaleinkommen →Realeinkommen
nongovernmental organizations →Nichtregierungsorganisationen

North American Free Trade Agreement (Nafta)

das Nordamerikanische Freihandelsabkommen, das Kanada, die USA und Mexiko umfasst. Ziel ist eine Freihandelszone für 20.000 gewerbliche Güter, Dienstleistungen und den grenzüberschreitenden Kapitalverkehr bis 2008. Durch den allmählichen Abbau von Zöllen und Quoten soll der nach der EU größte Wirtschaftsblock der Welt entstehen. — In der Nafta haben sich zwei Industriestaaten und ein Entwicklungsland zusammengeschlossen, auch wenn die USA die Aufnahme Mexikos in den Industrieländerklub OECD durchgesetzt haben. Der Vorteil von Nafta ist für Kanada umstritten und für Mexiko fraglich. Ohne davon einen erkennbaren Nutzen zu haben, öffne sich das Land dem Norden und werde wirtschaftlich kolonialisiert, argumentieren Kritiker. Dazu gehörte insbesondere die Beseitigung vieler Hemmnisse für US-Firmen, mexikanische Unternehmen zu kaufen, die Ausdehnung des Patentschutzes für US-Produkte und der Zugang der US-Medienkonzerne zum mexikanischen Markt.

Nafta wurde 1992 unterzeichnet und am 1.1.1994 gültig. Das Inkrafttreten wurde vom Aufstand der Chiapas-Indianer im Süden Mexikos begleitet, die auf das krasse wirtschaftliche Ungleichgewicht im Land aufmerksam machten und der Regierung vorwarfen, die Nachteile von Nafta für das eigene Land zu ignorieren. Insgesamt haben sich in den ersten drei Jahren die Hoffnungen der Regierungen nicht erfüllt, Mexiko kräftige wirtschaftliche Impulse zu geben. Die erwartete Zunahme mexikanischer Importe in die USA blieb aus. Eine Kapitalmarktkrise konnte nur unter hohem finanziellen Einsatz beigelegt werden und hat die Verschuldung Mexikos weiter erhöht. Der Migrationsdruck auf die USA nahm zu und die Mexikaner-Feindlichkeit in der US-Bevölkerung wuchs weiter.

NRO →Nichtregierungsorganisationen

Nuklearenergie-Agentur →OECD

Nullkuponanleihe →Anleihen

Nummernkonten →Anonymität

Nyse →Dow Jones, →Wall Street

O

OECD (Organisation for Economic Co-operation and Development)
Organisation für wirtschaftliche Zusammenarbeit und Entwicklung, ein Zusammenschluss von 29 (1997) marktwirtschaftlich orientierten und demokratischen Industrieländern. Im Vordergrund des OECD-Programms stehen wechselseitige Beratung und Unterstützung vor allem beim Erreichen wirtschafts- und sozialpolitischer Ziele, ein dauerhaftes Wirtschafts- und Beschäftigungswachstum sowie das wirtschaftliche Wohlergehen der Mitglieds- und der Entwicklungsländer; der Akzent liegt auf der Währungs-, Handels- und Finanzpolitik. — Ihre hauptsächlichen Arbeitsergebnisse sind die renommierten Länder- und Sektorenanalysen der 150 dauerhaften Ausschüsse und Arbeitsgruppen mit rund 600 Fachleuten, zu denen noch Expertenrunden und zugezogene Einzelgutachter kommen. Diese Arbeit stellt die Grundlage der Politikberatung durch die OECD dar. Einer ihrer Ausschüsse, das →Development Assistance Committee (DAC), führt das offizielle Verzeichnis der öffentlichen Entwicklungshilfeleistungen. — Der Mitgliedsbeitrag wird anhand der Pro-Kopf-Wirtschaftsleistung errechnet. Die Mitgliedschaft, zu der sich Länder nicht automatisch qualifizieren, sondern eingeladen werden, gilt allgemein als Anerkennung der Tatsache, dass ein Land den Industrieländerstatus erreicht hat. Insbesondere die auf Drängen der USA erfolgte Aufnahme des →Nafta-Mitgliedes Mexiko hat das Prinzip durchbrochen. Erst nach dem Vorwurf, die asiatischen Wachstumsländer zu ignorieren, wurde Südkorea aufgenommen. Die besonders unter den mitteleuropäischen Reformländern verbreitete Attraktivität einer Mitgliedschaft beruht auch auf der Möglichkeit, ein weit über die Berichterstattungspflicht an den →Internationalen Währungsfonds hinaus reichendes makroökonomisches Statistik-, Berichts- und Analysesystem aufzubauen.

Sitz in Paris. 1960 beschlossen, ging die OECD 1961 aus der Organization for European Economic Co-operation (OEEC, Organisation für europäische wirtschaftliche Zusammenarbeit) hervor, die die Hilfe des →Marshall-Plans abwickelte. Das zweite „E" für Europa fiel wegen des erweiterten geografischen Rahmens weg, während das „D" die neue entwicklungspolitische Dimension unterstreichen sollte. — Gründungsmitglieder waren Belgien, Dänemark, (West-)Deutschland, Frankreich, Griechenland, Großbritannien, Irland, Island, Italien, Kanada, Luxemburg, die Niederlande, Norwegen, Österreich, Portugal, Schweden, die Schweiz,

Spanien, die Türkei und die USA. 1964 trat Japan bei, 1969 Finnland, 1971 Australien, 1973 Neuseeland, 1994 Mexiko, 1995 Tschechien, 1996 Polen, Ungarn und (Süd-)Korea. Die EU nimmt an den Beratungen der OECD teil. — Angegliedert sind die Internationale Energieagentur (IEA), die Nuklearenergie-Agentur (NEA) sowie das Zentrum für die Zusammenarbeit mit den Volkswirtschaften im Wandel (CCET).

OEEC →OECD

offene Handelsgesellschaft (oHG)
Rechtsform von Unternehmen, bei der jeder der Gesellschafter geschäftsführend und vertretungsberechtigt ist und persönlich unbeschränkt haftet. Die Gesellschafter sind also wirtschaftlich voneinander abhängig.

→Rechtsformen von Unternehmen

Offenmarktpolitik
der von Zentralbanken, künftig auch von der →Europäischen Zentralbank (→Europäisches Währungsinstitut) betriebene Einsatz von Instrumenten der →Geldpolitik, um damit die Liquiditätsversorgung auf dem →Geldmarkt zu beeinflussen. In Deutschland kann die Bundesbank dazu auf eigene Rechnung auf den „offenen" Geld- und Kapitalmärkten Wertpapiere kaufen oder verkaufen. Kauft sie bei Banken ein, steigt deren Liquidität, weil die Banken Geld für die Wertpapiere erhalten; verkauft die Bundesbank die Wertpapiere an Banken, sinkt das zur Verfügung stehende Geldvolumen. Die Laufzeiten sind mit einem Tag bis zu zwei Monaten kurz. — Üblich sind Offenmarktgeschäfte auf Zeit, bei der der Rückkauftermin gleich festgelegt wird. Sie heissen „Pensionsgeschäft", weil die Wertpapiere zeitweilig beim jeweiligen Gegenüber „in Pension" gegeben werden. In der Regel schließen sich solche →Wertpapier-Pensionsgeschäfte unmittelbar aneinander an oder überschneiden sich. Die Zinsen, die die Bundesbank bei diesen Offenmarktgeschäften erhält bzw. zahlt, sind in den neunziger Jahren wichtiger als die beiden traditionellen →Leitzinsen (mit Tabelle) →Lombard und →Diskont geworden. Gegenüber Diskont- und Lombardkrediten ist damit nicht nur eine einfache „Rückholbarkeit" der Gelder durch Wertpapierverkäufe möglich, sondern auch eine permanente Zinsänderung; seit Dezember 1992 liegen zudem die Zinsstufen nicht mehr bei 0,05, sondern bei 0,01 Prozent und sind damit noch „weicher" geworden.

offshore
englisch „vor der Küste", ein Finanzplatz, an dem Währungen gehandelt werden, die dort kein gesetzliches Zahlungsmittel sind. Für Europa sind dies London und Luxemburg, für Amerika verschiedene Karibik-Inseln, Hongkong, Singapur und Bahrain sowie Bankenfreizonen in den USA und Japan.

→Euromarkt

oHG →offene Handelsgesellschaft, →Rechtsformen von Unternehmen

Öko-Audit
freiwillige Prüfung der Umweltverträglichkeit eines Unternehmens („Öko-TÜV"). Sie soll einerseits zu einer kontinuierlichen Senkung der Umweltbelastungen, andererseits zur Einrichtung und Verbesserung eines innerbetrieblichen Informationssystems für das Umweltmanagement führen. Einheitliche Normen sind dafür mit einer EU-Verordnung von 1993 geschaffen worden, die seit 1995 in allen Mitgliedsländern gilt. Am Ende des Öko-Audits steht eine Umwelterklärung des Unternehmens. Die Erklärung wird von einem Gutachter auf Übereinstimmung mit der EU-Verordnung geprüft und in ein Register eingetragen. Das Unternehmen darf nun mit einem Umweltzeichen nicht-produktbezogen werben. — Die Umweltgutachter werden von der Deutschen Akkreditierungs- und Zulassungsgesellschaft für Umweltgutachter (DAU) geprüft, die von der Industrie finanziert und ausschließlich mit Industrievertretern besetzt ist. Die DAU wiederum erhält ihre Vorgaben von einem ehrenamtlichen Bonner Gutachterausschuss, der sich aus Wirtschaftsvertretern, Politikern, Gewerkschaftern, Vertretern von Umweltverbänden und Öko-Gutachtern zusammensetzt. — Offiziell wird nur zwischen „Übereinstimmung" und „Nichtübereinstimmung" der Umwelterklärung eines Unternehmens mit den EU-Normen unterschieden. Beliebt sind deswegen die unabhängigen Rankings des Öko-Instituts in Darmstadt, mit denen sich anhand von maximal möglichen und tatsächlich erreichten Punkten auch die Umwelterklärungen von Unternehmen unterschiedlicher Branchen vergleichen lassen (siehe Tabelle). Die Input-Output-Bilanzierung, das Umwelt-Controlling und die Veröffentlichung von Kennzahlen gehen über das Öko-Audit hinaus, gelten in der Fachöffentlichkeit aber als notwendiger Bestandteil der Beurteilung der Umweltfreundlichkeit eines Unternehmens. — Insgesamt hat die Öko-Zertifizierung einen erheblichen Investitions- und Modernisierungsschub ausgelöst. Weiterhin ist es allerdings möglich, für ein ökologisch bedenkliches Produkt ein Zertifikat zu erhalten, wenn die Produktion ökologisch unbedenklich ist. Zwar ist das Öko-Audit nach der EU-Norm oder die Zertifizierung nach ISO 14.000 (→ISO 9.000ff) freiwillig; zunehmend verlangen sich aber auch Unternehmen untereinander ein Zertifikat ab. Die wünschenswerte internationale Einheitlichkeit der Prüfung scheitert an der Vielzahl inzwischen gültiger unterschiedlicher Normen. Zunehmend in Betracht gezogen wird dabei nicht nur die Qualität der Zertifikate, sondern auch die der Zertifizierer. Insgesamt hat sich die anfängliche Befürchtung, eine Öko-Zertifizierung würde sich schnell zur Mogelpackung entwickeln, nicht bewahrheitet. — Übersicht Seite 328.

Ökobilanzen
innerhalb eines Unternehmens die Darstellung aller die Umwelt berührenden Aspekte in Form einer Bilanz. Voraussetzung dafür ist eine nach ökologischen Kriterien aufgebaute doppelte Buchhaltung, die alle In- und Outputs registriert und über Koeffizienten miteinander vergleichbar macht

Öko-Audit / Elemente einer Umwelterklärung

Bewertungssystematik des Öko-Instituts, Darmstadt

maximale Punktzahl:		350
Darstellung		50
Vollständigkeit der Angaben / Termin für die Vorlage der nächsten Umwelterklärung / Name des zugelassenen Umweltgutachters	15	
Plausibilität / Verständlichkeit der Teilaussagen	10	
Systematischer Aufbau / Grafiken	5	
Inhaltsverzeichnis	5	
Register / Begriffserklärungen	10	
Nennung von Ansprechpartnern	5	
Umweltprüfung		100
Allgemeine Angaben; Beschäftigte / Umsatz / Auswirkungen der Umweltaktivitäten auf den Ertrag	5	
Beschreibung der Produkte / Produktionsverfahren	15	
Zahlenangaben zu Emissionen, Abfall, Rohstoff-, Energie- und Wasserverbrauch, Lärm und anderen bedeutsamen umweltrelevanten Aspekten	15	
Systematische Input-Output-Bilanzierung	10	
Umweltkennzahlen / Zeitreihen	20	
Beurteilung der verursachten Umweltbelastungen	20	
Berücksichtigung der Produktlebenszyklen	15	
Umweltmanagementsystem (UMS)		100
Beschreibung des Organisationsaufbaus / Darstellung durch Organigramm	10	
Kontinuierliche Dokumentation / Handbuch UMS	10	
Sicherheits-/Riskomanagement: interne/externe Prüfungen / Kontrolle	5	
Systematische Einbeziehung externer Informationen für ökologischen Fortschritt (Wissenschaft, Verbände, Behörden, Medien)	10	
Umweltpolitik, -ziele und -programm: Zuständigkeit und Abläufe	5	
Nennung des Managementvertreters	5	
Umweltschutz durch Gremien (Umweltbeauftragter / Umweltausschuss / Umweltteams) im Unternehmen verankert	5	
Beschreibung der Arbeitsweise der Gremien / Bereiche, in denen Initiativen ergriffen wurden	5	
Mitarbeiterbeteiligung durch betriebliches Vorschlagswesen	5	
Systematische Einbeziehung / Zusammenarbeit der Abteilungen Forschung & Entwicklung, Einkauf, Produktion, Marketing, Rechnungswesen	20	
Umweltcontrolling / ökologisch ausgerichtete Rechnungslegung	5	
Kriterien der Mitarbeiterschulung und -weiterbildung	7	
Steigender Anteil geschulter Mitarbeiter	8	
Umweltpolitik und Umweltziele		100
Umweltpolitik: standortbezogenes Profil	10	
„Gute Managementpraktiken" und Nachhaltigkeit	10	
Umweltziele: Konkretheit und Überprüfbarkeit	10	
Hauptumweltbelastungen werden reduziert	10	
Langlebigkeit berücksichtigt	5	
Produktlebenszyklen berücksichtigt	5	
Nennung von Umsetzungsfristen	10	
Beschreibung der Maßnahmen	10	
Nennung der Zuständigkeiten	10	
Kontinuierlicher Verbesserungsprozess	10	
Best Available Technology (BAT, die beste zur Verfügung stehende Technologie gilt als Maßstab)	10	

und verrechnet. Wegen erheblicher methodischer Probleme der Vereinheitlichung ist heutzutage eine Aufteilung in Gruppen üblich (z. B. Energie-, Boden-, Rohstoffverbrauch, Wasser-, Luft-, Bodenbelastung usw.). — Verbreitet sind (1) Produktionsprozess-Bilanzen, die auf das Schließen von Stoffkreisläufen und die Wiederverwendbarkeit der Produktionsmittel abzielen und vor allem firmenintern genutzt werden, (2) Produkt-Bilanzen, die die umweltrelevanten Aspekte vom Beginn der Herstellung eines Produktes bis zum Ende seiner Existenz zusammenfassen und für das Unternehmen und seine Kunden gedacht sind, und (3) die Produktlinien-Analyse, die alle wichtigen ökologischen, ökonomischen, sozialen und außen- oder entwicklungspolitischen Aspekte zusammenträgt und für die Diskussion in Politik und Wirtschaft geeeignet ist. Hier gehen die Bewertungen extrem auseinander. Am Beispiel Raps kann gezeigt werden, dass mit einer Produktionsprozess-Bilanz sein Anbau ökologisch optimiert, mit einer Produkt-Bilanz sein Einsatz als Treibstoff begründet, aber in einer Produktlinien-Analyse die steuerliche Förderung des Anbaus verworfen werden kann, weil sich mit diesen Fördergeldern in anderen Bereichen mehr Kohlendioxid-Emissionen reduzieren lassen. — Eingesetzt werden unternehmerische Ökobilanzen zur Schwachstellenanalyse, um Einsparmöglichkeiten in der Herstellung zu identifizieren, ferner zur Abschätzung voraussichtlicher Umweltauswirkungen neuer Produkte und Verfahren, für die Eigenwerbung gegenüber Kunden und Lieferanten und (über das Argument, dass Ökobilanzen fehlen) als Mittel zur Verzögerung und Verhinderung von umweltfreundlichen Investitionen. — Ökobilanzen werden freiwillig erstellt. Die zugrunde gelegte Methodik ist nicht vereinheitlicht. Soweit Ökobilanzen nicht als reine PR-Aktion verstanden werden, sind sie inbesondere im Rahmen eines umfassenderen Management-Informationssystems sinnvoll, mit dem die ökologischen Aspekte des Wirtschaftens gesteuert werden können.

Andere Ansätze verfolgen das →Öko-Audit der EU und die allgemein gültigen Vorschriften der Normenfamilie ISO 14.000 (→ISO 9.000ff).

Ökoinlandsprodukt →Ökosozialprodukt

ökologische Steuerreform →Ökosteuern

ökologische Wirtschaftsforschung
interdisziplinärer Wissenschaftszweig, der sich mit den welt-, volks- und betriebswirtschaftlichen Aspekten der Umweltnutzung und -schädigung und der Umweltpolitik beschäftigt. Die traditionellen wirtschaftswissenschaftlichen Disziplinen „ergrünen" zwar in Teilbereichen (→Öko-Audit oder →Ökobilanzen in der Betriebswirtschaft, →Ökosteuern in der Volkswirtschaft) und auch die traditionellen →Wirtschaftsforschungsinstitute beschäftigen sich mit ökologischen Themen. Dies kann jedoch eine systematische Verknüpfung ökologischer und ökonomischer Aspekte, die auch politische Dimensionen berücksichtigt, nicht ersetzen. Die Marginalisierung der ökologischen Wirtschaftsforschung beruht

auf ihren häufig keynesianischen und marxistischen Grundpositionen, für deren Geltung ökologische Kriterien herangezogen werden.

Die bedeutendsten deutschsprachigen Einrichtungen mit unterschiedlichen Forschungsansätzen sind das Institut für Ökologische Wirtschaftsforschung (IÖW) in Berlin, ein gleichnamiges Institut in Wien, das Interdisziplinäre Institut für Umwelt und Wirtschaft an der Wirtschaftsuniversität Wien sowie das Institut für Wirtschaft und Ökologie an der Universität St. Gallen (Schweiz). Auch das Wuppertal Institut Klima, Umwelt, Energie beschäftigt sich mit dem Zusammenhang von Ökologie und Wirtschaft.

Ökonometrie

eine ökonomische Hilfswissenschaft, die Modelle für wirtschaftliche Prognosen und Simulationen entwickelt. Sie verbindet mathematische Wirtschaftstheorie, Wirtschaftsstatistik und Statistische Theorie; bei der Diskussion volkswirtschaftlicher Hypothesen und Theorien ist sie weit verbreitet. — Für Prognosen ist die Ökonometrie begrenzt hilfreich. Wie bei allen statistisch-mathematischen Verfahren, die auf eine Gesellschaftswissenschaft angewandt werden, ist die zu geringe Anzahl der berücksichtigten Faktoren das Hauptproblem. Hinzu kommt, dass Wirtschaftssubjekte während eines Prognosezeitraums ihr Verhalten ändern können. In den sechziger und siebziger Jahren drückte der Aufschwung der Ökonometrie die Erwartung der Machbarkeit gesellschaftlicher Entwicklung aus, wenn nur hinreichende Theorien und Datenverarbeitungskapazitäten bestünden. — Eine Folge der sehr schnell zunehmenden Leistungsfähigkeit von Computern und Software seit den siebziger Jahren und ihrer inzwischen allgemeinen Verwendung ist, dass es oftmals mehr Daten gibt, als die Modelle verarbeiten können. Ein Vergleich der Konjunkturprognosen der Wirtschaftsforschungsinstitute zeigt, dass die Abweichungen teilweise erheblich sind. Unverzichtbar sind ökonometrische Modelle insbesondere bei der Diskussion um die künftige Finanzierung der Sozialversicherung.

Insider-Witz: Drei Ökonometriker gehen auf die Jagd. Als sie einen Hirsch sehen, feuert der erste, verfehlt aber – einen Meter zu weit links. Der zweite schießt und fehlt – einen Meter zu weit rechts. Der dritte schießt nicht, sondern ruft: „Getroffen!"

Ökosozialprodukt (ÖSP)

analog dem →Bruttosozialprodukt der Versuch einer rechnerischen Gesamtdarstellung der ökologischen Aspekte einer Volkswirtschaft. Insbesondere sollen damit die Kosten von Umweltverbrauch und -zerstörung erfasst werden. In einem nächsten Schritt könnten Öko- und Bruttosozialprodukt zu einem Ökobruttosozialprodukt zusammengeführt werden. — Ausgangspunkt ist die Unzufriedenheit damit, dass das Bruttosozial- bzw. neuerdings -inlandsprodukt (BSP bzw. BIP) als wichtigste Kenngröße einer Volkswirtschaft gilt, obwohl die Folgen dieses Wirtschaftens den gesellschaftlichen Reichtum zerstören können und Folge- und Reparaturkosten (Krankheiten,

Rekultivierungen usw.) das BSP noch erhöhen. Eine umweltrelevante Kosten-und-Nutzen-Rechnung hat sich bisher aber nicht durchsetzen können. Gründe: (1) Methodisch lassen sich qualitative (ökologische) Kosten nicht immer und nur selten eindeutig in quantitativen Größen („in Mark und Pfennig") benennen. So können die geldwerten Kosten einer ausgestorbenen Vogelart von ihrer Funktion als Insektenvertilger oder Bio-Indikator, die Erholungsfunktion des Zwitscherns für die Menschen und ihre Eigenschaft als Vorbild für die Technik nicht ernsthaft bestimmt werden. (2) Ein Ökobruttosozialprodukt würde den Gesamtrechnungsanspruch weiter aufwerten, obwohl schon die traditionellen Sozialproduktsrechnungen wichtige gesellschaftliche Phänomene nicht erfassen können oder wollen: produktive und nichtproduktive Aspekte von Drogenkonsum, Prostitution, Schwarzarbeit, Steuerhinterziehung oder auch unbezahlte weibliche Hausarbeit. (3) Die Philosophie des ÖSP steht zudem in einem inneren Widerspruch zur Grundüberlegung der Ökologie, die das Geld als Maß aller Dinge gerade in Frage stellt. Insbesondere kann in diesem Sinne der Wert der Biosphäre oder der Zukunft der Menschheit nicht in Geld ausgedrückt werden.

Ein bescheidenerer Ansatz ist, Koeffizienten zu ermitteln, die für mehrere Positionen einer Umweltrechnung gelten können. Solche Ansätze einer ökologischen Buchhaltung werden vor allem bei der Erstellung von →Ökobilanzen und den →umweltökonomischen Gesamtrechnungen genutzt. — Analog dem methodischen Übergang vom BSP zum BIP wird zwar gelegentlich auch der Begriff Ökoinlandsprodukt verwendet. Obwohl sachlich zutreffend, hat er sich aber nicht allgemein durchsetzen können, weil das Konzept eines Ökosozialprodukts bereits vor dem Übergang vom BSP zum BIP Anfang der neunziger Jahre zumeist verworfen wurde.

Ökosteuern

Sammelbezeichnung für Staatseinnahmen, die auf dem Ge- oder Verbrauch von Natur beruhen, zumeist von Energieträgern (z. B. Öl, Erdgas, Kohle). Zu Ökosteuern werden oft auch Abgaben für Umweltbelastungen oder -zerstörungen gezählt (z. B. für Emittenten von Giftstoffen). Nicht dazu gehören an den Staat fallende Geldstrafen (z. B. nach →Umweltstraftaten) und Gebühren, für die Leistungen erbracht werden (z. B. Abwassergebühren). — Wichtigste ökonomische Beobachtung zur Begründung von Ökosteuern ist, dass insbesondere Energiepreise „nicht die ökologische Wahrheit sagen" (Ernst Ulrich von Weizsäcker). Energieverbrauch und Straßenverkehr etwa erzeugen externalisierte Kosten (Waldsterben, Klimaeffekt, Krankheiten, Verkehrstote), die den betrieblichen oder privaten Verursachern bisher nicht zugeordnet werden. Die Sinnhaftigkeit einer Internalisierung wird grundsätzlich kaum bestritten. Vor allem der Übergang zu einer von →Nachhaltigkeit geprägten Wirtschaftsweise scheint anders kaum möglich. — Während Umweltsteuern in erster Linie der Staatsfinanzierung dienen und nur wenig zum sparsamen Umgang mit knappen Ressourcen anhalten, können

Ökosteuern — je nach ihrer Ausgestaltung in unterschiedlicher Gewichtung und Zusammensetzung — drei Ziele verfolgen: (1) eine Finanzierungsfunktion für den Haushalt, (2) eine deutlichere Lenkungsfunktion mit Anreizen für die „Ökologisierung" in einzelnen Wirtschaftszweigen und (3) eine Arbeitsplatzfunktion, indem der Naturverbrauch verteuert, der Einsatz menschlicher Arbeit verbilligt und eine Aufkommensneutralität angestrebt wird, um die Belastung der Wirtschaft insgesamt nicht zu steigern. In der politischen Diskussion werden Umweltsteuern oft als Ökosteuern bezeichnet, auch wenn sie nur eine geringe Lenkungs- und Arbeitsplatzfunktion aufweisen. — Je ernsthafter Ökosteuern eingesetzt werden, umso schneller schaffen sie sich ab: Wer Kohle hoch besteuert, weil Kohlendioxid-Emissionen den Treibhauseffekt vergrößern, und damit die Umstellung auf andere Energieträger erreicht, muss sich bald nach einer anderen Einnahmequelle umschauen. Aber ein ernsthaftes Ökosteuer-Konzept kann sich nicht damit zufrieden geben, allein die Zuwächse von Schadstoff-Emissionen wegzusteuern, um die Staatseinnahmen konstant zu halten. Konzepte, bei denen die Ökosteuern auch eine echte Finanzierungsfunktion haben, müssen deshalb die dynamische Entwicklung der Einnahmen und ihre Ersetzung durch neue Ökosteuern berücksichtigen. Diskutiert werden auch zahlreiche langfristige oder dauerhafte Ausnahmen für besonders energie-intensive Branchen, die dann aber auch besonders hohe „Ökosteuerausfälle" verursachen. — Generell bleiben in Ländern mit hohen Inflationsraten Ökosteuern nur wirksam, wenn die Sätze regelmäßig der Preisentwicklung angepasst werden. Der Anreiz versagt ganz, wenn Staatsbetriebe direkt oder größtenteils aus dem Haushalt finanziert werden — dann kann eine erhöhte Ökosteuerbelastung durch erhöhte Subventionen ausgeglichen werden. — Auf der Ausgabenseite bedeutet ein Ökosteuerkonzept den Abbau von Steuerbefreiungen, Vergünstigungen und andere Subventionen, so etwa bei der Verwendung von Flugbenzin, Treibstoffen in der Landwirtschaft, steuerbegünstigten Autofahrten zum Arbeitsplatz, der Vorzugsbehandlung von Diesel, Kohle usw. Die Formen der Einnahmeerhebung brauchen nicht nur klassische Steuern zu sein. Es können auch langfristig steigende Abgaben auf Emissionen sein, die schnelle Investitionen belohnen. Möglich ist der Verkauf von Verschmutzungszertifikaten an die Industrie, bei denen von Jahr zu Jahr die Preise steigen und der Umfang der erlaubten Emissionsmengen sinkt. Wenn die einmal erworbenen Zertifikate von „sauber" gewordenen Unternehmen an noch „unsauber" Produzierende verkauft werden dürfen, steigert dies die Staatseinnahmen nicht mehr. Wenn der Staat selbst aber die Zertifikate versteigert, kann er weitere Verknappungsgewinne einstreichen. — Insgesamt erfordern Ökosteuern einen erheblichen Abstimmungsbedarf zwischen Staat und Wirtschaft, weil sie wirkungslos bleiben, wenn sie zu niedrig sind, und Krisen hervorrufen, wenn die Kostenbelastung zu hoch wird. Ein verteilungspolitisches Problem ist, dass Ökosteuern in Industrieländern tendenziell unsozial sind, weil Niedrig- und Mittelverdiener mehr lebensnotwendige (ökosteuerbelastete) Güter nachfragen als Gutverdienende. Deren Ersparnisbildung und Kapitalanlagen können nur schwer mit Ökosteuern belegt werden. Der tendenziell protektionistische Gehalt von Ökosteuern beruht darauf, dass beim Import von Waren, die nicht der Ökobesteuerung unterliegen, an den Grenzen Ausgleichszölle erhoben werden müssten, die kaum vor der →Welthandelsorganisation bestehen dürften. Hier liegt das vorrangige Problem aber darin, dass die Schiedsverfahren der WTO bisher zu wenig die Rechtsgültigkeit von UN-Konventionen zum Umweltschutz, auf die sich Ökosteuern beziehen müssten, berücksichtigen. Ein weiteres Problem ist, dass diejenigen am meisten betroffen sind, die die geringsten Chancen zur Umstellung haben: Company Towns, die von einem einzigen die Umwelt belastenden Unternehmen bestimmt werden, oder Volkswirtschaften, die vom Ölexport geprägt sind. Hauptproblem ist aber der Kampf um den politischen Einfluss, der Voraussetzung für eine wirksame Ökosteuer ist: Die großen Verschmutzer sind am besten organisiert, die breite Öffentlichkeit ist am schlechtesten informiert. — Eine Verkopplung von Öko- und Arbeitsmarktpolitik ist möglich. Der überwältigende Teil des Steueraufkommens stammt aus der Besteuerung der Arbeit (Lohnsteuer), während Steuern auf den Einsatz von Kapital und die Nutzung der Umwelt geringere Bedeutung haben. Zwischen 1970 und 1993 fiel der Anteil der Abgaben auf Naturverbrauch von zwölf auf neun Prozent der gesamten Produktionskosten, während der Anteil der Lohnsteuer von 17 auf 24 und der der Sozialabgaben von 28 auf 38 Prozent stieg. Damit verteuert der Staat die Arbeit, während die Natur „billig" bleibt. Wenn die Ökosteuereinnahmen dazu beitragen, die Besteuerung der Arbeit zu senken, steigert dies nicht nur die Konkurrenzfähigkeit der weniger energie-intensiven Produkte gegenüber den energie-intensiven, sondern auch die der arbeitsintensiveren gegenüber kapitalintensiveren Produkten. — Steuerrechtlich ist umstritten, ob eine Besteuerung des Energieverbrauchs dem obersten verfassungsrechtlichen Ziel der Besteuerung der Leistungsfähigkeit entspräche.

Als früheste Erörterung einer Ökosteuer gilt eine Arbeit des britischen Ökonomen Arthur Cecil Pigou von 1920 (→Neoklassik) über den Zusammenhang von Kohleverfeuerung, Londoner Smog und die durch ihn verursachten Todesfälle. Pigou leitete daraus ab, dass die Externalisierung solcher Kosten (heraus aus den Unternehmen) durch eine Steuer wieder internalisiert (in das Unternehmen hineingebracht) werden könne, forderte allerdings vor allem Subventionen zum Abbau der Emissionen. Die Externalisierbarkeit ökologischer Kosten gilt in der ökonomischen Diskussion als besonders drastisches Beispiel für Marktversagen. — Das Deutsche Institut für Wirtschaftsforschung (DIW) hat 1994 für die Umweltschutzorganisation Greenpeace die Folgen einer dynamischen Ökosteuer durchgerechnet. Vorgabe war, die Steuersumme nicht zu erhöhen, aber die Benzinsteuer von 1995 bis 2005 um jährlich sieben Prozent anzuheben. Auch der Strompreis für Privathaushalte und Industrie soll steigen. Privathaushalten gibt der Staat aber diese Einnahmen als Öko-Bonus zurück, der von 30 auf 400 Mark jährlich steigt. Unternehmen erhalten stattdessen niedrigere Lohnnebenkosten. Insgesamt steigt auch hier die Kostenbelastung nicht. Das Ergebnis: Innerhalb von zehn Jahren sinkt der Energieverbrauch um 20 Prozent, der Kohlendioxid-Ausstoß um 21 Prozent, aber es entstehen zwischen 330.000 und 800.000 neue Arbeitsplätze. Für einige Branchen ist der Preisschock katastrophal: Eisen, Stahl und Chemie sind die Verlierer. Gewinner sind die Wirtschaftszweige mit geringem Energieverbrauch und hohem Personaleinsatz: Maschinenbau, Elektro- und Kommunikationstechnik sowie die Dienstleistungen. 60 Prozent der Beschäftigten arbeiten in den Gewinner-, 40 Prozent in den Verliererbranchen. Hauptproblem wäre die starke regionale Konzentration der Verlierer. Aber bei netto etwa einer halben Million neuer Arbeitsplätze als Mittelwert verschiedener Szenarien befürwortete das DIW eine solche Reform, die zu einem großen Teil auch im nationalen Alleingang erfolgen könne. — Die EG-Kommission hatte schon 1992 eine dynamische Besteuerung nicht erneuerbarer Energieträger vorgeschlagen, die sich am Energiegehalt und an der Kohlendioxidproduktion orientieren sollte. Danach sollte pro Barrel (159 Liter) Erdöl in der EU und den Mitgliedsländern der OECD ein Zuschlag von drei Dollar erhoben werden, der bis zum Jahr 2000 auf zehn Dollar steigt. Über den Vorschlag konnte schon in den EU-Ministerräten keine Einigkeit erzielt werden. — Ökologische Steuerreformen haben in skandinavischen Ländern und in den Niederlanden begonnen. In Schweden macht eine Umschichtung der Steuereinnahmen mit einer Entlastung der Arbeitskosten und einer Belastung des Naturverbrauchs sechs Prozent des BIP aus. OECD-Untersuchungen zufolge sind die Arbeitsmarkteffekte solcher Reformen leicht positiv.

Öl

wichtigster international gehandelter Rohstoff mit einem Tagesumsatz von etwa zwei Milliarden Dollar; Grundlage der petrochemischen Industrie (Treibstoffe, Kunststoffe) und der Energieerzeugung in den meisten Industrieländern. Die Ölpreisschocks der siebziger Jahre trugen erheblich zur Diskussion um die Endlichkeit der natürlichen Ressourcen (→Club of Rome) bei und führten zur verstärkten Erschließung von Erdöl- und Erdgasvorkommen durch die Hauptverbrauchsländer. Die Preisexplosion hat zudem gezeigt, dass entgegen der ursprünglichen Ansicht der meisten Ökonomen und Politiker das Wirtschaftswachstum und die Zunahme des Energieverbrauchs entkoppelt werden können: Von 1973 bis 1994 ist in Deutschland der Energieeinsatz zur Erwirtschaftung des gleichen Volumens Bruttosozialprodukt um 36 Prozent gefallen. Die in der →Organisation der Erdöl exportierenden Länder (Opec) zusammengeschlossenen Länder haben es nicht vermocht, durch Absprachen über Förderquoten ein Angebotskartell aufrechtzuerhalten. Die Zahl der Anbieter auf dem Weltmarkt hat durch den Zusammenbruch der Sowjetunion noch zugenommen. Die strategische Bedeutung des Öls hat zwar nicht nachgelassen, es taugt aber aufgrund der Diversifizierung der Bezugsmöglichkeiten, der Uneinigkeit der Großförderer, ihres eigenen Verbrauchs und der Bevorratung in den Verbraucherländern nicht mehr als politische oder ökonomische Waffe.

→Organisation der Erdöl exportierenden Länder, →Schuldenkrise, →multinationale Konzerne, →Verstaatlichung.

Oligopol

die Vorherrschaft weniger Anbieter auf einem Markt, Zwischenform zwischen →Monopol und →Polypol. Anbieter-Oligopole können marktwirtschaftlich vorteilhaft sein, wenn die Unternehmen günstige Betriebsgrössen haben, um Innovationen auch in Konkurrenz untereinander zu finanzieren. Andererseits sind Oligopole besonders anfällig dafür, →Kartelle zu bilden. — Auch Nachfrage-Oligopole sind möglich und in der Wirtschaft, besonders zwischen Abnehmern und Zulieferern, verbreitet.

Der Begriff kommt von griechisch „oligos" (wenig, gering) und „polein" (Handel treiben, verkaufen) und ist eine Parallelbildung zu Monopol.

Opec →Organisation der Erdöl exportierenden Länder

Opting out →Maastrichter Vertrag

Optionen

Termingeschäfte mit Wertpapieren, bei dem der Kauf oder Verkauf zu einem bestimmten Termin oder innerhalb einer bestimmten Frist zu einem vorab festgelegten Preis möglich, aber nicht zwingend ist. Damit kann auf den erwarteten Kursverlauf eines Wertpapiers spekuliert werden. — Technisch besteht ein Optionsprodukt aus einem Wertpapier (Anleihe oder Aktie) und dem Optionsschein, der zum Kauf (Call) oder Verkauf (Put) berechtigt. Wertpapier und Optionsschein (auch engl. „Warrant") sind auch getrennt handelbar (siehe Tabelle →Börsensegmente). Der Emittent des Wertpapieres muss Kapital für die Einlösung der Bezugsrechte reserviert haben. Nachteil ist die ungewisse Kursentwicklung, Vorteil ist die große Hebelwirkung, die ermöglicht, mit den recht preiswerten Optionsscheinen enorme Gewinne zu realisieren, ohne die wesentlich teureren Aktien kaufen zu müssen.

Der Begriff kommt von lateinisch „optio" (freier Wille, freie Wahl).

Optionsanleihe →Anleihen

Orderpapier →Wertpapier

Ordoliberalismus

die auf einem Wettbewerbssystem beruhende Wirtschafts- und Sozialtheorie der →Freiburger Schule um den Ökonomen Walter Eucken, der damit eine deutsche Variante des →Neoliberalismus schuf und die →soziale Marktwirtschaft massgeblich beeinflusste. Die Theorie besteht aus einer Reihe von grundlegenden Prinzipien, die vor allem ein funktionsfähiges Preissystem schaffen sollen. Dazu gehören (1) eine stabilitätsorientierte Währungspolitik, damit Marktpreise nicht verzerrt werden, (2) offene Märkte, damit neue

Konkurrenten den Wettbewerb vergrößern, (3) Privateigentum an Produktionsmitteln, um dezentrale wirtschaftliche Entscheidungen zu fällen, (4) Vertrags- und Gewerbefreiheit, um über das Privateigentum frei verfügen zu können, (5) Eigenhaftung für die Entscheidungen, um nicht den Staat für die Folgen wirtschaftlicher Fehlentscheidungen zu beanspruchen, (6) Kontinuität der Wettbewerbspolitik und ihrer Elemente, um die Planbarkeit wirtschaftlicher Entscheidungen aufrechtzuerhalten. Als regulierende Prinzipien sah der Ordoliberalismus vor: (1) eine aktive Verhinderung wirtschaftlicher Machtzusammenballung, ein Verbot von →Monopolen und, wenn sie nicht auflösbar sind, ihre staatliche Beaufsichtigung, (2) eine sozialpolitische Korrektur der Einkommen z. B. mit Hilfe der Steuer- und Vermögenspolitik, und (3) einen Ausgleich in der Wirtschaftsrechnung, wenn die Gesamtheit der Kosten des Wirtschaftsprozesses nicht selbst finanziert, sondern Teile externalisiert werden; dieser Ausgleich kann im Fall von Umweltzerstörungen als Frühform von Ökoabgaben gelten. Weitere Vorkehrungen wie Höchstpreis- und Mindestlohn-Vorgaben stammten vor allem aus den Notwendigkeiten der unmittelbaren Nachkriegszeit. — Die Prinzipien, die ein harmonisches Gleichgewichtsmodell beschreiben, sind in den sechziger und siebziger Jahren vom →Keynesianismus zurückgedrängt worden, der dem Staat eine stärkere Gestaltungsrolle zuwies. Seit den achtziger Jahren steht der Ordoliberalismus in Konkurrenz zum →Neoliberalismus, dessen Sozialstaats-Feindlichkeit er ablehnt.

Ordoliberalismus — ursprünglich ORDO-Liberalismus geschrieben — ist ein Kunstwort. Ordo, lateinisch für Ordnung, sollte das Hauptmerkmal der neuen Theorie sein.

Organisation der Erdöl exportierenden Länder (Opec)
Zusammenschluss von zeitweilig dreizehn Staaten gegen das Preisdiktat westlicher Ölkonzerne (→Sieben Schwestern) und Beispiel eines zunächst erfolgreichen Rohstoffkartells. Zwischen 1973 und 1982 kontrollierte die Opec den Rohölpreis über Preisabsprachen und eine Aufteilung der Fördermenge. Aufgrund der Erschliessung neuer Fördergebiete durch die Industrieländer (z. B. in der Nordsee), der Exporte der Sowjetunion und wegen interner Streitigkeiten über die Verteilung der Kartellgewinne musste die Opec 1982 von der Vorgabe der Preise zur Festlegung von Förderquoten übergehen. In einer Spirale abwärts von mangelnder Förderdisziplin und Preisverfall schwand auch der Einfluss der Opec schnell. Zwischen 1980 und 1993 fielen die jährlichen Exporterlöse der Opec von 285 auf 126 Milliarden Dollar und führten zu einer scharfen Wirtschaftskrise in den Mitgliedsländern. — Der Versuch, den Dollar als Hauptwährung im Ölgeschäft abzulösen, scheiterte wiederholt. Die Opec-Länder haben es auch nicht vermocht, in nennenswertem Umfang Raffineriekapazitäten aufzubauen, um ihren Anteil an der Wertschöpfungskette auszuweiten. Ihr Weltmarktanteil an der Rohöl-Produktion liegt bei rund 40, am Export bei rund 50 Prozent.

Die Opec mit Sitz in Wien wurde 1960 in der irakischen Hauptstadt Bagdad von Iran, Irak, Kuwait, Saudi-Arabien und Venezuela gegründet. Mitglieder sind (1997) zudem Algerien, Libyen, Katar, die Vereinigten Arabischen Emirate, Indonesien und Nigeria. Nach Uneinigkeiten über Fördermengen und Mitgliedsbeiträge traten 1992 Ecuador und 1995 Gabun aus. Die →Welthandelsorganisation strebt ein Verbot von Exportkartellen an, dessen bedeutendstes die Opec ist. Es dürfte kaum durchsetzbar sein.

Organisation der Vereinten Nationen für industrielle Entwicklung →United Nations Industrial Development Organization

organisierte Kriminalität (OK)

Sammelbegriff für schwere Formen der Kriminalität von meist grenzübergreifend operierenden Gruppen. Wichtigste Betätigungsfelder sind Drogenhandel, Diebstahl und Hehlerei, Schutzgelderpressung, Schlepperei, Waffenhandel, Glücksspiel und Prostitution; häufiges Nachfolgedelikt ist →Geldwäsche. Die Gewinnspannen können hoch sein, die Gewaltschwelle liegt meist niedrig. Kennzeichnend für die OK und Unterscheidungsmerkmal von Bandenkriminalität ist die Trennung der Hauptverantwortlichen von den Ausführenden. Oft, aber nicht immer sind OK-Gruppen regional, ethnisch oder sozial verankert und können auf ein erhebliches Rekrutierungspotential zurückgreifen. Kriminalpolitisch ist der erfolgreichste Ansatz zur Bekämpfung der OK die Verhinderung der Geldwäsche. Sozialpolitisch ist nur die Beseitigung der Ursachen für die Nachfrage nach den illegalen Dienstleistungen (z. B. Drogenimport) erfolgversprechend.

Als Sammelbezeichnung hat sich für die OK in den Reformländern des Ostblocks auch „Mafia" entwickelt; im Unterschied zur italo-amerikanischen OK bestehen jedoch zwischen den meisten so bezeichneten Gruppen keine festen Strukturen, und familiäre Beziehungen sind unbedeutend. — Allen nationalen und internationalen Daten über die OK muss mit Zurückhaltung begegnet werden: (1) Die UN schätzte 1994 den Gesamtumsatz der OK-Gruppen auf 750 Milliarden Dollar. Im Drogengeschäft werden nach UN-Angaben (1997) jährlich weltweit rund 400 Milliarden US-Dollar umgesetzt; dies entspricht rund acht Prozent des gesamten Weltexports, mehr als der Welthandel mit Autos. (2) Nach italienischen Untersuchungen setzen Mafia-Organisationen in Europa jährlich rund 350 Milliarden Dollar um, rund vier Prozent der europäischen Wirtschaftsleistung. Davon entfielen 200 Milliarden Dollar auf die russische, 50 Milliarden auf die „klassische" italienische und 43 Milliarden auf die türkische Mafia. Im Drogenhandel würden 122 Milliarden Dollar umgesetzt, legale Geschäfte brächten 103 Milliarden, Prostitution 70 und Waffenhandel 12 Milliarden Dollar. Auf Deutschland entfiel 35 Milliarden Dollar Umsatz, das damit nach Italien auf Platz 2 liege. (3) Die UNO schätzte 1995, dass die chinesischen Triaden 200 Milliarden Dollar mit Schutzgelderpressung, Prostitution, Heroinhandel, Menschenschmuggel und Investitionen in die Unterhaltungsindustrie, in Medien und Banken umsetzen. — Die Bedeutung der OK in Deutschland ist umstritten.

Hochgespielt wird sie vor allem, um eine repressive Ausländerpolitik zu legitimieren. Deswegen besteht aber auch die Gefahr, dass die OK wiederum unterschätzt wird. Unter Fachleuten gilt die OK zwar als ernsthafte gesellschaftliche Bedrohung, aber noch nicht als Gefahr für den Rechtsstaat; weil die OK staatliche Institutionen zersetzt (vor allem durch Korruption), darf der Verfassungsschutz eingesetzt werden. Entgegen den Angaben des Bundesinnenministeriums, die OK nehme mit rasanter Geschwindigkeit zu, ist die Zahl der Tatverdächtigen bei Strafverfahren mit mutmaßlichem OK-Hintergrund nicht gestiegen: Der höchste Wert wurde 1993 mit 9.900 Tatverdächtigen erreicht, während es 1996 nur 8.400 (mit 24.000 Einzeldelikten) waren. Die Zahl der Ausländer unter den Tatverdächtigen blieb mit 5.000 bis 5.500 über mehrere Jahre konstant.

Organization for Economic Co-operation and Development →OECD
Ortskrankenkasse →Krankenversicherung
ÖSP →Ökosozialprodukt
Osteuropabank →Europäische Bank für Wiederaufbau und Entwicklung
OTC →„over the counter"

Otto Normalverbraucher

Deutscher mit durchschnittlichem Verbrauch an Nahrungsmitteln oder durchschnittlicher Bildung, allgemein Durchschnittsdeutscher. In der Konsumforschung ist der Name seit den achtziger Jahren weniger gebräuchlich, weil er Frauen unberücksichtigt lässt und keine Ausdifferenzierung nach Zielgruppen zulässt.

Der Name geht zurück auf einen vom Schauspieler Gerd Fröbe im Film „Berliner Ballade" (1948) dargestellten Typ. Popularität und schnelle Verbreitung des Begriffs beruhen auf seinen beiden Bestandteilen. Der Ausdruck Normalverbraucher ist mit der Einführung von Bezugsscheinen zu Beginn des Zweiten Weltkriegs aufgekommen; Normalverbraucher erhielten keine Mehrzuteilung. Otto im Sinne von „tüchtige Leistung" (ab 1920) hängt mit Otto Schmidt zusammen, einem Jockei und volkstümlichen Liebling auf der Rennbahn Hoppegarten bei Berlin; mit „Otto, Otto!" soll ihn der Filmschauspieler Hans Albers angespornt haben. Otto hat zahlreiche weitere Konnotationen, etwa „neutrale Bezeichnung für irgendeinen Gegenstand", „Nörgler", „Prahler" (ab 1910), „bescheidener Mann" (ab 1920), Untergebener (ab 1930).

ÖTV →Deutscher Gewerkschaftsbund

Outsourcing

Ausgliederung und Verselbstständigung von Betriebsteilen, um über deren Spezialisierung (Verringerung der →Fertigungstiefe, Produktion auch für anderen Kunden und daraus folgende Grössenvorteile) oder die Verlagerung ins Ausland Kosten zu senken. Wird ein Betriebsteil ausgelagert, weil seine Produkte nicht mehr zum Profil des Stammunternehmens passen, oder gründen Beschäftigte des Stammbetriebs ein neues Unternehmen, das nicht als Zulieferbetrieb geplant ist, handelt es sich um ein →Spin-off („Ausgründung").

Das Kunstwort beruht auf englisch „source" (Quelle, Ursprung).

„over the counter" (OTC)
deutsch „am Schalter", Sammelbegriff für im weitesten Sinn außerbörsliche Transaktionen von Wertpapieren. Auch der Handel mit unstandardisierten Finanzprodukten, also mit einem speziellen Zuschnitt etwa bei Zins- und Tilgungskonditionen, geschieht OTC. Im engeren Sinn entspricht OTC dem deutschen Freiverkehr (→Börsensegmente). Im engsten Sinn bedeutet OTC in Deutschland ein „Tafelgeschäft", bei dem ein Kunde bei einer Bank ein Wertpapier bar kauft. Tafelgeschäfte sind wegen des Geldwäscheverdachts selten geworden.

Die Bezeichnung verbreitet sich auch in anderen Wirtschaftsbereichen (z. B. „OTC-Arzneien" für rezeptfreie Arzneien in Apotheken).

PQ

Pariser Club
halbformeller Zusammenschluss von Regierungen aus Gläubigerstaaten, die mit Regierungen hochverschuldeter Schuldnerländer über Rückzahlungsprobleme verhandeln. Nur öffentliche, nicht aber Schulden bei Privatbanken werden verhandelt. Ziel der Gläubiger ist es, die bevorzugte Bedienung einzelner Gläubiger zu verhindern, um eine gemeinsame Lösung zu erreichen und sich nicht über ungleiche Rückzahlungskonditionen gegeneinander ausspielen zu lassen. Ziel der Schuldner ist eine zügige Verhandlung mit allen Beteiligten. Möglich sind Umschuldungen, Rückzahlungsverzichte und -abschläge. Meist folgt auf die Einigung mit dem Pariser Club die Einigung mit dem →Londoner Club, in dem sich die Geschäftsbanken zusammenschließen.

Die erste Umschuldungsverhandlung fand 1956 auf Bitte Argentiniens unter der Leitung der französischen Regierung in Paris statt. Die Verhandlungen werden seither von der französischen Regierung organisiert. 1997 wurde Russland, das zugleich Großschuldner und -gläubiger ist, zum 19. Mitglied des Pariser Clubs.

Paritätengitter →Kursgitter

Parteienfinanzierung
nach einem Urteil des Bundesverfassungsgerichtes von 1992 seit 1994 neu geregelt. Damit wurden vor allem die Selbstbedienung der Parteien auf Kosten des Staates eingeschränkt, die Transparenz der Parteienfinanzierung vergrößert und die Möglichkeit von Großspenden eingeschränkt. Seither hat sich der Zugriff der Parteien auf die Steuergelder zur staatlichen Finanzierung von Fraktionen, Parteistiftungen und einzelnen Abgeordneten verschoben.

Anstelle der vorherigen Wahlkampfkostenerstattung von fünf Mark pro Wahlberechtigten erhalten die Parteien seit 1994 bei Landtags-, Bundestags- und Europawahlen eine Mark für jede abgegebene Stimme. Für die ersten fünf Millionen Stimmen werden je 1,30 Mark bezahlt. Jede zusätzliche Mark aus Beiträgen und Spenden wird vom Staat mit 50 Pfennig bezuschusst. Die staatliche Finanzierung geht an Parteien, die bei einer Bundestags- oder Europawahl mindestens 0,5 Prozent oder bei einer Landtagswahl mindestens ein Prozent der Zweitstimmen erhielten. Die Höchstgrenze für steuerlich absetzbare Beiträge und Spenden wurde von 60.000/120.000 Mark für Ledige/Verheiratete auf 6.000/12.000 Mark herabgesetzt. Spenden von Unternehmen sind nicht mehr absetzbar. Eine

Obergrenze für die Gesamtsumme der Parteienfinanzierung wurde für 1994 auf 230 Millionen Mark festgelegt. — Für verfassungswidrig hielten die Richter die alten Obergrenzen für die steuerliche Abzugsfähigkeit. Die Publizitätsgrenze von 40.000 Mark für Einzelspenden wurde für zu hoch, ein 1989 neu eingeführter Sockelbetrag von zusätzlichen sieben Millionen Mark für jede Partei mit mehr als zwei Prozent Wählerstimmen als komplett verfassungswidrig beurteilt. — Auch noch offensivere Formen der Parteienfinanzierung sind bekannt. 1908 überfiel in der georgischen Hauptstadt Tiflis ein Mann einen Geldtransport der russischen Staatsbank. Die Beute landete in der bolschewistischen Parteikasse; der Räuber hieß Josef Stalin.

Parteispendenaffäre
einer der größten Wirtschaftsskandale der Nachkriegszeit. Die beiden ehemaligen FDP-Wirtschaftsminister Otto Graf Lambsdorff und Hans Friderichs sowie der Flick-Manager Eberhard von Brauchitsch wurden 1987 wegen Steuerhinterziehung und Beihilfe dazu bestraft, jedoch vom Vorwurf der Bestechung bzw. Bestechlichkeit freigesprochen. Zwischen 1976 und 1980 hatte der Flick-Konzern mindestens 5,6 Millionen Mark an Politiker für ihre Parteien weitergeleitet. Im Laufe der Ermittlungen „wg. Flick", so ein legendär gewordener Eintrag eines Buchhalters, waren schwarze Kassen, Barzahlungen und die Bereitschaft der Industrie zur direkten finanziellen Beeinflussung der Parteien bekannt und belegbar geworden.

Dem Flick-Konzern war zugleich eine Steuerbefreiung für den Verkauf eines Aktien-Paketes der Daimler-Benz AG, der 1,9 Milliarden Mark erbracht hatte, gewährt worden. Lambsdorff erhielt 500 Tagessätze, Friderichs 150 Tagessätze und von Brauchitsch zwei Jahre Haft auf Bewährung und 550.000 Mark Geldstrafe. Eine „Unrechtsvereinbarung", bei der Spenden gegen Steuerbefreiung geflossen waren, habe aber letztlich nicht bewiesen werden können, so das Gericht. Die beklagten Minister hatten Prozesskostenbeihilfe von je 500.000 DM aus dem Bundeshaushalt erhalten. — Wegen unversteuerter verdeckter Parteispenden waren auch zahlreiche andere Industrielle verurteilt worden.

Peanuts
von Hilmar Kopper, dem Sprecher der Deutschen Bank, 1994 popularisierte Umschreibung für hohe Geldsummen, die gleichwohl für Großbanken nur Kleingeld darstellen. Kopper hatte nach dem Bankrott des Grundstückspekulanten Jürgen Schneider offene Handwerkerrechnungen von 50 Millionen Mark als Peanuts bezeichnet. Weil das Ausstehen dieser Gelder zahlreiche mittelständische Existenzen bedrohte, war Kopper sofort der Arroganz der Macht bezichtigt worden. Kopper versicherte später, dass er nur habe mitteilen wollen, dass die offenen Rechnungen für seine Bank keine größere Bedeutung hätten und sofort beglichen würden. „Peanuts" wurden zum →Unwort des Jahres 1994 und Erdnüsse zu einem beliebten Requisit bei Protestaktionen gegen die Deutsche Bank.

Pegging →Leitwährung

Pensionsfonds, Pensionskasse
Form der betrieblichen Altersversorgung. Sie muss nicht bei einem Einzelunternehmen liegen, sondern kann auch von Unternehmensverbänden getragen werden oder firmenunabhängig als eigenständige Dienstleistung angeboten werden. Dann aber fällt der Vorteil unternehmensnaher Betriebsrenten weg, die Pensionsrückstellungen vor ihrer Auszahlung als Rente zur Finanzierung des eigenen Unternehmens einzusetzen. — Der Einwand, Pensionskassen würden Ansprüche auf Altersversorgung durch ein Engagement auf spekulativen Wertpapiermärkten gefährden, ist nicht gerechtfertigt, denn Pensionskassen gehören traditionell zu den konservativsten institutionellen Anlegern. Große Pensionsfonds wie in den USA und Großbritannien haben sich in Deutschland bisher nicht gebildet. Hauptgrund ist die deutsche Altersversorgung über die staatliche Rentenversicherungspflicht, während in den angelsächsischen Ländern die betriebliche Altersversorgung dominiert. In Deutschland bedeutsam sind aber auch die steuerliche Vorzugsbehandlung der Pensionsrückstellungen und Lebensversicherungen als freiwillige Kapitalanlage. — Pensionsfonds dürfen seit 1994 auch von Versicherungsunternehmen angeboten werden. Bei weiter wachsender Unsicherheit über die Finanzierbarkeit der künftigen Renten ist mit ihrer zunehmenden Verbreitung zu rechnen. Ab 1998 sind neue Pensionsfonds zugelassen, die sich (anders als Investmentsfonds) auf die Altersvorsorge spezialisiert haben. Ihr Anteil an Risikokapitalanlagen ist begrenzt, nur 30 Prozent der Anlagen dürfen Währungsrisiken ausgesetzt sein, und spekulative Geschäfte mit →Derivaten sind unzulässig. Statt Rückstellungen für spätere Pensionen zu bilden, zahlt das Unternehmen festgelegte Beträge in einen Fonds nach Wahl des Beschäftigten ein. Das Geld wird von den Fondsmanagern dann auf dem Kapitalmarkt investiert. So kann der Beschäftigte bei einem Arbeitgeberwechsel oder Firmenkonkurs seine Fondsanteile nicht verlieren. Nachteilig ist das allgemeine Kapitalmarktrisiko. →Investivlohn ist eine andere Form der Unternehmensfinanzierung und Kapitalanlage durch Beschäftigte.

PEP →Rentenformel

Performance
Abschneiden eines →Wertpapiers, eines →Fonds oder anderer Kapitalanlagen, meist im Vergleich mit ähnlichen Titeln oder mit einem Aktienindex.

Personalrat →Betriebsrat
Personalvertretungsgesetz →Betriebsrat, →Mitbestimmung

Personengesellschaft
ein Unternehmen ohne eigene juristische Selbstständigkeit, weswegen die Gesellschafter persönlich unbegrenzt haften. Die wichtigsten Formen sind GbR, oHG und KG, ferner stille Gesell-

schafter (→Rechtsformen von Unternehmen).

Gegenteil: Kapitalgesellschaft.

Persönlich haftender Gesellschafter
Ein unbeschränkt mit seinem Privatvermögen haftender Gesellschafter einer oHG, der Komplementär einer KG oder einer KGaA.

→Rechtsformen von Unternehmen

PEX, PEXP →REX
Pfandbriefe →Anleihen

Pflegeversicherung
seit 1995 neben Renten- und Krankenversicherung die dritte Säule des Sozialstaates; nach einer anderen Zählung neben Renten-, Kranken-, Unfall- und Arbeitslosenversicherung sowie der Sozialhilfe die sechste Säule. Weil die Krankenversicherung die hohen Kosten für pflegebedürftige Menschen nicht finanziert, trat die Sozialhilfe ein, wenn Rente, Vermögen und das Einkommen von Angehörigen nicht ausreichten. Ziel der Pflegeversicherung war, die Kommunen von den Sozialhilfekosten zu entlasten und zugleich Anreize für die innerfamiliäre oder nachbarschaftliche Pflege zu geben. Die Pflegeversicherung ist eine Pflichtversicherung auch für diejenigen, die einer anderen Versicherungspflicht (Renten-, Arbeitslosen-) nicht unterliegen. — Die Kosten, die zuvor von Sozialämtern und Krankenkassen aufgebracht wurden, sind nun als neuer Teil der gesetzlichen Sozialversicherung verselbstständigt und den Beitragszahlern zusätzlich auferlegt. Formal bleibt zwar die paritätische Finanzierung erhalten, tatsächlich finanzieren die Versicherten die Pflege jedoch allein: Der Arbeitgeberanteil wurde in den meisten Bundesländern mit dem Wegfall eines Feiertages „kompensiert". — Weil mit etwa der Hälfte der Einnahmen die früheren Fremdfinanzierungen (z. B. durch die Krankenkassen) ersetzt wurden, sind die teilweise hochgespannten Erwartungen an das neue Modell enttäuscht worden. Zudem kam es bei der Einstufung der Bedürftigen, vor allem der Schwerstpflegebedürftigen, im Vergleich mit früheren Leistungen zu zahlreichen Ungereimtheiten, Ungerechtigkeiten und zum Leistungsabbau. Weil seither eigenes Vermögen zur Finanzierung der Pflege nicht mehr herangezogen wird, werden wohlhabende Pflegebedürftige entlastet; insofern ist die Pflegeversicherung eine Umverteilung von unten nach oben. Außerdem haben Pflegeeinrichtungen ihre Kostensätze erheblich angehoben, um die Pflegegelder abzuschöpfen.

1995 traten mit der ersten Stufe die Bestimmungen zur häuslichen Pflege, 1996 mit der zweiten Stufe die zur stationären Pflege in Kraft. Rund 1,2 Millionen Pflegebedürftige erhalten Leistungen zu Hause: 380.000 in der Pflegestufe I (400 Mark Pflegegeld oder Sachleistungen bis 750 Mark monatlich), 580.000 in der Stufe II (800/1.800 Mark) und 140.000 in der Stufe III (1.300/2.800 Mark). Die Anträge auf stationäre Unterbringung sind rückläufig. Die Pflegeversicherung von insgesamt 417.000 Heimbewohnern umfasst 113.000 Fälle der Pflegestufe I (mit 2.000 Mark im Monat), 175.000 der Pflegestufe

II (2.500 Mark) und 129.000 der Pflegestufe III (2.800 Mark). — Strittig bleibt, ob die Pflegeversicherung künftig auch die Investitionen in öffentliche Pflegeeinrichtungen finanziert oder dies wie bisher den Bundesländern obliegt, ob die Behinderten in Heimen in die Pflegeversicherung einbezogen werden und ob Pflege- oder Krankenversicherung für die medizinischen Behandlungskosten bei stationärer Pflege aufkommt. — 1997 erhielten insgesamt 1,7 Millionen Menschen Leistungen aus der Pflegeversicherung. Die geringer als erwartet ausgefallene Nachfrage nach Sachleistungen hat 1997 zu hohen Überschüssen geführt (8,5 Milliarden Mark; die gesetzliche Rücklage erfordert nur vier Milliarden). Künftig ist jedoch mit einem starken Anstieg der Kosten zu rechnen.

PGH →Produktionsgenossenschaft des Handwerks, →Rechtsformen von Unternehmen.

Planwirtschaft

im Gegensatz zur Marktwirtschaft ein zentrales, staatliches geleitetes Wirtschaftssystem, das meist auch kein privates Eigentum an Produktionsmitteln erlaubt. Es stellte die ökonomische Grundlage der sozialistischen Staaten dar und ist durch seine Ineffizienz in humaner, ökonomischer und ökologischer Hinsicht diskreditiert. — Eine genaue Grenzziehung zwischen markt- und planwirtschaftlichen Systemen ist nicht möglich. Bestimmender staatlicher Einfluss bei gleichzeitigem Privatbesitz an Produktionsmitteln hat etwa das japanische und später das koreanische Exportwunder begründet, während starke planwirtschaftliche Elemente im binnenmarktorientierten Indien weitgehend erfolglos blieben. Entwicklungsdiktaturen wie die Volksrepublik China begannen erst mit der Einführung der „sozialistischen Marktwirtschaft" hohes Wachstum zu erzielen.

Plaza-Abkommen →Weltwirtschaftsgipfel
plc →Rechtsformen von Unternehmen (Aktiengesellschaft)
Plusankündigung →Ankündigungen

Policy Mix

eine auch in Deutschland unter diesem Begriff betriebene Mischform von →angebots- und →nachfrageorientierter Wirtschaftspolitik (→soziale Marktwirtschaft).

pönalisiert →Bundesanstalt für vereinigungsbedingte Sonderaufgaben

Polypol

Markt mit einer Vielzahl von Anbietern. Polypole sind in einer Marktwirtschaft eine erwünschte Struktur, der als Kundschaft ein Nachfrage-Polypol gegenübersteht. Polypole können innovationshemmend sein, wenn sie nicht aus eigener Kraft wirtschaftliche Dynamik entfalten. Gegenteil ist das →Monopol, eine Mischform ist das →Oligopol.

Der Begriff stammt von griechisch „polys" (viel) und ist eine Neubildung zu Monopol. — →Zyklus.

Portfolio
gemischter Bestand an Wertpapieren im Besitz eines Anlegers, meist einer Privatperson, einer Vermögensverwaltungsgesellschaft oder eines Aktienfonds. — Die Bezeichnung hat sich auch in anderen Wirtschaftsbereichen verbreitet. So besteht das „Portfolio" eines Unternehmens aus seinen Produkten.

Der Begriff kommt von italienisch „portare" (tragen) und „foglio" (Blatt) und meint Brieftasche, Aufbewahrungsort für Papiere.

Portfolio-Analyse
im traditionellen Sinn eine Prüfung, wie die Zusammensetzung des →Portfolios verbessert werden kann, um die Rendite zu erhöhen. Daraus abgeleitet, werden im Rahmen der Portfolio-Analyse auch Unternehmen selbst auf ihre Ertragserwartungen und damit auf Kurspotentiale geprüft. Wiederum daraus abgeleitet, dient die Portfolio-Analyse der (internen) strategischen Unternehmensplanung, indem insbesondere die Produkte (die sich im Portfolio des Unternehmens befinden) auf Ertragskraft, Marktentwicklung und Lebenszyklus geprüft werden.

Portfolio-Investitionen
Wertpapiererwerb, um damit ein → Portfolio zu ergänzen. Meist sind Portfolio-Investitionen langfristig angelegt. →ausländische Direktinvestitionen, →Investitionen.

PPP →Kaufkraftparität

Präferenzabkommen
Handelsvereinbarung mit der gegenüber anderen Nationen bevorzugten Behandlung des Vertragspartners, meist durch Zollsenkung oder -befreiung. Präferenzabkommen verstoßen gegen die →Meistbegünstigungsklausel der →Welthandelsorganisation und sind seit der Kennedy-Runde des →Gatt nur noch zugunsten von Entwicklungsländern erlaubt. Bedeutsam ist das →AKP-Abkommen zwischen der EU und zahlreichen Drittweltländern.

Durch allgemeine weltweite Zollsenkungen sinkt der Präferenzvorsprung der Entwicklungsländer; zudem bleiben die für Industrieländer sensiblen Bereiche, insbesondere die Agrarmärkte, weitgehend von Präferenzen ausgeschlossen.

Privatbanken
Kreditinstitute, die weder dem staatlichen noch dem genossenschaftlichen Banksektor angehören. In Deutschland ist der private der bedeutendste der drei Sektoren und zerfällt seinerseits in drei Gruppen von →Banken: →Großbanken, →Regionalbanken und →Privatbankiers. Die Abgrenzung hinsichtlich der räumlichen Präsenz, der ausgeübten Bankgeschäfte und der Bilanzsumme verschwimmen.

Spitzenverband ist der Bundesverband deutscher Banken (BdB).

Privatbankier
Anbieter von Bankdienstleistungen in der Rechtsform der Einzel- oder Personengesellschaft, also persönlich voll haftend. Auf nur noch einen kleinen Marktanteil beschränkt, vermeiden

diese →Banken heutzutage überwiegend das kostenintensive Publikumsgeschäft und sind vor allem auf Anlageberatung und Vermögensverwaltung für wenige Großkunden spezialisiert. Mehrere größere Privatbankiers haben ihr Geschäft in Kapitalgesellschaften umgewandelt, begreifen sich aber weiterhin als Privatbankiers und gehören als solche dem Bankenverband an.

Die Bundesbank meldete für 1997 noch 60 Privatbanken in der Rechtsform des Einzelkaufmanns oder einer Personenhandelsgesellschaft. Neuzulassungen als Einzelkaufleute sind seit 1976 nicht mehr möglich. Größere und kleinere Pleiten haben die Vertrauenswürdigkeit des Sektors für das Allgemeinkundengeschäft erheblich geschädigt; aufgrund der Pleite des Bankhauses Herstatt in Köln (1974) wurde die →Einlagensicherung geschaffen.

private Haushalte

neben Unternehmen und Staat der dritte große Sektor einer Volkswirtschaft.

→Makroökonomie, →Volkswirtschaftliche Gesamtrechnung, Systematik unter →Wirtschaftszweige.

Privatisierung

Entstaatlichung von Wirtschaftsunternehmen durch Verkauf. Sie ist eine der wichtigsten wirtschaftspolitischen Forderungen des →Monetarismus und heute in Deutschland weitgehend akzeptiert. Umstritten bleibt hingegen die ebenfalls geforderte und als Privatisierung bezeichnete Übergabe traditioneller staatlicher Aufgaben (z. B. Bildung) in private Trägerschaft. — Die Privatisierung von Wirtschaftsunternehmen führt fast immer zu größerer Effizienz, wird damit billiger oder führt zu besseren Leistungen und kann damit auch ressourcenschonend sein. Nur eine Vorstufe der Privatisierung bildet die Umwandlung von Staatsbetrieben in Kapitalgesellschaften, um deren Vorteile bei Finanzierung, unabhängiger Geschäftsführung und Arbeitsrecht zu nutzen, ohne den Betrieb zu verkaufen. Als Nachteile sind möglich (1) der Verzicht auf eine Lenkungsfunktion durch Staatsbesitz, (2) die Realisierung erheblicher Rationalisierungspotentiale und damit Entlassungen durch die neuen Eigentümer, (3) der Austausch eines staatlichen Monopols durch ein privates, falls nicht eine Regulierungsbehörde eingerichtet wird, (4) der Rückzug des Staates aus Bereichen, die vom neuen Eigentümer nicht mehr vollständig abgedeckt werden.

Pro-Kopf-Einkommen

eine Kenngröße für das Ausmaß gesellschaftlichen Wohlstands, meist als durchschnittliches Pro-Kopf-Einkommen. Die Aussagefähigkeit ist begrenzt, denn die erhebliche Einkommenspreizung innerhalb einer Gesellschaft bleibt unberücksichtigt. Zudem ist bei internationalen Vergleichen die Umrechnung über ein oder zwei Wechselkurse von den Faktoren abhängig, die den Wechselkurs beeinflussen. In der Regel werden Pro-Kopf-Einkommen über den US-Dollar umgerechnet, der selbst gegenüber Hartwährungen erheblich schwanken kann, womit auch die daraus abgeleiteten Einkommen schwanken. Bei einer Umrechnung zu Wechselkursen bleiben eine abweichende Preisstruktur und unterschiedlicher Subsistenzgrad (Ausmaß der unkapitalisierbaren Selbstversorgung) unberücksichtigt. Eine zunehmend gebräuchliche Alternative dazu ist das Pro-Kopf-Einkommen nach →Kaufkraftparität.

Produktivgenossenschaften des Handwerks (PGH)
Zusammenschlüsse von Handwerksbetrieben in der DDR.

Sie entstanden zunächst freiwillig, dann durch Druck aufgrund der Verordnung über die PGH (1955) und die anschließende Bildung von Wirtschaftsräten, die die Verfügungsgewalt über die Materialversorgung innehatten. Während private kleine Handwerksbetriebe hoch besteuert wurden, erleichterten Niedrigsteuern 1958 den Eintritt in eine PGH; dieser Vorteil wurde nach der Eingliederung einer Vielzahl von Handwerksbetrieben 1962 zurückgenommen. Der VII. Parteitag der SED (1967) beschränkte das Handwerk auf Reparaturen und Dienstleistungen für die Bevölkerung. 1972 wurden Planauflagen eingeführt, 1.700 PGH mit 120.000 Beschäftigten verstaatlicht und in bezirksgeleitete Kombinate umgewandelt. 1990/91 aufgelöst.

Produktivität →Arbeitsproduktivität
Produktzyklus →Zyklus
Progression →Steuerprogression

Protektionismus
Form staatlicher Außenhandelspolitik, mit der die heimische Wirtschaft oder einzelne ihrer Sektoren vor ausländischer Konkurrenz geschützt werden. Im Gegensatz zum →Freihandel sollen dauerhafte oder zeitlich begrenzte Handelshemmnisse wie Schutzzölle, Mengen- oder nichttarifäre Beschränkungen (z. B. technische Vorschriften), die meist von wirtschaftlich schwächeren Ländern verhängt werden, ökonomische und soziale Erschütterungen vermeiden. Alle staatlichen Außenhandelspolitiken, auch die der Industrieländer mit ihren Bekenntnissen zur Handelsliberalisierung, weisen starke protektionistische Elemente auf. Ihr Nutzen ist umstritten, weil sie schnell zu Verkrustungen und damit zu Effizienzverlusten führt. Protektionistische Maßnahmen, mit denen die im Aufbau befindlichen und auf den Weltmarkt ausgerichteten Branchen geschützt werden, können sinnvoll sein, sind aber korruptionsträchtig; die Rücknahme solcher Maßnahmen ist politisch oft nur schwer durchsetzbar. — Eine neue, vor allem in den Industrieländern sich verbreitende Form des Protektionismus ist die Verkoppelung der Handelspolitik mit Menschenrechts-, ökologischen und politischen Forderungen an die Herkunftsländer (→Dumping).

Public Relations →Publizität

Publizität
in der Wirtschaft der öffentliche Zugang zu Informationen über Unternehmen, meist der →Jahresabschluss.

Publizitätspflicht erfolgt aufgrund gesetzlicher Vorschriften. Die darüber hinausreichende freiwillige Publizität dient der Information von Anlegern (Investors Relation) oder der Öffentlichkeit (Public Relation). — Die Publizitätspflicht gilt stufenweise (Handelsregister, Bundesanzeiger, öffentliche Pflichtmitteilungen), für verschiedene Sachbereiche (Jahresabschluss, Beteiligungserwerb) und ist von Gesellschaftsform und Unternehmensgröße abhängig; der Veröffentlichungsumfang nimmt mit zunehmender Unternehmensgröße zu (Tabelle →Jahresabschluss). Aktiengesellschaften unterliegen der weitreichendsten Publizitätspflicht. — Auch für Beteiligungen an Aktiengesellschaften gilt die Publizitätspflicht: Sobald die Beteiligung eine bestimmten Schwellenwert (5, 10, 25, 50 und 75 Prozent) am Aktienkapital einer im amtlichen Handel notierten Gesellschaft erreicht, über- oder unterschreitet, müssen das →Bundesaufsichtsamt für den Wertpapierhandel (BAWe) und die betroffene Gesellschaft informiert und die Veränderung in einem Börsenpflichtblatt bekanntgegeben werden. Bei Verstößen drohen Geldbußen. Börsennotierte Firmen müssen kursbeeinflussende Tatsachen sofort („ad hoc") veröffentlichen, um →Insider-Geschäften zuvorzukommen. Überwachungsbehörde ist ebenfalls das BAWe. — Zunächst diente die Publizität der Sicherheit im Geschäftsverkehr. Die Einführung der Publizitätspflicht besonders für Großunternehmen unabhängig von ihrer Rechtsform (1969) spiegelte die steigende Bedeutung der Konzerne wider und sollte die Beurteilung ihrer gesellschaftlichen Macht ermöglichen. Die Publizitätspflicht für GmbH wurde 1987 durch eine EG-Richtlinie geregelt; zur Verärgerung der EU-Kommission veröffentlichen jedoch mehr als 90 Prozent der 450.000 deutschen GmbH keinen Jahresabschluss. Der Deutsche Industrie- und Handelstag argumentiert dagegen, dass in den USA nur 14.000 börsennotierte und in Japan nur 1.800 Unternehmen publizitätspflichtig sind, in der EU jedoch drei Millionen, was zu Wettbewerbsnachteilen führe. Die EU-Kommission verweist jedoch auf erreichte Publizität von 90 Prozent der Kapitalgesellschaften in Dänemark und Frankreich, ohne dass dies zu erkennbaren Problemen für die Unternehmen geführt hat. — Freiwillige Publizität reicht insbesondere bei Großunternehmen weit über die Pflichtpublizität hinaus und hat die Furcht vor der Offenlegung wirtschaftlicher oder produktbezogener Betriebsgeheimnisse weit zurückgedrängt. Die freiwillige Publizität geht bereits in eine informelle Pflichtpublizität über. Ursachen sind (1) der steigende Informationsbedarf von Kapitalanlegern, besonders aus dem Ausland, (2) die Verwendung von Unternehmensinformationen im Rahmen der Öffentlichkeitsarbeit oder als Marketinginstrument („Tue Gutes und rede darüber") und (3) die Vermeidung von Imageschäden und Marktverlusten (→Verbrauchermacht) nach dem Aufdecken von Skandalen oder Betriebsunfällen mit Umweltschäden.

Die verspätete oder Nichtbeachtung der Ad-hoc-Publizitätspflicht hat 1996 Geldbußen des BAWe gegen Aktiengesellschaften in Höhe von belanglosen 2.000 bis 10.000 Mark nach sich gezogen.

Purchase Power Parity →Kaufkraftparität

Put →Optionen

Quotenaktie →Aktie

Quotenkonsolidierung →Konzern

R

Raiffeisenbanken →Volks- und Raiffeisenbanken

RAL →Rationalisierungskuratorium der deutschen Wirtschaft

Rat →Europäische Union

Rating

Einstufung der Kreditwürdigkeit (→Bonität) von Unternehmen oder Staaten, entweder unmittelbar oder bezüglich der von ihnen begebenen Wertpapiere. Das Rating beeinflusst den Risikozuschlag bei Krediten. Ist das Rating gut, nimmt der Kreditgeber zwar weniger Zinsen ein, aber die Zahlungsfähigkeit ist sichergestellt. Hat der Schuldner ein schlechtes Rating, kann der Gläubiger zwar höhere Zinsen verlangen, aber auch die Gefahr eines Zahlungsausfalls ist höher. Grundlagen sind Expertenanalysen oder Umfragen. Das Rating war zunächst vor allem in den USA verbreitet, stieß aber als Länderrating seit dem Ausbruch der Schuldenkrise in den achtziger Jahren auch in Deutschland auf Interesse. — Die Rating-Agenturen haben einen erheblichen Einfluss auf die Kreditkosten von Staaten oder Privatunternehmen. Manche Einstufungen gelten auch als Gefälligkeitsbewertungen, z. B. ein zu gutes Rating für Russland oder ein zu schlechtes für China. Die bekanntesten Ratings sind die Einstufungen der beiden unabhängigen US-Agenturen Standard & Poor's und Moody's für insgesamt mehr als 4.500 Anleihen bzw. ihre Emittenten. Generell unterscheiden sie zwischen spekulativen (BB/Ba und schlechter) und nichtspekulativen Anlagen (BBB/Baa und besser). Bestes Rating ist bei beiden Agenturen ein dreifaches A („triple A"). Die Einstufungen der beiden Agenturen galten weithin als risikogerecht, sind aber durch den überraschenden Ausbruch der asiatischen Finanzkrise 1997 in ihrer Glaubwürdigkeit erschüttert worden. Allgemein wird akzeptiert, dass jedes verliehene A den Schuldzins um 0,3 Prozent senkt. Die Möglichkeit eines Auf- bzw. Abstiegs in ein anderes Rating kann an einem Plus- oder Minuszeichen bzw. dem Zusatz 1 oder 3 erkennbar sein. — Das Rating von Staaten wird meist durch Umfragen unter Länderexperten oder Banken zusammengestellt, die festgelegten Minimal- bis Maximalpunktzahlen für politische und wirtschaftliche Faktoren vergeben. Auch die Bewertung des Kreditrisikos einer hypothetischen Anleihe kann Grundlage für ein Ranking sein. Trotz unterschiedlicher Methoden und Gewichtungen innerhalb der Fragenkataloge streuen die Ergebnisse der wichtigsten Länderratings um weniger als 20 Prozent. — Während sich auch einige nichtamerikanische neue Rating-Agenturen wie IBCA etablieren konnten, sind vor allem in den →Emerging Markets eine Vielzahl von Agenturen gegründet worden, deren Verbindungen zu den bewerteten Schuldnern nicht immer transparent sind.

Beispiel für eine Länderbewertung durch verschiedene Agenturen und nach verschiedenen Methoden: Die langfristigen Staatsanleihen von Slowenien bewerteten 1997 S&P mit A, Moody's mit A3, die Zeitschrift „Euromoney" positionierte Slowenien auf Rang 38 von 179 und das „Institutional Investor's Global Rating" auf Rang 40 aus 135 Ländern.

Rationalisierung
Maßnahmen zur Steigerung von Produktivität und Effizienz. Meist führt sie zu einer steigenden Kapitalintensität der Produktion. Während Rationalisierungsinvestitionen in den sechziger und siebziger Jahren oftmals zur Humanisierung der Arbeitswelt beitrugen und bei kräftigem Wirtschaftswachstum ohne nachteilige Folgen für eine Belegschaft bleiben konnten, ist der Begriff seit den achtziger Jahren überwiegend negativ besetzt, weil er in der Öffentlichkeit mit Entlassungen und Massenarbeitslosigkeit gleichgesetzt wird. Rationalisierung, sei es als Automatisierung oder als Veränderung in

Ratings von Wertpapieren
Bewertung langfristiger Schuldverschreibungen durch die Agenturen Standard & Poor's und Moody's

Kriterium	S & P	Moody´s
Außergewöhnliche Fähigkeit zur Zinszahlung und Tilgung, fundamental starke Stellung	AAA	Aaa
Sehr große Zahlungsfähigkeit bei nur geringfügig schwächeren Sicherheitsmargen	AA	Aa
Starke Zahlungsfähigkeit, aber etwas anfälliger gegenüber äußeren Einflüssen	A	A
Ausreichende Zahlungsfähigkeit mit angemessener Sicherheit, leichte spekulative Gefahr	BBB	Baa
Geringe kurzfristige Anfälligkeit gegenüber Zahlungsverzug möglich	BB	Ba
Höhere Anfälligkeit gegenüber Zahlungsverzug, aber Zahlungen derzeit möglich	B	B
Nachweisbare Anfälligkeit bei ungünstigen Verhältnissen; nur günstige Verhältnisse garantieren Zahlungen	CCC	Caa
Hochspekulative Papiere, die bereits im Zahlungsverzug sind oder andere Probleme haben	CC	Ca
Papiere mit extrem schlechten Voraussetzungen, jemals Anlagequalitäten zu erreichen	C	C
Schuldner zahlt nicht	D	(entfällt)
stark/mittel/schwach	+/–	1, 2, 3

Die gleichfalls bedeutenden Agenturen Thomson BankWatch und IBCA benutzen das S&P-System.

der Betriebs- und Arbeitsablauforganisation, unterliegt der Anhörungspflicht des Betriebsrats.

Das Wort geht auf lateinisch „ratio" (Rechnung) zurück.

Rationalisierungskuratorium der Deutschen Wirtschaft (RKW)
fördert im Auftrag von Staat, Wirtschaft und Gewerkschaften die Produktivität der gewerblichen Wirtschaft, vor allem des Mittelstandes. Das RKW rationalisiert nicht selbst, sondern bietet dazu Information, Weiterbildung und Beratung.

Sitz der Zentrale ist Eschborn. Eingetragener Verein mit Landesverbänden und mehr als 300 Beschäftigten. 1921 vom Reichswirtschaftsministerium, Verbänden und Unternehmen als „Reichskuratorium für Wirtschaftlichkeit in Industrie und Handwerk" gegründet. Mit Hilfe von Unternehmensberatungen sollten Neuerungen in die Betriebsorganisation in der nach dem Ersten Weltkrieg darniederliegenden Industrie eingeführt werden. Dem Nationalsozialismus biederte sich das RKW schon vor der Gleichschaltung aller wirtschaftlichen Organsationen an. Das RKW war an der Organisation der Arisierung der österreichischen und polnischen Wirtschaft beteiligt — bis hin zur Abfassung der Fragebögen für arische Schuhhändler, die sich in den Besitz jüdischer Geschäfte bringen wollten. Außer Zweifel stehe, „dass das RKW in der Zeit von 1938 bis 1945 von der nationalsozialistischen Partei als ein wichtiges Instrument zur Ausschaltung der Juden aus der Wirtschaft benutzt wurde", hieß es selbst in einer Beilage der Verbandszeitschrift „Wirtschaft und Produktivität" zum 75. Gründungsjubiläum des RKW (Juni 1996). — Schon 1946 gelang die Neugründung eines Rationalisierungsausschusses der Deutschen Wirtschaft (RAW), der 1950 den heutigen Namen erhielt. Zunächst stand die Produktivitätssteigerung im Vordergrund, später kamen die Unternehmensplanung, zur Zeit der sozialliberalen Koalition die „Humanisierung der Arbeit" und dann die Förderung der Unternehmensflexibilität und der Innovationsfähigkeit hinzu. In den neunziger Jahren boomt Qualitätssicherung. Auf die Frage, wie Rationalisierung neue Arbeitsplätze schaffen kann, sind bisher keine überzeugenden Antworten gefunden worden. — Aus dem RKW-Reichsausschuss für Lieferbedingungen und Gütesicherung (RAL) ist das Deutsche Institut für Gütesicherung und Kennzeichnung e.V. in Sankt Augustin hervorgegangen, das als Gütezeichen noch heute RAL verwendet.

RE →grüne Parität

Reagonomics
Wirtschaftspolitik zur Zeit des US-Präsidenten Ronald Reagan (im Amt 1980 bis 1989). Die Reagonomics sind maßgeblich von Milton Friedman, dem Begründer des →Monetarismus, beeinflusst worden. Im Vordergrund standen deutliche Steuersenkungen, um Investitionen und den privaten Verbrauch zu stimulieren. Dazu mussten die Staatsausgaben gesenkt werden; der Abbau des Haushaltsdefizits sollte die Inflation und damit auch die Zinsen senken. Deregulierungen in der Wirtschaft, vor allem eine Abwendung von

der Anti-Trust-Politik (→Trust) und auf dem Arbeitsmarkt hätten Wachstumsimpulse geben sollen. Tatsächlich führten die Reagonomics die USA in eine schwere Krise. Während die Zinsen tatsächlich fielen, stiegen Arbeitslosigkeit, das Doppeldefizit bei Haushalt und Außenhandelsbilanz sowie die Steuerbelastung. Sektoral waren die Reagonomics allerdings erfolgreich. Über einen enormen Aufschwung auf den Kapitalmärkten verhalfen sie sogar einem neuen sozialen Erfolgstypus, dem Yuppie, zum Durchbruch. Die Finanzexzesse endeten im Börsencrash von 1987, der als Endpunkt der Reaganomics-Ideologie gilt. — Umstritten ist, ob der wirtschaftliche Aufschwung der USA in den neunziger Jahren auf die Reagonomics oder deren unvollständige Umsetzung zurückzuführen ist. Im Mittelpunkt steht dabei die Frage, in welchem Maß die sinkende Arbeitslosigkeit auf neue, angeblich überwiegend schlecht bezahlte Teilzeitjobs zurückzuführen ist („McDonaldisierung des Arbeitsmarktes"), der die „working poor" („arbeitende Arme") zur Annahme von zwei oder mehr Jobs zwingt. Tatsächlich liegen die Durchschnittsverdienste in den neuen Jobs in den neunziger Jahren im US-Landesdurchschnitt, dessen Einkommensniveau insgesamt aber abgesunken ist.

Yuppie ist ein Akronym für Young Urban Professional, den Typ eines gut verdienenden jungen und hedonistischen Berufstätigen zumeist im Dienstleistungssektor. Dazu gehörten insbesondere die zwanzig- bis dreißigjährigen Wall-Street-Börsenhändler, die durch Fernsehberichte und Kinofilme auch in Deutschland popularisiert wurden.

Realeinkommen

unter Berücksichtigung der Preisentwicklung (→Kaufkraft) verfügbares tatsächliches Einkommen. Grundlage ist das Nominaleinkommen (im „Nennwert" der Zahlung), das dann um die Inflationsrate bereinigt wird. — Realeinkommen sinken bei Geldentwertung ohne Lohnerhöhung. Die Stabilisierung von Realeinkommen ist in Hochinflationsländern das wichtigste Ziel von Lohnverhandlungen. Schnelles Steigen der Inflationsrate und das nachträgliche Anpassen der Löhne führt zu Realeinkommensverlusten.

Realignment

amtliche Neufestsetzung von Wechselkursen. Ein Realignment ist nur bei festen Wechselkursen oder beim drohenden oder tatsächlichen Überschreiten festgelegter Bandbreiten erforderlich. Bei vollständig freien Wechselkursen sind Realignments nicht möglich, weil die Wechselkurse ständig angepasst werden.

→Bretton Woods, →Europäisches Währungssystem

Realkreditinstitute

Spezialbanken, die Kredite aufgrund realer (dinglich existierender) Sicherheiten vergeben. Es sind die →Hypothekenbanken für Realkredite auf Grundstücke und die →Schiffspfandbriefbanken für Realkredite auf Schiffe. Die Kreditbesicherung ist dadurch unabhängig von der Zahlungsfähigkeit des Kreditnehmers möglich; die Hypotheken werden in das Grundbuch bzw. das Schiffsregister eingetragen. Das deswegen verringerte Risiko ermöglicht einen Zinsabschlag. Realkredite sind deswegen eine gebräuchliche Finanzierungsquelle insbesondere für Haus- und Schiffbau. Die Realkreditinstitute decken den Kapitalbedarf ihrerseits durch die Ausgabe von Pfandbriefen (→Anleihen).

Beliehen werden können auch Schiffsbauwerke (im Bau befindliche Schiffe) oder grundstücksgleiche Rechte, z. B. Wohnungseigentum.

Rechnungseinheit (RE) →grüne Parität

Rechtsformen von Unternehmen können in Deutschland, von wenigen Ausnahmen abgesehen, frei gewählt werden. Ausschlaggebend sind Gründungskosten, Haftungsbeschänkung, Finanzbedarf, Einflussverteilung zwischen Geschäftsführung und Geldgebern, Gewinn-und-Verlust-Verteilung, die Publizitätspflicht, Steuerfragen sowie Nachfolge- und Vererbungsmöglichkeiten bzw. die Möglichkeiten des Gesellschafterwechsels. — Die zahlreichen Rechtsformen werden in große Gruppen eingeteilt: Einzelunternehmungen, Personengesellschaften (ohne eigene Rechtsfähigkeit, weswegen ihre Gesellschafter haften: GbR, oHG, KG, stille Gesellschaft) und Kapitalgesellschaften (die als eigenständige juristische Personen selbst haften: GmbH, AG und KGaA). Außerdem existieren Mischformen (GmbH & Co. KG, AG & Co. KG, GmbH & Co., AG & Co.) sowie Genossenschaften (eG, eGmbH, eGmuH).

Das Unternehmensrecht, das um die Jahrhundertwende in großen Gesetzbüchern festgelegt wurde (→Handelsgesetzbuch, →Bürgerliches Gesetzbuch) und die meisten Rechtsformen normierte, enthält noch viele Begriffe, deren Bedeutungen im heutigen Sprachgebrauch verschoben sind oder ältlich wirken. So ist ein „Handel" nicht nur als An- und Verkauf, sondern allgemein als „unternehmerische Tätigkeit" zu verstehen und ein „Kaufmann" ist nicht nur Händler oder Betriebswirt, sondern im weiteren Sinn ein Unternehmer.

(1) Einzelunternehmung: Der Kaufmann leitet sein Geschäft unter eigenem Namen und haftet unbeschränkt mit Firmen- und Privatvermögen. Gewinn oder Verlust fallen ihm allein zu. Finanzierungsquellen sind Eigenmittel und Bankkredite, die meist durch sein Privatvermögen begrenzt sind. Die Einzelunternehmung ist die dominierende Rechtsform kleiner Firmen.

Bezeichnungen im Ausland: Sole Proprietor / Sole Trader (USA/GB), Etablissement (F).

(2) Gesellschaft bürgerlichen Rechts (GbR): im →Bürgerlichen Gesetzbuch (BGB) geregelte Rechtsform, die deswegen auch BGB-Gesellschaft heißt. Darin schließen sich die Gesellschafter für einen bestimmten Zweck zusammen. Beliebt ist diese Form etwa für Gemeinschaftspraxen von Ärzten, Sozietäten von Rechtsanwälten oder „Gelegenheitsgesellschaften" wie eine Arbeitsgemeinschaft von Bauunternehmern. Der Zweck ist nicht der Betrieb eines gemeinschaftlichen Unternehmens; die GbR dient nur dazu, ihren Gesellschaftern deren Geschäfte zu ermöglichen. Die GbR steht unter gemeinschaftlicher Leitung, wobei ein-

zelne Gesellschafter geschäftsführend sein können. Sie unterliegt nicht der Publizitätspflicht.

(3) Offene Handelsgesellschaft (oHG): Zusammenschluss von zwei oder mehr Unternehmern, von denen jeder geschäftsführend und vertretungsberechtigt ist sowie persönlich unbeschränkt auch mit seinem Privatvermögen haftet. Die Gesellschafter sind also voneinander wirtschaftlich abhängig. Im Verhältnis untereinander, im Gesellschaftsvertrag, können die Gesellschafter die Lastenverteilung frei regeln. Die Rechtsform der oHG, die bei Banken erhöhte Kreditwürdigkeit besitzt, wird wegen ihrer Risiken für Gesellschafter untereinander allmählich von der GmbH verdrängt. Sind die Gesellschafter der oHG keine natürliche Personen, sondern Kapitalgesellschaften, muss die damit verbundene faktische Haftungsbeschränkung aus der Rechtsform des Firmennamens hervorgehen. Eine oHG mit einer GmbH wird zur GmbH & Co., eine oHG mit einer AG zur AG & Co.

Bezeichnungen ähnlicher Firmen im Ausland: Partnership (USA/GB), Société en nom collectif (F).

(4) Kommanditgesellschaft (KG): Zusammenschluss von mindestens zwei Gesellschaftern. Der eine — der Kommanditist — fungiert als Geldgeber und haftet nur bis zur Höhe seiner Einlage, während der andere — der Komplementär — als Geschäftsinhaber unbeschränkt haftet. Kommanditisten dürfen sich nicht in die Geschäftsführung einmischen; sie müssen keine natürlichen Personen, sondern können auch andere Unternehmen sein. Vorteile der KG gegenüber der GmbH sind steuerliche Begünstigung, keine Publizitäts- und keine Mitbestimmungspflicht. Ist der (geldgebende) Kommanditist eine AG, firmiert die KG als KGaA. Ist der (geschäftsführende) Komplementär eine GmbH, firmiert die KG als GmbH & Co. KG.

Die Bezeichnungen der KG-Gesellschafter verwirren. „Kommanditist" geht nicht auf „Kommando" im Sinne von Befehlsgewalt zurück (der Kommanditist darf sich gerade nicht in die Geschäfte einmischen), sondern auf lateinisch „commendare" (anvertrauen), daraus frz. „commandite" (Anteil an einem Geschäft, ohne an dessen Betrieb teilzunehmen). „Komplementär" beruht auf lateinisch „complementum" (Ergänzungsmittel), wenngleich der Komplementär in unternehmerischer Hinsicht wichtiger als der Kommanditist ist. Der Komplementär erhielt seinen Namen wohl, weil Einlagen von Kommanditisten die der Komplementäre weit übersteigen können. — Bezeichnungen im Ausland: Limited partnership (GB/USA), Société en commandite simple (F).

(5) Stille Gesellschaft / stiller Gesellschafter: eine wenig bekannte, aber häufig genutzte Form einer Gesellschaft des bürgerlichen Rechts. Sie stellt die von außen schwer ersichtliche finanzielle Beteiligung einer Person (auch einer juristischen, also eines anderen Unternehmens) an einem Unternehmen dar und wird nicht ins Handelsregister eingetragen. Dabei geht die Einlage des stillen Gesellschafters in den Besitz des empfangenden Unternehmens über. Dafür wird der stille Gesellschafter am Gewinn beteiligt. Er haftet nur mit seiner Einlage. Mitspracherechte sind nicht vorgesehen und

müssen extra vereinbart, eine Beteiligung am Verlust kann ausgeschlossen werden. Damit ist die stille Gesellschaft ein ideales Mittel zur Kapitalbeschaffung. Vom Darlehen unterscheidet sie sich, weil keine Zinsen, sondern Gewinnanteile gezahlt werden und die Beteiligung dauerhaft sein soll. — Wird der Gewinn nicht bar ausgezahlt, kann die Anwesenheit eines oder mehrerer stiller Gesellschafter in einer Bilanz unter „sonstigen Verbindlichkeiten" entdeckt werden. Wenn ein Unternehmen an einem anderen still beteiligt ist, tauchen die Einnahmen daraus beim einlegenden Unternehmen unter „Einnahmen aus Kapitalvermögen" oder als „Betriebseinnahme" auf. Allerdings werden dort auch andere Posten bilanziert. — Missbrauch ist vor allem möglich, wenn sich Unternehmen unauffällig aneinander beteiligen, um eine Ablehnung des Bundeskartellamts zu vermeiden.

Zwei Typen von stillen Gesellschaftern sind möglich: typische und atypische (mit ungewöhnlichen Gesellschaftsverträgen). Typische sind nur am Gewinn und nicht an der Wertveränderung des Betriebsvermögens beteiligt. Atypische sind auch an den stillen Reserven beteiligt, gelten als Mitunternehmer und unterliegen nur der Einkommensteuer.

(6) Gesellschaft mit beschränkter Haftung (GmbH): die in Deutschland mit rund 450.000 Firmen am weitesten verbreitete Rechtsform kleiner und mittlerer Unternehmen. Eine GmbH kann bereits von einem einzigen Gesellschafter gegründet werden. Das Stammkapital einer GmbH beträgt mindestens 50.000 Mark, bei der Einführung des Euro ungefähr ebenso viel (25.000 E). Die Gesellschafter haften nicht persönlich, sondern nur mit ihrer Einlage, die unterschiedlich hoch sein kann (mindestens 500 Mark, nach der Einführung des Euro nur noch 100 E). Die geringe →Publizität hat zu Auseinandersetzungen zwischen der Bundesregierung und der EU-Kommission geführt; die Kommission sieht Wettbewerbsnachteile für die vergleichbaren Rechtsformen anderer EU-Mitgliedsstaaten, weil deren Vorschriften mehr Transparenz verlangen. — Die GmbH muss nicht selbstständig agieren können; sie ist auch der wichtigste Baustein eines →Konzerns. Eine GmbH kann der →Mitbestimmung unterliegen.

Der Begriff Stammkapital bezieht sich auf den austreibenden (Baum-)Stamm; ähnlich englisch stock „Kapital", übertragen vom ausschlagenden Wurzelstock (deutsch auch in „Grundstock"). — Bezeichnung im Ausland: Limited liability company (Ltd, GB), Société à responsabilité limité (s.a r.l., F), Società a responsibilità limitata (s.r.l., I). — „Sie nehmen eine Mittelstellung ein zwischen der streng individualistischen Gesellschaftsform, bei der natürliche Personen Träger der Gesellschaftsrechte und -verbindlichkeiten sind, z. B. offene Handelsgesellschaft, und der als äußerste Konsequenz des kapitalistischen Prinzips sich darstellenden Aktiengesellschaften" (Handwörterbuch der Preußischen Verwaltung, 1906).

(7) Aktiengesellschaft (AG): Rechtsform, die besonders für Großunternehmen geeignet ist. Eine AG hat meist viele Gesellschafter (Aktionäre). Das Grundkapital beträgt mindestens 100.000 Mark und ist in →Aktien gestückelt, die einfach handelbar sind. Bei Neugründungen sind oft die Ban-

ken entscheidend beteiligt, weil sie die AG an die Börse bringen und die Aktien bei Käufern platzieren (→Going Public).

Im unkomplizierten Gesellschafterwechsel liegt ein bedeutender Vorteil der AG gegenüber der GmbH; nachteilig sind hohe Gründungs- und Verwaltungskosten. Mühsam gestalten sich die Beratungen um eine →Europäische Aktiengesellschaft. Die größten deutschen börsennotierten Aktiengesellschaften sind im →Deutschen Aktienindex enthalten. — Bezeichnungen im Ausland: Public Limited Company (plc, GB), Société Anonyme (S.A., F), Società per Azioni (S.p.A., I).

(8) GmbH & Co. KG: eine rechtliche Mischform. Wie eine KG hat sie (geldgebende) Kommanditisten, die nur bis zur Höhe ihrer Einlage haften. Der (geschäftsführende) Komplementär ist jedoch nicht eine unbeschränkt haftende Privatperson, sondern eine GmbH, die nur bis zur Höhe ihres Stammkapitals haftet. Oft sind die Kommanditisten zugleich die Gesellschafter der GmbH. Damit wird die Haftung eingeschränkt: Als Kommanditisten haften Eigentümer nur bis zur Höhe der Einlage; als Gesellschafter der GmbH haften sie nicht selbst, sondern nur ihre GmbH wird mit deren Stammkapital herangezogen. Diese Konstruktion ermöglicht es Eigentümern zudem, die GmbH & Co. KG nicht selbst zu leiten, sondern von einem angestellten Manager leiten zu lassen, der nicht selbst am Unternehmen beteiligt ist. Es haftet, von strafrechtlicher und vergleichbarer Verantwortung abgesehen, nur die GmbH selbst, nicht ihr Geschäftsführer. Im Vergleich zur GmbH ist die GmbH & Co. KG steuerlich begünstigt und unterliegt auch nicht ihrer Publizitätspflicht. Eine Komplementär-GmbH unterliegt ab 2.000 Beschäftigte der → Mitbestimmung.

(9) AG & Co. KG: hat im Unterschied zur GmbH & Co. KG als Komplementärin eine AG. Die anderen Vorschriften sind weitgehend analog zur GmbH & Co. KG. Selten.

Bekanntere Firmen sind der Medizingerätehersteller Aesculap AG & Co. KG, die Kaufhof Warenhaus AG & Co. KG, das Handelsunternehmen Promohypermarkt AG & Co. KG oder die Hans Höll Fleischwarenfabrik AG & Co. KG.

(10) Kommanditgesellschaft auf Aktien (KGaA): seltene Mischform von Aktien- und Kommanditgesellschaft. Die KGaA besitzt wie eine KG einen (geschäftsführenden) Komplementär, der persönlich unbeschränkt haftet. Im Gegensatz zur KG besteht aber das Kommanditkapital nicht aus den einzelnen Anteilen der (geldgebenden) Kommanditisten, sondern es ist als Aktienkapital von Kommandit-Aktionären organisiert. Die Kommanditisten bilden die Hauptversammlung, die Komplementäre den Vorstand. Der Aufsichtsrat wird von Kommanditisten und Komplementären gebildet. Komplementäre dürfen auch Kommandit-Aktien erwerben. Wegen der Haftung der Komplementäre wird die KGaA wie die KG als besonders vertrauenswürdig angesehen. Sie kann der →Mitbestimmung unterliegen.

Bekanntere Beispiele sind der Waschmittelhersteller Henkel KGaA, der Pharmakonzern Merck KGaA, die Bank Trinkaus & Burkhardt KGaA und das Computerunternehmen Dr. Neuhaus KGaA.

(11) GmbH & Co. KGaA: seltene Misch-

form von Aktien- und Kommanditgesellschaft. Wie bei der KG stehen (geldgebende) Kommanditisten und (geschäftsführende) Komplementäre nebeneinander. Eine GmbH & Co. KGaA entsteht, wenn das Kommandit-Kapital aus Aktien besteht (wie bei der KGaA) und der Komplementär eine GmbH ist (wie bei der GmbH & Co. KG). Oft sind die Kommanditaktionäre zugleich die Gesellschafter der Komplementär-GmbH. Gründe für die Wahl dieser Rechtsform: Finanzierung und Geschäftsführung sind getrennt, die Übertragung von Kommanditanteilen (Aktien) ist recht einfach möglich und die Haftung ist stark reduziert: Die Kommanditaktionäre haften nur mit ihrem Aktienanteil, die Komplementär-GmbH nur mit ihrem Stammkapital.

Bekanntere börsennotierte Unternehmen sind der Bekleidungshersteller Willy Bogner GmbH & Co. KGaA und die effeff Fritz Fuß GmbH & Co. KGaA, ein. Anbieter von Sicherheitstechnik.

(12) GmbH & Co. (und Compagnon): häufige Rechtsform, bei der mindestens ein Gesellschafter einer oHG eine GmbH ist.

Beispiele von Firmenkonstruktionen

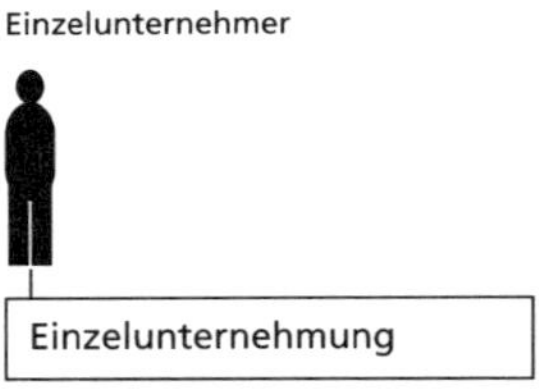

Ein persönlich voll haftender Gesellschafter investiert eigenes Vermögen und führt das Geschäft selbst.

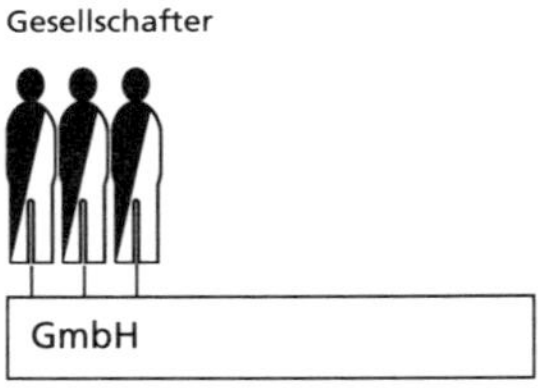

Die GmbH haftet nur bis zur Höhe ihres Grundkapitals. Die Geschäfte leitet ein Geschäftsführer.

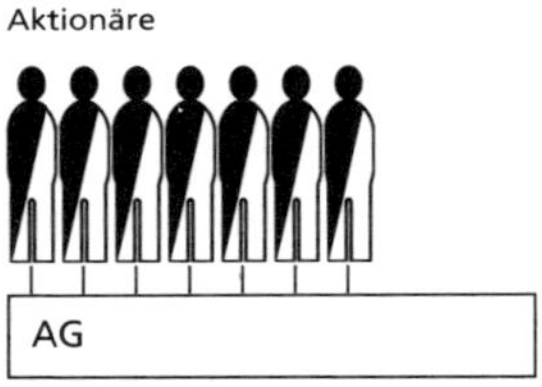

Die AG haftet nur bis zur Höhe ihres Stammkapitals. Die Geschäfte leitet der Vorstand.

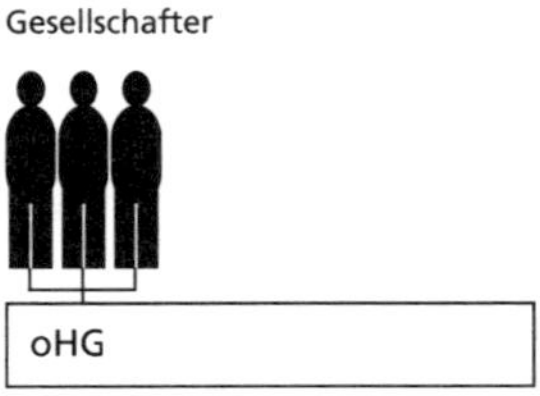

Mehrere Gesellschafter führen die Geschäfte gemeinsam und haften füreinander unbegrenzt.

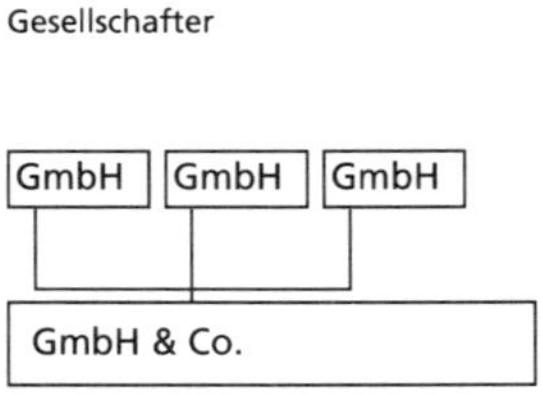

Mehrere Gesellschafter in der Form einer GmbH führen die Geschäfte und haften füreinander bis zur Höhe ihres Grundkapitals.

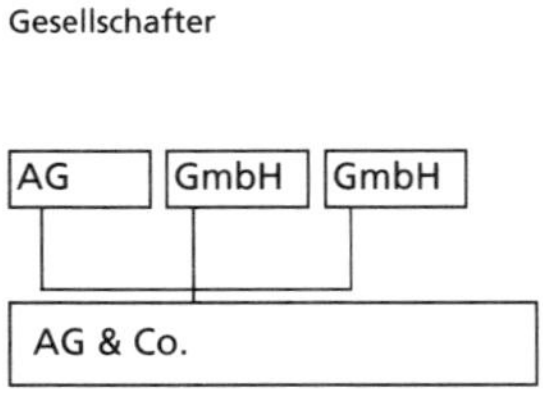

Mehrere Gesellschafter, mindestens einer eine AG, führen die Geschäfte und haften bis zur Höhe von Stamm- bzw. Grundkapital.

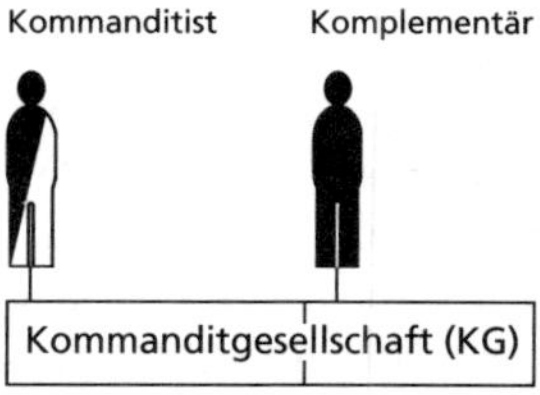

Der Kommanditist stellt das Kapital zur Verfügung und haftet nur bis zu dessen Höhe; der Komplementär ist Geschäftsführer und haftet persönlich voll.

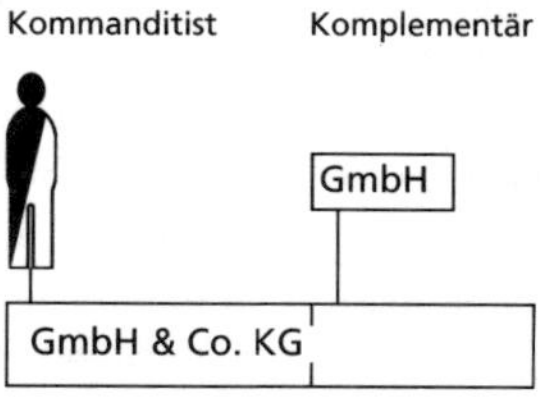

Der geldgebende Kommanditist ist eine Person, die begrenzt (bis zu ihrer Einlage) haftet; der geschäftsführende Komplementär ist eine begrenzt haftende GmbH.

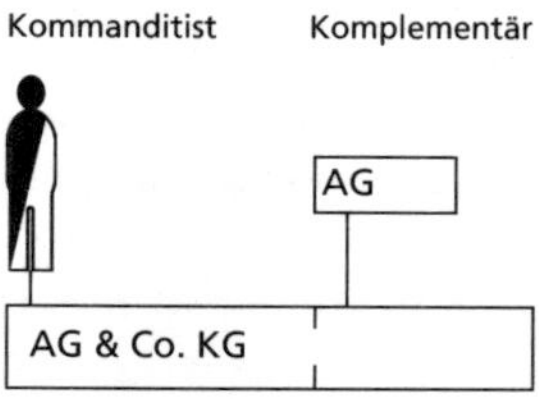

Der geldgebende Kommanditist ist eine Person, die begrenzt (bis zu ihrer Einlage) haftet; der geschäftsführende Komplementär ist eine begrenzt haftende AG.

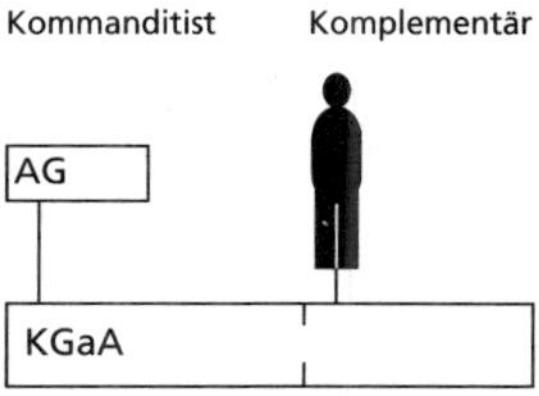

Der Kommanditist ist eine in ihrer Haftung begrenzte AG, der Komplementär haftet voll.

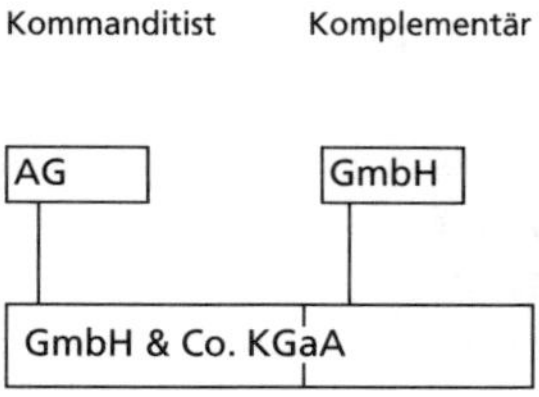

Der Kommanditist ist eine begrenzt haftende AG, der Komplementär ist eine begrenzt haftende GmbH.

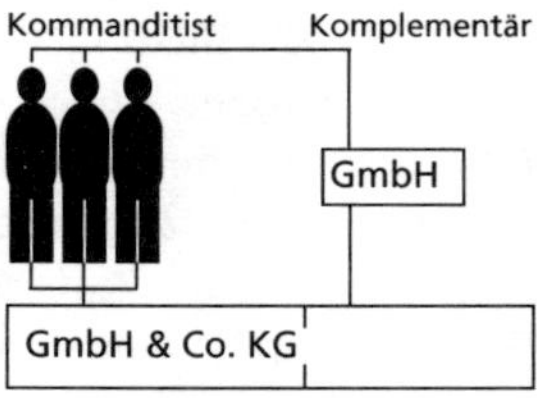

GmbH & Co. KG
Beispiel für eine Familiengesellschaft: Die Kommanditisten sind gleichzeitig Komplementäre, die ihre Haftung durch eine GmbH begrenzen.

Symbole

voll haftender Gesellschafter

begrenzt haftender Gesellschafter (bis zum Stamm-, Grund- bzw, Kommandit-Kapital)

(13) AG & Co. (und Compagnon): seltene Rechtsform, bei der die Gesellschafter einer oHG Kapitalgesellschaften sind, darunter mindestens eine AG.

Bekanntere Firmen sind der Großverlag Gruner + Jahr AG & Co., die Kaufhauskette Quelle Schickedanz AG & Co., die Entsorgungsfirma Edelhoff AG & Co. sowie die Alcatel Kabel AG & Co.

(14) eingetragene Genossenschaft (eG): eine Erwerbs- und Wirtschaftsvereinigung mit mindestens sieben Mitgliedern, die in das Genossenschaftsregister (beim Amtsgericht) aufgenommen sein muss. Es haftet nur die eG mit ihrem Vermögen. Rechte und Pflichte werden in der Satzung (im „Statut") festgelegt. Organe sind der Vorstand, die Generalversammlung (der „Genossen" genannten Mitglieder) und der von ihnen gewählte Aufsichtsrat. Jede →Genossenschaft muss einem Prüfungsverband angehören.

(15) eG mit beschränkter Haftung (eGmbH): eine eG, bei der die Genossen nicht mit ihrem Anteil, sondern mit einer im Statut festgelegten Summe haften.

(16) eG mit unbeschränkter Haftung (eGmuH): eine eG, bei der die Genossen unbeschränkt haften.

(17) Weitere Rechtsformen existieren für Spezialfälle, z. B. Reedereien oder →Versicherungsvereine auf Gegenseitigkeit.

Rechtsformen von Unternehmen in der DDR: Volkseigener Betrieb (VEB), die vorherrschende Rechtsform der Industrie- und Dienstleistungsbetriebe. Die selbstständigen VEB wurden vor allem in den siebziger Jahren zu konzernähnlichen Kombinaten zusammengeschlossen. Dabei gingen Kompetenzen und Funktionen von den VEB auf die Kombinate über, u. a. die Finanz-, Investitions-, Forschungs- und Entwicklungsplanung. Kombinate waren damit die wichtigsten Leitungsinstrumente der Staatswirtschaft unterhalb der Ministerialebene. Gegen Ende der DDR existierten rund 150 zentral- und 90 bezirksgeleitete Kombinate. An ihren Spitzen standen staatlich ernannte Generaldirektoren. Der Betrieb, aus dem ein Kombinat entstand, hieß Stammbetrieb. Mit der Währungsunion 1990 wandelte die →Treuhandanstalt die Kombinate in Aktiengesellschaften und die VEB zumeist in GmbH um. — Produktionsgenossenschaften waren in der DDR die Organisationsformen des Zusammenschlusses von Bauern und Landarbeitern (Landwirtschaftliche Produktivgenossenschaft, LPG) sowie Handwerkern (→Produktivgenossenschaft des Handwerks, PGH); sie waren nicht staatlich, arbeiteten aber auf der Grundlage des sozialistischen genossenschaftlichen Eigentums an Produktionsmitteln. — Der Begriff „Kombinat" ist eine Neuschöpfung nach sowjetrussischem Vorbild. Die Bezeichnung „Produktions-" oder „Produktivgenossenschaft" wurde vermutlich von dem Gewerkschaftsgründer Ferdinand Lasalle (1825-64) geprägt.

Red Chips

die Aktien von an der Börse in Hongkong gehandelten Aktiengesellschaften der Volksrepublik China. Sie gelten als spekulativ, weil sie politischer Einflussnahme ausgesetzt sind, aber auch als lukrativ, weil sie häufig auch Staatsbesitz zu Schleuderpreisen übernehmen. Red Chips im engeren Sinn sind die in Hongkong direkt zugelassenen

34 (1997) Titel chinesischer Staatsbetriebe und die 1997 in dem neuen Aktienindex HSCCI (Hang Seng China Affiliated Corporations Index Hang Seng) enthaltenen 41 in Hongkong registrierten Tochtergesellschaften chinesischer Firmen.

Analogiebildung zu →Blue Chips. Der Begriff wird auch allgemein für Aktien festlandschinesischer Unternehmen benutzt.

Rediskontkontingent →Diskont, →Lombard

Refinanzierung
Die bei Wirtschaftswachstum notwendige Ausstattung von Kreditinstituten mit Geld durch die Zentralbank, in Deutschland durch die →Bundesbank.

Regionalbanken
Gruppe von Kreditinstituten, deren Geschäftsgebiet nicht nur lokal ist, sich aber auch nicht bundesweit erstreckt. Die von der Bundesbank verwendete Bezeichnung umfasst Kreditinstitute mit unterschiedlichen Geschäftstätigkeiten, darunter auch solche Kreditinstitute, die wie die bayerischen Regionalbanken (die 1998 fusionierten) gemäß ihrer Bilanzsumme zur Gruppe der →Großbanken zählen könnten.

Der Begriff ist auch unglücklich, weil dem Wortlaut nach ebenso die →Landesbanken Regionalbanken sind.

Reichsversicherungsordnung (RVO)
die 1911 begonnene Zusammenfassung der Vorschriften über die Kranken-, Unfall-, Invaliditäts- und Altersversicherung. Sie wurde mehrmals um weitere Sozialleistungen ergänzt, oft geändert und wird seit 1975 schrittweise durch das neue →Sozialgesetzbuch (SGB) ersetzt.

Reinvestition →Investition
Relaunch →Zyklus
Rekta-Papier →Wertpapier
Remittent →Wechsel

Rendite
Verzinsung eines eingesetzten Kapitals. Sie schwankt je nach Wirtschaftszweig bzw. nach Art der Kapitalanlage. Orientierungswert ist oft die Durchschnittsrendite am Anleihenmarkt (→Umlaufrendite).

Die Nettokapitalrendite von Unternehmen bezeichnet den Gewinn im Verhältnis zum Kapital. Deutsche Unternehmen liegen mit bis zu zehn Prozent teilweise deutlich niedriger als Unternehmen aus anderen Industrieländern (USA bis 14 Prozent). Fachleute führen dies aber darauf zurück, dass dort die Möglichkeiten, Gewinne in der Bilanz zu verstecken (→Bilanzpolitik), nicht so ausgeprägt sind.

Rente
generell ein regelmäßiges Einkommen aus angelegtem Kapital, im allgemeinen Sprachgebrauch zumeist eine Leistung der gesetzlichen →Renten- oder →Unfallversicherung. Die Höhe wird mit Hilfe der →Rentenformel errechnet. Als Teil der freiwilligen Altersvorsorge sind Betriebsrenten und Renten aus Lebensversicherungen verbreitet.

— Als Kurzwort werden mit Renten auch →Rentenpapiere bezeichnet.

Der Begriff ist seit etwa 1200 bezeugt und stammt von lateinisch „reddere" (zurückgeben).

Rentenfonds
Vermögen einer Kapitalanlagegesellschaft, das überwiegend aus Anleihen besteht.

→Fonds

Rentenformel
dient zur Berechnung der Monatsrente in der gesetzlichen Rentenversicherung. Sie ist 1992 neu festgelegt worden und gilt bis zum Inkrafttreten des Rentenreformgesetzes 1999 (RRG 1999). Es blieb bei der Lohn- und Beitragsbezogenheit der Rente: Die Höhe der Rente richtet sich nach der Höhe der Beiträge, diese aber nach der Höhe des Netto- statt wie zuvor des Bruttolohns. Die Löhne und Einkommen („Arbeitsentgelte") werden seither in Entgeltpunkte (EP) umgerechnet: Wer in einem Kalenderjahr genau auf einen durchschnittlichen Jahreslohn kommt, erhält 1,0 EP; bei der Hälfte eines Durchschnittslohnes gibt es 0,5 Punkte usw.; Berufsausbildung und Kindererziehungszeiten werden mit EP zwischen 0,5 und 1,0 anerkannt. Die EP werden multipliziert mit dem Rentenartfaktor (RAF). Er beträgt bei einer Rente wegen Alters oder bei voller Erwerbsunfähigkeit 1,0. Weil eine Rente wegen Berufsunfähigkeit bei weiterer Erwerbstätigkeit nur zwei Drittel des Lebensstandards sichern soll, beträgt der RAF hier nur 0,6667; für Halbwaisen liegt er bei 0,1. Der Zugangsfaktor (ZF) beträgt 1,0 bei einer Verrentung im Regelalter. Ab 2001 sinkt der ZF für jeden Monat der vorzeitigen Inanspruchnahme um 0,003, während er sich bei jedem Monat späterer Inanspruchnahme um 0,005 erhöht. Letzter Faktor ist der aktuelle Rentenwert (AR), der die Lohnentwicklung und damit den Lebensstandard der aktiven Generation berücksichtigt, wodurch die Rente „dynamisiert" wird. Weil EP und ZF noch zu Persönlichen Entgeltpunkten (PEP) zusammengefasst werden, lautet die Rentenformel für eine Monatsrente (MR): MR = PEP x RAF x AR. — Die demografische Entwicklung in Deutschland, wo einer sinkenden Anzahl Erwerbstätiger eine steigende Anzahl von Rentnern gegenübersteht, machte die Erweiterung der Rentenformel um einen demografischen Faktor nötig, damit der →Generationenvertrag eingehalten werden kann.

Die Einführung eines demografischen Faktors aufgrund des RRG 1999 senkt das Rentenniveau um fünf bis sechs Prozent im Jahr 2010. Der Faktor gleicht rund die Hälfte der Belastungen durch die länger werdende Rentenbezugsdauer aus, während die andere Hälfte über Beiträge und Steuern finanziert werden soll. Gegen ein reales Absinken der Rente aufgrund des Faktors und gegen eine Unterschreitung des Nettorentenniveaus von 64 Prozent der Eckrente schützt ein entsprechendes Verbot.

Rentenindex →Anleihen

Rentenmarkt

Börse für festverzinsliche Wertpapiere (→Anleihen), die →Rentenpapiere; ihr Handel ist auch direkt zwischen Großanlegern möglich.

Rentenpapiere

Umschreibung für festverzinsliche → Wertpapiere, die regelmäßige Einnahmen ähnlich einer Rente ermöglichen (→Anleihen). Dazu gehören Staats- und Kommunalanleihen, Pfandbriefe, Schuldverschreibungen öffentlich-rechtlicher Finanzierungsinstitute und die Industrieobligationen der Privatwirtschaft.

Rentenversicherung

als gesetzliche Rentenversicherung ein Teil der gesetzlichen →Sozialversicherung, als private Rentenversicherung eine Form der privaten Altersvorsorge. Die gesetzliche Rentenversicherung zahlt →Renten wegen Alters, verminderter Erwerbsfähigkeit oder Todes und finanziert Rehabilitationen, wenn die Erwerbsfähigkeit erheblich gefährdet ist. Die Rentenhöhe wird mit Hilfe der →Rentenformel bestimmt und ist damit beitrags-, leistungs- und lohnbezogen sowie dynamisiert, d.h., sie steigt wie die durchschnittlichen Nettolöhne. Die Eckrente liegt bei 70 Prozent des letzten Nettoeinkommens, die Durchschnittsrente aber nur bei 62 Prozent. Mit zunehmender Verbreitung der Teilzeit wird dieser Prozentsatz weiter absinken. — Das Umlageverfahren, mit dem die aktiven Beitragszahler die Renten der früheren Beitragszahler tragen, steht unter Finanzierungsdruck. Das Beitragsaufkommen wird strukturell verringert durch längeres Lebensalter und deswegen längere Rentenbezugszeiten, eine sinkende Zahl von Kindern als künftige Beitragszahler und deswegen ein verschlechtertes Rentenlastverhältnis, spätere Eintrittszeiten in das Berufsleben und frühere Verrentung (→Generationenvertrag). Hinzu kommt die Belastung durch die Finanzierung →versicherungsfremder Leistungen, die vom Bundeszuschuss für die Rentenversicherung nicht abgedeckt werden. Besondere Belastungen sind der Rentenversicherung durch die →Finanzierung der deutschen Einheit aufgebürdet

Beitragssätze der Rentenversicherung
in Prozent des Bruttoarbeitsentgeltes

1987–1991	18,7
1991–1992	17,7
1993	17,5
1994	19,2
1995	18,6
1996	19,2
1997	20,3
1998	20,3

Quelle: VDR, ohne Knappschaft. Beitragssatz 1998: 21,0 Prozent angekündigt, aber gegen eine Erhöhung der Mehrwertsteuer auf 16 Prozent zurückgenommen.

Finanzierung der Rentenversicherung
1996, in Mrd. DM

Einnahmen		Ausgaben	
Beiträge	285,9	Renten	330,4
Bundeszuschüsse	77,2	Krankenvers. d. Rentner	21,6
sonstige	4,7	sonstige	22,8
Summe	367,7	Summe	374,8

Quelle: VDR.

worden, weil für ihre Leistungen keine Beiträge eingezahlt worden waren (Transferleistungen 1997: 17 Milliarden Mark, 1992-97: 75 Milliarden Mark). Die Beitragsausfälle aufgrund der Massenarbeitslosigkeit liegen bei jährlich 400 Millionen Mark pro 100.000 Arbeitslose; die Altersrenten wegen Arbeitslosigkeit (1997: 800.000 Fälle) führen zu einer jährlichen Mehrbelastung von rund 20 Milliarden Mark.

Entscheidenden Anteil an der Rentenreformdiskussion hatte ein Gutachten des Prognos-Instituts von 1995, das sich in zwei Szenarien bis 2040 (dem wahrscheinlichen Renteneintrittsalter des Geburtsjahrgangs 1975) mit den Perspektiven der gesamtdeutschen Rentenversicherung befasste. Wichtigstes Ergebnis war der Verlauf des Beitragssatzes. In einem Niedrig-Szenario läge der Anteil der 60jährigen und Älteren im Jahr 2000 bei 23,2 Prozent, im Jahr 2020 bei 28,1 und 2040 bei 31,7 Prozent. In einem Hoch-Szenario wären es im Jahr 2000 rund 23,3 Prozent, 2020 rund 29,3 und 2040 33,7 Prozent. Der Beitragssatz für die Rentenversicherung läge in beiden Szenarios im Jahr 2000 bei 20 Prozent, 2020 wären es 24,3 bzw. 25,4 Prozent und 2040 26,3 und 28,7 Prozent. Seither ist die Diskussion davon geprägt, die Verlaufskurve der Beiträge unter 20 Prozent zu halten und davon ausgehend die Leistungen zu reduzieren.

Da die Rentenversicherung anteilig (überwiegend hälftig) von Arbeitgebern und Arbeitnehmern gezahlt wird, schlagen sich höhere Beitragssätze auch in den Lohnnebenkosten nieder. Außerdem besteht ein Zielkonflikt im Bereich der Arbeitsmarktpolitik: Die Lebensarbeitszeit soll verkürzt werden, um die Arbeitslosigkeit zu bekämpfen, muss aber verlängert werden, um die Rentenversicherung zu finanzieren. Reformen können außerdem nur behutsam in das bisherige System der Altersvorsorge eingreifen, um eine glaubwürdige staatliche Alterssicherung durch den →Generationenvertrag

Versicherungsfremde Leistungen

Umfang und Anteil am Rentenvolumen, 1995

Leistungen (Auswahl)	Mrd. DM	Prozent
Kriegsfolgelasten	23,5	7,9
Anrechnungszeiten	15,5	5,2
Altersrenten vor dem 65. Lebensjahr	18,7	6,3
Höherbewertung Berufsausbildung	8,5	2,9
Kindererziehung	6,4	2,1
Summe aller Leistungen	102,2	34,3
Bundeszuschuss	59,5	20,0
nicht durch Bundeszuschuss gedeckt	42,7	14,3
Rentenvolumen	297,9	100,0

Quelle: VDR. Rentenvolumen: ohne vom Bund (gesondert) erstattete Rententeile. Nicht als versicherungsfremd gelten Ost-West-Transfer, Zurechnungszeiten und Hinterbliebenenrenten.

zu garantieren. Bei einer deutlichen Senkung würde die Durchschnittsrente in den Bereich des Sozialhilfesatzes geraten (→Mindestabstandsgebot); schon 1996 waren 23,7 Jahre Beitragszahlung notwendig, um eine Rente in Höhe des Sozialhilfebedarfs eines allein stehenden Rentners zu erreichen. Weil bei der Finanzierung von Sozialleistungen auf die Verwandtschaft zurückgegriffen wird, dürften noch mehr Rentnerinnen und Rentner auf ergänzende Sozialhilfe verzichten, um nicht den Kindern zur Last zu fallen. Außer den 150.000 bis 200.000 altersarmen Rentnern, die ganz oder teilweise auf Sozialhilfe angewiesen sind, nimmt etwa die gleiche Zahl diese Leistung nicht in Anspruch, obwohl sie berechtigt wäre. — Die Rentenreform von 1997 sieht u. a. die Einführung eines demografischen Faktors in die →Rentenformel und damit eine Absenkung der Eckrente von zuvor 70 auf 64 Prozent im Jahr 2015 vor. Außerdem soll der Bundeszuschuss stark erhöht werden, um den Druck steigender Rentenversicherungsbeiträge auf die Lohnnebenkosten abzufangen. Die Rentenversicherung wird aber insgesamt (auch künftig) stärker durch die Arbeitslosigkeit belastet als von demografischen Veränderungen. — Als Alternative zum bisherigen Umlagesystem werden Grundsicherungen oder -renten diskutiert, die nicht mehr aus Beiträgen, sondern aus Steuern finanziert würden und teilweise mit →Sozialleistungen zusammengelegt werden könnten. Die durchschnittliche Höhe einer Grundrente könnte beim bisherigen Niveau der Sozialhilfe oder als prozentual bestimmter Teil (z. B. 50 Prozent) des Pro-Kopf-Volkseinkommens festgelegt werden. In diesem Fall würden sich die Renten nicht nur an den Löhnen und Gehältern orientieren, sondern auch an den Einkommen der Selbstständigen und den Bezügen aus Kapitalvermögen. Die Arbeitskosten könnten um den Anteil der Ren-

Versicherte und Rentenbestand, in Mio.

	Versicherte				Renten		
Jahr	ArV	AnV	Kn	RV	Bestand	AltR	WW
1965	16,4	8,7	0,5	25,7	8,6	3,5	3,5
1970	15,7	9,8	0,5	26,0	9,9	4,4	3,9
1975	14,2	11,2	0,4	25,8	11,4	5,5	4,2
1980	14,7	12,0	0,3	27,0	12,4	6,1	4,4
1985	17,1	14,3	0,3	31,7	13,9	6,7	4,7
1990	16,5	16,8	0,3	33,6	14,8	8,2	4,7
1995w	16,6	17,7	0,3	34,7	16,2	10,1	4,7
1995o	4,9	3,6	0,1	8,9	4,3	2,7	1,2
1995d	21,5	21,6	0,4	43,5	20,5	12,7	5,9

Quelle: VDR. ArV: Arbeiter-, AnV: Angestellten-, Kn: knappschaftliche Rentenversicherung.

RV: Summe.

Bestand: Rentenbestand insgesamt, darin AltR: Altersrente, WW: Renten wegen Todes (vor allem Witwen-, Witwer- und Waisenrenten). 1995: West-, Ost-, Gesamtdeutschland.

Eckrentner-Quotient 1991–2030

	Eckrentner (Mio.)	Beitragszahler u. Arbeitslose (Mio.)	Quotient in %
1991	11,2	32,9	34,0
1995	12,6	32,3	38,9
2000	13,6	32,4	41,9
2005	14,4	32,9	43,7
2010	14,8	33,2	44,7
2015	15,4	33,0	46,6
2020	16,1	31,9	50,5
2025	17,0	30,5	55,8
2030	17,9	29,3	61,2

Quelle: VDR. Modellrechnung nach einer Schätzung von 1997. Eckrentner: Rentenempfänger je Standardrente auf 100 Beitragszahler und Arbeitslose.

tenversicherungsbeiträge an den Lohnnebenkosten gesenkt werden; eine Eigenvorsorge wird unerlässlich. Die Zahlen, auf denen die Finanzierbarkeit des Modelles basiert, sind umstritten. Zudem müsste zumindest eine Generation sowohl die allmählich sinkenden Alt-Ansprüche aus dem Generationenvertrag als auch die Kosten für die eigene steuer- und selbstfinanzierte Altersversorgung tragen. An dieser Umstellungsproblematik scheitern auch alle Kapitaldeckungsmodelle (→Kapitalstock): Aus den Beiträgen werden Rücklagen gebildet, die ab 2020 wieder ausgegeben werden, um die Spitzenbelastung dieser Zeit zu mildern. Problem ist die gewaltige Sparsumme von mehr als zehn Billionen Mark, die auf den Kapitalmärkten kaum ertragreich angelegt, vor allem aber nicht schnell genug entspart werden kann, ferner der enorme Anstieg der Rentenversicherungsbeiträge, mit denen sowohl die jetzigen Rentner als auch die eigene Rente finanziert werden müssten.

Versicherungspflichtig sind alle Arbeitnehmer. Beamte sind versicherungsfrei, Selbstständige können sich freiwillig versichern. Die gesetzliche Rentenversicherung zerfällt in unterschiedliche Zweige und insgesamt 27 Träger. Für die Arbeiterrentenversicherung sind 23 Landesversicherungsanstalten (LVA) zuständig, für die Angestellten bundesweit die Bundesanstalt für Angestellte (BfA), für Bergleute die →Bundesknappschaft, für Seeleute die Seekasse und für Bahnbeschäftigte die Bahnversicherungsanstalt. Sie sind im Verband Deutscher Rentenversicherungsträger (VDR) zusammengeschlossen. 44 Millionen Beitragszahler in der gesetzlichen Rentenversicherung zahlten 1997 rund 300 Milliarden Mark in die Rentenkassen. Gezahlt wurden mehr als 20 Millionen Renten und eine Million Reha-Leistungen. Auf Renten im weiteren Sinne (u.a. mit Pensionen) entfällt mehr als die Hälfte aller staatlichen Sozialleistungen. — Ein Bedeutungs- und Renditevergleich von gesetzlicher und privater Rentenversicherung ist nicht möglich, weil die Angebote der privaten →Versicherungen anders strukturiert sind (Lebensversicherungen, Mitgliedschaft in Pensions- und Sterbekassen).

Rentenwerte →Rentenpapiere

Repo →Wertpapier-Pensionsgeschäfte

Restschuldbefreiung →Insolvenzordnung

REX

Index zur Wertentwicklung von Anleihen, der seit 1987 von der Deutschen Börse AG in Frankfurt am Main berechnet wird. Weil sich die Kurse festverzinslicher Wertpapiere mit zunehmender Laufzeit und herannahender Einlösung immer mehr ihrem Nominalwert annähern und zudem laufend neue Anleihen mit veränderter Ausstattung aufgelegt werden, kann ein Rentenindex nicht analog zu einem Aktienindex gebildet werden. Der REX besteht aus 30 hypothetischen Anleihen mit Laufzeiten zwischen einem und zehn Jahren und unterschiedlicher Zinsausstattung; er ist nach der Marktgewichtung ähnlicher Titel auf dem realen Rentenmarkt zusammengesetzt. Der Index schwankt wie die ihm zugrunde liegenden Anleihen um die Maßzahl 100.

Das Akronym REX ist eine Zusammenziehung aus Rentenindex und ein Analogbegriff zum Aktienindex DAX. Ähnliche Anleihenindizes sind der Performance-Index REXP, der die Wertsteigerungen (Zinserlöse) berücksichtigt und deshalb steigende Werte aufweist, ferner der analog zum REX aufgebaute Pfandbriefindex PEX (seit 1995), als PEXP der PEX als Performance-Index, sowie unterschiedlich zusammengesetzte Indizes von Banken.

Rheinisch-Westfälisches Institut für Wirtschaftsforschung →Wirtschaftsforschungsinstitute

Risikokapital

Beteiligung an einem innovativen Unternehmen mit überdurchschnittlichen Gewinnerwartungen, aber unterdurchschnittlichen Sicherheiten. Wenn eine erhöhte Bereitschaft zur Investition von Risikokapital weder bei den Banken noch bei privaten Investoren üblich ist, sinkt die volkswirtschaftliche Innovationstätigkeit. Deutschland liege deswegen deutlich hinter den USA zurück, kritisierte 1997 ein Wagniskapital-Gutachten für das Bundeswirtschaftsministerium. — Risikokapital kommt vor allem für junge, kapitalschwache, schnell wachsende Technologieunternehmen in Betracht. Die Finanzierung ihrer Expansion mit Krediten ist oft nicht ausreichend, weil infolge hoher Anfangsverluste bei hohem Kreditvolumen schnell Überschuldung eintreten kann und zudem Kredite regelmäßig verzinst werden müssen. Hingegen können Aktionäre auf Dividendenzahlungen verzichten, wenn stattdessen die langfristigen Ertragsaussichten steigen. Ist das junge Unternehmen aber eine nicht börsennotierte Kapitalgesellschaft (z. B. eine GmbH), ist vor einer Risikokapitalbeteiligung die Bewertung des Unternehmens schwierig, wenn es über kaum mehr verfügt als über eine vielversprechende Idee. Insbesondere ist oft strittig, wie groß der Anteil am Unternehmen sein soll, der einem Kapitalgeber für die Finanzierung bestimmter Investitionen überlassen wird. — Banken behindern den Gang eines jungen Unternehmens an die Börse eher (→Going Public). Zudem sind Papiere kleiner Firmen markteng, können also selbst bei geringfügig veränderter Nachfrage mit hohen Kursausschlägen reagieren. Außerdem müssen potenzielle Käufer einen hohen Aufwand treiben, um sich über die angebotenen Titel zu informieren. Innovative Unternehmen scheuen aber wiederum aus Wettbewerbsgründen die weitgehende Offenlegung von Daten in einem Börsenprospekt. — Außer einem Zurückdrängen des Banken-Einflusses und damit einer Reform des Börsenzugangs sind auch Anlagemöglichkeiten für →Pensionsfonds und Erleichterungen bei direkten Kapitalinvestitionen möglich, vor allem durch Aktiengesellschaften, die Wagniskapitalbeteiligungen als Geschäftszweck haben (→Investmentaktiengesellschaften). Sie arbeiten zwar spekulativ, Anteile an ihnen sind aber an der Börse sehr einfach zu erwerben. Faustregel ist, dass eine solche AG umso wagnisorientierter ist, je höher die Summe ihrer Totalausfälle ist. Steuerliche Vorzugsbehandlungen sollen das Risiko teilkompensieren.

An der Londoner Börse ist 1995 der „Alternative Investment Market" (AIM) geschaffen worden. Im Gegensatz zum neuen Markt in Frankfurt (→Börsensegmente) bestehen keine Anforderungen an Mindestkapital und -umsatz, es muss sich kein bestimmter Prozentsatz des Stammkapitals in Streubesitz befinden, und der Börsengang erfordert keine Kapitalerhöhung. Gefordert sind allerdings ein an der AIM zugelassener Finanzberater, der Aufsichtsfunktionen hat, und ein Broker, der die Aktien handelt. Im Vergleich mit dem neuen Markt gilt AIM als ungleich risikokapitalfreundlicher.

Risikostrukturausgleich (RSA)
1994 geschaffen, um die Chancengleichheit zwischen den Krankenkassen herzustellen, sobald den Versicherten in der gesetzlichen Krankenversicherung die Wahl der Krankenkasse freigestellt wurde (schrittweise ab 1996). Als die Krankenkassen noch Pflichtkassen für einzelne Versichertengruppen waren (Arbeiter, Angestellte, Seeleute, Bergleute, Landwirte), wiesen die Krankenkassen unterschiedliche Beitragssätze auf, vor allem bedingt durch die unterschiedlichen Erkrankungshäufigkeiten in den Versichertengruppen und den Strukturwandel des Arbeitsmarktes: Die einst dominierenden Arbeiter gingen überwiegend als AOK- oder Knappschafts-Versicherte in den Ruhestand, während die Ersatzkassen als Angestellten-Versicherungen einen geringeren Anteil Rentner aufweisen, weil die Angestellten, deren Zahl erst ab den sechziger Jahren schnell stieg, erst allmählich verrentet werden. Das ungünstigere Rentner-Versicherten-Verhältnis vor allem der AOK, das sich auch in höheren Beitragssätzen äußert, musste also gegenüber der günstigeren Voraussetzung vor allem für die Ersatzkassen ausgeglichen werden. Sonst hätten bei einer Freigabe der Wahlmöglichkeiten tumultuöse Massenabwanderungen zu den preisgünstigeren Krankenversicherungen einsetzen können. Ein anfangs hoher, später abnehmender finanzieller Transfer unter den Krankenkassen sollte bei den Ersatzkassen auf die Beiträge drücken, während er die Ortskrankenkassen entlasten sollte. Ziel war, auf diese Weise die Spanne zwischen dem niedrigsten und dem höchsten Beitragssatz auf etwa ein Prozent zu verringern. Drei ungelöste Probleme führen allerdings dazu, dass der RSA nicht allmählich ausläuft, sondern sich zum Nachteil der Versicherten verewigt. Erstens ist vor allem unter älteren Versicherten die Bereitschaft zum Wechsel der Krankenkassen gering; ein gewichtiger Teil der Risiko-Unterschie-

de bleibt also erhalten. Zweitens zeigt sich, dass gerade durch den RSA und die Angleichung der Beitragssätze der finanzielle Reiz zum Wechsel der Krankenkasse wegfällt. Drittens werden interne Kostensenkungen und Produktivitätsgewinne einer Krankenkasse bestraft, weil die Vorteile nicht an die Versicherten weitergegeben werden können, sondern sogar noch die Zahlungen in den RSA erhöhen, also der Konkurrenz zugute kommen.

Bei den AOK waren 1995, im ersten Jahr des vollen RSA, rund 7,6 Millionen Aktive und 630.000 Rentner versichert, während die Ersatzkassen 7,2 Millionen Aktive, aber nur 290.000 Rentner versichert hatten. Bei der Bundesknappschaft entfielen sogar auf nur 260.000 Aktive rund 140.000 Rentner. — Aufgrund versicherungstechnischer Berechnungen wurde der Risikostrukturausgleich für 1995 festgelegt. Empfänger waren die AOK mit 15,3 Milliarden und die Bundesknappschaft mit 2,2 Milliarden Mark. Zahler waren die Ersatzkassen für Angestellte und Arbeiter mit zusammen 15 Milliarden und die anderen Kassen mit 2,5 Milliarden Mark (Tabelle →Krankenversicherung). Tatsächlich schrumpfte die Spanne zwischen den westdeutschen Beitragssätzen. Während die Betriebskrankenkassen (BKK) 1994 noch den niedrigsten Beitragssatz von 12,11 Prozent und die Bundesknappschaft (BKN) von 13,9 Prozent aufwies, lagen die BKK Mitte 1996 bei 12,5 und die BKN bei 13,9 Prozent. In Ostdeutschland lag die Spanne Mitte 1996 noch bei mehr als vier Prozent zwischen der See-Versicherung mit 9,9 und der AOK mit 14,17 Prozent. — Der RSA wird vom Bundesversicherungsamt verwaltet.

RKW →Rationalisierungskuratorium der Deutschen Wirtschaft

RM →Währungsunion, →Mark

Rohstoffversorgung

öffentlich diskutiert seit der Studie „Die Grenzen des Wachstums", die der →Club of Rome 1972 veröffentlichte. Sie hatte einen schnell wachsenden weltweiten Rohstoffmangel vorausgesagt. Dabei blieb unberücksichtigt, dass die infolge zunehmender Nachfrage steigenden Preise sowohl zur Materialeinsparung als auch zur Suche nach Ersatzstoffen und nach weiteren Lagerstätten führten. — Die Rohstoffversorgung wurde in der BRD in den achtziger Jahren überwiegend unter den beiden Aspekten Freihandel und Abhängigkeit beachtet: Durch das naturbedingte Fehlen vieler Rohstoffe in Deutschland kann nur ein ungestörter Außenhandel die Versorgung der Industrie mit Rohstoffen ermöglichen. Die Versorgungssicherheit kann durch Krieg, Krisen oder Naturkatastrophen oder durch die Bereitschaft von Lieferländern zu politischer oder wirtschaftlicher Erpressung gefährdet werden. Das bekannteste Beispiel dafür in den siebziger Jahren ist das Preiskartell der →Opec-Länder für →Öl geworden. Insbesondere die sichere Versorgung mit den sog. strategischen Rohstoffen, zumeist seltenen Mineralien für hochtechnologische Schlüsselprodukte wie Waffen oder Computer, war unsicher, weil die zu den wichtigsten Lieferanten gehörenden Länder Südafrika und Sowjetunion als politisch instabil bzw. als militärischer Gegner galten. Gegenstrategien sind bis heute die Bevorratung für Krisenzeiten, die Diversifizierung der Lieferanten, der Ersatz durch reichlicher vorhandene Stoffe und die generelle Ausweitung der Förder- oder Abbaukapazitäten. Für die Diskussion um das internationale Seerecht in den achtziger Jahren, insbesondere den damals stark überschätzten Tiefseebergbau, war die Rohstoffgewinnungs- und Transportsicherheit von zentraler Bedeutung.

Zwar wird überwiegend für militärische Zwecke vor allem in den USA noch immer Vorratshaltung bei strategischen Rohstoffen betrieben. In Deutschland zählten vor allem Zusätze für Edelstähle dazu (z. B. Chrom, Mangan). Öl und Gas werden auch in Deutschland bevorratet, gelten jedoch nicht als strategische Rohstoffe. Aber seit dem Ende der Blockkonfrontation und der zunehmenden Verflechtung der Weltwirtschaft wird die Versorgung mit Rohstoffen meist nicht mehr als problematisch angesehen. Auch das Auseinanderbrechen der Sowjetunion in verschiedene Lieferländer hat zur Diversifizierung beigetragen. Selbst die Arbeitsgruppe, die früher unter dem Namen „International Strategic Minerals Inventory" (ISMI, „Internationales Inventar strategischer Mineralien) Rohstoffstudien erarbeitete, hat sich inzwischen in „International Studies on Mineral Issues" (Internationale Studien über Mineralfragen) umbenannt. — Die deutsche Industrie hat die Suche nach eigenen Lagerstätten oder die Beteiligung an produzierenden ausländischen Bergbauunternehmen weitgehend aufgegeben. Das reichliche Angebot hat längerfristige Handelsbeziehungen attraktiver werden lassen. Das →Bundesamt für Wirtschaft führt eine Reichweitestatistik über die Vorräte einiger strategischer Rohstoffe wie Ferro-Legierungen, Chrom und Kobalt. — Auch in anderen europäischen Staaten, die alle wesentliche Verbraucherländer sind, ziehen sich die Unternehmer mehr und mehr aus dem aktiven Bergbau zurück; Ausnahme ist Großbritannien. Umgekehrt ist eine Konzentrierung der Rohstoffaktivitäten weltweit bei Firmen der klassischen (pro-)westlichen Bergbauländer Australien, Kanada, USA und Südafrika festzustellen. Die Zahl der Anbieterfirmen nimmt ab; neben den wachsenden Bergbaukonzernen gibt es auch von der Lagerstättenseite her Trends zur Konzentrierung. Das Bild wird bei stärkerer Differenzierung aber insgesamt uneinheitlich. — Einziges funktionierendes Produzentenkartell für Rohstoffe ist das für Diamanten. Die dem südafrikanischen Bergbaukonzern Anglo American Corporation gehörende Firma De Beers fördert weltweit rund die Hälfte aller Diamanten. Durch ihre Central Selling Organisation (Zentralverkaufsorganisation, CSO) vermarktet sie auch die Förderung der anderen Produzenten (seit 1996 einschließlich Russlands), kontrolliert die Verkäufe an die Schleifer und damit die Preise. Der jährliche Verkaufswert soll zwischen vier und fünf Milliarden Mark liegen, Mengen werden nicht bekannt gegeben.

Rüstungsexportkontrolle →Bundesausfuhramt

RVO →Reichsversicherungsordnung

RWI →Wirtschaftsforschungsinstitute

S

S & P →Rating, →Dow Jones

S.A. →Rechtsformen von Unternehmen (Aktiengesellschaft)

s. ar. l. →Rechtsformen von Unternehmen (GmbH)

S.p.A. →Rechtsformen von Unternehmen (Aktiengesellschaft)

s.r.l. →Rechtsformen von Unternehmen (GmbH)

Sachverständigenrat zur Begutachtung der gesamtwirtschaftlichen Entwicklung (SVR)

im allgemeinen Sprachgebrauch „die fünf Weisen". Sie haben den gesetzlichen Auftrag, jährlich im Herbst ein Gutachten zur gesamtwirtschaftlichen Entwicklung in Deutschland zu erstellen. Außerdem können sie Sondergutachten zu Einzelfragen veröffentlichen. Der SVR gilt als eines der wichtigsten Gremien der Politikberatung. Die öffentliche Wirkung des Herbstgutachtens beruht heute vor allem auf den Wachstumsprognosen, die der SVR selbst nicht als zentralen Teil des Gutachtens ansieht; bedeutsamer seien seine wirtschaftspolitischen Bewertungen. — Die Herbstgutachten sollen untersuchen, wie Preisstabilität, hoher Beschäftigungsstand, außenwirtschaftliches Gleichgewicht und stetiges, angemessenes Wirtschaftswachstum (→magisches Viereck) gewährleistet werden können. Störungen gehen ihm zufolge überwiegend von der Politik aus. Neben dem Wachstums- ein Umweltschutzziel zu definieren, hält der SVR nicht für nötig. Die Politik müsse nur einen Rahmen anbieten, innerhalb dessen die Knappheit der Umweltgüter in Preise übersetzt werden könne. Denn im angemessenen, nicht im höchstmöglichen Wachstum sei das Umweltschutzziel bereits vorhanden. — Größten Einfluss hat der SVR nach eigenem Dafürhalten bei der Entwicklung der wirtschaftspolitischen Konzeption der christlich-liberalen „Wende-Regierung" von 1982/83 gehabt, ferner bei den Steuerreformen, der Finanz- sowie der Tarifpolitik. Die Haushaltspolitik der Bundesregierung gab ihm im Gutachten ′96 „manches Rätsel auf", die Bonner Finanzpolitik bezeichnete er im Gutachten '97 als „orientierungslos in der Durchführung". Die Bedeutung, die der Reform der Sozialversicherungen in den neunziger Jahren beigemessen wird, sieht er als späte Belohnung seiner früheren, missachteten Warnungen.

1963 gegründet, Geschäftsstelle beim Statistischen Bundesamt, wo er auch einen kleinen Stab unterhält. Gesetzlich sind fünf unabhängige Mitglieder vorgesehen, die über besondere wirtschaftswissenschaftliche Kenntnisse und volkswirtschaftliche Erfahrung verfügen müssen, von der Bundesregierung vorgeschlagen und vom Bundespräsidenten ernannt werden. Die Amtsdauer beträgt fünf Jahre; Verlängerungen sind möglich und üblich. Die Herbstgutachten müssen bis zum 15. November übergeben werden. Die Bundesregierung muss nach spätestens acht Wochen in ihrem →Jahreswirtschaftsbericht Stellung nehmen. Die Berufung in das Gremium gilt unter Wirtschaftswissenschaftlern als Spitzenqualifikation und ist außerdem populär, weil sie bekannt macht. — Die Gründung des SVR ging auf das Bestreben des Bundeskanzlers Ludwig Erhardt zurück, den Konflikt mit der SPD-Opposition um planwirtschaftliche Elemente in der Marktwirtschaft zu entpolitisieren. Erhardt erhoffte vom neutralen Sachverstand Unterstützung gegen die als illegitim betrachteten Gruppeninteressen der Sozialdemokratie und der Gewerkschaften. Die Opposition hingegen erwartete ein Kontrollorgan, das die Regierung kritisierte, die von der SPD für rückständig und inkompetent gehalten wurde. Von Anfang an war es ein offenes Geheimnis, dass je zwei Sitze im Einvernehmen mit Arbeitgebern bzw. -nehmern besetzt werden; der SVR hat denn auch die →konzertierte Aktion vorgeschlagen, die 1967 im Stabilitätsgesetz verankert wurde. — Wie die Wirtschaftspolitik und die Volkswirtschaftslehre hat auch der SVR im Laufe der Zeit unterschiedliche Ansätze, Methoden und Forderungen entwickelt; zu Reibereien kam es immer, wenn er seiner Zeit voraus oder hinterher schien. Schon seit seiner Gründung beschäftigte er sich mit einem Währungssystem freier Wechselkurse, die erst 1971 mit dem Zusammenbruch von →Bretton Woods Wirklichkeit wurden. Den Übergang von der →nachfrageorientierten zur →angebotsorientierten Wirtschaftspolitik vollzog der SVR bereits Mitte der siebziger Jahre, die Bundesregierung erst mit der Wende 1982. Mehrmals haben sich kurzfristige Empfehlungen des Jahresgutachtens (vor allem zur Zinspolitik) als fehlerhaft herausgestellt; seither konzentriert sich der SVR auf mittelfristige Probleme. — In der politischen Diskussion werden Herbstgutachten und Jahreswirtschaftsbericht durch das Frühjahrsgutachten ergänzt, das von den sechs →Wirtschaftsforschungsinstituten vorgestellt wird. Allerdings werden auch die Sondergutachten des Sachverständigenrates, die im Frühjahr erscheinen, manchmal als Frühjahrsgutachten bezeichnet.

Saftladen

schlecht geführtes Unternehmen.

Saft spielt auf Gersten- oder Rebensaft und Schnaps an, Saftladen meint ab dem frühen 20. Jahrhundert in Berlin Likörstuben, Gastwirtschaften oder Bars. Als deren Ruf schlechter wurde, verbreitert sich ab etwa 1920 die abfällige Bedeutung auf Betriebe im allgemeinen.

Sanierung

Strategie, ein in finanziellen Schwierigkeiten steckendes Unternehmen zu retten. Die Alternative ist, das krisengeschüttelte Unternehmen zu schliessen bzw. in den Konkurs zu führen oder eine →Auffanggesellschaft zu bilden. Ein Sanierer, der in der Regel die bisherige Geschäftsführung ablöst, wird von den Kapitaleignern, Banken oder anderen Großgläubigern eingesetzt. Bilanziell wird eine Sanierung meist durch die Herabsetzung des Firmenkapitals mit anschließender Wiederaufstockung durch die bisherigen oder neue Kapitalgeber („fresh money") erreicht. Zugleich legen Sanierer fest, welche Unternehmensteile ohne Reorganisation auskommen, wo Sanierungsinvestitionen nötig werden, welche Teile verkauft und welche stillgelegt werden.

Der Begiff kommt von lateinisch „sanare" (heilen, gesund machen). Der Begriff Gesundschrumpfung nimmt ebenfalls darauf Bezug. Der negative Beigeschmack rührt daher, dass sich für das Unternehmen oft als gut herausstellt, was schlecht für die Belegschaft ist: Entlassung.

Satzung →Gesellschaftsvertrag

Schachtel

Beteiligung von mindestens zehn Prozent an einer deutschen Kapitalgesellschaft. Weder die Beteiligung selbst noch die Erträge daraus werden besteuert, um Mehrfachbesteuerungen innerhalb eines verschachtelten Konzerns zu vermeiden („Schachtelprivileg"). Kleinaktionäre hingegen werden besteuert; das Schachtelprivileg diskriminiert also Streubesitz. Der Erwerb von Schachtelbeteiligungen ist zudem in Deutschland im internationalen Vergleich steuerlich begünstigt. — Für grenzüberschreitende Unternehmensbeteiligungen gelten die Vorschriften der →Doppelbesteuerungsabkommen und Pauschalregelungen.

Schattenhaushalt →Staatsverschuldung

Schattenwirtschaft

Teil der Volkswirtschaft, der zwar zur Wertschöpfung beiträgt, aber staatlich nicht erfasst wird. Im weiteren Sinn gehört dazu auch der informelle Sektor (Selbst- oder Nachbarschaftshilfe, Eigenversorgung, soziale Leistungen ohne Erwerbsabsicht wie z. B. ehrenamtliche Tätigkeiten). Im Vordergrund steht aber der illegale Sektor, der aus individueller Schattenwirtschaft (→Schwarzarbeit, Schwarzhandel, individuelle Kriminalität) und organisierter Schattenwirtschaft (Schwarzfirmen, illegale Arbeitnehmerüberlassung, illegale Ausländerbeschäftigung und -vermittlung, organisierte Kriminalität einschließlich Drogenhandel) besteht. — In Deutschland gelten als Ursachen (1) eine hohe Steuern- und Abgabenbelastung, deren Wegfall die Schwarzarbeit für Anbieter und Nachfrager attraktiv macht, (2) der Wertewandel einer Wohlstandsgesellschaft, die illegale Schattenwirtschaft toleriert, weil ein Schaden nicht direkt spürbar ist, (3) auf der Angebotsseite Arbeitslosigkeit und Arbeitszeitverkürzung, die ein zusätzliches Einkommen und selbstbestimmte Arbeit ermöglichen. Folgen sind (1) erhebliche Ausfälle bei Steuern und Sozialbeiträgen, (2) höhere Arbeitslosigkeit im offiziellen Sektor der Volkswirtschaft infolge der Verdrängung legaler durch illegale Arbeit, (3) verfälschte volkswirtschaftliche Daten, weil real die Arbeitslosigkeit geringer, Wirtschaftswachstum und Arbeitsproduktivität hingehen höher sind. — Im Ausland hat die Schattenwirtschaft z. T. andere Ursachen und Folgen. Insbesondere in den Entwicklungs- und Reformländern drückt sich darin unmittelbares Staats- oder Marktversagen aus. Individuelle Schattenwirtschaft hat Vorteile, weil sie nicht nur Mängel der verfassten Volkswirtschaft anzeigt, sondern auch eine eigene Wachstumsdynamik entwickelt. Ab einem bestimmten Umfang wird für den Staat nicht mehr ihre Zerschlagung, sondern ihre Legalisierung attraktiv. Dies kann durch eine passende Wirtschafts- und Steuerpolitik erleichtert werden. Dazu gehört eine niedrige Körperschaftsteuer für die ersten Jahre nach einer Gewerbeanmeldung. Ein legalisiertes Schattenunternehmen kann vermutet werden, wenn der Umsatz ab der Anmeldung des Gewerbes recht hoch ist, dann aber nur langsam weiter ansteigt. — Ein Sonderfall der Schattenwirtschaft sind →Tauschringe.

Der Umfang der Schattenwirtschaft kann mit Hilfe verschiedener Methoden gemessen werden. Gebräuchlich ist der Bargeldnachfrageansatz, der abschätzt, mit wie viel mehr Bargeld die Haushalte Güter und Dienstleistungen nachfragen, als es ihr Einkommen, die Sparquote usw. erlaubt; Schattenwirtschaft ist überwiegend eine Bargeldökonomie. Ausgedrückt wird die Schattenarbeit in Prozent des Bruttosozial- oder -inlandsproduktes. Sie muss zum BSP bzw. BIP hinzuaddiert werden, um die reale Wirtschaftsleistung besser zu erfassen. Teile der Schattenwirtschaft werden EU-einheitlich ab 1999 in die Berechnung des BIP aufgenommen. — Die Schattenwirtschaft in Deutschland wird oberhalb von sieben Prozent der Wirtschaftsleistung vermutet. Das arbeitgebernahe Institut der deutschen Wirtschaft (iw) in Köln schätzte sie 1997 auf einen Umfang von 548 Milliarden Mark oder 15 Prozent des BIP. 1994 sollen es 13,1 Prozent, 1975 erst sechs Prozent gewesen sein. 44,6 Prozent der Schattenwirtschaft entfallen auf Bauen, Renovieren und Reparieren, auf Rang 2 folgen mit 8,7 Prozent Schreiben und Übersetzen. Die volkswirtschaftlichen Schäden werden durch zwei Faktoren abgemildert: Der Staat ist über die Mehrwertsteuereinnahmen am Kauf der zu verarbeitenden Güter beteiligt. Außerdem würden viele Geschäfte ohne Rechnung bei voller Steuer- und Abgabenlast einfach unterbleiben, weil sie zu teuer wären.

Schatzanweisung →Anleihen

Scheinselbstständigkeit
Erwerbstätigkeit, die formal die Merkmale der Selbstständigkeit erfüllt, tatsächlich aber Arbeitnehmer-Tätigkeit darstellt. Hauptsächliches Merkmal ist die überwiegende Arbeit für einen Arbeitgeber; die meisten Scheinselbstständigen wurden von ihren Arbeitgebern in diese Erwerbsform hineingedrängt. Zweck ist vor allem, dass sowohl der Scheinselbstständige wie sein bisheriger Arbeitgeber keine Sozialversicherungsbeiträge mehr zu bezahlen braucht. — Die Versuche, Scheinselbstständige in ihrem eigenen Interesse und in dem der Sozialversicherung wieder in die Sozialversorgung einzubeziehen, orientieren sich an den Vorschriften für selbstständige Handwerker, die ebenfalls sozialversicherungspflichtig sind.

Nach einer im Dezember 1996 veröffentlichten Untersuchung im Auftrag des Bundesarbeitsministeriums gab es 1995 in Deutschland rund 940.000 hauptberuflich Berufstätige, die keine Mitarbeiter beschäftigen, keine Arbeitgeberbeiträge zur Sozialversicherung abführen und keinen Anspruch auf Lohnfortzahlung im Krankheitsfall haben. Nach verschiedenen Abgrenzungsmodellen sind davon zwischen 180.000 und 430.000 als tatsächlich abhängig beschäftigt zu betrachten. Im Graubereich liegen zwischen 225.000 und 280.000 Erwerbstätige. Besonders hoch ist die Scheinselbstständigkeit bei Nebentätigkeiten: Von rund 1,5 Millionen Personen, die eine selbstständige Nebentätigkeit ausüben, gingen zwischen 330.000 und einer Million tatsächlich einer abhängigen Nebentätigkeit nach.

Schiffspfandbriefbanken

Spezialbanken zur Beleihung von Schiffen. Der Darlehensnehmer erhält aufgrund einer Wertermittlung einen Hypothekarkredit; die Belastung wird in das Schiffsregister eingetragen. Ihrerseits finanzieren sich die Schiffspfandbriefbanken durch die Ausgabe von Pfandbriefen.

Schiffspfandbriefbanken, die auch Schiffsbanken o.Ä. heißen, gehören zur Gruppe der →Realkreditinstitute, weil Schiffe wie „fester Boden" gelten. Beliehen werden können auch Schiffsbauwerke (Schiffe im Bau) und Schwimmdocks.

Schlüsselzuweisung →Gemeindefinanzierung

Schnelltender →Wertpapier-Pensionsgeschäft

Schufa →Schutzgemeinschaft für allgemeine Kreditsicherung

Schuldbuch →Bundesschuldenverwaltung

Schuldenerlass

entwicklungspolitische Forderung, die auf eine Entlastung der hochverschuldeten Länder der Dritten Welt abzielt (→Schuldenkrise). Damit soll der Teufelskreis durchbrochen werden, dass wirtschaftliche schwache Länder ihre Entwicklung nicht verbessern können, weil sie verschuldet sind, während die Rückzahlungsverpflichtungen die wirtschaftliche Entwicklung strangulieren, wodurch die Verschuldung weiter steigt. — Die Forderung war insbesondere in den achtziger Jahren populär, wurde jedoch von der Mehrzahl der Regierungen in den betroffenen Ländern nicht erhoben, weil sie einen vollständigen Verlust ihrer internationalen Glaubwürdigkeit (z. B. auch für die im grenzüberschreitenden Warenverkehr üblichen Handelskredite) befürchteten. Schuldenerlasse für sehr arme Länder bezogen sich allein auf staatliche Entwicklungshilfekredite. Modelle für Teilschuldenerlasse tragen unterschiedliche Akzente. (1) Umschuldungen von Krediten staatlicher Gläubiger setzen die Einhaltung von Konditionen voraus. Dazu gehören neben formalen Voraussetzungen (z. B. Pro-Kopf-Höchsteinkommen) praktisch immer Strukturreformen unter der Aufsicht des → Internationalen Währungsfonds (IWF). Teilschuldenerlasse auf laufende Fälligkeiten wurden seit 1988 unter den „Toronto-Konditionen" gewährt und sind seit 1991 durch die „Trinidad-Konditionen" erweitert. Im Ergebnis werden die Forderungen halbiert und aus der anderen Hälfte die Handelskredite über 23 Jahre bei 6 Freijahren, die Entwicklungshilfekredite über 30 Jahre bei 12 Freijahren gestreckt. Mit der Einführung der „Neapel-Konditionen" (1994) kann der Streichanteil auf bis zu 67 Prozent erhöht werden. Seit Mitte der neunziger Jahre gilt die Schuldeninitiative HIPC („Highly indebted poor countries") für hochverschuldete arme Länder, die sich Strukturreformen unterzogen haben und mehr als die Hälfte ihrer Exporterlöse für den Schuldendienst aufwenden. Nach sechsjähriger Haushaltsdisziplin erhalten sie Rückzahlungsvergünstigungen; dieser Zeitraum gilt für viele Fachleute als zu lang und ökonomisch destruktiv. (2) Ein starkes marktwirtschaftliches Element enthält der →Brady-Plan. Er beruht darauf, dass die Staatsanleihen und andere Wertpapiere der Schuldnerländer auf den Finanzmärkten mit Abschlägen gehandelt werden; je mehr Schwierigkeiten ein Land mit der Rückzahlung seiner Schulden hat, umso größer ist dieser Abschlag. Nach dem Brady-Plan erhielten nun IWF, Weltbank und andere internationale Organisationen von ihren Mitgliedsregierungen besondere Mittel zugesprochen, um diese Schuldtitel „preiswert" aufzukaufen. Damit konnten Zins- und Tilgungsverpflichtungen im Einzelfall erheblich reduziert werden. Außerdem konnte so auch das Problem gelöst werden, dass sich bei der abzusehenden wirtschaftlichen Erholung eines Landes die Schuldtitel so schnell verteuern, dass eine betroffene Regierung (die auf das Eintreten der Verbesserung warten muss) sie nicht zurückkaufen kann. — Insgesamt sind viele Teilschuldenerleichterungen und günstigere Konditionen zu spät eingeführt worden und haben deswegen die wirtschaftliche Erholung betroffener Länder unnötig verzögert. Unverdrossen hohe Rüstungsausgaben in einzelnen Schuldnerländern trotz gewaltiger wirtschaftlicher Probleme hat es den Gläubigern zu Recht erleichtert, Wünsche nach Teilschuldenerlass abzulehnen. Zudem verfolgen die Regierungen zahlreicher Schuldnerländer, insbesondere, wenn sie nicht demokratisch gewählt sind, eigene wirtschaftliche und politische Ziele und behindern eine Erholung damit erheblich.

Schuldenreduzierungen werden überwiegend im →Pariser Club verhandelt. Reine Umschuldungen gehören technisch gesehen nicht zu den Teilschuldenerlassen.

Schuldenkrise
in der internationalen Politik Sammelbegriff für die Rückzahlungsprobleme hochverschuldeter Entwicklungsländer. Sie hätten, als zuerst Mexiko im August 1982 sein Zahlungsmoratorium bekanntgab, beinahe zum Zusammenbruch des Weltfinanzsystems geführt. Zunächst wurde die Krise fast ausschließlich auf das Recycling der Petro-Dollars zurückgeführt. Dieser Theorie zufolge hatten die nach den Ölpreissteigerungen der siebziger Jahre sprunghaft gestiegenen Erlöse der Erdöl-Exportländer in ausreichendem Umfang nur in den Entwicklungsländern angelegt werden können. Die aggressive Kreditvergabe durch die überwiegend westlichen Banken, an die die Pe-

tro-Dollars flossen, führte in die Überschuldung. Spätere Erklärungen für die Schuldenkrise wiesen auch anderen Faktoren maßgebliche Rollen zu: (1) die insgesamt sinkenden Exporterlöse der Rohstoffländer einschließlich der →Opec-Mitglieder, (2) die zur Inflationsbekämpfung hochgesetzten Zinsen in den Industrieländern, denn viele Staatsanleihen waren mit flexiblen Zinssätzen ausgestattet (→Anleihen), die sich an den Zinsen in der westlichen Welt orientierten. Im weiteren Sinn gehören zu den Ursachen für die Tiefe und Dauer der Schuldenkrise auch (3) eine ausbleibende Demokratisierung der Gesellschaften, die vielfach von Militärdiktaturen mit wirtschaftlichen Interessen beherrscht wurden, (4) Handelsbarrieren des Nordens gegen den Süden und unter den Entwicklungsländern selbst und (5) allgemein die Grenzen des kapitalistischen Industrialisierungsmodells, das von den Entwicklungsländern verlangte, den westlichen bzw. nördlichen Weg zum Wohlstand zu kopieren (zu Symbolen dafür wurden einige nach Lateinamerika verkaufte Atomkraftwerke deutscher Konzerne). Übereinstimmung besteht unter Fachleuten darin, dass die Kredite in einem ökonomisch unverträglichen Ausmaß in den Konsum und in Subventionen statt in Investitionen geflossen waren. Uneinigkeit herrscht darüber, wo die wirtschaftlichen und politischen Verträglichkeitsgrenzen der Kreditierung gelegen hätten. — Nicht nur Mexiko, sondern eine ganze Reihe weiterer Länder meldeten ab 1982 in kurzer Folge ihre Unfähigkeit an, Zinsen und Tilgung zu bedienen. Die Versorgung mit immer neuen Krediten und Umschuldungen, um die Krise zu überwinden, stellte sich schnell als unergiebig heraus: Die Probleme waren nicht konjunkturell bedingt und somit nach einer Zeit überwindbar, sondern struktureller Natur. Weitere Kredite hätten nicht die Rückzahlungsfähigkeit, sondern die Rückzahlungsunfähigkeit vergrößert. Zugleich stiegen die Risikozuschläge auf Zinsen für Kredite in die betroffenen Länder deutlich an. Der Kapitalstrom nach Süden kam zum Erliegen. →Kapitalflucht und die bedienten Schulden sorgten nun für einen Nettokapitalexport nach Norden, während im Süden vor allem der →Internationale Währungsfonds rabiate Strukturanpassungsprogramme verlangte. Sie bestanden meist aus drei Teilen: (1) einer Gesundung der Staatsfinanzen in der Regel durch den Abbau von Subventionen und Sozialprogrammen, (2) einer Liberalisierung der Märkte nach innen unter Einschluss umfangreicher Privatisierungen und eine Öffnung nach außen, mit der ein Modernisierungsdruck und Investitionsanreize hergestellt werden sollten, wobei der plötzlich beginnende Wettbewerb für viele heimische Produzenten eine Überforderung darstellte, (3) eine Neuordnung des Währungssektors zur makroökonomischen Stabilisierung einschließlich neuer Umschuldungsmöglichkeiten mit dem IWF, den Gläubiger-Regierungen (→Pariser Club) und den Gläubiger-Banken (→Londoner Club). Während der →Baker-Plan zur Ausgabe weiterer staatlicher Kredite scheiterte, gelang 1989 mit dem →Brady-Plan und seinen marktkonformen Elementen zur Senkung der Verschuldung ein Durchbruch. — Pläne zur

Lösung der Schuldenkrise, die mit der Mexiko-Krise von 1995 vor einem neuerlichen Ausbruch stand, wurden und werden von vielen Seiten vorgelegt. Flügelpositionen waren zunächst das drakonische und illusorische Verlangen vor allem von US-Banken, den Schuldendienst vollständig und pünktlich zu erfüllen (während europäische Banken längst mit dem Abschreiben der Kredite begonnen hatten), sowie auf der anderen Seite die Forderung einiger sehr armer Entwicklungsländer und vor allem internationaler →Nichtregierungsorganisationen auf vollständigen →Schuldenerlass. Bis in die Gegenwart werden Teilschuldenerlasse zu spät gewährt und verzögern die wirtschaftliche Genesung. Die Senkung der Nominalverschuldung gelang hingegen nach der Entwicklung eines Sekundärmarktes für Schuldpapiere, als einige verschuldete Länder „Brady-Kredite" zum Aufkauf ihrer eigenen Schuldtitel zum niedrigen Marktwert oder →Swap-Möglichkeiten erhielten. — Während der IWF harte sozialpolitische Anpassungsmaßnahmen verlangte, sah er davon ab, Bodenreformen oder die Senkung von Militärausgaben zu Kriterien für seine Unterstützung zu erklären. Insbesondere in Lateinamerika führte die Verschuldungskrise dennoch indirekt zu einer formalen Demokratisierung. Denn die Militärdiktaturen, die bis dahin für den politischen Schutz der Oligarchien gesorgt hatten, hätten die Strukturanpassungen nicht durchsetzen können und drohten von den Massenprotesten hinweggefegt zu werden. Weitere „Kuba-Experimente" mochten USA und IWF aber nicht riskieren. — Die Gläubiger haben es verstanden, von den Schuldnern gleichberechtigt behandelt und nicht gegeneinander ausgespielt zu werden. Im Gegensatz dazu ist es den verschuldeten Ländern nicht gelungen, eine gemeinsame Strategie gegenüber ihren Gläubigern zu entwickeln, weil ihre Interessen zu unterschiedlich blieben. Dazu gehören insbesondere vier ganz unterschiedliche Entwicklungstendenzen in den Weltregionen. (1) Mit dem Aufschwung in weiten Teilen Asiens hatte die Verschuldung noch zugenommen, war aber durch das erhebliche Wirtschaftswachstum und die intraregionale Verflechtung ökonomisch verträglicher geworden. (2) In den Reformländern, insbesondere in Mittelosteuropa, haben die Anpassungsrezessionen zwar zu erheblichen Wohlfahrtsverlusten, aber auch zu einem gewaltigen Aufschwungpotential geführt, der die Rückzahlungsfähigkeit der Schulden sichert. (3) In Lateinamerika sind Domino-Effekte offenbar nicht mehr zu befürchten; die auf Druck der USA und auf Rechnung des IWF durchgeführte Rettungsaktion zugunsten Mexikos 1995 und die Hilfspakete für die erschütterten asiatischen Wachstumsländer 1997 haben gezeigt, dass Großkrisen beherrschbar sind, wenn sie jeweils nur einen Schuldner betreffen. (4) Die Verschuldung Afrikas, so negative Folgen sie für den Kontinent selbst hat, ist durch den Aufschwung in anderen Regionen für das Weltfinanzsystem unerheblich geworden. — Insgesamt bleibt die Bilanz der Schuldenkrise gemischt. Als Feld der praktischen Auseinandersetzung zwischen dem marktorientierten →Monetarismus und dem staatsfreundlicheren

→Keynesianismus hat die Bewältigung der Schuldenkrise auf den ersten Blick dem Monetarismus und damit einem instrumentalisierten Reformdruck klare Erfolge gebracht. Auf den zweiten Blick stellt sich aber vielfach heraus, dass die Programme dort effizient verliefen, wo sie sozial abgefedert wurden. Zudem haben viele Länder besonders in Südostasien ihre Verschuldung aus den siebziger und achtziger Jahren auch ohne Krisenmanagement des IWF bewältigen können; die Erschütterungen des Jahres 1997 resultierten aus unterlassenen Reformen im Finanzsektor, nicht aus einer Schuldenkrise.

Schuldverschreibung →Inhaberschuldverschreibung

Schutzgemeinschaft für allgemeine Kreditsicherung (Schufa)

Vereinigung von Banken, bankähnlichen und Handelsunternehmen, um sich vor kreditnehmenden Kunden mit Zahlungsproblemen zu schützen. Die Schufa beruht auf dem Gegenseitigkeitsprinzip: Über eine gemeinsame Auskunftei stellen alle Mitglieder allen Mitgliedern die zur Kreditprüfung benötigten Daten zur Verfügung. Die Organisation schützt damit auch Kreditnehmer vor übermäßiger Verschuldung. — Wer einen Schufa-Eintrag hat, verliert fast jede Möglichkeit, einen regulären Kredit zu erhalten. Nach der Behebung von Zahlungsschwierigkeiten wird der Eintrag nicht sofort gelöscht. Berüchtigt sind die Folgen falscher Meldungen von Banken an die Schufa, von internen Bearbeitungsfehlern oder Verzögerungen bei der Ausführung von Korrekturen. Banken sollen ihren Kunden auch schon mit einem Schufa-Eintrag gedroht haben, wenn ihre eigenen Finanzierungsvorschläge vom Kunden nicht akzeptiert wurden.

Gegründet 1927, Sitz in Wiesbaden. Die Organisation besteht aus Regionalgesellschaften und der Bundes-Schufa.

Schutzzölle

handelspolitische Maßnahmen zum Schutz eines Inlandsmarktes oder eines Teiles davon. Zoll- und einfuhrabgabenfreie Volkswirtschaften sind äusserst selten; auch die EU erhebt an ihren Außengrenzen gemeinsame Außenzölle. — Der handelspolitische Vorteil von Schutzzöllen gegenüber anderen Handelshemmnissen (z. B. technische Vorschriften) ist die Tariffähigkeit. Denn Schutzzölle lassen sich in Prozentzahlen vom Einfuhrwert ausdrücken und können in einem wechselseitigen Verfahren schrittweise gesenkt werden. Seit der →Uruguay-Runde zur Liberalisierung des Welthandels werden nichttarifäre Handelshemmnisse wie Sicherheitsvorschriften oder Kontingente in Zölle oder Zolläquivalente umgerechnet, um anschließend ihren Abbau multilateral vereinbaren zu können.

Schwarzarbeit

Beschäftigung unter Umgehung der Pflicht zur Abführung von Steuern und Sozialversicherungsabgaben, im Verwaltungsjargon „illegale Beschäftigung". Unterschieden werden (1) Beitrags- und Steuerhinterziehung (z. B. durch das Verbergen eines Arbeitsverhältnisses gegenüber den Behörden), (2) Leistungsmissbrauch (z. B. eines Arbeitslosen, der Arbeitslosengeld bezieht und zusätzlich ungemeldet arbeitet), (3) Schwarzarbeit im engeren Sinn (vor allem durch Handwerker), (4) illegale Arbeitnehmerüberlassung (Verleih, oft in Verbindung mit Beitrags- und Steuerhinterziehung), (5) illegale Ausländerbeschäftigung (durch Arbeitgeber und in Privathaushalten) und (6) Lohndumping (durch Arbeitgeber, der Ausländer zu ungünstigeren Lohn- und Arbeitszeitbedingungen arbeiten lässt als Deutsche). — Zu den Folgen gehören Steuer- und Beitragsausfälle, die Gefährdung bestehender Arbeitsplätze und bei illegaler Ausländerbeschäftigung die Bereicherung durch regelrechte Ausbeutung (→ Schattenwirtschaft). Die Bekämpfung organisierter Formen der Schwarzarbeit, die durch die Einführung des Sozialversicherungsausweises erleichtert wurde, wird durch undichte Stellen bei den Behörden aber immer wieder unterlaufen, wenn Pläne für Razzien durchsickern. Die Unterbindung der Schwarzarbeit ist zwar sinnvoll, ist aber nicht der gelegentlich behauptete Schlüssel zur Lösung der Arbeitsmarktprobleme, auch nicht in der besonders stark betroffenen Baubranche.

Als Begriff etwa ab 1920 verwendet. Zahlen →Schattenwirtschaft. — Der Ökonom Ralf Dahrendorf: „Die ‚schwarze' und die ‚weiße' Arbeit sind heute eng miteinander verzahnt. Die arbeitenden Arbeitslosen haben ihre Kanäle, um Materialien zu erstehen, die sie für ihre Tätigkeit brauchen, und das nicht nur im Baugewerbe. Die ganze Gesellschaft ist eine Gesellschaft von Mitwissern geworden, wenn nicht von Beteiligten an der großen Abkehr von der offiziellen Arbeitswelt. So halten sich viele über Wasser, aber das Gemeinwesen leidet."

Schwarzer Freitag

Unglückstag für Banken und Börsen. Am Freitag, dem 11. Mai 1866, brach das Londoner Bankhaus Overend and Gurney zusammen. Am Freitag, dem 9. Mai 1873, begann der Krach der Gründerzeit; seit dieser Parallelität werden Schwarze Freitage gefürchtet. Auch der 13. Mai 1927 galt nach den Kursverlusten an deutschen Börsen als Schwarzer Freitag. Der →Börsenkrach von 1929 in New York begann eindeutig an einem Mittwoch (23. Oktober), führte aber erst zwei Tage später zum größten relativen Kurssturz aller Zeiten.

Aufweichungstendenzen sind festzustellen: Der Kurssturz vom 19. Oktober 1987, dem nach Prozenten größten seit 1945, fand an einem Montag statt.

Schwarzmarkt

informeller und oft illegaler Warentausch in Volkswirtschaften, in denen die Preise administrativ festgelegt sind. Die Preisbildung wird durch einen hohen Geldüberhang geprägt, der auf einem unzureichenden Angebot beruht. Als Schwarzmarktgeld wird entweder die Inlandswährung, eine Devisenwährung oder ein Handelsgut mit Tauschfunktion (z. B. Zigaretten) benutzt.

Schweinezyklus
Beispiel für die Ungleichzeitigkeit von Angebots- und Nachfrageentwicklung, insbesondere die zeitliche Verzögerung zwischen Investitionsentscheidung und Absatz. Auf hohe Preise reagieren Schweinezüchter nach kurzem Abwarten gleichzeitig mit der Mehrproduktion von Tieren. Wenn diese nach Trächtigkeit und Mast auf den Markt kommen, drücken sie die Preise, sodass die Schweineproduktion unrentabel wird und sinkt. Durch das geringere Angebot steigen die Marktpreise wieder und der Zyklus beginnt erneut. Der Schweinezyklus wurde für Deutschland 1927 von Arthur Hanau nachgewiesen.

Schwellenländer →Ländertypologien

Schwundgeld
ein von dem Freidenker Silvio Gesell entwickeltes Modell, um den Einfluss des Zinses und seiner Akkumulationsfunktion in der Volkswirtschaft zu überwinden. Geldscheine sollten in regelmäßigen Abständen mit zu kaufenden Gebührenmarken beklebt werden, um ihre Zirkulation zu beschleunigen und eine vermeintlich unproduktive Hortung zu verhindern. Tatsächlich fördert der beschleunigte Geldumlauf jedoch die Inflation und den Geldhandel, abhängig von der zeitlichen Nähe der nächsten Abwertung, und erschwert Investitionen.

SDR →Sonderziehungsrechte
SE →Europäische Aktiengesellschaft

SEC →Börsenaufsicht
Securities and Exchange Commission →Börsenaufsicht
selbstverwalteter Betrieb →Alternativbetrieb

Sekundärmarkt
bei Wertpapieren meist der Handel an der →Börse, nachdem der Emittent ein Wertpapier erstmalig, meist an die den Finanztitel weiter verbreitenden Banken verkauft hat (Primärmarkt).

SGB →Sozialgesetzbuch

Shareholder Value
die Ausrichtung einer Aktiengesellschaft an den Interessen von Aktionären und möglichen Investoren, im Gegensatz zur Ausrichtung der Geschäftspolitik an den Interessen des Unternehmens selbst („Stakeholder Value", s.u.). — Kern des Shareholder Value sind die angemessene Verzinsung des eingesetzten Kapitals und der Verzicht auf alle Geschäftsfelder, deren Rendite unterdurchschnittlich ist. Um das Anlegerinteresse (und damit die Kursnotierungen) zu steigern, werden zudem versteckte Reserven aufgedeckt, die Qualität der Selbstauskünfte der Unternehmen verbessert und die Rechnungslegung nach internationalen Vorschriften gestaltet (→Publizitätspflicht) sowie die Form offengelegt, in der das leitende Management entlohnt wird (Festgehalt, ein an Dividendenzahlungen oder am Börsenkurs orientiertes Prämiensystem, Optionen auf Aktien des eigenen Unternehmens

als Anreiz für das Erzielen von Börsengewinnen). Aktien oder Optionen, mit denen erfolgreiche Spitzenmanager belohnt werden („Manageraktien"), sind aber umstritten. Zum einen können Manager durch Ankündigungen den Aktienkurs ihres Unternehmens hochtreiben und dann Kasse machen. Zum anderen können sie damit direkt oder indirekt für Stilllegungen und Entlassungen belohnt werden, was in Konsensgesellschaften auf Ablehnung stößt. — Umstritten ist, ob der Shareholder Value eher kurz- oder langfristig ausgerichtet sein soll. US-Manager neigen zu einer Orientierung auf Quartalsergebnisse, während deutsche Manager auf längere Zeiträume abstellen und damit eine Konzession an die traditionelle Ausrichtung auf Firmensubstanz machen. Manche Kritiker sehen im Bekenntnis deutscher Manager zum Shareholder Value lediglich ein Lippenbekenntnis oder eine zwar notwendige, faktisch aber milde Reform einzelner Aspekte einer Unternehmensstrategie. Insbesondere die Transparenz der Rechnungslegung nach US-Vorbild werde in Deutschland nur schwer durchsetzbar sein, weil der Aktienmarkt zur Kapitalbeschaffung in Deutschland weniger bedeutsam ist als in den USA oder Großbritannien. Zudem werde der Produktionsfaktor (Geld-)Kapital gegenüber anderen Produktionsfaktoren (Arbeit, oft ökonomisiert als „Humankapital" bezeichnet) überbewertet. Die Gewerkschaften befürchten, dass eine neue Geldgier von Aktionären auf Kosten der Belegschaften gestillt werde, weil die Ankündigung von Massenentlassungen den Aktienkurs eines Unternehmens emportreibt. Belegschaften reagieren auf die Einführung des Shareholder Value meist mit Frustration und Verunsicherung, dem Gegenteil der von den Theoretikern verlangten Aufbruchstimmung. Vor allem eine auf kurzfristigen Kursgewinn orientierte „Aushöhlung" von Unternehmen habe zu großen Verlusten an Humankapital geführt, kritisieren US- und britische Vertreter des Shareholder Value, die am langfristigen Ertrag von Unternehmen interessiert sind.

Wörtlich übersetzt heißt der aus dem US-Amerikanischen stammende Begriff „Wertschätzung der Anteilseigner". Er geht zurück auf den US-Unternehmensberater und Buchautor Alfred Rappaport, der 1986 den Erfolgstitel „Shareholder Value — Wertsteigerung als Maßstab für die Unternehmensführung" veröffentlichte. Kritiker kommentierten, dass das Konzept selbst nichts Neues sei; Rappaport habe vor allem in einem günstigen Moment eine griffige Bezeichnung geprägt. In Deutschland wurde sie von Daimler-Benz-Konzernchef Jürgen Schrempp popularisiert. — Sozial geprägtes Gegenkonzept ist der Stakeholder Value, die Wertschätzung aller, die mit dem Unternehmen verbunden sind. Dazu gehören die Manager, die Belegschaft, die Banken, die Aktionäre, Lieferanten und Kundschaft sowie der Standort des Unternehmens. Der Begriff Stakeholder Value, obwohl in der Sache möglicherweise durchaus angebracht, wird oft vorgeschoben, um unternehmensinterne Reformen zu vermeiden.

Sherpa →Weltwirtschaftsgipfel

Sichteinlagen
täglich fälliges, also ständig nutzbares und niedrig verzinstes Guthaben auf dem Girokonto bei einer Bank. Sichteinlagen sind eine Voraussetzung für die Teilnahme am →bargeldlosen Zahlungsverkehr. Die sehr liquiden (flüssigen) Sichteinlagen sind Teil der →Geldmenge M1.

Sieben Schwestern
die Ölkonzerne, die bis in die sechziger Jahre das Geschehen auf dem Welterdölmarkt bestimmten und in ihren Förderländern fast souverän agierten. Ihr Auftreten trug maßgeblich zur Bereitschaft vieler Entwicklungsländer bei, →multinationale Konzerne zu enteignen und ihre →ausländischen Investitionen zu verstaatlichen. Der Einfluss der Sieben Schwestern wurde erst gebrochen, als 1960 die →Organisation der Erdöl exportierenden Länder (Opec) gegründet wurde, die ab 1973 den internationalen Markt dominierte. Mit dem Verfall der Exporterlöse und mit steigenden Förderkosten einerseits, der Verfügung über moderne Fördertechnik und gewaltiger Kapitalstärke andererseits steigt der Einfluss der Sieben Schwestern wieder, weil sie weltweit agieren können, während die staatlichen Ölgesellschaften in den Opec-Ländern meist auf ihr Territorium beschränkt sind.

Die Sieben Schwestern sind Royal Dutch/Shell, Exxon, Texaco, Mobil, Gulf, British Petroleum (BP) und Standard Oil of California. Für große Erheiterung in Fachkreisen hat 1997 geführt, dass der russische Ölkonzern Lukoil, der es an wirtschaftlicher Kraft nicht entfernt mit den „Sieben Schwestern" aufnehmen kann, sich selbst zur „achten Schwester" erklärte.

Silvesterputz
Teil der →Bilanzkosmetik, die vor dem oder am Bilanzstichtag (meist der 31.12.) einen guten Eindruck vom Jahresabschluss machen soll. Dazu gehören vor allem gesetzlich erlaubte Vermögensumschichtungen, z. B. Verkäufe nicht betriebsnotwendigen Vermögens, oder Verkauf und Zurück-→Leasing.

Englisch: window dressing.

Smithsonian Agreement →Bretton Woods, →Gruppe der Zehn

Societas Europeae →Europäische Aktiengesellschaft

Solawechsel →Wechsel

Solidargemeinschaft
in der Sozialpolitik eine große Anzahl von Personen, die ihre Lebensrisiken für sich und ihre Angehörigen mit Hilfe einer →Sozialversicherung absichern. Es besteht Pflicht- bzw. Zwangsmitgliedschaft; die Leistungen bei eingetretenem Versicherungsfall werden aus den Beiträgen finanziert. Innerhalb der Solidargemeinschaft wird zumeist darauf verzichtet, einzelne Tarife für bestimmte Risiken zu entwickeln. Weil die Risiken quer durch alle Bereiche der Sozialversicherung ungleich gestreut sind, locken individuelle Versicherungsformen mit niedrigeren Beiträgen. — Bei einer Lockerung der Zwangsmitgliedschaft beginnen die Träger geringerer Risiken damit, zu

Versicherungen mit niedrigeren Tarifen überzuwechseln, wodurch die Beiträge der Verbleibenden steigen müssen, wodurch die Austrittswelle weiter zunimmt. Am Ende dieser Spirale abwärts stehen der Zerfall der Sozialversicherung und die Unversicherbarkeit der Träger des größten Risikos. Dieser Prozess wird noch beschleunigt, wenn die Solidargemeinschaft auch Umverteilungslasten trägt, etwa indem kinderlose Krankenversicherte zum Familienlastenausgleich beitragen, weil sie die Krankenversicherung der Kinder von Beitragszahlern subventionieren.

In der Individualversicherung sind Beamten-, Frauen- oder Wenigfahrertarife üblich und werden nur durch das Diskriminierungsverbot begrenzt. So hat das →Bundesaufsichtsamt für das Versicherungswesen höhere Kfz-Haftpflichtversicherungstarife für Ausländer untersagt.

Solidaritätszuschlag (Soli)

Ergänzungsabgabe auf die Einkommen- und Körperschaftsteuer. Sie ist zwar rechtlich nicht zweckgebunden, 1991 aber als Beitrag zur →Finanzierung der deutschen Einheit eingeführt worden. In den Wirren der Bonner Finanzpolitik kurzfristig wieder abgeschafft, neu eingeführt und wieder gesenkt, ist die klaglose Entrichtung des Solidaritätszuschlag ein überraschend deutliches Beispiel dafür, dass Neidkampagnen gegen die Transferzahlungen nach Ostdeutschland nicht verfangen.

Der Soli lag 1997 bei 7,5 Prozent der Einkommen- und Körperschaftsteuerschuld und wurde zum 1.1.1998 auf 5,5 Prozent gesenkt. Er brachte 1996 ein Aufkommen von rund 26 Milliarden Mark; für 1998 wird es um 7 bis 7,5 Milliarden Mark niedriger liegen.

Solidarprinzip →Solidargemeinschaft

Sonderabgaben →Abgaben

Sonderabschreibungen →Abschreibungen

Sondervermögen

Bestandteil des Vermögens einer Gebietskörperschaft (vor allem Gemeinden und Bund), das aber aus dem allgemeinen Budget ausgegliedert ist und eine eigene Organisation mit einem selbstständigen Haushalt bildet. Der Haushalt der Gebietskörperschaften enthält nur etwaige Transferleistungen, nicht aber den Haushalt des Sondervermögens selbst. Sondervermögen werden schnell zu Schattenhaushalten, besonders wenn ihnen kostspielige Finanzierungen zugewiesen werden. Rechtlicher Vorteil ist, dass hier — anders als im regulären Haushaltsrecht — bestimmten Einnahmen bestimmte Ausgaben zugeordnet werden können. — Sondervermögen der Gemeinden sind vielfach die Eigenbetriebe. Die Sondervermögen des Bundes dienen meist der →Finanzierung der deutschen Einheit und sind entgegen dem Wortlaut eher Sonderschulden.

Die größten Sondervermögen sind der →Erblastentilgungsfonds (1995 gegründet), der →Fonds „Deutsche Einheit" (1991), das →Bundeseisenbahnvermögen (1994) und das →ERP-Sondervermögen (aus dem →Marshall-Plan entstanden). Daten →Staatsverschuldung.

Sonderziehungsrechte (SZR)
1967 geschaffenes Kunstgeld des →Internationalen Währungsfonds (IWF), um ein von Gold und Dollar unabhängiges Reservemedium zu haben. Die SZR werden auch für Zahlungsvorgänge innerhalb des IWF verwendet. — Bei Krisen soll der IWF über zusätzliche Währungsreserven verfügen, um einen weltweiten Mangel an Liquidität zu verhindern. Zwei Gründe haben einen Ausbau der SZR zur einer dollarunabhängigen Weltreservewährung verhindert: (1) Es gab keine Möglichkeit, ein dafür hinreichendes Volumen ohne einen gewaltigen Inflationsstoß am Weltmarkt unterzubringen. Wären aber die SZR einfach gegen Dollar oder Mark ausgetauscht worden, hätte es sich nicht um zusätzliche Liquidität gehandelt. Sie hätte nur geschaffen werden können, wenn die US-Zentralbank keine eigene zusätzliche Liquidität auf den Markt gelassen hätte; zu diesem Souveränitätsverlust war die US-Regierung nicht bereit. (2) Wegen der zunehmenden Zahl von reservefähigen Währungen bedarf es keiner neuen Reservewährung. — Der IWF muss sich vor jeder Zuteilung von SZR davon überzeugen, dass die neuen SZR-Bestände mit dem inflationsneutralen langfristigen weltweiten Bedarf an Währungsreserven übereinstimmen. Neue SZR dürfen nur geschaffen werden, wenn 85 Prozent der Stimmrechte im IWF zustimmen. Mit ihrem mehr als 17prozentigen Anteil verfügen die USA über ein Vetorecht. — Jedes IWF-Mitglied, das am SZR-System teilnimmt, hat Anspruch auf SZR gemäß seiner IWF-Quote. Bei Bedarf wendet er sich dazu an den IWF. Weil die SZR nicht direkt handelbar sind, legt der IWF zunächst fest, welcher andere Teilnehmer am SZR-System dem Nachfrager die benötigte Währung gegen dessen SZR verkauft. Dieser Teilnehmer erhält für den Erwerb der SZR vom Käufer Marktzinsen. Getilgt werden muss der Kredit wiederum in SZR, die der Schuldner gegen Devisen aufkaufen muss.

Englische Bezeichnung: Special Drawing Rights (SDR). — Von 1970 bis 1981 wurden insgesamt 21,4 Milliarden SZR zugeteilt; 1997 verdoppelt. 1994 war der Versuch besonders von Entwicklungsländern, weitere 36 Milliarden Sonderziehungsrechte zu schaffen, vor allem an deutschem Widerstand gescheitert. Deswegen verfügten die 38 seit 1981 aufgenommen IWF-Mitglieder nicht über einen solchen Kreditzugang, der erst 1997 als „Gerechtigkeitszuteilung" beschlossen wurde. — Der Wert der SZR wird aus einem Währungskorb berechnet und alle fünf Jahre neu festgelegt. Seit Januar 1996 bis Dezember 2000 besteht ein SZR aus 39 Prozent US-Dollar (im Wert von 0,582 Dollar), 21 Prozent DM (zu 0,446 DM), 18 Prozent Yen (zu 27,2 Yen), 11 Prozent Französische Francs (zu 0,813 FF) und 11 Prozent Pfund (zu 0,1052 Pfund).

Sorten, Geldsorten
ausländische Banknoten und Münzen einschließlich gehandelter Goldmünzen. Der Begriff wird vor allem in Banken verwendet; Geldhändler sprechen von →Valuta. Im allgemeinen Sprachgebrauch, vor allem in den vormals sozialistischen Ländern, dominiert stattdessen die Bezeichnung →Devisen. Devisen bedeuten in der Wirtschaft aber

keine Barzahlungsmittel, sondern Zahlungsansprüche in ausländischer Währung im Ausland (z. B. das Guthaben eines Inländers bei einer ausländischen Bank).

Die Bezeichnung Sorte ist seit dem 16. Jahrhundert in der Handelssprache verbreitet und bedeutet Art, Qualität. Sie geht auf lateinisch „sors" (Stand, Rang) und „sortiri" (auswählen) zurück.

Soziale Marktwirtschaft
Wirtschaftsordnung in der BRD, seit 1990 in ganz Deutschland. Sie wurde von den beiden Wirtschaftspolitikern Ludwig Erhard und Alfred Müller-Armack nach dem Zweiten Weltkrieg entwickelt und gab der Wettbewerbsgesellschaft den Vorrang vor der zentralen Bewirtschaftung und Versorgung. Sie setzt sich aus Elementen des →Ordoliberalismus, der christlichen Soziallehre und des demokratischen Sozialismus zusammen, verknüpft sie, ist aber teilweise widersprüchlich. Deswegen ist die tagespolitische Einvernahme des Begriffs recht einfach und reicht von der konservativen CDU-Ordnungspolitik (1948-1965) über den →Keynesianismus der Großen Koalition und der SPD (1965-1982) und die liberale Wirtschaftspolitik nach der Wende (seit 1983) bis zur sozialökologischen Marktwirtschaft, die von der sozialdemokratischen Opposition in den neunziger Jahren gefordert wurde. Tatsächlich hatte Müller-Armack mit dem Begriff nach eigener Aussage eine „irenische Formel" — nach der friedensstiftenden griechischen Göttin Eirene — gefunden, in der die Hauptrichtungen der Nachkriegsströmungen des wirtschaftspolitischen Denkens zusammengefasst waren. — Die ordnungspolitischen Elemente gehen vor allem auf den Ökonomen Walter Eucken und seinen →Ordoliberalismus zurück, eine abgeschwächte Form des →Neoliberalismus, und sollen eine freie Preisbildung durch individuelles Wirtschaften und den Markt als Entscheidungsinstanz ermöglichen. Die von den Alliierten nicht vorgesehene Aufhebung der Preisbindung brachte der Währungsreform von 1948 den eigentlichen Erfolg und den Ordoliberalen einen großen Vertrauenszuwachs. Zu dem Konzept gehören Währungsstabilität, Privateigentum an Produktionsmitteln, freier Marktzugang, Haftung der Wirtschaftssubjekte für ihre Entscheidungen, konstante Wirtschaftspolitik, Volkskapitalismus, staatliche Monopolkontrolle und Korrekturen bei der Einkommensverteilung. Aus der christlichen Soziallehre wurden das Prinzip der Gerechtigkeit, das Berufsethos und die Sozialbindung des Eigentums abgeleitet. Aus dem demokratischen Sozialismus stammte die Würdigung der Arbeit und die Betonung des Sozialen, die Forderung nach öffentlicher Kontrolle wirtschaftlicher Macht und die Entscheidung, die Entflechtung der Großindustrie durch die Alliierten beizubehalten. — Die neoliberalen Elemente der sozialen Marktwirtschaft sind in den sechziger und siebziger Jahren durch den Siegeszug des →Keynesianismus zurückgedrängt worden und stehen erst seit dem Antritt der christlich-liberalen Regierung 1983 wieder im Vordergrund. Während der Sozialstaat dem Konzept der sozialen Marktwirtschaft nicht widerspricht, ist der

Wohlfahrtsstaat skandinavischer Prägung mit seiner Steuerung sozialer Prozesse weniger mit der sozialen Marktwirtschaft vereinbar.

Walter Eucken (1891-1950) war wichtigster Vertreter der →Freiburger Schule. Ludwig Erhard (1897-1977) war Bundeswirtschaftsminister (1949-1963) und Bundeskanzler (1963-1966). 1957 veröffentlichte er mit „Wohlstand für alle" sein populärstes Buch. Der Begriff „soziale Marktwirtschaft" ist 1947 von Erhards späterem Staatssekretär Alfred Müller-Armack (1901-1978) geprägt worden, der als Vertreter der Kölner Schule die Freiheit des Marktes mit sozialem Ausgleich verband. Insgesamt traten Erhard eher für die ordnungs- und Müller-Armack für die sozialpolitische Ausgestaltung der Wirtschaftsordnung ein. — „Ludwig Erhard hat damals situationsgerecht reagiert. Er traf ins Schwarze unter den Nachkriegsbedingungen, unter den Bedingungen eines Wirtschaftswachstums, das die Kriegsschäden reparieren konnte, das Vollbeschäftigung gewährleistete, das allerdings die natürliche Umwelt wie die Frauenarbeit unentgeltlich in Anspruch nahm und so den Sozialstaat auf der Erwerbsarbeit der Männer und auf der Familienarbeit der Frauen gründete." Der Religionsphilosoph Friedhelm Hengsbach (Süddeutsche Zeitung, 1./2.2.1997)

Soziale Sicherung →Sozialleistungen

Sozialgesetzbuch (SGB)

die seit 1975 schrittweise verabschiedete Zusammenfassung des deutschen Sozialrechts. Das Gesetzeswerk dient nur der Systematisierung und Harmonisierung, nicht der Reform. Allerdings sind einige Sozialleistungsbereiche erst mit ihrer Reformierung in das SGB eingebracht worden (z. B. die →Krankenversicherung mit der Gesundheitsreform von 1988). Das SGB ersetzt die Reichsversicherungsordnung (RVO) von 1911 und zahlreiche Sozialgesetze. Einige Gesetze, die derzeit dem SGB zugeordnet sind, werden aber wiederum Teil anderer Gesetzbücher (so werden die Wohngeldbestimmungen in das neue Wohnungsbaugesetzbuch aufgenommen).

Analog zum Handelsgesetzbuch (HGB) oder dem Bürgerlichen Gesetzbuch (BGB) ist es in „Bücher" aufgeteilt, die mit unmodernen römischen Ziffern bezeichnet sind.

- I. allgemeine Vorschriften (in Kraft getreten 1976)
- II. Ausbildungsförderung (noch nicht abzusehen)
- III. Arbeitsförderung (1998)
- IV. gemeinsame Bestimmungen der Sozialversicherung (1977)
- V. Krankenversicherung (1988)
- VI. Rentenversicherung (1992)
- VII. Unfallversicherung (1997)
- VIII. Kinder- und Jugendhilfe (1991)
- IX. Schwerbehindertenrecht (noch nicht abzusehen)
- X. Verwaltungsverfahren (1981) und Zusammenarbeit der Leistungsträger und ihre Beziehungen zu Dritten einschließlich Schutz der Sozialdaten (1983)
- XI. Pflegeversicherung (1994)

Sozialhilfe

die unterste Stufe der gesetzlichen sozialen Sicherung. Sie soll denjenigen ein würdevolles Leben ermöglichen, die sich nicht selbst helfen können und die erforderliche Hilfe nicht von anderen erhalten. Sozialhilfe soll das Existenzminimum garantieren, wenn alle anderen sozialen Sicherungen nicht ausreichen (Nachrangigkeitsprinzip). Bei der Bedürftigkeitsprüfung wird insbesondere die familiäre Unterhaltspflicht berücksichtigt. — Bis in die siebziger Jahre galt sie vor allem für besondere, unerwartete Notlagen und war eine verbreitete Ergänzungsleistung zur Aufstockung von kleinen Renten von Frauen (z. B. Kriegswitwe). Inzwischen ist Sozialhilfe vor allem aufgrund der Arbeitslosigkeit zum Regelsystem für 2,8 Millionen Menschen (1996) geworden. — Sozialhilfe wurde aus der Armenfürsorge entwickelt. Noch bis in die achtziger Jahre bemühten sich die

Sozialhilfekosten

Ausgaben in Mrd. DM

1986	23,2
1987	25,2
1988	27,0
1989	28,8
1990	31,9
1991	37,3
1992	42,6
1993	48,9
1994	49,7
1995	52,1
1996	49,8

Quelle: StatBA. Bis 1989 West-, ab 1990 Gesamtdeutschland. Die Sozialhilfe kann über die Höhe von Niedrigst-Arbeitseinkommen steigen, weil die Mietkosten zum größten Kostentreiber wurden. So sind die teuren Wohnungen des sozialen Wohnungsbaus häufig nur noch von Sozialämtern bezahlbar.

Träger mit Kampagnen, der damit verbundenen Stigmatisierung entgegenzutreten („Sozialhilfe ist Ihr gutes Recht"). Die Praxis einer Almosenbehörde mit ihren Ermessensentscheidungen ist inzwischen wieder zurückgekehrt. Träger der Sozialhilfe sind überwiegend die Kommunen, die trotz der Entlastung durch die Pflegeversicherung mit der Finanzierung überfordert sind. Sozialhilfe wird auch gewährt, wenn Leistungen der Sozialversicherungen nicht zum Lebensunterhalt ausreichen.

→Mindestabstandsgebot. Reformvorschläge →Sozialleistungen, →Rentenversicherung.

Sozialleistungen

Aufwendungen von öffentlichen und öffentlich-rechtlichen Stellen sowie Arbeitgebern, die zumeist auf gesetzlichen oder tarifvertraglichen Regelungen beruhen (im Gegensatz zu Einkommen aus individueller Vorsorge oder Versicherung). Der größte Teil der Sozialleistungen entfällt auf die gesetzliche →Sozialversicherung. — Während der Arbeitgeberanteil an den Sozialleistungen seit 1960 weitgehend gleich blieb, ist der Anteil des Staates erheblich gesunken, während der Anteil der privaten Haushalte erheblich stieg. Wurde das Sozialbudget 1975 noch zu 58,2 Prozent aus Beiträgen finanziert, lag der Beitragssatz 1995 bereits bei 65,4 Prozent. Diese Umverteilung von unten nach oben (Entlastung der steuerzahlenden, von der Pflichtversicherung befreiten Besserverdienenden) ist noch verstärkt worden, weil zugleich im Steueraufkommen der Anteil der Unternehmensteuern sinkt, während derjenige der privaten Haushalte und der Lohn- bzw. Einkommensteuer gestiegen ist. — Aus politischen, wirtschaftlichen und demografischen Gründen sind Sozialleistungen wiederholt gekürzt worden. Insofern ist es berechtigt, von „Sozialabbau" und der Umverteilung von unten nach oben zu sprechen. Zugleich steigt aber die Zahl der Leistungsempfänger (z. B. Rentner, Arbeitslose, Sozialhilfeempfänger). Der Anteil der sozialen Sicherung an den Ausgaben der öffentlichen Hände ist auf rund 50 Prozent gestiegen, weshalb von „Sozialstaatsabbau" keine Rede sein kann. — Umstritten sind die jetzigen Standards u.a. (1) bei den →neoliberalen Gegnern der sozialen Marktwirtschaft, weil sie eine weitgehende Entstaatlichung des Sozialbereichs und die Selbstverantwortung des Einzelnen fordern, (2) in der Finanzpolitik wegen der →Staatsverschuldung, (3) in der Sozialpolitik wegen der Bezahlung →versicherungsfremder Leistungen durch die Sozialversicherung, (4) bei den Arbeitgebern wegen der steigenden →Lohnnebenkosten und damit der Verteuerung der Arbeitskosten. — Kritiker des Sozialstaates räumen zwar ein, dass er Armut und Arbeitslosigkeit besser bekämpfen könne als privatwirtschaftliche Lösungen. Der größte Teil der Vorsorgeleistungen könne jedoch ohne Staat besser finanziert werden. Staatliche Umverteilung knapper Ressourcen führte zur Ineffizienz, wirkte sich jedoch bei Wahlen günstig aus. Die steigenden Lohnnebenkosten wirkten wie eine Besteuerung der Arbeit. Zusätzlich müsse auch der Sozialstaat den Produktionsfaktor Arbeit immer stärker besteuern, weil er gegenüber dem Realkapital weniger mobil und fluchtbereit sei. — Aufgrund der weithin anerkannten Krise des Sozialstaats sind Alternativen entwickelt worden. Gemeinsam sind ihnen zumeist die Abkehr von der Bindung an die traditionelle Erwerbsarbeit und an das daraus entwickelte Beitragssystem sowie ein Bruch mit der traditionellen Rolle des Familienstandes bzw. dem Standard der Einverdienerehe. Strukturell neuartige Vorschläge zielen meist auf die Rentenversicherung und die Sozialhilfe ab. Uneinheitlich ist vor allem, ob nur das Existenzminimum garantiert oder die Grundsicherung über der Armutsgrenze angesiedelt werden soll. Beispiele: (1) Das Institut für Wirtschaft und Gesellschaft in Bonn hat vorgeschlagen, zur Altersversorgung eine „Grundsicherung" in Höhe von 40 Prozent des durchschnittlichen Nettoverdienstes der abhängig Beschäftigten einzuführen, die aus Konsumsteuern finanziert wird; davon würden 40 Prozent der Rentner profitieren, während die wohlhabenderen Einbußen erleiden, die durch private Altersvorsorge ausgeglichen werden müssten. (2) Bündnis 90 / Die Grünen fordern zur Armutsbekämpfung eine Grundsicherung in der Renten- und der Arbeitslosenversicherung mit Rechtsanspruch; dabei soll es sich vor allem um eine steuerfinanzierte Aufstockung von niedrigen Versicherungsleistungen auf bestimmte Mindesthöhen handeln, um besonders die von den Kommunen finanzierte Sozialhilfe abzulösen. Die Grundsicherung in der Rentenversicherung hat vor allem das Ziel, die wegen der zunehmenden Teilzeitarbeit zu erwartende, gegenüber heute tendenziell sinkende Rente aufzustocken und Rentnern und Rentnerinnen einen regelmäßigen Gang zum Sozialamt zu ersparen. (3) Die FDP hat ein einheitliches „Bürgergeld" vorgeschlagen, in dem verschiedene Leistungen zusammengefasst werden und das zur Aufstockung des Einkommens bis auf eine Mindesthöhe dienen soll. Die Bedürftigkeit soll nicht geprüft werden, weshalb es vermutlich kostspielig ist. (4) Die „negative Einkommensteuer" stellt einen staatlichen Zuschlag auf eigenes, niedriges Einkommen dar, ohne dass beides (wie bei der Sozialhilfe) miteinander verrechnet wird. (5) Ungeklärt ist auch die Finanzierung eines „garantierten Mindesteinkommens", das Arbeit aufwerten soll, die bisher nicht oder zu gering bezahlt wird, aber zur Entlastung des Arbeitsmarktes führt. Auch „freiwillige Nichtarbeit" soll bezahlt werden, was wohl eine Gerechtigkeitsdebatte auslösen würde. (5) Schließlich könnte eine steuerfinanzierte „Familienkasse" als neue Säule neben der bisherigen beitragsfinanzierten Sozialversicherung stehen. (6) „Kombi-Einkommen", stark von den Arbeitgeberverbänden befürwortet, sind aus dem (bisher möglichen geringfügigen) Hinzuverdienst zur Sozialhilfe abgeleitet und zielen auf die Umwandlung der Sozialhilfe in einen Lohnkostenzuschuss ab. (7) Auch Misch- und Übergangsformen werden vorgeschlagen.

Rund 70 Prozent der Sozialleistungen werden durch die →Sozialversicherung aufgebracht (→Renten-, →Kranken-, →Pflege, →Unfall-, →Arbeitslosenversicherung). 10 Prozent entfallen auf soziale Hilfen und Dienste (u.a. Sozial- und Jugendhilfe). Weitere Arten sind Arbeitgeberleistungen außerhalb der Sozialversicherung (z. B. Entgeltfortzahlung im Krankheitsfall oder die betriebliche Altersversorgung), Sozialleistungen an Beamte (Pensionen, Familienzuschläge, Beihilfen) sowie Steuervorteile (z. B. aus dem Ehegatten-Splitting). — Bei einem Bruttosozialprodukt von 3.300 Milliarden Mark und einem Sozialbudget von 1.106 Millliarden Mark betrug 1994 die Sozialleistungs- oder →Sozialquote 33,4 Prozent; sie wird mit großer zeitlicher Verzögerung berechnet. Ende 1997 wurde die Sozialquote für 1995 mit 34,1 Prozent angegeben. (31,2 Prozent in West-, 57,8 Prozent in Ostdeutschland.) 37,7 Prozent der Sozialleistungen entfielen auf Alte und Hinterbliebene, 34,8 Prozent auf Gesundheit, 12,2 Prozent auf Ehe und Familie sowie 11,6 Prozent auf Beschäftigung. Die Versicherten finanzieren rund 30 Prozent des Sozialbudgets, die Arbeitgeber rund 36 Prozent und die öffentliche Hand rund 33 Prozent. Von einer Kostenexplosion bei den Sozialleistungen kann keine Rede sein; 1975 betrug die Sozialleistungsquote 33,9 Prozent.

Sozialpartner

Dachbegriff für die beiden →Tarifvertragsparteien →Gewerkschaften und →Arbeitgeber, die eigentlich Verhandlungsgegner sind. Der Begriff soll unterstreichen, dass die Aushandlung der Arbeitsbeziehungen nicht klassenkämpferisch, sondern korporatistisch (über Körperschaften) erfolgt.

Sozialquote

oder Sozialleistungsquote, der Anteil der Sozialleistungen am Bruttoinlandsprodukt. Die Sozialquote gibt keine Auskunft über den Grad der Bedürftigkeit in einer Gesellschaft; eine hohe Sozialquote kann sowohl eine reichhaltige Dotierung für wenige Leistungsempfänger als auch die Zuweisung knapper Mittel an viele Bedürftige oder Berechtigte bedeuten.

Daten →Sozialleistungen.

Sozialsystem →Sozialleistungen

Sozialversicherung
Teil der →Sozialleistungen und Oberbegriff für die staatlichen Sicherungssysteme, mit denen Lebensrisiken ihrer Mitglieder und deren Angehörige abgesichert werden. Im Gegensatz zur privaten, freiwilligen Versicherung beruht die Sozialversicherung auf Pflichtmitgliedschaft, zu einem kleinen Teil auf freiwilliger Mitgliedschaft. In Deutschland sind mehr als 90 Prozent der Einwohner sozialversichert. Die Sozialversicherung reicht für unterschiedliche Gruppen verschieden weit und besteht aus fünf Elementen: →Krankenversicherung, →Unfallversicherung, →Rentenversicherung, →Pflegeversicherung sowie →Arbeitslosenversicherung. — Kranken-, Pflege-, Unfall- und Rentenversicherung werden von Sozialversicherungsträgern übernommen. Kranken-, Renten- und Pflegeversicherung werden von Arbeitgebern und Arbeitnehmern je zur Hälfte bezahlt, die Unfallversicherung als Versicherung der Unternehmen gegen Schadenfälle ihrer Arbeitnehmer vollständig vom Arbeitgeber. Die Arbeitslosenversicherung ist ein Sonderfall, weil die Bundesanstalt für Arbeit als ihr Träger auch →arbeitsmarktpolitische Instrumente einsetzt. Von „paritätischer Finanzierung" kann in den neunziger Jahren keine Rede mehr sein: In der Krankenversicherung haben Zuzahlungen und in der Pflegeversicherung die Abschaffung eines bezahlten Feiertages (Kompensation) zur Ungleichheit geführt, die sich aber nicht in einer entsprechenden Machtverschiebung in den Selbstverwaltungsgremien zeigt. Die Bundesregierung spricht deswegen nun von „solidarischer Finanzierung". — Die Zusammensetzung der Selbstverwaltungsorgane wird mit Sozialversicherungs-, kurz Sozialwahlen bestimmt, die alle sechs Jahre stattfinden (wieder: 1999). Auf der Seite der Versicherten kandidieren meist Gewerkschaften oder gewerkschaftsnahe Gruppen gegen versicherungsnahe Gruppen, die den Namen der Institution benutzen dürfen, für deren Organe sie kandidieren. Dieses — inzwischen gerichtlich bestätigte — Namensführungsrecht führe zu einer systematischen Wahlverfälschung, kritisieren die Gewerkschaften. Die politischen Unterschiede zwischen den konkurrierenden Gruppen sind geringfügig, ein Kampf um sozialpolitische Konzepte findet nicht statt. Bei vielen Sozialversicherungsträgern (z. B. fast allen AOK) gelten „Friedenswahlen", bei denen nicht mehr Wahlvorschläge eingereicht werden, als Mandate existieren. Der Wahlgang selbst entfällt dann. — Der Anstieg der Arbeitskosten wird hauptsächlich von den zunehmenden Sozialversicherungsbeiträgen verursacht, die auf Massenarbeitslosigkeit, →versicherungsfremde Leistungen und

die unsaubere →Finanzierung der deutschen Einheit zurückgehen. — Der gesamte Sozialversicherungsbeitrag (Renten-, Kranken-, Pflege-, Arbeitslosenversicherung) wird vom Arbeitgeber an die Krankenkasse als Einzugsstelle überwiesen; die Versichertenanteile werden dann von Lohn, Gehalt, Rente usw. abgezogen. — Arbeitgebermissbrauch der Sozialversicherung ist verbreitet. Dazu gehören oder gehörten der kostengünstige Personalabbau mittels Frühverrentung nach §128 AFG (bis April 1999), indem ältere Arbeitnehmer arbeitsunfähig geschrieben werden, ohne dass die Arbeitgeber erstattungspflichtig gegenüber dem Arbeitsamt werden, (2) Scheinkündigungen mit privaten Wiedereinstellungzusagen in der Baubranche zur Umgehung von Wintergeld-Regelungen, (3) das Abdrängen vormals sozialversicherungspflichtig Beschäftigter in die →Scheinselbstständigkeit und (4) in beitragsfreie geringfügige Arbeitsverhältnisse („610-Mark-Jobs").

Geschichte: Frühformen der Sozialversicherung entstanden in Bergbau und Handwerk vor 1800, dann in der Arbeiterbewegung und im Genossenschaftswesen. Der Ausbau des modernen Sozialstaats begann mit der Sozialpolitik des Reichskanzlers Otto von Bismarck, mit der er die Sozialistengesetze flankierte. Mit einer kaiserlichen Botschaft von 1881 begann die Arbeit an den Sozialgesetzen, die 1883 zur Krankenversicherung für Arbeiter, 1884 zur Unfallversicherung und 1889 zur Alters- und Invalidenversicherung für Arbeiter führte. 1911 folgte die Rentenversicherung für Angestellte; zugleich wurde das Sozialversicherungsrecht in der →Reichsversicherungsordnung (RVO) von 1911 zusammengefasst. Versicherungen für Angestellte und eine Neuregelung für Bergbaubeschäftigte (→Knappschaften) waren die nächsten Schritte; die Sozialversicherungen wurden schrittweise für die Angehörigen freier Berufe geöffnet. 1927 wurde die Arbeitslosenversicherung und 1938 die Handwerkerversorgung geschaffen. 1933 wurden die Selbstverwaltungen zugunsten des Nazi-Führerprinzips beseitigt, 1951 wiederhergestellt. Die Rentenrefom von 1957 bedeutete die „Dynamisierung" der Rente (Anpassung der Rentenhöhe an die Entwicklung der Arbeitseinkommen), gleichzeitig entstand die Altersversorgung für Landwirte. 1970 wurde die Lohnfortzahlung im Krankheitsfall auch für Arbeiter eingeführt. Die letzten Erweiterungen waren die Ausdehnung der westdeutschen Sozialversicherung

Beitragssätze der Sozialversicherung

in Prozent des versicherungspflichtigen Einkommens

	Renten-Vers.	Kranken-Vers.	Arbeitsl.-Vers.	Pflege-Vers.	Summe
1970	17,0	8,2	1,3	–	26,5
1980	18,0	11,4	3,0	–	32,4
1990	18,7	12,8	4,3	–	35,8
1997	20,3	13,3 / 13,7	6,5	1,7	41,8 / 42,2

Quelle: KND. 1997: Gesamtdeutschland, Krankenversicherung West/Ost mit unterschiedlichen Sätzen.

Organisation der deutschen Sozialversicherung

	Dachorganisation	Träger	Selbstverwaltung
Krankenversicherung	AOK-Bundesverband	20 Allgemeine Ortskrankenkassen	VR: 1/2 AG, 1/2 AN
	IKK-Bundesverband	48 Innungskrankenkassen	VR: 1/2 AG, 1/2 AN
	Bundesverband der Betriebskrankenkassen	508 Betriebskrankenkassen	VR: 1/2 AG, 1/2 AN
	Bundesknappschaft	Bundesknappschaft	VV, Vo: 2/3 AN, 1/3 AG
	Verband der Angestellten-Krankenkassen Arbeiter-Ersatzkassen-Verband	7 Angestellten-Ersatzkassen 7 Arbeiter-Ersatzkassen	VR: nur Versicherte
	Bundesverband der Landwirtschaftlichen Krankenkassen	520 Landwirtschaftliche Krankenkassen	VV, Vo: 1/2 Selbstständige ohne fremde Arbeitskräfte, 1/2 AG
Pflegeversicherung	Träger sind die Pflegekassen, die bei jeder Krankenkasse errichtet sind.		
Rentenversicherung	Verband Deutscher Rentenversicherungsträger (VDR)	Bundesversicherungsanstalt für Angestellte (BfA)	VV, Vo: 1/2 AN, 1/2 AG
		Seekasse	VV, Vo: 1/2 AN, 1/2 AG
		23 Landesversicherungsanstalten (LVA)	VV, Vo: 1/2 AN, 1/2 AG
		Bahnversicherungsanstalt	VV, Vo: 1/2 AN, 1/2 AG
		Bundesknappschaft	VV, Vo: 2/3 AN, 1/3 AG
	Gesamtverband der Landwirtschaftlichen Alterskassen	20 Landwirtschaftliche Alterskassen	VV, Vo: 1/2 Selbstständige ohne fremde Arbeitskräfte, 1/2 AG
Unfallversicherung	Hauptverband der gewerblichen Berufsgenossenschaften	35 gewerbliche Berufsgenossenschaften (BG)	VV, Vo: 1/2 AN, 1/2 AG
	Bundesverband der Unfallversicherungsträger der öffentlichen Hand	54 Unfallversicherungsträger, u.a. Gemeindeunfallversicherungsverbände und Landesunfallkassen	VV, Vo: 1/2 AN, 1/2 AG
	Bundesverband der Landwirtschaftlichen Berufsgenossenschaften	20 Landwirtschaftliche Berufsgenossenschaften	VV, Vo: 1/3 AN, 1/3 Selbstständige ohne fremde Arbeitskräfte, 1/3 AG

VR: Verwaltungsrat. VV: Vertreterversammlung. Vo: Vorstand. AN: Arbeitnehmer. AG: Arbeitgeber. — Quelle: VDR. Unberücksichtigt blieben Landesverbände der AOK und die Selbstverwaltung der Gartenbaubetriebe. Die Arbeitslosenversicherung befindet sich in staatlicher Trägerschaft.

auf Ostdeutschland ab 1990 und der Beginn der Pflegeversicherung 1995. — Das Sozialversicherungsrecht einschließlich der RVO wird seit 1975 schrittweise im →Sozialgesetzbuch (SGB) zusammengefasst und harmonisiert. Streitigkeiten werden von der Sozialgerichtsbarkeit entschieden. — Reichstagssitzung, 14. und 15.3.1884. Dr. Bamberger: „Was wird dann aus all den Familienvätern, wenn Sie Ihrer sozialistischen Schrulle zur Liebe das blühende und längst befestigte Versicherungswesen im Deutschen Reiche aufheben?" Von Bismarck: „...eine sozialistische Schrulle ist vielleicht die ganze Staatseinrichtung, und wenn jeder auf eigene Hand leben könnte, so wären vielleicht alle sehr viel freier, aber auch sehr viel weniger geschützt und gedeckt."

Sozialversicherungsträger →Sozialversicherung

Sozialversicherungswahlen →Sozialversicherung

Sozialwahlen →Sozialversicherung

Sparkassen

kommunale Kreditinstitute, Teil des öffentlichen Sektors im deutschen Banksystem. Sparkassen unterliegen dem Regionalprinzip, d. h., ihre Geschäftstätigkeit ist meist auf die Kommune, in der sie ihren Sitz haben, begrenzt. — Die Sparkassen gehören sich selbst und werden von den Kommunen verwaltet. Denn die Gewährträgerhaftung liegt bei der Kommune, die damit die Gewähr für die Verpflichtungen der Sparkasse trägt und für sie haftet; diese Aufgabe der Kommune wird als Anstaltslast bezeichnet. Im Garantiefall müsste die Kommune einspringen, um eine Sparkasse zahlungsfähig zu halten. Die Kommunalvertreter im beaufsichtigenden Verwaltungsrat entscheiden über Errichtung, Fusion und Auflösung der Sparkasse. Um Kosten- und Wettbewerbsgleichheit mit den Privatbanken und den Genossenschaftsbanken herzustellen, haben die Sparkassen auf Druck der Bundesregierung einen eigenen Sparkassenunterstützungsfonds gegründet. Dennoch blieben die Sparkassen von der scharfen Kritik der Privat- an den Landesbanken wegen der wettbewerbsverzerrenden Gewährträgerschaft nicht verschont, sodass die Bundesregierung ihren Bestandsschutz 1997 explizit im EU-Recht verankerte. — Kapitalerhöhungen dürfen den Sparkassen nicht von außen, sondern nur aus den eigenen Gewinnen zugeführt werden. Deren Rest muss für soziale und kulturelle Zwecke verwendet werden. Die Mitgliedschaft in den Aufsichtsgremien der Sparkasse sind oft Ehrenämter für örtliche Honoratioren.

Die rund 600 Sparkassen mit 20.000 Zweigstellen verfügen über Girozentralen zur Abwicklung des Zahlungsverkehrs und zum Liquiditätsausgleich; die Girozentralen sind bei den →Landesbanken eingerichtet. Die Landesbanken, teils im Besitz von Sparkassenverbänden, teils von Landesregierungen, stellen einerseits mächtige, selbstständig operierende →Großbanken dar, andererseits den Mittelbau der Sparkassenorganisation. Deren Spitzeninstitut ist die wenig bedeutsame Deutsche Girozentrale — Deutsche Kommunalbank (DGZ) mit Sitz in Frankfurt am Main. Spitzenverband ist der →Deutsche Sparkassen- und Giroverband (DSGV). — Die erste private Sparkasse wurde 1778 in Hamburg, die erste kommunale 1801 in Göttingen ins Leben gerufen. Damit wollten die humanistischen Gründer die Armut der Unterschicht bekämpfen und zuvor unbekannte Möglichkeiten zur sicheren und verzinslichen Lebensvorsorge anbieten. Von den Ländern gefördert und beeinflusst, verbreiteten sich Sparkassen und ihr Regionalprinzip mit örtlichem Spargeschäft schnell. Mit der Einführung des bargeldlosen Zahlungsverkehrs ab 1908 begann ihre eigentliche bankmäßige Betätigung. 1931, auf dem Höhepunkt der Bankenkrise, wurden die Sparkassen vollständig von der Finanzsphäre der Kommunen abgetrennt. Das Eigentum wurde ihnen selbst übertragen; seither gehören sich die Sparkassen selbst.

Special Drawing Rights →Sonderziehungsrechte

Spezialbanken

im Gegensatz zu den →Geschäfts- oder →Universalbanken Kreditinstitute, die nicht alle banküblichen Geschäfte, sondern nur Spezialdienstleistungen anbieten. Dazu gehören Banken für →Leasing und →Factoring, →Bausparkassen oder →Schiffspfandbriefbanken. Der Begriff ist unscharf.

Spin-off

deutsch „Ausgründung", Unternehmen, das sich aus einem anderen Unternehmen heraus verselbständigt hat. Möglich sind Spin-offs von Unternehmensbereichen (z. B. Entwicklung, Vermarktung) oder aufgrund von Produktideen, die nicht in das Profil des Stammunternehmens passen oder deren Realisierung zu riskant scheint. Die Beteiligungsbeziehungen können vielfältig sein. Möglich sind z. B. vollkommene Unabhängigkeit auch durch ein →Management-Buy-out (MBO) des Bereichs sowie eine Minderheits- oder Mehrheitsbeteiligung des Stammunternehmens. Zulieferaufträge des Stammbetriebs an das Spin-off sind häufig. Eine reine Ausgliederung mit weiteren Zulieferfunktionen für den Stammbetrieb heißt →Outsourcing.

Splitting →Einkommensteuer

Sprecherausschüsse →Mitbestimmung

Staatsanleihe →Anleihen

Staatsquote

Anteil von →Steuern und →Abgaben an der Wirtschaftsleistung. Für Vertreter des →Neoliberalismus ist eine hohe Staatsquote mit der ihr innewohnenden Umverteilungsfunktion immer Ausdruck volkswirtschaftlicher Ineffizienz und mangelnder Leistungsanreize, während in Sozialstaatsmodellen eine höhere Staatsquote dem Abbau von Ungerechtigkeiten dienen soll.

Tabelle umseitig

Staatsverschuldung

Einnahmen der öffentlichen Hand durch Kreditaufnahme, wenn reguläre Einnahmen (vor allem Steuern) zur Deckung laufender Ausgaben nicht ausreichen. Weil ein Haushalt ausgeglichen sein muss, sind Defizite durch Kreditaufnahme auszugleichen. Dazu sind

Staatsquoten
ausgesuchter Industrieländer,
in % des Bruttoinlandsprodukts

Schweden	54,2
Dänemark	52,8
Belgien	46,4
Frankreich	46,3
Österreich	45,5
Niederlande	44,8
Deutschland	42,9
Italien	42,9
Schweiz	41,1
Portugal	39,1
Spanien	35,5
Großbritannien	33,9
USA	31,8
Australien	31,5
Japan	28,6

Stand: 1996, Quelle: OECD. Die deutsche Staatsquote bestand zu 23,1 Prozent aus Steuern und zu 19,8 Prozent aus Sozialversicherungsabgaben.

drei Wege möglich: (1) die Aufnahme von Krediten am Kapitalmarkt (→Anleihen), (2) die Deckung durch Zentralbank-Kredite, also aus der Notenpresse, (3) die Begebung von Zwangsanleihen. Wegen der inflationären Wirkung von Zentralbankkrediten zur Deckung von Haushaltsdefiziten ist dieses Mittel zur Staatsfinanzierung durch den →Maastrichter Vertrag ausgeschlossen worden. Die Bundesbank darf dem Bund, den Sondervermögen und den Ländern auch nur begrenzte Kassenkredite für den laufenden Bedarf einräumen. Zwangsanleihen, mit denen ein Staat Unternehmen oder private Haushalte zur Budgetfinanzierung zwingen kann, werden eingesetzt, wenn Kapitalmärkte den Bedarf des Staates nicht decken können. Üblich sind freiwillige Anleihen, indem der Staat der Öffentlichkeit im Hinblick auf die privaten Ersparnisse Schuldpapiere mit attraktiver Verzinsung anbietet. Zugleich darf die staatliche Kreditnachfrage nicht zu einem die Konjunktur belastenden Zinssog und zur Verdrängung privater Schuldner im Wettbewerb um die Spargelder („crowding out") führen. — In Deutschland werden seit dem 19. Jahrhundert die Staatsausgaben in konsumtiven, unproduktiven Staatsverbrauch (Gehälter der staatlichen Bediensteten, Sozialausgaben) und produktiv wirkende Investitionen der öffentlichen Hand aufgeteilt; die Investitionen können kreditfinanziert werden. Daraus entstand die Bestimmung des Art. 115 Grundgesetz, demzufolge in einem Bundeshaushalt die Neuverschuldung die Summe der Investitionen nicht überschreiten darf. Der Zusatz, dass eine weitergehende Ausnahme bei einer vom Bundestag erklärten Störung des gesamtwirtschaftlichen Gleichgewichts möglich sei, wurde erst 1969 beschlossen. Er spiegelt die Ansicht des →Keynesianismus wider, bei einer rezessiven Konjunkturentwicklung zur Auslastung der Kapazitäten und zur Stabilisierung der Beschäftigung die Staatsnachfrage und damit die Staatsverschuldung zu erhöhen; die Kosten würden in der Hochkonjunktur durch vermehrte Steuereinnahmen und erhöhte Tilgungen kompensiert werden. Insgesamt wirkt eine solche →nachfrageorientierte Wirtschaftspolitik inflationär. Staatsverschuldung stellt politisch eine Umverteilung dar, weil die Staatsschuldpapiere meist von Vermögenden gekauft werden und die Zinsen aus dem Staatshaushalt bezahlt werden, zu dem die Nichtvermögenden den größten Teil beitragen. Fiskalisch bedeutet eine hohe Verschuldung vor allem durch die Zinszahlungen eine starke Einschränkung der politischen Handlungsfähigkeit; der Bund gab 1996 rund 16,5 Prozent seiner Gesamteinnahmen (rund 50 Milliarden Mark) für Zinsen aus. — Abgebaut werden kann Staatsverschuldung (1) durch eine reguläre oder vorzeitige Schuldentilgung, meist infolge von konjunkturbedingten Steuermehreinnahmen, (2) durch Inflation, die die Staatsschuld und die entsprechenden Schuldverschreibungen im Wert mindert. Das „Weginflationieren" von Staatschulden hat aber erhebliche Nachteile. Es macht den Schuldner für künftige Kreditaufnahmen unglaubwürdig; deswegen drohen für die Zukunft erhebliche Risikoaufschläge auf den Kreditzins. Zudem werden die Eigentümer der Staatsanleihen im gleichen Umfang geschädigt, wie sich der Staat entlastet. In der Regel gelten auf den Kapitalmärkten Staatsschulden der Industrieländer, die sich glaubwürdig zur Geldwertstabilität bekennen, als erstklassiges Risiko (→Rating), weil das gesetzlich verankerte Rückzahlungsgebot auch politisch glaubwürdig ist.

Neuverschuldung des Bundes

Nettokreditaufnahme in Mrd. DM

1987	27,5
1988	35,4
1989	19,2
1990	46,7
1991	52,0
1992	38,6
1993	66,2
1994	50,1
1995	50,1
1996	78,3
1997	63,7
1998e	56,4

Quelle: BMF. Für 1997 wurde eine Störung des gesamtwirtschaftlichen Gleichgewichts nach Artikel 115 GG erklärt. 1998e: Haushaltsplan.

Staatsverschuldung

Stand am Jahresende, in Mrd. DM

Gebietskörperschaft	1989	1994	1996	1997*
Bund	491	712	840	902
Länder (West)	310	415	478	493
Länder (Ost)	–	56	82	84
Gemeinden (West)	121	156	166	161
Gemeinden (Ost)	–	32	39	40
Sondervermögen	7	291	531	517
Summe	929	1.662	2.135	2.197

Quelle: Bundesbank. 1997*: Sep. Für die Jahreswende 1997/98 wurde die öffentliche Gesamtverschuldung auf 2,216 Billionen Mark geschätzt.

Sondervermögen und Nebenhaushalte

Verschuldung, in Mrd. DM

Kreditabwicklungsfonds, Schulden Ende 1994	102
Schulden des DDR-Staatshaushaltes	28
Ausgleichsfonds Währungsumstellung	30
Aufstockung des Eigenkapitals von Banken	5
Abgeschriebene Schulden unsanierbarer Unternehmen	39
Treuhandanstalt, Schulden Ende 1994	205
Altkredite	73
laufende Defizite	129
sonstiges	2
Erblastentilgungsfonds (ab Anfang 1995), Schulden Ende 1996	332
Schulden des Kreditabwicklungsfonds	102
Schulden der Treuhandanstalt	205
Schulden ostdeutscher Wohnungsunternehmen	29
Schulden kommunaler Sozialeinrichtungen	8
Ausgleichsforderungen	7
Fonds „Deutsche Einheit", Schulden Ende 1996	84
Länderzuweisungen bis Ende 1994	95
ERP-Sondervermögen, Schulden Ende 1996	34
Schulden Ende 1989	7
Schulden überwiegend durch Ostdeutschland-Kredite	27
Entschädigungsfonds, Schulden Ende 1996	0
zu erwartender Schuldenstand	13
Bundeseisenbahnvermögen, Schulden Ende 1996	78
Altschulden von Bundes- und Reichsbahn	71
laufende Defizite	7
Ausgleichsfonds Steinkohleneinsatz	3

Quelle: Bundesbank. Abgrenzung im Kreditabwicklungsfonds teilweise geschätzt.

Staatsverschuldung international

in Prozent der Wirtschaftsleistung (nominales BIP)

	1990	1991	1992	1993	1994	1995	1996	1997
EU	56,7	56,0	60,3	66,1	68,1	71,3	73,5	n
Deutschland	43,8	41,5	44,1	48,2	50,4	58,1	60,7	61,3
Frankreich	35,4	35,7	39,6	45,6	48,4	52,8	56,4	58,0
Großbrit.	35,4	35,7	41,9	48,5	50,4	54,1	56,3	53,4
Italien	97,9	101,3	108,4	119,3	125,5	124,9	123,4	121,6
Japan	65,1	62,3	63,5	67,9	73,2	80,7	87,4	n
USA	55,6	59,6	62,0	63,5	63,7	64,3	64,2	n

Quelle: Bundesbank, Eurostat. Für EU und Mitgliedsländer erfolgte die Schuldenabgrenzung nach der Maastricht-Definition, n: nicht mitgeteilt.

Stabex →AKP-Abkommen, →Europäischer Entwicklungsfonds

Stakeholder Value →Shareholder Value

Stammaktien →Aktien

Stämme →Aktien

Stammkapital →Rechtsformen von Unternehmen

Standort Deutschland

Umschreibung des Wirtschaftsraums Deutschland im Vergleich mit international konkurrierenden Staaten; als „Standortdebatte" Sammelbezeichnung für die vor- und nachteiligen Faktoren des Wirtschaftens und Investierens in Deutschland. Die Verwendung des Begriffs hat aufgrund seines Allgemeingültigkeits-Anspruchs große Beliebtheit und Beliebigkeit erreicht. Ursprünglich hatte er eine Debatte um den internationalen Vergleich betriebswirtschaftlicher Größen gemeint (Lohnkosten, Arbeitsproduktivität, Steuerlast, Genehmigungszeiträume, Innovationsklima). — Nach Untersuchungen des US-amerikanischen Massachusetts Institute of Technology (MIT) und der Beratungsfirma McKinsey gehen die Standortnachteile der deutschen Industrie nur zu einem kleineren Teil auf höhere Arbeitskosten und Lasten nach der deutschen Vereinigung zurück. Zwei Drittel liegen an mangelhafter Arbeits- und Führungsorganisation, an Mängeln bei Produktion und Kundenorientierung und ungünstigen Fertigungstiefen (dem zu geringen Zukauf von Vorprodukten). Solche Managementfehler zeigen mangelnde Innovationsbereitschaft bei der Marktverwertung technischer Entwicklungen und dem Einsatz moderner Technologien und führen zu enormen Wettbewerbsnachteilen. — Längst benutzen deutsche Unternehmer die behaupteten oder echten Nachteile des Standorts Deutschland dazu, interessierte Investoren zu entmutigen und damit mögliche Konkurrenten von einem Marktzutritt abzuhalten.

Der Begriff wurde 1988 von Otto Wolff von Amerongen, dem Präsidenten des Deutschen Industrie- und Handelstages, in die wirtschaftspolitische Debatte eingeführt.

Statistisches Bundesamt (StatBA)

zuständig für alle Daten, die im öffentlichen Interesse aufgrund von Bundesstatistikgesetzen oder anderen Rechtsvorschriften erhoben werden. Alle Daten stehen auch privaten Nachfragern zur Verfügung, sofern die Anonymität der Auskunftgebenden gewährleistet bleibt. Zwar ist das Amt durch die beiden Volkszählungsboykotts in den achtziger Jahren in Verruf geraten, hat jedoch seine Rolle als wichtiger Lieferant von Daten für fast alle Politikbereiche beibehalten. Die Volkszählung von 2001 soll aus Kostengründen nur aus einer Auswertung der Melderegister bestehen.

Sitz in Wiesbaden. 1948 gegründet, 1950 in die Bundesverwaltung eingegliedert und mit dem systematischen Neuaufbau der Statistik für Bundeszwecke beauftragt. Der Präsident des Statistischen Bundesamtes ist zugleich Bundeswahlleiter. Ab 1990 Um- und Aufbau der Statistik in Ostdeutschland; das Statistische Bundesamt zog als erste Bundesbehörde in den Ostteil Berlins. Ab 1991 Kooperationsabkommen mit Reformländern zur

Modernisierung der Statistik. Ab 1993 Ausrichtung auf die Erfordernisse der europäischen Integration (z. B. im Außenhandel). Das Amt ist zugleich die Geschäftsstelle des →Sachverständigenrates zur Begutachtung der gesamtwirtschaftlichen Entwicklung und des Sachverständigenrates für Umweltfragen. — Wichtigste Elemente der Wirtschaftsstatistik sind Erwerbstätigkeit — Unternehmen und Arbeitsstätten — Land- und Forstwirtschaft, Fischerei — Produzierendes Gewerbe — Bautätigkeit und Wohnungen — Binnenhandel, Gastgewerbe, Tourismus – Außenhandel — Verkehr — Geld und Kredit, Versicherungen — Finanzen und Steuern — Wirtschaftsrechnungen und Versorgung — Löhne und Gehälter — Preise — Volkswirtschaftliche Gesamtrechnungen — Zahlungsbilanz — Wirtschaftsorganisationen und Berufsverbände.

Statut →Gesellschaftsvertrag

Steuer →Steuern

Steuerbetrug →Steuerhinterziehung

Steuerharmonisierung

insbesondere zwischen den EU-Mitgliedsländern der Versuch, eine einheitliche Belastung der wichtigsten Wirtschaftsvorgänge zu erreichen. Drängend ist sie wegen des →Binnenmarktes, weil unterschiedliche Steuersätze vor allem bei Freiheit des Warenverkehrs diskriminierend wirken können. Insbesondere bei der Mehrwertsteuer sind aber die wirtschaftlichen Auswirkungen der Anhebungen so groß, dass die EU-Mitgliedsländer regelmäßig nur zu Einigungen über Mindestsätze kommen. Erschwert wird die Steuerharmonisierung noch durch steuerliche Lockangebote für Unternehmensumsiedlungen innerhalb der EU (→Steueroasen). — Ökonomischer Druck zur Harmonisierung soll durch den Übergang vom Bestimmungslandprinzip zum Ursprungslandprinzip erreicht werden. Nach dem Bestimmungslandprinzip werden Waren an der Grenze von ihrer steuerlichen Belastung „entkleidet" und mit den steuerlichen Belastungen des Bestimmungslandes versehen. Beim Ursprungslandprinzip bleibt die Besteuerung auf die Ware auch beim Grenzübertritt erhalten und tritt damit in Konkurrenz zur Steuerbelastung im Importland. — Die Steuerhoheit ist seit der französischen Revolution das höchste Recht eines nationalen Parlamentes, während die Harmonisierungsbeschlüsse insbesondere in der EU von Regierungen und Beamten ausgehandelt werden. Nationale Parlamente sind an der Debatte kaum beteiligt. Wegen des Fehlens von EU-eigenen Steuern hat das →Europäische Parlament hier ebenfalls kaum Einfluss.

Steuerhinterziehung

Straftat, für die ein Unrechtsbewusstsein nur bei großen Fällen existiert. Die Dunkelziffern sind nicht abschätzbar. Vermutlich ist Steuerhinterziehung in Ausübung des Berufs am häufigsten; damit verursachen Unternehmer und Selbstständige die meisten Schäden. Straffreiheit durch rechtzeitige Selbstanzeige ist möglich.

In großem Umfang haben Staatsanwaltschaften Steuerhinterziehungen in Luxemburg zur Umgehung der Quellensteuer ab Mitte der neunziger Jahre ermittelt. Der bekannteste Fall von Steuerhinterziehung war jedoch die →Parteispendenaffäre. — Bei schwer nachweisbaren Delikten (z. B. Menschen-, Drogen-, Waffenhandel) ist Steuerhinterziehung traditionell ein Hilfstatbestand, um zu einer Verurteilung der Täter zu kommen.

Steuerklassen

die sechs Einstufungen von Lohnsteuerpflichtigen, die zu unterschiedlichen Freibeträgen und Pauschalen führen und steuerliche Anreize für das Heiraten geben sollen. Verschieden- oder gleichgeschlechtlich Zusammenlebende ohne Trauschein werden dadurch diskriminiert. Umstritten ist auch, ob die stärkere steuerliche Belastung von kinderlosen Alleinstehenden angemessen ist.

Lohnsteuerklassen: I Alleinstehende. II Alleinstehende mit Kind. III Verheiratete, wenn nur ein Ehegatte Lohn bezieht oder der andere V wählt. IV Verheiratete, wenn beide Lohn beziehen. V Verheiratete, wenn beide Lohn beziehen und ein Ehegatte III wählt. VI bei Mehrfachbeschäftigungen. — Steuerklassen existieren auch bei der Erbschaftsteuer und haben vor allem wegen der unterschiedlichen Freibeträge eine große Bedeutung. Sie klassifizieren das Verhältnis von Erblasser und Erbe: I sind Ehegatten, Kinder und Kinder verstorbener Kinder, II alle anderen Nachfahren, III Eltern bei Schenkungen unter Lebenden sowie Geschwister, Schwiegereltern und -kinder sowie geschiedene Ehegatten, IV alle anderen.

Steuern

→Abgaben an die öffentliche Hand ohne Gegenleistung; bei Abgaben mit Gegenleistungen handelt es sich um Gebühren und Beiträge. Nach der Abgabenordnung (AO) werden Steuern zur Erzielung von Einkünften allen auferlegt, für die ein Besteuerungstatbestand zutrifft. Das Erzielen von Einkünften für den Staat kann Nebenzweck sein, wenn Steuern mittels wirtschaftlicher Anreize eine Lenkungsfunktion ausüben sollen. — Ein einheitliches, auch für Steuerzahlende leicht nachvollziehbares Steuersystem

Steuereinnahmen

Auswahl nach Aufkommen 1996, in Mrd. DM

Lohnsteuer	251,3
Mehrwert-/Umsatzst.	237,2
Mineralölsteuer	68,3
Gewerbesteuer	45,9
Körperschaftsteuer	29,5
Solidaritätszuschlag	26,1
Tabaksteuer	20,7
Kirchensteuer	16,0
Grundsteuer	14,7
Versicherungssteuer	14,3
Kfz-Steuer	13,7
Kapitalertragsteuer	13,3
Zinsabschlag	12,1
Einkommensteuer	11,6
Vermögensteuer	9,0
Zölle	6,6
Grunderwerbsteuer	6,4
Branntweinsteuer	5,1
Erbschaftsteuer	4,1
Lotteriesteuer	2,7
Kaffeesteuer	2,2
Biersteuer	1,7
Schaumweinsteuer	1,1
Feuerschutzsteuer	0,8

Quelle: Statistisches Bundesamt.

Steuereinnahmen

Entwicklung und Zusammensetzung, in Mrd. DM und Prozent

		1970	1975	1980	1985	1990	1991	1992	1993	1994	1995	1996
in DM	Steueraufkommen gesamt	154,2	242,1	365,0	437,2	549,7	661,9	731,7	749,1	786,2	814,2	800,0
	Direkte Steuern (1)	67,8	117,3	179,6	220,1	264,4	318,7	354,1	351,7	354,7	382,2	357,0
	Lohnsteuer	35,1	71,2	111,6	147,6	177,6	214,2	247,3	258,0	266,5	282,7	251,3
	veranlagte Einkommensteuer	16,0	28,0	36,8	28,6	36,5	41,5	41,5	33,2	25,5	14,0	11,6
	Körperschaftsteuer	8,7	10,1	21,3	31,8	30,1	31,7	31,2	27,8	19,6	18,1	29,5
	Indirekte Steuern	86,5	124,8	185,3	217,2	285,3	343,3	377,6	397,4	431,4	432,0	443,0
	Umsatzsteuer	38,1	54,1	93,4	109,8	147,6	179,7	197,7	216,3	235,7	234,6	237,2
	sonstige (2)	31,5	43,5	55,1	64,8	84,1	107,0	119,1	120,8	131,5	135,1	138,6
	Realsteuern (3)	14,8	25,0	33,8	38,1	47,5	51,2	55,6	53,9	56,8	55,8	60,5
in%	Steueraufkommen gesamt	100	100	100	100	100	100	100	100	100	100	100
	Direkte Steuern (1)	43,9	48,5	49,2	50,3	48,1	48,1	48,4	47,0	45,1	46,9	44,6
	Lohnsteuer	22,7	29,4	30,6	33,8	32,2	32,4	33,8	34,4	33,9	34,7	31,4
	veranlagte Einkommensteuer	10,4	11,6	10,1	6,5	6,6	6,3	5,7	4,4	3,2	1,7	1,5
	Körperschaftsteuer	5,7	4,2	5,8	7,3	5,5	4,8	4,3	3,7	2,5	2,2	3,7
	Indirekte Steuern	56,1	51,5	50,8	49,7	51,9	51,9	51,6	53,0	54,9	53,1	55,4
	Umsatzsteuer	24,7	22,3	25,6	25,1	26,8	27,1	27,0	28,9	30,0	28,8	29,7
	sonstige (2)	20,4	18,0	15,1	14,8	15,3	16,2	16,3	16,1	16,7	16,6	17,3
	Realsteuern (3)	9,6	10,3	9,3	8,7	8,6	7,7	7,6	7,2	7,2	6,9	7,6

Quelle: Bundesbank. (1) vor allem Lohn-, veranlagte Einkommen- und Körperschaftsteuern sowie Solidaritätszuschlag, Vermögen- und Erbschaftsteuern. (2) überwiegend Verbrauchsteuern. (3) vor allem Grund- und Gewerbesteuern.

fehlt in Deutschland ebenso wie in allen anderen Ländern, weil Steuersysteme aus einer Vielzahl von Quellen entstanden sind und unterschiedliche Funktionen erfüllen. Ein unverständliches Steuersystem ist politisch und ökonomisch undemokratisch, weil der Anreiz zum Finden und Ausnutzen steuersparender Schlupflöcher umso einfacher wird, je besser die Kenntnisse des Steuerpflichtigen und je höher die zu versteuernden Einkommen werden. — Die deutschen Steuern können grob nach Kriterien eingeteilt werden, die sich allerdings vielfach überschneiden. Gebräuchlich sind →Ertragsteuern, →Substanzsteuern, →Verkehrsteuern, →Verbrauchsteuern (mit Bagatellsteuern) und Zölle. — Die Einkünfte werden von der öffentlichen Hand zur Erfüllung ihrer Aufgaben verwendet. Unzureichende Einnahmen führen zur →Staatsverschuldung. Die Entwicklung der Steuereinnahmen hat sich von der Konjunkturentwicklung weitgehend abgekoppelt, sodass sich selbst stärkeres Wirtschaftswachstum fiskalisch kaum noch niederschlägt. — Die Zusammensetzung des Steueraufkommens drückt aus, wie sozial ausgewogen die Finanzierung der öffentlichen Aufgaben verteilt wird.

Von 1989 bis 1994 ist die jährliche Steuerbelastung der 30 im →Deutschen Aktienindex notierten Unternehmen (bei einem theoretischen Spitzensteuersatz von 71 Prozent) von real 54,5 auf 31,4 Prozent gefallen. Keine Steuern bezahlten die Deutsche Bank, Mannesmann und die Metallgesellschaft; Conti zahlte 0,2 %,

Steueraufkommen nach Gebietskörperschaften

Entwicklung und Verteilung, in Mrd. DM

	1992	1993	1994	1995	1996
Reine Bundessteuern					
Mineralölsteuer	55,2	56,3	63,8	64,9	68,3
Tabaksteuer	19,3	19,5	20,3	20,6	20,7
Branntweinabgaben	5,5	5,1	4,9	4,8	5,1
Versicherungsteuer	8,1	9,3	11,4	14,1	14,3
Kapitalverkehrsteuern (1)	0,3	0,1	0,1	0,1	–
sonstige Bundessteuern (2)	16,7	3,5	5,0	29,6	29,5
Reine Ländersteuern					
Kraftfahrzeugsteuer	13,3	14,1	14,2	13,8	13,7
Vermögensteuer (3)	6,8	6,8	6,6	7,9	9,0
Erbschaftsteuer	3,0	3,0	3,5	3,5	4,1
Biersteuer	1,6	1,8	1,8	1,8	1,7
übrige Ländersteuern	8,2	9,0	10,5	9,6	10,0
Gemeindesteuer					
Gewerbesteuer (4)	44,8	42,3	44,1	42,1	45,9
Grundsteuern	10,8	11,7	12,7	13,8	14,7
sonstige Gemeindesteuern	1,3	1,4	1,4	1,4	1,4

Quelle: Bundesbank. (1) 1991 abgeschafft. (2) einschließlich Solidaritätszuschlag.
(3) 1997 weggefallen. (4) nach Ertrag und Kapital; nach Kapital 1997 abgeschafft.

die Allianz 1,4 %, die Degussa 6,0 %, Siemens 9 % und die Lufthansa 8,0 %. Daimler-Benz hat angekündigt, bis zum Ende des Jahrzehnts keine Körperschaftsteuer mehr zu bezahlen. — „Eine grundlegende Steuerreform ist verfassungsrechtlich geboten, weil das gegenwärtige Recht in sich widersprüchlich ist, vom Steuerpflichtigen nicht mehr verstanden werden kann und die Erfüllung der Steuererklärungspflicht kaum noch möglich ist." Professor Paul Kirchhoff, Steuerexperte des Bundesverfassungsgerichts (Süddeutsche Zeitung vom 24.2.97). — Im Althochdeutschen bedeutete „stiura" Stützung oder Hilfe, später materielle Unterstützung der öffentlichen Gewalt und die dafür eingeforderte Abgabe. Die Ausbreitung der Geldwirtschaft seit dem 13. Jahrhundert ermöglichte erstmals die Erhebung von Steuern in Geld. Schnell entstand eine Vielzahl von Steuern, Grenz- und Binnenzöllen. Im 18. Jahrhundert waren sie zu regulären Staatseinnahmen geworden. Direkte Steuern bezogen sich auf Grundbesitz, Personen oder Vermögen (bei zahlreichen Steuerbefreiungen), indirekte fielen bei der Herstellung oder dem Transport von Nahrungsmitteln, Getränken und Luxusgütern an. Im 19. Jahrhundert wurde die Steuererhebung staatlich und systematisch und die Steuerpflicht allgemein. Damit begann auch eine reguläre Diskussion der ökonomischen, politischen und sozialen Steuergerechtigkeit. In Deutschland zeigten sich ab 1810 deutliche Unterschiede zwischen den süddeutschen Ertragsteuern, die sich an der Rentabilität von Immobilien oder Gewerben orientierten, und dem preußischen System ertragsunabhängiger Besteuerung von Grundstücken und Gebäuden. Eine Besonderheit war das preußische Dreiklassenwahlrecht von 1849/50 bis 1918, das die Steuerzahler so in drei Gruppen einteilte, dass auf je ein Drittel des Steueraufkommens ein Drittel der Wahlmänner entfiel, die das Abgeordnetenhaus wählten. Die große Zahl der Armen und damit gering Besteuerten hatte damit den gleichen Einfluss wie die geringe Zahl der Hochversteuerten. Verteilungskämpfe zwischen dem Reich, den Ländern und Kommunen waren an der Tagesordnung. Strittig waren auch direkte bzw. indirekte Steuern: Eine hohe indirekte Besteuerung begünstigt die Wohlhabenden, wenn der Staat damit einen Großteil seines Finanzbedarfs aus dem Massenkonsum schöpft und nur der kleinere Teil aus direkten, progressiv ansteigenden Steuern stammt. Die geringere Belastung der boomenden Industrie benachteiligte zudem die Landwirtschaft und die Staatshaushalte. Mit einer Welle von Steuerreformen um die Jahrhundertwende setzte sich dann die Einkommensteuer in Deutschland durch. Vorbild dafür war Großbritannien. Dort war 1842 eine Steuer auf das belastbare Einkommen eingeführt worden — mit einem Satz von 2 bis 3 Prozent. Die letzte große Veränderung in der Struktur der Staatseinnahmen vieler Industrieländer und EG-einheitlich war die Einführung der (indirekten) Mehrwertsteuer nach dem Zweiten Weltkrieg (in der BRD 1968, in Österreich 1973). — Der Versuch der Politik, die steigende Belastung mit Steuern und Abgaben zu verschleiern, hat zu zahlreichen begrifflichen Neuschöpfungen geführt, die in der jüngsten Vergangenheit vom →Kohlepfennig bis zum →Solidaritätszuschlag reichen.

Steueroasen
Länder ohne oder mit sehr niedrigen Substanz- oder Ertragsteuern, die für ausländische Einkommen und Vermögen leicht zugänglich sind und Steuerflüchtlingen erhebliche wirtschaftliche Vorteile bieten. In der Regel sind Steueroasen Kleinstaaten, oft unabhängige Inseln (Bahamas, Bermudas). — Besonders ärgerlich sind Steueroasen, die geografisch innerhalb der EU (Kanalinseln, Andorra, Monaco) oder ihren Mitgliedsländern liegen (Freihandelszone Triest, Madeira) oder sogar Mitglieder sind (Luxemburg). Mehr als drei Viertel aller Steuerausfälle europäischer Konzerne entfallen auf Steueroasen oder Niedrigsteuergebiete, für die die EU-Mitgliedsregierungen verantwortlich sind. Wichtigste Einzelprobleme innerhalb der EU sind (1) eine Annäherung bei der Besteuerung von Kapitalerträgen (Quellensteuer), (2) die Abschaffung von Steuervergünstigungen für gebietsfremde Unternehmen und Personen, für Unternehmen ohne wirtschaftliche Aktivität (insbesondere für Zwischengesellschaften zur Steuerminderung) und ohne Bezug zur wirtschaftlichen Lage des besteuerten Unternehmens, (3) die Verhinderung neuer, wettbewerbsverzerrender Vergünstigungen für Unternehmen und das schrittweise Rückführen der in jüngster Zeit eingeführten Steuervergünstigungen. Der Versuch, die Ausbreitung von Steueroasen zu verhindern, scheitert oft nicht nur an Definitionen, was Wettbewerbsverzerrung oder eine Steuervergünstigung ist, sondern auch an den nationalen Souveränitätsrechten. Ein nicht bindender EU-Steuerkodex sieht bis 2002 die Abschaffung von Lockangeboten vor, die zu Firmen- und Wohnsitzverlagerungen innerhalb der EU führen; dazu gehören auch die gezielten Steuervorteile, die deutschen Firmen und Privatpersonen in Belgien und den Niederlanden angeboten werden. — In Deutschland hat das Aussensteuergesetz von 1972, das steuerliche Wettbewerbsverzerrungen verhindern soll und gegen erheblichen Widerstand der Wirtschaft verabschiedet wurde, zunächst Abwanderungen verhindert. In den neunziger Jahren sind die Steuerzahlungen deutscher Konzerne hingegen aufgrund von Verlagerungen extrem gefallen. Die deutschen Steuerausfälle durch Steueroasen im Bereich der EU werden auf jährlich 50 bis 60 Milliarden Mark geschätzt.

Zu Steueroasen gehören auch Staaten, die nur einzelnen Wirtschaftszweigen Vergünstigungen gewähren (z. B. Panama oder Liberia der Handelsschifffahrt), oder die stark subventioniert werden, sodass die Steuerbelastung gering ist (z. B. Förderung von Industrieansiedlungen in Irland).

Steuerprogression
ansteigender Verlauf eines Steuertarifs, bei Privatpersonen vor allem der →Einkommensteuer. Die Progression ist begründet im →Leistungsfähigkeitsprinzip der Steuertheorie. Der Grenzsteuersatz ist immer höher als der Durchschnittssteuersatz. Drei Verlaufsformen sind möglich: der lineare Anstieg, bei der der Steuersatz mit steigendem Einkommen gleichmäßig ansteigt, der degressive Verlauf, bei dem die Steuerlast mit steigendem Einkommen weniger stark zunimmt, und der progressive Ver-

lauf, bei dem die Belastung erst allmählich, dann immer schneller steigt. Mischformen sind möglich. In Deutschland verfügen Lohn- und Einkommensteuertarife über eine Steuerbefreiung für das Existenzminimum und einen Spitzensteuersatz. Hauptproblem der Steuerprogression ist, den Punkt zu bestimmen, ab dem ein zu hoher Steuersatz Steuervermeidung und Leistungsverweigerung verursacht. — Der theoretische und der effektive Tarifverlauf unterscheiden sich durch Ausnahmen, Freibeträge, Freistellungen usw. („legale Steuerschlupflöcher") erheblich voneinander; im Durchschnitt liegt die tatsächliche Belastung um ein Viertel bis ein Drittel unter der Höchstbelastung.

Stiftung Warentest
Institut zur Durchführung vergleichender Warentests und Dienstleistungsuntersuchungen. Laut Satzung hat die Stiftung die Aufgabe, „die Öffentlichkeit über objektivierbare Merkmale des Nutz- und Gebrauchswertes sowie über objektivierbare Merkmale der Umweltverträglichkeit" zu unterrichten. Außerdem soll sie die Verbraucher über Möglichkeiten und Techniken einer optimalen Haushaltsführung und über gesundheits- und umweltbewusstes Verhalten aufklären. Über die Ergebnisse der Prüfung informieren insbesondere die stiftungseigenen Zeitschriften „test" und „Finanztest". — Die erfolgreiche Arbeit basiert auf den weithin anerkannten Prüfungsmethoden sowie der Bereitschaft der Verbraucher, Kaufentscheidungen von diesen Ergebnissen abhängig zu machen (→Verbrauchermacht).

Sitz in Berlin. 1964 auf Initiative der Bundesregierung gegründet; Stifterin ist die Bundesrepublik Deutschland. Nach zunächst großen Anlauf- und Organisationsschwierigkeiten haben sich die Stiftung und der Verkauf von „test" um 1972 stabilisiert. In Prozessen um die Qualität der Prüfung und das gezielte Werben mit Testergebnissen konnte sich die Stiftung fast immer durchsetzen. Seit 1991 erscheint „Finanztest". Bis 1994, zum 30jährigen Bestehen der Stiftung, wurden mehr als 50.000 Produkte in rund 2.200 Warentests und 350 Dienstleistungsvergleichen geprüft. Die Stiftung erwirtschaftet inzwischen mehr als 80 Prozent ihres Haushaltes selbst. Der Rest, ein Bundeszuschuss, wird mit der Begründung gezahlt, dass die stiftungseigenen Medien laut Satzung keine Werbung enthalten dürfen, um sich nicht in Abhängigkeiten zu begeben. Zahlreiche Verbraucherschutzbestimmungen gehen auf die Stiftung zurück; u.a. die Angabe des Sonnenschutzfaktors auf Cremes oder die Türverriegelung für Wäscheschleudern. — Öko-Ideen zogen bei der Stiftung nur langsam ein. Zur Wünschbarkeit oder Ersetzbarkeit eines Produktes äußert sich die Stiftung zumeist nicht; auch die Umstände der Produktion werden kaum geprüft oder dargestellt.

stille Gesellschaft
eine Personengesellschaft mit typischen oder atypischen stillen Gesellschaftern, die sich an einer anderen Gesellschaft beteiligt, ohne dass dies von außen ersichtlich wäre (→Rechtsformen von Unternehmen). Ihr Zweck ist es, auf eine Kapitaleinlage, die in das Eigentum des Unternehmens über-

geht, nicht Zinsen, sondern eine Gewinnbeteiligung zu erhalten.

Stoxx →Aktienindex

strategische Rohstoffe →Rohstoffversorgung

Streik

kollektives Instrument des →Arbeitskampfes von Arbeitnehmern bzw. Gewerkschaften, um bei Tarifverhandlungen Druck auf die Arbeitgeber auszuüben. Deren komplementäres Mittel ist die →Aussperrung. Ohne Streikrecht wäre die →Tarifautonomie nicht möglich. Gleichheit der Mittel bei der Durchsetzung der Interessen besteht dennoch nicht, denn „Arbeitgeber und ihre Verbände sind weitaus weniger als die Gewerkschaften darauf angewiesen, durch Mittel des Arbeitskampfes ihren Interessen und Forderungen Nachdruck zu verleihen", befand das Bundesarbeitsgericht 1980. Weil ein einheitliches Arbeitskampfrecht fehlt und auch eine Einmischung in die Tarifautonomie bedeuten würde, müssen zahlreiche Streitpunkte immer wieder gerichtlich geklärt werden. — Der wirtschaftliche Schaden der Arbeitgeber bestand bis in die achtziger Jahre meist in Umsatzeinbußen und Konventionalstrafen ihrer Abnehmer wegen der Nichterfüllung von Lieferverträgen. Mit der zunehmenden Verflechtung der industriellen Produktion innerhalb eines Konzerns haben Streiks in der gewerblichen Wirtschaft noch erheblich an ökonomischer Bedeutung gewonnen; Schwerpunktstreiks in einzelnen Betrieben können sehr schnell internationale und/oder branchenübergreifende Produktionsketten zum Erliegen bringen. — Streiks müssen verhältnismäßig und fair ablaufen, insbesondere ohne Gewalt. Sie sind erst nach Ablauf der tarifvertraglich festgelegten Friedenspflicht möglich und müssen durch eine Urabstimmung der Gewerkschaftsmitglieder beschlossen werden; Warnstreiks sind auch während der Tarifverhandlungen (aber erst nach Ablauf der Friedenspflicht) zulässig. — In Deutschland unzulässig ist der Generalstreik, der meist mit politischen Forderungen (z. B. Nichtverabschiedung oder Rücknahme eines Gesetzes, Rücktritt einer Regierung, Neuwahlen) verbunden ist. Wilde Streiks sind unorganisiert und entzünden sich oft an Einzelforderungen (z. B. Rücknahme von Entlassungen und anderen Management-Entscheidungen oder als Protest gegen unzulängliche Tarifvereinbarungen). Politische und wilde Streiks sind in Großbritannien, Frankreich und Italien zulässig. In Deutschland sind auch Sympathiestreiks, soweit sie Streikende in anderen Tarifgebieten aus Solidarität unterstützen, nicht rechtmäßig. — Die Teilnahme an rechtmäßigen Streiks führen zum Ruhen des Arbeitsvertrages. In dieser Zeit entfallen Lohnzahlungen; zur Kompensation zahlt die Gewerkschaft ihren Mitgliedern Streikgeld. Die Besteuerung von Streikgeldern ist umstritten. Teilnahme an unrechtmäßigen Streiks stellt einen Arbeitsvertragsbruch dar und kann zur fristlosen Kündigung führen. Streikende müssen das Aufrechterhalten von Notdiensten garantieren. — Beamte haben kein Streikrecht, weil sie an die Treuepflicht zum Staat gebunden sind.

Angestellte und Arbeiter des öffentlichen Dienstes sind hingegen streikberechtigt. Beamte dürfen auch nicht als Streikbrecher auf den Arbeitsplätzen von Angestellten und Arbeitern des öffentlichen Dienstes eingesetzt werden, wenn der Streik rechtmäßig ist. Die Teilnahme von beamteten Lehrerinnen und Lehrern an Streiks hat meist nur unbedeutende disziplinarische Folgen.

In der Weimarer Republik waren Streiks nur unzulässig, wenn sie unverhältnismäßig oder mit dem Ziel der wirtschaftlichen Vernichtung eines Unternehmens geführt wurden. Die drei heute geltenden Bedingungen Tarifbezogenheit, Beachtung der Friedenspflicht und Gewerkschaftlichkeit entstammen erst der Rechtsprechung der Nachkriegszeit. 1952 streikten Zeitungsdrucker zwei Tage lang gegen den Entwurf der Bundesregierung zum Betriebsverfassungsgesetz, der eine Verschlechterung der Betriebsratsrechte gegenüber der Weimarer Zeit bedeutete; die Gewerkschaft wurde schadenersatzpflichtig, weil der Streik politisch war. Vor dem schleswig-holsteinischen Metallarbeiterstreik von Oktober 1956 bis Februar 1957 (u. a. um Krankengeld, s.u.) hatte die Gewerkschaft die Urabstimmung vor Ablauf der Friedenspflicht angesetzt und wurde deswegen schadenersatzpflichtig. Wilde Streiks wurden endgültig 1963 vom Bundesarbeitsgericht als gesetzwidrig beurteilt; es erkannte auf Schadenersatz für einen Schuhfabrikanten, nachdem er 43 Zuschneider entlassen hatte, die ohne Beteiligung der Gewerkschaften vier Tage lang für die Entlassung eines Betriebsleiters gestreikt hatten. — Seit 1986 der Paragraph 116 des Arbeitsförderungsgesetzes geändert wurde, erhalten Beschäftigte, die wegen der Folgen eines Streiks in einem anderen Tarifgebiet, aber in der gleichen Branche ihre Arbeit nicht ausüben können (z. B. in Zulieferbetrieben), keine Leistungen des Arbeitsamtes (kalte →Aussperrung). „Durch die Gewährung von Arbeitslosengeld darf nicht in Arbeitskämpfe eingegriffen werden", so die Neuregelung. Der Jurist Uwe Wesel kommentierte: „Das ist ein schlechter Witz. Denn der Staat greift immer ein, egal was er tut. Zahlt er, so hilft er den Gewerkschaften. Zahlt er nicht, so greift er zugunsten der Unternehmer ein." Erst die erhöhte Streikempfindlichkeit aufgrund neuer Produktionsmethoden (z. B. zeitgenaue Zulieferung) hat wieder zu einer annähernden Waffengleichheit zwischen Arbeitgebern und Arbeitnehmern geführt. — Die wichtigsten Erfolge der Nachkriegszeit waren 1957 die Aufstockung des Krankengeldes auf 90 Prozent des Nettoeinkommens durch den Metallarbeiterstreik in Schleswig-Holstein (s.o.), 1984 in der Metall- und Druckindustrie der Einstieg in die 35-Stunden-Woche (mit der 38,5-Stunden-Woche) und 1993 die Lohnangleichungsstreiks in der ostdeutschen Metall- und Stahlindustrie. Spontane Streiks in der zweiten Hälfte der sechziger Jahre führten zu teilweise erheblichen Lohnerhöhungen oder betrieblichen Sonderzulagen. Die von Streikdrohungen und Warnstreiks begleiteten teilweise hohen ostdeutschen Tarifabschlüsse in der ersten Hälfte der neunziger Jahre wurden häufig durch Ausstiegsklauseln wieder rückgängig gemacht oder ignoriert.

Stripping →Dividenden-Stripping

Strohmann
Mann, der bei Geschäftsabschlüssen zum Schein, als Ersatz für den Verantwortlichen, vorgeschoben wird.

Fußt auf dem französischen Vorbild des „homme de pailles", in Deutschland ab 1850 bekannt.

Strukturanpassung, -anpassungsbedarf
beschönigende Umschreibung für erzwungene Veränderungen eines wirtschaftspolitischen Systems oder für das Schrumpfen von krisenbetroffenen Industriezweigen und Betrieben. Zugrunde liegt meist die Unfähigkeit einer Regierung, eine gleitende, ständige Modernisierung einer Volkswirtschaft zu ermöglichen. Der Begriff ist affirmativ (noch stärker bei: Restrukturierung), weil Fragen nach den Nutznießern der Strukturanpassung oft übergangen werden. Die Strukturanpassungsprogramme des →Internationalen Währungsfonds verteilen die Kosten der Anpassung einseitig auf die Armen, während Wohlhabendere, z. B. durch das Unterlassen von wirksamen Landreformen und das Ausbleiben von Steuerreformen, geschont werden.

Stückaktie →Aktie

Substanzsteuern
→Steuern auf den Wert eines Vermögens, nicht den Ertrag daraus (→Ertragsteuern). In ertragsschwachen Zeiten können deswegen Substanzsteuern eine erhebliche Belastung eines Unternehmens oder eines Vermögens darstellen. Sie werden in den neunziger Jahren nach und nach abgeschafft (→Vermögensteuer, die Gewerbekapitalsteuer bei den →Gewerbesteuern). Allerdings wird nicht die Substanz eines Vermögens weggesteuert, sondern das im Vermögen liegende Ertragspotential besteuert. — Eine eigene Berechtigung für Substanzsteuern entwickelt sich aus der Steuerflucht insbesondere von Konzernen, die die Gestaltung ihres Gewinns durch konzerninterne Transfers erreichen. Hier können Substanzsteuern auf immobile Güter einen Ausgleich schaffen.

Zu den Substanzsteuern gehören noch die Grundsteuer, die Erbschaft- und Schenkungssteuer und die Kfz-Steuer. — Auch die Zwangsgebühren für die öffentlich-rechtlichen Radio- und Fernsehprogramme sind, steuertheoretisch gesehen, eigentlich Substanzsteuern auf das Vorhalten eines Rundfunk- bzw. Fernsehempfängers.

Subvention
geldwerte Zuwendung aus öffentlichen Mitteln ohne marktmäßige Gegenleistung und zur Förderung der Wirtschaft, meist an Unternehmen bestimmter Branchen, Regionen oder Größen. Zu den wirtschaftspolitisch festgelegten Zielen gehören (1) der Erhalt oder verlangsamte Abbau von Arbeitsplätzen in niedergehenden Branchen (z. B. in der Montanindustrie), (2) die Verbilligung von Gütern aus lenkungspolitischen Gründen (z. B. im öffentlichen Nahverkehr), (3) die sozialpolitisch begründete Bewirtschaftung von Mängeln (z. B. im Wohnungsbau), (4) die Vermeidung der Abhängigkeit

vom Ausland (z. B. durch den Verkehrsflugzeug- oder Transportraketenbau), (5) die Technologieförderung (z. B. Atomenergie, Breitbandfernsehen), (6) der landwirtschaftliche Strukturwandel. — Weil der Staat mit Subventionen Märkte verändert, werden sie von Vertretern des →Monetarismus grundsätzlich angefeindet. Vertreter des →Keynesianismus, die Marktversagen für möglich halten, befürworten den Einsatz dieses Mittels zum Erreichen bestimmter Ziele. Tatsächlich sind die Übergänge zwischen lenkender Steuerpolitik, öffentlichem Auftragswesen und offener Subvention in allen Staaten fließend. Weitgehende Einigkeit herrscht darüber, dass die meisten Erhaltungssubventionen nicht effizient sind; Dissens herrscht über den Grad ihrer Notwendigkeit. — Innerhalb der EU gehören Subventionen zum vergemeinschafteten Recht und können von der Kommission auf Zulässigkeit geprüft werden, wenn sie ein Unternehmen oder einen Wirtschaftszweig stützen und damit andere diskriminieren. Unzulässige Subventionen können ausser Zuschüssen auch Kredite zu marktunüblichen Bedingungen, Steuervergünstigungen oder diskriminierende staatlich administrierte Preise (→Dumping) sein. Gegen subventionierte Exporte kann die EU mit Ausgleichsmaßnahmen wie Strafzöllen reagieren, die aber im Einklang mit den Grundlagen der →Welthandelsorganisation stehen müssen. — Ein Sonderfall ist der Subventionswettlauf, bei dem Regierungen sich darin überbieten, Exportindustrien oder Industrieansiedlungen zu fördern, um ihnen betriebswirtschaftliche Vorteile zu verschaffen. Auf regionaler oder nationaler Ebene äußert sich dieser Wettlauf als →Bürgermeisterkonkurrenz.

Wegen der ungenauen Abgrenzungen und Begriffsbestimmungen gehen die Angaben über Art und Umfang der Subventionen weit auseinander. Um einen Überblick zu erlangen, veröffentlicht die Bundesregierung alle zwei Jahre einen Subventionsbericht einschließlich der Zuschüsse und Steuervergünstigungen für Privathaushalte. Danach beliefen sich 1995 die Subventionen auf rund 116 Milliarden Mark. Das Statistische Bundesamt kam nur auf 75 Milliarden Mark. Das Kieler Institut für Weltwirtschaft hat fast 185 Milliarden Mark errechnet, weil ein Teil der Steuermindereinnahmen durch Abschreibungen ebenfalls Subventionscharakter hat.

Subventionen in Deutschland
Staatliche Finanzhilfen und Steuervergünstigungen, in Mrd. DM

an Sektoren	
Verkehr	45,1
Wohnungsvermietung	35,3
Landwirtschaft	30,2
Bergbau	11,3
Schiffbau	0,6
Luft- u. Raumfahrt	0,4
sonstige	18,6
Summe	141,4
übergreifend	
Regional-/Strukturpolitik	21,3
Umweltpolitik	4,4
Beschäftigungspolitik	6,9
Betriebsförderung	10,6
Summe	43,1
insgesamt:	184,5

Stand: 1995, Quelle: IfW

Subventionsbetrug
Vortäuschen von Tatsachen, um unberechtigt →Subventionen zu erhalten. Dazu gehört auch das Unterlassen von Mitteilungen, wenn die Subventionierungsberechtigung endet. Der umfangreichste Subventionsbetrug findet aufgrund der hohen Ausgleichszahlungen im Rahmen der →EU-Agrarpolitik statt.

Nach Schätzungen entfallen ein bis zehn Prozent der Zahlbeträge und damit 0,5 bis fünf Prozent des EU-Haushaltes auf Subventionsbetrug (→EU-Finanzverfassung).

Supply Side Economics →nachfrageorientiert

Sustainability →Nachhaltigkeit

Swap
der Tausch von Zahlungsverpflichtungen. Sinn ist die Senkung von Finanzierungskosten bei gefallenem oder mutmaßlich fallendem Zinsniveau. Das zugrunde liegende Kreditgeschäft wird von einem Swap nicht berührt; das Kreditgeschäft müsste bei einer Änderung der Finanzierung sonst ganz neu aufgelegt werden. (1) Als Zinsswap kann die Verzinsung einer festverzinslichen Anleihe oder eines fest zu verzinsenden Kredits für einen bestimmten Zeitraum oder bis zur Fälligkeit gegen eine flexible Verzinsung ausgetauscht (geswapt) werden, wenn der Swapsucher fallende Zinsen erwartet, der Swapbieter aber steigende. Wenn Langfristzinsen hoch, Kurzfristzinsen aber niedrig sind, kann eine Umwandlung von „Langläufern" in kürzer laufende Anleihen wirtschaftlich reizvoll sein; gefährlich ist aber die Möglichkeit schnell steigender Kurzfristzinsen. (2) Bei Währungsswaps werden nicht nur Festzins gegen flexiblen Zins getauscht, sondern auch noch die Währung, um günstige Zins- und Wechselkurserwartungen umzusetzen. (3) Austauschgeschäfte sind auch Debt-to-equity-Swaps zur Verminderung der Schuldenlast von Dritte-Welt-Ländern in Zahlungsschwierigkeiten. Dabei werden gegen einen Abschlag Schulden in Staatsbesitz, etwa Anteile an Staatsunternehmen, umgewandelt. Vorteil für den Gläubiger ist, dass er einen niedrigeren, aber sichereren Gegenwert erhält, Vorteil für den Gläubiger ist die Senkung der nominellen Verschuldung. Weil Banken nur bei profitablen Angeboten Debt-to-equity-Swaps wahrnehmen, die damit eine Privatisierung ins Ausland bedeuten, sind sie oft politisch stark umstritten. Anders Debt-to-nature-Swaps: Die Gläubiger selbst oder Umweltschutzorganisationen, die ihnen die Forderungen gegen einen oft erheblichen Abschlag abkaufen, erhalten durch den Swap Rechte auf schützenswerte Gebiete, deren Erhalt die Regierung zugleich zusagt.

S.W.I.F.T.
Abkürzung für die Society for Worldwide Interbank Financial Telecommunications mit Sitz in Brüssel. Die Gesellschaft entwickelt technische Standards für ihre mehr als 5.000 Mitgliedsbanken in 140 Ländern und betreibt ein Datennetz für den internationalen Zahlungsverkehr. Die dafür von den

Bankkunden erhobenen Gebühren gelten weithin als überteuert.

1973 vor allem von nordamerikanischen und westeuropäischen Banken gegründet. — Englisch „swift" bedeutet schnell, eilig.

Syndikat →Kartell

Syndizierung →Bankenkonsortium

Synergie

das Zusammenwirken von Faktoren, die sich gegenseitig fördern bzw. gemeinsam mehr bewirken als jeder für sich allein. In der Wirtschaft werden Kooperationen zwischen Unternehmen und →Unternehmenszusammenschlüsse häufig mit Synergieeffekten begründet. Während in Produktion und Vertrieb oft enorme Einspareffekte erzielt werden können, sind Synergie-Effekte zur Entwicklung neuer Produkte oft überschätzt worden. Der prominenteste Fall ist die in den neunziger Jahren gescheiterte Fortentwicklung des Autokonzerns Daimler-Benz AG zum „integrierten Technologie-Konzern", der durch die synergetischen Vorteile der Aufkäufe anderer Großunternehmen (z. B. des Luft- und Raumfahrtunternehmens MBB) entstehen sollte. Auch die Synergieerwartungen der Siemens AG bei der Übernahme des Computerherstellers Nixdorf haben sich nicht eingestellt.

In Deutschland erreichte die Synergie-Welle um 1990 ihren Höhepunkt, als die Siemens Nixdorf Informationssysteme AG (SNI) eine Firmenhymne „Synergy at Work" einführte.

Sysmin →Europäischer Entwicklungsfonds

SZR →Sonderziehungsrechte

T

Tafelgeschäft →„over the counter"
Target →Europäisches System der Zentralbanken, →Europäisches Währungsinstitut

Tarifautonomie

Kernelement des Systems der Arbeitsbeziehungen in Deutschland, der insbesondere die Tarifvertragsparteien vor staatlichen Eingriffen schützt. Arbeitgeber und Arbeitnehmer sollen ihre Interessengegensätze in Eigenverantwortung austragen. Daraus folgt vor allem, dass die Bundesregierung und ihre Beratungsgremien keine konkreten Forderungen über Form und Höhe der Tarifabschlüsse aufstellen. Die von Regierung, Wirtschaftsforschungsinstituten und Politikern erhobenen Aufrufe zur Lohnmäßigung gelten nicht als Eingriffe in die Tarifautonomie. Im weiteren Sinn wird die Tarifautonomie vor allem durch Gesetzgebung und ihre höchstrichterliche Überprüfung berührt: So können Änderungen des Streikrechtes die Arbeitskampffähigkeit der Gewerkschaften schwächen; der Wegfall von zuvor staatlichen Schutzvorschriften kann dazu führen, dass sich die Gewerkschaften um deren Aufnahme in die Tarifverträge bemüht, aber dadurch andere Forderungen einschränken muss.

Die Tarifautonomie beruht auf dem Grundgesetz, Artikel 9 Abs. 3: „Das Recht, zur Wahrung und Förderung der Arbeits- und Wirtschaftsbedingungen Vereinigungen zu bilden, ist für jedermann und für alle Berufe gewährleistet. Abreden, die dieses Recht einschränken oder zu behindern suchen, sind nichtig, hierauf gerichtete Maßnahmen rechtswidrig." Gewerkschaften und Arbeitgeber werden dadurch nicht nur in ihrem Bestand, sondern auch in ihrer Tätigkeit geschützt (Koalitionsfreiheit). Hierzu gehört insbesondere der Abschluss von Tarifverträgen. Die Koalitionen sollen ihre Mittel selbst wählen können. — Besonders umstritten, weil sie sich unmittelbar auf Tarifverhandlungen auswirkten, war in den achtziger Jahren das Vorhaben der Bundesregierung, die Zahlung von Kurzarbeitergeld an von Streiks betroffene Arbeitnehmer einzustellen. Ein Urteil des Bundesverfassungsgerichts zum §116 Arbeitsförderungsgesetz hat festgelegt, dass Kurzarbeitergeld nach der Stilllegung von Betrieben aufgrund von Materialmangel und Zulieferproblemen gezahlt wird, wenn der betroffene Betrieb nicht der Branche angehört, in der gestreikt wird, oder wenn er zwar dieser Branche angehört, aber nicht von dem umkämpften Tarifvertrag profitiert. Kurzarbeitergeld wird nicht bezahlt, wenn Stillegungen in der gleichen Branche und im gleichen Tarifgebiet erfolgen oder in der gleichen Branche und in einem anderen Tarifgebiet, wenn aber der Abschluss übernommen wird oder ähnliche Forderungen erhoben worden waren. Betriebsstilllegungen aus vorgeblichem Materialmangel, die tatsächlich aber Druck auf die Gewerkschaften ausüben sollen, werden als „kalte →Aussperrung" bezeichnet. Die 1996 von der Bundesregierung beschlossene Kürzung der Lohnfortzahlung im Krankheitsfall wurde in den nachfolgenden Tarifverhandlungen vieler Branchen kompensiert. — Tarifautonomie ist auch in Ländern, in denen Arbeitgeber und Arbeitnehmer das Entgelt organisiert verhandeln, keine Selbstverständlichkeit. Insbesondere in den Reformländern des ehemaligen Ostblocks hat sich ein breites Spektrum staatlicher Einflussnahme entwickelt, das meist auf die Zeit vor der Privatisierung der Staatsbetriebe zurückgeht, als der Staat selbst der größte Arbeitgeber war. Die Modelle reichen von der staatlichen Moderation von Lohnverhandlungen über die gleichberechtigte Teilnahme des Staates in „tripartitischen Kommissionen" bis hin zu Strafsteuern auf Lohnerhöhungen, um Lohn- und Produktivitätsentwicklung zu koordinieren.

Tariff Jumping →Auslandsinvestitionen

Tarifgemeinschaft deutscher Länder (TdL)

die Arbeitgebervereinigung der Bundesländer, die insbesondere die einheitlichen Arbeitsbedingungen des öffentlichen Dienstes wahren will. Die TdL vertritt die Bundesländer bei den Tarifverhandlungen für den öffentlichen Dienst und schließt für die Arbeitgeberseite die Tarifverträge ab.

Tarifvertrag

rechtsgültige Vereinbarung zwischen Arbeitgebern und Arbeitnehmern über die Regelung von Arbeitsbedingungen, des Arbeitsentgeltes und ähnlicher Leistungen. Damit stellen Tarifverhandlungen eine zentrale Lohnfindung im Gegensatz zu dezentralen Mechanismen der Preisbildung dar. Tarifpartner sind die Gewerkschaften und Arbeitgeberverbände; die →Tarifautonomie verbietet staatliche Einmischung. Tarifverträge haben Schutzfunktion (für Arbeitnehmer), Kartellfunktion (zur Standardisierung), Friedensfunktion (für den Gültigkeitszeitraum) und Vereinheitlichungsfunktion (Allgemeingültigkeit innerhalb des Tarifgebietes); sie erlöschen entweder mit dem Ablauf ihrer Gültigkeit oder durch Kündigung. — Tarifverträge bieten überschaubare Wettbewerbsbedingungen und Planungssicherheit für die Arbeitgeber sowie für Arbeitnehmer Schutz vor der Arbeitsmarktkonkurrenz. Tarifverträge regeln Beginn, Inhalt und Ende von Arbeitsverhältnissen, Arbeitsbedingungen wie Arbeitslohn, Wochenarbeitszeit, Urlaub, Überstunden und Sonderzahlungen. Vereinbarungen, die über gesetzliche Regelungen hinausgehen, sind zulässig. Manteltarifverträge legen die Arbeitsbedingungen fest, während Lohn- und Gehaltstarifverträge das Entgelt regeln. — Tarifgebunden sind alle Arbeitgeber einer Branche, die Mitglied des Verbandes sind, der den Tarifvertrag unterzeichnet hat (Flächentarifvertrag), oder die einen Haustarifvertrag abgeschlossen haben. Nicht tarifgebundene Arbeitgeber brauchen sich nicht am Leistungsniveau eines Tarifvertrages zu orientieren. Beschäftigte, die nicht einer Gewerkschaft angehören, dürfen wegen des Gleichbehandlungsgebotes nicht schlechter bezahlt werden als die Mitglieder der Gewerkschaft, die den Tarifvertrag abgeschlossen hat. — Waren in den achtziger Jahren in vielen Branchen die Tarifverträge eher Minimalvorgaben, weil darauf viele übertariflichen Leistungen aufbauten, sind sie faktisch in den neunziger Jahren Höchststandards geworden, weil zahlreiche übertarifliche Leistungen von den Arbeitgebern inzwischen wieder gestrichen wurden. Seit Ende der achtziger Jahre ist eine schleichende Erosion der Flächentarifverträge zu beobachten; bei den Arbeitgebern hat eine Verbands- und Tarifflucht begonnen. — Flächentarifverträge können zwar betrieblichen Tarifverträgen bei Modernisierungs- und Wachstumsdruck überlegen sein, weil sie durch die Herstellung weitgehend gleicher Arbeitskosten in einem Tarifgebiet Pioniergewinne ermöglichen und ein hohes Innovationstempo erzwingen. Dennoch ist die Zukunft des Flächentarifvertrages strittig. Sie senken zwar das Konfliktpotential auf Betriebsebene und können gesamtwirtschaftlichen Erfordernissen am ehesten gerecht werden. Aber sie berücksichtigen auch die Belange einzelner Unternehmen zu wenig, insbesondere eine unterschiedliche Lage in Groß-, Mittel- und Kleinbetrieben einer Branche. Insbesondere decken sie zu viele Einzelsachverhalte ab, die besser in Betriebsvereinbarungen geregelt werden könnten. Aber die Angestellten der Arbeitgeberverbände und die Funktionäre der Gewerkschaftszentralen (das „Tarifkartell") fürchten um Einfluss, Ansehen und letztlich ihre eigenen Arbeitsplätze. — Arbeitgeber fürchten oftmals die Verhandlung von Einzeltarifverträgen, weil sie die Gefahr innerbetrieblicher Tarifkonflikte bei gleichzeitiger Vereinzelung des Unternehmens scheuen. Der Einführung von Öffnungsklauseln, die einzelne tarifvertragliche Regelungen für einzelne Betriebe aussetzen kann, haben sich die Gewerkschaften lange widersetzt. Der erste Abschluss erfolgte 1997 für die westdeutsche chemische Industrie mit der Möglichkeit einer zehnprozentigen Lohnsenkung. Wo Öffnungsklauseln zugelassen werden, sind sie fast immer an die Zustimmung des Betriebsrates gebunden. Ein Konzept von „Tarifbausteinen", aus denen die Tarifverträge für besondere Erfordernisse einzelner Wirtschaftszweige zusammengesetzt werden, könnte zukünftig zu mehr Beweglichkeit bei Arbeitgebern und Arbeitnehmern führen. Unter Fachleuten gilt die tarifvertraglich erreichte Flexibilität von Arbeitszeiten inzwischen als so groß, dass es vor allem der innovationsfeindlichen Haltung der Arbeitgeber zugeschrieben wird, nicht mit neuen Modellen zu experimentieren oder wenigstens vermehrt die stark nachgefragte Teilzeitarbeit anzubieten. — Vor der Einführung von Öffnungsklauseln hatte es bereits eine erhebliche Verbandsflucht und informelle Reaktionen auf die Verschlechterung der wirtschaftlichen Entwicklung gegeben: „In den neuen Bundesländern prägt der von den Tarifvertragsparteien still geduldete Bruch ihrer Vereinbarungen das Bild", hieß es im Jahresbericht 1996 der Bundesvereinigung der Arbeitgeberverbände.

In der Bundesrepublik sind etwa 42.000 Tarifverträge gültig, von denen jährlich auf den verschiedenen Ebenen rund 7.000 bis 8.000 geändert oder neu abgeschlossen werden müssen.

Tauschringe

Organisationen zur Verrechnung von Arbeits- und Dienstleistungen ohne gesetzliche Zahlungsmittel. Von den zahlreichen Modellen ist die Abrechnung nach Arbeitszeit oder nach Produktpreisen am verbreitetsten. Als Zahlungsmittel dienen Kunstwährungen mit Phantasienamen. Jedes Mitglied eines Tauschrings bietet seine Arbeitszeit oder seine Produkte in einem Verzeichnis an. Einnahmen und Ausgaben werden zentral registriert, dürfen eine vereinbarte Guthaben- oder Schuldenhöhe nicht überschreiten und müssen von Zeit zu Zeit ausgeglichen werden. So entsteht die Tauschbarkeit von Arbeitszeitleistungen, die üblicherweise unterschiedlich bewertet sind und für Einkommensschwache schwer bezahlbar wären. — Einzelne Tauschringe waren so erfolgreich, dass sich die Finanzämter für die daraus entstehenden Fragen der Besteuerung von so erzielten Einkünften zu interessieren beginnen.

In Deutschland existieren mehr als hundert Vereine mit insgesamt rund 10.000 Mitgliedern. — Otmar Issing, Mitglied des Direktoriums der Deutschen Bundesbank: „Als Kuriosum sei erwähnt, dass sich in einer Periode, die sich nach dem Siegeszug von Scheck, Überweisung und Kreditkarte auf das Zeitalter vorausbezahlter Karten und als Abschluss der Abstraktion von allen körperlichen Begleitumständen auf das Computergeld vorbereitet, neue Formen des Tauschhandels in Deutschland ausbreiten. Erwächst dem Geld hier eine ernste Konkurrenz, gar eine tödliche Gefahr? Weit gefehlt. Die so genannten Tauschringe stellen nichts anderes als rudimentäre Formen einer rein privaten Geldwirtschaft dar, Namen wie Kreuzer in Berlin oder Peanut in Frankfurt stehen als Substitut für die Einheiten des staatlichen Geldes. Der eigentliche Beweggrund liegt denn auch nicht in der Abschaffung des Geldes, sondern in der Selbstorganisation der Schattenwirtschaft mit Hilfe eines eigenständigen, vom übrigen Wirtschaftsverkehr abgegrenzten Geldkreislaufs... Gleichwohl bleibt festzuhalten, dass das Geld als gesellschaftliche Institution wieder einmal in Erscheinungsformen triumphiert, die zunächst eher auf das Gegenteil, auf Verlust an Bedeutung hinzuweisen scheinen" (F.A.Z. vom 6.4.1996).

Taylorismus

Konzept der Arbeitsteilung, das der US-Ingenieur Frederick W. Taylor entwickelte. Er zerlegte den Arbeitsprozess in kleine Schritte, die kaum Denkanstrengungen erforderten. In den kleinen Arbeitseinheiten könnten Handgriffe und Zeitaufwand optimal kombiniert werden und es komme weder zu Zeitverschwendung noch zu versteckten Pausen, so Taylor. Er entwickelte Personalauslese, -einteilung und -überwachung zu einem Gesamtsystem der Fabrikorganisation und beeinflusste damit Henry Ford (→Fordismus) bei dessen Einführung der Fließbandarbeit stark. Die Gewerkschaften kritisieren den Taylorismus bis heute wegen seiner einseitigen Belastungen, der monotonen Arbeit und der Reiz-Unterversorgung. Roboterisierung, Insel- und Gruppenfertigung haben erst ab den sechziger Jahren nach und nach die tayloristische Produktionsweise abgelöst.

Frederick Winslow Taylor (1856-1915) entwickelte seit 1891 Zeit- und Bewegungsstudien zur Arbeitsrationalisierung. 1913 veröffentlichte er sein Hauptwerk „Prinzipien des wissenschaftlichen Managements".

TdL →Tarifgemeinschaft deutscher Länder

Technologietransfer
die wirtschaftliche Verwertung von Innovationen aus der nicht unternehmensgebundenen Forschung, vor allem aus Universitäten und anderen wissenschaftlichen Einrichtungen. Damit ist der Technologietransfer einerseits ein Erfolgsmaßstab der wirtschaftsnahen Forschung, andererseits eine Schlüsselgröße für den Innovationsgrad einer Volkswirtschaft. In Deutschland werfen Unternehmer Wissenschaftlern vor, zu wenig auf die Verwertbarkeit ihrer Forschung zu achten und die Ergebnisse nicht zu vermarkten, während Politiker die Risikoscheu der Unternehmer beklagen. Insbesondere eine systematische Auswertung in- und ausländischer Patentanmeldungen wird nur von wenigen Unternehmen betrieben. — Der in früheren Jahrzehnten von den Entwicklungsländern oft erhobene Vorwurf, ihnen werde von Industrieländern und multinationalen Konzernen die Teilhabe am internationalen Technologietransfer verweigert, ist mit dem Ende der Ost-West-Konfrontation, der Privatisierung von Staatsbetrieben und der zunehmenden Globalisierung selten geworden. Drei Probleme bleiben allerdings. (1) Viele in den Industrieländern entwickelte Technologien sind für den Einsatz in Entwicklungsländern zu kapitalintensiv oder zu komplex und deswegen zu teuer oder ineffizient. (2) Die Globalisierung erfordert die Beachtung technischer Standards, die von den Industrieländern gesetzt werden, auch wenn sie für einen grossen Teil der Produktion in einem Entwicklungsland nicht erforderlich sind; dies führt zu einer Spaltung zwischen der Produktion für den Export und der für den Inlandsmarkt. (3) Nach teuren Investitionen in Technologien, die die Qualitätsvorgaben für den Export in die Industrieländer erfüllen, ist die Anfälligkeit für protektionistische Drohungen der Industrieländer besonders hoch.

Teilschuldverschreibung →Inhaberschuldverschreibung

Telebanking →Electronic Banking

Telefonhandel, -papiere, -werte →außerbörslicher Handel

Termineinlagen →Einlagen, →Festgeld

Terminmarkt

auch Terminbörse, Teil einer →Börse, an dem Geschäfte abgeschlossen werden, deren Preise in der Gegenwart vereinbart, die aber erst zu einem festgelegten zukünftigen Termin abgewickelt werden. Traditionelle Terminmärkte sind die Warenterminbörsen für die spätere Lieferung von Agrar- und Rohstoffen. Wichtiger sind seit den achtziger Jahren die Finanzterminbörsen geworden. Kennzeichnend für beide ist, dass die Kontrakte nicht bis zum vereinbarten Zeitpunkt gehalten und dann erfüllt, sondern vorher weiterverkauft werden können und damit reine Handelsobjekte sind. An Finanzterminmärkten wird der größte Teil der →Derivate gehandelt, inbesondere →Optionen und →Futures. — In Deutschland werden Termingeschäfte an der →Deutschen Terminbörse (DTB) in Frankfurt am Main abgeschlossen.

Das Gegenteil eines Terminkontraktes, der Abschluss mit sofortiger Wirksamkeit, erfolgt auf dem →Kassamarkt.

Terms of Trade

Tauschverhältnisse auf dem Weltmarkt, ein seit den sechziger Jahren für den Handel zwischen Industrie- und Entwicklungsländern verwendeter Begriff. Er vergleicht zumeist die Wertentwicklung der Rohstoffexporte aus Drittweltländern mit der Entwicklung der Kosten für den Import von Industriegütern. — Umstritten ist die grundlegende These der beiden Ökonomen Raul Prebisch und Hans W. Singer, das Austauschverhältnis verschlechtere sich für die Exporteure von Rohstoffen (außer Öl und Gas) ständig, stelle nicht nur das größte Entwicklungshindernis für die Dritte Welt dar, sondern führe über die vom Norden diktierten Preissteigerungen auch zu einem ständigen Finanztransfer von den armen in die reichen Länder. Empirisch lässt sich die These sowohl stützen als auch widerlegen. Wichtiger methodischer Einwand ist, dass dabei weder die wachsende Qualität der Industriegüter berücksichtigt wird, also ein verbessertes Preis-Leistungs-Verhältnis, noch die Produktivitätsfortschritte bei Erzeugung oder Abbau der Rohstoffe, die sich in erhöhtem Ausfuhrvolumen ausdrücken. Außerdem verneint die These zumindest unterschwellig, dass sich Rohstoffexporteure an veränderte Nachfragestrukturen im Welthandel anpassen und neue Exportprodukte und -märkte suchen müssen, wenn die Preise für traditionelle Exportgüter dauerhaft fallen. — Als hilfreich hat sich herausgestellt, die mittelfristige Entwicklung der Terms of Trade zu untersuchen, z. B. über einen Fünfjahreszeitraum. Abhängig von den untersuchten Rohstoffen und Ländergruppen kann das Ergebnis die Prebisch-Singer-These stützen oder verwerfen.

TGA →ISO 9000ff

THA →Treuhandanstalt

Thatcherimus

Bezeichnung für die konservative Wirtschaftspolitik der britischen Premierministerin Margaret Thatcher (im Amt 1979 bis 1990). Wie die ähnlich angelegten →Reaganomics vom →Monetarismus geprägt, stand eine rigide Steuersenkungs- und Sparpolitik in ihrem Mittelpunkt. In Großbritannien kamen noch die Zerschlagung der dominierenden Gewerkschaftsmacht und die Privatisierung des umfangreichen staatlichen Industriebesitzes einschließlich der Versorgungsunternehmen hinzu, ferner die euroskeptische Abwehr einer Vergemeinschaftung der Wirtschaftspolitik. Insgesamt war der sozioökonomische Strukturwandel in den achtziger Jahren in Großbritannien deutlicher als in den USA und hat die Gesellschaft ähnlich stark gespalten.

Thesaurierung →Körperschaftsteuer

TI →Korruption

Ticker

Fernschreiber zur Nachrichtenübermittlung, insbesondere für Börsenkurse. Davon abgeleitet sind moderne Ticker als elektronische Laufbänder in Börsenräumen oder Fernsehprogrammen, auf denen das Wertpapierkürzel, die Kurse und manchmal auch die Handelsvolumina am Betrachter vorbeilaufen. Auch die elektronische Kurstafel in Börsenräumen mit den Kursdaten in Leuchtschrift wird gelegentlich als Ticker bezeichnet.

Tilgung

ratenweise Rückzahlung einer Schuld, z. B. eines Kredites oder einer Hypothek. Die Zinsen sind nicht Bestandteil der Tilgung; Zinsen und Tilgung eines Jahres werden zusammen als „Annuität" bezeichnet.

TLG →Treuhand Liegenschaftsgesellschaft

TNU →Transnationale Unternehmen

Tobin Tax

eine von dem späteren US-Nobelpreisträger James Tobin 1972 vorgeschlagene Steuer auf internationale Finanztransaktionen, um vor allem auf den Devisenmärkten die Spekulation zu dämpfen. Mit der Explosion des Handelsvolumens seit dem Beginn der neunziger Jahre hat die Diskussion darum auch in internationalen Organisationen wieder zugenommen. Einigkeit herrscht darüber, dass eine solche Steuer weltweit erhoben werden müsste, um nicht umgangen zu werden, und dass dies unrealistisch ist. Über die politischen, organisatorischen, technischen und juristischen Voraussetzungen besteht weitgehende Unklarheit. Methodisch ist vor allem umstritten, ob eine solche Besteuerung einen wirtschaftspolitisch erwünschten von einem unerwünschten Devisenhandel trennen kann (wo also die Allokationsfunktion des Devisenmarktes akzeptiert wird und wo nicht), und wer eine Entscheidung darüber fällen will. Außerdem dürfte sich die Besteuerung ebenso wie die anderen Transaktionskosten in erster Linie in einer etwas vergrößerten Spreizung zwischen dem Einkaufs- und Verkaufspreis einer Währung niederschlagen, nicht aber gezielt eine unerwünschte Spekulation bekämpfen.

Topix →Nikkei

Trägergemeinschaft für Akkreditierung →ISO 9000ff

TransFair-Handel
Eine auf bewusstes Verbraucherverhalten abgestellte Initiative zur Förderung des fairen Handels mit der Dritten Welt. Der Verein „TransFair" vergibt für einige Importprodukte an deren deutsche Vermarkter TransFair-Siegel als Beleg dafür, dass den Produzenten erhöhte Abnahmepreise garantiert und Sozial- und Gesundheitsprogramme oder die Umstellung auf Öko-Landbau finanziert wird. Die Produktpalette umfasst Kaffee, Tee, Kakao, Schokolade, Honig und Bananen. Insbesondere Kaffee mit einem Umsatzanteil von 80 Prozent am TransFair-Handel wird inzwischen in mehr als 25.000 Geschäften verkauft und hat dort einen Marktanteil von vier Prozent; bei Tee liegt er um drei Prozent und nimmt schnell zu. — Das Anfang der neunziger Jahre entstandene Projekt war in der Dritte-Welt-Solidaritätsbewegung umstritten, weil es, wie Kritiker argumentierten, mit Supermärkten und Kaufhausketten die Vertriebswege nutze, die ansonsten zur Ausbeutung der Dritten Welt benutzt würden. Befürworter halten dagegen, auf diese Weise Konsumenten erreichen zu können, die mit den traditionellen Vertriebswegen der Solidaritätsbewegung („Weltläden", Infotische) nicht angesprochen werden. Maßgeblich für den Start von TransFair waren die Erfolge dieses Systems in den Niederlanden.

Der Umsatz hat 1996 in Deutschland erstmals die Schwelle von 100 Millionen Mark überschritten. Allein die kleinbäuerlichen Kaffeegenossenschaften überwiegend in Mittelamerika haben daraus 22,5 Millionen Mark erhalten.

Transnationale Unternehmen (TNU)
International agierende Großkonzerne, die keinem Einzelstaat zugeordnet werden können und sich anders als →multinationale Konzerne auch keinem Sitzland zugehörig fühlen. Der Sitz des Führungsunternehmens ist oft unter Finanzaspekten ausgewählt. Die Tochtergesellschaften stellen nicht ihre Zugehörigkeit zu einem transnationalen Konzern in den Vordergrund, sondern betonen die Identifizierung mit ihrem Standort (lokal, regional oder national).

Als transnationale Konzerne gelten bereits die Unternehmen Shell (Öl) und Unilever (Nahrungs- und Waschmittel) mit gleichberechtigten Firmensitzen in Großbritannien und den Niederlanden. Der ursprünglich schweizerisch-schwedische Elektrokonzern ABB ist inzwischen ein TNU, weil er nur noch von einer kleinen →Holding in der Schweiz geführt wird.

Transparency International →Korruption

Tratte →Wechsel

Treuhand Liegenschaftsgesellschaft mbH (TLG)
die mit der Vermarktung von ostdeutschen Treuhand-Liegenschaften beauftragte Einrichtung. Die TLG hat von 1991 bis 1997 rund 90.000 Grundstücke und Gebäude im Wert von 20 Milliarden Mark privatisiert und erhält von der →Bundesanstalt für vereinigungsbedingte Sonderaufgaben ständig weitere nicht betriebsnotwendige Objekte. 1997 betrug der Bestand 50.000 Immobilien im Schätzwert von 5,5 Milliarden Mark. Eine Ausdehnung der Kompetenz auf den Verkauf nicht

mehr benötigter Militärflächen auch in den alten Bundesländern war beabsichtigt, ist aber 1997 gestrichen worden. Denn die TLG-Verwaltung kostet mehr, als sie einbringt. Ursachen dafür sind sinkende Immobilienpreise auch in Ostdeutschland, Leerstand statt zwischenzeitlicher Vermietung, die überteuerte Immobilienverwaltung durch Fremdfirmen und lange Zeit eine Konzentration auf prestigeträchtige Großprojekte, während die Vermarktung der kleineren Liegenschaften vernachlässigt wurde.

Im März 1991 gegründet, 1996 rund 2.000 Beschäftigte. Unmittelbar dem Bundesfinanzministerium unterstellt.

Treuhandanstalt (THA)
die erste für die Privatisierung des DDR-Volkseigentums zuständige Behörde (1990 bis 1994). Sie stellte mit vier Millionen Beschäftigten in fast 8.000 Unternehmen zeitweilig die größte Industrieholding der Welt dar und repräsentierte den umstrittensten Aspekt des Vereinigungsprozesses: Form, Ausmaß und Kosten der Abwicklung der DDR-Wirtschaft. Politisch diente die Treuhand als Puffer zwischen der Bundesregierung und der ostdeutschen Bevölkerung, die mit wirtschaftlichem Niedergang, Massenentlassungen und Identitätsverlust konfrontiert war. Die Treuhand macht demgegenüber geltend, innerhalb von viereinhalb Jahren eine zentral geleitete Planwirtschaft abgelöst und die Basis für eine vielfältige, wettbewerbsfähige Unternehmensstruktur in Ostdeutschland gelegt zu haben. — Bei der Bewertung der THA-Arbeit können vier Problemzonen unterschieden werden, die teilweise ineinander übergehen: (1) Das Personal war durch Zeitdruck und den gewaltigen Berg von Aufgaben bei fehlender Erfahrung überfordert, wies aber vor allem in der Anfangszeit die Kritik selbstgefällig von sich. (2) Die zahlreichen Affären und Skandale, in die die Mitarbeiter der Treuhand, ihre Berater und die Unternehmenskäufer, aber auch alte DDR-Kader und Seilschaften verwickelt waren, kamen mit erheblicher krimineller Energie einerseits, großer Blauäugigkeit andererseits zu Stande. Zeitweilig bestand für den Vorstand und das höhere Management der Treuhand sogar eine Haftungsfreistellung, die aber vom Bundesfinanzministerium aus politischen Gründen und wegen der Missbrauchsgefahren nicht verlängert wurde. (3) Die Lage der volkseigenen Betriebe war vielfach wesentlich schlechter als zunächst vermutet; nach dem Kanzler-Versprechen der „blühenden Landschaften" war der Reformschock, der der Treuhand angelastet wurde, umso größer. (4) Die politischen Vorgaben der Privatisierung, legitimiert durch Volkskammer-Entscheidungen, den Einigungsvertrag und die Bundestagswahlen vom Dezember 1990, waren von der Bundesregierung zu verantworten und wurden von der Treuhandanstalt nur exekutiert. Dazu gehörten insbesondere zwei Fehler: das zeitraubende Prinzip der Rückgabe an die Alteigentümer vor Entschädigung zu einem späteren Zeitpunkt, viel zu spät durch das Investitions-Vorrangverfahren abgeschwächt, und die Aufrechterhaltung der betrieblichen Altschulden aus der

DDR-Zeit, vor der schon in der Vorbereitung der deutsch-deutschen Währungsunion gewarnt worden war. Im November 1992 kündigte Bundeskanzler Kohl in Halle den „Erhalt der industriellen Standorte" (besonders in den bereits erheblich geschrumpften Betrieben des ostdeutschen Chemiedreiecks und des Schwermaschinenbaus in Magdeburg) an und leitete damit eine Akzentverschiebung der Treuhand-Arbeit zugunsten von Sanierung vor Privatisierung ein.

Sitz in Berlin. Treuhand-Leitung: Bis zur Währungsunion am 11.7.1990 der liberale Blockpolitiker Peter Moneth, im Juli und August 1990 glücklos der vormalige Post-Manager Reiner Gohlke, dann Detlev Rohwedder (am 1.4.1991 ermordet) und schließlich Birgit Breuel bis zum Ende der THA. Anstalt des öffentlichen Rechts, unmittelbar dem Bundesfinanzministerium unterstellt. — Die Idee einer Treuhandstelle, um die Rechte der DDR-Bevölkerung am Gesamtbesitz des Landes zu dokumentieren, entstand im Januar am Runden Tisch bei den Bürgerbewegungen und wurde am 12.2.1990 von Wolfgang Ullmann (Demokratie jetzt), Minister ohne Geschäftsbereich, vorgeschlagen. Als die Anstalt zur treuhänderischen Verwaltung des Volkseigentums am 1.3.1990 am Berliner Alexanderplatz gegründet wurde, standen noch die Bildung von Joint Ventures mit BRD-Unternehmen, juristische und wirtschaftliche Hilfen bei der Betriebsfinanzierung und der Umwandlung in Kapitalgesellschaften (VEB in GmbH, Kombinat in AG) mit der Entsendung von West-Vertretern in die neuen Aufsichtsräte im Vordergrund. Erste Schätzungen eines DDR-Nettovermögens von 620 Milliarden Mark stellten sich bei genauerer betriebswirtschaftlicher Überprüfung als grotesk heraus. Zudem war im Westen die Leistungsfähigkeit der Betriebe über- und im Osten der Konkurrenzdruck aus dem Westen unterschätzt worden. Jetzt ging es vor allem um Arbeitsplätze: Mit dem Treuhandgesetz, das die DDR-Kammer am 17.6.1990 beschloss, erhielt die THA den Auftrag, „die unternehmerische Tätigkeit des Staates durch Privatisierung so rasch und so weit wie möglich zurückzuführen und die Wettbewerbsfähigkeit möglichst vieler Unternehmen herzustellen und somit Arbeitsplätze zu sichern und neue zu schaffen." — Die Währungsunion ab 1.7.1990 trieb nicht nur die erwarteten 30 bis 60, sondern 90 Prozent der Betriebe in die akute Zahlungsunfähigkeit. Sie wurden von der Treuhand allein im Juli mit Bürgschaften über 30 Milliarden DM liquide gehalten. Die meisten Unternehmen verfügten weder über eine DM-Eröffnungsbilanz, eine seriöse Bewertung noch über ein Management. Zu diesem Zeitpunkt hatte die Treuhandanstalt, die sich jede Kritik an ihrer Arbeit verbat, etwa 300 Beschäftigte. Nur langsam wurden 1.500 Aufsichtsratsvorsitzende, entsprechend viele Aufsichtsratsmitglieder und 13.000 Vorstände und Geschäftsführer gefunden, von denen sich viele als zweitklassig herausstellten. Durch Aufspaltungen entstanden nach und nach insgesamt fast 14.000 Unternehmen. Die THA-eigene Gesellschaft zur Privatisierung des Handels privatisierte bis Sommer 1991 rund 30.000 Läden, Großhandelseinrichtungen, Gaststätten und Hotels. Im September 1990 übernahm die THA die ehemaligen volkseigenen Güter, Teile der Nutzfläche der LPG und die Staatsforste, insgesamt fast 4 Mio. Hektar mit komplizierten Eigentumsverhältnissen. Die Treuhand war ferner mit der Übertragung von Objekten und Grundstücken an Kommunen und die neuen Länder befasst, übernahm treuhänderisch das Vermögen der DDR-Parteien und Massenorganisationen, verwaltete Objekte der Staatssicherheit und der Nationalen Volksarmee und wickelte den Bereich Kommerzielle Koordinierung (KoKo) und den staatlichen Außenhandel der DDR ab. — Mit den in 15 Städten gebildeten Niederlassungen wurde die Privatisierung weitgehend dezentralisiert, während die großen Problemfälle in Berlin verblieben. Der →Treuhand Liegenschaftsgesellschaft (TLG) wurde die Privatisierung von Liegenschaften und Immobilien übertragen, während für Land- und Forstwirtschaft die →Bodenverwaltungs- und Verwertungsgesellschaft (BVVG) gegründet wurde. Aufgrund der starken öffentlichen Kritik wurden eine Innenrevision zur Kontrolle und eine Arbeitseinheit zur Bekämpfung der Wirtschaftskriminalität aufgebaut. 1992 wurden Management-Kommanditgesellschaften (Management-KG) für Unternehmen gegründet, die sanierungsfähig, aber noch nicht privatisierbar waren. — 40.000 Privatisierungsverträge und 4.300 Rückübertragungen an Alteigentümer oder deren Erben, 40.000 Grundstücksverkäufe von THA und TLG und 3.700 aufgelöste Gesellschaften gehören zur THA-Bilanz. Der Personalbestand erreichte sein Maximum von mehr als 4.900 Beschäftigten Ende 1993 und fiel auf 2.300, mit denen am 1.1.1995 die →Bundesanstalt für vereinigungsbedingte Sonderaufgaben (BvS) die Arbeit fortsetzte. — Verschiedene offizielle und halboffizielle Übersichten über die Gesamtkosten der Treuhandanstalt weichen teilweise erheblich voneinander ab, je nachdem, für welchen Zweck und wann sie erstellt wurden. Die Abschlussbilanz von Ende 1994 einschließlich der noch für die Zukunft erwarteten Einnahmen und Ausgaben belief sich auf insgesamt 337 Milliarden Mark, von denen 73 Milliarden eigene Privatisierungserlöse und 264 Milliarden Mark Kredite waren. Ausgaben waren die Übernahme von Altkrediten mit 101 Milliarden Mark (von denen 75 auf die Entschuldung und 26 auf die Verzinsung entfielen), die ökologische Sanierung für 44 Milliarden Mark, die ökonomische Sanierung für 154 Milliarden Mark und 38 Milliarden Mark sonstige Kosten. Das Schlussdefizit von 205 Millliarden Mark ging Anfang 1995 auf den →Erblastentilgungsfonds über. — Mit der Auflösung der THA verschwand ein in Ostdeutschland vielfach verhasster Gegner einfach. Außerdem suggerierte die Auflösung, dass die Privatisierung beendet sei, während die Aufgaben mit mehr als der Hälfte der zuvor Beschäftigten an BvS, TLG und einer Reihe kleinerer Auslaufgesellschaften weitergereicht wurden. Die BvS, von den Behauptungen um das Ende der Privatisierung unter Druck gesetzt und sichtbar um Beweise für die Notwendigkeit ihrer Existenz und eine Würdigung ihrer Arbeit bemüht, profilierte sich als Einrichtung, die die Fehler der Treuhand ausbügeln müsse, und machte geltend, dass das Aufgabenspektrum spürbar größer sei als anfangs erwartet.

TRIMS →Uruguay-Runde

tripartitische Kommissionen →Tarifautonomie

TRIPS →Uruguay-Runde

Trust
in den USA ein Unternehmenszusammenschluss, um einen Markt und damit den Wettbewerb in ihm zu kontrollieren. Im Unterschied zum Kartell bleiben die beteiligten Firmen nicht selbstständig, sondern werden nach ihrer →Fusion von einer gemeinsamen Obergesellschaft geleitet. In den USA wurde die Trust-Bildung etwa seit der Jahrhundertwende mit Hilfe der Anti-Trust-Gesetzgebung, in Deutschland durch das Gesetz gegen Wettbewerbsbeschränkungen eingeschränkt.

Der Begriff wurde aus trust company, Treuhandgesellschaft, abgekürzt und meint eine Dachgesellschaft, die zunächst oft nur formell existierte, im Auftrag geleitet wurde und erst allmählich operative Aufgaben erhielt. Wegen des zu verwaltenden Geschäftsvolumens waren Trusts für die Entwicklung einer schwerfälligen Bürokratie und für selbstherrliches Auftreten nach außen anfällig. Typische Trusts waren die Aluminium Company of America, die United States Steel Company, Standard Oil, Standard Fruit, im Deutschland der Zwischenkriegszeit die IG Farben und die Vereinigten Stahlwerke.

typischer stiller Gesellschafter →Rechtsformen von Unternehmen

U

U-Schätze →unverzinsliche Schatzanweisungen

UBA →Umweltbundesamt

Übernahme →Unternehmenszusammenschlüsse

Übernahmekodex

Schutzvorschrift für kleinere Aktionäre bei einem Unternehmenszusammenschluss auf der Basis eines von börsennotierten Unternehmen unterzeichneten Ehrenkodex. Will ein Kaufinteressent eine Aktiengesellschaft erwerben, muss er gemäß dem Übernahmekodex ein öffentliches Kaufangebot an alle Aktionäre abgeben. Dazu gehört auch, umfassende Informationen über das bietende Unternehmen zu veröffentlichen. Dem Zielunternehmen ist verboten, die eigene Lage zu verschlechtern, um sich für eine Übernahme unattraktiv zu machen und den Börsenkurs zum Fallen zu bringen. Außerdem soll der neue Großaktionär nach dem Erwerb einer „die Kontrolle begründenden Beteiligung" den restlichen Anteilseignern ein faires Pflichtangebot machen. Damit sollen auch Kleinaktionäre in den Genuss des vorteilhaften, vom Erwerber gezahlten „Paketzuschlags" kommen, den ein größeres Aktienpaket erbringt, weil nicht einzelne Aktien mühsam zusammengekauft werden müssen.

Der Kodex trat im Oktober 1995 als freiwillige Vereinbarung der Unternehmen in Kraft, um eine gesetzliche Regelung zu verhindern, war aber Ende 1997 von rund 60 Prozent der 690 börsennotierten Aktiengesellschaften noch nicht unterschrieben; als DAX-notierte Konzerne haben dies BMW, Hoechst, Viag und VW explizit verweigert. Die Geschäftsstelle der überwachenden Übernahmekommission residiert bei der Deutschen Börse AG in Frankfurt, ist nicht sanktions- oder rechtsfähig, kann aber Übernahmeangebote öffentlich rügen oder vor ihrer Annahme warnen. Rügen werden über Depotbanken an die Aktionäre weitergeleitet. Ein ernster Test — vor allem zur Erzwingung eines Pflichtgebotes an Restaktionäre — steht noch aus. Die Übernahmekommission will die Renitenz der deutschen Unternehmen dadurch brechen, dass nur noch Unterschreiber in DAX und MDAX neu aufgenommen werden.

Überschuldung

bei Unternehmen handelsrechtlicher Begriff: Die Schulden überschreiten das Vermögen. Damit werden Konkurs oder Vergleich ausgelöst (→Insolvenz). Bei privaten Haushalten bedeutet Überschuldung eine eingeschränkte oder nicht mehr vorhandene Rückzahlungsfähigkeit von Krediten.

Knapp zwei Millionen deutsche Haushalte galten 1997 als überschuldet und konnten ihren Zahlungsverpflichtungen nicht mehr nachkommen. 40 Prozent der Betroffenen tappen nicht durch Anschaffungen in die Schuldenfalle, sondern weil sie Kredite aufnahmen, um ihren Lebensunterhalt bestreiten zu können.

Überstunden

Ausweitung der betrieblichen Arbeitszeit über die im Arbeitsvertrag vorgesehene Zeit hinaus. Gründe sind Auftragsspitzen, Engpässe am Arbeitsmarkt, insbesondere hinsichtlich der Qualifikationen, oder eine Zunahme des Auftragsvolumens, ohne dass die Beschäftigtenzahl zunehmen soll. Der Abbau von Überstunden gilt den Gewerkschaften als ein Mittel zur Verringerung der Arbeitslosigkeit und zur Sicherung der vorhandenen Beschäftigung. Arbeitgeber versuchen oft, mit Hilfe von Überstunden Neueinstellungen zu vermeiden, und stoßen dabei in einer an dem Zusatzverdienst interessierten Belegschaft oft auf Einverständnis. Insofern dienen Überstunden der Besitzstandswahrung der Arbeitsplatzbesitzer gegenüber Arbeitslosen. — In der arbeitsmarktpolitischen Debatte um den Abbau von Überstunden wird zwischen den betriebsnotwendigen Überstunden und den volkswirtschaftlich unerwünschten, längerfristig fest eingeplanten Überstunden unterschieden. Schätzungen über die Aufteilung des Überstundenvolumens auf diese beiden Gruppen gehen weit auseinander. Die Gewerkschaften sehen darin rund eine halbe Million neue Vollarbeitsplätze, die Arbeitgeberverbände nur Ausnahmefälle.

Das Institut für Arbeitsmarkt- und Berufsforschung schätzte für 1996 in Ost- und Westdeutschland zusammen ein Überstundenvolumen von 1,8 Milliarden, die von knapp 30,9 Millionen Arbeitnehmern geleistet wurden. In Westdeutschland fielen 60, in Ostdeutschland 43 Überstunden pro Jahr an. In Westdeutschland hat sich der Überstundensatz seit 1980 auf 60 bis 80 Jahresstunden, in Ostdeutschland seit 1992 auf 40 bis 60 Jahresstunden eingependelt.

UMIC →Ländertypologien

Umlageverfahren →Rentenversicherung

Umlaufrendite, Umlaufsrendite

die →Rendite festverzinslicher Wertpapiere, die gehandelt werden, deren Kurs also schwankt. Dadurch ändert sich auch die Verzinsung des eingesetzten Kapitals; bei steigenden Kursen sinken die Renditen, während die Renditen bei sinkenden Kursen steigen.

Umlaufrenditen

festverzinslicher Wertpapiere, Jahresdurchschnitte, in Prozent

1992	8,1
1993	6,4
1994	6,7
1995	6,5
1996	5,6
1997	5,1

Quelle: Bundesbank.

UMS →Öko-Audit

Umsatz
Absatzmenge eines Produktes zu Verkaufspreisen in einer Zeitperiode, buchhalterisch als Erlöse bezeichnet. Nettoumsätze dienen zur Berechnung der Umsatzsteuer, die in den Bruttoumsätzen enthalten ist.

Umsatzsteuer
die neben der Lohnsteuer wichtigste Einnahmequelle der öffentlichen Hand. Sie besteuert jeden Umsatzakt in einem Unternehmen und ist damit eine (Waren-)Verkehrsteuer, soll aber zugleich als Verbrauchsteuer nur den Endverbraucher belasten. Sie wird durch alle Stufen der Herstellung eines Produktes durchgereicht. Ein Unternehmen zieht deswegen die Umsatzsteuer auf einen Einkauf gegenüber dem Finanzamt als Vorsteuer ab, schlägt aber beim Weiterverkauf die gesetzliche Umsatzsteuer auf den Verkaufspreis auf. Damit wird nur die eigene Wertschöpfung besteuert; die Umsatzsteuer ist dann eine Mehrwertsteuer. Der Ausdruck Mehrwertsteuer (MwSt) anstelle der allgemeineren Bezeichnung Umsatzsteuer (USt) hat sich allgemein durchgesetzt, weil die Mehrwertsteuer die „letzte" öffentliche Erscheinungsform der Umsatzsteuer, nämlich gegenüber dem Endverbraucher, darstellt. — Die Umsatzsteuertarife sind gespalten. Neben dem Regelsatz (in Deutschland 1997 bei 15 Prozent, 1998 bei 16 Prozent) und einem ermäßigten Satz u.a. für Nahrungsmittel und Bücher (7 Prozent) existieren Sondertarife für einige Berufsgruppen. Die meisten Dienstleistungen von Banken und freien Berufen unterliegen nicht der Umsatzsteuerpflicht. — Die Harmonisierung der Umsatzsteuer-Tarife in der EU ist bisher nicht gelungen. Umsatzsteuererhöhungen sind sozial unausgewogen, weil sie ärmere Haushalte mit ihrem stärkeren Konsumanteil stärker belastet als reichere Haushalte mit stärkerem Sparanteil. Am stärksten belasten werden Haushalte mit einem Gesamteinkommen von rund 3.000 Mark. Bei noch niedrigeren Einkommen sinkt die Belastung durch den steigenden Anteil der (steuerfreien) Miete und der zu 7 Prozent besteuerten Nahrungsmittel.

Das jetzt geltende System wurde 1968 eingeführt. Aufkommensentwicklung: Tabelle →Steuern.

Umschuldung
bei Zahlungsproblemen eines Schuldners die Verlängerung der Tilgungsfrist zu einem niedrigeren Zinssatz, um den Rückzahlungsdruck zu mildern und mehr Spielraum zur wirtschaftlichen Gesundung zu gewinnen. Banken wenden das Verfahren bei Privatschuldnern, bei Unternehmen (um eine →Insolvenz abzuwenden) und bei Staaten an. Insbesondere für hochverschuldete Entwicklungsländer (→Schuldenkrise) gelten als Alternativen oder Ergänzung auch Schuldenreduzierung und →Schuldenerlass, um zu verhindern, dass die Rückzahlungsverpflichtungen die Volkswirtschaft strangulieren.

Umweltbundesamt (UBA)
Behörde für die wissenschaftliche Beratung des Bundesumweltministeriums, für die Aufklärung der Öffent-

lichkeit in Umweltfragen und für den Vollzug einiger Umweltgesetze. — Das UBA ist auch mit volks- und betriebswirtschaftlichen Untersuchungen im engeren Sinn befasst. Dazu gehören u.a. die Kostenbelastung von Unternehmen durch Umweltschutz, →Öko-Audit und →Ökobilanzen, Umwelttechnik als Wirtschaftsfaktor, ökologische Steuer- und Finanzreformen und präventive Umweltschutzinvestitionen. Das UBA tritt bei umweltpolitischen Streitfragen zwar oftmals zögerlich auf und lässt sich auf die Versuche der Industrie ein, bei unliebsamen Maßnahmen Zeit zu gewinnen. Andererseits lieferte es aber mit Diskussionspapieren und Gutachten wichtige Beiträge für öffentliche Debatten und setzte Ministerien und andere Behörden unter Druck. Insgesamt gilt das UBA, das starken Haushaltskürzungen ausgesetzt ist, als weniger industriefreundlich als das (1994 aufgelöste) Bundesgesundheitsamt. — Das UBA vergibt seit 1978 das Umweltgütesiegel „Blauer Engel", dem Kritiker vorwerfen, es berücksichtige bei den Vergabekriterien zu wenige Faktoren. Dennoch ist der Blaue Engel, der an über 4.000 Produkte vergeben wurde, das unter Verbrauchern populärste Umweltsiegel.

1974 in Berlin errichtet, Sitz in Dessau geplant, Bundesoberbehörde im Geschäftsbereich des Bundesumweltministeriums mit 1.200 Beschäftigten. Es sei „das Öko-Institut der Bundesregierung", fand die „tageszeitung".

Umweltgesetzbuch (UGB)

Zusammenfassung und Systematisierung der bisher auf zahlreiche Gesetze verteilten umweltrechtlichen Vorschriften. Sie sollen damit besser aufeinander abgestimmt, weniger widersprüchlich (in der Wertung des Schutzes von Luft, Wasser und Boden) und mit einheitlichen Regelungsstrukturen ausgestattet werden. Das Inkrafttreten ist nach dem Jahr 2000 geplant. Unklar ist vor allem, ob die gesetzlichen Neufassungen Umweltschutz-Standards zugunsten von wirtschaftlichen Interessen reduzieren werden.

Analog zum →Handelsgesetzbuch (HGB) oder dem →Sozialgesetzbuch (SGB). — Nach dem Entwurf einer Expertenkommission aus dem Jahr 1997 gliedert sich das UGB in 775 Paragraphen eines allgemeinen und eines besonderen Teils; dessen neun Kapitel befassen sich mit dem Natur-, Boden- und Gewässerschutz sowie Immissionsschutz und Energieversorgung, Kernenergie und Strahlenschutz, Verkehrs, Gen- und Biotechnik, gefährlichen Stoffen und der Abfallwirtschaft.

Umweltmanagementsystem →Öko-Audit

umweltökonomische Gesamtrechnungen

vom Statistischen Bundesamt zusammengetragene und miteinander verknüpfte Umweltdaten. Der Begriff ist zwar eine Analogie zur →volkswirtschaftlichen Gesamtrechnung mit einem in sich geschlossenen Kontensystem. Aber die umweltökonomischen Gesamtrechnungen gruppieren lediglich vergleichbare Daten und sind damit der seriöse Rest der Versuche, ein →Ökosozialprodukt zu errechnen.

Umweltstraftaten
Sammelbezeichnung für die umweltbelastenden und -zerstörenden Delikte, die im 28. Abschnitt des Strafgesetzbuchs (StGB) zusammengefasst sind. Dazu gehören die Verunreinigung von Wasser, Boden und Luft, Lärm, unerlaubte Abfallbeseitigung, unerlaubtes Betreiben von Anlagen, der unerlaubte Umgang mit gefährlichen Stoffen und Gütern, die Gefährdung schutzbedürtiger Gebiete sowie schwere Umweltgefährdung. Die Freisetzung ionisierender (radioaktiver) Strahlung oder gemeingefährliche Vergiftung werden nach anderen StGB-Paragraphen bestraft. Das Umweltnebenstrafrecht umfasst z. B. Verstöße gegen das Naturschutz-, Tierschutz-, Pflanzenschutz- und Jagdgesetz. Das Chemikaliengesetz gehört im weiteren Sinn ebenfalls zu den Umweltgesetzen. Umweltstraftaten nach dem StGB, Verstöße gegen das Umweltnebenstrafrecht und umweltrelevante andere Rechtsvorschriften werden unter der Bezeichnung Umweltdelikte zusammengefasst.

Nach einer Untersuchung des Umweltbundesamtes von 1997 steigt die Zahl der registrierten Straftaten schnell, während die Aufklärungsrate fällt. Insgesamt 40.800 umweltrelevante Delikte sind 1995 bekannt geworden (1992: 29.800, 1993: 33.900, 1994: 36.600 Straftaten). Konnten 1992 noch 70,1 Prozent aufgeklärt werden, waren es 1995 nur noch 60,9 Prozent. An erster Stelle stand 1995 unter den StGB-Straftaten umweltgefährdende Abfallbeseitigung mit 24.600 bekannt gewordenen Fällen. Gewässerverunreinigungen folgen mit 7.100 Fällen, Bodenverunreinigungen mit 1.500 Fällen; sie sind wegen einer Gesetzesänderung erstmalig 1995 in der Statistik erfasst. Unerlaubtes Betreiben von Anlagen wurde in 1.500 Fällen registriert, Luftverunreinigungen in 400 Fällen. 5.000 Delikte verstießen gegen das Umweltnebenstrafrecht und das Chemikaliengesetz. — Die sehr hohe Dunkelziffer liegt zum einen an Nachweisproblemen, etwa bei sich schnell verflüchtigenden Luftverschmutzungen. Zum anderen werden Umweltdelikte seltener als andere Straftaten gemeldet. Am häufigsten erstattet die Polizei Anzeige, dann folgen Umweltbehörden und erst als dritte Gruppe die Privatpersonen. Staatsanwaltschaft und Gerichte stellen Verfahren wegen Umweltdelikten überdurchschnittlich häufig ein. Die Zahl der Verurteilten liegt bei etwa 5.000 jährlich.

Umweltverträglichkeitsprüfung (UVP)
Teil eines Genehmigungsverfahrens für Vorhaben, deren Auswirkungen auf die Umwelt von einer Behörde ermittelt und bewertet werden müssen, bevor eine Errichtungsgenehmigung erteilt wird. Die UVP gilt nach dem UVP-Gesetz von 1990 u. a. für genehmigungspflichtige Verkehrs-, Abfallentsorgungs-, emissionsträchtige und Atomanlagen.

UN →United Nations
Unctad →United Nations Conference on Trade and Development
UNDP →United Nations Development Programme
UNEP →United Nations Environmental Programme

Unfallversicherung
als gesetzliche Unfallversicherung ein Teil der →Sozialversicherung. Sie tritt für die Folgen von Unfällen bei der Arbeit und auf dem Arbeitsweg sowie von Berufskrankheiten ein. Träger sind 35 nach Branchen gegliederte gewerbliche Berufsgenossenschaften (BG), die See- sowie landwirtschaftliche Berufsgenossenschaften und die Eigenversicherungen von Bund, Ländern und Gemeinden. Eine BG hat den vorrangigen Auftrag, Arbeitsunfälle, Berufskrankheiten und arbeitsbedingte Gesundheitsgefahren zu verhüten und nach Eintritt eines Versicherungsfalls den Verletzten, seine Angehörigen oder Hinterbliebenen zu entschädigen. Die Unfallverhütungsvorschriften sind bindend. — Experten auch aus den BG beklagen, dass die Präventionsaufwendungen zu gering sind, weil weiter gehende gesetzliche Grundlagen fehlen. Zwar lohnt sich der vorbeugende Arbeitsschutz betriebs- und volkswirtschaftlich, doch neigen mittlere und kleinere Betriebe dazu, ihn aus Kostengründen zu vernachlässigen. — Berüchtigt sind die langen Bearbeitungszeiten der Anträge auf Anerkennung einer Berufskrankheit; nur 35 Prozent werden genehmigt. 1993 wurde die Anzahl der anerkannten Berufskrankheiten auf 65 erweitert. Die BG machen geltend, dass eine eindeutige Trennung bzw. Zuordnung von Arbeits- und Umweltgiften kaum noch möglich ist; außerdem würden mit zunehmenden Arbeitsplatzwechseln die Zuordnungsprobleme immer häufiger. Die Gewerkschaften befürworten deswegen eine Anerkennung von „berufsbedingten Erkrankungen", die praktikabler anwendbar ist. Auch für die Krankenversicherungsträger brächte die Erleichterung des Nachweises von Berufskrankheiten Vorteile, weil die Leistungen dann von der Unfallversicherung übernommen werden müssten, die bisher von einer kostenintensiven Zahlungspflicht nur aufgrund der Nachweisprobleme verschont blieb. Dagegen setzen sich die Träger der Unfallversicherung zur Wehr. — Umstritten bleibt die Harmonisierung der Regelungen von EU und Berufsgenossenschaften, weil dies auch ein Kompetenzkonflikt zwischen der Gewerbeaufsicht und den BG ist. Denn die Gewerbeaufsichtsämter würden gerne den Teil der Unfallverhütungsvorschriften, für den in Brüssel die EU, in Deutschland aber die BG zuständig sind, in eigene Kompetenz übernehmen. Seit der Verabschiedung des Arbeitsschutzgesetzes (1996) melden die BG ihre Vorschriftsentwürfe in Brüssel an und berücksichtigen selber die EU-Vorgaben. Dennoch stehen die BG mit ihrer Neigung zu weiter reichender Unfallverhütung und damit höheren Sicherheitsstandards unter dem Verdacht der Wettbewerbsverzerrung, wenn ausländische Produkte für den deutschen Markt zugelassen und auf ihre Sicherheit überprüft werden sollen. — Wegen starker Beitragssteigerungen in einzelnen Handwerkszweigen fordern Wirtschaftsverbände, das Leistungsspektrum zu verringern, um private betriebliche Unfallversicherungen abschließen zu können. Die ebenfalls geforderte Herausnahme der Wegeunfälle aus der arbeitgeberfinanzierten Unfallversicherung würde eine Überwälzung dieser Kosten auf die

Krankenversicherung zur Folge haben, die nur zur Hälfte vom Arbeitgeber, zur anderen Hälfte vom Arbeitnehmer getragen wird.

1884 begründet. Zuvor musste ein Schadenersatz für einen Arbeitsunfall direkt gegen den Unternehmer vor Gericht geltend gemacht werden; das Verschuldensprinzip wurde nun durch das Versichertenprinzip ersetzt. Heute sind in der gesetzlichen Unfallversicherung 42 Millionen Personen und 2,8 Millionen Betriebe versichert. Die Beiträge werden allein von den Unternehmen bezahlt, weil sie es sind, die gegen Haftungsrisiken versichert werden. Die Berufsgenossenschaften werden durch ihre Mitglieder (Unternehmer) und Versicherten (Arbeitnehmer) paritätisch selbstverwaltet. Die Beiträge werden von den Unternehmen gemäß Lohnsumme und Gefahrklasse von Branche und Tätigkeit berechnet. — Die BG machen geltend, dass die Unfallversicherung als einziger Teil der Sozialversicherung im langjährigen Durchschnitt ihre Beiträge senken konnte: von 1,51 Prozent der Lohn- und Gehaltssumme im Jahr 1960 auf 1,42 Prozent im Jahr 1996. Dies liegt allerdings vor allem an der Maschinisierung vieler einst manueller Arbeiten. — Bei einem Leistungsvolumen von rund 15 Milliarden Mark (1996) entfallen etwa 13,9 Milliarden Mark auf Unfallrenten sowie die Rehabilitation von Arbeitsunfallverletzten und Berufserkankten, rund 1,1 Milliarden Mark auf Präventionskosten. — Größtes Einzelproblem stellt der Uranbergbau der SDAG Wismut dar, bei der insgesamt rund 300.000 bis 400.000 Menschen beschäftigt waren, die wegen der (vor allem anfangs) außerordentlich schlechten Arbeitsbedingungen (Strahlen und Stäube) hohen Gesundheitsgefahren ausgesetzt waren. Mit rund 80.000 Beschäftigten nehmen nur etwa die Hälfte der noch lebenden einstigen Wismut-Beschäftigten an einem arbeitsmedizinischen Untersuchungsprogramm teil. Seit 1991 sind mehr als 5.000 Berufskrankheitenverfahren abgeschlossen worden, darunter 1.200 Fälle aufgrund berufsbedingten Lungenkrebses.

Unido →United Nations Industrial Development Organization

United Nations (UN)

deutsch „Vereinte Nationen", Zusammenschluss fast aller Staaten der Erde zur Kriegsverhinderung, Entwicklungszusammenarbeit, zum Schutz der Menschenrechte und für zahlreiche andere Aufgaben.

Sitz in New York. 1945 in San Francisco gegründet, 185 Mitglieder, auch als Organisation der Vereinten Nationen (UNO) bezeichnet. — Das System der Vereinten Nationen besteht aus zahlreichen Organen sowie mehreren großen und kleinen rechtlich selbstständigen Organisationen, in denen eine Mitgliedschaft möglich ist, ohne UN-Mitglied zu sein. Der Beitritt zu den selbstständigen Organisationen resultiert nicht aus dem Beitritt zur UN, sondern muss gesondert erfolgen. Die wirtschaftspolitisch bedeutendsten Teile des UN-Systems sind der →Internationale Währungsfonds (IWF), die →Weltbank-Gruppe, die →Welthandelsorganisation (WTO), die Weltentwicklungskonferenz Unctad (→United Nations Conference on Trade and Development), das Entwicklungsprogramm UNDP (→United Nations Development Programme) und die für Industrieentwicklung zuständige Unido (→United Nations Industrial Development Organization).

United Nations Conference on Trade and Development (Unctad)

vor dem Ende der Blockkonfrontation das wichtigste UN-Gremium für die internationale Diskussion um Entwicklungs- und Welthandelsfragen. Die Unctad verliert seit Beginn der neunziger Jahre schnell an Bedeutung, während der Einfluss der →Welthandelsorganisation (WTO) zunimmt. — In der Organisation, die etwa alle vier Jahre als Konferenz stattfindet, haben die Entwicklungsländer die Mehrheit; ihre Beschlüsse haben empfehlenden Charakter. Die einstmals starre Aufteilung der Mitgliedsländer in westliche, östliche und südliche Staaten löste sich bereits seit Beginn der achtziger Jahre mit der Übernahme marktwirtschaftlicher Prinzipien in vielen Entwicklungs- und Wachstumsländern auf.

1964 gegründet, Sitz in Genf (Schweiz), 188 Mitglieder. Die Konferenzen werden mit römischen Ziffern bezeichnet. Unctad I von 1964 brachte die Empfehlung, dass Industrieländer 0,7 Prozent ihres Bruttosozialproduktes für →Entwicklungshilfe aufwenden sollten (nur in wenigen Ländern erreicht). Unctad-Konferenzen forderten Vergünstigungen der Entwicklungsländer beim WTO-Vorläufer →Gatt und beim →Internationalen Währungsfonds, ein integriertes Rohstoffabkommen zur Stabilisierung der Exporterlöse und verstärkten Schuldenerlass der armen Länder. Unctad IX beschloss 1996 in Südafrika zwar nicht die Selbstauflösung der Organisation, aber eine erhebliche Schrumpfung und Strukturreform. Unctad X soll im Jahr 2000 in Thailand stattfinden. — Inmitten der Entkolonialisierung Afrikas gegründet, war der grundlegende Streitpunkt zwischen Nord und Süd in der Unctad die vom Süden eingeforderte Verantwortung der ehemaligen Kolonialmächte für die politische und wirtschaftliche Entwicklung der neuen unabhängigen Staaten, während der Norden auf ihren Eigenanstrengungen beharrte. Mit zunehmender Expansion der Weltwirtschaft geriet auch das neokoloniale Auftreten insbesondere der Rohstoffkonzerne in die politische Diskussion. Die Entwicklungsländer versuchten, als →Gruppe der 77 (G-77) einen einheitlichen Standpunkt gegen die Industrieländer zu beziehen. Die G-77 verlor aber mit der unterschiedlichen Entwicklung der Interessenlagen ihrer Mitglieder (reiche Ölförderländer, ostasiatische Wachstumsländer) enorm an Einfluss. In den siebziger Jahren dominierte der Streit um die Lenkung der Welthandelsströme und der Preisverfall für viele Rohstoffe die Diskussion; ergebnislos blieben auch die Auseinandersetzungen mit dem wohlhabenden Norden um die Beseitigung der Ursachen von Welthunger, Bevölkerungswachstum und Verschuldung. Zu einer ernsthaften Legitimationskrise der Regierungen vieler Unctad-Mitgliedsstaaten führte die Forderung, die wirtschaftliche und handelspolitische Förderung auch an die Einhaltung der Menschenrechte und die Senkung von Militärausgaben zu binden. Machtlosigkeit und Niedergang der Unctad zeigten sich bereits, als die Industrieländer 1992 während Unctad VIII im kolumbianischen Cartagena die alleinige Kompetenz der WTO in Handelsfragen durchsetzten. Mitgliedsländer fordern,

Unctad und die UN-Industrialisierungsagentur →Unido zusammenzulegen.

United Nations Development Programme (UNDP)
das Entwicklungsprogramm der Vereinten Nationen. Das UNDP ist die zentrale Koordinationsstelle für die Entwicklungshilfeprojekte der zahlreichen UN-Organisationen; die Aufgaben werden im UN-Jargon als „technische Zusammenarbeit" bezeichnet. Schwerpunkte sind Agrarwirtschaft, Industrie, Ökologie, Verkehr, Gesundheit und Bildung. Projekte werden nicht selbst durchgeführt, sondern an Träger vergeben. Das UNDP verwaltet zudem zahlreiche Sonderfonds (z. B. zur Förderung von Frauen oder für den Einsatz freiwilliger Entwicklungshelfer). Die Beiträge stammen zu über 90 Prozent aus den westlichen Industriestaaten.

1965 gegründet, Sitz in New York.

United Nations Environmental Programme (UNEP)
das Umweltprogramm der Vereinten Nationen. Aufgaben sind die Koordination der Umweltaktivitäten innerhalb der UN-Organisationen, insbesondere die Förderung der →Nachhaltigkeit gemäß dem Brundtland-Bericht.

1972 gegründet, Sitz in Nairobi.

United Nations Industrial Development Organization (Unido)
die in ihrer Existenz stark gefährdete UN-Organisation für industrielle Entwicklung. Durch Dienstleistungs-, Forschungs- und Studienprogramme sollen die Industrialisierung der Dritten Welt gestärkt und die industrielle Zusammenarbeit zwischen den Entwicklungs- und Industrieländern gefördert werden. — Von großindustriellen Entwicklungskonzepten hat sich die Unido erst in den neunziger Jahren verabschiedet und auf kleinere Vorhaben konzentriert. Für diese Aufgaben sei heutzutage keine eigenständige UN-Organisation notwendig, sagen Kritiker und fordern die Zusammenlegung der Unido mit der →Unctad. Die USA mit ihrem Finanzierungsanteil von 25 Prozent ist zum 1.1.1997 ausgetreten; mehrere EU-Länder, darunter Deutschland, erwägen den Austritt. Die Unido-Leitung verweist auf sehr schnelle Erfolge eines internen Umstrukturierungsprogramms, das ihren Personalbestand um mehr als ein Drittel gesenkt habe, ohne die Arbeitsleistung spürbar zu verringern. Wäre dies nicht gelungen, wären neben den USA vermutlich auch alle anderen Geldgeber längst ausgetreten, konterten Kritiker.

1966 gegründet, Sitz in Wien. 168 Mitgliedsländer.

Universalbanken
Kreditinstitute, die alle wesentlichen Bankgeschäfte betreiben dürfen und damit ein „Universalbanksystem" bilden. Die Breite des Sortiments an Finanzdienstleistungen ist nicht einheitlich festgelegt. Im Mittelpunkt stehen Einlagen-, Kredit-, Zahlungsverkehrs-, Anlage- und Emissionsgeschäfte für Unternehmen und Privatkunden. — In den USA und Großbritannien sind Universalbanken unzulässig. In den USA wird unterschieden zwischen dem

„commercial banking" für kürzer laufende Kredit- und Einlagengeschäfte und den Zahlungsverkehr sowie dem „investment banking" für länger laufende Unternehmensfinanzierung und den Wertpapierhandel. Für den Wertpapierhandel sind in Großbritannien die „merchant banks" zuständig.

Unkosten

umgangssprachliches Synonym für Kosten. Der Begriff wird in der Betriebswirtschaft wegen der fälschlich negierenden Vorsilbe abgelehnt.

UNO →United Nations

Unternehmen

eine auf das Erbringen von Leistungen und das Erlangen von Gewinn ausgerichtete Einzelwirtschaft. Durch neue Unternehmensformen (z. B. →Holding, →Alternativbetrieb, Beschäftigungsgesellschaft) reichen traditionelle Definitionen (z. B. Entscheidungsbefugnisse oder Risikoorientierung) nicht mehr aus. Auch die Abgrenzung zu verwandten Begriffen wie Betrieb, Firma, Fabrik oder Werk ist undeutlich geworden.

Unternehmenssprecher

Funktionsbezeichnungen: (1) Titel des Vorstandsvorsitzenden eines großen Unternehmens; die Bezeichnung soll darauf hinweisen, dass die Rolle wenig herausgehoben sei, und untertreibt in der Regel. (2) Pressesprecher eines Unternehmens.

Unternehmenszusammenschlüsse

Herstellung von Gemeinsamkeiten in mindestens zwei Unternehmen. Das Spektrum reicht von schwachen Formen des Zusammenschlusses, z. B. Kooperationen bei Entwicklung, Produktion oder Vermarktung, über die Bildung von Wirtschaftsverbänden zur gemeinsamen Interessenvertretung bis hin zu →Kartell und Fusion (s. u.). Heute werden Unternehmenszusammenschlüsse weithin als Kapitalbeteiligung eines Unternehmens an einem anderen verstanden; dazu gehören auch freundliche oder unfreundliche Übernahmen an der Börse. Die Folge ist entweder eine Konzernierung, bei der die Beteiligten ihre Rechtsformen beibehalten und das übernommene Unternehmen untergeordnet wird, oder die Fusion, bei der beide Unternehmen miteinander verschmelzen. — Übernahmen werden häufig als Fusionen bezeichnet, um einen Aufkauf herabzuspielen. Gleichordnungskonzerne, die aus Fusionen im engeren Sinn hervorgehen, sind sehr selten; dann sind die zusammengeschlossenen Unternehmen nicht rechtlich verbunden, sondern stehen z. B. in Personalunion unter gemeinsamer Leitung. — Unternehmenszusammenschlüsse stellen oft einen erheblichen Machtzuwachs der beteiligten Unternehmen dar. Sie unterliegen in Deutschland einer Anmeldepflicht und der Kontrolle durch das →Bundeskartellamt, wenn eine Marktbeherrschung droht oder verstärkt wird. Oberhalb bestimmter Umsatzschwellen ist die →EU-Fusionskontrolle zuständig. — Ursachen für Unternehmenszusammenschlüsse sind schnelle Expansion in einem Markt bis hin zur

Globalisierung, die Nutzung von Grössen- und Mengenvorteilen sowie grössere Vielfalt in der Produktion (Flexibilisierung) und bei den Produkten (Diversifizierung), ferner höhere Flexibilität und Innovationsfähigkeit durch →Synergie. — Die Zahl der Zusammenschlüsse in Deutschland unterliegt deutlichen Schwankungen; der Konzentrationsgrad der Volkswirtschaft und in einzelnen Branchen wird von der →Monopolkommission untersucht und alle zwei Jahre in ihren Hauptgutachten veröffentlicht. Nach ihrer Ansicht sind die Möglichkeiten zur Kontrolle der Konzentration unzureichend. Im produzierenden Gewerbe sei der Konzentrationsgrad um die Hälfte höher als angegeben. — Bei Übernahmeangeboten deutscher Aktiengesellschaften soll der →Übernahmekodex gelten.

Die als „Fusionswelle" bezeichnete deutliche Zunahme von Unternehmenszusammenschlüssen in den achtziger Jahren in Westeuropa ist durch die Bildung des →Binnenmarktes ausgelöst worden. Um nicht außerhalb einer möglichen protektionistischen „Festung Europa" zu stehen, kauften sich Nicht-EU-Firmen durch Übernahmen in den neuen Markt ein. EU-Firmen selbst fusionierten oder übernahmen kleinere Mitbewerber, um auf dem neuen, größeren Markt präsent und gegenüber der Konkurrenz aus Drittstaaten gewappnet zu sein. — War die Übernahmewelle der achtziger Jahre in den USA meist durch Finanzspekulationen (→ Leveraged Buy-out, →Junk Bonds) bedingt, ist die Welle in den Neunzigern konjunkturell bedingt (durch stabiles Wachstum bei niedrigen Zinsen sind die Folgen von Unternehmenskäufen leichter zu überblicken). Angeregt werden Zusammenschlüsse bei steigenden Aktienkursen, indem die Kaufpreise mehr und mehr durch die Ausgabe von Aktien (anstelle von Anleihen oder Bankkrediten) finanziert werden. — 1996 wurden weltweit Unternehmenszusammenschlüsse im Rekord-Volumen von insgesamt 1,14 Billionen Dollar angekündigt.

unverzinsliche Schatzanweisungen (U-Schätze)

von der Bundesbank bei ihren →Wertpapier-Pensionsgeschäften eingesetzte Papiere des →Geldmarktes. Sie haben eine Laufzeit von drei Monaten bis zu zwei Jahren und erbringen trotz ihrer Bezeichnung Zinsen, weil sie sonst keinen geldpolitischen Nutzen hätten. Nur wird der Zins nicht am Ende der Laufzeit ausgezahlt, sondern zu Beginn der Laufzeit abgezogen. U-Schätze werden vom Bund, seinen →Sondervermögen und den Ländern ausgegeben.

Unworte

einen wahren Zusammenhang verschleiernden oder menschenverachtende Ausdrücke. Sie häufen sich im wirtschaftlichen Bereich, weil hier die materiellen Interessen besonders groß sind. „Unworte des Jahres" werden jährlich von einer Jury ausgewählt. 1997 entschied sie sich für die Bezeichnung „Wohlstandsmüll", mit dem Nestlé-Chef Helmut Maucher arbeitsunwillige und arbeitsunfähige Menschen umschrieb. 1996 war es die „Rentnerschwemme", 1995 die „Diätenanpassung", 1994 die „→Peanuts".

— Die Jury rügte auch „Altenplage", „Besserverdienende", „Flexibilisierung", den „sozialverträglichen Stellenabbau", den „Umbau des Sozialstaats" (Umbau ziele auf Einschränkungen ab, obwohl der Begriff aus dem Handwerk stets Verbesserungen meine) und die „Gesundheitsreform" (missbrauche das positiv besetzte Wort Reform für eine Verschlechterung der gesundheitspolitischen Leistungen). Der „kollektive Freizeitpark", mit dem Bundeskanzler Kohl das Deutschland kritisierte, in dem zu wenig gearbeitet werde, kam 1993 auf den zweiten Platz, weil es sich dabei um „eine unangemessene Pauschalierung der sozialen Situation" von Arbeitslosen handle.

Eine Jury der Gesellschaft für Deutsche Sprache wählte seit 1991 das schnell auf großes Medieninteresse gestoßene „Unwort des Jahres". Nach der Kohl-Kritik löste 1994 der postwendende Vorwurf einer „bewussten Propagandalüge im Wahlkampf" (Kanzleramtsminister Bohl) einen internen Streit in der Gesellschaft aus, die fast zur Hälfte aus Bundesmitteln finanziert wird. Danach verselbstständigte sich die Jury unter der Leitung des Frankfurter Sprachwissenschaftlers Horst Dieter Schlosser und wird alljährlich um namhafte Publizisten und Schriftsteller ergänzt.

Ursprungslandprinzip →Steuerharmonisierung

Uruguay-Runde
die achte und letzte Verhandlungsrunde zur Liberalisierung des Welthandels (1986-1994) vor der Umgründung des →Gatt in die →Welthandelsorganisation (WTO), die auch im Abschluss-Dokument der Uruguay-Runde vereinbart wurde. Der unübersichtliche Verlauf der Verhandlungen mit seinen zahlreichen Einzelkonflikten und wiederholten Verzögerungen in der Beschlussfassung rührt vor allem daher, dass Handelskonflikte durch das Fehlen einer strukturierten internationalen Handelsordnung nicht systematisch, sondern anhand von Einzelfragen in 15 Arbeitsgruppen gelöst werden mussten. — Auslöser für die Uruguay-Runde waren die zunehmende Bedeutung nichttarifärer Handelshemmnisse (indirekte Marktzutrittsverhinderung, z. B. technische Vorschriften) und der Versuch, auch einige zuvor nicht vom Gatt abgedeckte Handelssegmente zu erfassen (Agrarprodukte, Textilien, Dienstleistungen). Ergebnis der Uruguay-Runde waren 19 multilaterale Verträge über den Handel mit Waren (wiederum als Gatt bezeichnet), ein Abkommen über den Handel mit Dienstleistungen (GATS), den Schutz geistigen Eigentums im Welthandel (TRIPS), Rahmenbedingungen für ausländische Direktinvestitionen (TRIMS) sowie ein allgemeines Verbot der Diskriminierung und einige daraus abgeleitete Mechanismen zur Konfliktbewältigung. — Wichtigste Ergebnisse: (1) Die Entwicklungsländer senken ihre Zölle spürbar. (2) Ein Stufenplan zur Liberalisierung des Welttextilhandels (bis 2005) wird zwar verabschiedet, ermöglicht aber weiterhin Schutzmaßnahmen der Industrieländer. (3) Agrarhandelshemmnisse werden tarifiert, in Zölle umgewandelt und die Agrarzölle bis

2001 deutlich gesenkt; zahlreiche Ausnahmeregelungen erhalten den Agrarprotektionismus dennoch. (4) Erschwert wird die Anwendung von Schutzklauseln, die für protektionistische Handelspolitik missbraucht werden, darunter auch Anti-Dumping-Vorschriften. (5) Technische Handelshemmnisse werden durch die Harmonisierung von Standards verringert. (6) Ausländische Dienstleister dürfen nicht diskriminiert werden, aber öffentliche Ausschreibungen werden nicht grundsätzlich für ausländische Unternehmen freigegeben. Vereinbarungen über Telekommunikation und audiovisuelle Medien scheiterten zwar und wurden ausgegliedert; ein Telekommunikationsabkommen wurde aber 1997 ausgehandelt. (7) Der Schutz geistigen Eigentums, vor allem der Schutz vor Patent- und Produktpiraterie, wird verbessert; einige Länder erhalten Übergangsfristen (z. B. zur Regelung von Patent-Anerkennungen im pharmazeutischen Sektor; hohe Lizenzzahlungen würden sonst zu einem starken Anstieg von Medikamentenpreise gerade in armen Ländern führen, in denen viele Medikamente unlizenziert kopiert werden). (8) Die neue Welthandelsorganisation arbeitet auf der Basis der Gleichberechtigung und der Anerkennung ihrer Schiedssprüche. — Insgesamt sind die Ergebnisse uneinheitlich. Der größere Teil der unmittelbaren Lasten liegt bei den Entwicklungs- und Schwellenländern, während viele Lasten der Industrieländer (vor allem durch die Agrar- und Textilhandelsliberalisierung) erst in der Zukunft anfallen. Insbesondere die →EU-Agrarpolitik wird für die WTO eine Belastungsprobe bedeuten. Die Errichtung der WTO und das Streitschlichtungsverfahren, das die Position schwächerer Mitglieder deutlich verbessert, ist hingegen ein Erfolg.

Die Bezeichnung beruht darauf, dass die Verhandlungen in Punta del Este, einem Seebad in Uruguay, begannen. Die Unterzeichnung durch mehr als hundert Staaten erfolgte 1994 in Marrakesch (Marokko), dreieinhalb Jahre nach dem urspünglich für Ende 1990 in Brüssel vorgesehenen Termin. — Die vorherigen Verhandlungsrunden und ihre Laufzeiten: 1. 1947, 2. 1949, 3. 1950/51, 4. 1955/56, 5. („Dillon-Runde") 1961/62, 6. („Kennedy-Runde") 1964-67, 7. („Tokio-Runde") 1973-79, 8. („Uruguay-Runde") 1986-94. Der Beginn der nächsten Liberalisierungsrunde (nun WTO-geleitet) ist für 1999 oder 2000 geplant.

USt →Umsatzsteuer

UVP →Umweltverträglichkeitsprüfung

UWG →Gesetz gegen den unlauteren Wettbewerb

V

Valuta

(1) Geldhändlerbezeichnung für eine Fremdwährung bzw. ein Zahlungsmittel in dieser Fremdwährung (wie →Sorte). (2) Synonym für Wert, z. B. in Verzeichnissen: Valuta in Waren, Valuta in Geld. (3) →Wertstellung auf einem Bankkonto (auch „Valutierung").

Der Begiff kommt von lateinisch „valere" (wert sein). Die Valuta (auch: Valute) steht im Singular, auch wenn sie häufig als Plural verwendet wird („Hast du Valuta?" richtig: „Hast du eine Valuta?" oder „Hast du Valuten?"). Verbreitet war der Begriff in der DDR, wo die DM (Deutsche Mark der BRD) amtlich VM (Valuta-Mark) hieß und umgangssprachlich auf Valuta verkürzt wurde.

variabel verzinslich →Anleihen

VCI →Bundesverband der Deutschen Industrie

VDA →Bundesverband der Deutschen Industrie

VDMA →Bundesverband der Deutschen Industrie

VDR →Rentenversicherung

VEB →Rechtsformen von Unternehmen

Verarbeitende Industrie →Wirtschaftszweige, Systematik

Verarbeitendes Gewerbe →Wirtschaftszweige, Systematik

Verband der Automobilindustrie →Bundesverband der Deutschen Industrie

Verband der Chemischen Industrie →Bundesverband der Deutschen Industrie

Verband deutscher Reeder →Gemeinschaftsausschuss der deutschen gewerblichen Wirtschaft

Verband Deutscher Rentenversicherer →Rentenversicherung

Verband Deutscher Maschinen- und Anlagenbau →Bundesverband der Deutschen Industrie

Verbraucherkonkurs →Insolvenzordnung

Verbrauchermacht

allgemein die Fähigkeit einer Kundschaft, durch (Selbst-)Organisation ein Unternehmen oder eine Branche zu einer Änderung der Geschäfts- oder Produktpolitik zu veranlassen. Der Begriff ist in den siebziger Jahren zeitgleich mit dem Einzelhandels-Werbespruch „Der Kunde ist König" entstanden. Im Gegensatz zum →Verbraucherschutz, der das Ungleichgewicht zwischen Produzent und Konsument mildern will, geht die Verbrauchermacht von der Überlegenheit des Konsumenten aus, der zwar üblichweise vereinzelt ist, aber zu einheitlichem Handeln fähig sein kann. Während die Beratung der Verbraucherverbände und -zentralen bei individuellen Problemen ansetzt, gehören zur Verbrauchermacht bereits die Testergebnisse der →Stiftung Warentest und vergleichbarer Institutionen, weil sie allein durch ihre weite Verbreitung und Beachtung Unternehmen zur Änderung von Produkten und Produktionsverfahren zwingen können. Eine weiter gehende Form ist vor allem in den USA verbreitet: Initiativen prüfen Unternehmen im Hinblick auf ökologische Standards der Produktion, Menschenrechtsverletzungen wie die Benachteiligung von Frauen und Minderheiten sowie ökonomische Faktoren wie Mindestlöhne oder Spendenverhalten; anhand der zusammengetragenen Fakten können Verbraucher dann Kaufentscheidungen treffen. Eine Variante stellt das „Labeling" dar: Für positive Aspekte, etwa Frauenförderpläne, die Unterstützung von Naturschutz- oder Nachbarschaftsorganisationen oder die Vermeidung von →Kinderarbeit wird ein Etikett („Label") vergeben, mit dem ein Unternehmen werben darf. Spektakulärstes Mittel der Verbrauchermacht ist der →Boykott, um die Änderungen einer Geschäftspolitik zu erzwingen. — Im weiteren Sinn äußert sich Verbrauchermacht auch im irrationalen Verhalten besonders aufgrund von Lebensmittelskandalen. Selbst nicht in der Lage, die Bedeutung dramatischer Medienberichte abzuschätzen, und misstrauisch gegenüber abwiegelnden Stellungnahmen von Fachleuten, können Verbraucher im Extremfall mit Kaufverweigerung reagieren und dadurch ganze Produktionszweige gefährden (z. B. Fisch nach dem Würmerskandal 1987). So zwingen sie alle Lebensmittelhersteller zu ständigen Qualitätskontrollen teilweise weit über die staatlichen Aufsichtsmöglichkeiten hinaus, gleichgültig, ob das ursprüngliche Vorkommnis einen totalen Kaufverzicht rechtfertigte.

Verbraucherschutz
die Milderung des Ungleichgewichts zwischen starken Anbietern und schwachen Konsumenten, insbesondere durch staatliches Handeln. Dazu gehört das Drängen auf Einhaltung von Vorschriften (z. B. des Lebensmittel-, Haftpflicht- oder des Entschädigungsrechts oder der Allgemeinen Geschäftsbedingungen) und die Beachtung wettbewerbsrechtlicher Normen (z. B. des →Gesetzes gegen den unlauteren Wettbewerb oder des →Gesetzes gegen Wettbewerbsbeschränkungen), ferner das Angebot von Information, Beratung und Rechtschutz. Im Unterschied zur wirtschaftlichen und politischen →Verbrauchermacht beruht Verbraucherschutz meist auf individueller und juristischer Grundlage. Wichtigste Beratungsinstitutionen sind Verbraucherverbände und -zentralen sowie Beschwerde- und Hilfsstellen mit Schlichtungsfunktion, die in einigen Wirtschaftszweigen eingerichtet wurden (z. B. Ombudsmann der →Banken). In den USA ist der Verbraucherschutz insbesondere wegen der Produktverantwortung und -haftpflicht wesentlich stärker ausgeprägt als in Deutschland.

Spitzenorganisation in Deutschland ist die Arbeitsgemeinschaft der Verbraucherverbände (AgV) in Bonn.

Verbrauchsteuern
Belastung des Konsums aller oder bestimmter Güter. Die Verbrauchsbesteuerung wird gerechtfertigt mit dem Lenkungscharakter (z. B. Mineralöl-, Tabakbesteuerung) und dem Leistungsfähigkeitsprinzip: Wer sich den Verbrauch der besteuerten Güter leisten kann, zahlt diese Steuern zu Recht. Daraus ist historisch die Besteuerung zahlreicher Luxusgüter abgeleitet, die sich überwiegend als →Bagatellsteuern mit einem Anteil von weniger als 0,2 Prozent des Gesamtsteueraufkommens bis in die Gegenwart gehalten haben. Verbrauchsteuern fließen zumeist an den Bund, aber auch an die Gemeinden (z. B. Hunde- und viele Bagatellsteuern), an die Länder (Bier-, Kfz-, einige Wettsteuern) oder an die EU (Zölle, Abschöpfungen, Marktordnungsabgaben). — Die EU hat sich bisher erfolglos um eine Harmonisierung der Verbrauchsteuern bemüht. Den Vorstellungen zufolge würden nur Mineralöl-, Tabak-, Branntwein-, Wein- und Biersteuern übrig bleiben. — Die Zuordnung einiger Steuern ist strittig: So ist die Kfz-Steuer nicht eine Ver-, sondern eine Gebrauchsteuer, Zölle werden nicht nur auf Verbrauchsgüter verhängt und die Umsatzsteuer könnte auch als Verbrauchsteuer gelten. Insgesamt machen die Verbrauchsteuern rund 15 Prozent des Gesamteinkommens an →Steuern aus (mit Kfz-, ohne Umsatzsteuer).

Deutsche Verbrauchsteuern
Einnahmen in Milliarden Mark,
Bagatellsteuern kursiv

Mineralölsteuer	68,251
Tabaksteuer	20,698
Versicherungsteuer	14,348
Kraftfahrzeugsteuer	13,743
Branntweinsteuer	5,085
Lotteriesteuer	2,659
Kaffeesteuer	2,236
Biersteuer	1,719
Schaumweinsteuer	1,064
Feuerschutzsteuer	*0,755*
Vergnügungsteuer	*0,503*
Hundesteuer	*0,304*
Totalisatorsteuer	*0,106*
Jagd- und Fischereisteuer	*0,049*
Zwischenerzeugnissteuer	*0,052*
Sportwettsteuer	*0,040*
Rennwettsteuer	*0,039*
Getränkesteuer	*0,029*
Kinosteuer	*0,017*
Schankerlaubnissteuer	*0,007*

Stand: 1996. Quelle: Statistisches Bundesamt.

Vereinigungskriminalität
Straftaten aus dem gesamten Bereich der →Wirtschaftskriminalität, die durch die deutsch-deutsche Vereinigung ausgelöst wurden. Über Schadenshöhe und Dunkelziffern gehen die Schätzungen weit auseinander. Größte Einzelposten waren vermutlich Straftaten infolge der Währungsunion, insbesondere durch Scheinhandelsgeschäfte mit Transferrubeln und Betrügereien bei der Privatisierung von Staatsbetrieben durch die →Treuhandanstalt.

Vereinte Nationen →United Nations

Vergesellschaftung
im wirtschaftspolitischen Diskurs der sechziger und siebziger Jahre die Enteignung eines Unternehmens zugunsten einer gesellschaftlichen Gruppe,

nicht zugunsten des Staates („Verstaatlichung"). Naheliegend war die Überführung in das →kollektive Eigentum der Belegschaft; die Grenze zu Genossenschaften blieb undeutlich. — In einigen sozialistischen Staaten mit Arbeiterselbstverwaltung (z. B. im sozialistischen Jugoslawien) waren zwar Eigentumsrechte aufgrund von Vergesellschaftung akzeptiert. Das Verfügungsrecht über dieses Eigentum war aber stark eingeschränkt, insbesondere durch die Erfüllung von externen Planauflagen, und weil eine Privatisierung selbst bei Zustimmung aller Verfügungsberechtigten unzulässig war. Betriebs- oder volkswirtschaftliche Effizienzvorteile vergesellschafteter Unternehmen sind bisher nicht nachgewiesen worden.

Verkehrsteuern

(1) Steuern, die die Mobilität von Personen und Gütern besteuern, insbesondere um sie zu lenken bzw. zu begrenzen, z. B. Mineralölsteuer, Kfz-Steuer, Steuer auf Flugbenzin. Weil sie faktisch eine Umweltbelastung besteuern, haben sie die Eigenschaft einer →Ökosteuer. (2) Steuern auf den Kapital- oder Güteraustausch werden von Steuer- und Finanzwissenschaft uneinheitlich beurteilt, weil die Abgrenzung zu den →Verbrauchsteuern unterschiedlich verläuft. Unstrittig gehören zu den Verkehrsteuern Umsatz-, Grunderwerb-, Erbschaft- und Schenkungsteuer, zuweilen auch die (anderweitig als Verbrauchsteuer geltenden) Wettsteuern, die Kraftfahrzeug-, Versicherung- und Feuerschutzsteuer.

Verlängerte Werkbank

Bezeichnung für ein Land, einen Landesteil oder einen Betrieb, in dem nach dem Aufbrechen der Wertschöpfungskette die Arbeiten mit niedrigster Wertschöpfung verbleiben, während die wertschöpfungsintensiveren Teile der Produktion sowie Forschung und Entwicklung abgetrennt an anderen Orten stattfinden. Kennzeichnend für verlängerte Werkbänke sind reine Montagearbeiten, geringe Fertigungstiefe, die hohe Gefahr eines Abzugs der Betriebsstätte, wenn keine Subventionen mehr bezahlt werden, eine fehlende regionale Einbindung (z. B. durch eine Stammbelegschaft und lokales leitendes Management) und ebenso flüchtige Zulieferer. — Kritisiert wurde mit der in den siebziger Jahren populär gewordenen Bezeichnung vor allem die Bildung verlängerter Werkbänke in der Dritten Welt. Diese Auffassung hat sich seit Ende der achtziger Jahre gewandelt, weil →ausländische Direktinvestitionen →multinationaler Konzerne Wachstum ohne Verschuldung erlauben. Sie bedeuten in vielen Ländern begehrte Arbeitsplätze mit besseren Löhnen und Arbeitsbedingungen, als sie von lokalen Unternehmen angeboten werden, und sind unablässige Voraussetzung für die Herausbildung von Wirtschaftsstrukturen, die höher qualifizierte Arbeit erfordert.

Vermögen

Wert des Besitzes privater Personen oder privater Haushalte, grob unterschieden nach Geldvermögen (einschließlich Kapitalanlagen durch Wertpapiere und Versicherungen sowie

Pensionszusagen), Immobilien- und Betriebsvermögen.

Das Geldvermögen in Deutschland wächst schnell. Lag es in Westdeutschland 1970 noch bei 524 Milliarden DM, waren es 1980 bereits 1.484 Milliarden DM, 1990 bereits 3.185 Milliarden DM (Gesamtdeutschland) und 1996 rund 4.955 Milliarden DM. Rechnerisch besaß 1996 jeder deutsche Haushalt durchschnittlich ein Geldvermögen von 145.000 DM, das zu 5.800 DM Vermögenseinkommen jährlich führte. Aber die Vermögensverteilung ist nach verschiedenen Untersuchungen sehr ungleich: Ein Drittel des Geldvermögens entfällt auf nur sechs Prozent der Haushalte, und die 0,6 Prozent der wohlhabendsten westdeutschen Haushalte verfügen über 25 Prozent des Geldvermögens. Da zudem der Anteil hochverzinster Anlageformen mit wachsendem Geldvermögen zunimmt, ist die Verteilung der Vermögenserträge noch disparater als die Verteilung der Vermögen selbst. Fünf Prozent der Haushalte erhielten 1994 die Hälfte der Zinsen und Dividenden, während auf 30 Prozent der vermögensschwächsten Haushalte nur zehn Prozent der Vermögenseinkommen entfielen. Werden nicht nur Geld-, sondern auch Immobilien- und Anlagevermögen berücksichtigt, entfallen auf die wohlhabendsten fünf Prozent der Haushalte 3,7 Billionen DM, auf die nächsten 25 Prozent weitere 3,7 Billionen und auf die restlichen 70 Prozent noch 2,7 Billionen DM.

Geldvermögen in Deutschland

Verteilung nach Anlageformen, in Mrd. DM

Spareinlagen	1.129
Anlagen bei Versicherungen	1.067
Festverzinsliche Wertpapiere	768
Bargeld, Sichteinlagen	441
Investmentzertifikate	394
Termingelder	372
Pensionszusagen u.a.	319
Aktien	296
Anlagen bei Bausparkassen	165
Geldmarktpapiere	4
zusammen	4.955

Quelle: Bundesbank. Aufgeführt ist das Bruttogeldvermögen; die Verschuldung privater Haushalte liegt bei weniger als zehn Prozent davon. Stand: 1996.

Vermögenspolitik

der staatliche Versuch, die Ungleichmäßigkeit in der Verteilung der →Vermögen zu mildern. Sie gilt inzwischen als weitgehend gescheitert. Die Instrumente greifen mangels Substanz dort nicht, wo der größte Bedarf bestünde. Zudem haben in erheblichem Umfang die Banken von der Sparförderung profitiert, weil sie ihre eigenen Zinsen niedrig halten könnten, wenn der Staat sie bezuschusste. Ziel der qualitativen Vermögenspolitik ist, zur Vermögensbildung in entwickelteren als den traditionellen Sparformen anzuhalten, z. B. in höher verzinsten Wertpapieren oder Aktien. In Deutschland gehören zur Vermögenspolitik die Sparförderung mit ihren bekanntesten Teilen, den Wohnungsbauprämien und den vermögenswirksamen Leistungen („936-DM-Gesetz"), ferner →Investivlöhne. Die vermögenswirksamen Leistungen werden überwiegend für den Erwerb langlebiger Konsumgüter eingesetzt und nicht reinvestiert (z. B. zur Verbesserung der Altersversorgung).

Die Sparförderung zielte ab 1948 zunächst auf eine schnellere Realkapitalbildung zur Überwindung der Kapitalknappheit bei der Finanzierung des Wiederaufbaus. Verteilungspolitische Aspekte zeigten sich erst im Sparprämiengesetz von 1959 und im Vermögensbildungsgesetz von 1961, das Investivlöhne ermöglichte. Wohnungsbauprämien werden seit 1952 vergeben.

Vermögensteuer

1997 abgeschaffte Landessteuer auf Vermögen. Die zeitgleich erhöhten Sätze der Erbschaft- und der Grunderwerbsteuer haben den Einnahmeausfall von rund acht Milliarden DM jährlich nicht kompensiert.

Nach einem Urteil des Bundesverfassungsgerichts von 1995 hätten bis zum 31.12.1996 die Doppelbesteuerung von Vermögen, Vermögenerträgen und Erbschaft neu geregelt werden müssen. Zudem sei das Vermögen selbst vor seiner Entstehung bereits versteuert worden. Insbesondere die Bewertung des Grundvermögens auf der Grundlage der Einheitswerte von 1964 sei verfassungswidrig.

vermögenswirksame Leistungen →Vermögenspolitik

Verschuldung →Überschuldung →Staatsverschuldung

Versicherung

(1) Schutz bei einem Schadenrisiko durch die →Sozialversicherung oder ein privatwirtschaftliches Versicherungsprodukt, (2) Anbieter dieses Schutzes (gesetzliche Versicherungsträger oder privatwirtschaftliche Versicherungsunternehmen). Unterschieden wird zudem zwischen Erstversicherern, die das übliche Kundengeschäft betreiben, und Rückversicherern, die die Versicherungen versichern. Die Aufsicht obliegt dem →Bundesaufsichtsamt für das Versicherungswesen (BAV). — Die Bedeutung der Versicherungen liegt (1) im Schutz vor Risiko (materiell und psychologisch), (2) in den Schadenausgleichszahlungen als Wirtschaftsfaktor (insbesondere bei Ersatz- bzw. Neuinvestitionen), (3) in der Lenkungsfunktion der Versicherungsprämien (Schadensverhütung kann sich lohnen) und (4) in der Finanzierungsfunktion (als institutioneller Investor). Als Kapitalanleger übersteigt der Einfluss der Versicherungen die →Bankenmacht noch erheblich; 1996 hatten die 670 deutschen Versicherungsunternehmen 1,2 Billionen Mark angelegt. Die Branche macht demgegenüber geltend, dass der größte Teil der Kapitalanlagen keine Unternehmensbeteili-

Kapitalanlagen der Versicherungen
in Mrd. DM und Prozent aller Anlagen der Versicherungen

Anlageart (Auswahl)	Wert	Anteil
Grundstücke, Bauten usw.	54,1	4,4
Anteile an verbundenen Unternehmen	60,5	5,0
Aktien	36,5	3,0
Investmentanteile	159,3	13,0
Festverzinsliche Wertpapiere	175,5	14,4
Hypothekenforderungen u. Ä.	123,2	10,1
Namenschuldverschreibungen	349,9	28,7
Schuldscheinforderungen	199,9	16,4
Summe aller Kapitalanlagen	1.221,2	100,0

Stand: 31.12.96. Quelle: BAV.

privatwirtschaftliche Versicherungen

Systematik und Bedeutung (Auswahl)

Lebensversicherungen	Zahl der Verträge (Mio.)	Versich.-Summe Mrd. DM
Einzelversicherung		
Kapitalbildende Leben	60,8	1765,6
Risiko	3,1	235,0
Renten	2,8	143,8
Berufsunfähigkeit	0,2	23,9
Kollektivversicherung		
Kapital (einschl. Risiko)	7,1	132,5
Bausparrisiko	5,2	79,4
Restschuld	3,9	47,0
sonstige		
Leben, Anlagerisiko beim Versicherten	0,7	40,2
Krankenversicherungen	**Einzel-Versich. (Mio.)**	**Jahresbeiträge Mrd. DM**
Krankheitskosten	11,4	19,1
Krankentagegeld	2,3	1,3
Krankenhaustagegeld	8,1	1,4
Pflegekosten	0,1	0,0
Pflegetagegeld	0,3	0,1
Pflege-Pflicht	6,2	2,2
Reisekranken	1,8	0,1
Schaden- u.Unfallversicherungen	**selbst abgeschl. Verträge (Mio.)**	**Jahresbeiträge Mrd. DM**
Kranken	1,1	0,0
allgemeine Unfall	63,4	9,0
Haftpflicht	51,3	11,1
Privathaftpflicht	26,8	3,1
Betriebs- und Berufshaftpflicht	3,9	5,4
Kraftfahrt	101,7	43,6
Kfz-Haftpflicht	51,9	26,5
Fahrzeug-Vollvers.	17,4	12,5
Fahrzeug-Teilvers.	22,4	3,9
Kraftfahrt-Unfall	10,4	0,7
Rechtschutz	25,6	4,6
Feuer	1,8	1,0
Einbruchdiebstahl und Raub	1,9	0,6
Leitungswasser	11,1	1,2
Glas	1,6	0,5
Sturm	25,3	4,2
verbundene Hausrat	16,2	6,7
verbundene Wohngebäude	2,5	2,8
technische Beistandsleistungen	9,4	0,5

Stand: 1995. Quelle: BAV, eigene Berechnungen.

gungen sind, sondern den Kapitalbedarf von Unternehmen und Staat stillt. Außerdem entfalle ein Mehrfacheinfluss wie über das Depotstimmrecht. Wenn überhaupt, gehe eher ein stabilisierender Einfluss von den Versicherungen aus, weil sie an einer konservativen, langfristigen Ertragskontinuität interessiert seien. Mit dem Zusammenwachsen von Banken und Versicherungen (→Allfinanz) steigt der Einfluss des Finanzsektors auf Industrie- und Dienstleistungsunternehmen dennoch. — Die Vielzahl von Versicherungsprodukten wird sich durch die Freiheit des Dienstleistungsverkehrs innerhalb der EU weiter vergrößern. Fachleute gehen aber weithin davon aus, dass damit nur Nischen besetzt werden. Die Güte der angebotenen Verträge wird nicht mehr vom BAV überprüft; es untersucht aber weiter die Risikovorsorge der Versicherer, insbesondere hinsichtlich der Tarifkalkulation der Lebensversicherer angesichts der steigenden Lebenserwartung. Wegen eines enormen Rationalisierungspotentials sieht die Aufsichtsbehörde trotz des hohen Wettbewerbsdrucks keine nahende Insolvenzwelle unter den Versicherern; Kfz-Versicherer könnten allerdings mittelfristig ins Defizit geraten. — Das Selbstbewusstsein der Versicherungsnehmer hat enorm zugenommen; sowohl die Beschwerden über zweifelhafte Geschäftspraktiken insgesamt als auch der Anteil der berechtigten Beschwerden daran steigen schnell. Das ohnehin schlechte Image der lukrativen Branche hat durch den Einsatz von Haustürverkäufern (Drückerkolonnen) insbesondere in Ostdeutschland stark gelitten. — Umstritten ist das Vermögen der Lebensversicherungsunternehmen, das bei rund 700 Millliarden DM liegt. Die Kritik beruht auf dem Bilanzrecht, dem zufolge alle Verpflichtungen mit dem höchsten Wert auf der Passivseite, auf der Aktivseite jedoch nach dem Niedrigstwertprinzip bilanziert werden. Die Kunden, mit deren Geld dieses Vermögen geschaffen wurde, profitieren hingegen nicht davon. Nach Ansicht der Versicherungen sind die Prämieneinnahmen ihr Preis für das Produkt Risikoversicherung. Nach Ansicht von Verbraucherschützern sind Versicherungsunternehmen hingegen Dienstleister, denen nicht die Versicherungsprämie, sondern nur ein Dienstleistungsanteil daran zusteht.

Spitzenorganisation der Versicherungsunternehmen ist der Gesamtverband der Deutschen Versicherungswirtschaft (GDV).

Versicherungsbetrug

Vortäuschen unwahrer Tatsachen über einen Schadensfall gegenüber einem Versicherungsunternehmen. Nach Branchenangaben liegt die Schadensumme durch Versicherungsbetrug bei fünf bis sechs Milliarden Mark jährlich. Unrechtsbewusstsein fehlt weithin. Die Betrugsbereitschaft sinkt bei stärkeren Überprüfungen der Schadensfälle deutlich.

25 bis 40 Prozent aller Versicherten haben mehreren Umfragen zufolge schon einmal ihre Versicherung betrogen. 90 Prozent der erschwindelten Summen liegen unter 1.000 Mark. Sehr oft betrügen die (in der Regel auch besser versicherten) Besserverdiener. Am häufigsten werden nichtversicherte Schäden als versicherte dargestellt, am zweithäufigsten

wird aufgebauscht. Meistverbreitete Rechtfertigung ist, dass man auch mal etwas herausbekommen wolle, wenn man lange in die Versicherung eingezahlt habe. — 1997 verfügte das →Bundesaufsichtsamt für das Versicherungswesen hohe Strafen gegen führende Versicherungsmanager, weil sie im großen Stil Lebensversicherungen für gewerbliche Darlehensfinanzierungen missbraucht und damit versicherungsfremde Geschäfte ausgeübt hatten.

versicherungsfremde Leistungen
Leistungen, die von der →Sozialversicherung aufgebracht werden, obwohl für sie nicht eingezahlt wurde. Zumeist wurden sie politisch beschlossen und hätten damit durch Steuereinnahmen finanziert werden müssen.

Die derzeitige Finanzierung der Leistungen ist insbesondere wegen der Drucks der Sozialabgaben auf die Arbeitskosten in die Diskussion geraten. Umfinanzierungsforderungen von insgesamt 40 bis 42 Milliarden DM, die 2,8 Beitragspunkten bei den Sozialabgaben entsprechen, gelten als realistisch. Konsens besteht aber darin, Kriegsfolgelasten weiter von der Rentenversicherung tragen zu lasssen und innerhalb der Krankenversicherung die Beitragsfreiheit für Angehörige als Familienlastenausgleich (zwischen Versicherten mit Kindern und ohne Kinder) zu betrachten. Der Sparzwang der öffentlichen Haushalte richtet sich vornehmlich gegen versicherungsfremde Leistungen, weil auf sie kein Rechtsanspruch aufgrund geleisteter Beiträge besteht (z. B. Leistungen der Arbeitsmarktpolitik).

Versicherungsverein auf Gegenseitigkeit (VVaG)
eine auf dem Genossenschaftsprinzip basierende Rechtsform für ein Versicherungsunternehmen, in dem die Versicherten zugleich Mitglieder, also Versicherer sind. Ihr Marktanteil liegt in Deutschland bei rund 25 Prozent der Bruttoprämien.

versicherungsfremde Leistungen
in Mrd. DM

Zweig, wichtigste Leistungen		Summe	Bundeszuschuß	netto
Rentenversicherung		100,2	59,5	40,7
Kriegsfolgelasten	23,5			
Anrechnungszeiten	15,5			
Altersrenten	18,7			
Krankenversicherung		63,1	–	63,1
Familiäre Beitragsfreiheit	53,5			
Bundesanstalt für Arbeit		36,4	11,4	25,0
Berufsausb., Umschulung	17,1			
ABM u. Ä.	12,9			
Summe		199,7	70,9	128,8

Stand: 1995, Quelle: Verwaltungsangaben.

Verstaatlichung
Enteignung von Unternehmen zugunsten des Staates. Politisch und historisch entstanden unterschiedliche Begründungen: (1) zur wirtschaftlichen Grundlegung einer neuen Gesellschaft, insbesondere zur Herstellung der Planwirtschaft durch die sozialistischen Revolutionen im Machtbereich der Sowjetunion und der Volksrepublik China, (2) bei Schlüsselindustrien in der Dritten Welt, insbesondere bei Öl- und anderen weltmarktorientierten Rohstoffindustrien, als antikolonialistischer Akt, (3) als Verstaatlichung der Schlüsselindustrien und des Finanzsektors gegen Entschädigung, um den Primat der Politik über die Wirtschaft zu unterstreichen (z. B. in Frankreich 1980). →Vergesellschaftung zielt hingegen meist auf die Übernahme oder Übergabe eines Unternehmens in den Besitz der Belegschaft ab. — Mit der Verstaatlichung soll der Missbrauch ökonomischer Macht verhindert werden. Verstaatlichte Unternehmen sind im Vergleich zu privaten Unternehmen weniger effizient. Die Regierung, die eine Verstaatlichung anordnet, begründet eine solche Inkaufnahme ökonomischer Nachteile (sofern sie sie einräumt) meist mit dem Gewinn politischer Vorteile. Bei verstaatlichten rohstoffexportierenden Unternehmen kann selbst eine deutlich sinkende Effizienz noch zu Mehrerlösen für den Staatshaushalt führen, wenn vorher nur geringe Abgaben geleistet, dagegen aber die hohen Gewinne ins Ausland transferiert wurden.

Vertrag von Maastricht →Maastrichter Vertrag

VGR →volkswirtschaftliche Gesamtrechnung

vier Grundfreiheiten
die Freiheiten des Waren-, Dienstleistungs-, Kapital- und Personenverkehrs, wie sie in der →Einheitlichen Europäischen Akte zur Vollendung des →EU-Binnenmarktes festgelegt sind. Die meisten Richtlinien der Kommission waren zwar zum Stichtag 31.12.1992 fertig, aber die Umsetzung in nationales Recht ist bis gegen Ende der neunziger Jahre nicht abgeschlossen. Deswegen ist der Binnenmarkt noch in keinem Teilbereich tatsächlich hergestellt oder insgesamt „vollendet", am weitesten beim Warenverkehr, am wenigsten weit beim Personenverkehr. Daraus resultiert der Vorwurf, die Liberalisierungen kämen in erster Linie der Industrie und zuletzt den Bürgern zugute. Dieses Manko ist in erster Linie den Regierungen der Mitgliedsländer zuzuschreiben. — (1) Der freie Warenverkehr beruht auf der Beseitigung der Binnenzölle, mengenmäßiger Beschränkungen und staatlicher Handelsmonopole, auf dem Verbot diskriminierender Besteuerung und einheitlichen Wettbewerbsregeln einschließlich der Aufsicht über staatliche Beihilfen. Größtes Hindernis für die vollständige Durchsetzung ist die →Steuerharmonisierung, vor allem das in den Mitgliedsländern unterschiedliche Umsatzsteuer-Niveau. Wechselkursschwankungen zwischen den Währungen der EU gelten nicht als Einschränkung der Warenverkehrsfreiheit. Insgesamt ist die Beseitigung von Handelshemmnissen im Warenverkehr die wohl erfolgreichste wirtschaftspolitische Leistung der EG bzw. der EU, auch wenn die gemeinschaftsweite Einführung von Normen und Vorschriften selbst für entle-

gene Produktbereiche gelegentlich Unverständnis auslöst. Einschränkungen der Verkehrsfreiheit gelten für den Verkehr von Agrarprodukten aus veterinär- und hygienerechtlichen Gründen, in der →Montanindustrie und im Verkehr mit den Nicht-EU-Mitgliedern des →Europäischen Wirtschaftsraumes. (2) Die Dienstleistungsfreiheit als Recht, grenzüberschreitend selbstständig erwerbstätig zu sein, ohne sich in einem anderen Mitgliedsland niederlassen zu müssen, erfordert ein Diskriminierungsverbot für nicht Residenzpflichtige. Hauptproblem ist, ob grenzüberschreitende Dienstleistungen nach den Vorschriften des Ursprungs- oder des Empfängerlandes geregelt werden. Denn wenn ausländische Dienstleister den beruflichen Qualifikationen und Standesregeln, dem Arbeitnehmer- und Verbraucherschutz oder der Kultur- und Medienförderung nicht unterworfen werden und dies einen wirtschaftlichen Vorteil für sie bedeutet, folgt daraus eine Diskriminierung der inländischen Dienstleister. Der deswegen nötige Harmonisierungsprozess ist mühselig und erstreckt sich vor allem auf die Anerkennung der Diplome zur Ausübung freier Berufe (Ärzte, Apotheker, Anwälte, Architekten), auf das öffentliche Auftragswesen sowie den Finanzbereich, der vor allem von der Kapitalverkehrsliberalisierung beeinflusst wird. Nicht recht zu erkennen ist, ob die EU die grenzüberschreitenden Dienstleistungen, die sich langsamer als erwünscht und behauptet entwickeln, über die Liberalisierung hinaus fördern will. Umstritten sind der Schutz staatlicher Dienstleistungsmonopole und die Liberalisierung bei der Ausübung öffentlicher Sicherheit und Ordnung, Gesundheits- sowie Verkehrsdienstleistungen. (3) Die Freiheit des Kapitalverkehrs umfasst die grenzüberschreitende Bewegung von Geld- und Sachkapital, also z. B. Direktinvestitionen, Kreditgewährung oder den Erwerb von Immobilien und Wertpapieren im Ausland. Die Liberalisierung gilt für Aufsichts-, Zulassungs- und Verwendungsregeln; steuerliche Diskriminierungen sind unzulässig. Die Umsetzung in nationales Recht erfolgt nur langsam; hinderlich sind insbesondere die Unterschiede in der Besteuerung. Ein EU-weiter Markt für Finanzdienstleistungen und den Wertpapierverkehr wird auch nach Abschluss der vorgesehenen Liberalisierung nicht erreicht sein. Schutzmaßnahmen gegen außergewöhnliche Kapitalbewegungen und Zahlungsbilanzschwierigkeiten bleiben möglich, sind aber eng begrenzt. Die Freiheit des Kapitalverkehrs ist zugleich Voraussetzung für die →Wirtschafts- und Währungsunion. (4) Die Freiheit des Personenverkehrs zielt auf die Gleichbehandlung aller Personen aus einem EU-Mitgliedsland mit allen anderen. Dazu gehören der Wegfall von Grenzkontrollen, die Harmonisierung der Einreise-, Asyl-, Waffen- und Drogengesetze, verbunden mit verstärkten Außenkontrollen. Einzelheiten sind im „Schengener Abkommen" vereinbart, das nur langsam umgesetzt wird. Die Freiheit des Personenverkehrs umfasst ferner die Niederlassungs- und Beschäftigungsfreiheit für Selbstständige, Arbeitgeber und Arbeitnehmer. Von einem EU-Arbeitsmarkt kann so lange nicht die Rede sein, wie nationale Arbeitsmärkte mit niedriger Arbeitslosigkeit und höherem Einkommen geschützt werden (z. B. durch Zugangsbeschränkungen für „hoheitliche" Tätigkeiten) und die rechtliche und tatsächliche Anerkennung beruflicher Qualifikationen nur langsam vorankommt. Größtes informelles Hindernis ist die hohe Arbeitslosigkeit, die eine Zuwanderung aus dem Ausland aufgrund von Qualifikation nur in wenigen Branchen attraktiv erscheinen lässt (z. B. bei Finanz- oder technischen Dienstleistungen).

vinkulierte Namensaktien →Aktien

Visegrad-Länder →Cefta

Volks- und Raiffeisenbanken

mit rund 2.500 Instituten und rund 20.000 Niederlassungen der wichtigste Teil der →Genossenschaftsbanken in Deutschland. Besonderheiten sind die Eigentümerstruktur mit rund 13 Millionen Mitgliedern und der genossenschaftliche Förderauftrag, der das Erbringen von ökonomischen Vorteilen und Leistungen für Mitglieder und Kunden verlangt; das Ausschütten von Gewinnen an die Gesellschafter steht nicht im Vordergrund. Jede Bank ist in ihrer Geschäftspolitik unabhängig und für ihre Ergebnisse selbstverantwortlich. Dienstleistungen und eine Reihe von Finanzprodukten werden von Spezialinstituten der Gruppe erbracht. — Der genossenschaftliche Bankensektor gilt auch innerhalb der Organisation selbst als überdimensioniert. Der erforderliche Schrumpfprozess kann durch die Mitgliederdemokratie verlangsamt werden. In Ostdeutschland hat der Konzentrationsprozess schnell begonnen, insbesondere wegen eines Mangels an geeignetem Führungspersonal.

Der Ausdruck „Volks- und Raiffeisenbanken" hat sich eingebürgert. Die richtige Bezeichnung der auf ihre Selbstständigkeit pochenden Institute lautet „Volksbanken und Raiffeisenbanken". Beide Bankgruppen entstanden zeitgleich, aber unabhängig voneinander, Mitte des 19. Jahrhunderts aus der Idee der wirtschaftlichen Selbsthilfe anstelle staatlicher Bevormundung. Die Volksbanken beruhen auf einem 1950 von Hermann Schultze-Delitzsch gegründeten Vorschussverein zur Kreditgewährung vornehmlich an Handwerker. Um das Kreditproblem der Landbevölkerung zu lösen, gründete Friedrich Wilhelm Raiffeisen 1864 eine Darlehenskasse und damit die erste Raiffeisengenossenschaft. Die Idee verbreitete sich schnell im In- und Ausland. Die Genossenschaften, deren Arbeitsteiligkeit in Stadt und Land bis heute erkennbar ist, haben sich 1972 im gemeinsamen Bundesverband der Deutschen Volksbanken und Raiffeisenbanken (BVR) zusammengeschlossen.

volkseigener Betrieb (VEB)

in der DDR Rechtsform eines staatlichen Betriebes, der meist einem →Kombinat angehörte. Ein VEB wurde durch einen Betriebsdirektor geleitet, der dem Generaldirektor des Kombinats unterstand, und verfügte nur über eingeschränkte eigene Befugnisse.

→Rechtsformen von Unternehmen

Volkseinkommen →Einkommensverteilung

Volkswirtschaft

die wirtschaftliche Betätigung aller Wirtschaftseinheiten in einem Wirtschaftsgebiet und die Wechselwirkungen zwischen ihnen. Als Wirtschaftseinheiten werden zumeist Unternehmen, Staat und private Haushalte verstanden.

Das Wirtschaftsgebiet einer Volkswirtschaft ist meist durch Staats- und/oder Währungsgrenzen festgelegt. Währungsunionen und wirtschaftliche Integration lösen eine Volkswirtschaft nicht auf, sondern führen zu einer Erhöhung des Auslandsbeitrags. Auch ein deutsches Bundesland lässt sich als Wirtschaftsgebiet erfassen und damit von der „Volks"-wirtschaft anderer Bundesländer abgrenzen.

volkswirtschaftliche Gesamtrechnung (VGR)

oft auch als „volkswirtschaftliche Gesamtrechnungen" bezeichnet, ein Begriffs- und Zahlenwerk, um ein möglichst umfassendes, übersichtliches und hinreichend gegliedertes Gesamtbild des wirtschaftlichen Geschehens zu geben. Darin werden alle Wirtschaftseinheiten (Personen und Institutionen) mit ihren wirtschaftlichen Tätigkeiten einbezogen. Um das Bild übersichtlicher zu gestalten, werden die Ergebnisse in großen Gruppen zusammengefasst. Die amtliche VGR wird vom Statistischen Bundesamt erstellt; die Bundesbank steuert ergänzende Statistiken bei. Wegen der komplexen Berechnungen erscheint die offizielle Jahresrechnung meist mit über einjähriger Verspätung. Deswegen spielt die amtliche VGR in der wirtschaftspolitischen Tagesdebatte keine große Rolle, im Gegensatz zu schnelleren Schätzungen der Wirtschaftsforschungsinstitute. — Der wichtigste Teil der VGR ist wie bei der doppelten Buchführung als geschlossenes Kontensystem dargestellt. Hinzu kommen

VGR / Zusammengefasstes Güterkonto

Angaben in Mrd. DM

Produktionswerte	8.335	Vorleistungen	5.061
Unternehmen	7.368	Unternehmen	4.580
Staat	825	Staat	438
private Haushalte	3	private Org.	42
private Org.	138	letzter Verbrauch	2.748
Einfuhr von Gütern	814	privater Verbrauch	2.045
Umsatzsteuer	237	Staatsverbrauch	703
Einfuhrabgaben	30	Bruttoinvestitionen	750
		Unternehmen	683
		Staat	77
		Ausfuhr von Gütern	857
Gesamtes Aufkommen von Gütern	9.418	gesamte Verwendung von Gütern	9.418

Stand: 1996, Quelle: Statistisches Bundesamt. Umsatzsteuer: nur nichtabziehbare; Org.: Organisationen ohne Erwerbszweck.

ergänzende Tabellen. Die kürzeste Darstellung der Konten ist das „zusammengefasste Güterkonto". Nach Unternehmen, Staat und Privathaushalten aufgeteilt, folgen acht weitere Konten und abschließend die grenzüberschreitenden Leistungen. — Die wichtigsten Teile der VGR und Schlussfolgerungen daraus sind: (1) das →Bruttoinlandsprodukt, (2) die Wertschöpfung nach Wirtschaftszweigen, (3) die Verwendung des BIP durch private Haushalte, den Staat und die Investitionen der Unternehmen, (4) die Umverteilung von Einkommen und Vermögen über den Staat, (5) die Entwicklung von Unternehmer-Einkommen und Einkommen aus unselbstständiger Arbeit, (6) die Input-Output-Tabelle der Verflechtung der Wirtschaftszweige, (7) die Aufteilung von BIP und Wertschöpfung nach Bundesländern bzw. West- und Ostdeutschland.

Volkswirtschaftslehre (VWL)

früher auch als Nationalökonomie bezeichnet, ist neben der →Betriebswirtschaftslehre der zweite Zweig der traditionellen →Wirtschaftswissenschaften. Untersuchungsgegenstand sind die Beziehungen zwischen Unternehmen, Staat und privaten Haushalten (Preis, Konjunktur, Wachstum, Verbrauch, Produktion, Beschäftigung, Geld, Binnen- und Außenhandel, Wirtschaftspolitik usw.) Die wichtigste Einteilung ist die in →Mikroökonomie und →Makroökonomie. Nach dem Ausscheiden der orthodox-marxistischen Planwirtschaftslehre dominieren im Ideen- und Hypothesenstreit die Auseinandersetzungen zwischen Vertretern des →Monetarismus und des →Keynesianismus; vgl. auch →Neoklassik.

Vorjahreszeitraum

Begriff aus der vergleichenden Wirtschaftsstatistik, der Zahlen aussagekräftiger macht. Er bezieht sich insbesondere auf Quartals- und Monatsangaben wirtschaftlicher Entwicklung, die von Saisonfaktoren oder anderen starken Schwankungen beeinflusst sind. Werden nur Vormonate oder Vorquartale zum Vergleich herangezogen, können sich Zuwächse oder Gewinne ergeben, die sich im Vergleich zum Vorjahreszeitraum als Rückgänge oder Verluste herausstellen.

VGR-Wirtschaftsleistung

Bruttosozialprodukt 1996, in Prozent

Entstehung		Verteilung		Verwendung	
Landwirtschaft	1,1	privater Verbrauch	57,6	Löhne und Gehälter	71,2
produzierendes Gewerbe	33,5	Staatsverbrauch	19,7	Gewinne und Erträge	
Handel und Verkehr	13,8	Investitionen		aus Vermögen	28,8
Dienstleistungen	37,4	(einschl. Vorräte)	21,2		
Staat, private Hauhalte	14,2	Außenbeitrag	1,4		

Quelle: Statistisches Bundesamt

Vorstand
Leitungsorgan eines Unternehmens. In einer →Aktiengesellschaft wird der Vorstand vom Aufsichtsrat ernannt. In Großunternehmen, die der →Mitbestimmung unterliegen, kommt ein Arbeitsdirektor hinzu. Wird nichts anderes bestimmt, haben alle Stimmen der Vorstandsmitglieder gleiches Gewicht. Dies drücken einige Großunternehmen auch durch die egalisierende Bezeichnung →Sprecher für ihren Vorstandsvorsitzenden aus. — Vorstände sind nicht an Weisungen von Aufsichtsräten oder Hauptversammlung (HV) gebunden, müssen ihnen jedoch über die Grundzüge der Unternehmensentwicklung berichten. In der Regel wird das Einverständnis der Anteilseigner mit der Geschäftsführung des Vorstandes durch die Entlastung in der HV ausgesprochen. Der Aufsichtsrat kann ein Vorstandsmitglied wegen grober Pflichtverletzung, Unfähigkeit oder Nichtentlastung abberufen, bei Nichtentlastung nur aus sachlich gerechtfertigten Gründen; dies dient der Abwehr von Personalentscheidungen aus sachfremden Gründen. Abberufungen sind selten; zumeist werden Verträge aufgrund von →Abfindungen gelöst. Zu große Vorstände (mit mehr als fünf Mitgliedern) gelten als langsam und entscheidungsunfreudig. Die zunehmende Anmaßung von Unternehmensvorständen, selbst Kandidaten für den Aufsichtsrat auszusuchen und ihnen die Übernahme des Amtes anzutragen, stellt die Kontrollfunktion des Aufsichtsrates auf den Kopf. — Auf Empörung stößt immer wieder, dass Vorstände Belegschaften Lohnzurückhaltung abverlangen, während ihre eigenen Einkünfte steigen. Dazu tragen zunehmend die vertraglich festgelegten Bonuszahlungen bei, die Vorstandsmitglieder aufgrund steigender Aktienkurse erhalten können, die ihrerseits auf Entlassungen, geringe Lohnsteigerungen usw. zurückgehen können (→Shareholder Value).

Vorzüge, Vorzugsaktien →Aktien

VVaG →Versicherungsverein auf Gegenseitigkeit

WXY

Wagniskapital →Risikokapital

Währung

Zahlungsmittel und Geldeinheit eines Staates. Daraus abgeleitet, wird der Begriff unterschiedlich verwendet. Im weiteren Sinn umfasst er als Geldverfassung das hoheitlich geordnete Geldwesen eines Staates, im engeren Sinn die Form des umlaufenden Geldes. Dazu gehören metallistische Währungen (meist Gold und Silber, einschließlich der Deckung des Geldes in diesen Metallen) und Korbwährungen, bei denen der Wert einer Währung entweder anhand eines inländischen →Warenkorbs oder eines →Währungskorbs ausländischer Zahlungsmittel errechnet wird. Auch wenn in einigen Industrieländern noch ein gesetzlicher Auftrag zur teilweisen Deckung einer Währung in Gold besteht (z. B. in der Schweiz), haben sich Korbwährungen als Grundlage für die Marktwertberechnung allgemein durchgesetzt. Die EU-Länder errechnen den Wert ihrer Währungen aber nicht über die gemeinsame Korbwährung →Ecu, sondern über die Wechselkurse zum Dollar, aus denen der Wert der Ecu resultiert. Die Veränderung des (Binnen-) Wertes der Deutschen Mark wird anhand der Preisentwicklung errechnet.

Währungscode

weltweit gültige alphabetische und numerische Kurzbezeichnung für Zahlungsmittel, die von der Internationalen Standardisierungs-Organisation (ISO) in Genf festgelegt und auch vom Bankennetz →S.W.I.F.T. verwendet wird. Gelöschte Codes bleiben für fünf Jahre gesperrt. — Siehe Tabelle Seite 454ff.

Währungsgitter →Kursgitter

Währungskorb

ausländische Zahlungsmittel in einem festgelegten Mengenverhältnis, aus deren Wertänderung auch die Wertänderung der eigenen Währung hervorgeht. In der Regel wird der Wert eines Währungskorbs in einheimischer Währung festgeschrieben. Aufgenommen werden meist die Währungen der wichtigsten Handelspartner. Der Währungskorb kann auch nur eine einzige Währung enthalten, über deren Wert der Wert zu allen anderen Währungen errechnet wird. — Ein Währungskorb wird eingerichtet, um Geldwertstabilität zu importieren; zugleich soll er Auslandsinvestitionen und Außenhandel stabilisieren. Denn in der Regel weisen die Korbwährungen eine niedrige, die angekoppelte Währung

Währungen und Zahlungsmittel der Welt

Land	Währung	kleinere Einheit	ISO-Code
Afghanistan	Afghani	100 Puls	AFA
Ägypten	ägypt. Pfund	100 Piaster = 1.000 Milliemes	EGP
Albanien	Lek	100 Qindarka (Qintars)	ALL
Algerien	alger. Dinar	100 Centimes	DZD
Andorra	Andorra-Pesete	–	ADP
	span. Pesete	–	ESP
	franz. Franc	100 Centimes	FRF
Angola	Neuer Kwanza	100 Lwei	AON
Anguilla	ostkarib. Dollar	100 Cents	XCD
Antigua u. Barbuda	ostkarib. Dollar	100 Cents	XCD
Äquatorial-Guinea	Ekwele (Franc CFA)	100 Centimos	GQE
Argentinien	argent. Peso	100 Centavos	ARS
Armenien	Dram	100 Luma	AMD
Aruba	Aruba-Gulden	100 Cents	AWG
Aserbaidschan	Manat	100 Gopik	AZM
Äthiopien	Birr	100 Cents	ETB
Australien	austral. Dollar	100 Cents	AUD
Bahamas	Bahama-Dollar	100 Cents	BSD
Bahrain	Bahrain-Dinar	1000 Fils	BHD
Bangladesch	Taka	100 Paisa (Poisha)	BDT
Barbados	Barbados-Dollar	100 Cents	BBD
Belarus	Rubel	–	BYB
Belgien	belg. Franc	100 Centimes	BEF
Belize	Belize-Dollar	100 Cents	BZD
Benin	Franc CFA	100 Centimes	XOF
Bermuda	Bermuda-Dollar	100 Cents	BMD
Bhutan	Ngultrum	100 Chetrum	BTN
Bolivien	Boliviano	100 Centavos	BOB
Bosnien und Herzegowina	Mark		
Botswana	Pula	100 Thebe	BWP
Brasilien	Real	100 Centavos	BRL
Brunei	Ringitt	100 Sen	BND
	(auch Brunei-Dollar)	(100 Cents)	
Bulgarien	Lew	100 Stotinki	BGL
Burkina Faso	Franc CFA	100 Centimes	XOF
Burundi	Burundi-Franc	100 Centimes	BIF
Cayman-Inseln	Cayman-Dollar	100 Cents	KYD
Chile	Neuer chil. Peso	100 Centavos	CLP
China	Renminbi Yuan	10 Jiao = 100 Fen	CNY
Costa Rica	Colon	100 Centimos	CRC
Dänemark	dän. Krone	100 Öre	DKK
Deutschland	Deutsche Mark	100 Pfennig	DEM
Djibouti	Djibouti-Franc	100 Centimes	DJF

Dominica	ostkarib. Dollar	100 Cents	XCD
Dominik. Rep.	dominikan. Peso	100 Centavos	DOP
Ecuador	Sucre	100 Centavos	ECS
El Salvador	Colon	100 Centavos	SVC
Elfenbeinküste	Franc CFA	100 Centimes	XOF
Eritrea	Birr	100 Cents	ERB
Estland	estnische Krone (Kroon)	100 Senti	EEK
Europäische Union	European Curr. Unit (Ecu)	–	XEU
	Euro (angekünd.)	100 Euro-Cents	EUR
Falkland-Inseln	Falkland-Pfund	100 Pence	FKP
Fidschi	Fidschi-Dollar	100 Cents	FJD
Finnland	Markka	100 Penniä	FIM
Frankreich	Franc	100 Centimes	FRF
Frz. Polynesien	Franc CFP	100 Centimes	XPF
Gabun	Franc CFA	100 Centimes	XAF
Gambia	Dalasi	100 Butut	GMD
Georgien	Lari	100 Tetri	GEL
Ghana	Neuer Cedi	100 Psewas	GHC
Gibraltar	Gibraltar-Pfund	100 Pence	GIP
Griechenland	Drachme	100 Lepta	GRD
Grenada	ostkarib. Dollar	100 Cents	XCD
Großbritannien	brit. Pfund	100 Pence	GBP
Guatemala	Quetzal	100 Centavos	GTQ
Guinea	Syli	10 Francs à 100 Centimes	GNS
Guinea	Guinea-Franc	100 Centimes	GNF
Guinea-Bissao	Franc CFA	100 Centimes	XAF
Guyana	Guyana-Dollar	100 Cents	GYD
Haiti	Gourde	100 Centimes	HTG
Honduras	Lempira	100 Centavos	HNL
Hongkong	Hongkong-Dollar	100 Cents	HKD
Indien	indische Rupie	100 Paise	INR
Indonesien	indones. Rupie	100 Sen	IDR
Internat. Währungsfonds	Sonderziehungsrechte	–	XDR
Iran	iran. Rial	100 Dinar	IRR
Irak	irak. Dinar	1.000 Fils	IQD
Irland	Pfund (Punt)	100 Pingin (Pence)	IEP
Island	isländische Krone	100 Aurar	ISK
Israel	Neue Schekel	100 neue Agorot	ILS
Italien	Lira	100 Centesimi	ITL
Jamaika	Jamaika-Dollar	100 Cents	JMD
Japan	Yen	100 Sen	JPY
Jemen	jemen. Rial	100 Fils	YER
Jordanien	jord. Dinar	1.000 Fils	JOD
Jugoslawien	Neuer Dinar	100 Paras	YUN
Kambodscha	Neuer Riel	100 Sen	KHR

Kamerun	Franc CFA	100 Centimes	XAF
Kanada	kanad. Dollar	100 Cents	CAD
Kapverd. Inseln	kapverd. Escudo	100 Centavos	CVE
Kasachstan	Tenge	100 Tiyn	KZT
Katar	Katar-Riyal	100 Dirham	QAR
Kenia	Schilling	100 Cents	KES
Kirgistan	Som	100 Tyyn	KGS
Kolumbien	kolumb. Peso	100 Centavos	COP
Komoren	Komoren-Franc	100 Centimes	KMF
Kongo	Franc CFA	100 Centimes	XAF
Kongo (Zaire)	Franc	100 Centimes	
Korea (Nord-)	Won	100 Chon	KPW
Korea (Süd-)	Won	100 Chon	KRW
Kroatien	Kuna	100 Lipas	HRK
Kuba	kuban. Peso	100 Centavos	CUP
Kuwait	kuwait. Dinar	1.000 Fils	KWD
Laos	Neuer Kip	100 At	LAK
Lesotho	Loti	100 Lisente	LSL
Lettland	Lat	100 Santims	LVL
Libanon	Pfund	100 Piaster	LBP
Liberia	lib. Dollar	100 Cents	LRD
Libyen	lib. Dinar	1.000 Dirham	LYD
Litauen	Litas	100 Centu	LTL
Luxemburg	luxemb. Franc	100 Centimes	LUF
Macao	Pataca	100 Avos	MOP
Madagaskar	madegass. Franc	100 Centimes	MGF
Malawi	Kwacha	100 Tambala	MWK
Malaysia	Ringgit	100 Sen	MYR
Malediven	maled. Rupie (Rufiyaa)	100 Lari	MVR
Mali	Franc CFA	100 Centimes	MLF
Malta	Lira	100 Cents	MTL
Marokko	Dirham	100 Centimes	MAD
Mauretanien	Ouguiya	5 Khoums	MRO
Mauritius	Mauritius-Rupie	100 Cents	MUR
Mazedonien	mazed. Denar		MKD
Mexiko	neuer mex. Peso	100 Centavos	MXN
Moldawien	Leu		MDL
Mongolei	Tugrik	100 Mongos	MNT
Montserrat	ostkarib. Dollar	100 Cents	XCD
Mosambik	Metical	100 Centavos	MZM
Myanmar	Kyat	100 Pyas	MMK
Namibia	namib. Dollar	100 Cents	NAD
Nepal	nepal. Rupie	100 Paise	NPR
Neu-Kaledonien	Franc CFP	100 Centimes	XPF
Neuseeland	neuseel. Dollar	100 Cents	NZD

Nicaragua	Gold-Córdoba	100 Centavos	NIC
Niederlande	niederl. Gulden	100 Cents	NLG
Niederländ. Antillen	N.A.-Gulden	100 Cents	ANG
Niger	Franc CFA	100 Centimes	XOF
Nigeria	Naira	100 Kobo	NGN
Norwegen	norweg. Krone	100 Öre	NOK
Oman	Oman-Rial	1.000 Baizas	OMR
Österreich	Schilling	100 Groschen	ATS
Pakistan	pakist. Rupie	100 Paisa	PKR
Panama	Balboa	100 Centesimos	PAB
Papua Neu-Guinea	Kina	100 Toeas	PGK
Paraguay	Guarani	100 Centimos	PYG
Peru	Neuer Sol	100 Centimos	PEN
Philippinen	phil. Peso	100 Centavos	PHP
Polen	Neuer Zloty	100 Groschen (Groszy)	PLN
Portugal	Escudo	100 Centavos	PTE
Ruanda	Ruanda-Franc	100 Centimes	RWF
Rumänien	Leu	100 Bani	ROL
Russland	Rubel	100 Kopeken	RUR
Sambia	Kwacha	100 Ngwee	ZMK
Sao Tomé und Principe	Dobra	100 Centimos	STD
Saudi-Arabien	Saudi-Riyal	100 Halalah	SAR
Schweden	schwed. Krone	100 Öre	SEK
Schweiz	Schweizer Franken	100 Rappen	CHF
Senegal	Franc CFA	100 Centimes	XOF
Seychellen	Seych.-Rupie	100 Cents	SCR
Sierra Leone	Leone	100 Cents	SLL
Singapur	Singapur-Dollar	100 Cents	SGD
Slowakei	Krone (Koruna)	100 Heller (Halierov)	SKK
Slowenien	Tolar	100 Stotinov	SIT
Solomon-Inseln	Sol.-Dollar	100 Cents	SBD
Somalia	Schilling	100 Centesimi	SOS
Spanien	Pesete	100 Centesimos	ESP
Sri Lanka	Sri-Lanka-Rupie	100 Cents	LKR
St. Helena	St.-Helena-Pfund	100 Neue Pence	SHP
St. Kitts u. Nevis	ostkarib. Dollar	100 Cents	XCD
St. Lucia	ostkarib. Dollar	100 Cents	XCD
St. Vincent und die Grenadinen	ostkarib. Dollar	100 Cents	XCD
Südafrika	Rand	100 Cents	ZAR
Sudan	sudanes. Pfund	100 Piaster	SDP
Surinam	Surinam-Gulden	100 Cents	SRG
Swaziland	Lilangeni	100 Cents	SZL
Syrien	syr. Pfund	100 Piaster	SYP
Tadschikistan	Rubel	–	TJR

Taiwan	Neuer Dollar	100 Cents	TWD
Tansania	Schilling	100 Cents	TZS
Thailand	Baht	100 Sastang	THB
Togo	Franc CFA	100 Cents	XOF
Tonga	Pa'anga	100 Seniti	TOP
Trinidad und Tobago	TT-Dollar	100 Cents	TTD
Tschad	Franc CFA	100 Centimes	XAF
Tschechien	tschechische Krone (koruna)	100 Heller (haleru)	CZK
Tunesien	tun. Dinar	1.000 Millimes	TND
Türkei	Lira	100 Kurus	TRL
Turkmenistan	Manat	100 Tenga	TMM
Uganda	Schilling	100 Cents	UGX
Ukraine	Griwen (Hryvnia)	100 Kopeken	
Ungarn	Forint	100 Filler	HUF
Uruguay	Uruguay-Peso	100 Centesimos	UYP
Usbekistan	Som	100 Tiyin	
Vanuatu	Vatu	100 Centimes	VUV
Venezuela	Bolivar	100 Centimos	VEB
Vereinigte Arab. Emirate	Dirham	100 Fils	AED
Vereinigte Staaten	US-Dollar	100 Cents	USD
Vietnam	Neuer Dong	10 Hao = 100 Xu	VND
Wallis u. Futuna	Franc CFP	100 Centimes	XPF
West-Samoa	Tala	100 Sene	WST
Zentralafrikan. Republik	Franc CFA	100 Centimes	XAF
Zimbabwe	Zimbabwe-Dollar	100 Cents	ZWD
Zypern	Pfund	100 Cents	CYP

n = nicht mitgeteilt

Kunst-, Korb- und Sammelwährungen beginnen mit dem Währungscode X. Der ostkaribische Dollar (Währungscode XCD) steht im Festkurs zum US-Dollar (2,7 ECD = 1 USD). Die Francs-Währung afrikanischer Staaten (Franc CFA, Communauté Française d'Afrique) wird von der Zentralbank der westafrikanischen Länder (XOF) oder der Bank westafrikanischer Länder (XAF) ausgegeben. 100 Francs CFA entsprechen 1 FRF. Der Franc CFP (Communauté Française du Pacifique, XPF) gilt in den französischen Übersee-Territorien und unabhängigen Inselstaaten des Südpazifik; 100 Francs CFP entsprechen 5,50 FRF. Die Franken XFU und XFO (s. u.) sind Rechengrößen in internationalen Organisationen. (Alle Kurse Stand 1.1.1998.)

Sonderzahlungsmittel

Gold	XAU	UIC-Franken	XFU
Palladium	XPD	Gold-Franken	XFO
Platin	XPT	Test-Code	XTS
Silber	XAG	geldlose Transaktionen	XXX

Übernommene ausländische Währungen, Währungen in besetzten Gebieten (Auswahl)

Land	Währung	von	Code
Grönland	dänische Krone	Dänemark	DKK
Kiribati	austral. Dollar	Australien	AUD
Liechtenstein	Schweizer Franken	Schweiz	CHF
Mikronesien	US-Dollar	USA	USD
Monaco	franz. Franc	Frankreich	FRF
Nauru	austral. Dollar	Australien	AUD
Osttimor	Osttimor-Escudo	Osttimor	TPE
	indones. Rupie	Indonesien	IDR
Palau	US-Dollar	USA	USD
Palästina (Gaza und	Neuer Schekel	Israel	ILS
Westbank)	jord. Dinar	Jordanien	JOD
San Marino	Lira	Italien	ITL
Vatikanstadt	Lira	Italien	ITL
Westsahara	span. Pesete	Spanien	ESP
	marokk. Dirham	Marokko	MAD
	Ouguiya	Mauretanien	MRO
Zypern (Nord-)	türk. Lira	Türkei	TRL

erloschene Codes (Auswahl)

Land	Währung	gültig bis	Code
Argentinien	Peso Argentino	Juli 1985	ARP
	Peso	1989/90	ARY
	Austral	Jan. 1992	ARA
Brasilien	Cruzeiro	März 1986	BRB
	Cruzado	Feb. 1989	BRC
	Neuer Cruzado	März 1990	BRN
	Cruzeiro	März 1993	BRE
	Cruzeiro Real	Juli 1994	BRR
DDR	Mark der DDR	Juli 1990	DDM
Jugoslawien	Neuer jug. Dinar	Jan. 1990	YUD
	jug. Dinar	Nov. 1995	YUN
Nicaragua	Cordoba	Okt. 1990	NIC
Peru	Sol	Feb. 1986	PES
	Sol	1989/90	PEH
	Inti	Juli 1991	PEI
Tschechoslowakei	Krona	1989/90	CSJ
	Koruna	März 1993	CSK
UdSSR	Rubel	Dez. 1990	SUR

Quelle: ISO 4217 (verschiedene Jahrgänge), für die Währungs-Bezeichnungen: Policy Analysis Computing & Information Facility in Commerce (Pacific, Universität von British Columbia).

hingegen eine hohe (Binnen-)Inflationsrate auf. Gehalten werden kann der feste →Wechselkurs nur mit einem Zustrom an Auslandsinvestitionen (bei konvertierbaren Währungen, weil sie nachgefragt werden müssen, um die Investitionen aufzubringen), und erhöhten (Lock-)Zinsen für die inländische Währung. Sie erzeugen den volkswirtschaftlichen Druck, um einen Dreischritt zur Stabilität zu erreichen: sinkendes Haushaltsdefizit, das zur sinkenden Inflationsrate und damit zu sinkenden Zinsen führt. Damit lässt auch die Inflationsdifferenz zwischen Inlandswährung und Währungskorb nach. Bleibt die dauerhafte Ankopplung unglaubwürdig, wird eine Abwertung der Inlandswährung bzw. eine Aufwertung der Korbwährungen notwendig. Dies bedeutet einen entsprechenden Wertverlust für ausländische Anleger. — Auch internationale Kunstwährungen wie die →Ecu oder →Sonderziehungsrechte setzen sich aus einem Währungskorb zusammen.

Währungspolitik
Gestaltung des inneren und äußeren Geldwertes auf nationaler, EU- und internationaler Ebene. (1) Zur nationalen Währungspolitik gehören Auf- und Abwertungen, der Grad der Konvertierbarkeit einer Währung, die Entscheidung für eine →Leitwährung, Vorschriften für den internationalen Kapitalverkehr (→Kapitalverkehrskontrollen) und Notmaßnahmen bei Störungen der →Zahlungsbilanz. (2) Die EU-Währungspolitik umfasst die Funktionsprinzipien und die Ausgestaltung der →Wirtschafts- und Währungsunion (WWU). (3) Internationale Währungspolitik richtet sich insbesondere auf die Entwicklung der Wechselkurse der Industrieländerwährungen und ihre Auswirkung auf Waren- und Kapitalströme. Währungspolitische Zusammenarbeit umfasst meist die Vereinbarung von Stabilisierungskrediten, von zwischen Zentralbanken abgesprochenen Devisenmarktinterventionen oder die Abgabe von Stellungnahmen, um Wechselkurse zu beeinflussen.

Währungsreform
grundlegende Umgestaltung eines Währungssystems, wenn die Währung im Inland nicht mehr als Zahlungsmittel anerkannt wird. Hauptgrund ist in der Regel →Inflation. Elemente einer Währungsreform können sein: der vollständige Wertverlust aller offiziellen Zahlungsmittel, ungleiche Wechselkurse bei der Umstellung von Schulden und Guthaben auf das neue Zahlungsmittel, ungleiche Wechselkurse für Wirtschaftsunternehmen und Privatpersonen, ein Wechsel in der Deckung der Währung und der Anbindung an eine Fremdwährung oder einen →Währungskorb, Neuausstattung der Bevölkerung mit Geld pro Kopf und von Betrieben nach Kenngrößen oder relativ zu eingebüßten Werten. Sachwertbesitzer sind in der Regel die Gewinner einer Währungsreform, können aber zu einem Lastenausgleich herangezogen werden. — Die beiden bedeutenden Währungsreformen in Deutschland waren die Umstellung von Mark auf Rentenmark 1923 und von Reichsmark auf Deutsche Mark 1947 (s.u.). — Die Umstellung im Zug

der deutsch-deutschen Währungsunion am 1.7.1990 war der Anschluss des einen Währungsgebietes an ein anderes und damit der Sonderfall einer Währungsreform, ein Währungswechsel (wegen ungleicher Wechselkurse für Betriebsschulden und Sparguthaben mit einigen Elementen einer Währungsreform). Auch die geplante Einführung des →Euro ist ein Währungswechsel.

Beide deutschen Währungsreformen und die ihnen vorausgegangenen Inflationen begünstigten die Sachwertbesitzer. Die erste Währungsreform wurde durch einen inflationären Rückstau aus der Kreditfinanzierung des Ersten Weltkrieges ausgelöst, dem infolge der Warenknappheit nach Kriegsende kein ausreichendes Güterangebot gegenüberstand. Die Devisenreserven schmolzen durch hohen Einfuhrbedarf, Kapitalflucht und Spekulation. Die in Goldmark berechneten Reparationszahlungen an die Alliierten löschten zudem die Goldreserven aus. Die Regierung deckte zwischen 1920 und 1922 ihren Haushaltsbedarf nur noch zu 40 Prozent aus eigenen Einnahmen, den Rest aus der Notenbankpresse, 1923 zu 19 Prozent. Die Unterstützung des passiven Widerstandes im Ruhrkampf 1923 (gegen die Besetzung des Ruhrgebietes durch französische und belgische Truppen, weil die deutsche Seite ihre Reparationssachleistungen in Telegrafenstangen und Kohle nicht erfüllt hatte) und die Kompensation der Einnahmeausfälle im besetzten Gebiet wurde vollständig mit Zentralbankkrediten bezahlt. Der Dollar kostete im Januar 1922 etwa 200 Mark, im Januar 1923 bereits 18.000 Mark, im Juli 350.000 Mark, im Oktober 25 Milliarden und im November, auf dem höchsten Punkt der Inflation, 4,2 Billionen. Eine beispiellose Verelendung der Arbeiter und kleinen Angestellten setzte ein, weil die Lohn- der Preisentwicklung ständig nachhinkte. Der Mittelstand verlor alle Rücklagen und Ersparnisse sowohl auf Sparkonten als auch in Wertpapieren, insbesondere in Staatsschuldpapieren. Der Staat und alle anderen Kreditnehmer verloren ihre Schulden. Industrie und Landwirtschaft bezahlten neue Investitionen mit schnell wertlos werdendem Geld. Weil die Spekulation die (ungedeckte) „Papiermark" unter ihren echten Wert drückte, konnten Exportproduzenten Löhne und Rohstoffe in wertlosem Geld bezahlen und trotz Schleuderpreisen auf dem Weltmarkt wertvolle Devisen erlösen. Einige Großspekulanten (als Bekanntester Hugo Stinnes) kauften in großem Umfang Sachwerte auf, nahmen darauf Kredite auf, kauften damit weiter ein und zahlten die Schulden in wertlosem Geld zurück. Bei der Verleihung des Friedensnobelpreises 1927 erklärte es Gustav Stresemann, der 1923 Reichskanzler gewesen war, zur schlimmsten Kriegsfolge, „dass jene geistige und gewerbliche Mittelschicht, die traditionsgemäß Trägerin des Staatsgedankens war, ihre völlige Hingabe an den Staat im Kriege mit der völligen Aufgabe ihres Vermögens bezahlte und proletarisiert wurde. Wie weit die Staatsräson dazu befugt war, diese Opfer von einer ganzen Generation zu fordern, dieses Opfer, das darin bestand, dass das vom Staat ausgegebene Geld wertlos und nicht wieder ersetzt wurde, darüber ist der Streit der Geister und vielleicht auch die Praxis der Gesetzgebung bis heute nicht zum Abschluss gekommen." Der Historiker Arthur Rosenberg schrieb: „Die systematische Enteignung des deutschen Mittelstandes, nicht etwa durch eine sozialistische Regierung, sondern in einem bürgerlichen Staat, der den Schutz des Privateigentums auf seine Banner geschrieben hatte, ist ein beispielloses Ereignis. Es war eine der größten Räubereien der Weltgeschichte." Als Währungsreform wurde am 15.11.1923 der Wert des Dollars auf 4,2 Billionen Papiermark festgelegt und eine Billion Papiermark in eine Zwischenwährung, die neu ausgegebene Rentenmark, umgetauscht. Bodenbesitz, Handelsgüter und die Industrie wurden mit einer vierprozentigen Zwangshypothek, die 3,2 Milliarden Rentenmark ergab, belastet. Der Begriff „Rente" bezog sich deswegen auf den Kapitalertrag aus Bodenbesitz und sollte die neue Währung psychologisch unterstützen. „Eigentlich war die Rentenmark nur ein Bluff" (Rosenberg). Mit der Hypothek als Deckung wurden 2,4 Milliarden Rentenmark gedruckt. Sie gingen je zur Hälfte an den Staat (für seine Ausgaben) und an die Banken (zur Weiterreichung als Kredite für die Wirtschaft). Zugleich begann ein äußert rigider staatlicher Sparkurs. Auch wenn sich dadurch die Wirtschaftskrise noch weiter verschärfte, wurde das neue Geld akzeptiert und blieb auch stabil, als es 1924 von der goldgedeckten Reichsmark (RM) abgelöst wurde. — Auch die Währungsreform des Jahres 1948 wurde durch aufgestaute Inflation aufgrund der Kriegsfinanzierung und durch die Nachkriegs-Bewirtschaftung zu Festpreisen nötig. Anders als 1922/23 vernichtete aber nicht eine Inflation das Geld. Solange dieser Weg durch die Festpreise versperrt war, fungierte der Schwarzmarkt mit seiner Zigarettenwährung als Ausgleich. Die Währungsreform bestand aus einer Vielzahl von Schritten. Zunächst wurde die Bank deutscher Länder gegründet, die die neue Währung Deutsche Mark (DM) ausgab. Am 20.6.1948 wurden alle Forderungen und Guthaben im Verhältnis 10 RM zu 1 DM umgestellt (abgewertet), wiederkehrende Leistungen wie Löhne, Gehälter, Mieten und Pachten im Verhältnis 1:1. Durch spätere Streichungen von Guthaben bei Kreditinstituten lag der Umstellungskurs letztlich bei 100:6,5. Außerdem erhielt jeder Einwohner als „Kopfbetrag" am Umstellungstag 40 DM zum Kurs von 1:1 und im Verlauf der nächsten zwei Monate weitere 20 DM. Unternehmen erhielten einen „Geschäftsbetrag" von 60 DM je Beschäftigten. Sie hatten eine DM-Eröffnungsbilanz aufzustellen. Große Wahlfreiheiten bei der Vermögensbewertung ermöglichten die Reaktivierung früherer Abschreibungen und entsprechende Minderungen der späteren Steuerlast; Substanzsteuern (Vermögensteuer, Gewerbekapitalsteuer) milderten die Ausfälle allerdings. Der Sachbesitz wurde nicht weiter belastet; deswegen waren Grund- und Hausbesitzer sowie Unternehmer besonders bevorzugt. Altsparer, deren Spareinlagen von vor 1940 datierten, erhielten 1953 einen verbesserten Umstellungskurs von 100:20. Banken erhielten 1958 für ihre gestrichenen Staatsschuldtitel, mit denen sie die Kriegsfinanzierung ermöglicht hatten, Ausgleichsforderungen gegen die öffentliche Hand (Bund und Länder). — Die Währungsreform beendete die deutsche Währungseinheit. Auf die Ausgabe der D-Mark in den drei Westzonen reagierte die Verwaltung in der sowjetischen Zone noch in der gleichen Woche. Der Kopfbetrag lag bei 70 RM; auf die RM-Banknoten wurden Kupons geklebt.

Restliches Bargeld wurde 1:10 umgestellt, Sparkonten gestaffelt 1:1 bis 1:10. Ende Juni wurden die Koupon-RM gegen neue „Deutsche Mark der deutschen Notenbank" umgetauscht; 70 DM wurden bar ausgezahlt, der Rest auf Konten gutgeschrieben. Die neuen Banknoten wurden wiederum 1957 umgetauscht. 1964 wurde das Geld in Mark der Deutschen Notenbank und 1968 in Mark der DDR (Kürzel: M) umbenannt. Es erlosch 1990. — Reine Denominierungsreformen, bei denen z. B. einige Nullen gestrichen werden, um wieder zu handhabbaren Zahlengrößen zu kommen, und bei denen auch neue Währungsbezeichnungen eingeführt werden können, werden als Währungswechsel bezeichnet. Maßgabe dafür ist die einheitliche Umstellung von Bargeld, Forderungen und Verbindlichkeiten. Der bekannteste Währungswechsel der Nachkriegszeit war in Frankreich der Übergang von alten zu neuen Francs 1960 mit der Streichung von zwei Nullen. Eine Modernisierung war 1971 die Dezimalisierung des britischen Währungssystems mit dem Wegfall des Shilling. Während in den achtziger und neunziger Jahren in Brasilien und der Ukraine in kurzer Zeit mehrere Währungen verbraucht wurden, war die Inflationsbekämpfung in Polen erfolgreich und ermöglichte 1995 mit dem Streichen von drei Nullen den Übergang vom alten zum neuen Zloty. Der russische Rubel wurde am 1.1.1998 um drei Nullen erleichtert.

Währungsreserven →Devisenreserven
Währungsschlange →Europäisches Währungssystem
Währungsswap →Swap

Wall Street

kleine Straße im Süden des New Yorker Stadtteils Manhattan, an der die Aktienbörse (New York Stock Exchange, Nyse) sowie viele Büros großer Wertpapierhandelsfirmen liegen. — In den USA herrscht die traditionelle Abgrenzung Wall Street gegen Main Street, „unproduktives" Finanzkapital gegen „produktives" Industrie- und Handelskapital. Jünger ist eine Bedeutungsverschiebung der Wall Street vom „grossen" zum „schnellen" oder „jungen" Geld, bedingt durch den Börsenboom der →Reaganomics bis 1987, die hohen Einkommen junger Börsenhändler, Übernahmeschlachten mit sehr hohem Kapitaleinsatz und die Entwicklung hochriskanter Finanzinnovationen, deren Komplexität nur noch wenige Beteiligte tatsächlich überblicken. Einen Bedeutungsverlust als Metapher für den Finanzmarkt schlechthin hat Wall Street durch die Herausbildung des →Euromarktes erlitten.

Der Phänotyp des jungen, hochverdienenden Yuppie (Young Urban Professional) und das Phänomen des „greed", der offen ausgelebten Gier nach Geld, Karriere und Erfolg, sind seit dem →Börsenkrach von 1987 von gemäßigteren Formen abgelöst worden, haben aber das Bild der Wall Street bis in die Gegenwart bestimmt.

Wandelanleihe →Anleihe
Warenbörsen →Börsen

Warenkorb

repräsentative Auswahl aus dem Angebot von Waren und Dienstleistungen,

Entwicklung der Lebenshaltungspreise

	92	93	94	95	96	97
Erzeugerpreise für gewerbliche Produkte	1,4	0,2	0,6	1,8	–0,5	1,1
Preisindex für die Lebenshaltung	5,1	4,5	2,7	1,8	1,5	1,8

Quelle: Bundesbank. Siehe auch →Inflation.

der zur Berechnung des Lebenshaltungsindex (siehe Tabelle) dient. Dafür erheben die Statistischen Landesämter und das Statistische Bundesamt monatlich in 190 Berichtsgemeinden die Preise für etwa 750 genau beschriebene Waren und Dienstleistungen, die von privaten Haushalten nachgefragt werden, und gewichten sie. Der Lebenshaltungsindex gilt einheitlich für das ganze Bundesgebiet; die Preisreihen erlauben aber auch die Aufstellung regionaler und sektoraler Preisindizes. Trotz regelmäßiger Anpassung sind die ausgewählten Produkte und Dienstleistungen des Warenkorbes insbesondere wegen des rasanten Wandels im Konsumgüterbereich oft etwas veraltet.

Warentest →Stiftung Warentest
Warrants →Optionen
WBL →Blaue Liste

Wechsel

Wertpapier mit Zahlungsmittel-, Kredit- und Aufbewahrungsfunktion, das für Dreiecksgeschäfte geeignet ist. Ein Gläubiger ist Aussteller des Wechsels (der „Tratte") und lässt sich seine Forderung vom Schuldner auf dem Wechsel bestätigen („Akzept"); damit fordert der Gläubiger den Schuldner zugleich auf, die Schuld zu einem bestimmten Zeitpunkt an den Wechselnehmer zu zahlen. Der Aussteller gibt den Wechsel weiter und der Wechselnehmer („Remittent") legt die Forderung dann dem Schuldner (dem „Bezogenen") zur Einlösung vor. Der Wechselnehmer kann den Wechsel auch weiterverkaufen, dies muss aber durch „Indossament" auf dem Wechsel vermerkt werden. Das Einreichen des Wechsels bei einer Bank führt zur „Diskontierung", dem Auszahlen des Betrags mit einem Zinsabzug für die Zeit bis zur Fälligkeit des Wechsels. Trägt ein Wechsel die Namen dreier als solvent bekannter Bezogener, meist einschließlich des Kreditinstituts, akzeptiert ihn die Bundesbank als „guten" Wechsel und gibt dafür Zentralbankgeld aus. — Seltener als diese Standardform des „gezogenen Wechsels" sind Solawechsel, bei dem Gläubiger und Schuldner identisch sind, die also eine eigene Zahlungsverpflichtung in der Zukunft beinhalten.

Wechsel müssen acht gesetzlich vorgeschriebene Elemente enthalten: die Bezeichnung Wechsel im Urkundentext, die unbedingte Anweisung, eine bestimmte Geldsumme zu zahlen, der Name des Bezogenen, Verfallzeit, Zahlungsort, Remittent, Ort und Zeit der Ausstellung, Name des Ausstellers. Zur Entstehung →Börse.

Wechselkurs
Wertverhältnis zweier Währungen. Sie spiegeln auch die Veränderungen der hinter ihnen stehenden Volkswirtschaften wider. Tatsächlich aber werden Wechselkurse von vielen Faktoren beeinflusst. Dazu gehören insbesondere Zinsniveaus und Inflationsraten, externe Schocks (wie die Ölpreisexplosionen der siebziger Jahre mit den nachfolgenden Störungen der →Zahlungsbilanz) sowie Verschiebungen anlagesuchenden internationalen Kapitals. — Die beiden Extremformen der Wechselkurse sind völlig freie, die nur von Markteinflüssen bestimmt werden, und völlig fixe, die unveränderbar sind und staatlich festgelegt wurden. Beide können in Reinform nicht existieren. Freie Wechselkurse sind immer von staatlicher Geld- und Zinspolitik beeinflusst (solange Geld neu geschöpft und von einer Zentralbank ausgegeben wird). Fixe Wechselkurse erfüllen wirtschaftspolitische Zwecke und bringen früher oder später entweder einen Schwarzmarkt, Spekulationen auf den Kapitalmärkten oder Störungen bei der Güterversorgung hervor. Während in den Industrieländern freie Wechselkurse und →Konvertierbarkeit als wünschenswert gelten, um stetigen Wettbewerbsdruck zu erzeugen, sind fixe Wechselkurse nach dem Zusammenbruch der sozialistischen Planwirtschaften selten geworden. Einige von Inflation betroffene Reformländer nutzen sie zur volkswirtschaftlichen Stabilisierung (→Währungskorb). In der Praxis sind sie umstritten, denn die zur Inflationsbekämpfung nötige, oft vom →Internationalen Währungsfonds verlangte Hochzinspolitik (mit der zugleich eine ausländische Nachfrage nach Kapitalanlagen in inländischer Währung geschaffen wird, sodass der Wechselkurs stabilisiert wird) kann die volkswirtschaftliche Entwicklung erheblich verzögern. Eine Milderung mit niedrigeren Zinsen und einer langsamer fallenden Inflationsrate findet gelegentlich auch das nachträgliche Einverständnis des IWF. — Stabilitätsziel ist neben einem fixen Wechselkurs vor allem die Verteidigung eines Inflationsziels (bei gleichzeitiger schleichender Abwertung gegenüber einem Währungskorb, „managed float") oder ein Geldmengenziel. Der Wechselkurs kann bei einem Inflationsziel freigegeben oder schrittweise von den Währungsbehören angepasst werden. Bei einem Geldmengenziel, das ganz überwiegend auf eine Binnenwirtschaft abzielt, spielt der Wechselkurs nur eine untergeordnete Rolle (Ausnahme: die Exportnation Deutschland). Ein großes Problem von Währungskörben bzw. festen Wechselkursen ist ihre Aufhebung: Meist geschieht sie krisenhaft, indem die Devisen- und Kapitalmärkte ihr Vertrauen in den von der Regierung zugesagten Wechselkurs verlieren. Zunächst beginnen kurzfristige Kapitalanlagen („hot money") abzufließen. Sie machen Zentralbankinterventionen erforderlich, um den Wechselkurs zu verteidigen. Gelten sie als unglaubwürdig, kollabieren das Wechselkursregime und der Wechselkurs selbst. Der Wert der in einheimischer Währung bilanzierten Auslandsinvestitionen sinkt für ihre Eigentümer bei einer Abwertung entsprechend, aber die Exportprodukte des Landes erhalten einen ebensolchen

Preisvorteil. — Eine Zwischenform sind Wechselkurse, die in einem festgelegten Band um einen Mittelkurs schwanken dürfen. In einem System solcher „fester flexibler" Wechselkurse müsste sich bei gleich bleibender währungspolitischer Umgebung (ähnliche Inflationsraten, Zinsen usw.) eine →Konvergenz in immer geringeren Abweichungen vom Leitkurs ausdrücken. Daraus lässt sich ableiten, dass nach einer gewissen Wartezeit die Wechselkurse festgeschrieben werden können und daraus eine Währungsunion entsteht, indem die verschiedenen Währungen, die ohnehin ihre Kurse nicht mehr verändern, gegen eine neue gemeinsame ausgetauscht werden (Krönungstheorie, →Wirtschafts- und Währungsunion).

Wechselsteuer
eine Verkehrsteuer mit geringem Aufkommen, die die Aushändigung eines →Wechsels und ähnlicher Zahlungsversprechen besteuerte; zum 1.1.1992 aufgehoben.

Weltbank
multilaterale Institution zur Finanzierung langfristiger Programme in Entwicklungsländern, Schwesterorganisation des →Internationalen Währungsfonds (IWF) und Kern der →Weltbank-Gruppe. Durch die Strukturanpassungsprogramme des IWF hat die Weltbank viel politischen Einfluss in den Empfängerländern verloren. Sie vergibt zwei Gruppen von Krediten: mittel- bis langfristige Ausleihungen an Entwicklungsländer zu knapp unter Marktzinsen, die durch die Begebung von Anleihen refinanziert werden, und zinsbefreite Ausleihungen an sehr arme Länder mit einer Laufzeit von 35 bis 40 Jahren und zehn Jahren Rückzahlungsfreiheit, die durch Beiträge von 30 Ländern an die IDA (→Weltbank-Gruppe) finanziert werden. Weltbank und IDA finanzierten 1996 insgesamt 256 Projekte im Volumen von 21,5 Milliarden US-Dollar. — Auch angesichts des Scheiterns des von ihr propagierten industrieländerorientierten Entwicklungsmodells hatte die Weltbank ab 1982 (→Schuldenkrise) die Abkehr vom staatlich-planerischen →Keynesianismus hin zum marktfreundlichen →Liberalismus vollzogen. Von →Nichtregierungsorganisationen, einer Opposition innerhalb der Organisation und von Regierungspolitikern wurde der Bank das Fehlen eines schlüssigen Entwicklungsmodells sowie Desinteresse an dezentraler Armutsbekämpfung und an den sozialen und ökologischen Folgen ihrer Projekte (besonders bei der Staudammfinanzierung) vorgeworfen. Seither hat die Weltbank eine Vielzahl von Bekenntnissen zu Armutsbekämpfung und ökologischer Verantwortung, zur „kooperativen" Zusammenarbeit und Transparenz veröffentlicht. 1996 erregte Weltbank-Präsident James Wolfensohn Aufsehen, als er seinen 200 Top-Angestellten vorwarf, sie seien mit ihrem Zynismus, ihrem Desinteresse und ihren männlich-westlichen Normen das eigentliche Problem der Bank, die 4,5 Milliarden Menschen helfen müsse. — Seit Mitte der neunziger Jahre betont die Weltbank die „katalytische" Rolle des Staates wieder stärker,

aber nicht (nur) zur Bekämpfung der Folgen von Marktversagen, sondern vor allem als Initiator von Entwicklung und Strukturwandel. „Die staatlich dominierte Entwicklung ist gescheitert, aber ebenso eine Entwicklung ohne Staat. Entwicklung ohne einen effizienten Staat ist unmöglich", heißt es im Jahresbericht 1997. So scheint die Weltbank damit zu beginnen, die staatlich geleitete und geschützte Zwangsentwicklung der privaten Wirtschaft zu honorieren, die für asiatische Wachstumsländer zu einer ökonomisch erfolgreichen Strategie geworden ist, obwohl sie ökonomisch den liberalen Dogmen und politisch den westlichen Menschenrechtsvorstellungen widerspricht.

Englischer Name: International Bank for Reconstruction and Development (IBRD), Internationale Bank für Wiederaufbau und Entwicklung. Gründungsbeschluss: 1944 (→Bretton Woods), Aufnahme der Arbeit 1946. Sitz in Washington D.C. (USA). 180 Mitglieder (1997); Voraussetzung einer Mitgliedschaft ist der Beitritt zum IWF. Stimmrechtsverhältnis ähnlich wie beim IWF; die Sperrminorität von 85 Prozent erlaubt den USA mit ihren 17 Prozent Stimmanteil ein Vetorecht.

Weltbank-Gruppe

Sammelbezeichnung für die 1944 auf der Konferenz von →Bretton Woods gegründete →Weltbank und die später um sie herum ins Leben gerufenen Körperschaften mit Sonderfunktionen. Dazu gehören die 1956 gegründete International Finance Corporation (IFC), die 1960 gegründete International Development Association (IDA, Internationale Entwicklungs-Agentur) und die Multilateral Investment Guarantee Agency (MIGA, Multilaterale Investitionsgarantie-Agentur) von 1988. Die Gremien werden teilweise in Personalunion besetzt; der entscheidende Einfluss liegt in allen Fällen bei den Industrieländern.

Die Weltbank vergibt Kredite und Darlehen für regierungsgestützte Vorhaben. Die IFC unterstützt private oder privatisierte Unternehmen durch Beteiligungen. Die IDA ist spezialisiert auf die Vergabe von zinsvergünstigten Krediten an ärmste Länder. Die MIGA versichert das politische Risiko bei Investitionskrediten. Das ebenfalls der Weltbank-Gruppe angehörende Internationale Zentrum zum Ausgleich von Investitionsstreitigkeiten (International Center for Settlement of Investment Disputes, ICSID) wurde 1966 gegründet und hat Schlichtungsfunktion.

Welthandel

das System aller grenzüberschreitenden Wirtschaftstransaktionen. Es expandiert durch →Freihandel; je größer der Anteil des →Protektionismus ist, desto geringer sind die Zuwachsraten. Die zunehmende weltweite Verflechtung wird auch als Globalisierung bezeichnet; Globalisierung umfasst jedoch auch Weltproduktion und Weltfinanzen. Die Befürchtung, der Welthandel werde durch den seit den achtziger Jahren aufkommenden Regionalismus (→EU, →Nafta, →Apec) gefährdet, hat sich nicht bewahrheitet. Die Furcht vor einer Abschottung hat zwar eine Investitionswelle ausgelöst, um auf dem Markt zu sein, wenn sich eine Region zur „Festung" entwickelt. Dadurch wuchs aber die extraregionale Verflechtung stärker als die intraregionale und hat damit sogar eine größere Offenheit des Außenhandels bewirkt.

Welthandels- und Kapitalströme

Durchschnitt aus Exporten und Importen, in Mrd. US-Dollar

	Welthandel	Int. Bankgeschäft
1970	306	170
1975	856	582
1980	1.961	1.853
1985	1.893	2.997
1990	3.422	6.966
1992	3.796	6.884
1994	4.276	7.998
1995	5.113	8.900
1996	5.310	9.150
1997	5.450	n.

Quelle: IWF, Bundesbank, n: nicht bekanntgegeben. Angaben beruhen teilweise auf Schätzungen.

Eine Studie der UN-Handelstochter →Unctad mit Angaben über 1992 zeigt, wie gering die Zahl der Hauptakteure in der Weltwirtschaft geworden ist. Demzufolge entfällt ein Drittel des Welthandels auf Geschäfte zwischen verschiedenen Töchtern eines Multis, ein weiteres Drittel sind Geschäfte zwischen verschiedenen Multis. Nur ein Drittel des in jenem Jahr 4.900 Milliarden Dollar umfassenden Welthandels (nach einer vom IWF abweichenden statistischen Abgrenzung) entfällt auf alle anderen Firmen zusammen. — Bis in die achtziger Jahre stand die strukturelle Benachteiligung der Entwicklungsländer im Welthandel durch die Stärke der Industrieländer im Mittelpunkt der Kritik (→Terms of Trade), seit 1982 noch einmal verstärkt durch die →Schuldenkrise. Differenziert ist das Bild, seit auf die asiatischen Wachstumsländer ein steigender Anteil am Welthandel entfällt. Ein starker Akzent der Kritik am Welthandel liegt nun auf den ökologischen Folgen des Welthandels, insbesondere durch den Schiffs- und Luftverkehr und durch die Erschließung weiterer Rohstoffvorkommen sowie durch den Zuwanderungssog, den weltmarktorientierte Industrieansiedlungen auslösen.

Eine auf Verbraucherentscheidung abgestellte Initiative, auf privatem Weg für mehr Gerechtigkeit im Welthandel zu sorgen, stellt der →TransFair-Handel dar.

Welthandels- und Entwicklungskonferenz
→United Nations Conference on Trade and Development

Welthandelsorganisation (WTO)
der zum Abschluss der →Uruguay-Runde beschlossene und am 1.1. 1995 gegründete Nachfolger des Zoll- und Handelsabkommens →Gatt. Die Kompetenzen der WTO gehen über diejenigen des Gatt deutlich hinaus. Sie ist eine Sonderorganisation der Vereinten Nationen. — Ziele sind die Überwachung der Handelspolitik der Mitgliedsländer, die weitere Liberalisierung des Welthandels und einheitliche Verfahren zur Regelung von Handelskonflikten, zur Durchsetzung der Beschlüsse der →Uruguay-Runde und allgemein des Gatt-Vertragswerks. — Vom Gatt unterscheidet sich die WTO in mehrfacher Hinsicht. (1) Gatt war ein Abkommen mit einem kleinen Sekretariat, während die WTO eine offiziell

etablierte Institution mit einem dauerhaften Unterbau ist. (2) Das Gatt war als Vertrag ein Provisorium, während die WTO-Vereinbarungen dauerhaft und verlässlich sein sollen. (3) War das Gatt nur für den Warenhandel zuständig, ist bei der WTO der Handel mit Dienstleistungen und geistigem Eigentum hinzu gekommen. (4) Die WTO-Vereinbarungen sind allgemeinverbindlich, während das Gatt in den achtziger Jahren um viele nur für einen Teil der Mitglieder geltende Bestimmungen erweitert worden war, was zu Widersprüchlichkeiten, Unklarheiten und Benachteiligungen geführt hatte. (5) Die Streitschlichtungsverfahren der WTO sind schneller und transparenter als die des Gatt. — Barocken Umfang hat die Gründungsdokumentation der WTO dennoch. Am Anfang standen 29 völkerrechtlich bindende Verträge und 25 Ministererklärungen, -entscheidungen und -einverständnisse, die zusammen das internationale Handelssystem ausmachen. Grundlegend sind ihre Prinzipien, die Nichtdiskriminierung von Produkten ausländischer Hersteller, das Unterlassen von Dumping und eine →Meistbegünstigung für alle WTO-Mitglieder. Zahlreiche Ausnahmen werden regelmäßig (z. B. alle fünf Jahre) überprüft. — Höchstes Organ ist die Ministerkonferenz, die mindestens alle zwei Jahre tagt und die für Handel zuständigen Regierungsvertreter aus jedem Mitgliedsland umfasst. Für die Tagesgeschäfte ist der in Genf ansässige Generalrat zuständig. Er kann auch als Körperschaft zusammentreten, um die Streitschlichtungsprozeduren bei Handelskonflikten und die Handelspolitik der Mitgliedstaaten zu überwachen. Dem Generalrat sind drei Fachräte für den Handel mit Waren, Dienstleistungen und geistigem Eigentum untergeordnet. Zahlreiche Ausschüsse berichten an die drei Fachräte oder direkt an den Generalrat. — Zwar hat die WTO einen Ausschuss für Handel und Umwelt eingerichtet. Doch während etwa die Wirtschaftspolitik der EU von verbindlichen Umweltabkommen begleitet wird oder werden kann, befürchten viele Umweltpolitiker, dass die WTO die internationalen Umweltstandards auf den kleinsten gemeinsamen Nenner zurückführt. Denn die WTO-Schiedssprüche orientieren sich an der Nichtdiskriminierung und können ökologisch begründete Regulierungen als nicht gestattungsfähiges Handelshemmnis aufheben. Ganz ungeklärt ist die Anwendung vieler rechtsverbindlicher UNO-Deklarationen zu Umweltfragen bei der Beurteilung von Handelskonflikten. Im weiteren Sinn führt die selbstgestellte Aufgabe der WTO, den Welthandel zu erweitern, insbesondere zu einer stärkeren Belastung der Umwelt durch den schnell wachsenden See- und Luftverkehr. — Die erste WTO-Ministerkonferenz 1996 in Singapur, die die Gründungsphase der WTO abschloss, brachte ein neues Abkommen über den Handel mit Produkten der Informationstechnologie, Liberalisierungen auf den Telekommunikationsmärkten und die Senkung von Zöllen auf Pharma-Produkte. Entgegen dem Drängen westlicher Handelspolitiker werden nun erst in Arbeitsgruppen Auslandsinvestitionen, Prinzipien der Außenhandelspolitik und die Liberalisierung der Vergabe von Regierungsaufträgen untersucht. Gegenüber den die WTO dominierenden Liberalisierungsvorhaben der Industrie- und Wachstumsländer (die so genannten „neuen Themen") blieben die Probleme der nicht gemeinsam auftretenden armen Länder unbeachtet, insbesondere ihre Einforderung von Kompensationen für die Umsetzung der Beschlüsse der Uruguay-Runde. Das Vorhaben, Importe aus den am wenigsten entwickelten Ländern weltweit von Tarifen zu befreien, hat bei den WTO-Mitgliedern keine Mehrheit gefunden, auch weil der Ursprung der Ware oft nicht sicher zu klären wäre. Die mögliche Gleichbehandlung von inländischen und ausländischen Investoren, die jetzt auch von den asiatischen Wachstumsländern (nach Jahrzehnten erfolgreicher Diskriminierung) gefordert wird, stellt für schwach entwickelte Länder möglicherweise eine Bedrohung dar. Insgesamt zeichnet sich in der WTO eine deutliche Dreiteilung der Entwicklungsländer ab: (1) in die Schwellenländer vor allem des Fernen Ostens, die offensiv auf Liberalisierungen drängen und zugleich zäh an Importrestriktionen festhalten und damit auch in puncto Verhandlungsführung Anschluss an die Industrieländer finden, (2) viele eher zurückhaltende Mitglieder z. B. aus Lateinamerika mit niedrigerer Entwicklungsgeschwindigkeit und weniger bedeutendem Exportsektor und (3) die ärmsten Länder, die auf das Bekenntnis der WTO zur entwicklungsorientierten Handelspolitik setzen, aber damit kaum materielle Zugeständnisse erreichen können. Auch die Industrieländer sind nicht nur über Details gespalten; insbesondere wird der Streit zwischen USA und EU um die Zukunft der Agrarsubventionen bis zum Jahr 2000 nicht beigelegt sein, wenn eine neue Liberalisierungsrunde beginnen soll.

WTO-Mitglied kann werden, wer über seine Handelspolitik selbst bestimmt und WTO-Recht anwenden und durchsetzen kann. 1997 hatte die WTO mehr als 130 Mitglieder, 30 weitere haben den Beitritt beantragt und nehmen einen Beobachterstatus ein. Umstritten sind insbesondere die Mitgliedschaften von China und Russland. In den ersten zwei Jahren wurden rund 40 Streitfälle zur Schlichtung eingereicht. Traditionell akzeptieren die USA Rechtsentscheidungen internationaler Organisationen nur, wenn sie ihnen genehm sind.

Weltwirtschaft

System der globalen ökonomischen Verflechtung, das aus Welthandel, Weltproduktion und Weltkapitalmarkt besteht (→Welthandel, mit Daten). Die Größenverhältnisse verändern sich und zeigen, in welchem Umfang dem Handel die Fabriken folgen: Seit Anfang der neunziger Jahre hat die Weltproduktion (die Herstellung einer Ware durch einen Konzern, der seinen Sitz in einem anderen Land hat) den Welthandel überholt. Deshalb halten heute viele Ökonomen die Investitionsströme für aussagekräftiger für die Perspektiven der Weltwirtschaft als die Handelszahlen. Zudem führen Auslandsinvestitionen, im Unterschied zu Regierungs- oder Bankkrediten, nicht zu steigender Staatsverschuldung, sind also volkswirtschaftlich wünschenswert. Hauptproblem der Weltwirtschaft ist die zunehmende politische Bedeutungslosigkeit ökonomischer und ökologischer Alleingänge, während internationale Vereinbarungen oft nur deklamatorischen Charakter haben. Verweise auf weltwirtschaftliche Strukturen und internationale Wettbewerbsnachteile dienen auch oft als Ausrede für den Unwillen, den Umweltschutz zu verbessern, Landreformen durchzuführen, Steuersysteme gerechter zu machen und Armut zu bekämpfen.

„Was die Weltwirtschaft angeht, ist sie verflochten." (Kurt Tucholsky)

Weltwirtschaftsgipfel
jährliches Treffen der Staats- und Regierungschefs der →Gruppe der Sieben, der EU sowie — mit Einschränkungen — Russlands. Bei der Gründung 1975 stand ein intimer Meinungsaustausch über Weltkonjunktur- und Wechselkursfragen im Vordergrund. Weil die Konferenzen mit der Zeit repräsentativere und offiziellere Züge annahmen, wandelten sich die Gipfel zu einer allgemeinen Diskussion weltwirtschaftlicher Fragestellungen. Die geringe sichtbare Effizienz der Veranstaltung mit ihren stetig zunehmenden Teilnehmerzahlen hat zum Vorwurf geführt, falsche Erwartungen zu wecken. Indes ist der Gipfel zu einem Teil der informellen ökonomischen Zusammenarbeit der Industrieländer geworden, zu der auch der Meinungsaustausch in der →OECD, in der →Bank für Internationalen Zahlungsausgleich und innerhalb des →Internationalen Währungsfonds gehört. Während die Abschlusserklärungen in der Regel in einem harmonischen Ton gehalten sind, dient den beteiligten Regierungen die Vorbereitung des Textes durch die als „Sherpa" bezeichneten hochrangigen Beamten als eigentlicher Gradmesser des gegenseitigen Verständnisses. — Der Inhalt der Diskussionen orientierte sich im Laufe der mehr als zwanzig Treffen am Grad des weltwirtschaftlichen Interesses in den USA sowie an den jeweils vorherrschenden wirtschaftspolitischen Prämissen. In den Siebzigern dominierte der →Keynesianismus mit dem Glauben an die grundsätzliche Machbarkeit makroökonomischer Steuerung. Bedingt auch durch die Regierungswechsel in den USA (→Reagonomics), Großbritannien (→Thatcherismus) und der Bundesrepublik, schob sich in den Achtzigern der →Monetarismus in den Vordergrund. Dennoch fielen gerade in diese Zeit die beiden einzigen Absprachen, die unmittelbar die Märkte beeinflussen sollten. Das Plaza-Abkommen von 1985 beendete einen Kursanstieg des US-Dollars durch eine Kombination der koordinierten Wechselkurs-Interventionen mit der US-Zusage, das Zwillingsdefizit in Haushalt und Handelsbilanz zu verringern. Der Louvre-Akkord vom Februar 1987 beendete den anschließenden Kursverfall und stabilisierte den Dollar-Wechselkurs innerhalb abgesprochener Zielzonen. Er wurde aber mit dem →Börsenkrach vom Oktober 1987 unwirksam, als die USA den Dollarkurs weiter sinken liessen.

Der erste Gipfel fand 1975 in Rambouillet stand. Die nächsten Treffen waren in Puerto Rico (1976, erstmals mit Kanada), London (1977, erstmals mit der EG), Bonn (1978), Tokio (1979), Venedig (1980), Ottawa (1981), Versailles (1982), Williamsburg (1983), London (1984), Bonn (1985), Tokio (1986), Venedig (1987), Toronto (1988), Paris (1989), Houston (1990), London (1991), München (1992, erstmals mit dem russischen Präsidenten), Tokio (1993), Neapel (1994), Halifax (1995), Lyon (1996), Denver (1997).

Weltwirtschaftsordnung
das formelle und informelle Regelwerk der Weltwirtschaft, vor allem die maßgeblichen internationalen Vereinbarungen zur störungsfreien Gestaltung des Welthandels aus Waren, Dienstleistungen und Kapital. — Während sich der Außenhandel eines Landes durch nationale Wirtschaftspolitik, insbesondere durch die souveräne Festlegung auf Freihandel oder Protektionismus gestalten lässt, ist eine vergleichbare Beeinflussung der Weltwirtschaft nicht möglich, weil globale Beschlussorgane fehlen. Deswegen sind die größten Nutznießer einer liberalen Weltwirtschaftsordnung die multinationalen Konzerne, die auf eine Einschränkung ihrer Betätigungsmöglichkeiten mit der Flucht ins Ausland (oder der Drohung damit) reagieren können. Zwar existieren zur Herstellung von Rechtssicherheit viele bi- und multilaterale Verträge und zur Verbesserung der weltwirtschaftlichen Integration eine Reihe von multinationalen Organisationen. Dennoch ist die Regulierungsintensität, verglichen mit nationalen Standards, geringer. Sie bietet deswegen den wirtschaftlich stärkeren Handelsnationen größere Vorteile als den schwächeren. Weil dadurch insbesondere die dekolonialisierten Staaten benachteiligt wurden, bestimmte seit den siebziger Jahren die Forderung nach einer „neuen Weltwirtschaftsordnung", die die Wohlfahrtsgewinne des Welthandels gerechter verteilen sollte, die entwicklungspolitische Diskussion. Dazu gehörten ein System zur Stabilisierung von Rohstoff-Erlösen (→Buffer-stock), die Erhöhung der →Entwicklungshilfe, leichterer Zugang zu Investitionskapital zur Industrialisierung und mehr Einfluss in den multinationalen Institutionen (→Gruppe der 77). Mit dem Ausbruch der →Schuldenkrise 1982 kam die Forderung nach Schuldenreduzierung oder -erlass dazu. Nach ersten Erfolgen, inbesondere durch die Ölpreiserhöhungen der →Opec-Länder, schwächte der Preisverfall für Rohstoffe und die sinkende Abhängigkeit der Industrieländer von strategisch wichtigen Importen die Verhandlungsbasis der Entwicklungsländer. — Vor allem, um den Einfluss der Sowjetunion in den internationalen Institutionen zu verhindern und eine planwirtschaftliche Entwicklung des Welthandels zu verhindern, verweigerten die USA und die westeuropäischen Industrieländer jede Minderung ihres Einflusses dort. Allerdings mochte sich auch eine politisch-demokratische Legitimität der Forderungen, die oft aus diktatorisch regierten blockfreien Ländern stammten, nicht selbstverständlich einstellen. Mit der zunehmenden Differenzierung der Entwicklungsländer, besonders dem Wachstum in weiten Teilen Asiens, und dem Ende der Block-Konfrontation sind die Forderungen nach einer verteilungspolitisch motivierten Umgestaltung der Weltwirtschaft schwächer geworden. Während in der entwicklungs-

politischen Diskussion der siebziger Jahre der Welthandel als Instrument dazu beitragen sollte, Gerechtigkeit zwischen den Ländern der Ersten und der Dritten Welt herzustellen, gilt seit den neunziger Jahren der funktionierende Welthandel selbst als gerechtigkeitsstiftend (→Welthandelsorganisation).

Die Kluft zwischen Reich und Arm hat sich in den vergangenen dreißig Jahren verdoppelt. 1991 haben die reichsten zwanzig Prozent der Weltbevölkerung 61mal so viel verdient wie die ärmsten 20 Prozent, stellt das Worldwatch Institute in seinem Jahresbericht (1997) fest. Unter sinkenden Realeinkommen hätten 1,5 Milliarden Menschen in Afrika, Lateinamerika, in der Karibik und in Osteuropa zu leiden.

Wertpapier

Urkunde über ein Vermögensrecht, das nur durch die Urkunde selbst geltend gemacht und übertragen werden kann. Der Charaker von Wertpapieren ist sachenrechtlich (z. B. bei einem Hypothekenbrief, den derjenige erhält, zu dessen Gunsten ein Grundstück belastet wird), schuldrechtlich (z. B. als Scheck oder →Anleihe) oder mitgliedschaftlich (z. B. →Aktie als das verbriefte Recht, zum Kreis der Eigentümer einer Körperschaft zu gehören). — Die zur Kapitalanlage geeigneten und an der Börse handelbaren Wertpapiere heißen veraltend →Effekten. Sie können nach dem Grad ihrer Übertragbarkeit eingeteilt werden. (1) Inhaberpapiere (z. B. Inhaberaktien) sind leicht übertragbar, denn sie tragen nur den Namen des Schuldners, während der namentlich nicht genannte Besitzer des Inhaberpapiers zugleich der Gläubiger ist. (2) Orderpapiere (z. B. Namensaktien) verzeichnen Schuldner und Gläubiger und tragen bei Handel des Papiers die lückenlosen Erklärungen des Verkaufs und Erwerbs. (3) Rektapapiere (z. B. Hypothekenbriefe) erlauben nur dem verzeichneten Gläubiger, eine Forderung geltend zu machen. Eine andere Einteilung der Effekten unterscheidet zwischen (1) Gläubigerpapieren, die auf einem Schuldverhältnis beruhen und meist Zinsen erbringen, und (2) Mitgliedspapieren, die auf einem Miteigentumsverhältnis beruhen und meist Dividende erbringen. Dazu gehören neben Aktien auch Investmentzertifikate, obwohl sie nicht selbst an der Börse gehandelt werden, sondern nur die Aktien, aus deren Gewichtung im →Investmentfonds sich ihr Kurs ergibt.

Wertpapier-Pensionsgeschäft

ein Instrument der Bundesbank, dessen Zinssatz als „dritter Leitzins" betrachtet wird. Im Rahmen ihrer →Offenmarktpolitik schließt die Bundesbank Wertpapier-Pensionsgeschäfte ab, um die Geldversorgung der Geschäftsbanken zu regulieren. Dabei kauft oder verkauft sie auf eigene Rechnung Wertpapiere am →Geld- oder →Kapitalmarkt, die nach einer vorher bestimmten Frist zurückgenommen werden müssen, also „in Pension" gegeben werden. „Schnelltender" haben eine Laufzeit von nur einem Tag; üblich sind aber Rückgabefristen von einer Woche bis zu zwei Monaten. Je mehr Wertpapiere die Bundesbank übernimmt, desto mehr Liquidität wird den Geschäftsbanken zugeführt; je mehr Papiere die Bundesbank abgibt, desto mehr sinkt die Liquidität. Die Laufzeiten schließen aneinander an oder überschneiden sich, sodass Volumen und Zinssätze ständig variiert werden können (Entwicklung →Leitzinsen). — Bei Mengentendern legt die Bundesbank den Zins- bzw. „Pensionssatz" selbst fest und fordert die Geschäftsbanken auf, Mengenangebote abzugeben; geht zum Pensionssatz mehr Nachfragevolumen ein als erwünscht, werden eingeschränkte Mengen den einzelnen Banken zugeteilt. Bei Zinstendern fordert die Bundesbank stattdessen die Banken zur Abgabe von Zinsangeboten auf und teilt das erwünschte Volumen entsprechend zu. — Gehandelt werden Wertpapiere, die an einer Börse notiert sind, sowie →unverzinsliche Schatzanweisungen.

Die US-amerikanische Bezeichnung lautet Repurchase Agreement, Rückkauf-Vereinbarung. Das daraus abgeleitete Kurzwort Repo wird gelegentlich auch in Deutschland verwendet.

Wertpapierbörse →Börse

Wertpapierkennnummer (WKN)

numerischer Code zur Identifizierung eines →Wertpapiers. In Deutschland hat er sechs Stellen. Schuldverschreibungen (u.a. →Anleihen) tragen die Nummern 100.000 bis 499.999. Wertpapiere ab WKN 500.000 sind Mitgliedspapiere: Aktien und aktienähnliche Papiere tragen Nummern ab 500.000, Anteilscheine von Kapitalanlagegesellschaften ab 847.000, sonstige Wertpapiere ab 850.000, ausländische Investmentzertifikate ab 970.000 und Grundstücksinvestmentanteile ab 990.000.

Wertpapierpensionsgeschäft →Wertpapier-Pensionsgeschäft

Wertstellung

auch „Valutierung", Kontowirksamkeit einer Banküberweisung oder Direkteinzahlung. Tagelange Verzögerungen und Verspätungen der Wertstellung durch Wochenenden und Feiertage bescherten Geldinstituten nach Angaben von Verbraucherverbänden ungerechtfertigt Zinseinnahmen von 250 Millionen Mark jährlich, den Kunden entsprechend Zinsausfälle und im Fall von Überziehungen unnötige Kreditkosten. Der verschärfte Wettbewerb unter Banken dämmte die verzögerte Wertstellung nur langsam ein, obwohl eine tagesgenaue Wertstellung buchungstechnisch und im Rahmen der Datenübermittlung kein ernsthaftes Problem gewesen wäre. Nach zwei Urteilen des Bundesgerichtshofs müssen seit 1989 Bareinzahlungen und seit 1997 Überweisungen am Tag des Eingangs gutgeschrieben und verzinst werden. Für Verrechnungsschecks gelten längere Wertstellungszeiträume.

Windfall Profits

Unternehmensgewinn aufgrund günstiger Marktlage, ohne dass das Unternehmen selbst darauf Einfluss hatte. Traditionelles Beispiel sind Gewinne aufgrund von Wechselkursveränderungen. Auch die Nichtweitergabe von Preissenkungen nach fallenden Rohstoffpreisen oder Preiserhöhungen aufgrund steigender Weltmarktpreise ohne eigene zusätzliche Kostenbelastung verursachen Windfal Profits. Auf Kritik stößt insbesondere das Preisverhalten der Mineralölindustrie mit schnellen Erhöhungen bei steigenden Preisen, aber nur langsamer Senkung bei fallenden Preisen. Hinzu kommt die in der Ölbranche verbreitete Strategie, aktuelle höhere Weltmarktpreise auch dann zur Grundlage der Preiskalkulation zu machen, wenn die langfristig vertraglich geregelten Einkaufspreise für Rohöl deutlich niedriger liegen. Ferner gehört die gespaltene Zinsweitergabepolitik der Geschäftsbanken dazu: Während nach Leitzinsveränderungen die Sollzinsen sofort angepasst werden, folgen die Habenzinsen oft mit Verzögerung. — Windfall Profits lösen gelegentlich die Forderung nach einer besonderen Besteuerung dieser Extragewinne aus, weil sie nur von den Konsumenten bezahlt werden, ohne dass ihnen eine entsprechende Zusatzleistung gegenübersteht.

Zu einem Politikum sind Windfall Profits in Großbritannien geworden, als Versorgungsunternehmen privatisiert wurden. Deren Aktienkurse stiegen dadurch sehr stark; die für das Top-Management bereits vorher üblichen Aktienoptionen als Teil des Gehalts führten zu exzessiven Einkommenssprüngen, die in keiner Weise einer verbesserten Unternehmensführung entsprachen. Erst die Einführung des „Greenburg"-Kodex und seine Belohnungs- und Verhaltensregeln im Jahr 1995 dämpfte die öffentliche Empörung.

Wirtschaftlichkeitsreserve
im Politikerdeutsch eine beschönigende Umschreibung für Geldverschwendung. Der Begriff wird insbesondere in der Diskussion um die Finanzierung der →Krankenversicherung benutzt.

Zu den Wirtschaftlichkeitsreserven gehören insbesondere verordnete Arzneimittel ohne nachgewiesene therapeutische Wirkung mit einem Einsparpotential von zwei Milliarden Mark, die Nichtverschreibung von preiswerten Nachahmungsprodukten („Generika") sowie Handels- und Gewinnspannen, die durch Preisverordnungen u. Ä. für die Pharmaindustrie, für Ärzte, Krankenhäuser und andere Dienstleister ausgehandelt werden.

Wirtschafts- und Sozialwissenschaftliches Forschungsinstitut →Wirtschaftsforschungsinstitute

Wirtschaftsausschuss →Betriebsrat

Wirtschafts- und Währungsunion (WWU)
dreistufige ökonomische Integration innerhalb der EU, die mit gemeinsamer Währung und gemeinsamer Geld- und Währungspolitik endet. Die grundsätzlichen Strukturen, der Stufenplan und die Kriterien zur Teilnahme an der WWU sind im →Maastrichter Vertrag festgelegt worden. Der Zeitplan zur Einführung der neuen Gemeinschaftswährung →Euro sieht die Einführung neuer Banknoten und Münzen bis spätestens 2002 vor. — Die erste Stufe der WWU hat bereits 1990 begonnen. In ihr sollten der EU-Binnenmarkt vollendet, die Freiheit des Kapitalverkehrs durchgesetzt, die Zusammenarbeit der

Zentralbanken intensiviert und eine schrittweise Annäherung („Konvergenz") der nationalen Wirtschaftspolitiken erreicht werden. Außerdem war bei den Mitgliedsstaaten das Verbot durchzusetzen, durch Zentralbankkredite zur Haushaltsfinanzierung beizutragen. — Die zweite Stufe begann 1994 und umfasst die Beseitigung auch der Ausnahmeregelungen für Kapitalverkehrsbeschränkungen, die Überwachung des Haushaltsgebarens der Mitgliedsländer, die Vermeidung übermäßiger Haushaltsdefizite und die rechtliche Verankerung der Unabhängigkeit der Zentralbanken, soweit dies nicht bereits erfolgt ist. Außerdem wurde das →Europäische Währungsinstitut (EWI) gegründet, das die dritte Stufe vorbereitet und gemeinschaftsweit die Wechselkurspolitiken prüft. Sie sind seither nicht mehr ausschließliche nationale Angelegenheit. — Die dritte Stufe beginnt nicht automatisch, sondern durch eine gemeinsame Erklärung auf einem EU-Gipfel. Im Bereich der Wirtschaftspolitik wird der Konvergenzgrad und damit die Teilnahmeberechtigung anhand von vier Kriterien bestimmt, die im Maastrichter Vertrag beschrieben sind: (1) eine Inflationsrate, die mindestens ein Jahr lang nicht mehr als 1,5 Prozent über der Inflationsrate jener höchstens drei Mitglieder liegt, die die niedrigste Inflationsrate aufweisen, (2) als Haushaltsdefizit nicht mehr als drei Prozent des Bruttoinlandsproduktes, als Schuldenstand nicht mehr als 60 Prozent des Bruttoinlandsproduktes, (3) die Einhaltung der normalen Bandbreiten im →Europäischen Währungssystem seit mindestens zwei Jahren ohne starke Spannungen und ohne Abwertung gegenüber der Währung eines anderen Mitgliedsstaates von sich aus, (4) langfristige Zinssätze, die mindestens ein Jahr lang nicht mehr als zwei Prozent über den Langfrist-Zinssätzen der höchstens drei Mitgliedsstaaten liegen, die die niedrigste Inflationsrate aufweisen. — Das Schuldenkriterium wurde in der ökonomischen und politischen Diskussion schnell zum entscheidenden Prüfstein. Nach dem Wortlaut des Vertrages gelten die Grenzwerte nicht, wenn (2a) beim Haushaltsdefizit das Verhältnis erheblich und laufend zurückgegangen ist und einen Wert in der Nähe von drei Prozent erreicht hat oder der Grenzwert nur ausnahmsweise und vorübergehend überschritten wird und das Verhältnis in der Nähe des Referenzwertes bleibt, und (2b) bei der Staatsverschuldung das Verhältnis hinreichend rückläufig ist und sich rasch genug dem Grenzwert nähert. Erfüllt aber ein Mitgliedsland eins oder beides der Kriterien nicht, entscheiden die Staats- und Regierungschefs auf einem EU-Gipfel „mit qualifizierter Mehrheit auf Empfehlung der Kommission und unter Berücksichtigung der Bemerkungen, die der betreffende Mitgliedsstaat gegebenfalls abzugeben wünscht, nach Prüfung der Gesamtlage ..." (Vertragstext). — In der 3. Stufe wird außerdem das →Europäische System der Zentralbanken geschaffen, das aus der →Europäischen Zentralbank und den nationalen Zentralbanken besteht. Seine vorrangige Aufgabe ist die Wahrung der Geldwertstabilität. Die Einführung der einheitlichen Währung beginnt, weil sie 1996 nicht beschlossen worden ist, dem

Vertragstext zufolge automatisch am 1.1.1999 mit den Mitgliedsstaaten, die die Voraussetzung dafür erfüllen und die auf einem EU-Gipfel vor dem 1. Juli 1998 mit qualifizierter Mehrheit benannt worden sind; die Wechselkurse, die ab 1.1.1999 gelten, sollen ebenfalls bereits ein halbes Jahr zuvor festgelegt werden. Freiwillig können aufgrund einer Ausstiegsklausel („opting out") nur Dänemark und Großbritannien über ihre Teilnahme befinden. — Für das Nichtzustandekommen der WWU gibt es zwei Möglichkeiten: Entweder fehlt eine hinreichende Anzahl Anwärter, oder die EU-Länder einigen sich auf eine Veränderung des Vertragstextes und ändern den Zeitplan. Über das Verfahren bei einem Auseinanderbrechen der WWU enthält der Maastrichter Vertrag keine Angaben, weil die WWU explizit unumkehrbar sein soll. — Wirtschaftspolitisch setzen Maastrichter Vertrag und WWU die europäische Integration fort, die sich aus der →Einheitlichen Europäischen Akte und der Vollendung des →EU-Binnenmarktes ergaben. Sachlich knüpft die WWU an das →Europäische Währungssystem (EWS), der Euro an die →Ecu an. Ergänzt wird die WWU durch einen Stabilitätspakt von 1997, der Geldbussen vorsieht, wenn die Haushaltspolitik nicht stabilitätsorientiert bleibt. Hohe Geldbußen ausgerechnet einem Mitglied mit Haushaltsproblemen aufzuerlegen, gilt bereits als Fehlkonstruktion des Vertrages. — Die WWU ist das wohl umstrittenste Projekt der europäischen Einigungsgeschichte. Befürworter führen politische und wirtschaftliche Argumente an: Ein Verzicht auf die WWU wirft den europäischen Einigungsprozess erheblich zurück und kann nationale Sonderwege erleichtern. Die zunehmende politische und wirtschaftliche Verflechtung der Teilnehmerländer reduziert innere Konflikte und strahlt als Vorbild friedlicher Einigung international aus. Es entfallen das kostenträchtige und zeitraubende Umtauschen oder Umrechnen im privaten Reise-, im Wirtschafts- und Kapitalverkehr und die Kosten für den Schutz vor kurzfristigen Wechselkursschwankungen (→Hedging). Die Währungsunion verhindert zudem, dass sich Wechselkursschwankungen negativ auf Preise, Wettbewerb und Investitionsentscheidungen auswirken können. Auch die Kritiker der WWU sehen politische und ökonomische Aspekte: Grundsätzliche Gegner argumentieren entweder mit dem nationalistischen Vorbehalt der kulturellen, politischen und wirtschaftlichen Überfremdung, mit dem sozialistischen Argument eines Europas der multinationalen Konzerne und der Durchsetzung kapitalistischer Ausbeutung oder mit dem ökologischen Argument der fortschreitenden Umweltzerstörung durch weiter zunehmende Produktionsgrößen und Güterverkehr, die Einebnung regionaler Unterschiede und die Verschlechterung der Lebensqualität. Pragmatischere Ablehner beklagen die mangelnde demokratische Struktur der EU, die unzureichende Legitimierung der WWU, auch wenn nach der Unterzeichnung die nationalen Parlamente zugestimmt haben, und die unzureichende und unglaubwürdige Informationspolitik. Ferner beinhalte das „Sparen für Maastricht" eine Rotstiftpolitik, die auch den Verzicht auf eine staatliche Stimulierung der Wirtschaft und des Arbeitsmarktes erzwinge. Die ökonomische Kritik schließlich geht davon aus, dass die Volkswirtschaften der mutmaßlichen Mitgliedsländer auch dann nicht für eine gemeinsame Währung reif sind und eine Währungsunion auch dann nicht möglich ist, wenn die Teilnehmerländer die Maastricht-Kriterien erfüllt haben. Im Gegensatz zur ursprünglichen Krönungstheorie, die eine Währungsunion erst als Abschluss des Konvergenzprozesses erlauben sollte, soll nun faktisch die Konvergenz durch die WWU erzwungen werden, letztlich der verleugnete Primat der (Außen-)Politik über die Ökonomie. Unglaubwürdig ist die „kreative Buchführung" mit Haushaltstricks, um die Höchstverschuldung nach dem Maastricht-Vertrag nicht zu überschreiten. Wechselkurse sind als Ausgleichsfunktion zwischen Volkswirtschaften unerlässlich, wenn ihre Strukturen, Kosten und Preise so unterschiedlich sind wie die der Teilnehmer. Schon das EWS ist wegen seiner Starrheit 1992/93 auseinandergebrochen und hat sich davon nicht mehr erholt. Bisher sind selbst De-facto-Währungsunionen wie der DM-Block mit Österreich nur durch höhere Lockzinsen des kleineren Landes haltbar; dieses Regulativ entfällt in einer WWU. Deswegen ist ab Beginn der dritten Stufe mit Kapitalflüssen in die Renditezentren und einer Kapitalverknappung in den Peripherien und negativen gesamtwirtschaftlichen Folgen zu rechnen. Ausgeglichen werden kann dies nur über einen zusätzlichen →Finanzausgleich, der aber weder vorgesehen noch politisch durchsetzbar ist. Der Ausstieg aus der WWU kann nur durch ihren Kollaps erfolgen; damit ist der praktische Schaden viel grösser als der theoretische Nutzen. Die pragmatische ökonomische Kritik verweist auf Anfälligkeiten der künftigen Mitgliedswährungen für spekulationswillige Kapitalmärkte im Übergangsprozess sowie auf die nach wie vor unglaubwürdige Unabhängigkeit der EZB aufgrund der unterschiedlichen Zentralbank-Kulturen in Deutschland und Frankreich. In Deutschland dominiert schließlich die populistische Frage, ob die Härte des Euro der Härte der Mark entspreche. Die Haushaltstricks vieler EU-Länder, um die Teilnahme zu erreichen, deuten darauf hin, dass sie ihre Währungen auf Kosten der Mark künstlich härten wollten, was auf eine Schwächung des Euro herausläuft.

Angesichts der nur kurzfristigen Erfüllung der Kriterien ist wiederholt eine Verschiebung des Beginns der dritten Stufe verlangt worden. In Deutschland zeigen sich im Streit um die Härte nicht nur sachliche Einwände, sondern auch psychologisch bedingte Ängste aufgrund unzureichender öffentlicher Diskussion. Dies ist auch eine späte Reaktion darauf, dass das Projekt ohne öffentliche Diskussion, sondern nur unter Experten und Politikern entwickelt und unter Abkanzelung von Kritikern beschlossen wurde.

Wirtschaftsethik

Wertesystem, mit dem wirtschaftliches Handeln und eine Wirtschaftsordnung gemessen werden kann. Im Vordergrund steht meist die Frage, ob wirtschaftliches Handeln Sicherheit, Verteilungsgerechtkeit herstellt und die Teilhabe am gesellschaftlichen Reichtum erlaubt oder einseitig reinen Profitinteressen unterworfen ist. Seit den siebziger Jahren sind ökologische Fragen hinzugekommen, insbesondere, ob es eine Schöpfung gibt, die mit Respekt zu behandeln sei, ob Natur und Großtechnologien von Menschen beherrschbar sind oder inwieweit eine über das Ökonomische hinausreichende Verpflichtung besteht, das Ökosystem für nachfolgende Generationen zu bewahren. Neue Problemfelder der Wirtschaftsethik sind durch Gentechnologie, Erbanlagenpatentierung und -manipulation entstanden.

Wirtschaftsforschungsinstitute
öffentliche oder Verbänden nahe stehende Einrichtungen, deren Ergebnisse zumeist für Politik und Wirtschaft, für die wirtschaftliche Diskussion in der Öffentlichkeit oder für breitere Expertenkreise gedacht sind. In Deutschland sind dies vor allem die sechs in einer Arbeitsgemeinschaft zusammengeschlossenen wirtschaftswissenschaftlichen Forschungsinstitute der →Blauen Liste. Weil die Institute eine größere Bandbreite wirtschaftpolitischer Anschauungen repräsentieren als der →Sachverständigenrat zur Begutachtung der wirtschaftlichen Entwicklung, werden die in einem Frühjahrs- und einem Herbstgutachten abgegebenen „Gemeinschaftsdiagnosen" der sechs Institute und des Rates gerne auf Gegensätze überprüft. Ein Gutachten des Wissenschaftsrates empfahl 1998 die Herabstufung des ifo-Institutes zur Service-Einrichtung, weil es zu wenig theoretisch arbeite.
→Ökologische Wirtschaftsforschung

Wirtschaftsjahr
der dem Rechnungsabschluss vorausgehende Zwölfmonatszeitraum. In Deutschland entspricht das Wirtschaftsjahr meist dem Kalenderjahr

Wirtschaftsforschungsinstitute
in Deutschland, Blaue-Liste-Institute

Name, Sitz, Abkürzung	Personal (1)	Personal (2)	Etat Mio. DM
Deutsches Institut für Wirtschaftsforschung, Berlin (DIW)	209	100	30
HWWA-Institut für Wirtschaftsforschung, Hamburg (HWWA)	220	63	21
ifo-Institut für Wirtschaftsforschung, München (ifo)	245	130	31
Institut für Weltwirtschaft an der Universität Kiel (IfW)	313	85	24
Rheinisch-Westfälisches Institut für Wirtschaftsforschung, Essen (RWI)	75	43	11
Institut für Wirtschaftsforschung Halle, Halle (IWH)	64	37	8

Personal: (1) gesamt, (2) davon Wissenschaftler. Die Angaben für das IfW umfassen auch die angegliederte Zentralbibliothek der Wirtschaftswissenschaften (ZBW). — Stand: 1997. Quelle: Wissenschaftsgemeinschaft Blaue Liste. Wichtige Forschungsinstitute außerhalb der Blauen Liste sind das den Arbeitgebern nahe stehende Institut der Deutschen Wirtschaft in Köln (iw) und das Wirtschafts- und Sozialwissenschaftliche Forschungsinstitut (WSI) des Deutschen Gewerkschaftsbundes in Düsseldorf.

(1.1.-31.12.). Das Landwirtschaftsjahr beginnt für die meisten Produkte am 1.7; in den USA ist das Wirtschaftsjahr ab 1.10. verbreitet. — Rumpfwirtschaftsjahre sind kürzer als ein Jahr und bei Fusionen oder der Umwandlung eines Unternehmens in eine andere Rechtsform üblich.

Wirtschaftskriminalität
Sammelbezeichnung für Straftaten zur Erzielung von illegalen Einkünften. Sie können sich gegen Einzelne richten oder zu Lasten der Volkswirtschaft oder der Umwelt gehen. Die Delikte und ihre Bestrafung sind auf fast hundert Gesetze verteilt. Nach dem Strafgesetzbuch können Geld- und Wertzeichenfälschung, Diebstahl und Unterschlagung, Raub und Erpressung, Betrug und Untreue sowie Konkursstraftaten dazugehören. Herausragendes Merkmal bei der Steuerkriminalität ist die Möglichkeit einer Selbstanzeige mit Straffreiheit, bei der nur die ausstehenden Steuern nachgezahlt werden müssen. Abgrenzungen sind fließend; im allgemeinen nicht dazu gezählt werden z. B.→Ladendiebstahl, →Versicherungsbetrug und →Schwarzarbeit, auch nicht Straftaten der →organisierten Kriminalität wie Drogendelikte und Geldwäsche. Wirtschaftskriminalität im engeren Sinn umfasst meist Delikte, die der Täter im Rahmen seines Berufs verübt hat (z. B. betriebliche Steuerhinterziehung, während die private Steuerhinterziehung keine Wirtschaftsstraftat ist). Wirtschaftskriminalität führt insgesamt vermutlich zu größeren Vermögensschäden als jede andere Gruppe von Straftaten (z. B. Diebstahl). Über Umfang und Dunkelziffern der Wirtschaftskriminalität gehen die Schätzungen weit auseinander und reichen bis zu jährlich 200 Milliarden DM Schaden für den Staat. Unbestritten am wichtigsten sind Betrugsdelikte.

Für 1996 erwartete die Hermes-Kreditversicherungs-AG rund 800.000 Betrugsdelikte und betriebswirtschaftliche Schäden von elf Milliarden Mark; etwa 40 Prozent der Fälle würden von Mitarbeitern in Unternehmen zum Schaden ihrer Arbeitgeber verübt. Nach einer Umfrage für die Fachzeitschrift „ManagerMagazin" (1997) wurden zwei Drittel aller großen deutschen Unternehmen schon einmal Opfer von Wirtschaftskriminalität.

Wirtschaftsspionage
zielt auf den aktiven Erwerb von Betriebs- und Geschäftsgeheimnissen (u.a. Erfindungen, Verfahren, Methoden, Rezepten, Entwicklungs- und Marktstrategien, betriebswirtschaftlichen und technischen Daten). Über den Schaden gehen Schätzungen weit auseinander. Nach dem Ende der Ost-West-Blockkonfrontation sollen sich angeblich die Geheimdienste, um sich weiterhin nützlich zu machen, auf Wirtschaftsspionage konzentrieren. Belege für eine solche neue Ausrichtung fehlen bisher jedoch.

Wirtschaftsspionage wird in Deutschland nach dem →Gesetz gegen unlauteren Wettbewerb bestraft.

Wirtschaftsvereinigung Bergbau →Bundesverband der Deutschen Industrie

Wirtschaftsvereinigung Stahl →Bundesverband der Deutschen Industrie

Wirtschaftswachstum
Zunahme des Bruttoinlandsproduktes (konjunkturell) oder des gesamtwirtschaftlichen Produktionspotentials (strukturell). Ein reales Wirtschaftswachstum innerhalb eines Zeitraums tritt ein, wenn die prozentuale Zunahme des Wertes aller erzeugten Güter höher ist als die Inflationsrate. — Wirtschaftswachstum garantiert höheren Lebensstandard, ermöglicht besseres Arbeiten einschließlich kürzerer Arbeitszeiten und stellt einen Konfliktregelungsmechanismus dar, weil Zuwächse anders als nach den bisherigen Anteilen verteilt werden können (z. B. durch Lohnverhandlungen oder staatliche Förderung der Vermögensbildung). In den neunziger Jahren haben sich Wirtschaftswachstum und die Entwicklung der Beschäftigung entkoppelt („jobless growth", Wachstum ohne neue Arbeitsplätze). Wirtschaftswachstum ist maßgeblich für Umweltzerstörungen (→Club of Rome), steigende Schadstoffbelastungen und Klimaveränderungen verantwortlich; möglich und in früheren Ostblockländern auch praktiziert ist Umweltzerstörung ohne Wirtschaftswachstum. Es honoriert Schäden sogar, indem die Kosten von Zerstörungen als Wachstumsschub positiv verbucht werden (z. B. die Entgiftung eines Grundstücks, die Behandlung eines Autounfall-Opfers usw.). Die Ölpreiskrise von 1973 hat andererseits maßgeblich zur vorher für undenkbar gehaltenen Entkopplung von Wirtschaftswachstum und Energieverbrauch beigetragen (→Öl). — Das Gegenkonzept Nullwachstum oder „qualitatives" Wachstum setzt auf eine Zunahme nicht umwelt- und menschengefährdender Produktion bei gleichzeitiger Beschränkung des konventionellen Wachstums. Kriterien sind insbesondere Naturverbrauch und Schadstoffausstoß. Methodische Probleme, wie qualitative Änderungen quantitativ ausgedrückt werden können, damit die herangezogenen Faktoren nicht beliebig werden, sind ungelöst (→Ökosozialprodukt). Weitere Fragen um das Wirtschaftswachstum hat der wirtschaftliche Aufschwung insbesondere in Asien ausgelöst. Während unbestritten ist, dass eine Erde mit sieben Milliarden Einwohnern nicht den Lebensstil vertragen kann, wie ihn jetzt die reichste Milliarde Menschen hat, wird die Frage, ob die reichen oder die armen Länder auf weiteres quantitatives Wachstum verzichten sollen, immer mehr zum Hauptproblem der internationalen Wirtschafts- und Umweltpolitik.

Wirtschaftswissenschaft
die Sozialwissenschaft von der Knappheit der Güter, in Deutschland unterschieden in →Betriebswirtschaftslehre und →Volkswirtschaftslehre mit zahlreichen Disziplinen. Eine modernere Systematik bezieht auch die Wirtschaftspolitik(-wissenschaft) als selbstständigen Bereich in die Wirtschaftswissenschaften ein, die dort traditionell nur den Rang einer Hilfswissenschaft hat.

Der weltweit prominenteste Studienabbrecher ist wohl Rolling-Stones-Mitgründer Mick Jagger, der 1961 mit einem Stipendium sein Studium an der London School of Economics (LSE) begann. Jaggers Tutor hatte ihm die Fortsetzung seiner Karriere als Musiker empfohlen, auch wenn er damit wohl nie Geld verdienen würde. Jagger wurde 1995 LSE-Ehrenmitglied. — Prominentester Berufswechsler wurde der Filmstar und Bodybuilder Arnold Schwarzenegger, dessen abgeschlossenes Studium der Betriebs- und Internationalen Wirtschaft an der Universität von Wisconsin (USA) sich auf seine späteren geschäftlichen Erfolge günstig auswirkte; Schwarzenegger erhielt 1996 das Ehrendoktorat seiner Hochschule.

Wirtschaftswunder

populäre Bezeichnung für die schnelle Erhöhung des Lebensstandards in Deutschland in den fünfziger Jahren. Zwischen 1950 und 1960 verdreifachte sich das Bruttosozialprodukt. Ausgelöst wurde das Wachstum durch die Währungsreform von 1948. Fachleute sehen die Entwicklung nicht als Wunder, sondern als logische Folge einer Reihe von positiven wirtschaftlichen, politischen und sozialen Faktoren (Preisfreigabe, Aufbauwille, Auslandshilfe usw). Auch Bundswirtschaftsminister Ludwig Erhardt, der „Vater des Wirtschaftswunders", wies darauf immer wieder hin.

Wirtschaftszweige

Wirtschaftssubjekte mit gleichgerichteter Tätigkeit. Systematik, Abgrenzung und die Begriffshierarchie gehen im amtlich-statistischen, wirtschaftlichen und öffentlichen Gebrauch weit auseinander. Das Statistische Bundesamt verzeichnet auf der detailliertesten Ebene mehr als 1.000 Wirtschaftszweige, die in Sektoren, Abteilungen und Gruppen aufgeteilt sind. — Siehe Übersicht Seite 483.

Wissenschaftsgemeinschaft Blaue Liste →Blaue Liste

Wissenschaftszentrum Berlin für Sozialforschung →Blaue Liste

WKN →Wertpapierkennnummer

World Trade Organization →Welthandelsorganisation

WSI →Wirtschaftsforschungsinstitute

WTO →Welthandelsorganisation

Wucher

ein sittenwidriger, unangemessener Gewinn, der dem allgemeinen Anstandsgefühl widerspricht. Wucherverträge sind nichtig. Bekannt sind Miet- und Kredit- bzw. Zinswucher. Kreditwucher entsteht meist durch das Erheben von →Wucherzinsen bei Ratenkreditverträgen.

Das Wort kommt von althochdeutsch „wuochar" (Frucht, Nachwuchs) und meint schon früh „Gewinn von ausgeliehenem Geld". Die negative Konnotation entstand im Mittelalter.

Wucherzinsen

nach geltender Rechtsprechung Kreditkosten, die das Doppelte des marktüblichen Zinssatzes überschreiten. Oft achten Kreditgeber darauf, knapp darunter zu bleiben, weil das Kreditgeschäft sonst nichtig ist, der Kunde keine Zinsen zu zahlen braucht, aber das Darlehen für die vereinbarte Zeit behalten darf.

WWU →Wirtschafts- und Währungsunion

WZB →Blaue Liste

Xetra

System für den computerisierten Handel mit Aktien an deutschen Börsen. Es soll bis 1999 flächendeckend eingeführt sein und löste 1997 das Vorgängersystem Ibis ab. Es unterliegt den gleichen aufsichtsrechtlichen Bestimmungen wie die Präsenzbörse, aber Kursmakler sind nicht beteiligt und die Kurse werden nicht amtlich festge-

Wirtschaftszweige: Systematik häufig verwendeter Begriffe

- Unternehmen
  - (0) Land- und Forstwirtschaft, Fischerei
  - Gewerbe, produzierendes Gewerbe, warenproduzierendes Gewerbe, gewerbliche Wirtschaft
    - Industrie (im weiteren Sinne), gewerbliche Gütererzeugung
      - (1) Energie- und Wasserwirtschaft
      - (1) Bergbau, Gewinnung von Steinen und Erden
      - (2) Industrie (im engeren Sinne), verarbeitendes Gewerbe
        - Grundstoff- und Produktionsgüterindustrie
        - Investitionsgüterindustrie
        - Verbrauchsgüterindustrie
        - Nahrungs- und Genussmittelindustrie
      - (3) Baugewerbe
    - Handwerk
  - Handel und Verkehr
    - (4) Handel
      - Großhandel
      - Handelsvermittlung
      - Einzelhandel
    - (5) Verkehr und Nachrichtenübermittlung
    - (6) Kreditinstitute und Versicherungsgewerbe
  - Dienstleistungen
    - (7) Dienstleistungen von Unternehmen und freien Berufen
- (8) Organisationen ohne Erwerbstätigkeit (z. B. Kirchen, Vereine, Parteien, Verbände) und private Haushalte
- (9) Staat
  - Gebietskörperschaften
  - Sozialversicherung

(0) bis (9) Systematik der Wirtschaftszweige des Statistischen Bundesamtes.

stellt. Xetra läuft von 8 Uhr 30 bis 17 Uhr (→Börsenzeiten) und umfasste bei Beginn 107 marktgängige Aktien, darunter alle DAX- und MDAX-Werte. Für 1999 ist der Handel in allen rund 40.000 Titeln, die in Frankfurt notiert sind, geplant. Das System wird überwiegend von Banken genutzt. Die Mindestpakete liegen bei 50 bis 1.000 Aktien pro Auftrag. Ab Ende 1998 sollen auch Kleinaufträge über Xetra erledigt werden können.

Xetra steht für „Exchange Electronic Trading", Ibis bedeutete „Integriertes Börsenhandels- und Informationssystem". Vorteile des neuen Systems liegen in der unbeschränkten Anzahl der Teilnehmer, einer morgendlichen Auktion zur Feststellung des Eröffnungspreises und in den gegenüber Ibis halbierten Transaktionspreisen, falls die Banken die Kostenvorteile an die Kunden weitergeben. Damit können die Kosten von Xetra-Transaktionen bei etwa 20 Prozent der Parkettpreise liegen. Bei starken Preissprüngen kann der Handel unterbrochen werden. — Am Handel mit DAX-Werten hatte Ibis 1997 bereits einen Anteil von 40 Prozent. — Wie das 1991 gegründete Ibis wird Xetra von der Deutsche Börse AG, der Trägergesellschaft der Frankfurter Wertpapierbörse, angeboten. In Xetra wird auch während der Präsenzbörse gehandelt.

Yuppie →Reagonomics, →Wall Street

Zahlungsbilanz

tief gegliederte volkswirtschaftliche Systematik, die alle grenzüberschreitenden Leistungs- und Kapitalströme eines Landes, also alle Transaktionen zwischen In- und Ausland erfasst. Ihr Kern ist die Leistungsbilanz, die Aussagen über die Leistungsfähigkeit einer Volkswirtschaft im Verhältnis zu anderen Volkswirtschaften erlaubt. — Bei einer Zahlungsbilanz werden analog zur Buchführung alle Vorgänge doppelt erfasst, also der Wert des Imports einer Ware einerseits, die Zahlung der Ware oder ein Kredit dafür andererseits. Eine Zahlungsbilanz insgesamt ist also immer ausgeglichen (Nullsaldo), während die einzelnen Unterpositionen voneinander abweichen. Differenzen aufgrund von Erfassungsproblemen werden in einem Restposten bilanziert, der für den Nullsaldo sorgt. — Die Darstellung einer Zahlungsbilanz ist international nicht ganz einheitlich geregelt. Verwirrend ist auch die Bedeutung der Vorzeichen: Plus bedeutet einen Überschuss oder Abfluss ins Ausland, Minus bedeutet Defizit oder Zufluss aus dem Ausland. Dies sagt nichts über das Wünschenswerte eines solchen Transaktionssaldos aus. So können Nettokapitalimporte, in der Kapitalbilanz mit einem Pluszeichen dargestellt, auch als steigende Verschuldung betrachtet werden. Ferner können Positionen, die zum Ausgleich der Zahlungsbilanz benötigt werden, zugleich ein außenwirtschaftliches Ärgernis sein. So führen hohe Überschüsse beim Warenexport zu empfindlichen Störungen des Welthandels, während damit in der Zahlungsbilanz z. B. hohe Ausgaben im Auslandstourismus finanziert werden. — Systematisch setzt sich eine Zahlungsbilanz im wesentlichen aus den grenzüberschreitenden Leistungen (bzw. ihrem Geldwert, siehe

Deutsche Zahlungsbilanz

wichtige Posten 1996, Salden (*Summen*) in Mrd. DM

A. Leistungsbilanz				−20,9
Handelsbilanz			+98,6	
Wareneinfuhr	*685,7*			
Warenausfuhr	*784,3*			
Dienstleistungsbilanz			−55,1	
Reiseverkehr		−50,1		
Finanzdienstleistungen		+2,8		
Patente und Lizenzen		−3,9		
Regierungsleistungen (Einnahmen der Regierung aus dem Ausland)		+6,3		
Entgelte für selbstständige Arbeit		−2,1		
Bauleistungen, Montage usw.		−1,7		
Erwerbs- und Vermögenseinkommen (aus unselbstständiger Arbeit im Ausland und aus Kapitalerträgen dorther)			−8,5	
Laufende Übertragungen ins Ausland			−54,8	
öffentliche, an die EU		−27,5		
private, Gastarbeiterüberweisungen		−7,4		
private Renten, Pensionen usw.		−9,6		
B. Vermögensübertragungen				0
öffentliche (v. a. Schuldenerlass)			−0,5	
private (v. a. Schuldenerlass)			+0,4	
C. Kapitalbilanz				+18,2
Kapitalausfuhr	*202,7*			
Kapitaleinfuhr	*221,0*			
Investitionsbilanz			−46,7	
Dt. Investitionen im Ausland	*41,8*			
Ausl. Investitionen in Dtschl.	*−4,9*			
Wertpapierbilanz			+77,9	
Dt. Wertpapierkäufe im Ausl.	*60,5*			
Ausl. Wertpapierkäufe in Dt.	*138,4*			
Kreditbilanz				
Dt. Kredite in das Ausland	*96,6*			
Ausl. Kredite nach Dtschl.	*87,6*		*−9,0*	
Bilanz sonstiger Kapitalanlagen			−4,0	
D. nicht aufgliederbar				+1,2
E. Veränderung der Auslandsaktiva der Bundesbank				+1,6
desgl. zu Bilanzkursen				*−1,5*
Auslandsaktiva zu Bilanzkursen	*105,4*			
Währungsreserven u. Ä.	*121,0*			
darin: Gold	*13,7*			
Devisen, Sorten	*72,4*			
Aktiva beim IWF	*11,4*			
Aktiva beim EWI	*22,0*			
Auslandsverbindlichkeiten	*15,6*			

Quelle: Bundesbank, eigene Berechnungen. Differenzen durch Rundung. In die Leistungsbilanz sind nicht alle Positionen aufgenommen. Die Veränderung der Auslandsaktiva der Bundesbank ist hier sachlich zutreffend mit einem positiven Vorzeichen aufgeführt, obwohl sie in der Zahlungsbilanzstatistik aufgrund einer internationalen Konvention ein negatives Vorzeichen trägt.

Tabelle) und dem grenzüberschreitenden Kapitalverkehr sowie einigen kleineren Positionen zusammen. Es handelt sich immer um Salden; auf die „dahinter" stehenden Summen können damit keine Rückschlüsse gezogen werden. Darum sind einige in der Tabelle mit angegeben. Der wegen des Nullsaldos verwirrende Ausdruck „Zahlungsbilanz-Ungleichgewicht" oder „-störung" wird verwendet, wenn innerhalb der Zahlungsbilanz starke Verzerrungen auftauchen, z. B. starke Handelsbilanz- und Kapitalbilanz-Ungleichgewichte.

In der Zahlungsbilanz ist für die Zuordnung als In- und Ausländer allein der Sitz oder Aufenthaltsort eines Wirtschaftssubjektes maßgeblich, nicht die Staatsangehörigkeit bei natürlichen Personen oder eventuelle ausländische Anteilseigner von Unternehmen. Deutsche Touristen im Ausland sind deswegen Ausländer, ausländische Beschäftigte im Inland Inländer.

Zaibatsu →Keiretsu
ZAV →Bundesanstalt für Arbeit
ZBW →Wirtschaftsforschungsinstitute
ZDH →Handwerk

Zentralbankrat

das oberste Organ der Bundesbank, bestimmt die Währungs- und Kreditpolitik der →Bundesbank. Seine 17 Mitglieder sind die acht Mitglieder des →Direktoriums (einschließlich des Bundesbank-Präsidenten und seines Stellvertreters) sowie die neun Präsidenten der →Landeszentralbanken (LZB). Politiker, Beamte und Professoren dominieren; Banker und Frauen fehlen (1997). Fachliche Eignung wird erwartet, kann aber nicht vorausgesetzt werden, weil die Posten der LZB-Chefs oft politisch vergeben werden. Der Zentralbankrat tagt in der Regel alle zwei Wochen donnerstags. Aufmerksamkeit erregen insbesondere Änderungen der →Leitzinsen, über deren Höhe er entscheidet. Mit der zunehmenden Bedeutung der fortlaufenden →Wertpapier-Pensionsgeschäfte, die vom Direktorium abgewickelt werden, hat das Spektakuläre solcher Beschlüsse allerdings abgenommen.

Die Mitglieder des Direktoriums werden vom Bundespräsidenten auf Vorschlag der Bundesregierung, die Präsidenten der Landeszentralbanken auf Vorschlag des Bundesrates ernannt.

Zentralarbeitsgemeinschaft des Straßenverkehrsgewerbes →Gemeinschaftsausschuss der deutschen gewerblichen Wirtschaft
Zentralbibliothek der Wirtschaftswissenschaften →Wirtschaftsforschungsinstitute
Zentralstelle für Arbeitsvermittlung →Bundesanstalt für Arbeit
Zentralverband des Deutschen Handwerks →Handwerk
Zentralverband Elektrotechnik- und Elektronikindustrie →Bundesverband der Deutschen Industrie
Zentralverband gewerblicher Verbundgruppen →Genossenschaftswesen
Zero Bond →Anleihen
Zertifizierung →ISO 9000ff
ZF →Rentenformel
ZGV →Genossenschaftswesen

Zins

der Preis für die leihweise Überlassung von Geld oder Gütern. Mieten können deswegen auch Mietzinsen heißen. In modernen Volkswirtschaften entsteht durch die wechselseitige Beeinflussung verschiedener Kreditmärkte und durch unterschiedliche Ausleihungsfristen eine Zinsstruktur. Werden kurzfristige Kapitalanlagen teurer verzinst als langfristige, ist die Zinsstruktur „invers". — Kreditbanken „locken" mit Habenzinsen Einlagen in ihr Passivgeschäft und vergeben damit im Aktivgeschäft Kredite an →Nichtbanken, vor allem Unternehmen, Privatpersonen und den Staat. Das Zinsniveau wird durch Angebot und Nachfrage der Nichtbanken, die Länge des Ausleihzeitraums und die Bonität des Schuldners verändert, ein Sockel jedoch durch die Zinsforderungen der Bundesbank (in Deutschland: →Bundesbank) für ihre Kredite an die Geschäftsbanken gebildet.

Der Zinssatz ist der Zins in Prozent des eingesetzten Kapitals. — Ein Zinsverbot herrscht im →islamischen Banking und für Konsumkredite im kanonischen Recht der katholischen Kirche.

Zinsfalle

(1) wirtschaftspolitischer Zielkonflikt in exportorientierten Volkswirtschaften, bei dem eine inflationsdämpfende Zinserhöhung zugleich ausländisches Kapital anlockt, damit den Wechselkurs verteuert und die Warenausfuhr erschwert. (2) Umgangssprachliche Bezeichnung für die →Überschuldung eines privaten Haushaltes aufgrund hoher Zinszahlungen.

Zinsswap →Swap

Zinstender →Wertpapier-Pensionsgeschäft

Zinswucher →Wucherzinsen

Zukunftsministerium →Bundesministerium für Forschung und Technologie

ZVEI →Bundesverband der Deutschen Industrie

Zweite Welt →Ländertypologien

Zweiter Arbeitsmarkt →Arbeitsmarkt

Zyklus

periodisch wiederkehrender Ablauf. (1) Der Fertigungszyklus bei der einmaligen oder regelmäßigen Herstellung eines Produktes umfasst alle Bearbeitungsschritte einer Produktionsstufe von der Bereitstellung der Maschinen, Roh- und Hilfsstoffe bis zur abschliessenden Funktionsprüfung. (2) Für den Produktzyklus (auch Produktlebenszyklus) existieren verschiedene Modelle. Üblich sind Einführung, Wachstum/Reifung, Sättigung/Stagnation und Niedergang/Degeneration. Insbesondere in der letzten Phase sind unterschiedliche Verlaufsformen häufig: Marktaustritt, Erneuerung im Markt („Relaunch") oder Verstetigung auf niedrigem Niveau. Im Verlauf des Produktzyklus nimmt die Bedeutung von Innovation und Risiko schnell ab, diejenige von Marketing und Distribution schnell zu. Das Produkt ist zunächst fehleranfällig und wird in der Wachstumsphase standardisiert. Der Hersteller ist für das Produkt oft zunächst Monopolist, der Markt wandelt sich aber aufgrund der Imitationsbereitschaft häufig über ein →Oligopol zu einem Mehranbietermarkt (→Polypol). Die Gewinne sind in der Markteinführungsphase negativ, schnellen in der

Wachstumsphase hoch, erreichen ihren Höhepunkt und gehen in der Sättigungsphase langsam zurück. — Wegen ihres Schematismus wird die Produktzyklen-Theorie oft kritisiert. Die einzelnen Phasen lassen sich vielfach erst im Rückblick identifizieren; planbar sind sie nur selten. Insbesondere Flops verkürzen einen Produktzyklus erheblich. (3) Ein Konjunkturzyklus besteht aus Aufschwung (Expansion), Hochkonjunktur (Boom), Abschwung (Rezession) und Tiefstand/Krise (Depression). Diese Wellenbewegung verläuft bei Wirtschaftswachstum mittelfristig aufwärts. Der Zeitraum eines Zyklus ist ungewiss, weil sich kurz-, mittel- und langfristige Zyklen überlagern können. Der „klassische" Juglar-Konjunkturzyklus (nach dem französischen Ökonomen Clément Juglar, 1819-1905) ist sieben bis elf Jahre lang. Dass eine Volkswirtschaft sich nicht stetig entwickelt, erklärte der Österreicher Joseph Alois Schumpeter (1883-1950) mit der Sprunghaftigkeit ökonomischer Innovation. Die „langen Wellen" von etwa fünzig Jahren, die der sowjetrussische Ökonom Nikolai Dmitrijewitsch Kondratjew (1892-1938) entdeckte, entstanden aufgrund von Basisinnovationen wie Dampfkraft, Eisenbahn und Elektroenergie. Die Fortschreibung eines Trends in die Zukunft ist recht beliebig; so wurde in den sechziger Jahren die Atomkraft, dann nacheinander die Mikro-, Computer- und in den Neunzigern die Informationstechnologie als Startinnovation für einen neuen Kondratjew-Zyklus angesehen. — Nach der Weltwirtschaftskrise entwickelte der Ökonom Keynes die Theorie des Marktversagens, aus der bei Unterbeschäftigung stärkere Eingriffe des Staates in die Wirtschaft abgeleitet waren (→Keynesianismus). Im Rahmen einer antizyklischen →Konjunkturpolitik sollten in der Rezession die Nachfrage gefördert und in der Expansion gesenkt werden, um die Konjunkturausschläge zu dämpfen und Wachstum zu verstetigen. Nach Erfolgen in den sechziger Jahren nahm die politische, empirische und theoretische Kritik schnell zu (→Monetarismus). Insbesondere konnten die fiskalischen Kosten der Nachfragesteigerung, die Staatsschulden, nicht bis zur nächsten Rezession abgebaut und keine hinreichenden Dämpfungseffekte erzielt werden. Außerdem nahmen Zahlungsbilanzprobleme aufgrund der Zinspolitik zu. So führten in Deutschland zu Beginn der siebziger Jahre Zinserhöhungen, die zugleich Inflation und Konjunktur dämpfen sollten, zu einem großen Zustrom ausländischen Kapitals, dessen Nachfrage die D-Mark aufwertete, die Exportwirtschaft bedrohte und zu Kapitalverkehrskontrollen führte. Vor allem aber hatte Keynes Inflation als unvermeidbare Folge der Konjunkturpolitik hingenommen, während eine Stabilitätsorientierung die Inflationsbekämpfung verlangt.

Literatur

Fachlexika und Nachschlagewerke

Finanznachrichten lesen, verstehen, nutzen. Stuttgart: Schaeffer-Poeschel 1996

Gabler Wirtschafts-Lexikon, 14. Auflage, Wiesbaden: Gabler 1997

May, Hermann, Lexikon der ökonomischen Bildung. München, Wien: Oldenbourg 1996

Model, Otto, Staatsbürger-Taschenbuch. 26. Auflage, München: Beck 1992

Piekenbrock, Dirk, Gabler Lexikon Umwelt- und Wirtschaftspolitik. Wiesbaden: Gabler 1996

Plümper, Thomas, Lexikon der internationalen Wirtschaftsbeziehungen. München, Wien, Oldenbourg: 1996

Schneck, Ottmar, Lexikon der Betriebswirtschaft. 2. Auflage, München: Beck 1994

Vahlens Großes Wirtschaftslexikon, 2. Auflage, München: Beck/dtv 1994

v. Borries, Reimer, Europarecht von A - Z. 2. Auflage, München: Beck 1993

Periodika

Statistisches Jahrbuch für die Bundesrepublik Deutschland, herausgegeben vom Statistischen Bundesamt. Stuttgart: Metzler-Poeschel

Der Fischer Weltalmanach. Zahlen Daten Fakten. Frankfurt: Fischer

Süddeutsche Zeitung, Neue Zürcher Zeitung, Frankfurter Allgemeine Zeitung, die tageszeitung, Der Spiegel, Die Zeit, Die Woche, Wirtschaftswoche, Handelsblatt, Blick durch die Wirtschaft, Die Welt, Frankfurter Rundschau, Berliner Zeitung

und Auszüge aus Presseartikeln, herausgegeben von der Deutschen Bundesbank

Informationsmaterial

In erheblichem Umfang ist das Informationsmaterial der unter den Stichwörtern beschriebenen Institutionen herangezogen worden (Monats- und Jahresberichte, Pressedienste, Bücher und Broschüren).

Internet

Ein Verzeichnis der Internet-Quellen befindet sich unter http://www.eichborn.de (siehe auch Anzeige S. 491).